Die Chronik-Bibliothek des 20. Jahrhunderts

**Die Chronik-Bibliothek des 20. Jahrhunderts
wird herausgegeben von Bodo Harenberg**

Christoph Hünermann

Chronik 1941

Tag für Tag in Wort und Bild

Chronik Verlag

Abbildungen auf dem Schutzumschlag
(oben links beginnend)
Nach dem Angriff der Japaner auf den US-Stützpunkt Pearl Harbot (Hawaii) am 7. Dezember treten die USA in den Krieg ein
Der britische Premier Winston Churchill erhebt die Hand zum Siegeszeichen (V für victory, Sieg)
Soldaten auf Fronturlaub vergnügen sich im Berliner Tiergarten
Deutsche Truppen in Griechenland, das im April kapituliert
Deutsche Krad-Melder halten in der Sowjetunion, die am 22. Juni überfallen wird, die Verständigung zwischen den Truppenteilen aufrecht
Vormarsch deutscher Panzer in der Sowjetunion
Therese Giehse (l.) in der Titelrolle der »Mutter Courage« von Bertolt Brecht bei der Uraufführung in Zürich am 19. April
Szene von den Auseinandersetzungen in Nordafrika; seit Februar kämpft dort das Deutsche Afrika-Korps unter Generalleutnant Erwin Rommel gegen britische Truppen

2., überarbeitete Auflage 1990

Redaktion: Ingrid Reuter (Text), Klaus zu Klampen (Bild)
Fachautoren: Dr. Ingrid Loschek (Mode), Felix R. Paturi (Wissenschaft und Technik), Jochen Rentsch (Musik)
Anhang: Ludwig Hertel, Bernhard Pollmann
Herstellung: Barbara Reppold-Hinz, Annette Retinski
Satz und Druck: Mohndruck Graphische Betriebe GmbH, Gütersloh

Leihgeber für Zeitungen und Zeitschriften: Institut für Zeitungsforschung, Dortmund

ISBN 3-611-00076-0

Inhalt

Der vorliegende Band aus der »Chronik-Bibliothek des 20. Jahrhunderts« führt Sie zuverlässig durch das Jahr 1941 und gibt Ihnen – aus der Sicht des Zeitzeugen, aber vor dem Hintergrund des Wissens von heute – einen vollständigen Überblick über die weltweit wichtigsten Ereignisse in Politik und Wirtschaft, Kultur und Sport, Alltag und Gesellschaft. Sie können das Jahr in chronologischer Folge an sich vorüberziehen lassen, die »Chronik 1941« aber auch als Nachschlagewerk oder als Lesebuch benutzen. Das Chronik-System verbindet eine schier unübersehbare Fülle von Artikeln, Kalendereinträgen, Fotos, Graphiken und Übersichten nach einheitlichen Kriterien und macht damit die Daten dieses Bandes mit jedem anderen Band vergleichbar. Wer die »Chronik-Bibliothek« sammelt, erhält ein Dokumentationssystem, wie es in dieser Dichte und Genauigkeit nirgends sonst zu haben ist.

Hauptteil (ab Seite 8)

Jeder Monat beginnt mit einem Kalendarium, in dem die wichtigsten Ereignisse chronologisch geordnet und in knappen Texten dargestellt sind. Sonn- und Feiertage sind durch farbigen Druck hervorgehoben. Pfeile verweisen auf ergänzende Bild- und Textbeiträge auf den folgenden Seiten. Faksimiles von Zeitungen und Zeitschriften, die im jeweiligen Monat des Jahres 1941 erschienen sind, spiegeln Zeitgeist und herausragende Ereignisse.
Wichtige Ereignisse des Jahres 1941 werden – zusätzlich zu den Eintragungen im Kalendarium – in Wort und Bild beschrieben. Jeder der 373 Einzelartikel bietet eine in sich abgeschlossene Information. Die Pfeile des Verweissystems machen auf Artikel aufmerksam, die an anderer Stelle dieses Bandes ergänzende Informationen zu dem jeweiligen Thema vermitteln.
Die sonst in den Chronik-Jahrgangsbänden übliche Umrechnung fremder Währungen in die deutsche Währung muß für 1941 entfallen, da in diesem Jahr keine Vergleichsbasis vorhanden ist.
633 teils farbige Abbildungen und graphische Darstellungen illustrieren die Ereignisse und Entwicklungen des Jahres 1941 und werden damit zu einem historischen Kaleidoskop besonderer Art.
Hinter dem Hauptteil (auf S. 212) geben originalgetreue Abbildungen einen Überblick über alle Postwertzeichen, die 1941 im Deutschen Reich neu ausgegeben wurden.

Übersichtsartikel (ab Seite 24)

19 Übersichtsartikel, am blauen Untergrund zu erkennen, stellen Entwicklungen des Jahres 1941 zusammenfassend dar.
Alle Übersichtsartikel aus den verschiedenen Jahrgangsbänden ergeben – zusammengenommen – eine sehr spezielle Chronik zu den jeweiligen Themenbereichen (z. B. Film von 1900 bis 2000).

Anhang (ab Seite 213)

Der Anhang zeigt das Jahr 1941 in Statistiken und anderen Übersichten. Ausgehend von den offiziellen Daten für das Deutsche Reich (mit Österreich) und die Schweiz, regen die Zahlen und Fakten zu einem Vergleich mit vorausgegangenen und nachfolgenden Jahren an.
Für alle wichtigen Länder der Erde sind die Staats- und Regierungschefs im Jahr 1941 aufgeführt und werden wichtige Veränderungen aufgezeigt.
Die Zusammenstellungen herausragender Neuerscheinungen auf dem Buchmarkt sowie der Premieren auf Bühne und Leinwand werden zu einem Führer durch das kulturelle Leben des Jahres.
Das Kapitel »Sportereignisse und -rekorde« spiegelt die Höhepunkte des Sportjahres 1941.
Internationale und deutsche Meisterschaften, die Entwicklung der Leichtathletik- und Schwimmrekorde sowie alle Ergebnisse der großen internationalen Wettbewerbe im Automobilsport, Eiskunstlauf, Fußball, Gewichtheben, Pferde-, Rad- und Wintersport sowie im Tennis sind wie die Boxweltmeister im Schwergewicht nachgewiesen.
Der Nekrolog enthält Kurzbiographien von Persönlichkeiten, die 1941 verstorben sind.

Register (ab Seite 233)

Das *Personenregister* nennt – in Verbindung mit der jeweiligen Seitenzahl – alle Personen, deren Namen in diesem Band verzeichnet sind.
Werden Personen abgebildet, so sind die Seitenzahlen kursiv gesetzt. Herrscher und Angehörige regierender Häuser mit selben Namen sind alphabetisch nach den Ländern ihrer Herkunft geordnet.
Wer ein bestimmtes Ereignis des Jahres 1941 nachschlagen möchte, das genaue Datum oder die Namen der beteiligten Personen aber nicht präsent hat, findet über das spezielle *Sachregister* Zugang zu den gesuchten Informationen.
Oberbegriffe und Ländernamen erleichtern das Suchen und machen zugleich deutlich, welche weiteren Artikel und Informationen zu diesem Themenfeld im vorliegenden Band zu finden sind. Querverweise helfen bei der Erschließung der immensen Informationsvielfalt.

Das Jahr 1941

Zwei Kriegsereignisse bestimmen das internationale Geschehen 1941 und wirken sich nachhaltig auf den weiteren Verlauf des Zweiten Weltkriegs aus: Der deutsche Angriff auf die Sowjetunion im Juni als Ausdruck des Glaubens der deutschen Führung an die eigene Unbezwingbarkeit und der japanische Überfall auf den US-Stützpunkt Pearl Harbor im Dezember, der den Kriegseintritt der USA zur Folge hat und damit letztlich die Niederlage des Deutschen Reiches 1945 einleitet.

Auf dem europäischen Festland, dessen Grenzen sich seit der Entfesselung des Krieges durch das Deutsche Reich grundlegend verschoben haben, setzt die deutsche Führung ihre Eroberungsfeldzüge fort. Nachdem seit 1939 Polen, Dänemark, Norwegen, die Niederlande, Belgien, Luxemburg und große Teile Frankreichs unter deutsche Herrschaft gekommen sind, marschieren deutsche Truppen 1941 weiter nach Osteuropa.

Seit Herbst 1940 laufen die Planungen für den Angriff auf die Sowjetunion, das »Unternehmen Barbarossa«. Im April überrennen deutsche Wehrmachtsverbände Jugoslawien und Griechenland, um den am 22. Juni beginnenden Vernichtungsfeldzug gegen die UdSSR abzusichern. In der Sowjetunion können die deutschen Truppen zunächst große Erfolge erzielen. Erst nach verlustreichen Wochen und Monaten reorganisiert die Führung der Roten Armee ihre angeschlagenen Truppen und kann den deutschen Vormarsch im Dezember kurz vor Moskau stoppen.

Mit dem Krieg gegen die UdSSR verbinden die Nationalsozialisten mehrere Ziele: Zum einen wollen sie ihren Machtbereich ausdehnen und für die deutsche Bevölkerung »Raum im Osten« schaffen, außerdem sollen die großen Rohstoff- und Energievorkommen in der Sowjetunion der deutschen Wirtschaft zugute kommen. International will die NS-Führung Großbritannien, das den ersten Eroberungsversuchen widerstanden hat, zu der Einsicht zwingen, daß es dem Deutschen Reich letztendlich unterliegen muß.

Mit dem Einsatz deutscher Truppen in der Cyrenaika ist das Deutsche Reich auch auf dem afrikanischen Kriegsschauplatz präsent: Im Februar wird unter dem Oberbefehl von Erwin Rommel das Deutsche Afrika-Korps zur Unterstützung der italienischen Truppen in Nordafrika gebildet.

Während die deutsche Führung im Siegestaumel von weiteren Eroberungen träumt, formieren sich ihre Gegner zu einer geschlossenen Front. Die USA, das mächtigste Wirtschaftsland der Welt, unterstützen Großbritannien und ab Juni auch die UdSSR mit Rüstungsgütern.

Im August formulieren der britische Premierminister Winston Churchill und US-Präsident Franklin D. Roosevelt mit der Atlantikcharta die wesentlichen Kriegsziele beider Staaten, denen sich ihre Verbündeten anschließen.

Der Interessenkonflikt zwischen der USA und Japan im Fernen Osten führt in Dezember zum japanischen Angriff auf den US-Flottenstützpunkt Pearl Harbor. Damit ist der Anlaß für den Kriegseintritt der USA gegeben – der bislang im wesentlichen auf Europa beschränkte Konflikt weitet sich nunmehr zum Weltkrieg aus. Dem Deutschen Reich und seinen Bündnispartnern steht jetzt eine Allianz der Großmächte USA, Großbritannien und UdSSR mit allen freien Staaten der westlichen Welt gegenüber.

Innenpolitisch bereiteten die Nationalsozialisten 1941 die systematische Vernichtung der europäischen Juden vor. Die Einführung des Judensterns am 1. September brandmarkt alle jüdischen Bürger für jeden sichtbar. »Arische Bürger« sollen die angebliche Bedrohung vor Augen haben. Durch Auswanderungsverbote und andere gesetzliche Maßnahmen wird der Bewegungsspielraum der Juden immer weiter eingeengt; seit Juli laufen die Planungen für die »Endlösung der Judenfrage«, wie die NSDAP-Führung die systematische Ermordung aller Juden bezeichnet, die noch in ihrem Machtbereich leben. In den besetzten Ostgebieten werden Konzentrationslager ausgebaut und neue Lager errichtet. Die SS erprobt mit wissenschaftlicher Akribie Methoden des Massenmordes wie die Vergasung mit Zyklon B. Im Oktober rollen die ersten Deportationszüge in Richtung Osten.

Durch das mutige Auftreten von Vertretern der beiden christlichen Konfessionen, u. a. dem katholischen Bischof von Münster, Clemens August Graf von Galen, und dem evangelischen Landesbischof von Württemberg, Theophil Wurm, kann ein anderes Massenmord-Programm der Nationalsozialisten wenigsten vorübergehend gestoppt werden: Die systematische Ermordung psychisch Kranker und Behinderter, das »Ausmerzen lebensunwerten Lebens«. Nach Protesten der Kirchen und der Bevölkerung gegen die Morde, die von den Nationalsozialisten mit dem Begriff »Euthanasie« (Sterbehilfe) verschleiert werden, setzt Hitler im August das Programm vorerst aus. Bis zu diesem Zeitpunkt starben in den »Euthanasie-Anstalten« weit über 70 000 Menschen. Schon wenige Monate später setzt die NS-Führung jedoch die »Euthanasie« fort.

Die deutsche Bevölkerung erlebt in diesem Jahr zum ersten Mal seit Kriegsbeginn größere Engpässe in der Versorgung mit Nahrungsmitteln und Gebrauchsgütern; alle verfügbaren Rohstoffe und Arbeitskräfte werden in die Rüstungsproduktion gesteckt. Trotzdem gelingt es den Nationalsozialisten, die Bevölkerung mit den Erfolgen der deutschen Wehrmacht von der Mangelsituation abzulenken und sich so weitgehende Unterstützung zu sichern.

Das kulturelle Leben im Deutschen Reich ist gänzlich auf die Ziele der Nationalsozialisten ausgerichtet. Theater, Kino, Musik und Malerei dienen in erster Linie der Propagierung der NS-Ideologie. Außerdem sollen sie das Publikum ablenken von der wachsenden Zahl der britischen Luftangriffe auf deutsche Städte, von der Zunahme der Verluste an den verschiedenen Fronten und von den erheblichen materiellen Einschränkungen im Alltag.

Christoph Hünermann

◁ *Deutsche Soldaten auf dem Vormarsch in der Sowjetunion, die vom Deutschen Reich am 22. Juni ohne vorherige Kriegserklärung überfallen wird*

Januar 1941

Mo	Di	Mi	Do	Fr	Sa	So
		1	2	3	4	5
6	7	8	9	10	11	12
13	14	15	16	17	18	19
20	21	22	23	24	25	26
27	28	29	30	31		

1. Januar, Neujahr

In einem Aufruf zum Jahreswechsel kündigt Führer und Reichskanzler Adolf Hitler die Vernichtung der »demokratischen Kriegsverbrecher« an. → S. 14

Das schweizerische Bürgerrecht wird dahingehend geändert, daß eine Aberkennung des Bürgerrechts künftig möglich ist. → S. 18

In der Schweiz löst Ernst Wetter für das Jahr 1941 den bisherigen Bundespräsidenten Marcel Pilet-Golaz ab.

2. Januar, Donnerstag

Bauern in der Ukraine erhalten erstmals Lohnzuschläge zu dem gebräuchlichen »Tagwerk« für besondere Leistungen im Getreideanbau und bei der Viehzucht; ab dem 19. Februar wird diese Regelung auch auf das Moskauer Gebiet ausgedehnt.

Starke Schneefälle und strenger Frost bringen den Verkehr insbesondere im Süden des Deutschen Reichs zum Erliegen; bis zum 5. Januar ist jede direkte Verkehrsverbindung von Bayern zum Norden unterbrochen. → S. 27

3. Januar, Freitag

111 deutsche Flugzeuge werfen 115 t Sprengbomben und 392 Brandschüttkästen über der britischen Stadt Cardiff ab.

Der Schweizer Bundesrat ordnet die Erhebung eines Auswanderer-Wehrbeitrages an; zahlungskräftige Emigranten sollen eine Sondersteuer zugunsten des Wehretats zahlen.

In Berlin wird der Film »Blutsbrüderschaft« uraufgeführt, in dem Anneliese Uhlig, Hans Söhnker, Rudolf Platte und Erich Ponto unter der Regie von Lothar Mayring die Hauptrollen spielen.

4. Januar, Sonnabend

Die deutsche Luftwaffe greift mit 178 Flugzeugen die britische Stadt Bristol an.

In seinem Geburtsort Paris stirbt der am 18. Oktober 1859 geborene Philosoph Henri Bergson, der 1927 den Literaturnobelpreis erhielt.

5. Januar, Sonntag

Britische Truppen erobern das bislang von italienischen Einheiten besetzte Bardia in Libyen; 40 000 italienische Soldaten geraten dabei in Gefangenschaft (→ 22. 1./S. 15).

Bei nächtlichen Luftangriffen der deutschen Luftwaffe auf London wird das Gebäude der britischen Rundfunkgesellschaft British Broadcasting Corporation (BBC) von Bomben getroffen.

Die Zeitung »Münchner Neueste Nachrichten« berichtet, daß von den japanischen Behörden die Tanzlokale in Tokio geschlossen werden, da die europäische und US-amerikanische Form des Tanzes als unmoralisch betrachtet wird.

6. Januar, Montag

Der US-amerikanische Präsident Franklin Delano Roosevelt verkündet in seiner Botschaft an den Kongreß der Vereinigten Staaten die »vier Freiheiten«, für die sich die USA einsetzen: Meinungsfreiheit, Religionsfreiheit, Freiheit von Not und Freiheit von Furcht. → S. 16

Erstmals werden deutsche Sturzkampfflugzeuge (Stukas) gegen britische Seestreitkräfte im Mittelmeer eingesetzt.

Die Deutsche Lufthansa AG feiert ihr 15jähriges Bestehen. → S. 26

7. Januar, Dienstag

In den Vereinigten Staaten wird eine Oberste Behörde zur Koordinierung der Produktion von Rüstungs- und Verteidigungsgütern eingesetzt (→ 5. 12./S. 203). Die US-Regierung in Washington will die Interessen der Rüstungswirtschaft auf die Belange der gesamten Industrieproduktion abstimmen.

In München wird das Filmlustspiel »Was will Brigitte?« von Regisseur Paul Martin uraufgeführt; die Hauptdarsteller sind Leny Marenbach, Albert Matterstock und Fita Benkhoff.

8. Januar, Mittwoch

Der ehemalige stellvertretende Ministerpräsident der Regierung im unbesetzten Teil Frankreichs, Pierre Laval, stellt sich in Paris unter deutschen Schutz. → S. 18

Robert Stephenson Smyth, Baron Baden-Powell, der Begründer der internationalen Pfadfinderbewegung, stirbt im Alter von 83 Jahren in Nyeri/Kenia. → S. 29

9. Januar, Donnerstag

Die deutsche Luftwaffe fliegt weiterhin schwere Angriffe auf britische Großstädte; 143 Bomber greifen Manchester und 67 London an.

Das britische Bombenflugzeug »Lancaster« wird erstmals eingesetzt; es wird zu einem wichtigen Bestandteil der britischen Luftwaffe Royal Air Force. → S. 22

Im gesamten Deutschen Reich und den besetzten Gebieten kommt es zu Engpässen in der Kohleversorgung; so reichen z. B. in Litzmannstadt (Lódź) die Kohlevorräte der Industriebetriebe nur noch für zehn Tage. Staatliche Behörden können durch Umverteilungsmaßnahmen größere Produktionsausfälle vermeiden.

10. Januar, Freitag

In Moskau werden ein deutsch-sowjetischer Grenzvertrag und ein Wirtschaftsabkommen unterzeichnet. Gleichzeitig vereinbaren Regierungsvertreter beider Staaten die Umsiedlung von volks- und reichsdeutschen Bevölkerungsgruppen aus den baltischen Sowjetrepubliken ins Deutsche Reich. → S. 13

Im US-amerikanischen Kongreß in Washington wird die Vorlage des Pacht- und Leihgesetzes eingebracht, das eine Unterstützung aller Staaten ermöglichen soll, deren Verteidigung im Interesse der USA liegt. → S. 15

Im Bereich Düsseldorf werden von britischen Flugzeugen Flugblätter abgeworfen, in denen es u. a. heißt: »Die Naziherren Europas haben keinen Zweifel daran gelassen, daß sie nicht nur das ganze Leben und Denken in Deutschland beherrschen, sondern ganz Europa knechten wollen...« → S. 21

11. Januar, Sonnabend

Führer und Reichskanzler Adolf Hitler ordnet in der Weisung Nr. 22 an, daß deutsche Truppen im Mittelmeerraum und in Nordafrika zur Unterstützung der italienischen Verbände eingesetzt werden (→ 19. 1./S. 19).

Reichserziehungsminister Bernhard Rust verfügt, daß der Schuljahresbeginn im Deutschen Reich an das Ende der Sommerferien zu legen ist; bislang gab es regional unterschiedliche Regelungen. → S. 21

Die deutsche Luftwaffe fliegt schwere Luftangriffe auf die britische Hauptstadt London, bei denen 299 t Sprengbomben abgeworfen werden. → S. 15

Die Kaiser-Wilhelm-Gesellschaft in Berlin, die größte Forschungsgesellschaft der Welt, feiert ihr 30jähriges Bestehen. Die Vereinigung hat es sich zur Aufgabe gemacht, »die Wissenschaften, insbesondere durch Gründung und Erhaltung naturwissenschaftlicher Forschungsinstitute zu fördern« (§ 1 der Satzung).

12. Januar, Sonntag

Britische Bomberstaffeln greifen in der Nacht Ziele in Süddeutschland an und dringen bis Garmisch-Partenkirchen vor (→ 11. 1./S. 15).

Die britische Armee entsendet einen Truppenkonvoi von 40 000 Mann auf dem Seeweg nach Nordafrika.

Reichsluftfahrtminister Hermann Göring erhält anläßlich seines 48. Geburtstages vom italienischen Ministerpräsidenten und Duce, Benito Mussolini, den Sterzinger Altar zum Geschenk. → S. 26

13. Januar, Montag

Der bulgarische König Boris III. trifft mit dem Führer und Reichskanzler Adolf Hitler auf dessen Berghof bei Berchtesgaden zusammen. → S. 19

Martin Bormann, Stabsleiter beim »Stellvertreter des Führers«, Rudolf Heß, gibt einen Geheimerlaß an alle Gauleiter zum sog. Klostersturm heraus; vorhandene Klöster sollen demzufolge in nationalpolitische Erziehungsanstalten, Erholungsheime u. ä. umgewandelt werden. → S. 20

Der Sicherheitsdienst der SS berichtet über große Lücken in der Versorgung der Bevölkerung mit Kohle. → S. 21

Die Rheinmetall-Borsig AG, Berlin, wird in den Reichswerke Hermann Göring-Konzern eingegliedert. → S. 26

In Zürich stirbt der aus Irland stammende Dichter James Joyce im Alter von 58 Jahren. Zu seinen bedeutendsten Werken gehören »Ulysses« (1922) und »Finnegans Nachtwache« (1939).

14. Januar, Dienstag

Der rumänische Ministerpräsident Ion Antonescu bietet Adolf Hitler während eines Besuches auf dem Berchtesgadener Berghof Unterstützung für den Fall einer militärischen Auseinandersetzung mit der Sowjetunion an (→ 13. 1./S. 19).

Die mexikanische Regierung gibt bekannt, daß sie in Zukunft gegen Sympathisanten der Nationalsozialisten mit drastischen Strafen vorgehen werde. Sie reagiert auf wachsende Aktivitäten der NSDAP-Auslandsorganisation in Mittel- und Südamerika (→ 19. 7./S. 125).

Die Dampfbootgesellschaft Zürichsee muß auf dem gesamten See wegen starker Vereisung die Schiffahrt einstellen (→ 2. 1./S. 27).

15. Januar, Mittwoch

Der deutsche Hilfskreuzer »Pinguin« kapert in der Antarktis drei norwegische Walkochereien und elf Fangboote mit zusammen 39 000 Bruttoregistertonnen.

Reicherziehungsminister Bernhard Rust erklärt anläßlich einer Rektorenkonferenz in Prag, daß es Aufgabe der Wissenschaft sei, »die Waffen des Sieges schmieden zu helfen«.

Das Ensemble der Frankfurter Bühnen führt in Barcelona den gesamten Opernzyklus »Der Ring des Nibelungen« von Richard Wagner auf.

In Wien wird eine Franz Grillparzer-Woche zum Gedächtnis an den 150. Todestag des Dichters eröffnet; bis zum 22. Januar werden u. a. die Stücke »Des Meeres und der Liebe Wellen« und »Libussa« aufgeführt.

16. Januar, Donnerstag

Die britische Luftwaffe greift im Verlauf der Nacht Wilhelmshaven an.

Bei einem Angriff deutscher Kampfflugzeuge auf die Mittelmeerinsel Malta wird der britische Flugzeugträger »Illustrious« getroffen und schwer beschädigt. → S. 15

Das Reichspropagandaministerium bewilligt 1,5 Millionen Reichsmark (RM) zur Errichtung eines Deutschen Theaters in der norwegischen Hauptstadt Oslo.

17. Januar, Freitag

Der sowjetische Außenminister Wjatscheslaw M. Molotow erklärt, daß die Sowjetunion Bulgarien als Sicherheitszone betrachte; diese Erklärung ist eine Warnung an die deutsche Reichsregierung in Berlin, die Wehrmachtstruppen in Bulgarien stationieren will.

Der Film »The Philadelphia Story« (»Die Nacht vor der Hochzeit«) von George Cukor wird in den USA uraufgeführt; die Hauptrolle spielen Cary Grant, Katherine Hepburn und James Stewart.

Die »Münchner Illustrierte Presse« bringt in ihrer Ausgabe vom 9. Januar 1941 einen Bericht über deutsche Frauen in Rüstungsunternehmen; das NS-Regime ist zunehmend auf weibliche Arbeitskräfte angewiesen, um den Waffen- und Munitionsnachschub sicherzustellen

18. Jahrgang / Nr. 2
9. Januar 1941
Verlag Knorr & Hirth
Kommanditgesellschaft
München

Münchner Illustrierte Presse

Preis: 20 Pfennig
Italien: 2 Lire / Schweiz: 40 Rappen
Jugoslawien: 4 Din. / Holland: 20 Cent
Frankreich 4.- Frs. / Belgien 2.- Frs.

Aufnahme: Weltbild

In einer Bombenfabrik

Millionen deutscher Arbeiter und Arbeiterinnen sind in unseren Rüstungsbetrieben unermüdlich tätig, um der besten Armee der Welt auch die besten Mittel zu liefern, deren sie zur Niederringung unseres Gegners bedarf. Ein Gang beispielsweise durch eine Bombenfabrik zeigt ein Höchstmaß deutscher Präzisionsarbeit, durch das unseren Bombenfliegern auch das denkbar zuverlässigste Material in die Hand gegeben werden kann

(Siehe unseren Bildbericht im Innenteil)

In München wird das Filmlustspiel »Das himmelblaue Abendkleid« uraufgeführt; unter der Regie von Erich Engel spielen Albert Matterstock, Elfie Mayerhofer, Georg Alexander und Käthe Haack die Hauptrollen.

18. Januar, Sonnabend

In San Francisco kommt es zu Ausschreitungen vor dem deutschen Konsulat, in deren Verlauf die dort gehißte deutsche Fahne von Demonstranten entfernt und zerrissen wird. →S. 17

Das Schauspiel »Veit Stoß« von Hermann Heinz Ortner wird in Nürnberg uraufgeführt.

19. Januar, Sonntag

Der italienische Ministerpräsident und Duce Benito Mussolini trifft zu einem zweitägigen Besuch auf dem Berchtesgadener Berghof ein, wo er mit Adolf Hitler über eine gemeinsame Kriegführung der Achsenmächte im Mittelmeerraum verhandelt. →S. 19

Mit der Einnahme des seit dem 4. Juli 1940 von den Italienern besetzten Kassala durch britische Truppen beginnt eine Offensive zur Befreiung Äthiopiens (Abessinien) von italienischer Herrschaft (→24. 1./S. 15).

20. Januar, Montag

Die deutsche Reichsregierung vergibt umfangreiche Aufträge zum Bau neuer U-Boote an deutsche Werften. →S. 22

In Bukarest unternimmt die faschistische Eiserne Garde einen Putschversuch; Ministerpräsident Ion Antonescu kann den Aufstand mit Hilfe von regierungstreuen Truppen innerhalb von drei Tagen niederschlagen. →S. 18

Der am 5. November 1940 wiedergewählte US-Präsident Franklin Delano Roosevelt tritt in Washington seine dritte Amtsperiode an. →S. 16

Die argentinische Fluggesellschaft Aeroposta Argentina nimmt die südlichste Fluglinie der Welt von Buenos Aires nach Rio Grande auf Feuerland mit einer Gesamtlänge von rund 2000 km in Betrieb. →S. 26

In Krakau verkünden die Gesundheitsbehörden Maßnahmen gegen die sich ausbreitende Augenkrankheit Trachom. Die vor allem in den Tropen auftretende Erkrankung, deren Ursache u. a. mangelnde Hygiene ist, wurde durch Soldaten und Umsiedler in Europa eingeschleppt und verbreitet.

21. Januar, Dienstag

In Berlin wird auf Anweisung von Adolf Hitler ein Kriegsgefangenen-Glaserbataillon aufgestellt, das sofort nach Luftangriffen Reparaturarbeiten durchzuführen hat.

Die Vereinigten Staaten heben das Handelsembargo gegen die Sowjetunion wieder auf, das nach dem sowjetischen Angriff auf Finnland am 30. November 1939 verhängt worden war.

Das britische Innenministerium verbietet das Erscheinen zweier kommunistischer Zeitungen, die sich »gegen die Fortführung des Krieges bis zum Sieg« gewendet haben. →S. 17

22. Januar, Mittwoch

Britische Truppen erobern das nordafrikanische Tobruk und nehmen rund 25 000 italienische Soldaten gefangen. →S. 15

Generalfeldmarschall Wilhelm List konferiert mit einer bulgarischen Offiziersdelegation in Predeal über Vorbereitungen zur Stationierung deutscher Truppen in Bulgarien.

Die deutsche Hallenhandballnationalmannschaft schlägt in Göteborg die schwedische Auswahl 15:14.

23. Januar, Donnerstag

In Bern findet ein Treffen der kantonalen Landwirtschaftsdirektoren statt, die über Maßnahmen zur Lebensmittelversorgung und die sog. Anbauschlacht beraten. →S. 27

Aus Anlaß des Geburtstages der luxemburgischen Großherzogin Charlotte kommt es zu anti-deutschen Aktionen der Bevölkerung des besetzten Staates. →S. 18

Im New Yorker Alvin Theatre findet die Uraufführung des Musicals »Lady in the Dark« (»Das verlorene Lied«) von Kurt Weill statt.

24. Januar, Freitag

Der ehemalige Kaiser von Abessinien (Äthiopien), Haile Selassie I., der 1936 von einer italienischen Invasionsarmee vertrieben wurde, kehrt mit britischer Hilfe in seine Heimat zurück. →S. 15

In Berlin wird der Film »Das Mädchen von Fanö« von Hans Schweikart mit Brigitte Horney, Joachim Gottschalk, Gustav Knuth und Paul Wegener in Hauptrollen uraufgeführt.

Der neue britische Botschafter in den USA, Lord Edward Frederick Lindley Wood Halifax, wird von US-Präsident Franklin Delano Roosevelt auf der Yacht »Potomac« vor Annapolis bei seiner Ankunft empfangen. →S. 17

25. Januar, Sonnabend

In den Niederlanden wird von den nationalsozialistischen Behörden die Allgemeine Freimaurerloge verboten, die sich bis zur deutschen Besetzung um Flüchtlinge aus dem Deutschen Reich gekümmert hat. →S. 20

In Sofia wird die Ausstellung »Neue Deutsche Baukunst« eröffnet, die von Albert Speer, dem Generalbauinspektor der Reichshauptstadt Berlin, veranstaltet wird. →S. 20

Die Deutschen Kriegsmeisterschaften im Eiskunstlauf der Paare, bei denen Maxi und Ernst Baier überlegen gewinnen, finden in München statt; am gleichen Wochenende werden in Spindelmühle die Deutschen Kriegsmeisterschaften in den nordischen Disziplinen ausgetragen. →S. 29

26. Januar, Sonntag

Britische Truppen beginnen in Afrika mit einer Offensive im italienisch besetzten Somaliland.

Der ehemalige spanische König Alfons XIII. verzichtet in einem Schreiben an den spanischen Staatspräsidenten Francisco Franco Bahamonde endgültig auf den spanischen Thron zugunsten seines Sohnes Don Juan. →S. 18

27. Januar, Montag

Der Gau Schlesien wird wegen seiner Größe durch eine Verfügung des Führers und Reichskanzlers in die Gaue Nieder- und Oberschlesien geteilt. →S. 20

In Montevideo (Uruguay) wird die La-Plata-Konferenz eröffnet, auf der über eine wirtschaftliche Zusammenarbeit der südamerikanischen Staaten Argentinien, Brasilien, Uruguay, Paraguay und Bolivien verhandelt wird; die Konferenz geht am 6. Februar zu Ende (→6. 2./S. 37).

28. Januar, Dienstag

Vor Werftarbeitern in Bremen kündigt Erich Raeder, der Oberbefehlshaber der Kriegsmarine, an, daß die deutsche Flotte so ausgebaut werden soll, »wie es einer Weltmacht würdig ist«.

Das Institut für Konjunkturforschung legt eine Studie vor, derzufolge in der deutschen Landwirtschaft Investitionen in Höhe von rund 40 Milliarden Reichsmark (RM) unbedingt notwendig sind.

Die britische Heeresleitung schafft den bisher bei der Armee verwendeten Tellerhelm zugunsten eines Helmes mit verlängertem Stirn- und Nackenschutz ab.

29. Januar, Mittwoch

Adolf Hitler empfängt in der Berliner Reichskanzlei eine ungarische Regierungsdelegation; seit Herbst 1940 bemühen sich die nationalsozialistischen Machthaber um eine Verbesserung der Beziehungen zu den Balkanstaaten.

Nach dem Tod des griechischen Ministerpräsidenten Ioannis Metaxas wird Alexandros Koryzis dessen Nachfolger.

In Washington beginnen geheime Generalstabsbesprechungen zwischen Vertretern der britischen und der US-amerikanischen Armeeführung, bei denen über eine gemeinsame Kriegführung im Falle eines Kriegseintritts der Vereinigten Staaten beraten wird (→27. 3./S. 51).

Nach dem Tod des Reichsjustizministers Franz Gürtner wird dessen bisheriger Staatssekretär, Franz Schlegelberger, mit der Führung der Geschäfte des Justizministers beauftragt. →S. 19

30. Januar, Donnerstag

Zum achten Jahrestag der Machtübernahme sagt Adolf Hitler bei einer Festveranstaltung im Berliner Sportpalast, daß der Nationalsozialismus »die kommenden Jahrtausende der deutschen Geschichte bestimmen« wird. →S. 14

Neben führenden Politikern des Nationalsozialismus werden auch deutsche Wirtschaftsführer mit dem Kriegsverdienstkreuz ausgezeichnet; unter ihnen sind Friedrich Flick, Albert Vögler und Ernst Poensgen. →S. 23

Der Reichsführer SS, Heinrich Himmler, verpflichtet in einem Festakt in der norwegischen Hauptstadt Oslo die aus Freiwilligen der nordeuropäischen Staaten gebildete SS-Standarte Nordland.

Reichspropagandaminister Joseph Goebbels erläßt eine Anordnung, in der Dialektbühnen, sog. Bauernbühnen, als wenig wünschenswert bezeichnet werden, da sie »einen Volksstamm gegen den anderen« ausspielen.

31. Januar, Freitag

Das Oberkommando des Heeres hat die Vorbereitungen für den Angriff auf die Sowjetunion, das »Unternehmen Barbarossa«, abgeschlossen (→22. 6./S. 98).

Die kriegerischen Aktivitäten im Luft- und Seekrieg zwischen Großbritannien und dem Deutschen Reich haben im Verlauf des Monats stark nachgelassen; deutsche U-Boote versenkten im Atlantik 17 Handelsschiffe mit insgesamt 98 702 Bruttoregistertonnen.

Die britische Tageszeitung »Daily Telegraph« berichtet über Frauen-Hilfsdiensteinheiten in der britischen Armee, die u. a. im Informations-, Sanitäts- und Transportwesen tätig sind. →S. 17

Im Deutschen Reich werden 1 201 550 Kriegsgefangene in der Wirtschaft eingesetzt, von denen 631 851 in landwirtschaftlichen Betrieben arbeiten müssen.

In Berlin findet die Uraufführung des Dokumentarfilms »Bali – Kleinod der Südsee« statt; zu dem Filmbericht einer Expedition unter der Leitung von Victor Baron von Plessen schrieb Richard Strauss die Musik.

Der US-amerikanische Schwergewichtsweltmeister im Boxen, Joe Louis, verteidigt seinen Titel in New York durch einen K.o.-Sieg in der 5. Runde gegen Herausforderer Red Burman (→29. 9./S. 161).

Reichserziehungsminister Bernhard Rust und Reichsjugendführer Artur Axmann stellen Richtlinien für die Inanspruchnahme Jugendlicher durch Schule und HJ auf; dadurch hat der Nachmittag von Unterricht frei zu sein, um gänzlich für Veranstaltungen der Hitlerjugend zur Verfügung zu stehen.

Das Wetter im Monat Januar

Station	Mittlere Lufttemperatur (°C)	Niederschlag (mm)	Sonnenscheindauer (Std.)
Aachen	–2,1 (1,8)	40,0 (72)	46,9 (51)
Berlin	–6,3 (–0,4)	36,5 (43)	57,8 (56)
Bremen	–4,9 (0,6)	42,1 (57)	63,6 (47)
München	–5,8 (–2,1)	33,6 (55)	42,3 (56)
Wien	– (–0,9)	– (40)	– (56)
Zürich	–2,9 (–1,0)	77,0 (68)	30,0 (46)

( ) Langjähriger Mittelwert für diesen Monat
– Wert nicht ermittelt

Neujahrsausgabe der »Deutschen Wochenschau« mit einem malerischen Blick über die verschneiten Dächer von Berlin

Deutsche Wochenschau

Das Blatt für vielseitiges Wissen und anregende Unterhaltung

(E)rscheint jeden Mittwoch – Bezugspreis durch (d)ie Post monatl. 92 Pf. einschl. 5,8 Pf. Postgeb., (h)ierzu 6 Pf. Bestellgeld – durch den Buchhandel (w)öchentl. 20 Pf. zuzügl. 2 Pf. Zustellgeld frei (H)aus – Verlag: E. Albrecht & Co., Verlags(g)esellschaft, Berlin-Schöneberg, Herbertstr. 4 (F)ernspr. 71 25 06. Postscheckkonto Berlin 128 316.

Berlin 1. Januar 1941

Nr. 1, 18. Jahrgang, Preis 20 Pfg.

Bei Verbot und höherer Gewalt kein Anspruch auf Leistung – Anzeigenpreise: Die 8gespaltene Millimeterzeile im Anzeigenteil 10 Pfennig, im Textteil 35 Pfennig. Anzeigenannahmeschluß: Montag, 12.00 Uhr – Erfüllungsort, Gerichtsstand Bln.-Schöneberg. Verlagspostanstalt: Berlin – Postzeitungsamt

Blick über die Dächer der Reichshauptstadt; Mitte der Dom, rechts das Rathaus

Aufn.: Rondophot

Die Welt im Zeichen von Kriegen, Gewalttaten und Terror

Seit dem Ausbruch des Krieges am 1. September 1939 durch den Überfall deutscher Truppen auf Polen haben sich die politischen Verhältnisse in Europa grundlegend verändert.

Deutsche Soldaten halten den größten Teil Polens, Dänemark, Norwegen, die Niederlande, Belgien, Luxemburg und über die Hälfte des französischen Territoriums besetzt; sie kontrollieren die gesamte westliche Ärmelkanalküste und führen einen Luftkrieg gegen Großbritannien, unter dem vor allem die Zivilbevölkerung leidet.

Ungeachtet der nationalen Gegebenheiten in den besetzten Ländern haben die Nationalsozialisten, häufig unterstützt von einheimischen faschistischen Organisationen, autoritäre Besatzungsregimes errichtet. Politisch Andersdenkende, Juden, Roma, Sinti, Homosexuelle und Freimaurer sind wachsendem Terror ausgesetzt. Jeden Widerstand versuchen die Nationalsozialisten im Keim zu ersticken.

Die Pläne des deutschen Führers und Reichskanzlers Adolf Hitler zielen zum Jahreswechsel 1940/41 auf weitere Eroberungen; nachdem es der deutschen Luftwaffe mit zahllosen Bombenangriffen nicht gelungen ist, die Voraussetzungen für eine Landung auf den Britischen Inseln zu schaffen, richten sich die deutschen Offensivpläne nach Osten; Wehrmachtsstäbe planen seit Juli 1940 den Angriff auf die Sowjetunion (→ 22. 6./S. 98).

Italien, ein enger Verbündeter des Deutschen Reiches, hat im Oktober 1940 ohne Rücksprache mit Hitler Griechenland angegriffen. Die italienischen Truppen sind jedoch von den Griechen und den sie unterstützenden Briten zurückgeschlagen worden; ohne deutsches Eingreifen drohen sich die Briten in Griechenland festzusetzen und die deutschen Pläne in Osteuropa zu gefährden.

Auf dem afrikanischen Kontinent hat der italienische Duce und Ministerpräsident, Benito Mussolini, im September 1940 von Libyen aus einen Krieg gegen die britischen Truppen in Ägypten entfacht. Mussolinis Streitkräfte sind aber auch hier auf deutsche Hilfe angewiesen.

Der einzige Staat, der zu Beginn des Jahres 1941 dem Deutschen Reich gewachsen zu sein scheint, sind die USA; isolationistische Kreise mit großem Rückhalt in der Bevölkerung verhindern jedoch zunächst den Kriegseintritt. US-Präsident Franklin D. Roosevelt unterstützt Großbritannien materiell im Krieg gegen das Deutsche Reich, kann aber innenpolitisch ein stärkeres Engagement der USA im europäischen Krieg nicht durchsetzen.

Im Fernen Osten steht den USA mit Japan ein Verbündeter des Deutschen Reiches gegenüber, der seine Macht auszudehnen versucht. Die Spannungen im Verhältnis der beiden Staaten wachsen, da die USA auf Rohstoffe aus dieser Region nicht verzichten kann.

Die drei ersten »Ju 87« Kampfflugzeuge einer Fliegerstaffel der deutschen Wehrmacht kurz vor Abwurf der Bombenladung über dem englischen Festland

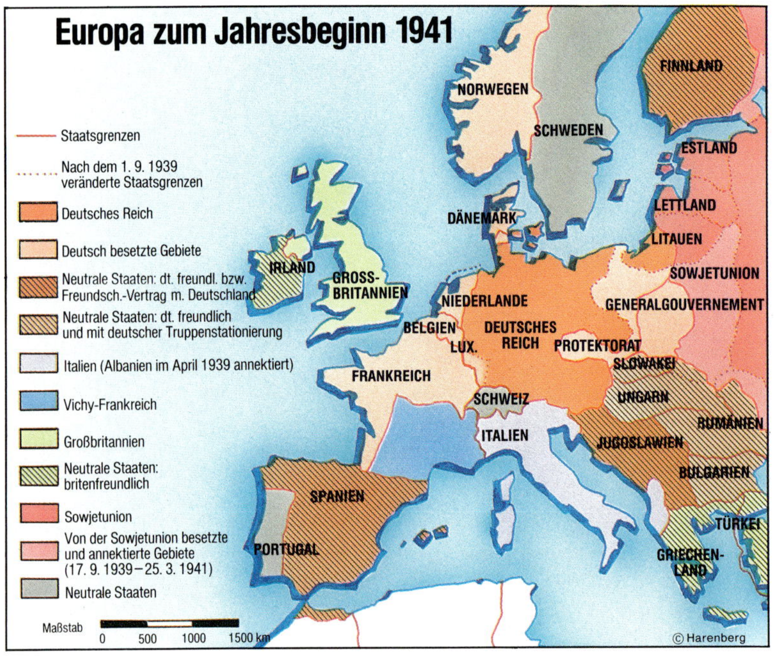

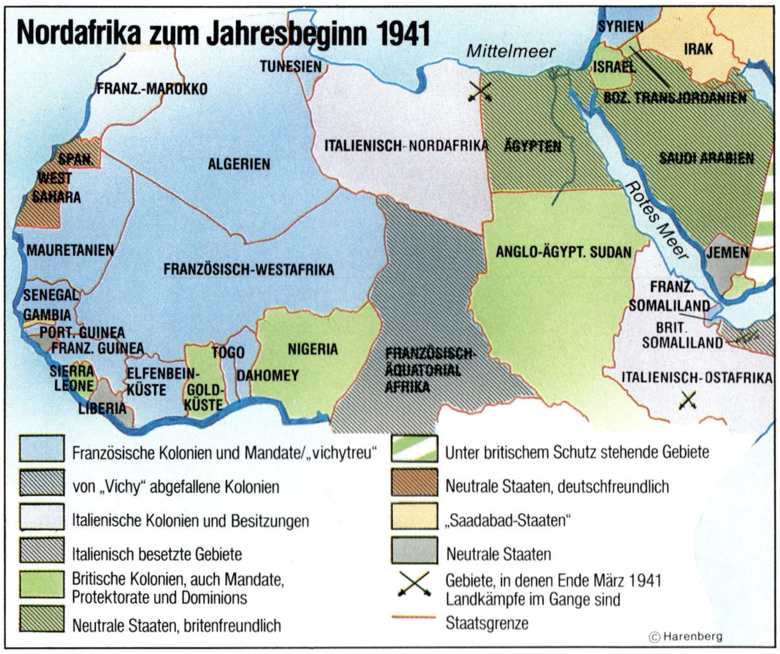

Britische Karikatur zum Verhältnis Hitler–Stalin, die 1939 trotz ihrer Gegensätze einen Freundschaftspakt zur Aufteilung Polens geschlossen haben

Deutsch-sowjetische Verträge

10. Januar. Deutsche und sowjetische Regierungsdelegationen unterzeichnen in Moskau, Riga und Kowno (Kaunas) mehrere zwischenstaatliche Vereinbarungen.

Der deutsche Botschafter in der UdSSR, Friedrich Werner Graf von Schulenburg, und der sowjetische Außenminister Wjatscheslaw M. Molotow setzen im Kreml ihre Unterschriften unter einen Vertrag, der den Verlauf der deutsch-sowjetischen Grenze am baltischen Staat Litauen festschreibt, der am 3. August 1940 in das Territorium der UdSSR eingegliedert wurde.

In Kowno und Riga werden Verträge abgeschlossen, die Umsiedlungen von 50 000 Deutschen aus den baltischen Provinzen ins Deutsche Reich und von 20 000 Litauern, Russen und Weißrussen aus dem Reichsgebiet in die Sowjetunion regeln (→ 25. 3./S. 51).

Ebenfalls in Moskau wird ein Wirtschaftsabkommen geschlossen, das sowjetische Getreide- und Rohstofflieferungen gegen deutsche Industriegüterimporte vorsieht.

Die deutsche Führung plant zwar den Krieg gegen die UdSSR, deckt aber den deutschen Rohstoffbedarf bis zum Angriff (→ 22. 6./S. 98) durch sowjetische Lieferungen.

Chronik des Kriegs seit 1939

Schon lange bevor das NS-Regime mit dem Angriff auf Polen den Zweiten Weltkrieg entfesselte, plante Adolf Hitler Eroberungsfeldzüge gegen die europäischen Nachbarländer. Die Kriegführung dient dem Ziel, die Herrschaft des NS-Regimes auf die wichtigsten europäischen Staaten auszudehnen und so zur einzigen Großmacht auf dem Kontinent zu werden.

1939: 1. September: Mit dem Überschreiten der polnischen Grenze durch deutsche Verbände beginnt der Zweite Weltkrieg.

▷ 3. September: Großbritannien und Frankreich, die Schutzmächte Polens, erklären dem Deutschen Reich den Krieg.

▷ 17. September: Sowjetische Armeeverbände rücken von Osten her in Polen ein.

▷ 28. September: Im deutsch-sowjetischen Freundschafts- und Grenzvertrag wird das polnische Territorium aufgeteilt.

▷ 30. November: Sowjetische Truppen greifen Finnland an und erzwingen die Abtretung von Teilen Kareliens.

1940: 30. März: Die japanische Regierung setzt in den von ihren Truppen besetzten Teilen Chinas eine Regierung unter Wang Ching-wei ein; seit 1937 befinden sich beide Staaten im Krieg.

▷ 9. April: Deutsche Wehrmachtseinheiten dringen beim »Unternehmen Weserübung« in Dänemark und Norwegen ein. Dänemark ergibt sich der deutschen Übermacht fast kampflos; Norwegen kapituliert erst im Juni.

▷ 10. Mai: Den Auftakt des Westfeldzugs der deutschen Wehrmacht bildet der Angriff auf die neutralen Staaten Niederlande, Belgien und Luxemburg; nach der Kapitulation der Niederlande am 15. Mai und Belgiens am 28. Mai dringen deutsche Truppen bis zur Kanalküste vor.

▷ 5. Juni: Mit dem deutschen Angriff auf die Weygand-Linie, eine provisorische französische Verteidigungslinie, beginnt die Schlacht um Frankreich.

▷ 10. Juni: Der italienische Duce und Ministerpräsident, Benito Mussolini, erklärt Frankreich und Großbritannien den Krieg.

▷ 22. Juni: Deutsche und französische Regierungsvertreter unterzeichnen einen Waffenstillstandsvertrag; der Norden mit der Hauptstadt Paris und die Westküste Frankreichs werden von deutschen Truppen besetzt. Der französische Marschall Philippe Pétain bildet in Vichy eine Regierung für den unbesetzten Teil Frankreichs.

▷ 16. Juli: Adolf Hitler ordnet die Vorbereitung einer deutschen Landung auf den Britischen Inseln an.

▷ 6. August: Italienische Armeeverbände erobern bis zum 19. August Britisch-Somaliland in Ostafrika.

▷ 13. August: Mit dem sog. Adlertag leitet die deutsche Luftwaffe den verschärften Luftkrieg gegen Großbritannien ein; die deutsche Luftüberlegenheit über den Britischen Inseln ist Voraussetzung für eine deutsche Invasion.

▷ 13. September: Italienische Truppen überschreiten von Libyen aus die ägyptische Grenze und greifen die dort stationierten britischen Verbände an.

▷ 27. September: Regierungsvertreter Italiens, Japans und des Deutschen Reichs unterzeichnen in Berlin den Dreimächtepakt, in dem sie gegenseitige Unterstützung vereinbaren.

▷ 12. Oktober: Hitler verschiebt die Landung in Großbritannien, da die Luftwaffe die Luftüberlegenheit über den Britischen Inseln nicht erringen konnte.

▷ 28. Oktober: Italienische Truppen greifen Griechenland an.

▷ 13. Dezember: Der deutsche Angriff auf Griechenland, »Unternehmen Marita«, ist in Hitlers Weisung Nr. 20 festgelegt.

▷ 18. Dezember: Hitler ordnet den Angriff auf die UdSSR für das Frühjahr 1941 an.

▷ 19. Dezember: Die italienische Armeeführung erbittet deutsche Unterstützung für ihre Einheiten in Nordafrika; am 28. Dezember fordert sie außerdem Hilfe für ihre in Bedrängnis geratenen Truppen auf dem Balkan an.

Siegeszuversicht bei allen Kriegsparteien

1. Januar. Zum Jahreswechsel wenden sich Staatsoberhäupter aus aller Welt an ihre Völker und die Menschen in verbündeten Staaten. Während die Vertreter der Achsenmächte, Italien und Deutsches Reich, in ihren Reden mit Hinweis auf die Kriegserfolge des vergangenen Jahres ihre Unbezwingbarkeit verkünden, beschwören die Politiker der westlichen Demokratien die Verteidigungsbereitschaft und den Widerstandswillen der Völker gegenüber den nationalsozialistischen und faschistischen Aggressoren.

Adolf Hitler zettelte mit dem Befehl zum Angriff auf Polen am 1. September 1939 den Zweiten Weltkrieg an. Nun bereitet er die Bevölkerung auf eine Ausweitung des Krieges vor:

»Ein inhaltsschweres Jahr deutscher Geschichte ist zu Ende. Die gewaltige Einmaligkeit der Ereignisse, ihre umwälzende Bedeutung für die künftige Entwicklung der Menschheit wird in vollem Ausmaß erst späteren Generationen bewußt werden. Wir, die wir die Geschichte dieser Zeit erleben, können uns des Eindrucks nicht erwehren, daß das Walten der Vorsehung stärker ist als die Absicht und der Wille einzelner Menschen ... Das Jahr 1940 hat Entscheidungen gebracht, wie sie in der Geschichte der Völker in ähnlichem Ausmaß und Tempo noch nie stattgefunden hatten ... Am 10. Mai trat die deutsche Wehrmacht diesen Machenschaften [von Briten und Franzosen] entgegen, erfüllt von dem Entschluß, nunmehr im Westen die endgültige Entscheidung zu erzwingen. Fünf Tage schon brachten Holland zur Kapitulation, nach weiteren zehn Tagen hat die belgische Armee die Waffen gestreckt. Sechs Wochen nach Beginn der Westoffensive aber gab es keine französische Armee mehr, die in der Lage gewesen wäre, noch irgendeinen Widerstand zu leisten ... Daß die deutsche Wehrmacht gut ist, hat sie bewiesen, daß sie aber in den kommenden Wochen noch besser sein wird, ist unser Entschluß ... Das Jahr 1941 wird das deutsche Heer, die deutsche Marine und Luftwaffe in gewaltiger Verstärkung und in verbesserter Ausrüstung antreten sehen. Unter ihren Schlägen werden dann die letzten Phrasen der Kriegsverbrecher zusammenbrechen ... Die demokratischen Kriegsinteressenten, die ... die Völker in immer neue Krisen stürzen, müssen vernichtet werden. Es ist unser Entschluß, dieses Gericht stattfinden zu lassen.«

Winston Churchill, seit Kriegsausbruch erneut Erster Lord der Admiralität und ab 10. Mai 1940 Premier- und Verteidigungsminister Großbritanniens, appelliert an den Durchhaltewillen der Briten:

»Das britische Volk hat im vergangenen Jahr zahlreiche harte Prüfungen durchgemacht. Es gab Augenblicke, in denen sogar seine besten Freunde sich fragten, ob es England gelingen werde, sich aus der Affäre zu ziehen. Heute zweifeln nur noch wenige daran. Zu Beginn des neuen Jahres sehen wir vertrauensvoll den noch kommenden Prüfungen und Kämpfen entgegen, wobei wir wissen daß unsere Hilfsquellen mit jedem Tag größer werden ... In den Stunden der Prüfungen ist es gut, Freunde zu haben.«

Philippe Pétain, seit 13. Juli 1940 »Chef de L'État Français«, versucht durch diktatorische Maßnahmen, ein weiteres Vordringen der Deutschen in den unbesetzten Teil Frankreichs zu verhindern:

»Das Jahr 1941 wird schwer sein. Es muß das Jahr der Wiedererstehung Frankreichs sein ... Das Jahr 1941 muß ein Jahr eifriger Arbeit sein ... Wir müssen an das Unglück des Vaterlandes und aller jener denken, die noch mehr leiden als wir. Ich habe mir selber vorgenommen, ... weder Parteien noch Volksklassen zu kennen«

Der 32. US-amerikanische Präsident, Franklin Delano Roosevelt, ruft die US-amerikanische Bevölkerung zu weiterer Hilfe für Großbritannien auf:

»Die nationalsozialistischen Herrscher von Deutschland haben es klargemacht, daß sie nicht nur beabsichtigen, alles Leben und Denken in ihrem eigenen Land zu beherrschen, sondern auch ganz Europa zu versklaven und dann die Hilfsmittel Europas zu verwenden, um den Rest der Welt zu beherrschen ... Wenn Großbritannien zugrunde geht, werden die Achsenmächte die Kontinente von Europa, Asien, Afrika und Australien-Asien kontrollieren und die hohe See, und sie werden in der Lage sein, enorme militärische und seemilitärische Hilfsmittel gegen diese Halbkugel aufzustellen. Es ist dies keine Übertreibung, zu sagen, daß wir alle in Amerika vor der Mündung eines Revolvers leben würden, der mit wirtschaftlichen wie militärischen Explosivkugeln geladen ist ... Der Kampf der Demokratien gegen die Welteroberung wird stark unterstützt und er muß noch weit mehr durch die Aufrüstung der Vereinigten Staaten unterstützt werden, und dadurch, daß wir jede Unze und jede Tonne Munition und Hilfsmittel, die wir entbehren können, den Verteidigern senden, die sich in der ersten Feuerlinie befinden ...
Als Präsident der Vereinigten Staaten rufe ich dazu auf, daß die Nation ihre Anstrengungen bei der Produktion allen Rüstungsmaterials vermehrt ...
Als Präsident der Vereinigten Staaten appelliere ich in diesem Sinne an unser Volk mit dem unbedingten Zutrauen, daß unsere gemeinsame Sache von endgültigem Erfolg gekrönt sein wird.«

Adolf Hitler, umringt von Soldaten der deutschen Wehrmacht

Acht Jahre nach der Machtübernahme

30. Januar. Am achten Jahrestag der Machtübernahme durch die NSDAP im Deutschen Reich sagt der Führer und Reichskanzler, Adolf Hitler, im Berliner Sportpalast: »Regierungswechsel hat es in der Geschichte schon oft gegeben, auch in der Geschichte unseres eigenen Volkes. Es ist aber sicher noch kein Wechsel einer Regierung von so tief greifenden Folgen begleitet gewesen wie der vor acht Jahren.«

Adolf Hitler seit 1933 an der Macht
Am 30. Januar 1933 ernennt Reichspräsident Paul von Hindenburg den Führer der Nationalsozialistischen Deutschen Arbeiterpartei (NSDAP), Adolf Hitler, zum deutschen Reichskanzler; in den folgenden Monaten schaltet Hitler alle politischen Gegner aus, setzt die Weimarer Verfassung außer Kraft und sichert sich die Alleinherrschaft durch die Verabschiedung des Ermächtigungsgesetzes am 23. März 1933.

Im weiteren Verlauf seiner Rede kündigt Hitler eine Ausweitung des U-Boot- und Luftkrieges gegen Großbritannien und das Eingreifen deutscher Truppen im italienisch-griechischen Balkankrieg an. Abschließend erklärt er das Jahr 1941 zu »einem Jahr einer großen Neuordnung Europas« und deutet weitere Zwangsmaßnahmen gegen die jüdische Bevölkerung an.

Mittelmeerinsel Malta bombardiert

16. Januar. Deutsche Bomber beschädigen bei einem Angriff auf die Mittelmeerinsel Malta den britischen Flugzeugträger »Illustrious« und das Schlachtschiff »Perth«, die in den Reparaturdocks der maltesischen Hauptstadt Valetta liegen.
Die von den Briten beherrschte Insel Malta ist immer häufiger Ziel deutscher und italienischer Luftangriffe. Malta dient den britischen Truppen als Ausgangsbasis für Angriffe auf Nachschub- und Truppentransporte der italienischen Truppen in Nordafrika durch das Mittelmeer. Trotz der deutschen und italienischen Bombardements können die Briten ihren Stützpunkt halten.

Zivilbevölkerung leidet im Luftkrieg

11. Januar. Die deutsche Luftwaffe fliegt in zwei aufeinanderfolgenden Nächten Angriffe auf die britische Hauptstadt London, bei denen sie 299 t Sprengbomben und 1421 Brandschüttkästen abwirft; einen Tag später bombardieren britische Bomberstaffeln Ziele im Süden des Deutschen Reiches.
Der seit August 1940 tobende verschärfte Luftkrieg zwischen dem Deutschen Reich und Großbritannien trifft vor allem die Zivilbevölkerung; allein bei Luftangriffen auf britische Städte im Januar finden 1550 Zivilisten den Tod, 2021 Briten werden verletzt (→ 10. 5./S. 86).

Britische Truppen siegen in Libyen

22. Januar. Britische Truppen erobern die bislang von italienischen Einheiten gehaltene Festung Tobruk an der libyschen Mittelmeerküste; die britischen Nordafrikatruppen hatten bereits am 5. Januar die unweit der libysch-ägyptischen Grenze gelegene Stadt Bardia (Bardijja) eingenommen und 40 000 Italiener gefangengenommen.
Der Krieg in Nordafrika war durch den Angriff der Italiener auf die britischen Truppen in Ägypten im September 1940 ausgelöst worden. Der italienische Vorstoß war nach wenigen Tagen ins Stocken geraten, am 9. Dezember 1940 starteten die Briten ihre Gegenoffensive.

Deutscher Bombenangriff auf die Insel Malta im Mittelmeer, die der britischen Armee als Stützpunkt und Nachschubbasis im Nordafrikakrieg dient

Nach dem Angriff der deutschen Luftwaffe auf London gibt es im Umkreis um den Piccadilly Circus keinen einzigen unbeschädigten Häuserblock mehr

Gefangengenommene italienische Truppen werden von britischen Soldaten durch die Ruinen der eroberten ostlibyschen Hafenstadt Tobruk geführt

Haile Selassie auf äthiopischem Boden

24. Januar. Kaiser Haile Selassie I. von Äthiopien (Abessinien) kehrt mit britischer Hilfe aus seinem Londoner Exil nach Afrika zurück; mit einem britischen Flugzeug landet er auf einer eigens hergerichteten Rollbahn im Sudan nahe der äthiopischen Grenze. Er übernimmt das Kommando über äthiopische Truppen, die mit britischer Unterstützung die italienische Besatzung Äthiopiens bekämpfen.
Italienische Armeeverbände hatten am 3. Oktober 1935 Äthiopien angegriffen, den Kaiser zur Flucht ins Londoner Exil gezwungen und das Land mit Italienisch-Somaliland und Eritrea zusammengefaßt.
Haile Selassie, der angesichts der schwächer werdenden italienischen Machtposition in Afrika die Herrschaft über sein Land zurückerlangen will, überschreitet kurz nach seiner Ankunft im Sudan demonstrativ die Grenze nach Äthiopien und hißt die gelb-grüne äthiopische Nationalfahne (→ 5. 5./S. 85).

Streit in den USA um Rüstungshilfe

10. Januar. Im US-amerikanischen Kongreß in Washington wird eine Gesetzesvorlage von US-Präsident Franklin Delano Roosevelt eingebracht, die eine stärkere Unterstützung Großbritanniens und anderer mit dem Deutschen Reich im Krieg befindlichen Staaten ermöglichen soll. Vorgesehen ist, Staaten, deren Verteidigung im Interesse der USA liegt, nicht wie bisher nur gegen sofortige Bezahlung mit Rüstungsgütern zu beliefern, sondern diese auch leihweise bereitzustellen.
Die Vorlage des sog. Lend- and Lease-Act (Leih- und Pachtgesetz) stößt vor allem bei den Befürwortern einer strikten Neutralität der USA im Krieg auf dem europäischen Kontinent auf Widerspruch. Sie befürchten, daß die Vereinigten Staaten in einen Krieg hineingezogen werden, obwohl ihr Territorium weder angegriffen noch ernsthaft gefährdet ist. Trotz des starken Rückhalts, den die Gesetzesgegner in der US-amerikanischen Bevölkerung haben, tritt das Leih- und Pachtgesetz am → 11. März (S. 51) mit Zustimmung beider Parlamentskammern der USA in Kraft.

Nach seiner Wiederwahl wird der 32. Präsident der USA, Franklin D. Roosevelt, auf dem Weg vom Kapitol zum Weißen Haus von Polizeikohorten begleitet

Roosevelt zum dritten Mal US-Präsident

20. Januar. In der US-amerikanischen Hauptstadt Washington finden die Feierlichkeiten zur Amtseinführung des nach 1932 und 1936 zum dritten Mal zum US-Präsidenten gewählten Demokraten Franklin Delano Roosevelt statt. Roosevelt hatte bei der Präsidentschaftswahl am 3. November 1940 mit 27 244 160 Stimmen knapp fünf Millionen Stimmen mehr erhalten als sein republikanischer Gegenkandidat Wendell Lewis Willkie.

Rund eine Million Menschen, von denen die Hälfte in über 80 Sonderzügen zur Amtseinführung Roosevelts in die US-amerikanische Hauptstadt gekommen ist, stehen an den Straßen Spalier, die der alte und neue Präsident in seinem offenen Wagen befährt.

Nach der feierlichen Vereidigung des Präsidenten auf einer eigens errichteten Tribüne vor dem Portal des Kongreßgebäudes nimmt Roosevelt eine Truppenparade ab, bei der erstmals Panzer vorgeführt werden; im Anschluß daran besucht das Staatsoberhaupt ein von US-amerikanischen Künstlern zu seinen Ehren veranstaltetes Festbankett; der Schauspieler Charlie Chaplin trägt dabei u.a. die große Freiheitsrede aus seinem 1940 gedrehten satirischen Film »Der große Diktator« über das nationalsozialistische Deutsche Reich vor.

Das überfüllte Kongreßgebäude in Washington, in dem Präsident Roosevelt eine eindringliche Rede gegen Faschismus und Unterdrückung hält

Roosevelt zählt in den Vereinigten Staaten zu den »Internationalisten«, die anders als die »Isolationisten« der Auffassung sind, die USA dürfen sich nicht aus dem Krieg in Europa heraushalten; in seiner Antrittsrede sagt Roosevelt: »Dieser Geist [der Freiheit] erinnert uns an die anderen Länder dieser Hemisphäre und an die Völker jenseits der Meere, die unterdrückten ebenso wie die freien. Manchmal scheinen wir dieser Stimme nicht genug Aufmerksamkeit zu schenken.«

Die Popularität Roosevelts gründet sich auf seine sozial- und wirtschaftspolitischen Maßnahmen des »New Deal«, mit denen er in den 30er Jahren die Folgen der 1929 offenkundig gewordenen Weltwirtschaftskrise in den Vereinigten Staaten bekämpfte. Roosevelt, entfernt verwandt mit dem früheren US-Präsidenten Theodore Roosevelt, der von 1901 bis 1909 im Amt war, wird zudem hoch angesehen, weil er sich trotz einer Kinderlähmung im politischen Leben durchsetzte.

»Vier Freiheiten der Menschheit«

6. Januar. US-Präsident Franklin D. Roosevelt betont in einer Botschaft an den Kongreß in Washington seine Entschlossenheit, die westlichen Staaten gegen das Deutsche Reich und Italien zu unterstützen und entwickelt Vorstellungen über eine zukünftige Welt (Auszüge):

»Von der Zukunft erhoffen wir eine Welt, die sich auf vier entscheidende Freiheiten gründet.

Die erste Freiheit ist die Freiheit der Rede und der Meinungsäußerung – überall in der Welt.

Die zweite Freiheit ist die Freiheit eines jeden, Gott auf seine Weise zu dienen – überall in der Welt.

Die dritte Freiheit ist Freiheit von Not. Das bedeutet, gesehen vom Gesichtspunkt der Welt, wirtschaftliche Verständigung, die für jede Nation ein gesundes, friedliches Leben gewährleistet – überall in der Welt.

Die vierte Freiheit ist Freiheit von Furcht. Das bedeutet, gesehen vom Gesichtspunkt der Welt, weltweite Abrüstung, so gründlich und so weitgehend, daß kein Volk mehr in der Lage sein wird, irgendeinen Nachbarn mit Waffengewalt anzugreifen – überall in der Welt.«

Halifax wirbt um US-Militärhilfe

24. Januar. US-Präsident Franklin Delano Roosevelt empfängt auf seiner Yacht »Potomac« den neuen britischen Botschafter in den Vereinigten Staaten, Lord Edward Frederick Lindley Wood Halifax, in der Chesapeake Bay an der Küste vor der US-amerikanischen Stadt Annapolis. Halifax reist auf ausdrücklichen Wunsch des britischen Premierministers, Winston Churchill, mit dem neuesten britischen Schlachtschiff »King George V« zu seinem Amtsantritt in die Vereinigten Staaten.

Für die Regierungen in Washington und London sind die Beziehungen ihrer Länder von großer Bedeutung. Dies kommt zum Ausdruck in dem außergewöhnlichen Empfang für Halifax durch den US-Präsidenten und durch die Tatsache, daß der neue Botschafter bis zum Dezember 1940 britischer Außenminister war.

Halifax hat den Auftrag, in den USA für einen Ausbau der US-amerikanischen Rüstungshilfe für Großbritannien zu werben. Da die britischen Finanzreserven zur Neige gehen, ist die Regierung Churchills auf Hilfe angewiesen, um das Land gegen die deutschen Angriffe erfolgreich verteidigen zu können.

△ Edward Frederick Lindley Wood Lord Halifax (r.) und der britische Premierminister Winston S. Churchill (l.) besichtigen das neueste britische Schlachtschiff, die »King George V.«, mit dem Halifax zu seinem Amtsantritt in die USA anreisen wird

*◁ Der britische Botschafter in den Vereinigten Staaten, Lord Halifax (*16. 4. 1881 in Powderham Castle), war bereits vor seinem Amtsantritt als Botschafter in den USA als Minister (1938–1940) für die Außenpolitik Großbritanniens zuständig*

Fraueneinheiten zur Entlastung der Armeen

31. Januar. Die britische Zeitung »Daily Telegraph« berichtet ausführlich über die Aufgaben und die Arbeit des Auxiliary Transport Service (A.T.S.), einer Transporttruppe des britischen Kriegsministeriums. Im A.T.S. sind fast nur Frauen tätig, die sich freiwillig zu diesem militärischen Dienst gemeldet haben.

Auch in anderen Ländern Europas werden Frauen im Dienst der Armeen eingesetzt; so bildet z.B. die finnische Organisation Lotta Svärd Frauen zum Einsatz als Nachrichtenhelferinnen und Sanitäterinnen zur Unterstützung der finnischen Armee aus (→26. 6./S. 101). Ähnliche Aufgaben haben die deutschen Nachrichtenhelferinnen, die sog. Blitzmädchen.

Die Lastwagenfahrerinnen des A.T.S., die spezielle Uniformen tragen, transportieren mit ihren 30 t-LKW täglich in Konvois von bis zu 400 Fahrzeugen von zentralen Depots aus Lebensmittel, Ausrüstungsgegenstände und Munition zu Armee-Einheiten, die in Großbritannien stationiert sind. Sie erfüllen damit eine wichtige Aufgabe im Rahmen der britischen Verteidigungsmaßnahmen, da sie den Einsatz männlicher Soldaten, die bisher Transportdienste versahen, in kämpfenden Einheiten möglich machen; bei der kämpfenden Truppe dürfen Frauen nicht eingesetzt werden.

Wie die britische Zeitung weiter berichtet, melden sich viele Frauen zum Einsatz im A.T.S., die aus überseeischen Ländern des britischen Empire nach Großbritannien eingewandert sind. Einzige Bedingung zur Aufnahme in den A.T.S. ist der Nachweis zweijähriger Fahrpraxis.

Britische LKW-Fahrerinnen im Dienst der Armee vor einem Einsatz

Zeitungsverbote in Großbritannien

21. Januar. Das britische Innenministerium verbietet die kommunistische Tageszeitung »Daily Worker« und das kommunistische Wochenblatt »Week«. Beide Zeitungen hatten in viel beachteten Artikeln über die sozialen Härten infolge der deutschen Luftangriffe auf britische Städte berichtet. Nach offiziellen Angaben hat das Innenministerium das Verbot ausgesprochen, da beide Blätter »gegen eine Fortführung des Krieges bis zum Sieg« massive Propaganda gemacht haben.

Innenminister Herbert Stanley Morrison weist nach Protesten aus der Kommunistischen Partei und der sozialistisch orientierten Labour Party darauf hin, daß er künftig alle Zeitungen verbieten werde, die durch ihre Berichterstattung die Verteidigung untergraben.

Unerhörter Zwischenfall in Franzisko

dnb. **New York**, 19. Januar

Am Samstag hat sich in San Franzisko ein unerhörter Flaggenzwischenfall vor dem deutschen Generalkonsulat zugetragen. Die deutsche Reichsdienstflagge, die aus Anlaß des Reichsgründungstages auf dem deutschen Generalkonsulat gehißt war, wurde unter dem Beifall einer johlenden Menge heruntergeholt und zerrissen.

Obwohl sich nach dem Hissen der Reichsflagge eine Menschenmenge auf der Straße vor dem Generalkonsulat angesammelt hatte, die in drohender Haltung die sofortige Entfernung der Flagge verlangte, wurden nur wenige Polizeibeamte abkommandiert. Auf diese Weise konnten die Täter ungehindert auf einer Feuerleiter bis in das zehnte Stockwerk gelangen und dort ihr unwürdiges Vorhaben durchführen. Erst nach dem Anschlag setzte die Polizei, die im Angesicht des ruchlosen Vorfalles eine bemerkenswert lässige Haltung zur Schau trug, eine Gruppe berittener Beamter ein. Später wurden dann zwei Personen als mutmaßliche Täter verhaftet, die nach übereinstimmenden Meldungen der Newyorker Morgenpresse Angehörige des USA.-Zerstörers „Craven" gewesen sind.

Der deutsche Geschäftsträger in Washington hat wegen der frechen und herausfordernden Beleidigung der deutschen Farben schärfsten Protest beim Staatsdepartement erhoben

Pressebericht zum Flaggenzwischenfall

Streit um Flagge

18. Januar. *Während einer Feier im deutschen Generalkonsulat in San Francisco aus Anlaß des 70. Jahrestages der Gründung des Deutschen Reiches demonstrieren US-amerikanische Bürger vor dem Konsulat gegen die deutsche Kriegspolitik. Im Verlauf der Kundgebung entfernen zwei Demonstranten die deutsche Fahne vom Dach des Gebäudes und zerreißen sie. Nach deutschen Protesten werden die Täter verhaftet. Überall in den Vereinigten Staaten kommt es daraufhin zu antideutschen Demonstrationen und Protestaktionen.*

Maßnahmen gegen Flüchtlingsstrom

1. Januar. In der Schweiz wird die Möglichkeit der Aberkennung des Bürgerrechtes eingeführt; innerhalb von fünf Jahren nach Zuerkennung des Bürgerrechtes können Justiz- oder Polizeibehörden einem »Neuschweizer« das Bürgerrecht entziehen, »wenn der Bewerber das Bürgerrecht erschlichen hat, oder wenn er sich als von offenkundig unschweizerischer Gesinnung erweist«.
Die Gesetzesänderung ist eine der schweizerischen Maßnahmen zur Eindämmung des Emigrantenstromes. Seit Beginn der nationalsozialistischen Herrschaft im Deutschen Reich 1933 und dem Ausbruch des Zweiten Weltkrieges 1939 kommen jährlich Tausende von Flüchtlingen in die neutrale Schweiz. Die Regierung in Bern befürchtet, daß die NS-Regierung die Aufnahme von Flüchtlingen als Provokation betrachte, die sie mit militärischen Aktionen gegen die Schweiz beantworten werde.

Staatsstreich in Rumänien mißlingt

20. Januar. In Rumänien unternehmen die faschistischen Eisernen Garden einen Putschversuch gegen die Regierung von Ministerpräsident Ion Antonescu.
Der Putsch, den die rumänischen Streitkräfte innerhalb von drei Tagen niederschlagen, bricht aus, nachdem es innerhalb der Regierung, in der führende Gardisten vertreten sind, zu Differenzen über die Innen- und Sicherheitspolitik kam.
Die Garden unter Führung des stellvertretenden Ministerpräsidenten Horia Sima besetzen Polizeikasernen und liefern sich Gefechte mit regulären Truppen; zudem ermorden sie bei Übergriffen wahllos mehrere jüdische Bürger.
Die deutschen Nationalsozialisten unterstützen ihren Verbündeten Antonescu bei der Niederschlagung des Aufstandes mit Truppen, verhelfen den Gesinnungsgenossen aus der Führung der Eisernen Garde jedoch zur Flucht.

Kein Verzicht auf spanischen Thron

26. Januar. Der ehemalige spanische König Alfons XIII. teilt dem spanischen Staatschef Francisco Franco Bahamonde in einem Schreiben mit, daß er zugunsten seines Sohnes Don Juan endgültig auf den spanischen Thron verzichte; indirekt unterstreicht er damit jedoch den Anspruch seiner Familie auf den spanischen Königsthron.
1923 hatte Alfons XIII. die Errichtung einer Militärdiktatur in Spanien gebilligt. Nachdem 1931 in verschiedenen Städten des Landes nach Wahlerfolgen demokratischer Parteien die Republik ausgerufen wurde, verließ er Spanien, ohne auf die Thronrechte zu verzichten. Während des Spanischen Bürgerkrieges 1936 bis 1939 hatte er von seinem Exil aus die faschistische Aufstandsbewegung Francos unterstützt, kehrte jedoch nach dessen Sieg nicht in seine Heimat zurück. Am 28. Februar 1941 stirbt Alfons XIII. im römischen Exil.

Laval flieht nach Putschversuch in Vichy

8. Januar. Der ehemalige stellvertretende Staatschef in Vichy-Frankreich, Pierre Laval, flieht nach einem fehlgeschlagenen Umsturzversuch gegen Marschall Philippe Pétain nach Paris und stellt sich dort unter deutschen Schutz.
Laval, der 1931/32 und 1935/36 französischer Ministerpräsident war, trat im Juli 1940 in die Regierung von Vichy ein, die Pétain nach der Besetzung des Nordens und der gesamten Westküste Frankreichs durch die Deutschen im unbesetzten Teil des Landes gebildet hatte.
Laval vertritt die Auffassung, daß das unbesetzte Vichy-Frankreich eng mit den Deutschen zusammenarbeiten und auf deutscher Seite in den Krieg gegen Großbritannien eintreten sollte. Seine Vorstellungen decken sich mit den Forderungen des deutschen Führers und Reichskanzlers Adolf Hitler, der eine französische Kriegsbeteiligung zur Bedingung für einen deutsch-französischen Friedensvertrag erklärt hatte.
Pétain lehnt einen Kriegseintritt Frankreichs ab und verfolgt mittels einer Schaukelpolitik das Ziel, Vichy-Frankreich nicht zu eng an das Deutsche Reich zu binden, gleichzeitig aber eine Besetzung des ganzen Landes durch eine begrenzte Zusammenarbeit mit den Nationalsozialisten zu verhindern.
Als Laval im Dezember 1940 Pétain absetzen wollte, fand er nicht die nötige Unterstützung im Kabinett und der Staatsführung. Pétain, der frühzeitig über Lavals Vorhaben informiert war, ließ seinen Stellvertreter unter Hausarrest stellen; wenig später kann Pierre Laval fliehen und sich in den besetzten Teil Frankreichs absetzen (→ 27. 8./S. 137).
Die Politik der zerstrittenen Vichy-Regierung wird zunehmend von General Charles de Gaulle beeinflußt, der von London aus den französischen Widerstand gegen die deutsche Besatzungstruppen organisiert (→ 23. 8./S. 137).

Setzen sich für eine Zusammenarbeit mit den deutschen Besatzungstruppen ein: Die französischen Politiker Pierre Laval (r.) und Fernand de Brinon

»Nieder mit der braunen Scheiße«

23. Januar. In Luxemburg kommt es anläßlich des 45. Geburtstages der Großherzogin Charlotte, die seit der Besetzung des Landes im Mai 1940 im Exil lebt, zu deutsch-feindlichen Aktionen und Unmutsbekundungen der Bevölkerung. Die deutschen Besatzungsbehörden haben in Erwartung größerer Kundgebungen vorbeugende Maßnahmen wie Ausgehverbote, starke Militärpräsenz in den Städten usw. getroffen, doch können dadurch die Aktivitäten des Luxemburger Widerstandes nicht gänzlich verhindert werden.

Großherzogin Charlotte von Luxemburg genießt großes Ansehen

Ein Flugblatt, das an diesem Tag in Umlauf gebracht wird, prangert die NS-Herrschaft an: »... wir werden Euch anklagen vor den Völkern der Welt... Neid, Haß, Lug, Trug, Raub, Mord, Krieg, Erpressung, Wortbruch, das ist die Fratze des dritten Reiches... Nieder mit der braunen Scheiße.« In Petingen wird eine Strohpuppe mit der Inschrift aufgehängt: »So geht es jedem, der Anhänger der NSDAP ist.«
Die Träger des Widerstandes in Luxemburg sind vor allem die Kirchen sowie die Schüler- und Studentenschaft; ihre Aktivitäten gehen vom demonstrativen Absingen luxemburgischer Lieder in der Öffentlichkeit und dem Nicht-Bedienen von Deutschen in Geschäften und Gaststätten bis zu Überfällen auf deutsche Dienststellen sowie Bedienstete von Wehrmachts- und NSDAP-Einrichtungen.

Parallelkrieg wird endgültig beendet

19. Januar. Der deutsche Führer und Reichskanzler Adolf Hitler empfängt in seiner Berchtesgadener Residenz, dem Berghof, den italienischen Duce und Ministerpräsidenten Benito Mussolini. Die Führer der sog. Achsenmächte vereinbaren die Beendigung des sog. Parallelkrieges und eine gemeinsame Kriegführung im Mittelmeerraum.

Die bislang geübte »Politik der getrennten Räume«, nach der Hitler sich auf die Kriegführung nördlich und Mussolini auf die Gebiete südlich der Alpen beschränkte, wird zugunsten einer engen Zusammenarbeit in Nordafrika und auf dem Balkan aufgegeben. Hintergrund dieser Strategieänderung sind die italienischen Mißerfolge im Krieg gegen Griechenland, die den geplanten deutschen Angriff auf die UdSSR gefährden (→ 22. 6./S. 98).

Hitler teilt Mussolini bei der Zusammenkunft außerdem seinen Entschluß mit, deutsche Truppen zur Unterstützung der erfolglosen italienischen Einheiten nach Nordafrika zu schicken. Er hatte dazu bereits am 11. Januar die Aufstellung eines deutschen Panzersperrverbandes zur Entsendung nach Libyen angeordnet (→ 12. 2./S. 36).

Hitler (l.) trifft sich mit Benito Mussolini zur Aussprache in Berchtesgaden

Hitler sucht Pakt mit Balkan

13. Januar. Der bulgarische König Boris III. wird von Adolf Hitler in dessen Berghof bei Berchtesgaden empfangen. Bei den Gesprächen versucht Hitler vergeblich, seinen Gast zu bewegen, einem Beitritt Bulgariens zu dem 1940 zwischen Italien, Japan und dem Deutschen Reich geschlossenen Dreimächtepakt zuzustimmen. In dem Pakt verpflichteten sich die Unterzeichner zu gegenseitiger Unterstützung »mit allen politischen, wirtschaftlichen und militärischen Mitteln«.

Hitler bemüht sich verstärkt um ein Bündnis mit der bulgarischen Führung, da er deren Unterstützung beim geplanten deutschen Angriff auf Griechenland benötigt. In seiner Weisung Nr. 20 vom 13. Dezember 1940 hatte er vorausgesetzt, daß der deutschen Wehrmacht Bulgarien als Aufmarschgebiet zur Verfügung steht. Am → 1. März (S. 48) unterzeichnet der bulgarische Ministerpräsident die Beitrittsurkunde zum Dreimächtepakt.

Einen Tag nach dem bulgarischen König ist Rumäniens Staatschef Ion Antonescu auf dem Berghof zu Besuch. Er sagt Hitler rumänische Unterstützung im geplanten Krieg gegen die UdSSR zu (→ 22. 6./S. 98).

Marschall und Politiker Ion Antonescu, Rumäniens Regierungschef

Justizapparat im Dienst des nationalsozialistischen Terrors

29. Januar. Nach dem Tod des deutschen Reichsjustizministers Franz Gürtner wird dessen bisheriger Staatssekretär Franz Schlegelberger mit der Führung der Geschäfte beauftragt.

Der parteilose Gürtner hatte das Amt des Justizministers seit 1932 inne. Nach der Machtübernahme durch die Nationalsozialisten am 30. Januar 1933 blieb er im Kabinett und diente dem Regime als bürgerlich-konservatives Aushängeschild. Gürtner, der in einigen Fällen vergeblich gegen die NS-Unrechtspraxis protestierte, war maßgeblich beteiligt an der Umgestaltung des Justizwesens unter der nationalsozialistischen Diktatur.

Unmittelbar nach ihrer Machtübernahme gingen die Nationalsozialisten daran, den gesamten Justizapparat ihren Zielen unterzuordnen; mit der Verhängung des zivilen Ausnahmezustandes am 28. Februar 1933 und der Verabschiedung des Ermächtigungsgesetzes am 24. März 1933 wurden alle verfassungsmäßigen Gesetze außer Kraft gesetzt und das Rechtswesen der Verfügungsgewalt der Nationalsozialisten unterstellt. Die nationalsozialistische Rechtsauffassung brachte Reichsrechtsführer Hans Frank im »Völkischen Beobachter« 1936 zum Ausdruck: »Unsere Verfassung ist der Wille unseres Führers.«

Nach der Machtübernahme wurden Richter- und Anwaltsvereinigungen umgehend gleichgeschaltet, Sondergerichte und Volksgerichtshöfe zur Aburteilung politisch Andersdenkender eingerichtet und zahllose Gesetze und Verordnungen erlassen, die den »gesetzlichen« Rahmen für die Judenverfolgung bilden (→ 1. 9./S. 148).

Seit dem Ausbruch des Krieges geht die deutsche Rechtsprechung mit noch größerer Härte gegen die politischen Gegner vor, aber auch kleinere Straftaten werden mit drakonischen Strafen verfolgt. 1941 werden von den insgesamt 320 766 von deutschen Gerichten Verurteilten 1917 wegen Hochverrat und 4597 wegen Wehrkraftzersetzung bestraft; lag die Zahl der Hinrichtungen im Bereich der zivilen Justiz 1937 noch bei 86, so steigt sie 1940 auf 306 und 1941 sogar auf 1146. Richter und Staatsanwälte, die nur wenig Ansehen bei Führer und Reichskanzler Adolf Hitler genießen, suchen diesem ihre Nützlichkeit mit der Verhängung drastischer Strafen und bedingungsloser Unterordnung unter das NS-Regime zu beweisen.

Justizminister F. Gürtner

Hitler (r.) am Sarg des Justizministers Franz Gürtner

Franz Schlegelberger

Bormann-Befehl zum Sturm auf die Klöster

13. Januar. Martin Bormann, Stabsleiter beim »Stellvertreter des Führers«, Rudolf Heß, gibt in einem Geheimerlaß an alle Gauleiter im Deutschen Reich den Befehl zum sog. Klostersturm. Im gesamten Deutschen Reich werden daraufhin Klostergebäude und -güter beschlagnahmt, Ordensgemeinschaften aufgehoben und enteignet. Auch mehrere Priesterseminare und andere kirchliche Anstalten fallen der Aktion zum Opfer.

Die kirchenfeindliche Politik der NSDAP-Führung, die schon 1938 die langfristige Aufhebung der Orden angeordnet hatte, findet im Klostersturm einen vorläufigen Höhepunkt. In regierungsamtlichen Erklärungen werden die Klosterschließungen als »kriegsbedingte Notwendigkeit« bezeichnet. Zu möglichen Protesten der Bevölkerung heißt es in Bormanns Erlaß: »Es hat sich herausgestellt, daß die Bevölkerung keinerlei Unwillen zeigt, wenn Klöster einer allgemein geeignet erscheinenden Verwendung zugeführt werden. Als allgemein geeignet erscheinende Verwendung kommt in Frage die Umwandlung in Krankenhäuser, Erholungsheime, nationalpolitische Erziehungsanstalten oder Adolf-Hitler-Schulen usw. Von diesen Möglichkeiten soll weitgehend Gebrauch gemacht werden.«

Gegen die Welle von Enteignungen und Aufhebungen von Klöstern erheben vor allem die deutschen Bischöfe Protest, der in den meisten Fällen jedoch erfolglos bleibt.

Die Ordensgemeinschaften werden häufig unter dem Vorwand staatsfeindlicher Aktivitäten aufgehoben; in einem Franziskanerkloster bei Hildesheim wird z. B. durch einen Provokateur ein hektographierter Hirtenbrief deponiert, der wenig später erscheinenden Männern der Gestapo als Vorwand zur Klosterauflösung dient.

Männliche Ordensmitglieder der aufgelösten Klöster zwingt die NS-Regierung vielfach zum Kriegsdienst. Ordensfrauen werden in Lazaretten und Krankenhäusern sowie zur Betreuung landverschickter Kinder und Umsiedler eingesetzt. Bis zum Jahreswechsel werden allein in Bayern 315 Frauenklöster beschlagnahmt, 5384 Ordensfrauen werden zur Ableistung »freiwilliger« Dienste gezwungen.

Martin Bormann (r.) trat 1928 in die NSDAP ein. 1933 wurde er Stabsleiter beim Stellvertreter Adolf Hitlers, Rudolf Heß. Am 3. Juni 1938 ernannte Adolf Hitler (l.) ihn zum Adjutanten seines persönlichen Stabes; Bormann gilt als skrupelloser Intrigant und Karrierist

Gau-Teilung sichert Kontrollierbarkeit

27. Januar. Die NSDAP-Pressestelle gibt bekannt, daß der Gau Schlesien in die Gaue Niederschlesien mit den Regierungsbezirken Breslau und Liegnitz und Oberschlesien mit Oppeln und Kattowitz geteilt wird. Durch Gebietsgewinne infolge des deutschen Sieges über Polen im September 1939 war der Gau Schlesien so gewachsen, daß er als »Hoheitsgebiet« der NSDAP zu groß wurde. Die nationalsozialistische Regierung, deren Regime u. a. auf einem engmaschigen Überwachungsnetz aufbaut, achtet darauf, daß die Verwaltungsgebiete überschaubar bleiben, damit eine wirksame Kontrolle der NSDAP-Mitglieder und der übrigen Bevölkerung von den zuständigen Stellen gewährleistet ist.

Der nationalsozialistische Politiker Karl Hanke, Gauleiter für Niederschlesien, nach der Aufteilung Schlesiens in zwei Gaue, wird von Hitler u. a. zum Nachfolger Himmlers bestimmt

Freimaurerlogen werden verfolgt

25. Januar. Die deutschen Besatzungsbehörden in den Niederlanden verbieten die Allgemeine Freimaurerloge, die bis zur Besetzung des Landes durch deutsche Truppen im Mai 1940 Flüchtlinge aus dem Deutschen Reich betreut hat.

Bereits 1935 wurden die deutschen Freimaurerlogen von den Nationalsozialisten unter dem Vorwand aufgelöst, daß diese die »Weltherrschaft der Juden« anstreben. Weit verbreitete Vorurteile gegen die Freimaurer erleichtern den Nationalsozialisten ein brutales Vorgehen gegen die Logen.

Die seit dem 18. Jahrhundert bestehenden Freimaurerlogen sind Vereinigungen, die an einer »freien Welt mauern« und sich für ein sozial gerechtes Gesellschaftsleben einsetzen. Die geheimnisvoll anmutenden Rituale der Logen, die sich z. T. aus mittelalterlichen Bräuchen ableiten, waren in der Geschichte mehrfach Vorwand für Verfolgungen.

Der bulgarische König Boris III. (M.) besucht mit seiner Gemahlin (2. v. l.) die Ausstellung in Sofia, für die er die Schirmherrschaft übernommen hat

Werbung für deutsche Monumentalarchitektur auch im Ausland

25. Januar. *In Sofia wird die Ausstellung »Neue Deutsche Baukunst« eröffnet. Der »Generalbauinspektor der Reichshauptstadt Berlin«, Albert Speer, hat die Objekte der Wanderausstellung zusammengestellt. Staatssekretär Hermann Esser erläutert dem Schirmherrn der Ausstellung, dem bulgarischen König Boris III., die 22 ausgestellten Gebäudemodelle sowie zahlreiche Architekturfotografien, Plastiken und Möbelstücke.*

Die nationalsozialistische Monumentalarchitektur wird mit dieser Ausstellung befreundeten und besetzten Staaten vorgeführt, um deren Regierungen und Völkern die »Überlegenheit der deutschen Kultur« zu demonstrieren.

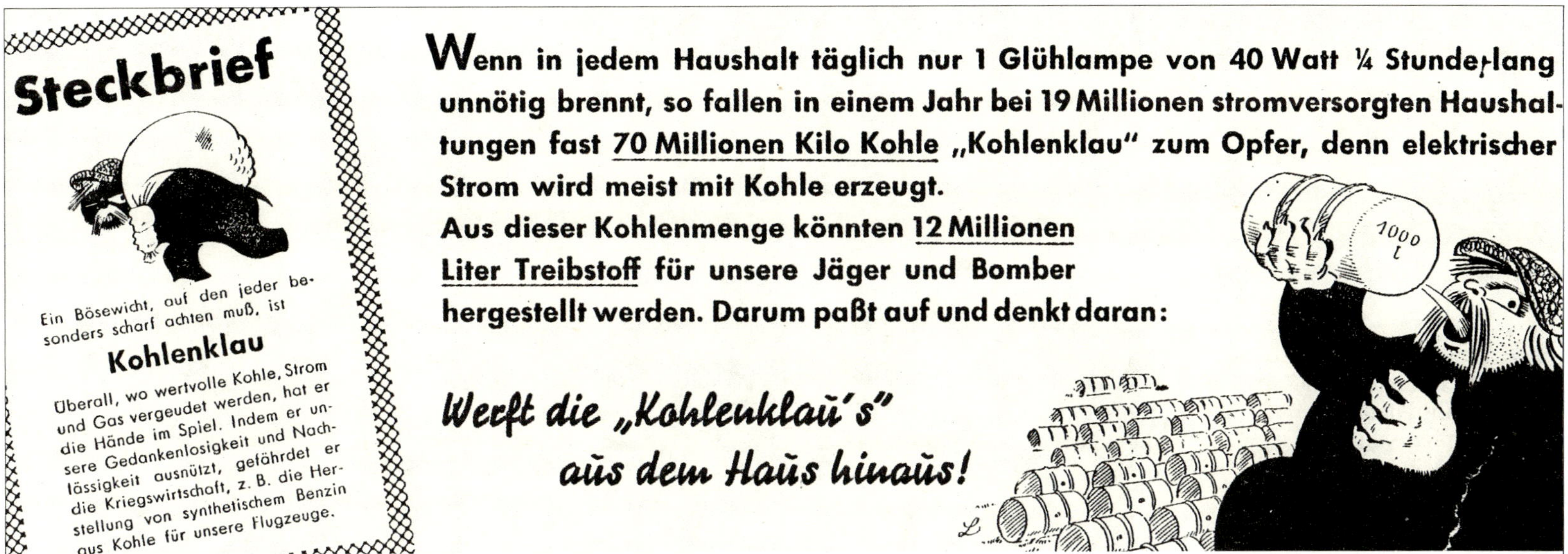

Mit dieser Anzeige werden die Leser der »Berliner Illustrierten Zeitung« animiert, jede überflüssige Schaufel Hausbrandkohle zugunsten des Energiebedarfs der deutschen Rüstungsindustrie einzusparen

Trotz eisiger Kälte Aufforderung zum Kohlensparen zugunsten der Rüstungsindustrie

13. Januar. *Der Sicherheitsdienst der SS meldet in seinen Lageberichten, daß es im gesamten Deutschen Reich zu Engpässen in der Versorgung privater Haushalte und kleiner Betriebe mit Kohle kommt. Obwohl die Kohleförderung allein im Ruhrgebiet, dem deutschen Hauptabbaugebiet, in diesem Jahr mit 129 971 t einen Höchststand erreicht, steht nicht genügend Hausbrandkohle zum Heizen der Wohnungen zur Verfügung, da die Rüstungsbetriebe, die den größten Teil der Kohle verbrauchen, vorrangig beliefert werden.*

Der anhaltend strenge Frost zu Beginn des Jahres 1941 verschärft die Situation zusätzlich – die knapp bemessenen Kohlerationen reichen zum Heizen von Wohnungen und Häusern nicht aus. Zudem können die für den Kohlentransport wichtigen Binnenschiffahrtswege wegen Eisgangs zeitweise nicht befahren werden. Die deutsche Bevölkerung wird angesichts der Mangelsituation von der nationalsozialistischen Regierung zum Kohle- und Energiesparen zugunsten der Rüstungsproduktion aufgefordert.

»Kadavergehorsam hält die Bande im Sattel«

10. Januar. Britische Bomber werfen über Düsseldorf Flugblätter ab, in denen es u. a. heißt: »Die Naziherren Europas haben keinen Zweifel daran gelassen, daß sie… ganz Europa knechten wollen.«

Seit dem Beginn des Luftkrieges 1939 werfen die britischen Bomber bei ihren Angriffen auf deutsche Ziele auch Flugblätter ab, in denen die Terrorherrschaft der Nationalsozialisten angeprangert, die Ziele der westlichen Demokratien dargestellt und die Bevölkerung zum Widerstand aufgefordert wird. Ein britisches Flugblatt, das Anfang Februar über mehreren deutschen Städten abgeworfen wird, weist auf die Mitschuld der Bevölkerung am NS-Terror hin: »Denkt daran, daß nur Euer Kadavergehorsam die ganze Bande im Sattel hält! Denkt daran, daß Ihr selber die Waffen tragt, mit denen sie jeden bedrohen, der aufmuckt!… Von Eurer Unterstützung hat Hitler gelebt… Weil Ihr das Maul gehalten habt, konnte er uns alle ins Unglück stürzen.«

Zielgenaue Propaganda ist zunächst kaum möglich, da die aus großen Höhen abgeworfenen Flugblätter weit verstreut den Erdboden erreichen. Flugblätter, die für ein deutsches Ziel bestimmt sind, landen z.T. in Schweden oder an der Ärmelkanalküste. Erst als sog. Flugblattbomben eingesetzt werden, die erst kurz vor dem Aufprall auf dem Erdboden aufplatzen, landen die Propagandaschriften an den vorher bestimmten Orten.

Ähnlich wie die britische Luftwaffe werfen auch deutsche Bomber Flugblätter über feindlichen Frontstellungen und Städten ab; Soldaten und Zivilisten feindlicher Länder sollen so von der angeblichen deutschen militärischen Überlegenheit überzeugt und ihr Widerstandswille zermürbt werden.

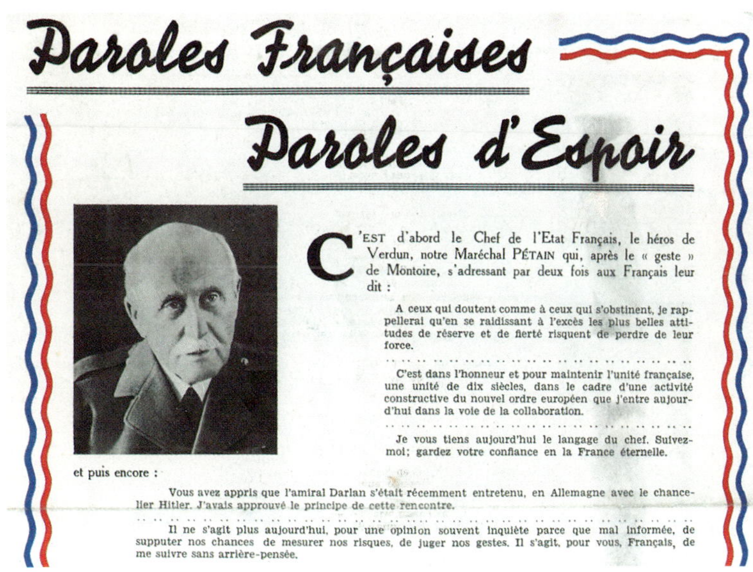
Paroles Françaises
Paroles d'Espoir

C'EST d'abord le Chef de l'Etat Français, le héros de Verdun, notre Maréchal PÉTAIN qui, après le « geste » de Montoire, s'adressant par deux fois aux Français leur dit :

A ceux qui doutent comme à ceux qui s'obstinent, je rappellerai qu'en se raidissant à l'excès les plus belles attitudes de réserve et de fierté risquent de perdre de leur force.

.. ..

C'est dans l'honneur et pour maintenir l'unité française, une unité de dix siècles, dans le cadre d'une activité constructive du nouvel ordre européen que j'entre aujourd'hui dans la voie de la collaboration.

.. ..

Je vous tiens aujourd'hui le langage du chef. Suivez-moi; gardez votre confiance en la France éternelle.

et puis encore :

Vous avez appris que l'amiral Darlan s'était récemment entretenu, en Allemagne avec le chancelier Hitler. J'avais approuvé le principe de cette rencontre.

.. ..

Il ne s'agit plus aujourd'hui, pour une opinion souvent inquiète parce que mal informée, de supputer nos chances de mesurer nos risques, de juger nos gestes. Il s'agit, pour vous, Français, de me suivre sans arrière-pensée.

Aufruf in einem Flugblatt der deutschen Behörden an die französische Bevölkerung, den Widerstand gegen die deutsche Besetzung aufzugeben

Schuljahresbeginn nach Sommerferien

11. Januar. Mit einem Runderlaß des Reichserziehungsministeriums wird im Deutschen Reich der Schuljahresbeginn einheitlich auf das Ende der Sommerferien gelegt; bislang gab es regional unterschiedliche Regelungen, in vielen Gebieten des Deutschen Reiches begann bislang das Schuljahr nach dem Ende der Osterferien.

Die neue Regelung wird »allgemein zustimmend aufgenommen«, wie der Sicherheitsdienst der SS im Februar in seinen geheimen Lageberichten aus dem Deutschen Reich meldet (→ März/S. 56): »Namentlich Lehrer weisen darauf hin, daß jetzt erst ein ungestörtes Durcharbeiten über größere Zeiträume möglich sei. Bisher sei die schulische Arbeit des Sommerdrittels doch meist umsonst gewesen, da die Schüler während der großen Ferien das meiste wieder vergessen hätten.«

Die Sommerferien beginnen in den verschiedenen Regionen des Deutschen Reiches gestaffelt. In landwirtschaftlichen Gebieten ist so z. B. der Einsatz von Schülern bei der Erntearbeit ohne größere Unterrichtsausfälle möglich.

Dönitz will 40 neue U-Boote pro Monat

20. Januar. Die deutsche Reichsregierung gibt den Bau von insgesamt 40 Unterseebooten des Typs VII C bei mehreren deutschen Werften wie den Nordseewerken Emden, den Howaldt-Werken Hamburg, der Kriegsmarinewerft Wilhelmshaven und der Hamburger Werft Blohm & Voss in Auftrag.

Die deutsche U-Boot-Flotte, die ähnlich wie die gesamte Marine bei Ausbruch des Krieges nach Einschätzung des zuständigen Großadmirals Karl Dönitz nicht ausreichend gerüstet war, hat in den ersten beiden Kriegsjahren trotz großer Erfolge insgesamt 31 ihrer Boote verloren (→ 4. 2./S. 34).

Von den besetzten französischen Atlantikhäfen aus operieren deutsche U-Boote hauptsächlich im Atlantik, wo sich ihre Angriffe auf Transport- und Handelsschiffe konzentrieren, die Großbritannien mit lebenswichtigen Gütern, Öl und Rüstungsmaterial versorgen. Dönitz, der seit Kriegsbeginn einen Ausbau der U-Boot-Flotte anstrebt, um die Britischen Inseln möglichst vollständig von Überseelieferungen abzuschneiden, kann sich mit seinen Vorstellungen bei der Wehrmachtsführung und dem Führer und Reichskanzler, Adolf Hitler, nicht durchsetzen. Die in Auftrag gegebenen Neubauten sollen die U-Boot-Verluste ausgleichen; nach Angaben von Dönitz werden 40 neue U-Boote pro Monat für eine effektive Kriegführung benötigt.

Im Rahmen des zügigen Ausbaus der U-Bootflotte werden in den deutschen Werften 40 U-Boote gebaut; im Bild zwei U-Boote des Typs »VII C« in der Fertigungshalle einer norddeutschen Werft; das linke Boot ist im Bau, während das rechte voll verkleidet und fast fertig zum Stapellauf ist

14,9 Milliarden RM für Rüstungsgüter

Die deutsche Rüstungsindustrie konzentriert sich zu Beginn des Kriegsjahres 1941 auf die Flugzeug- und Panzerherstellung, sowie auf die Produktion von Munition und Gerät für den Luftkrieg gegen Großbritannien und die geplanten Feldzüge auf dem Balkan und gegen die Sowjetunion.

Die Rüstungsindustrie produziert in diesem Jahr 11 030 Flugzeuge, mehr als 3200 Panzer und 62 400 LKW; außerdem werden rund 85 000 Maschinengewehre, 1,6 Millionen Karabiner und Gewehre sowie 24,5 Millionen Handgranaten hergestellt. Bei einem Volkseinkommen von 97,8 Milliarden Reichsmark (RM) betragen die Ausgaben für Waffen und militärisches Gerät insgesamt 14,9 Milliarden Reichsmark.

Neu entwickelte Flugzeuge verschärfen den Luftkrieg

9. Januar. In Großbritannien startet das Flugzeug »Lancaster« der Firma Avro zu seinem Erstflug; die viermotorige Maschine, die zu einem der wichtigsten Bombenflugzeuge der britischen Luftwaffe wird, erreicht eine Höchstgeschwindigkeit von 462 km/h, hat eine Reichweite von 1600 km und eine Bombenzuladung von 5900 kg. Mit »Lancaster«-Maschinen, von denen in Kanada und Großbritannien insgesamt 7366 gebaut werden, fliegt die Royal Air Force im Verlauf des Zweiten Weltkrieges u. a. den Angriff auf die Möhnetalsperre im Mai 1943.

Im Februar des Jahres 1941 kommt mit der viermotorigen »Short Stirling« eine weitere Neuentwicklung auf britischer Seite zum Einsatz. Dieses Flugzeug erreicht eine Höchstgeschwindigkeit von 418 km/h, hat eine Reichweite von 3100 km und kann eine Waffenlast von bis zu 6400 kg tragen.

Britische und deutsche Flugzeugbau-Unternehmen begannen schon vor dem Ausbruch des Krieges mit intensiven Forschungs- und Entwicklungsarbeiten in den Bereichen der Aerodynamik und des Triebwerkbaus. Nur mit schnellen, wendigen Flugzeugen, die über eine große Reichweite und große Bombenzuladung verfügen, ist ein Krieg in der Luft zu gewinnen. So erwiesen sich die im Polen- und im Frankreichfeldzug auf deutscher Seite erfolgreich eingesetzten Sturzkampfbomber (Stuka) vom Typ JU 87 im Krieg gegen Großbritannien wegen ihrer Schwerfälligkeit als unbrauchbar. Die deutsche Luftwaffe setzt stattdessen hauptsächlich Bombenflugzeuge der Typen DO 17, HE 111 und JU 88 bei Angriffen gegen die Britischen Inseln ein.

Gleichzeitig mit der Entwicklung neuer Flugzeugtypen wird die Erforschung des Radarsystems zur frühzeitigen Erkennung feindlicher Angriffe intensiv vorangetrieben, außerdem werden neue Navigationsverfahren erprobt, die zielgenaue Luftangriffe bei jeder Wetterlage möglich machen sollen.

Das viermotorige Bombenflugzeug »Lancaster« der britischen Flugzeugfirma Avro gehört zu den wirkungsvollsten Waffen der Royal Air Force

HE 111 auf einem Propagandabild der deutschen Luftwaffe; die Maschine gehört zu den häufig eingesetzten Bombern im Krieg gegen Großbritannien

NS-Regime ehrt Industrieführer

30. Januar. Neben nationalsozialistischen Politikern werden am achten Jahrestag der Machtübernahme durch die NSDAP (→30. 1./S. 14) auch sog. deutsche Wirtschaftsführer ausgezeichnet.

Albert Vögler (* 8. 2. 1877 in Borbeck) Vorstandsvorsitzender der Vereinigten Stahlwerke AG, stieg in den ersten 20 Jahren des 20. Jahrhunderts vom Hütteningenieur zum Spitzenmanager der Schwerindustrie auf.

Ernst Poensgen, geboren am 19. 9. 1871 in Düsseldorf, hat durch seine vielen Vorstands- und Aufsichtsratsposten in Unternehmen der Schwerindustrie großen Einfluß auf die gesamte Branche.

Friedrich Flick (* 10. 7. 1883 in Ernsdorf/Kreuztal) baute nach der Weltwirtschaftskrise 1929 die deutschen Stahlwerke in Mitteldeutschland auf und unterstützte die NSDAP frühzeitig durch erhebliche finanzielle Zuwendungen.

Das Kriegsverdienstkreuz erhalten u. a. Albert Vögler und Ernst Poensgen aus dem Aufsichtsrat des größten deutschen Stahlkonzerns, der Vereinigten Stahlwerke AG, sowie der Industrielle Friedrich Flick. Spitzenmanager und Unternehmer der deutschen Industrie arbeiten seit Kriegsbeginn eng mit dem NS-Regime zusammen. In Beratungsgremien beim Reichsministerium für Bewaffnung und Munition stimmen sie die Möglichkeiten ihrer Betriebe auf die Wünsche der Wehrmachtsführung ab.

Die Verflechtung von großen Wirtschaftsunternehmen, Wehrmacht und politischer Führung hat für die Großindustrie Vorteile; sie kann die Verteilung von Rohstoffen, Arbeitskräften und Transportkapazitäten so beeinflussen, daß sie große Profite erwirtschaftet.

Thomas Mann: »Worauf seid ihr stolz?«

Der deutsche Schriftsteller Thomas Mann, der 1933 aus seiner Heimat emigrierte und seit 1939 in den USA lebt, wendet sich in regelmäßig ins Deutsche Reich ausgestrahlten Sendungen der britischen Rundfunkgesellschaft British Broadcasting Corporation (BBC) an die deutsche Bevölkerung. Er kommentiert das aktuelle Kriegsgeschehen, berichtet über Ereignisse in der westlichen Welt und ruft zum Widerstand auf.

Im Herbst 1940 trat die BBC an den bekannten, von den Nationalsozialisten verfemten Autor mit der Bitte um Unterstützung ihrer Propagandaarbeit heran. Thomas Mann, den es reizte, Kontakt mit deutschen Menschen aufzunehmen, »und sei es ein noch so lockerer und bedrohter Kontakt«, begann im Oktober 1940 mit der Erstellung von fünf-, später achtminütigen Sendebeiträgen, deren Texte er zunächst als Manuskripte nach London schickte, von wo aus sie – von einem deutschsprachigen BBC-Angestellten vorgetragen – ausgestrahlt wurden. Auf eigenen Wunsch beginnt Thomas Mann Anfang 1941, seine Texte selbst auf Schallplatten zu sprechen, die per Telefon nach London überspielt werden. Die deutschen Radiohörer, die ein großes Risiko beim Abhören ausländischer Sender eingehen, können ab März 1941 neben dem Wort auch die Stimme des Schriftstellers hören.

Immer wieder prangert Thomas Mann in seinen Radioansprachen des Jahres 1941 die Hörigkeit der Deutschen gegenüber den Nationalsozialisten an: »Das deutsche Volk verfügt nicht über die Aufgewecktheit und Kritik der Italiener, die unverkennbare Unlust zeigen, für ihren Duce zu kämpfen ... Das deutsche Volk wird noch geraume Zeit stramm und treu marschieren...«

Nach den militärischen Erfolgen der deutschen Wehrmacht im Krieg gegen Jugoslawien und Griechenland (→6. 4./S. 64) sagt Mann in seiner Ansprache: »Natürlich bin ich mir bewußt, daß mit euch heute schlecht reden ist. Siegesnachrichten prasseln auf euch nieder, wie die Brandbomben der Menschenquäler, die euch regieren, auf London niederprasseln... Bilder schweben vor euren trunkenen Augen, die für jeden, der für menschliche Ehre noch Sinn hat, ein Grauen und Ekel sind: das idiotische und abscheuliche Bild der auf dem Berge Olympos wehenden Hakenkreuzfahne... Ist die Brust euch von Stolz geschwellt? Von Stolz worauf? Ein Grieche steht gegen sechs oder sieben von euch. Daß er es wagt, daß er den Engpaß der Freiheit mit seinem Leibe deckt, ist erstaunlich, – nicht daß ihr siegt.« sind. Es ist nicht anders.« Immer wieder betont Thomas Mann in seinen Reden, die alle mit der Wendung »Deutsche Hörer!« beginnen, daß ein Friede mit Hitler und dem Nationalsozialismus nicht möglich ist; wiederholt weist er auf die Greueltaten des nationalsozialistischen Regimes hin.

Wichtiges Element vieler seiner Ansprachen ist das in der NS-Propaganda praktizierte Spiel mit den Ängsten und Befürchtungen der deutschen Bevölkerung: »Das deutsche Volk fürchtet, wenn es seine Kriegsherrn im Stich ließe, das zu erleiden, wovon es weiß, daß die Nazis es im Falle ihres Sieges den anderen zufügen würden: Die Vernichtung. Die Goebbels-Propaganda schreit es ihm täglich in die Ohren: Ihr müßt siegen oder ihr werdet vernichtet... Aber erstens solltet ihr Deutsche auf den Gedanken kommen, daß eine Führung, die ihr Volk vor den Abgrund dieser Entscheidung bringt... eine Führung verruchter Abenteurer ist. Und zweitens ist der Gedanke der Völkervernichtung und Rassenausrottung eine Nazi-Idee... Was vernichtet werden soll und muß, um die Menschheit vor der ekelhaftesten Sklaverei zu bewahren, die je das Antlitz der Erde geschändet hat, das ist das Nazi-Regime, das sind Hitler und seine Spießgesellen, aber nicht das deutsche Volk.«

Thomas Mann, geboren 1875 in Lübeck als Sohn eines wohlhabenden Getreidegroßhändlers und Senators, gehört mit seinem Werk zu den bedeutendsten Schriftstellern des 20. Jahrhunderts. Seit 1894 war er Mitarbeiter der satirischen Zeitschrift »Simplicissimus« in München, deren Redaktion er 1899 übernahm. 1933 emigrierte er während einer Vortragsreise in die Schweiz, 1939 in die USA, wo er als Gastprofessor in New Jersey und Kalifornien arbeitete

Auch den deutschen Angriff auf die Sowjetunion (→22. 6./S. 98) kommentiert Thomas Mann in einer Ansprache im Juli: »Der Schreckensmann [Hitler] weiß heute, daß sein Versuch, die Welt dadurch für seine Art von Ordnung zu gewinnen, daß er den Retter der Zivilisation vor dem Bolschewismus spielt, kläglich gescheitert ist... Er ist natürlich kein Retter, – vor nichts. Er ist der Feind der Menschheit, nur er, und vor ihm muß die Welt gerettet werden. Das deutsche Volk muß wissen, man kann es ihm nicht genug wiederholen, daß es unter seinem gegenwärtigen Regime niemals zur Ruhe, nie zum Frieden gelangen wird. Dieser Krieg wird weitergehen Jahr um Jahr, solange bis das Individuum Hitler, seine greuliche Garnitur und sein ganzes System von der Erdoberfläche vertilgt

Arbeit und Soziales 1941:

Aufkommende Unzufriedenheit über die Kriegswirtschaft

Der Zweite Weltkrieg und die vollkommen auf Rüstungsgüterproduktion ausgerichtete Wirtschaft prägen die Arbeitswelt und das soziale Leben im Deutschen Reich.

Die Familie ist spätestens seit Kriegsausbruch nicht mehr die »Grundlage des Staates«; die männlichen Familienmitglieder sind zum Einsatz in den Einheiten der Wehrmacht oder der SS kommandiert; viele Kinder aus Gebieten, die von Luftangriffen bedroht sind, werden in weniger gefährdete Regionen landverschickt; die Frauen zieht die nationalsozialistische Führung verstärkt zur Arbeit in Industriebetrieben, im Handel und im öffentlichen Dienstleistungssektor heran. Die Gesamtzahl der männlichen Arbeitskräfte im Deutschen Reich ist zwischen 1939 und 1941 von 24,8 Millionen auf 19 Millionen gesunken, während der Truppenbestand der Wehrmacht im gleichen Zeitraum von 1,4 Millionen auf 7,2 Millionen angestiegen ist.

Um den Abzug von Arbeitskräften aus der Wirtschaft auszugleichen, werden in den Unternehmen ausländische Arbeiter eingesetzt. Sie werden in anderen, befreundeten, europäischen Ländern wie Italien und Spanien angeworben, oder in besetzten Gebieten, vor allem in Polen, zwangsverpflichtet. Auch Kriegsgefangene werden in großem Umfang in den Betrieben eingesetzt, um die Produktion in Gang zu halten; insgesamt ist die Zahl der Ausländer und Kriegsgefangenen in der deutschen Wirtschaft zwischen 1939 und 1941 von 300 000 auf 3 Millionen gestiegen.

Zahlreiche dänische Arbeiter bewerben sich bei der deutschen Arbeitsvermittlungsstelle in Kopenhagen

Formation des niederländischen »Opbouwdienstes« auf dem Weg zu Landgewinnungsarbeiten am IJsselmeer

Durch diese Maßnahmen kann der Mangel vor allem an qualifiziertem Personal jedoch nicht behoben werden; aus landwirtschaftlichen Gebieten z. B. wird eine Gefährdung der Aussaat infolge fehlender Arbeitskräfte gemeldet, der Ruhrbergbau muß 12-Stunden-Schichten einführen und klagt über die mangelnde Qualifikation der eingesetzten Fremdarbeiter; das Handwerk und der Einzelhandel verzeichnen eine Überlastung, die sich u. a. in Menschenschlangen vor den Geschäften bemerkbar macht.

Die Löhne sind im Deutschen Reich nach einer Verordnung, die am 15. Oktober 1939 in Kraft trat, nicht mehr erhöht worden, während die Preise trotz eines sog. Preisstopps gestiegen sind. Der tarifliche Stundenlohn eines Facharbeiters beträgt 0,80 Reichsmark (RM), ein angelernter Arbeiter erhält 0,72 RM und ein Hilfsarbeiter 0,64 RM. Seit dem Jahr 1928 sind die Löhne durchschnittlich um 5% gesunken.

Nach einer Aufstellung des Sicherheitsdienstes der SS vom 3. März 1941 konnte ein Arbeiter, der 1938 einen Nettowochenlohn von 20 RM hatte, für 12 RM Lebensmittel und für 2 RM Bekleidung kaufen; in diesem Jahr müßte er bei gleichem Lohn und der gleichen Menge und Qualität der gekauften Waren 15 RM für Lebensmittel und 2,80 RM für Bekleidung ausgeben.

Arbeitsmangel und die Konzentration der Wirtschaft auf die Rüstungsgüterproduktion führen zudem zu Engpässen bei der Versorgung mit Lebensmitteln und Gebrauchsgütern. In der Bevölkerung wächst die Unzufriedenheit. Die Menschen, die zu Hause geblieben sind, müssen immer mehr arbeiten; Stromabschaltungen, Kohlenmangel und Knappheit an wichtigen Nahrungsmitteln sind an der Tagesordnung. Doch vorerst gelingt es dem Regime, die Bevölkerung durch Kriegserfolge abzulenken.

Stollenvortrieb in einem polnischen Erzbergwerk; der Grubenarbeiter benutzt dabei einen automatischen Bohrer

Musterbetrieb in Mainfranken, in dem Arbeiterinnen Glanzstoff produzieren

Dorfbewohner in Unterspreewald bauen in ihrer Freizeit eine wichtige Verbindungsstraße aus

Eine der Fertigungshallen der deutschen Luftrüstungsindustrie, in der serienmäßig Kampfflugzeuge hergestellt werden; hier sind es Sturzkampfbomber

Frauen – Ersatz für Arbeiter

Am stärksten betroffen von der Kriegswirtschaftspolitik des NS-Regimes im Deutschen Reich sind die Frauen. Sie arbeiten in der Industrie, landwirtschaftlichen Betrieben, im sozialen Bereich und haben einen großen Teil der öffentlichen Dienstleistungen übernommen.

Zu Beginn der nationalsozialistischen Herrschaft wurden Frauen aus dem Berufsleben gedrängt, da die NSDAP-Führung es sich zur Aufgabe gemacht hatte, »... sie den besonderen fraulichen Aufgaben wieder zuzuführen...«, wie es der NS-Ideologe Emil Stürz 1934 formulierte. Die Einberufung der Männer zur Wehrmacht, die der Wirtschaft eine großen Teil der männlichen Arbeitskräfte entzog, führte jedoch bald nach Kriegsbeginn zu Appellen der NS-Führung an die Frauen, einen Arbeitsplatz zu übernehmen. Am 4. Mai des Jahres sagt Adolf Hitler z. B.: »Ich glaube, daß vor allem auch das deutsche Mädchen und die deutsche Frau noch einen zusätzlichen Beitrag leisten können. Denn Millionen deutscher Frauen sind auf dem Lande auf dem Feld und müssen dabei in härtester Arbeit die Männer ersetzen. Millionen deutscher Frauen und Mädchen arbeiten in den Fabriken, Werkstätten und Büros und stellen auch dort ihren Mann. Es ist nicht unrecht, wenn wir verlangen, daß sich diese Millionen deutsche schaffende Volksgenossinnen noch viele hunderttausend andere zum Vorbild nehmen.«

Diesen Aufforderungen kommen 1941 wenige Frauen freiwillig nach, da sie bei der Bezahlung ihrer Arbeit gegenüber männlichen Arbeitskräften stark benachteiligt werden; außerdem können viele Frauen von den Unterhaltsgeldern, auf die alle Soldatenfrauen Anspruch haben, besser leben als von den geringen Löhnen. Verdient ein männlicher Facharbeiter im Jahr 1941 in der Stunde 0,80 Reichsmark (RM), so erhält eine Frau mit der gleichen Qualifikation am gleichen Arbeitsplatz nur 0,52 RM; weibliche Hilfsarbeiterinnen bekommen einen Stundenlohn von 0,44 RM, männliche Hilfsarbeiter dagegen 0,64 RM. Viele Soldatenfrauen geben ihre Arbeit auf oder arbeiten nur noch wenige Stunden, da ihr Verdienst von den Unterhaltszahlungen abgezogen wird. Die Zahl der berufstätigen Frauen ist seit 1939 um rund 500 000 auf 14,1 Millionen gesunken, das sind jedoch immer noch 39,9% der gesamten Arbeitskräfte.

Neben einer Berufstätigkeit müssen sich die Frauen um die Versorgung der Familien kümmern, was angesichts der Engpässe in der Lebensmittelversorgung eine schwierige Aufgabe ist. Zugleich sind sie psychischen Belastungen infolge des Kriegsgeschehens ausgesetzt; viele Frauen halten die Angst um ihre Verwandten an den Fronten und die Bedrohung duch Luftangriffe nicht aus: Inoffiziellen Berichten zufolge steigt die Zahl der Selbstmorde von Frauen ständig.

Weibliche Beschäftigte der deutschen Reichsbahn warten in einem Eisenbahn-Hotel im Duisburger Hauptbahnhof auf den Beginn ihres Diensteinsatzes

Dänische Frauen, die sich um eine Arbeitsstelle als Hausmädchen oder Pflegerin im Deutschen Reich bewerben, kurz vor der Abfahrt ihres Zuges

Jubiläumsfeier: 15 Jahre Lufthansa

6. Januar. Die 1926 mit Unterstützung der deutschen Reichsregierung gegründete Fluggesellschaft Deutsche Lufthansa AG feiert ihr 15jähriges Bestehen. Offiziellen Angaben zufolge hat das Unternehmen, das erst 1934 den Namen Lufthansa erhielt, seit seiner Gründung 2,1 Millionen Fluggäste befördert, seine Piloten haben insgesamt 190 Millionen Flugkilometer zurückgelegt.
Die nationalsozialistische Regierung macht sich die technischen Möglichkeiten der Fluggesellschaft zunutze, besonders seit sie den Krieg entfesselt hat. Schon mehrfach mußte die Lufthansa Flugzeuge an das Luftfahrtministerium, wo das langjährige Lufthansa-Vorstandsmitglied Erhard Milch als Staatssekretär tätig ist, für den Kriegseinsatz vercharterm oder verkaufen.
Als Unternehmen, das ohne staatliche Subventionen nicht lebensfähig ist, wird die Lufthansa in zunehmendem Maße gezwungen, der Reichsregierung ihre Flugzeuge, Personal sowie Bodenanlagen zur Verfügung zu stellen. Der Flugplan für zivile Flüge wird dagegen immer stärker eingeschränkt.

Gepäckverladung in eine Passagiermaschine der Deutschen Lufthansa

Fluglinie führt nach Feuerland

20. Januar. Die argentinische Fluggesellschaft Aeroposta Argentina eröffnet die südlichste Flugverbindung der Welt, von der argentinischen Hauptstadt Buenos Aires über Bahia Blanca und Rio Gallegos nach Rio Grande auf Feuerland. Dadurch erhält der dünn besiedelte Feuerlandarchipel, wo sich die bedeutendsten argentinischen Ölfelder befinden, eine schnelle und komfortable Verkehrsverbindung mit der Hauptstadt des Landes.
Die argentinische Fluggesellschaft fliegt auf dieser Linie nur deutsche Flugzeuge des Typs JU 52, der als äußerst robust gilt. Auch die Lufthansa und rund 30 internationale Fluggesellschaften setzen dieses Flugzeug ein, das 17 Passagiere transportieren kann, insbesondere, wenn kaum ausgebaute Flughäfen angeflogen werden. Seit Kriegsbeginn kommt die JU 52 u.a. als Luftwaffentransportmaschine zum Einsatz.

Sterzinger Altar zum Geburtstag

12. Januar. Aus Anlaß seines 48. Geburtstages erhält der deutsche Reichsluftfahrtminister Hermann Göring vom italienischen Duce und Ministerpräsidenten, Benito Mussolini, vier Bildtafeln des kostbaren Sterzinger Altars geschenkt. Das spätgotische Kunstwerk des Ulmer Bildschnitzers Hans Multscher war 1456/58 in der Pfarrkirche der Südtiroler Stadt aufgestellt und im 18. Jahrhundert zerteilt worden. Die italienische Regierung hatte die Stadt Sterzing unter Druck gesetzt, die Bildtafeln zu verkaufen, um sie dem Kunstsammler Göring zum Geschenk machen zu können.
Göring hat seit der nationalsozialistischen Machtübernahme eine Kunstsammlung angehäuft, deren Wert er selbst auf 50 Millionen Reichsmark schätzt. Viele Kunstwerke bringt er über dunkle Kanäle in seinen Besitz, einige bezahlt er mit öffentlichen Geldern.

Rheinmetall-Borsig wird in die Reichswerke AG integriert

13. Januar. Eine außerordentliche Hauptversammlung der Berliner Rheinmetall-Borsig AG beschließt die Eingliederung des wirtschaftlich angeschlagenen Unternehmens in die staatseigene Reichswerke AG für Waffen- und Maschinenbau Hermann Göring. Die Borsig AG war 1837 in Berlin als Maschinenbauunternehmen mit dem Schwerpunkt Lokomotivenproduktion gegründet und 1935 von der Rheinmetall AG übernommen worden.
Durch den Hauptversammlungsbeschluß wird das Berliner Traditionsunternehmen Teil des Reichswerke-Konzerns, der im Juli 1937 vom Beauftragten für den Vierjahresplan, Hermann Göring, gegründet wurde. Die deutsche Schwerindustrie hatte zu Beginn der 30er Jahre eine verstärkte Förderung und Verarbeitung der eisenarmen deutschen Erzvorkommen aus Kosten- und Rentabilitätsgründen abgelehnt. Diese Haltung veranlaßte die nationalsozialistische Führung, die eine stärkere Unabhängigkeit der deutschen Schwerindustrie von Rohstoffimporten anstrebte, die A.G. für Erzbergbau und Eisenhütten Hermann Göring zu gründen, die zunächst mit der Förderung auf Erzfeldern in Salzgitter begann.
Göring zwang deutsche Stahlunternehmen, seinem Werk Erzfelder und Facharbeiter zur Verfügung zu stellen, wodurch es ihm gelang, die Reichswerke in kürzester Zeit zu einem Großunternehmen auszubauen. In den Konzern, der fast ausschließlich Rüstungsgüter produziert, wurden nach dem Ausbruch des Krieges zahlreiche schwerindustrielle Betriebe in den von deutsche Truppen eroberten Gebieten eingegliedert. Göring verfolgt mit dem Ausbau das Ziel, die gesamte Industrie zu kontrollieren.
Über die Gesellschaften des Staatskonzerns, die zu Beginn des Jahres 1941 über 600 000 Menschen beschäftigen, schreibt die britische Zeitung »Times«: »Sie werden dem Reiche eine produktions- und verwaltungsmäßige sowie eine politische Kontrolle über die Eisen- und Kohlenindustrie ermöglichen.«

Werbeplakat mit dem Emblem des deutschen Reichswerke-Konzerns

Firmenschild des Rüstungsunternehmens Gustloff in Weimar

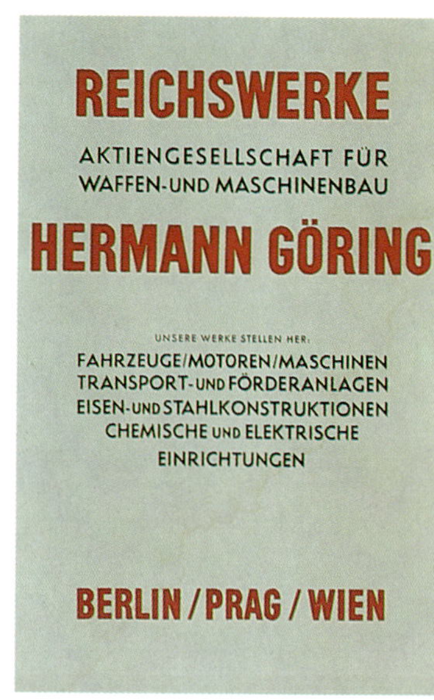

Anzeige des staatseigenen Reichswerke-Konzerns Hermann Göring

Winter legt den Süden Deutschlands lahm

2. Januar. Durch starke Schneefälle und strengen Frost werden vor allem in Thüringen, Oberfranken, Oberpfalz und in den deutschen Mittelgebirgen zahlreiche Straßen- und Eisenbahnverbindungen lahmgelegt. Bis zum 5. Januar sind alle direkten Verkehrsverbindungen von Bayern aus in Richtung Norden unterbrochen.
Tausende von Urlaubern, die in den süddeutschen Wintersportgebieten die Weihnachtsferien verbracht haben, können ihre Heimreise nicht antreten und müssen in Behelfsunterkünften auf eine Wetterbesserung warten. In kleineren Ortschaften, von denen einige ohne Kontakt zur Außenwelt sind, treten Engpässe in der Nahrungs- und Gebrauchsgüterversorgung auf.
Viele Unternehmen und Betriebe müssen die Produktion drosseln oder ganz einstellen, da Arbeiter und Angestellte ihre Arbeitsplätze nicht erreichen können. Als nach einigen Tagen die ersten Züge von München aus nach Norden fahren, sind sie schon am Abfahrtsort so überfüllt, daß in den nachfolgenden Stationen kein Zusteigen mehr möglich ist. Auch die Schweiz ist von der widrigen Wetterlage betroffen; am 14. Januar muß die Dampfbootgesellschaft Zürichsee den Schiffahrtsverkehr einstellen, da der See vollkommen zugefroren ist.

△ Weite Teile des Reichsgebietes sind tief verschneit; Verkehrsverbindungen sind unterbrochen und die Versorgung der Bevölkerung ist mancherorts gefährdet

◁ Schneestürme lassen in manchen Städten wie hier in Berlin den öffentlichen Verkehr zusammenbrechen

Bombenschäden nicht ersetzt

Das Reichsinnenministerium veröffentlicht einen Runderlaß, wonach Schäden, die durch Fliegerangriffe an Privatbesitz verursacht wurden, schnell und großzügig von den zuständigen Behörden erstattet werden sollen. Geschädigte Personen können einen entsprechenden Antrag beim Bürgermeisteramt einreichen, das Entschädigungen in Form von Geld- oder Sachleistungen auszahlt.
Vielerorts leisten die Behörden dieser Anweisung nicht Folge. Beschwerden bei Bürgermeisterämtern zeigen, daß die Beamten häufig die Angaben von Antragstellern anzweifeln und die Schadenshöhen möglichst niedrig ansetzen; so wird bei einem Berliner Bezirksbürgermeisteramt einem Antragsteller mit einer protokollarischen Vernehmung über den Erwerb von Lebensmitteln gedroht, deren Erstattung er beantragt; einem älteren Ehepaar, das bei einem Luftangriff seine gesamte Habe verloren hat, wird mehrere Tage lang Hilfe für die Beschaffung von Lebensmitteln und Kleidung verweigert. Dem Ehepaar wird außerdem mit einer Anzeige wegen Betrugs gedroht.

Landwirtschaftliche »Anbauschlacht« in der Schweiz

23. Januar. In der Schweizer Hauptstadt Bern beraten die kantonalen Landwirtschaftsdirektoren über eine engere Zusammenarbeit bei der seit fast zwei Jahren laufenden sog. Anbauschlacht. Am 6. April 1939 hatte die Bundesversammlung den dringenden Beschluß gefaßt, die landwirtschaftliche Anbaufläche in der Schweiz zu vergrößern, um die Lebensmittelversorgung der Bevölkerung sicherzustellen und die Abhängigkeit von Nahrungsimporten zu verringern.
Im Rahmen der »Anbauschlacht« werden Kantone und Gemeinden, aber auch Privatunternehmen gesetzlich zur Bereitstellung von Flächen für eine landwirtschaftliche Nutzung verpflichtet. Die schweizerische Anbaufläche kann in diesem Jahr um 39 528 Hektar auf 270 540 Hektar vergrößert werden.

Ackerbau mitten in Zürich am Bellevue; im Zuge der Anbauschlacht werden in Schweizer Städten auch Freiflächen in Parkanlagen oder Brachgrundstücken umgepflügt, um auf ihnen Getreide oder Kartoffeln anzupflanzen

Mit diesem Plakat propagiert die Schweizer Regierung den Ausbau der landwirtschaftlichen Anbaufläche

Darstellerinnen eines deutschen Frontthеaters in dem 2500 Jahre alten, guterhaltenen Theater von Epidaurus

Unterhaltung für Soldaten an der Kriegsfront: Improvisiertes Zirkusvergnügen

Kurierfahrer der Wehrmacht stehen in der Verteilungsstelle für die Eintrittskarten des Fronttheaters an

Unterhaltung 1941:

Begeisterung für »Lili Marleen« vereint Deutsche und Briten

Angesichts der zunehmenden Auswirkungen des Zweiten Weltkriegs auch auf die Zivilbevölkerung dienen Schlager, Kinofilme, Rundfunkprogramme und Varietéveranstaltungen mehr denn je der Ablenkung von der Wirklichkeit. Schlager- und Filmstars wie Zarah Leander, Marika Rökk, Ilse Werner, Hans Albers, Willi Forst und Johannes Heesters sollen ihre Zuschauer und Zuhörer mit ihren schmalzigsüßen bis heiter-schmissigen Liedern von den Eindrücken nächtlicher Bomberangriffe, wachsender Versorgungsschwierigkeiten und der Angst um die Verwandten und Freunde entlasten.

Neben Schlagern, deren Titel schon ihren Ablenkungscharakter verdeutlichen wie »Sing, Nachtigall, sing«, »So schön wie heut', so müßt es bleiben« und »Hoch droben auf dem Berg«, feiert in diesem Jahr ein Lied große Erfolge, das schon 1915 von Hans Leip geschrieben und 1938 erstmals von der Sängerin Lale Andersen in der Vertonung von Norbert Schultze aufgenommen wurde: »Lili Marleen«. Als der deutsche Soldatensender in Belgrad ab August das Lied allabendlich ausstrahlt, beginnt ein Triumphzug, der den Schlager sogar in Großbritannien zu einem Hit werden läßt.

Die beliebte Rundfunksendung »Wunschkonzert für die Wehrmacht«, die eine Verbindung zwischen Front und Heimat herstellen sollte, muß im Mai nach der 75. Sendung einer Dreiteilung des Radioprogramms mit unterschiedlichen Unterhaltungsangeboten von Oper bis Tanzmusik weichen.

Ausländische Entwicklungen in der Unterhaltung werden von den Nationalsozialisten seit Kriegsausbruch noch massiver unterdrückt als in den Jahren zuvor. Die NS-Sichtweise der Unterhaltungskultur verdeutlicht ein Beitrag Siegfried Schefflers in der Zeitschrift »Die Musik«; unter der Überschrift »Deutsche Unterhaltungsmusik« heißt es: »Wir brauchen die schwüle Atmosphäre gedämpfter Blechbläser, die überhitzten Rhythmen, die Schlagzeugorgien nicht... Wir lehnen die fremden Einflüsse ab, weil wir stark genug geworden sind, unserer eigenen Kraft zu vertrauen.«

Während die deutsche Unterhaltung immer biederer wird, feiern in den Vereinigten Staaten die Big Bands von Benny Goodman, Glenn Miller und William »Count« Basie Erfolge. Film- und Bühnenmusicals mit Musik von Komponisten wie Cole Porter und Irving Berlin ziehen Massen in die Kinos und Theater. Eine neue Generation von Jazz-Musikern, zu denen Charlie Parker und Dizzy Gillespie gehören, beginnt in Harlem mit der Entwicklung eines neuen Stils, des Bebop.

Diese chaotisch wirkende Musik findet zunächst wenig Zuspruch beim Publikum, beeinflußt aber maßgeblich die weitere Entwicklung des Jazz.

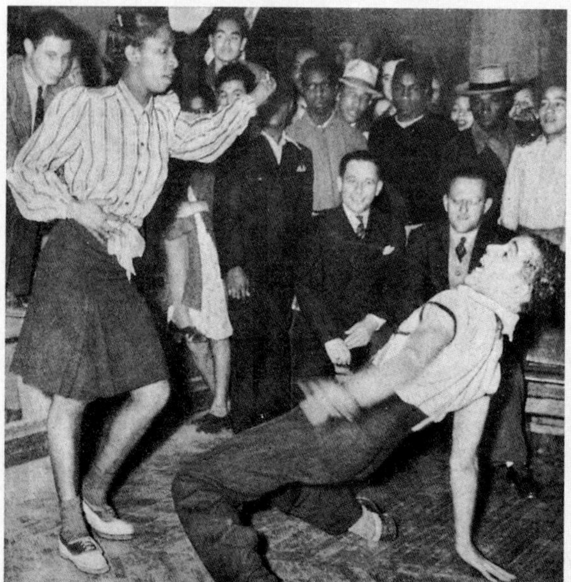

In den Vereinigten Staaten der Hit aller Tanzlokale: Der Jitterbug, ein Swingtanz, der aus Kalifornien kommt

Gewagte Parkettakrobatik wird von diesem ausgelassenen Jitterbug-Pärchen in einem Tanzlokal in den USA geboten

Die »Hiller-Girls« bei der Probenarbeit: symmetrische Tanzformationen gehören zum Markenzeichen des Pariser Ballettmeisterehepaars Hiller

Lieder der chilenischen Sängerin Rosita Serrano sind weltbekannt

Spitzentanz auf der Trommel: Eine der Darbietungen im Zirkus Krone

Stadtrundfahrten mit dem Pferdewagen sind ein beliebtes Freizeitvergnügen: Eine Gruppe Soldaten während ihres Fronturlaubs in Berlin

Vater der Pfadfinder stirbt

8. Januar. In der kenianischen Stadt Nyeri stirbt der britische General und Gründer der Pfadfinderbewegung, Robert Stephenson Smyth, Baron Baden-Powell.

Der 1857 in London geborene Baden-Powell wurde während des Südafrikakrieges (1899–1902) zum britischen Nationalhelden durch die erfolgreiche Verteidigung der Stadt Mafeking, die von den Buren 217 Tage lang belagert wurde. Nach Beendigung des Kriegs bildete er zunächst südafrikanische Polizisten aus, ehe er nach Großbritannien zurückkehrte, wo er 1904 eine Kavallerieschule gründete.

In seiner Heimat stellte er fest, daß seine Schriften zur Kunst des Kundschaftens bei der Jagdausbildung von Jugendlichen Verwendung fanden. Er veranstaltete deshalb 1907 ein Test-Sommerlager für Pfadfinder und rief, beeindruckt vom Erfolg seines Camps, landesweit zur Gründung von Pfadfindergruppen auf. Seit 1910 kümmerte sich Baden-Powell nur noch um die inzwischen international verbreitete Pfadfinderbewegung, zu deren Chef-Scout er 1920 ernannt wurde. Seine letzten Lebensjahre verbrachte Baden-Powell aus gesundheitlichen Gründen im afrikanischen Kenia.

Verdienste um die internationale Pfadfinderbewegung: Baden-Powell

Erfolge für die Favoriten

25. Januar. Das überragende Eiskunstlaufpaar bei den Deutschen Meisterschaften im Münchner Prinzregentenstadion sind Maxi und Ernst Baier, die sich zum siebten Mal den Titel sichern. Das für den Berliner Schlittschuh-Club startende Paar siegt vor den Geschwistern Ilse und Erik Pausin aus Wien.

Maxi und Ernst Baier, die zu Beginn des Jahres geheiratet haben, starten seit 1933 gemeinsam und errangen 1934 ihren ersten Meistertitel im Paarlauf; im gleichen Jahr siegten beide auch in den Einzelwettkämpfen. Bei den Europameisterschaften in St. Moritz 1935 errangen sie eine Goldmedaille, die sie in den folgenden vier Jahren verteidigten. 1936 wurden sie Weltmeister bei den Titelkämpfen in Paris und siegten im Paarlauf bei den Olympischen Winterspielen in Garmisch-Partenkirchen. Bis zum Ausbruch des Zweiten Weltkrieges und dem damit verbundenen Ende internationaler Meisterschaften und Wettkämpfe konnten sie ihren Titel verteidigen. Im Deutschen Reich werden sie, wo immer sie zu Wettkämpfen oder Schaulauf-Veranstaltungen antreten, als weltbestes Eiskunstlaufpaar vom Publikum stürmisch gefeiert.

Die am gleichen Wochenende stattfindenden Deutschen Meisterschaften in den Nordischen Disziplinen in Spindelmühle werden von einem Sportler dominiert. Der amtierende Weltmeister und Titelverteidiger im Langlauf und der Kombination, Gustl Berauer, kann sich in beiden Disziplinen gegen die gesamte Konkurrenz durchsetzen.

Die Geschwister Ilse und Erik Pausin aus Wien erringen im Münchner Prinzregentenstadion den zweiten Platz

Februar 1941

Mo	Di	Mi	Do	Fr	Sa	So
					1	2
3	4	5	6	7	8	9
10	11	12	13	14	15	16
17	18	19	20	21	22	23
24	25	26	27	28		

1. Februar, Sonnabend

Generalmajor Hans Freiherr von Funck, der von einer Inspektionsreise aus Libyen zurückgekehrt ist, schildert Adolf Hitler in Berlin die ernste Lage in Nordafrika (→ 12. 2./S. 36).

In Kattowitz (Katowice) wird ein Reichspropaganda-Amt eingerichtet.

Die Werften und Rüstungsbetriebe der Marine im Deutschen Reich melden einen Fehlbedarf von rund 33 000 Arbeitskräften.

In der Sowjetunion wird eine Fluglinie eröffnet, die Moskau mit dem Bering-Meer verbindet, das zwischen Nordost-Sibirien, Alaska und den Aleuten liegt.

Bei einem Festakt im Berliner Haus der Forschung wird das erste Blatt eines Kartenwerkes über Zentralasien der Öffentlichkeit übergeben; das Werk beruht auf Aufzeichnungen des schwedischen Asienforschers Sven Hedin. → S. 43

Im italienischen Cortina d'Ampezzo werden bis zum 10. Februar Ski-Weltmeisterschaften ausgetragen; das Deutsche Reich stellt dabei die erfolgreichste Mannschaft. → S. 43

Lisl Weber aus Bayreuth stellt in ihrer Heimatstadt einen deutschen Rekord im Rückenschwimmen der Frauen über 100 m auf mit einer Zeit von 1:15,7 min.

2. Februar, Sonntag

Die schwedische Handelsflotte hat nach amtlichen Mitteilungen aus Stockholm seit Beginn des Krieges 111 Schiffe verloren; 587 schwedische Seeleute fanden bislang bei den Angriffen, vor allem von deutscher Seite, den Tod.

Am Dessauer Theater wird Nikolai Gogols Komödie »Der Revisor« als Operette in der Bearbeitung von Antonilo Lega und Amileare Zanella uraufgeführt.

3. Februar, Montag

Bei einer Regierungsumbildung in der Sowjetunion wird aus dem Volkskommissariat für Innere Angelegenheiten ein neu gegründetes Volkskommissariat für Staatssicherheit unter Wsewolod N. Merkulow ausgegliedert.

Der britische Vormarsch in Eritrea wird von italienischen Einheiten bei Keren gestoppt.

Der Sicherheitsdienst der SS meldet in seinem Lagebericht aus dem Deutschen Reich, daß vor allem im Süden des Landes viele Kinder wegen fehlenden Schuhwerks die Schule nicht regelmäßig besuchen und ihren Dienst in der Hitlerjugend nicht versehen können. → S. 40

Die Berliner Philharmoniker führen unter der Leitung von Dirigent Wilhelm Furtwängler erstmals das Violinkonzert op. 92 von Hermann Zilcher auf. → S. 42

4. Februar, Dienstag

Adolf Hitler ordnet an, daß die Gebiete von Eupen, Malmedy und Moresnet, die im seit Mai 1940 von deutschen Truppen besetzten Belgien liegen, Abgeordnete in den Deutschen Reichstag zu entsenden haben. Die ehemals preußischen Gebiete waren 1920 an Belgien angeschlossen worden.

In Zürich beginnt der sog. Dakred-Prozeß gegen die Gründer der Darlehens- und Kreditgenossenschaft Ernst Keller und Joseph Peterhans, die Gelder in Millionenhöhe veruntreut haben. → S. 40

Die Schlachtschiffe »Scharnhorst« und »Gneisenau« durchbrechen von der britischen Marine unbemerkt die sog. Dänemarkstraße zwischen Grönland und Island und stoßen zum Handelskrieg in den Atlantik vor. → S. 34

5. Februar, Mittwoch

Britische Flugzeuge greifen Düsseldorf an, wo 35 Menschen im Bombenhagel umkommen.

Der kanadische Premierminister William Lyon Mackenzie King gibt eine Verlängerung der bisherigen Militärdienstzeit von 30 Tagen auf vier Monate bekannt; darüber hinaus kündigt er verstärkte Rüstungsmaßnahmen Kanadas an, das sich seit September 1939 im Krieg mit dem Deutschen Reich befindet. → S. 37

Reichsluftfahrtminister Hermann Göring erläßt Richtlinien zur Durchführung des Luftschutzes in Schulen. Vorgesehen sind Einschränkungen im Unterrichtsbetrieb, falls keine ausreichenden Luftschutzeinrichtungen vorhanden sind.

In Luxemburg werden der luxemburgische und der belgische Franc außer Kurs gesetzt; als neue Währung wird die Reichsmark (RM) eingeführt.

In Zürich verkehrt ein holzgasbetriebener Autobus der Städtischen Straßenbahngesellschaft, der auf einer Strecke von 100 km rund 150 kg Holz verbraucht.

6. Februar, Donnerstag

Führer und Reichskanzler Adolf Hitler ordnet in der Weisung Nr. 23 an, daß der Schwerpunkt der zukünftigen Kriegführung gegen Großbritannien auf den Handelskrieg gelegt werden soll. → S. 35

Das Oberkommando der Wehrmacht erläßt eine Weisung an Heer und Luftwaffe, Truppenkontingente für einen Einsatz in Nordafrika unter dem Kommando von Generalleutnant Erwin Rommel aufzustellen (→ 12. 2./S. 36).

Die britische Armee in Nordafrika nimmt Bengasi ein, die Hauptstadt der Cyrenaika; seit dem 9. Dezember 1940 sind insgesamt 140 000 italienische Soldaten während der Auseinandersetzungen in Nordafrika in britische Gefangenschaft geraten (→ 12. 2./S. 36).

Die am 27. Januar begonnene La-Plata-Konferenz über die wirtschaftliche Zusammenarbeit der südamerikanischen Staaten geht zu Ende. → S. 37

Das Reichspropagandaministerium veröffentlicht einen Erlaß, die Antiqua-Schrift als Normalschrift zu bezeichnen und künftig alle Druckerzeugnisse auf diese Schrift umzustellen (→ 1. 9./S. 160).

7. Februar, Freitag

Der bisherige Gau Koblenz-Trier wird auf Anordnung des Führers und Reichskanzlers Adolf Hitler in Gau Moselland umbenannt. In diesen Gau wird Luxemburg eingegliedert, das seit Mai 1940 von deutschen Truppen besetzt ist.

8. Februar, Sonnabend

Griechenland und Großbritannien nehmen Verhandlungen über die Entsendung britischer Truppen in den Ägäisstaat auf, der am 28. Oktober 1940 von italienischen Truppen angegriffen wurde und sich bislang erfolgreich verteidigt hat (→ 4. 3./S. 49).

In Barcelona wird eine 14tägige deutsche Buchausstellung eröffnet, die rund 3000 Neuerscheinungen der letzten Jahre zeigt; am gleichen Tag wird in Madrid eine deutsche Ausstellung für Segelflug und Flugzeugmodellbau für die Öffentlichkeit freigegeben.

Mit einer Aufführung des Chorwerkes »Requiem« von Giuseppe Verdi geht die Münchner Verdi-Woche zu Ende.

9. Februar, Sonntag

Bei einer gemeinsamen Großaktion deutscher See- und Luftstreitkräfte gegen britische Schiffe im Atlantik werden bis zum 12. Februar insgesamt 16 Schiffe mit 48 024 Bruttoregistertonnen versenkt.

Das britische Gibraltar-Geschwader beschießt die italienischen Städte Genua und Livorno.

Die Polizei des unbesetzten Vichy-Frankreich übergibt der deutschen Geheimen Staatspolizei (Gestapo) die sozialdemokratischen Politiker Rudolf Hilferding und Rudolf Breitscheid, die seit der nationalsozialistischen Machtübernahme im französischen Exil gelebt haben. → S. 40

Der französische Admiral François Darlan tritt als Vizepräsident in die Regierung von Marschall Philippe Pétain ein.

Die französische Regierung im unbesetzten Frankreich führt für alle männlichen Franzosen eine achtmonatige Arbeitsdienstpflicht ein.

Der österreichische Maler, Karikaturist und Graphiker Eduard Thöny wird aus Anlaß seines 75. Geburtstages mit der Goethe-Medaille ausgezeichnet.

10. Februar, Montag

In einem Kompetenzstreit zwischen dem Propagandaministerium und dem Oberkommando der Wehrmacht erhält letzteres durch eine Grundsatzentscheidung von Führer und Reichskanzler Adolf Hitler die Zuständigkeit in allen Fragen der militärischen Zensur, Propaganda und Wehrmachtsvertretung in der Öffentlichkeit. → S. 38

Großbritannien bricht die diplomatischen Beziehungen zu Rumänien ab, das enge Kontakte zum Deutschen Reich unterhält.

11. Februar, Dienstag

Die britische Luftwaffe greift mit 189 Bombern Hannover an; bei einem gleichzeitigen Angriff auf Rotterdam setzen die Briten erstmals viermotorige Bomber vom Typ »Short Stirling« ein. → S. 35

In Wien findet die Uraufführung des Films »Am Abend auf der Heide« mit Magda Schneider und Heinz Engelmann in den Hauptrollen statt.

12. Februar, Mittwoch

Generalleutnant Erwin Rommel trifft einen Tag nach den ersten Wehrmachtsverbänden in Libyen ein und übernimmt das Kommando der deutschen Truppen in Nordafrika. → S. 36

Der italienische Duce und Ministerpräsident Benito Mussolini trifft zu zweitägigen Besprechungen mit dem spanischen Staatspräsidenten Francisco Franco Bahamonde im italienischen Seebad Bordighera zusammen. → S. 37

Die Bremer Focke-Wulf-Werke sind Ziel eines Angriffs von 86 britischen Bombern (→ 11. 2./S. 35).

Santiago de Chile, Hauptstadt des südamerikanischen Staates Chile, feiert das 400jährige Bestehen; die Stadt war im Zuge der spanischen Eroberungen von Pedro de Valdivia am Ufer des Flusses Malpocho gegründet worden.

13. Februar, Donnerstag

In Berlin wird der Film »Unser kleiner Junge« von Regisseur Boleslav Barlog uraufgeführt, in dem Hermann Spellmans, Hilde Jansen und Ernst von Klipstein die Hauptrollen spielen.

14. Februar, Freitag

Auf dem Berchtesgadener Berghof empfängt Adolf Hitler den jugoslawischen Ministerpräsidenten Dragiša Cvetković. Er versucht vergeblich, Cvetković zu bewegen, einem Beitritt Jugoslawiens zum Dreimächtepakt zwischen dem Deutschen Reich, Italien und Japan zuzustimmen (→ 12. 2./S. 37).

Südafrikanische Truppen erobern Kismayu, die Hauptstadt des Dschuba-Landes (Somaliland). → S. 36

Heli Finkenzeller, Geraldine Katt und Hans Fidesser sind die Hauptdarsteller des in Berlin uraufgeführten Films »Hochzeitsnacht« von Carl Boese.

15. Februar, Sonnabend

Deutsche Kampfflugzeuge greifen zunehmend in die Kämpfe in Nordafrika ein, um die in Bedrängnis geratenen Italiener zu unterstützen (→ 12. 2./S. 36).

Werke des britischen Malers und Bildhauers Henry Moore sind in London ausgestellt; Moore, der als offizieller Kriegsmaler im Auftrag der britischen Regierung arbeitet, zeigt u. a., wie die Bevölkerung in den Tunnels der U-Bahnen von London Zuflucht vor deutschen Bombenangriffen sucht

"TUBE SHELTER PERSPECTIVE. 1941"

Die Abteilung Presse und Funkspruch des schweizerischen Armeestabes verbietet für die Dauer von drei Monaten die Presseorgane »Front« und »Grenzbote«, da diese gegen das in der Schweiz gültige Neutralitätsgebot verstoßen haben.

Über der Iberischen Halbinsel tobt ein verheerender Wirbelsturm, der über 100 Menschenleben fordert und Sachschäden von umgerechnet mehreren hundert Millionen Reichsmark verursacht. →S. 40

16. Februar, Sonntag

Reichspropagandaminister Joseph Goebbels sagt in einer Rede während der Reichsfilmtagung in Berlin, daß der Film sich als wichtiges Führungsmittel des Volkes bewährt habe. →S. 42

17. Februar, Montag

Adolf Hitler gibt in einer Besprechung mit dem Wehrmachtsführungsstab die Anweisung, einen Aufmarsch in Afghanistan für die Zeit nach einem erfolgreichen Ende des Rußlandfeldzuges »studienmäßig« vorzubereiten.

Die deutsche Führung unternimmt einen Versuch, im Konflikt zwischen Griechenland und Italien zu vermitteln, mit dem Ziel, ein deutsches Eingreifen auf dem Balkan zu vermeiden. Die griechische Regierung lehnt das Vermittlungsangebot jedoch ab.

Bulgarien und die Türkei schließen einen Freundschafts- und Nichtangriffspakt.

»Mein Leben in Irland«, ein Film aus der Zeit der irischen Freiheitskämpfe gegen die Vorherrschaft des englischen Königshauses, wird in Berlin uraufgeführt; Anna Damman, Werner Hinz und Will Quadflieg spielen unter der Regie von Max Kimmich die Hauptrollen.

In Philadelphia besiegt der Schwergewichtsweltmeister im Boxen, Joe Louis, Gus Dorazio durch K.o. in der zweiten Runde (→29. 9./S. 161).

18. Februar, Dienstag

Die deutschen Truppenverbände, die in Nordafrika kämpfen, erhalten offiziell die Bezeichnung Deutsches Afrika-Korps (→12. 2./S. 36).

Das deutsche Luftwaffengeschwader 4 wirft Minen in den Sueskanal, der daraufhin für mehrere Tage gesperrt werden muß; der Kanal ist für die britische Kriegs- und Handelsschiffahrt im Mittelmeer von großer Bedeutung.

Australische Truppen werden zur Verstärkung der britischen Besatzung in Singapur eingesetzt. Die britische Kronkolonie ist von großer strategischer Bedeutung für einen Krieg in Ostasien.

Bei einem Großbrand in der spanischen Stadt Santander werden über 35 000 Menschen obdachlos (→15. 2./S. 40).

19. Februar, Mittwoch

In der Heilanstalt Bethel bei Bielefeld beginnt eine Euthanasie-Kommission gegen den Widerstand des Anstaltsleiters, Pastor Friedrich von Bodelschwingh, mit der Aussonderung von Kranken für die Ermordung in »Euthanasie-Anstalten«. →S. 39

125 deutsche Flugzeuge fliegen einen Angriff auf die britische Stadt Swansea, bei dem sie 112 t Sprengbomben und 1901 Brandschüttkästen abwerfen.

20. Februar, Donnerstag

Unter dem Vorsitz des Deutschen Reiches beginnt in Wien die erste Tagung der neuen Donaukommission, der auch die Länder Italien, UdSSR, Ungarn, Rumänien, Jugoslawien, Bulgarien und die Slowakei angehören; die Kommission regelt u. a. Grenzfragen der Donauanlieger und die Schiffahrt auf dem Fluß.

Griechenland lehnt ein deutsches Vermittlungsangebot zur Beendigung des Krieges mit Italien ab (→6. 4./S. 64).

Alle Hersteller von Salz sowie die bestehenden Verbände der deutschen Salzwirtschaft werden aus Gründen der Marktregulierung im Deutschen Salzverband zusammengeschlossen.

Der Sicherheitsdienst der SS meldet in einem geheimen Lagebericht, daß im Deutschen Reich ein zunehmender Mißbrauch von Kopfschmerzmitteln festzustellen ist. →S. 40

21. Februar, Freitag

Die britische Luftwaffe fliegt einen schweren Angriff auf Wilhelmshaven (→11. 2./S. 35).

In Musgrave Harbour/Neufundland stirbt der kanadische Mediziner Sir Frederick Grant Banting; der Entdecker des Insulin hatte 1923 den Nobelpreis für Medizin erhalten.

22. Februar, Sonnabend

Die Schlachtschiffe »Scharnhorst« und »Gneisenau« melden aus dem Atlantik die Versenkung von fünf Handelsschiffen mit Fracht für Großbritannien mit insgesamt 25784 Bruttoregistertonnen (→4. 2./S. 34).

In mehreren Städten Bulgariens kommt es zu Unruhen und Demonstrationen der Bevölkerung gegen die Anwesenheit deutscher Offiziere in dem Balkanland. Von deutscher Seite werden die Möglichkeiten der Zusammenarbeit mit Bulgarien bei künftigen Militäraktionen sondiert (→1. 3./S. 48).

In Athen finden unter Beteiligung des britischen Außenministers Anthony Eden und führender Vertreter der britischen Armee Beratungen über eine militärische Unterstützung Griechenlands im Krieg mit Italien statt (→4. 3./S. 49).

Jeder Pole, der außerhalb des jüdischen Ghettos in Warschau Lebensmittel an Juden verkauft, wird zu drei Monaten harter Zwangsarbeit verurteilt. →S. 39

Der Reichsführer SS, Heinrich Himmler, fordert in einem Aufruf an die deutsche Bevölkerung höhere Geburtenziffern. Die NS-Führung stellt die Zeugung von Kindern immer häufiger als »nationale Pflicht« dar.

23. Februar, Sonntag

Der Neue Brockhaus, das »Allbuch« in vier Bänden und einem Atlas, erscheint in der ersten Auflage.

Schweden gewinnt in Garmisch-Partenkirchen ein Eishockey-Länderspiel gegen die deutsche Mannschaft 9:0.

24. Februar, Montag

Bei einer Feier im Münchner Hofbräuhaus aus Anlaß des Jahrestages der Verkündung des NSDAP-Programms kündigt Adolf Hitler eine Verschärfung des U-Boot-Krieges an.

In Moskau wird eine Vereinbarung zwischen der Sowjetunion und der Schweiz über den gegenseitigen Warenverkehr getroffen. Der Vertrag sieht den Austausch von Gütern im Wert von insgesamt 112,4 Millionen Schweizer Franken vor.

25. Februar, Dienstag

In den Niederlanden, die seit dem 15. Mai 1940 von deutschen Truppen besetzt sind, kommt es zu einem Generalstreik aus Protest gegen die Verfolgung und Deportation dort lebender Juden. →S. 39

Im unbesetzten Teil Frankreichs übernimmt François Darlan nach einer Umbildung der Regierung das Außen-, das Innen- und das Marineministerium. Darlan, Stellvertreter von Marschall Philippe Pétain und dessen designierter Nachfolger, ist damit einer der mächtigsten Männer in Vichy-Frankreich.

Britische Truppen unternehmen einen Landungsversuch auf der Insel Kastellorison östlich von Rhodos. Italienischen Seestreitkräften gelingt es, den Angriff in zwei Tagen zurückzuschlagen.

Britische und südafrikanische Einheiten erobern Mogadischu, die Hauptstadt von Italienisch-Somaliland.

Die sowjetische Armeeführung beschließt, die Luftstreitkräfte der Roten Armee zu reorganisieren und zu verstärken; der Wiederaufbau der sowjetischen Luftwaffe war zugunsten des Heeres seit Jahren vernachlässigt worden.

26. Februar, Mittwoch

Adolf Hitler setzt den 2. März als Tag für den Einmarsch der deutschen Armee in Bulgarien fest (→2. 3./S. 48).

In Rom werden deutsch-italienische Wirtschaftsverhandlungen abgeschlossen, die den Warenverkehr zwischen beiden Ländern für das Jahr 1941 regeln; zur Sicherung der unbeschränkten Zusammenarbeit wird vereinbart, »daß jede kriegswichtige Lieferung unabhängig vom Stand des Verrechnungsverkehrs vor sich gehen soll«.

Der IG-Farben-Direktor Carl Krauch erwirkt beim Reichsführer SS, Heinrich Himmler, die Anordnung zum Bau eines Buna-Werkes in Auschwitz durch KZ-Häftlinge (→1. 3./S. 52).

Das Ensemble der Dresdner Staatsoper unter Karl Böhm gastiert mit den Opern »Fidelio« von Ludwig van Beethoven und »Der Rosenkavalier« von Richard Strauss in Belgien.

27. Februar, Donnerstag

Dem britischen Premierminister Winston Churchill wird bei einer Abstimmung im britischen Unterhaus einmütig das Vertrauen ausgesprochen. Das Parlament billigt damit die unnachgiebige Politik Churchills im Krieg gegen das Deutsche Reich.

Der bisherige Oberbefehlshaber der italienischen Streitkräfte in Nordafrika, Marschall Rodolfo Graziani, tritt wegen der Fehlschläge seiner Einheiten im Krieg mit den Briten zurück.

Die Filmkomödie »So gefällst Du mir« von Regisseur Hans Thimig wird in Berlin uraufgeführt; die Hauptrollen spielen Gusti Huber, Wolf Albach-Retty, Oskar Sima und Josef Eichheim.

28. Februar, Freitag

Bei Giurgiu beginnt um 7.00 Uhr der Brückenschlag über die Donau als Vorbereitung für den Einmarsch deutscher Truppen nach Bulgarien. →S. 37

Im Krieg mit Großbritannien versenkten deutsche U-Boote im Verlauf des Monats Februar 42 alliierte Handelsschiffe im Atlantischen Ozean.

Die Deutsche Arbeitsfront (DAF) erhält von Adolf Hitler den Auftrag zum Bau eines Volks-Trecker-Werkes in Waldbröhl/Rheinland, wo ein von Ferdinand Porsche entwickelter Traktor gebaut werden soll.

Der Reichskommissar für die besetzten niederländischen Gebiete, Arthur Seyß-Inquart, führt in den Niederlanden den Zwangsarbeitsdienst ein.

In seinem römischen Exil stirbt der frühere spanische König Alfons XIII. im Alter von 54 Jahren.

Die private Wiener Telefon-Automaten-Gesellschaft mbH wird aufgelöst, alle ihre Einrichtungen werden der Deutschen Reichspost übertragen.

In Berlin wird der Kriegsfilm »Kampfgeschwader Lützow« uraufgeführt, der unter der Regie von Hans Bertram in Zusammenarbeit mit deutschen Armee-Einheiten gedreht wurde. →S. 42

Das Deutsche Theater in Lille wird mit dem Schauspiel »Prinz Friedrich von Homburg« von Heinrich von Kleist feierlich eröffnet.

Das Wetter im Monat Februar

Station	Mittlere Lufttemperatur (°C)	Niederschlag (mm)	Sonnenscheindauer (Std.)
Aachen	2,4 (2,1)	27,4 (59)	50,1 (74)
Berlin	0,0 (0,4)	38,5 (40)	38,3 (78)
Bremen	–0,3 (0,9)	53,0 (48)	53,5 (68)
München	0,2 (–0,9)	33,6 (50)	74,5 (72)
Wien	— (0,6)	— (41)	— (81)
Zürich	1,7 (0,2)	54,0 (61)	77,0 (79)

( ) Langjähriger Mittelwert für diesen Monat
– Wert nicht ermittelt

Die Rundfunkzeitschrift »Hör mit mir« wirbt im Februar für das Winterhilfswerk, mit dem das NS-Regime alljährlich Geld sammelt, das in erster Linie bedürftigen Parteimitgliedern zugute kommt

Deutsche Erfolge im Atlantikkrieg

4. Februar. Die deutschen Schlachtschiffe »Scharnhorst« und »Gneisenau« durchbrechen unbemerkt von der britischen Marine die stark überwachte Dänemarkstraße und stoßen in den Atlantik vor. Auftrag der beiden Schiffe ist es, im Handelskrieg gegen Großbritannien Transport- und Versorgungsschiffe mit Frachtgut für die Britischen Inseln anzugreifen. Am 22. Februar versenken die beiden Schiffe rund 500 Seemeilen südlich von Neufundland fünf Handelsschiffe eines Konvois mit insgesamt 25784 Bruttoregistertonnen (BRT).

Die deutsche Marine führt aufgrund der großen britischen Überlegenheit zur See einen Krieg, der sich in der Hauptsache gegen die überseeischen Handelsverbindungen Großbritanniens richtet, das in hohem Maße von Importen abhängig ist. Der Oberbefehlshaber der deutschen Marine, Erich Raeder, gibt als Ziel aller Marineoperationen an, »die Störung der Seeverbindungen [Großbritanniens] durch Versenkung von möglichst viel gegnerischer Handelsschiffstonnage, wodurch eine Knappheit vor allem an Kriegsmaterial und an Zufuhr für die Rüstungsindustrie erreicht werden soll«. Direkte Auseinandersetzungen mit gegnerischen Kriegsschiffen sind laut Anweisung der Seekriegsleitung möglichst zu vermeiden.

Großbritannien begann als Gegenmaßnahme, im September 1939 seine Handelsschiffe in Konvois zusammenzustellen, die von Kriegsschiffen durch die gefährdeten Zonen geleitet werden. Trotz der Geleitzüge gelingt es der deutschen Marine, der britischen Handelsflotte große Verluste beizubringen; allein deutsche U-Boote versenken im Februar 1941 Handelsschiffe mit einer Gesamttonnage von 207649 BRT. Neben den U-Booten, die ihre Gegner in »Rudeln« angreifen, und den Überwassereinheiten der deutschen Kriegsmarine sind die sog. Hilfskreuzer äußerst erfolgreich; diese zu Kriegszwecken umgebauten und gut getarnten ehemaligen Handelsschiffe werden unter Führung von Seeoffizieren gegen zivile Transportschiffe eingesetzt.

Deutscher Sturzkampfbomber vom ▷ Typ »Ju 87« greift britisches Handelsschiff über dem Ärmelkanal an

Deutsche Bomben auf Industrie und Häfen

6. Februar. In der Weisung Nr. 23 ordnet Führer und Reichskanzler Adolf Hitler an, die Luft- und Seekriegführung gegen Großbritannien auf die Zerstörung von Schiffen, Hafenanlagen und Betrieben der Luftrüstung zu verlagern; er fährt in der Anordnung fort: »Von planmäßigen Terrorangriffen auf Wohnviertel und von Angriffen gegen Befestigungsanlagen an den Küsten ist kein kriegsentscheidender Erfolg zu erwarten« (→ 10. 5./S. 86).

Die monatelangen deutschen Angriffe auf britische Großstädte, insbesondere London, mit denen die britische Bevölkerung demoralisiert werden sollte, werden dadurch beendet. Deutsche Bomber greifen mehr als zuvor Industrie- und Hafenstädte wie Birmingham, Manchester, Liverpool, Bristol, Plymouth, Glasgow und Swansea an. Über diese Häfen wird der größte Teil der lebens- und kriegswichtigen Importe für Großbritannien aus den Vereinigten Staaten und anderen Überseeländern abgewickelt.

Luftangriffe im Januar und Februar

Datum	Ziel	Zahl der Flugzeuge	Abgeworfene Bomben
3.1.	Cardiff	111	115 t
4.1.	Bristol	178	154 t
4.1.	Avonmouth	103	82 t
9.1.	Manchester	143	111 t
9.1.	London	67	—
11.1. 12.1.	London London	278	299 t
16.1.	Avonmouth	126	124 t
19.2. 21.2.	Swansea Swansea	125	112 t

Trotz der Verlagerung der deutschen Luftangriffe auf Industrieanlagen und Transporteinrichtungen kommen im Februar 793 britische Zivilisten bei deutschen Luftangriffen ums Leben, 1068 Menschen werden verletzt; im Januar 1941 waren es 1550 Tote und 2021 Verletzte.

Daß die Deutschen die angestrebte Luftüberlegenheit über den Britischen Inseln nicht erkämpfen konnten, ist u. a. auf den Einsatz eines Radarsystems zurückzuführen, dessen Antennen an der gesamten britischen Ost- und Südküste stehen. Angreifende Flugzeuge können damit schon über dem europäischen Festland ausgemacht werden, so daß die britische Luftabwehr bei deutschen Angriffen rund 20 Minuten Zeit zur Alarmierung der Einheiten und Vorbereitung von Abwehrmaßnahmen gewinnt; solange brauchen die meist in Frankreich startenden deutschen Bomberstaffeln, bis sie den Ärmelkanal überquert und ihre Ziele auf den Britischen Inseln erreicht haben.

Briten offensiver bei Luftangriffen

11. Februar. Die britische Luftwaffe fliegt mit 189 Bombern einen Angriff auf Hannover, während ein zweiter Verband gleichzeitig Rotterdam bombardiert. Zwei Nächte später sind die Bremer Focke-Wulf-Flugzeugwerke und am 21. Februar ist Wilhelmshaven Ziel der britischen Bomberstaffeln.

Die britische Luftkriegsstrategie, die infolge der massiven deutschen Luftangriffe seit dem sog. Adlertag am 13. August 1940 weitgehend defensiv ausgerichtet war, wird zu Beginn des Jahres offensiver, u. a. weil der deutsche Druck wegen der Vorbereitungen für den Angriff auf die UdSSR (→ 22. 6./S. 98) nachläßt. Dabei kommen den Briten Neuentwicklungen wie die viermotorigen Maschinen »Short Stirling« und »Lancaster« zugute (→ 9. 1./S. 22).

Nächte voll Angst in Bunkern und Kellern

Vom Luftkrieg zwischen dem Deutschen Reich und Großbritannien ist die Bevölkerung britischer Großstädte bislang stärker betroffen als die Bewohner deutscher Städte. Insbesondere die Menschen in der britischen Hauptstadt London, die seit September 1940 zahlreiche Bombennächte erlebt hat, sind gezwungen, ganze Nächte in Luftschutzbunkern und U-Bahn-Schächten zu verbringen.

Rund um die Städte sind Flugabwehrkanonen (Flak) stationiert. Das speziell ausgebildete Personal der Flak-Batterien leuchtet bei Luftalarm den Himmel mit Scheinwerfern ab, um die angreifenden Flugzeuge möglichst abzuschießen, ehe sie ihre Bombenlast abwerfen können. Die angreifenden Bomberstaffeln schaffen es jedoch immer wieder, ganze Wohnviertel und Industriegebiete, aber auch historische Gebäude in Schutt und Asche zu legen.

Auch deutsche Städte sind von nächtlichen Luftangriffen betroffen, doch schweigen die nationalsozialistischen Machthaber über das Ausmaß der Zerstörungen und die Zahl der Opfer aus Angst, die deutsche Bevölkerung könne eine Vorstellung von der britischen Kampfkraft bekommen.

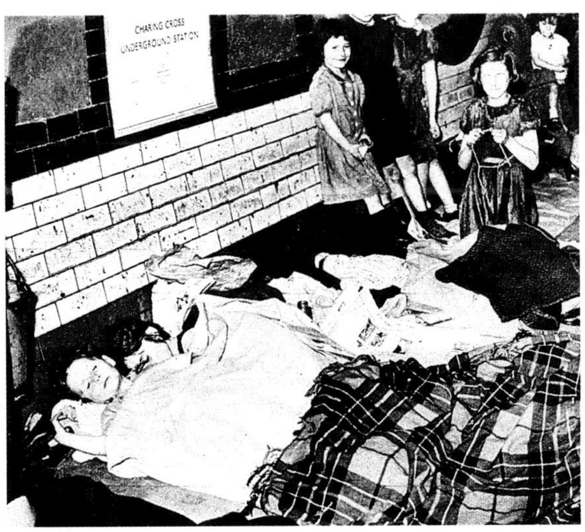

Kinder suchen in einer Londoner U-Bahnstation Schutz

Zeitvertreib im Luftschutzraum während des Angriffs

Die Flak schützt Industrieanlagen

Deutsche Flakhelfer im Einsatz

Übungen deutscher Flakbatterie

Rommel trifft nach britischen Kriegserfolgen in Afrika ein

12. Februar. Der Kommandant der deutschen Truppen in Nordafrika, die am 18. Februar offiziell die Bezeichnung Deutsches Afrika-Korps erhalten, Generalleutnant Erwin Rommel, trifft in Libyen ein. Einen Tag zuvor sind die ersten deutschen Truppen, eine Aufklärungsabteilung und eine Panzerjägerabteilung, in Tripolis gelandet.

Erst am 6. Februar war Rommel von Führer und Reichskanzler Adolf Hitler und dem Oberbefehlshaber des deutschen Heeres, Generalfeldmarschall Walter von Brauchitsch, in seine neue Aufgabe in Nordafrika eingewiesen worden.

Das Afrika-Korps soll die in Bedrängnis geratenen italienischen Streitkräfte von General Italo Gariboldi in Libyen unterstützen, die seit einem fehlgeschlagenen Angriff auf die britischen Truppen in Ägypten im September 1940 und der darauf folgenden britischen Gegenoffensive immer weiter nach Westen abgedrängt werden.

Rommel setzt daher seine Verbände sofort Richtung Sirte in Marsch, und am 24. Februar kommt es westlich der Stadt El Agheila zu ersten Gefechten zwischen deutschen und britischen Einheiten (→ 24. 3./S. 50).

Die Stadt El Agheila ist am 9. Februar den vorrückenden britischen Truppen in die Hände gefallen, die damit die gesamte Cyrenaika im Nordosten Libyens unter ihre Kontrolle gebracht haben.

Innerhalb von zwei Monaten haben die Briten eine 800 km lange Strecke zurückgelegt, wobei sie die Festung Tobruk sowie die Küstenstädte Darna und Bengasi erobert und rund 140 000 italienische Soldaten gefangengenommen haben.

Der britische Premierminister Winston Churchill gratuliert dem Oberbefehlshaber der britischen Armee in Afrika, General Archibald Percival Wavell, am 12. Februar in einem Telegramm zu diesem »bewundernswerten Sieg«. Am gleichen Tag noch beschließt das britische Kriegskabinett entgegen den Planungen der Truppenführung, den weiteren Vormarsch der britischen Einheiten in Libyen zu stoppen, die eroberten Gebiete mit einer Mindeststreitmacht zu halten und den größten Teil der Streitkräfte nach Griechenland zu entsenden, das dringende Hilfe im Krieg gegen Italien benötigt (→ 4. 3./S. 49).

Panzer der deutschen Wehrmacht werden in Tripolis, der wichtigsten Hafenstadt in Libyen, ausgeladen

Erwin Rommel (M.) schreitet mit General Italo Gariboldi (l.) Truppeneinheiten des Deutschen Afrika-Korps in Libyen ab

Nach Besetzung der ostlibyschen Hafenstadt Tobruk bringen Einheiten der britischen Armee eine leichte Kanone in Stellung

Südafrika kämpft gegen Italien

14. Februar. *Südafrikanische Truppen erobern die Hauptstadt des Dschuba-Landes (Somaliland) Kismayu und zwingen die italienischen Verteidiger zum Rückzug. 150 000 Südafrikaner kämpfen auf britischer Seite gegen Italien.*

Südafrikas Premierminister Jan C. Smuts erklärt zum Engagement seines Landes: »Der totalitäre Diktator in Europa trifft bei seiner Karriere ... endlich auf die totalitären Streitkräfte der Demokratie.«

◁ Jan Smuts (r.), Premierminister der Südafrikanischen Union, besucht Soldaten in Kenia

Kanada steht fest auf britischer Seite

5. Februar. Der kanadische Premierminister William Lyon Mackenzie King gibt eine Verlängerung des Wehrdienstes von 30 Tagen auf vier Monate für alle dienstpflichtigen Kanadier über 21 Jahre bekannt; darüber hinaus kündigt er den Ausbau der Rüstungsgüterproduktion seines Landes an.

Die frühere britische Kolonie kämpft an der Seite Großbritanniens im Krieg gegen das Deutsche Reich und Italien. Kanadische Truppen stehen in Europa und Afrika. Der kanadische Hafen Halifax in Neuschottland ist Ausgangspunkt für den größten Teil der Schiffskonvois, die kanadische und US-amerikanische Rüstungs- und Versorgungsgüter auf der Atlantik-Route nach Großbritannien bringen.

Die von Premierminister Mackenzie King verkündeten Maßnahmen sehen insbesondere einen Ausbau von Luftwaffe und Marine vor; die kanadische Kriegsmarine wird innerhalb eines Jahres von 175 Schiffen mit 15 300 Mann auf 413 Schiffe mit 26 900 Mann verstärkt. Kanada intensiviert außerdem seine Zusammenarbeit mit den USA. Nach einem Militärabkommen wird ab Dezember die gesamte Rüstungsproduktion beider Staaten für die Dauer des Krieges aufeinander abgestimmt.

Mackenzie King (l.) und der britische Premierminister Churchill (r.)

Südamerika in tiefer Krise

6. Februar. In Montevideo, der Hauptstadt des südamerikanischen Staates Uruguay, geht eine Konferenz von Regierungsvertretern der Staaten Argentinien, Brasilien, Uruguay, Bolivien und Paraguay zu Ende, auf der Vereinbarungen über eine enge wirtschaftliche Zusammenarbeit getroffen werden.

Zu der am 27. Januar begonnenen Konferenz hatten auch die USA, Chile und Peru diplomatische Beobachter entsandt. Zum Abschluß des Treffens werden mehrere Abkommen zur wirtschaftlichen Förderung Boliviens und Paraguays unterzeichnet. Die beiden Staaten sind aufgrund ihrer Binnenlage im südamerikanischen Kontinent auf eine Anbindung an die Atlantikhäfen der drei anderen südamerikanischen Staaten angewiesen.

Fünf Tage nach Konferenzende unterzeichnen Argentinien und Bolivien einen Vertrag über den gemeinsamen Bau einer Eisenbahnlinie, die Ölfelder im Hochland des Andenstaates mit der argentinischen Grenzstadt Yacuiba verbindet. Am gleichen Tag schließen Regierungsvertreter von Argentinien, Bolivien und Paraguay eine Vereinbarung über die Schiffbarmachung des Flusses Rio Pilcomayo, der durch die drei Länder fließt und über die Flüsse Paraná und Río de la Plata in den Atlantik mündet.

Brasiliens Außenminister Osvaldo Aranha vertritt sein Land bei der La-Plata-Konferenz; Aranha, ein Vertrauter von Präsident Getúlio Dornelles Vargas, war 1934–38 brasilianischer Botschafter in den USA

Die Staaten Südamerikas versuchen, durch Zusammenarbeit die Krise zu überwinden, in die sie nach der Weltwirtschaftskrise der 30er Jahre und durch den Krieg geraten sind. Sie haben ihre Märkte für Rohstoffe und landwirtschaftliche Produkte in Europa verloren und sind in Abhängigkeit von den USA geraten.

Suche nach neuen Partnern im Krieg

12. Februar. Der italienische Duce und Ministerpräsident Benito Mussolini und der spanische Diktator Francisco Franco Bahamonde treffen zu Gesprächen im italienischen Seebad Bordighera zusammen. Die Zusammenkunft, deren Ergebnisse geheimgehalten werden, dient der Sondierung spanischer Unterstützungsmöglichkeiten für Italien im Mittelmeerraum, nachdem Franco einen Kriegseintritt seines Landes 1940 mehrfach abgelehnt hat.

Am 14. Februar empfängt der deutsche Führer und Reichskanzler Adolf Hitler den jugoslawischen Ministerpräsidenten Dragiša Cvetković; auch über den Inhalt dieser Gespräche wird die Öffentlichkeit nicht informiert. Die »Neue Zürcher Zeitung« kommentiert dic diplomatischen Aktivitäten: »Hier wie dort handelt es sich wahrscheinlich um Bemühungen der Achsendiplomatie, die nicht nur auf Erweiterung ihrer politischen Einflußsphären gerichtet sind... zweifellos beruht das Schwergewicht der Aktivität... auf dem zielbewußten Einsatz in der Kriegspolitik.«

Donaubrücke für deutsche Truppen

28. Februar. *Um 7 Uhr beginnen Pioniereinheiten der deutschen Wehrmacht mit dem Bau einer Bohlenbrücke über die Donau, mit der das rumänische Ufer nahe der Stadt Giurgiu mit der bulgarischen Seite verbunden wird. Die Brücke dient dem am* *→ 2. März (S. 48)* *beginnenden, von der bulgarischen Regierung gebilligten deutschen Einmarsch nach Bulgarien.*

Die Brücke, 180 km von der Donaumündung am Schwarzen Meer entfernt, wird schon während der Bauarbeiten von starken Flugabwehreinheiten gesichert; sie sollen den Einmarsch deutscher Truppen nach Bulgarien, durch den der Angriff auf Griechenland am *→ 6. April (S. 64)* *vorbereitet wird, vor eventuellen Luftangriffen der Briten schützen.*

Die deutsche Öffentlichkeit wird über den Brückenschlag erst nach dem Einmarsch in Bulgarien informiert; die Brücke wird in Presseberichten als »Meisterwerk der deutschen Pioniere« gefeiert.

◁ Die fertiggestellte Bohlenbrücke über die Donau verbindet Rumänien mit Bulgarien

Lautsprechereinsatz unmittelbar an der Front

Mit Panzer und Filmkamera wird das Kampfgeschehen verfolgt

Filmarbeit für die Wochenschau

Kriegsberichterstatter in Nordafrika

Filmteam überfliegt Afrika

Werbung für Krieg und Soldatentum

Neben den kämpfenden Einheiten der deutschen Wehrmacht sind an den Kriegsfronten auch die sog. Propagandakompanien (P.K.) aktiv, deren Aufgabe die Beschaffung von Nachrichten zur Kriegsberichterstattung in Presse, Film und Rundfunk ist.

Die Propagandakompanien stellen das Kampfgeschehen in ihren Beiträgen verzerrt dar und beschönigen das Leben der deutschen Soldaten an der Front, um der Bevölkerung das Bild einer überlegenen deutschen Truppe zu vermitteln und für die Wehrmacht zu werben.

Im Februar berichtet u.a. ein P.K.-Berichterstatter von einem deutschen Sturzkampfbomberangriff auf feindliche Einheiten in Nordafrika: »Deutlich sehe ich, wie eine Maschine nach der anderen in steilem Sturz aus dem blauen Himmel kommt. In vielen Kämpfen erprobte Stukaflieger drehen noch im Sturz die Maschine, um genau ins Ziel zu kommen. Hier wird der Engländer die Lust verlieren, seine Truppen zusammenzuziehen.«

Berichte dieser Art werden neben den neuesten Kriegsnachrichten im Rundfunk und in Zeitungen veröffentlicht und, wie der Sicherheitsdienst der SS u.a. am 20. Februar meldet, »von der Bevölkerung gern gehört und gelesen«.

Streit um Propaganda zwischen Goebbels und Wehrmacht

10. Februar. Führer und Reichskanzler Adolf Hitler greift in einen Kompetenzstreit zwischen dem Oberkommando der Wehrmacht und dem Propagandaministerium bezüglich der Wehrmachtspropaganda zugunsten des Militärs ein.

In seiner Grundsatzentscheiung zur Frage der Zuständigkeit heißt es: »In Fragen der Propaganda und der militärischen Zensur ist die Vertretung der Gesamtwehrmacht wie auch der Wehrmachteile gegenüber allen zivilen Dienststellen und gegenüber der Öffentlichkeit ausschließlich Aufgabe des Oberkommandos der Wehrmacht.« In einer sieben Tage später erlassenen Durchführungsbestimmung werden u.a. die »Beeinflussung von Presse ... Rundfunk und Film«, die »geistige Betreuung der Truppe« und die Abwehr feindlicher Propaganda als vordringliche Aufgaben der Wehrmachtspropaganda bezeichnet.

Die deutsche Wehrmachtsführung hatte schon vor Kriegsbeginn eine eigene Dienststelle zur Koordinierung der militärischen Propaganda eingerichtet. Sie unterhält enge Kontakte zu den Rundfunksendern und ist bei Marine, Luftwaffe und Heer mit eigenen Verbindungsoffizieren vertreten. Die Wehrmachtsleitung hat sich somit einen direkten Einfluß auf das Rundfunkprogramm gesichert, für das sie militärische Meldungen, Frontberichte und Vorträge liefert; außerdem ist sie an der Gestaltung von Wehrmachtswunschkonzerten, dem Kameradschaftsdienst im Rundfunk und anderen Soldatensendungen beteiligt. In einer Denkschrift vom 11. März 1940 wird die Aufgabe der Wehrmachtspropaganda im Rundfunk u.a. als »stimmungsmäßige Beeinflussung des Volkes in seiner wehrhaften Haltung« bezeichnet.

Joseph Goebbels, Reichsminister für Volksaufklärung und Propaganda

Die enge Zusammenarbeit zwischen Dienststellen der deutschen Wehrmacht, die für die Propagandaarbeit zuständig sind, und Rundfunksendern wird von Propagandaminister Joseph Goebbels, dem Presse, Funk und Film im Deutschen Reich unterstellt sind, nicht gern gesehen. Er will seinen Einfluß auf die Bereiche der Kriegs- und Wehrmachtspropaganda ausweiten und der Armeeführung entziehen. Daher stellt er seine Bemühungen um die alleinige Zuständigkeit für die gesamte Propaganda im Deutschen Reich auch nach Hitlers Entscheidung zugunsten der Wehrmachtsführung nicht ein.

85 g Brot pro Tag im Warschauer Ghetto

22. Februar. Die deutschen Besatzungsbehörden in Warschau ordnen an, daß jeder Pole, der außerhalb des jüdischen Ghettos einem Juden Lebensmittel verkauft, mit drei Monaten harter Zwangsarbeit bestraft wird. In dem im November 1940 errichteten Ghetto leben zu Beginn des Jahres 400 000 Juden auf engstem Raum. Ihre Brotrationen sind von den deutschen Behörden auf 85 g Brot pro Tag festgesetzt worden. Deutsche Zeitungen berichten zynisch von den im Ghetto um sich greifenden Krankheiten, für deren Verbreitung die »schmutzstarrenden Juden« verantwortlich gemacht werden.

Brückenübergänge verbinden einzelne Viertel des weitläufigen Ghettos

Soziale Gegensätze gibt es auch im Warschauer Ghetto

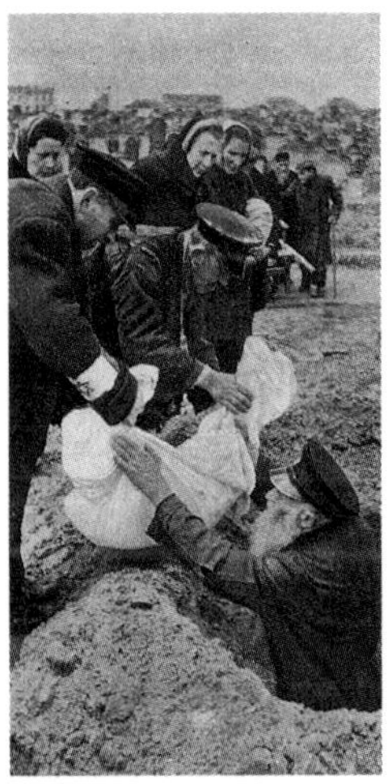

Jüdisches Begräbnis

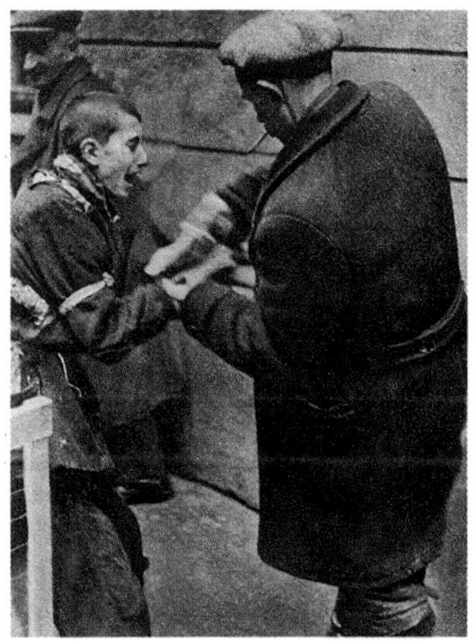

Hungernder Junge wird zum Dieb

Vernichtungsaktion »T 4« gegen Kranke

19. Februar. Eine Ärztekommission beginnt in der Heil- und Pflegeanstalt Bethel bei Bielefeld mit der Selektion von psychisch Kranken, die im Rahmen der »Euthanasie«-Aktion der Nationalsozialisten ermordet werden sollen. Anstaltsleiter Pastor Friedrich von Bodelschwingh weigert sich, an der Aussonderung teilzunehmen.

Im gesamten Deutschen Reich werden in Heilanstalten lebende psychisch Kranke, Alkoholiker, Epileptiker, sog. »Ballastexistenzen«, von einer der Reichskanzlei unterstellten Dienststelle erfaßt und je nach Schwere ihrer Krankheit in eine »Euthanasie-Anstalt« überführt. Im Januar war bei Limburg an der Lahn die Anstalt Hadamar eröffnet worden. Hier und in fünf weiteren Anstalten werden die Kranken, die mit Spezialtransporten aus den Heilanstalten abgeholt werden, in eigens errichteten Gaskammern mit Kohlenmonoxid vergiftet und anschließend in anstaltseigenen Krematorien verbrannt. Allein in der »Euthanasie-Anstalt« Hadamar werden 1941 über 10 000 Menschen ermordet. Diese – »Aktion T 4« genannte – Vernichtungsaktion wird geheimgehalten, da die Nationalsozialisten Proteste der deutschen Bevölkerung und des Auslands befürchten (→ 24. 8./S. 138).

Hinweisschild, das den jüdischen Mitbürgern nur »beschränkte Bewegungsfreiheit« zubilligt, aufgestellt in einem Park südöstlich von Amsterdam

Streik gegen den NS-Terror

25. Februar. In der niederländischen Hauptstadt Amsterdam kommt das gesamte öffentliche Leben infolge eines Streiks zum Erliegen, zu dem die Kommunistische Partei nach Terrorakten der deutschen Besatzungskräfte gegen die jüdische Bevölkerung aufgerufen hat.

Am 22. und 23. Februar hatten deutsche Sicherheitskräfte das Amsterdamer Judenviertel unter dem Vorwand gestürmt, die Urheber eines Überfalls auf eine Polizeipatrouille festnehmen zu wollen; dabei verhafteten sie rund 400 Juden und brachten sie in Konzentrationslager.

Die niederländische Öffentlichkeit reagiert empört auf den deutschen Terror. Der Streik in Amsterdamer Unternehmen, öffentlichen Versorgungsbetrieben und der Verwaltung dauert zwei Tage und wird von den deutschen Besatzungskräften mit brutaler Gewalt beantwortet. Bei Auseinandersetzungen zwischen Sicherheitskräften und Streikenden wird ein Niederländer getötet, mehrere verletzt und einige hundert verhaftet. Eine Niederländerin schreibt über den Streik in ihr Tagebuch: »Die Holländer haben plötzlich gezeigt, daß sie sich nicht alles gefallen lassen, daß sie für ihre Landsleute einstehen, welcher Rasse sie immer angehören.«

Die deutschen Behörden stoßen in den seit Mai 1940 besetzten Niederlanden immer häufiger auf den Widerstand der Bevölkerung, die sich für die Juden engagiert; zur Deportation in Konzentrationslager bestimmte Juden werden vielfach von nicht-jüdischen Niederländern unter großem persönlichen Risiko vor den NS-Häschern versteckt und so vor dem sicheren Tod bewahrt.

SPD-Mitglieder an Gestapo übergeben

9. Februar. Die beiden sozialdemokratischen Politiker Rudolf Breitscheid und Rudolf Hilferding werden von der Polizei des unbesetzten Frankreich der Geheimen Staatspolizei (Gestapo) übergeben. Hilferding stirbt wenige Tage später nach einem Selbstmordversuch in einem Pariser Gefängnis; Breitscheid wird in das Konzentrationslager Buchenwald gebracht, wo er 1944 bei einem Luftangriff ums Leben kommt.

Die Auslieferung von Hilferding und Breitscheid an die Gestapo ist ein schwerer Schlag für die Arbeit der Sozialdemokratischen Partei Deutschlands (SPD) im Exil, an der sich beide Politiker beteiligt hatten; sie ist in Frankreich nicht mehr sicher. SPD-Auslandsgruppen organisieren u. a. Widerstandsaktionen gegen das deutsche NS-Regime und schleusen von den Nationalsozialisten Verfolgte ins Ausland.

Nach Abschluß des deutsch-französischen Waffenstillstands am 22. Juni 1940 wird die Vichy-Regierung von den Nationalsozialisten mehrfach gezwungen, Gegner des NS-Regimes, die im französischen Exil leben, auszuliefern.

Betrugsprozeß um Schweizer Bank

4. Februar. Vor dem Schwurgericht in Zürich beginnt der Prozeß gegen die Bankiers Ernst Keller, Joseph Peterhans und zwei Gehilfen wegen wiederholten Betruges.

Die beiden Hauptbeschuldigten hatten 1935 in Zürich ohne eigenes Kapital die Dakred-Darlehens- und Kreditgenossenschaft gegründet. Die Bank, die ihren Kunden nach langjährigen Beitragszahlungen Kredite zur Verfügung stellt, war 1936 von der eidgenössischen Aufsichtsbehörde wegen zu hoher Verbindlichkeiten geschlossen worden. Weitere Untersuchungen brachten Unregelmäßigkeiten zutage.

Der Prozeß, der einen Monat lang die schweizerische Öffentlichkeit beschäftigt, endet mit dem Schuldspruch der Geschworenen und der Urteilsverkündung am 28. Februar. Keller und Peterhans werden wegen wiederholten Betruges bei einer Schadenshöhe von über 1,5 Millionen Schweizer Franken zu vier Jahren Zuchthaus und fünf Jahren Ehrverlust verurteilt. Die beiden Angeklagten hatten zuvor ihre Unschuld beteuert und den Behörden vorgeworfen, die Untersuchung mit dem Ziel eingeleitet und geführt zu haben, ihre Bank zu zerstören.

Die »Neue Zürcher Zeitung« kommentiert: »Selten wohl haben die Geschworenen soviel Elend, Not und Verzweifelung gesehen wie bei den Schilderungen der geschädigten Bauern, Arbeiter und Handwerker. Nicht reiche Leute haben hier ihr Geld verloren, sondern kleine, in finanziellen Angelegenheiten unerfahrene Leute.«

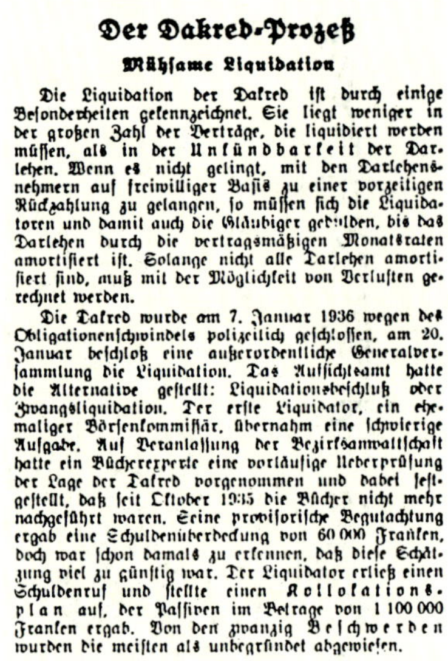
Der Dakred-Prozeß

Mühsame Liquidation

Die Liquidation der Dakred ist durch einige Besonderheiten gekennzeichnet. Sie liegt weniger in der großen Zahl der Verträge, die liquidiert werden müssen, als in der Unkündbarkeit der Darlehen. Wenn es nicht gelingt, mit den Darlehensnehmern auf freiwilliger Basis zu einer vorzeitigen Rückzahlung zu gelangen, so müssen sich die Liquidatoren und damit auch die Gläubiger gedulden, bis das Darlehen durch die vertragsmäßigen Monatsraten amortisiert ist. Solange nicht alle Darlehen amortisiert sind, muß mit der Möglichkeit von Verlusten gerechnet werden.

Die Dakred wurde am 7. Januar 1936 wegen des Obligationenschwindels polizeilich geschlossen, am 20. Januar beschloß eine außerordentliche Generalversammlung die Liquidation. Das Aufsichtsamt hatte die Alternative gestellt: Liquidationsbeschluß oder Zwangsliquidation. Der erste Liquidator, ein ehemaliger Börsenkommissär, übernahm eine schwierige Aufgabe. Auf Veranlassung der Bezirksanwaltschaft hatte ein Bücherexperte eine vorläufige Ueberprüfung der Lage der Dakred vorgenommen und dabei festgestellt, daß seit Oktober 1935 die Bücher nicht mehr nachgeführt waren. Seine provisorische Begutachtung ergab eine Schuldenüberdeckung von 60 000 Franken, doch war schon damals zu erkennen, daß diese Schätzung viel zu günstig war. Der Liquidator erließ einen Schuldenruf und stellte einen Kollokationsplan auf, der Passiven im Betrage von 1 100 000 Franken ergab. Von den zwanzig Beschwerden wurden die meisten als unbegründet abgewiesen.

Pressebericht über den Dakred-Prozeß, der großes Aufsehen erregt

Unterrichtsausfall durch Schuhmangel

3. Februar. Der Sicherheitsdienst der SS meldet in seinen geheimen Berichten aus dem Deutschen Reich, daß vor allem in den ländlichen Gebieten von Bayern, Salzburg, Schlesien und der Pfalz die Bevölkerung nicht mit dem notwendigen Schuhwerk versorgt wird. Besonders Kinderschuhe sind Mangelware, da in diese Regionen viele Kinder aus Großstädten, die von britischen Luftangriffen bedroht sind, landverschickt worden sind.

Schulen in den betroffenen Regionen melden, daß ein Teil der Schüler gar nicht oder unregelmäßig zum Unterricht erscheint; in Familien mit mehreren Kindern müssen sich die Geschwister in manchen Fällen ein Paar Schuhe teilen und erscheinen abwechselnd zum Unterricht; bei schlechtem Wetter kann in einigen Klassen mangels Schüler nicht unterrichtet werden.

Auch die Hitlerjugend beklagt den Schuhmangel, da Eltern ihren Kindern vielfach die Teilnahme an Gelände- und vormilitärischen Übungen verbieten, weil das Schuhwerk dabei zu stark strapaziert wird und nicht zu ersetzen ist.

Feuer in der spanischen Stadt Santander

Viele Dampfer und Kähne werden vom Orkan gegen die Hafenmauer von Lissabon geschmettert

Große Zerstörungen durch Orkan über Spanien und Portugal

15. Februar. *Über Spanien und Portugal wütet ein Orkan, der mit bis zu 200 km/h schnellen Böen ganze Ortschaften und Landstriche verwüstet; viele in den Häfen liegende Schiffe werden zerstört. In Portugal, dessen Hauptstadt Lissabon für mehrere Stunden von der Außenwelt abgeschnitten ist, belaufen sich die Schäden auf umgerechnet weit über 100 Millionen Reichsmark.*

In der nordspanischen Stadt Santander löst ein Hochspannungskabel, das durch den Sturm abgerissen wird und mit einem Öltank in Berührung kommt, ein Großfeuer aus, dem die gesamte Altstadt zum Opfer fällt; 35 000 Menschen werden obdachlos, und über 300 z. T. historische Gebäude wie die im 13. Jahrhundert gebaute Kathedrale werden durch den Brand zerstört.

Deutsche nehmen zu viele Tabletten

20. Februar. Unter der Überschrift »Volksgesundheit« meldet der Sicherheitsdienst der SS, daß der Mißbrauch von Kopfschmerzmitteln im Deutschen Reich zunimmt. Der steigende Tablettenkonsum wird darauf zurückgeführt, daß der Bevölkerung »durch die ungeheure Reklameflut und durch das Zur-Schau-Stellen der Mittel in Schaufenstern das Vorhandensein von Kopfschmerzen suggeriert« wird. Außerdem wird der Arzneimittelverkauf, der sich der behördlichen Überwachung entzieht, für den Tablettenmißbrauch verantwortlich gemacht; selbst stärkste Kopfschmerzmittel sind dem Bericht zufolge in Kolonialwarenhandlungen und Friseurgeschäften erhältlich.

Um den gesundheitsschädlichen Wirkungen starken Tablettenkonsums entgegenzuwirken, schlägt der Sicherheitsdienst die Einschränkung von Arzneimittelreklame und eine Überwachung von Tablettenherstellung und -verkauf vor.

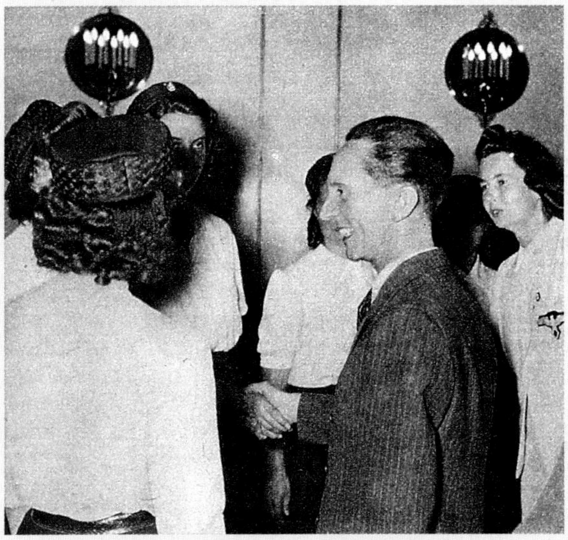

Minister Joseph Goebbels empfängt in Darmstadt während der Reichswettkämpfe kroatische Studentinnen

Zu disziplinierter Arbeit werden diese Kinder am Ostseestrand angehalten: Schaufeln in Reih und Glied

Bewerber für das parteilinientreue Langemarck-Internat müssen Prüfungen zur politischen »Reife« bestehen

Das Langemarck-Studium – auch ein Sprungbrett zur Universität

Dieser Dreher-Lehrling erlernt einen der gefragtesten Industrie-Berufe

Volksschullehrer demonstriert vor Ort die Ausnutzung der Wasserkraft

Bildungswesen 1941:

Kriegsunterricht in allen Schulfächern

Das Schulwesen im Deutschen Reich steht 1941 ganz im Zeichen des Krieges, auf den die Schüler in nahezu allen Unterrichtsfächern intensiv vorbereitet werden.

Im Erdkundeunterricht wird der Frontverlauf besprochen, im Sportunterricht findet die »Wehrertüchtigung« statt, und im Deutschunterricht werden Aufsätze über das Heldentum deutscher Soldaten und die Pflichten der Bevölkerung verfaßt. Ein Berliner Schüler schreibt im Dezember des zweiten Kriegsjahres in einem Aufsatz zum Thema »Wie zeige ich mich unseren Soldaten würdig«: »Eine Notwendigkeit, die man gar nicht als Opfer bezeichnen kann, ist das Sammeln von Altmaterial, das, von der Technik umgearbeitet, unseren Soldaten in Form von Waffen und Maschinen, Bekleidung und technischen Hilfsmitteln zu gute kommt. Sammle ich Altmaterial, so tue ich nur meine Pflicht und liefere meinen bescheidenen Anteil zur Unterstützung der Front.«

Neben der ideologischen Ausrichtung der Jugend auf den Krieg und der Vermittlung rassistischer Unterrichtsinhalte ist das schulische Leben von wachsenden Einschränkungen betroffen. Die Schüler werden bei Altstoffsammlungen oder als Erntehelfer eingesetzt; der Nachmittag muß laut einer Verfügung von Erziehungsminister Bernhard Rust vom 11. Februar für die Hitlerjugend reserviert bleiben. Die zur Front eingezogenen Lehrer können nur zum Teil durch ältere Kollegen ersetzt werden, Unterrichtsausfälle sind die Folge. Schulgebäude werden von Behörden und Wehrmachtseinheiten belegt oder zu Lagerräumen für Lebensmittel, Waffen und Altstoffe umfunktioniert. Ein geordneter Unterrichtsbetrieb ist unter diesen Bedingungen nur selten möglich.

Das Reichserziehungsministerium ist währenddessen bestrebt, das Schulwesen im Deutschen Reich und den seit 1938 angegliederten Gebieten zu vereinheitlichen. So wird z. B. der Schuljahresbeginn am → 11. Januar (S. 21) einheitlich geregelt und die Hauptschule eingeführt (→ 28. 4./S. 73).

Polenüberfall im Film verherrlicht

28. Februar. In München findet die Premiere des Films »Kampfgeschwader Lützow« von Regisseur Hans Bertram statt. In den Hauptrollen sind Christian Kayssler, Hermann Braun, Heinz Welzel und Hannes Keppler zu sehen.

»Kampfgeschwader Lützow« ist die Fortsetzung des Films »D III 88«, den Hans Bertram 1939 drehte. Die Jagdflieger aus »D III 88« sind nun im Einsatz beim Überfall auf Polen 1939 zu sehen, wo sie sich durch die Bombardierung polnischer Festungen und Stellungen »auszeichnen«. Eingebettet in die Filmhandlung sind »polnische Greueltaten«, die den Nationalsozialisten als Vorwand dienten, um die Notwendigkeit ihres Angriffs zu begründen.

Der propagandistische Film wird mit den Prädikaten »staatspolitisch und künstlerisch besonders wertvoll, volkstümlich wertvoll und jugendwert« ausgezeichnet.

Neue Aufgaben für Reichsfilmkammer

16. Februar. Reichspropagandaminister Joseph Goebbels stellt in einer Ansprache bei der Kriegstagung der Reichsfilmkammer fest, daß der Film eine wichtige Funktion für die Vermittlung nationalsozialistischer Ideale an breite Bevölkerungskreise insbesondere in Kriegszeiten habe.

Die NSDAP hatte unmittelbar nach ihrer Machtübernahme 1933 das gesamte Filmwesen in der Reichsfilmkammer zusammengefaßt und unter ihre Kontrolle gebracht. Ab 1934 konnten im Deutschen Reich nur noch Mitglieder der Kammer Filme drehen. Mit dem Gebietszuwachs durch deutsche Eroberungen und dem wachsenden Unterhaltungsbedürfnis der Bevölkerung steigen auch die Anforderungen an die Reichsfilmkammer. Filmproduktion und -vertrieb müssen ausgeweitet und die technische Qualität den neuesten Entwicklungen angepaßt werden (→ 31. 10./S. 176).

Im Zwiespalt von Kunst und Politik

3. Februar. Unter der Leitung von Wilhelm Furtwängler wird das Violinkonzert op. 92 von Hermann Zilcher von den Berliner Philharmonikern uraufgeführt. Der Dirigent steht seit der nationalsozialistischen Machtübernahme in einem zunehmend zwiespältigen Verhältnis zum NS-Regime, das ihn wegen seines internationalen Rufes nicht offen angreift und versucht, ihn für Propagandazwecke zu benutzen.

Anders als andere deutsche Künstler wie die Dirigenten Bruno Walter und Otto Klemperer war Furtwängler nicht emigriert und behielt u. a. die Leitung der Berliner Philharmoniker. Er glaubt, die »gute« Kunst bewahren zu können, ohne sich dem NS-Regime zu unterwerfen.

Der vom Publikum verehrte Furtwängler setzte sich mehrfach für Künstler ein, die vom NS-Regime angefeindet wurden; so stellte er sich schützend vor seinen Konzertmeister, den Juden Simon Goldberg, und verteidigte 1934 in einem offenen Brief den Komponisten Paul Hindemith; Propagandaminister Joseph Goebbels sagte über den angesehenen Dirigenten, es habe »keinen dreckigen Juden gegeben, dem Furtwängler nicht geholfen« habe.

Wilhelm Furtwängler, Komponist und Leiter der Berliner Philharmoniker

Wohnen und Design 1941:

Zwischen Pomp und Zweckbestimmtheit

Im Zeichen wachsender Wohnungsnot und Materialknappheit verlangen die nationalsozialistischen Machthaber, daß Wohnungen »schlicht und praktisch«, Gebrauchsgegenstände »zweckbestimmt, haltbar, ohne täuschenden Prunk« zu sein haben. Sie selbst umgeben sich im Gegensatz dazu gern mit klassizistisch inspiriertem Pomp als Symbol ihrer Machtfülle.

Die von den Nationalsozialisten kontrollierten deutschen Architekten und Designer müssen diesen Forderungen nachkommen, andernfalls erhalten sie keine Arbeit. Für Experimente und Kreativität ist dabei kein Platz.

Die meisten Vertreter der Designer-Avantgarde halten sich während des Krieges in den USA auf; Ludwig Mies van der Rohe, Leiter der Architekturabteilung des Illinois Institute of Technology in Chicago, beschäftigt sich u. a. mit Verfahren der Holzverformung; László Moholy-Nagy baut die »School of Design« in Chicago auf, die er 1939 in der Nachfolge des »New Bauhaus« gegründet hatte.

Holzspielzeug von der Staatlichen Spielzeug- und Gewerbeschule Seiffen im Erzgebirge; Form und Material sind zwar kindgerecht, doch mit der Kanone im Gespann hält die Erwachsenenwelt auch ins Kinderzimmer Einzug

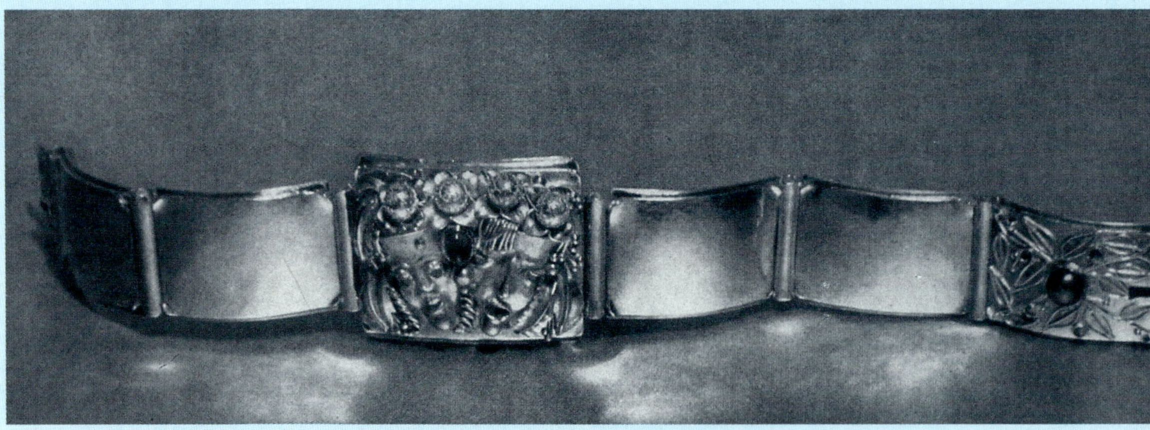

Silberarbeit der Staatlich-Städtischen Handwerkerschule Burg Giebichenstein bei Halle; das kostbare Silberarmband ist mit vergoldeten Masken und Granulation reich verziert; die Schließe in der Mitte trägt eine graue Perle

Sechs deutsche Weltmeister in Cortina

1. Februar. Im norditalienischen Cortina d'Ampezzo wird die Ski-Weltmeisterschaft eröffnet. An den bis zum 10. Februar dauernden Wettkämpfen nehmen Sportler aus zwölf Nationen teil.
Die Deutschen stellen die erfolgreichste Mannschaft; von den insgesamt elf zu vergebenden Titeln erringen sie sechs, während die finnische Mannschaft drei, Schweden und Italien je einen Wettkampf für sich entscheiden können.
Überragende deutsche Sportlerin ist Christl Cranz, die ihren Titel im Abfahrtslauf verteidigt und Weltmeisterin in der alpinen Kombination vor der Italienierin Cellina Seghi wird. Die 20jährige Italienerin sorgt jedoch im Torlauf für eine Überraschung, als sie mit einem Vorsprung von mehr als vier Sekunden über die favorisierte Christl Cranz siegt. Bei den Männern wird vor allem der Titelgewinn von Gustl Berauer in der nordischen Kombination gefeiert, der mit 431,8 Punkten die gesamte Konkurrenz deklassiert. Heiß diskutiert wird das Ergebnis im Spezialsprunglauf; trotz des weitesten Sprungs erreicht der Deutsche Sepp Weiler wegen einer schlechten Haltungsnote nur den vierten Rang. Die Ergebnisse dieser Ski-Weltmeisterschaft werden nach dem Zweiten Weltkrieg annulliert, da u. a. Sportler aus Norwegen und Frankreich nicht teilnahmen.

Die erfolgreiche deutsche Skiläuferin Christl Cranz (r.) gratuliert der neuen Weltmeisterin im Torlauf, der Italienerin Cellina Seghi (l.), nach ihrem Sieg

Asien-Atlas nach Reisen von Hedin

1. Februar. Das erste Blatt eines Kartenwerks, das auf den Aufzeichnungen des schwedischen Wissenschaftlers und Asienforschers Sven Hedin basiert, wird im Rahmen eines Festaktes in Berlin der Öffentlichkeit übergeben.
Die insgesamt 54 Karten im Maßstab 1:1 000 000, die im Lauf des Jahres erscheinen, decken den gesamten zentralasiatischen Raum ab. Vertreter der deutschen Reichsregierung und der NSDAP-Parteiführung bezeichnen das Kartenwerk als »deutschen Beitrag für die internationale Wissenschaft«.
Der im Deutschen Reich populäre Forscher Sven Hedin hatte zwischen 1885 und 1935 mehrere Forschungsreisen im Nahen Osten und Zentralasien unternommen; neben wissenschaftlichen Werken hatte er auch Reisebeschreibungen über seine Expeditionen verfaßt, die bei der deutschen Leserschaft sehr beliebt sind.

Element der Wohnkultur in den 40er Jahren ist der Kamin (im Vordergrund die Schauspielerin Brigitte Helm)

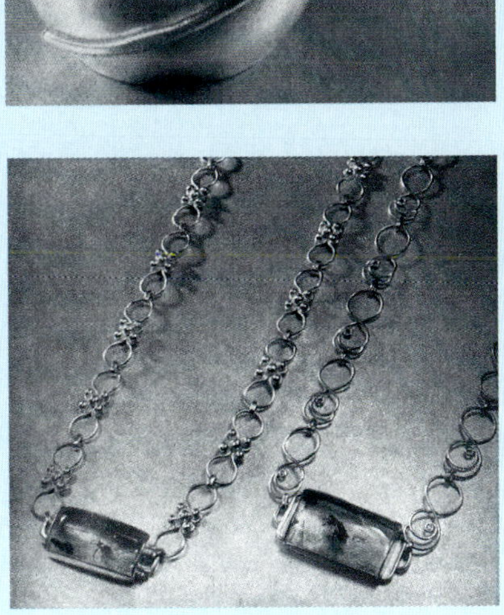

◁◁ Silberner Krug mit Schlangenverzierung von Lilly Schultz, Staatliche Handwerkerschule Burg Giebichenstein bei Halle

◁ Kunsthandwerklich gestaltete Arbeiten wie diese Ledertasche Weber-Heubachs sind schmückend und funktional

◁◁ Silberketten, gefertigt in einer Kunsthandwerkschule in Königsberg; Bernsteinschließen an Schmuckstücken sind gefragt

◁ Spielerischer Umgang mit einem groben Ausgangsmaterial: Schmiedeeiserner Kerzenständer in Form einer Kuh

März 1941

Mo	Di	Mi	Do	Fr	Sa	So
					1	2
3	4	5	6	7	8	9
10	11	12	13	14	15	16
17	18	19	20	21	22	23
24	25	26	27	28	29	30
31						

1. März, Sonnabend

Der bulgarische Ministerpräsident Bogdan Dimitrow Filow unterzeichnet in Wien die Beitrittserklärung seines Landes zum Dreimächtepakt, einem Bündnis, das 1940 zwischen Japan, Italien und dem Deutschen Reich geschlossen wurde, um die USA von den Kriegsschauplätzen fernzuhalten. →S. 48

Reichsluftfahrtminister Hermann Göring setzt sich beim Führer und Reichskanzler Adolf Hitler gegen die Forderung der deutschen Kriegsmarine nach einer selbständigen Luftaufklärung durch.

Britische Bomber greifen Köln an und wiederholen den Angriff in der Nacht vom 3. zum 4. März.

Der Reichsführer SS, Heinrich Himmler, besichtigt das Konzentrationslager Auschwitz und befiehlt die Bereitstellung von Häftlingen für das dortige Buna-Werk der I.G. Farben. →S. 52

Auf der Jahrestagung des Vereins Deutscher Chemiker in Wiesbaden stehen Vorträge und Gespräche über die Bedeutung der Elektronenmikroskopie im Mittelpunkt.

In Paris gastiert die Mannheimer Oper mit Richard Wagners »Walküre«; wie die deutsche Propaganda betont, ist es die erste Aufführung einer deutschen Bühne in deutscher Sprache im Théâtre de l'Opéra.

2. März, Sonntag

Die 12. deutsche Armee rückt um 6 Uhr von Rumänien aus in Bulgarien ein; die Besetzung erfolgt mit Zustimmung der bulgarischen Regierung. →S. 48

Britische Luftwaffeneinheiten greifen die Hafenanlagen in Brest, Calais und Rotterdam an.

In Leipzig beginnt die Frühjahrsmesse, auf der über 6000 Unternehmen aus 20 Ländern ihre Produkte vorstellen; die Messe dauert bis zum 7. März. →S. 53

In München geht die »Große Deutsche Kunstausstellung« zu Ende, die am 27. Juli 1940 eröffnet wurde; die Veranstalter zählten 603 895 Besucher. →S. 57

3. März, Montag

Bei einer Einbürgerungsfeier in Breslau gibt der Reichsführer SS, Heinrich Himmler, bekannt, daß seit dem 7. Oktober 1938 rund 550 000 Deutsche aus osteuropäischen Gebieten ins Deutsche Reich umgesiedelt wurden (→25. 3./S. 51).

In der griechischen Stadt Larissa macht ein Erdbeben über 10 000 Menschen obdachlos.

4. März, Dienstag

Die britische Armee beginnt mit der Operation »Lustre«, bei der bis zum 24. April 58 000 britische Soldaten in Griechenland stationiert werden. →S. 49

Der jugoslawische Prinzregent Paul stattet dem Führer und Reichskanzler Adolf Hitler einen Besuch auf dem Berchtesgadener Berghof ab; im Laufe der Gespräche erklärt er die Bereitschaft der jugoslawischen Führung, dem Dreimächtepakt mit dem Deutschen Reich, Japan und Italien beizutreten (→27. 3./S. 49).

Der deutsche Botschafter in Ankara, Franz von Papen, versichert dem türkischen Präsidenten Ismet Inönü, daß die türkischen Grenzen durch den deutschen Einmarsch in Bulgarien nicht bedroht sind (→18. 6./S. 102).

Fünf britische Zerstörer und zwei Landungsschiffe versenken vor den norwegischen Lofotinseln zehn deutsche Schiffe mit insgesamt 19 350 Bruttoregistertonnen und zerstören große Fischverarbeitungsanlagen; gleichzeitig werden 225 Männer gefangengenommen.

5. März, Mittwoch

Adolf Hitler erläßt die Weisung Nr. 24 über eine Zusammenarbeit mit Japan; Ziel der deutschen Politik ist es, Japan zu schnellem Handeln im Fernen Osten zu bewegen, um die Vereinigten Staaten vom europäischen Kriegsschauplatz und dem geplanten deutschen Angriff auf die Sowjetunion (→22. 6./S. 98) abzulenken. →S. 50

Großbritannien bricht die diplomatischen Beziehungen zu Bulgarien ab, nachdem der Balkanstaat dem Dreimächtepakt mit dem Deutschen Reich, Japan und Italien beigetreten ist.

Reichserziehungsminister Bernhard Rust gibt eine Neuordnung der Volksschullehrerausbildung bekannt, derzufolge Kandidaten nach dem erfolgreichen Hauptschulabschluß im Rahmen eines fünfjährigen Ausbildungsganges auf ihre Tätigkeit vorbereitet werden.

6. März, Donnerstag

Japanische Truppen besetzen mehrere große Hafenstädte an der Küste der chinesischen Provinz Kwangtung.

7. März, Freitag

Der Rat der Volkskommissare in der UdSSR und das Zentralkomitee der Kommunistischen Partei der Sowjetunion (KPdSU) ordnen Maßnahmen zur Trockenlegung und Urbarmachung von rund vier Millionen Hektar Sumpfgebiet in Weißrußland innerhalb der nächsten 15 Jahre an.

Deutsche und finnische Regierungsvertreter unterzeichnen in Finnlands Hauptstadt Helsinki ein Abkommen über den zwischenstaatlichen Warenverkehr. Beide Delegationen geben dem Bemühen Ausdruck, den Handel der beiden Staaten in diesem Jahr auszuweiten.

Nach einem Beschluß des Schweizer Bundesrats wird in der Nacht vom 4. auf den 5. Mai in der Schweiz die Sommerzeit eingeführt. →S. 57

8. März, Sonnabend

Die deutsche Luftwaffe fliegt zwei schwere Angriffe auf die britischen Städte London und Coventry, bei denen insgesamt rund 440 t Sprengbomben und 1400 Brandschüttkästen abgeworfen werden.

Bei Kämpfen im Atlantik wird das U-Boot des im Deutschen Reich als Kriegsheld verehrten Kapitänleutnant Günther Prien versenkt.

Wegen fortgesetzter Proteste der Bevölkerung in den Niederlanden gegen Terror- und Gewaltmaßnahmen der nationalsozialistischen Machthaber wird über Nordholland das Kriegsrecht verhängt (→25. 2./S. 39).

9. März, Sonntag

Vorausabteilungen der deutschen Truppen auf dem Balkan erreichen die bulgarisch-griechische Grenze. Die Truppen Griechenlands räumen Westthrakien bis auf eine Brigade und konzentrieren sich im Raum um Saloniki.

Die italienische Armee startet eine neue Offensive an der Front in Albanien, nachdem ein erster Invasionsversuch im Vorjahr gescheitert war (→14. 3./S. 49).

In Wien wird die Frühjahrsmesse eröffnet, wo auf über 8000 m^2 Bedarfsgüter und Produkte der Landwirtschaft gezeigt werden (→2. 3./S. 53).

In der Schweiz findet eine Volksabstimmung zur sog. Reval-Initiative statt; schweizerische Obstbauern hatten ein Volksbegehren eingebracht, mit dem die Verwendung von Obst aus heimischem Anbau zur Erzeugung von Alkohol zugelassen werden soll. →S. 54

In Stuttgart schlägt die deutsche Fußballnationalmannschaft die schweizerische Auswahl 4:2; zwei Tore schießt der Dresdner Helmut Schön. →S. 59

10. März, Montag

238 deutsche Flugzeuge werfen bei einem Angriff auf die britische Stadt Portsmouth 193 t Sprengbomben und 1291 Brandschüttkästen ab.

Bei einem britischen Luftangriff auf die französische Stadt Le Havre werden erstmals viermotorige Bomber vom Typ Handley Page »Halifax« eingesetzt.

11. März, Dienstag

Mit der Unterzeichnung durch US-Präsident Franklin D. Roosevelt tritt der Lend-and-Lease-Act (Leih- und Pachtgesetz) in den USA in Kraft. Er ermächtigt den Präsidenten, Kriegsmaterial an befreundete Staaten zu verleihen oder zu verpachten. →S. 51

In Tokio wird ein Abkommen zwischen Thailand und Französisch-Indochina unterzeichnet, das Gebietsabtretungen im westlichen Kambodscha an Thailand vorsieht.

In Berlin findet die Premiere des von dem Schauspieler Victor De Kowa gedrehten Films »Kopf hoch, Johannes« statt, in dem Albert Schoenhals, Dorothea Wieck, Klaus Detlef Sierck und Leo Peukert die Hauptrollen spielen.

12. März, Mittwoch

Aus Anlaß des dritten Jahrestages der Angliederung Österreichs finden in Linz und Wien Festveranstaltungen statt, auf denen u. a. Adolf Hitler und Joseph Goebbels sprechen.

Während deutsche Luftwaffeneinheiten einen Angriff auf den britischen Hafen Liverpool-Birkenhead fliegen, bombardieren britische Bomberstaffeln Hamburg und Bremen.

13. März, Donnerstag

Das Oberkommando der Wehrmacht erläßt die »Richtlinien auf Sondergebieten zur Weisung 21«, die sich auf die Zeit nach dem Angriff auf die Sowjetunion (→22. 6./S. 98) beziehen; in den Richtlinien ist u. a. eine Aufteilung der zu besetzenden Gebiete in der UdSSR vorgesehen; die Einsatzgruppen der Schutzstaffel (SS) erhalten sog. Sonderaufgaben, womit insbesondere Terrorakte gegen die jüdische Bevölkerung der Sowjetunion gemeint sind. →S. 50

14. März, Freitag

Die am 9. März begonnene Offensive italienischer Heereseinheiten in Albanien gerät wegen des Widerstands der Griechen ins Stocken und scheitert wenige Tage später. →S. 49

15. März, Sonnabend

Die deutsche Luftwaffe greift mit 203 Flugzeugen die schottische Stadt Glasgow und mit 117 Maschinen das britische Stahlzentrum Sheffield an; nahezu gleichzeitig fliegen 45 britische Bomber einen Angriff auf das Ruhrgebiet.

Der US-amerikanische Präsident Franklin D. Roosevelt verkündet in einer Rede vor Journalisten im Weißen Haus in Washington, die auch im britischen Rundfunk ausgestrahlt wird, daß sich die USA für die europäischen Demokratien verstärkt einsetzen werden.

In London erscheint die erste Ausgabe der Zeitschrift »Die Arbeit«, die von der Landesgruppe deutscher Gewerkschaften in Großbritannien herausgegeben wird. Am 15. November muß die Zeitschrift, die monatlich in einer Auflage von 300 bis 500 Stück erschienen ist, wegen Papiermangel eingestellt werden.

Die American Export Line, die einzige US-amerikanische Schiffahrtslinie mit regelmäßigem Europadienst, stellt vorläufig den Fahrkartenverkauf ein, da bereits 10 000 bezahlte Passagen von Lissabon in die USA vorgebucht sind. →S. 52

16. März, Heldengedenktag

In einer Rede anläßlich des Heldengedenktages in Berlin kündigt Adolf Hitler den bevorstehenden Zusammenbruch Großbritanniens an. →S. 53

Die britische Zeitschrift »Illustrated London News« berichtet am 15. März über einen Angriff britischer Truppen auf die norwegischen Lofotinseln am 4. März, die von deutschen Truppen besetzt sind

THE ILLUSTRATED LONDON NEWS,

The World Copyright of all the Editorial Matter, both Illustrations and Letterpress, is Strictly Reserved in Great Britain, the British Dominions and Colonies, Europe, and the United States of America.

SATURDAY, MARCH 15, 1941.

THE SCENE ON THE QUAYSIDE AT SVOLVAER, SHOWING OIL STORES BURNING DURING THE DARING NAVAL RAID ON THE LOFOTEN ISLANDS ON MARCH 4, WHEN THE ENTIRE GERMAN OIL-PRODUCING PLANTS WERE DESTROYED.

The total destruction by British sailors and soldiers on March 4 of oil-producing plant in the Lofoten Islands, and of the extensive oil supplies accumulated there by the Germans, was largely due to information furnished by an Englishman, Mr. William John Hawes, who, while making his annual visit to his employer's factory at Svolvær last year, was caught by the German advance, and made prisoner, being later forced to work under Nazi dictation. Broadcasting on March 8, he described how, with blank astonishment, when emerging from the factory, he came face to face with a British officer, who declared that he was going to destroy the plant. "I am under your orders," he replied, "but what about the others?" The result of the encounter was that every oil tank and all the five oil-producing plants in the Lofotens were destroyed by the raiders before leaving, and also the 10,000-ton floating oil factory-ship "Dansburg." The above photograph shows the scene on the quayside, with oil supplies burning after the tanks were detonated. On later pages of this issue appear pictures of scenes in and around Svolvaer, and a double-page drawing by our special artist, Captain Bryan de Grineau, of Norwegian volunteers flocking to the quayside to embark in the British warships. *(British Official Photograph.)*

Britische Seestreitkräfte setzen von Aden aus ins afrikanische Britisch-Somaliland über und starten eine Offensive zur Vertreibung der seit August 1940 bestehenden italienischen Besatzung.

Die sowjetische Regierung verkündet eine Verordnung zum Patentschutz. Danach müssen alle Erfindungen den staatlichen Behörden gemeldet werden, die Erfinder erhalten eine Prämie. Die Moskauer Führung will sich so die Kontrolle über alle technischen Entwicklungen in der UdSSR verschaffen.

Der in der Wesermündung liegende ehemalige Luxusdampfer »Bremen« wird während umfangreicher Reparatur- und Umbauarbeiten durch einen Brand so schwer beschädigt, daß er abgewrackt werden muß.

17. März, Montag

Die deutsche Luftwaffe greift die britische Stadt Bristol-Avonmouth mit 162 Flugzeugen an; auch in der folgenden Nacht ist mit Liverpool-Birkenhead wieder ein wichtiger britischer Hafen Ziel deutscher Bombenangriffe.

Bei einer Besprechung in der Berliner Reichskanzlei zwischen Adolf Hitler, Generalfeldmarschall Walter von Brauchitsch und Generaloberst Franz Halder wird die Aufmarschanweisung für den Angriff auf die UdSSR abgeändert (→ 22. 6./S. 98). Hitler will u. a. auf einen sofortigen Vorstoß aus Rumänien verzichten.

Die am 12. März von Reichswirtschaftsminister Walther Funk angekündigte Erhebung einer Steuer für Wertpapier- und Aktiendividenden führt zu einem Kursverfall um rund 5%.

18. März, Dienstag

Reichspropagandaminister Joseph Goebbels eröffnet in Posen das Reichsgautheater; der Aufbau des Theaters war vom Reichsministerium für Propaganda und Volksaufklärung mit rund 1,5 Millionen Reichsmark unterstützt worden.

19. März, Mittwoch

Der Exilvorstand der Sozialdemokratischen Partei Deutschlands (SPD) und andere aus dem Deutschen Reich emigrierte Sozialisten gründen in London die Union deutscher sozialistischer Organisationen in Großbritannien, um ihre Aktivitäten gegen die NS-Machthaber im Deutschen Reich zu koordinieren. → S. 52

Auf Betreiben der Montankonzerne im Ruhrgebiet werden die Kohlenhandels- und Kohlenbergbauunternehmen in der Reichsvereinigung Kohle zusammengeschlossen, um Förderung und Vertrieb von Kohle zentral zu steuern. → S. 53

In Posen wird der Kriegsfilm »Über alles in der Welt« von Regisseur Karl Ritter uraufgeführt; die Hauptrollen spielen Carl Raddatz, Hannes Stelzer, Marina von Ditmar und Fritz Kampers.

Im Düsseldorfer Stadtbad schwimmt die Mönchengladbacherin Anni Kapell Weltrekord auf der 200-m-Bruststrecke mit 2:55,5 min. → S. 59

20. März, Donnerstag

Reichsjugendführer Artur Axmann besichtigt das erste Reichsausbildungslager der Hitlerjugend (HJ) für den Führernachwuchs in Dessau; bei einer Rede vor den Jugendlichen sagt Axmann, daß im Verlauf des Krieges schon 500 000 Jugendliche auf den Einsatz in der Wehrmacht und den NSDAP-Organisationen an der Front vorbereitet worden sind.

21. März, Freitag

Der ungarische Außenminister László Bárdossy trifft in München mit Adolf Hitler und Reichsaußenminister Joachim von Ribbentrop zusammen, um die Lage auf dem Balkan zu erörtern.

Im Hamburger Ufa-Palast wird der Hans-Albers-Film »Carl Peters« uraufgeführt; unter der Regie von Herbert Selpin spielen Karl Dannemann, Fritz Odemar und Hans Leibelt weitere Hauptrollen in dem Propagandafilm über den deutschen Kolonialpionier. → S. 57

Der US-amerikanische Schwergewichtsweltmeister im Boxen, Joe Louis, besiegt seinen Herausforderer Abe Simon in Detroit durch einen K.o.-Sieg in der 13. Runde (→ 29. 9./S. 161).

22. März, Sonnabend

Die deutschen Schlachtschiffe »Scharnhorst« und »Gneisenau« laufen nach Abschluß ihrer Atlantikunternehmung in Brest ein; sie haben seit ihrem Auslaufen am → 4. Februar (S. 34) 22 Schiffe mit zusammen rund 116 000 Bruttoregistertonnen versenkt. → S. 50

Die deutsche Luftwaffe unternimmt einen schweren Bombenangriff auf die britische Hafenstadt Plymouth.

Der französische Staatschef Philippe Pétain unterzeichnet ein Gesetz zum Bau einer Transsahara-Eisenbahn, die von internierten Kriegsgefangenen und Juden gebaut werden soll. → S. 54

23. März, Sonntag

Der japanische Außenminister Josuke Matsuoka trifft im Rahmen seiner Europareise in Moskau ein (→ 5. 3./S. 50).

24. März, Montag

Das Deutsche Afrika-Korps unter dem Befehl von Generalleutnant Erwin Rommel erobert bei einem Aufklärungsvorstoß in der nordafrikanischen Cyrenaika die Stadt El Agheila. → S. 50

Der schweizerische Bundespräsident Ernst Wetter erklärt, daß die garantierte Neutralität der Schweiz gleichwertig mit dem Schutz der eidgenössischen Landesgrenzen ist.

25. März, Dienstag

In Wien unterzeichnet der jugoslawische Ministerpräsident Dragiša Cvetković die Beitrittserklärung seines Landes zum Dreimächtepakt, einem Vertrag zur gegenseitigen Hilfe im Kriegsfall, der 1940 von Japan, Italien und dem Deutschen Reich geschlossen wurde (→ 27. 3./S. 49).

Die Übersiedlung von 60 000 Deutschen aus den baltischen Staaten ins Deutsche Reich, die im deutsch-sowjetischen Vertrag vom → 10. Januar (S. 13) vereinbart wurde, ist abgeschlossen. → S. 51

26. März, Mittwoch

Der japanische Außenminister Josuke Matsuoka trifft zu einem viertägigen Staatsbesuch in Berlin ein. Adolf Hitler hat für die Dauer des Besuchs die Einstellung der Luftangriffe auf London angeordnet (→ 5. 3./S. 50).

NSDAP-Ideologe Alfred Rosenberg eröffnet in Frankfurt am Main das Institut für die Erforschung der Judenfrage unter Leitung von Wilhelm Grau. → S. 52

Während einer Seeschlacht bei Matapan zwischen italienischen und britischen Marineverbänden im Mittelmeer verlieren die Italiener rund 3000 Mann und fünf Schiffe.

27. März, Donnerstag

Bei einem Staatsstreich in Jugoslawien wird die Regierung des Ministerpräsidenten Dragiša Cvetković gestürzt; an die Stelle des bisherigen Prinzregenten Paul tritt der 17jährige König Peter II., der eine Regierung unter dem Luftwaffengeneral Dušan Simović beruft. → S. 49

Nach dem Putsch in Jugoslawien unterzeichnet Adolf Hitler die Weisung Nr. 25, die einen Blitzkrieg gegen Jugoslawien zeitgleich mit dem Angriff auf Griechenland vorsieht (→ 27. 3./S. 49; 6. 4./S. 64).

In Washington werden geheime Generalstabsbesprechungen der britischen und der US-amerikanischen Armeeführung beendet. Für den Fall eines US-amerikanischen Kriegseintritts ist eine Strategie des Zwei-Ozean-Kriegs vereinbart worden, bei dem zunächst das Deutsche Reich Ziel des gemeinsamen Vorgehens sein soll. → S. 51

Nach der Eroberung von Keren können die britischen Truppen ihren Vormarsch zur Eroberung des italienisch besetzten Abessinien (Äthiopien) fortsetzen.

Der rumänische Militärdiktator General Ion Antonescu unterzeichnet ein Judengesetz, das die Enteignung jüdischen Besitzes in den Städten vorsieht sowie eine Trennung der jüdischen Bürger von anderen Bevölkerungsgruppen.

Das Deutsche Reich und die deutsche Erdölindustrie gründen die Kontinentale Öl-AG, die für 99 Jahre das Monopol für die Verarbeitung und den Vertrieb des sowjetischen Erdöls erhält, in dessen Besitz sich die nationalsozialistische Führung durch einen erfolgreichen Rußlandfeldzug bringen will.

Die Berliner Lokomotivfabrik Borsig liefert die 15 000. Dampflokomotive an die Deutsche Reichsbahn aus; es ist eine stromlinienverkleidete 2-C-1 Schnellzuglokomotive.

28. März, Freitag

Adolf Hitler zeichnet die deutsche Fliegerin Hanna Reitsch als erste Frau im Zweiten Weltkrieg mit dem Eisernen Kreuz II. Klasse für ihre Flugeinsätze aus. → S. 57

Die Schriftstellerin Virginia Woolf nimmt sich unweit ihres Wohnsitzes im britischen Lewes das Leben. → S. 57

29. März, Sonnabend

In vielen Städten des Deutschen Reiches finden Schulentlassungsfeiern statt; am folgenden Tag werden vielerorts Feiern zur Verpflichtung zur Hitlerjugend veranstaltet. → S. 53

30. März, Sonntag

In einer Rede vor über 200 Befehlshabern der deutschen Wehrmacht in der Berliner Reichskanzlei kündigt Adolf Hitler einen rasseideologischen Vernichtungskrieg ohne Bindung an kriegsrechtliche Normen gegen die Sowjetunion an.

Das Deutsche Afrika-Korps eröffnet in Nordafrika unter dem Befehl von Generalleutnant Erwin Rommel eine Offensive gegen die Briten, in deren Verlauf die deutschen Truppen bis zum 13. April die gesamte Cyrenaika bis auf die Festung Tobruk einnehmen (→ 4. 4./S. 66).

Im westlichen Mittelmeer kommt es zu einem Zwischenfall, als britische Streitkräfte vier französische Handelsschiffe, die von einem Zerstörer eskortiert werden, angreifen.

Die US-amerikanische Regierung läßt Schiffe der Achsenmächte, die in US-Häfen liegen, beschlagnahmen. → S. 50

In Königsberg gewinnt die Auswahl des Deutschen Reiches einen Boxländerkampf gegen Schweden 12:4; der einzige K.o.-Sieger des Turniers ist der Schwergewichtsboxer Hein ten Hoff.

31. März, Montag

Die diplomatischen Beziehungen zwischen dem Deutschen Reich und Jugoslawien werden infolge des Staatsstreichs vom → 27. März (S. 49) abgebrochen. Am Vortag hatte die reichsdeutsche Kolonie die Hauptstadt Belgrad verlassen.

Die deutsche Luftwaffe hat seit dem 1. August 1940 insgesamt 3363 Gefallene, 2117 Verwundete und 2641 Gefangene und Vermißte zu verzeichnen.

Im Deutschen Reich sind 1 217 420 Kriegsgefangene in der Wirtschaft eingesetzt, davon 628 500 in der Landwirtschaft.

In den Vereinigten Staaten kommt es in 28 Unternehmen der Rüstungsindustrie zu Streiks. → S. 54

Das Wetter im Monat März

Station	Mittlere Lufttemperatur (°C)	Niederschlag (mm)	Sonnenscheindauer (Std.)
Aachen	5,6 (5,5)	78,8 (49)	113,6 (125)
Berlin	3,3 (3,9)	30,2 (31)	119,8 (151)
Bremen	3,1 (4,0)	63,4 (42)	107,8 (117)
München	3,8 (3,3)	40,5 (46)	160,3 (142)
Wien	— (4,9)	— (42)	— (135)
Zürich	5,9 (4,2)	54,0 (69)	169,0 (149)

( ) Langjähriger Mittelwert für diesen Monat
– Wert nicht ermittelt

Der Dirigent Wilhelm Furtwängler ist im Deutschen Reich so populär, daß die »Berliner Illustrierte Zeitung« ihm eine Titelgeschichte widmet, obwohl sein Verhältnis zu den NS-Machthabern wegen seines Einsatzes für verfemte Musiker sehr gespannt ist

Nummer 13 27. März 1941

50. Jahrgang Preis 20 Pfennig

Copyright 1941 by Deutscher Verlag, Berlin

Berliner Illustrierte Zeitung

Der Meisterdirigent Wilhelm Furtwängler ...

... meisterlicher Dirigent der Bretter.

Aufnahme: Lothar Rübelt

Eine überraschende Begegnung auf der berühmten schnellen „Kandahar-Abfahrt" bei St. Anton: Zwischen seinen Auslandskonzerten erholt sich Deutschlands großer Dirigent beim Wintersport. Unser Berichterstatter Lothar Rübelt erzählt: „Plötzlich sah ich eine lange Gestalt im weißen Anorak den Hang herabfegen. Sicher wurden die Skier geführt. Wie der Läufer auf mich zukommt, erkenne ich ihn plötzlich und reiße die Kamera hoch."

Einmarsch in Bulgarien

2. März. Einen Tag nach der Unterzeichnung der Beitrittserklärung Bulgariens zum Dreimächtepakt durch Ministerpräsident Bogdan Dimitrow Filow in Wien (→ 1. 3./S. 48) überschreiten Einheiten der deutschen Wehrmacht an drei Stellen die Grenze zwischen Rumänien und Bulgarien und beziehen Stellungen im Landesinneren.

Deutsche Truppen in Sofia
»Fast in jeder Straße des Stadtzentrums rollten schmutzbedeckte deutsche Militärautos, denen man ansah, daß sie eine lange Fahrt hinter sich hatten. Die neu angekommenen deutschen Soldaten führen in der bulgarischen Hauptstadt ein typisches Touristenleben. Eine große Zahl deutscher Geschwader überflog Sofia und bezog dann auf den verschiedensten Flughäfen Bulgariens Stützpunkte.« (Nachrichtenagentur Reuter am 2. 3. 1941).

Bis zum 25. März ist die Aktion weitgehend abgeschlossen, in deren Verlauf 14 Divisionen und ein Infanterieregiment der deutschen Wehrmacht in dem Balkanstaat stationiert werden. Der Einmarsch deutscher Truppen dient der Vorbereitung des Angriffs auf Griechenland (→ 6. 4./S. 64), den Führer und Reichskanzler Adolf Hitler in der Weisung Nr. 20 vom 13. Dezember 1940 angeordnet hat. Die Weisung sieht vor, deutsche Streitkräfte »über Bulgarien hinweg zur Besitznahme... des ganzen griechischen Festlandes einzusetzen«.
Die Balkanregion ist für die strategische Planung der deutschen Reichsregierung und der Wehrmachtsführung von besonderem Interesse, nachdem der Versuch gescheitert ist, die »Westfront durch eine Niederwerfung Großbritanniens zu befrieden«. Für den geplanten Angriff auf die Sowjetunion (→ 22. 6./S. 98) will Hitler wenigstens die südosteuropäische Front sichern, wo sich britische Truppen festzusetzen drohen, die Griechenland im Krieg mit Italien unterstützen (→ 4. 3./S. 49).
Verhandlungen mit der bulgarischen Regierung über eine Stationierung deutscher Truppen gestalteten sich zunächst schwierig, da diese ein Eingreifen der UdSSR befürchtete. Im Rahmen der Konsultationen wurde die bulgarische Seite von den deutschen Verhandlungsführern massiv unter Druck gesetzt. Ministerpräsident Filow gab schließlich nach und gestattete deutschen Truppen den Durchmarsch durch Bulgarien zum Angriff auf Griechenland (→ 6. 4./S. 64), an dem sich die bulgarische Armee jedoch nicht aktiv beteiligen will.

Lange Kolonnen von Lastfahrzeugen der deutschen Wehrmacht auf der Fahrt zu ihren neuen Einsatzzielen hinter der rumänisch-bulgarischen Grenze

Sofia tritt dem Dreimächtepakt bei

1. März. *Der bulgarische Ministerpräsident Bogdan Dimitrow Filow unterzeichnet im Wiener Schloß Belvedere die Beitrittserklärung seiner Regierung zum Dreimächtepakt. Dieses Bündnis, das am 27. September 1940 zwischen Japan, Italien und dem Deutschen Reich geschlossen wurde, umfaßt die Zusage gegenseitiger Kriegsunterstützung. Im November 1940 waren Rumänien, Ungarn und die Slowakei dem Pakt beigetreten.*
Durch den Beitritt Bulgariens – einen Tag nach der Unterzeichnung erfolgt der Einmarsch deutscher Wehrmachtsverbände – kann die deutsche Regierung ihren Einfluß auf dem Balkan verstärken.

Staatsakt im Belvedere: Ribbentrop (am Tisch ▷ stehend) und B. Dimitrow Filow (M., sitzend)

Putsch in Belgrad gefährdet Achsenmächte

27. März. Bei einem Staatsstreich in Jugoslawien wird der amtierende Ministerpräsident Dragiša Cvetković abgelöst und durch General Dušan Simović ersetzt.
In der Nacht hatten 300 Luftwaffensoldaten alle wichtigen Gebäude der jugoslawischen Hauptstadt Belgrad besetzt, die Regierung verhaftet und den bislang amtierenden Prinzregenten Paul aufgefordert, das Land zu verlassen; der 17jährige Prinz Peter II. Karađorđević, Sohn des früheren Königs Alexander II., wird zum König ausgerufen.
Schon im Oktober 1940 hatte die deutsche Botschaft in Belgrad das Auswärtige Amt in Berlin über die Spannungen und Putschpläne in Jugoslawien unterrichtet, die sich gegen die enge Bindung der jugoslawischen Regierung an die Achsenmächte (Italien und Deutsches Reich) richteten und den Serben eine größere politische Mitwirkungsmöglichkeit im Land verschaffen sollten.
Die Unruhe in der Bevölkerung kommt zum Ausbruch, als der jugoslawische Ministerpräsident Dragiša Cvetković am 25. März in Wien die Beitrittserklärung seines Landes zum Dreimächtepakt unterschreibt. Dieses im September 1940 zwischen Italien, Japan und dem Deutschen Reich geschlossene Bündnis beinhaltet eine enge militärische und politische Zusammenarbeit der Unterzeichnerstaaten, zu denen inzwischen auch Rumänien, Ungarn, die Slowakei und Bulgarien (→ 1. 3./S. 48) gehören.
Der Staatsstreich in Jugoslawien kommt für das Ausland überraschend. Während in Großbritannien und Griechenland die Nachricht mit Freude und Erleichterung aufgenommen wird, da in der neuen Regierung ein möglicher Bündnispartner gesehen wird, sind die deutsche und die italienische Regierung bestürzt. Sie hatten geglaubt, ihren Einfluß auf dem Balkan durch Jugoslawiens Beitritt zum Dreimächtepakt gefestigt und sich eine wichtige Ausgangsbasis für den Krieg gegen Griechenland und die Sowjetunion geschaffen zu haben.
Der deutsche Führer und Reichskanzler Adolf Hitler fordert in einer Besprechung in der Berliner Reichskanzlei am Nachmittag des Putschtages die versammelte Wehrmachtsführung auf, gleichzeitig mit dem schon in Vorbereitung befindlichen Angriff auf Griechenland den Staat Jugoslawien militärisch zu zerschlagen (→ 6. 4./S. 64).

Nach der Zerstörung des deutschen Verkehrsbüros fahren jugoslawische Luftwaffensoldaten durch Belgrad

Britische Soldaten treffen aus Nordafrika kommend in Griechenland ein

Britische Hilfe für bedrohte Griechen

4. März. Die britische Regierung startet die Operation »Lustre«, in deren Verlauf 58 000 britische Soldaten bis Ende April nach Griechenland entsendet werden, um die griechische Armee bei dem bevorstehenden deutschen Angriff militärisch (→ 6. 4./ S. 64) zu unterstützen. Seit dem 8. Februar hatten Vertreter der beiden Regierungen über die Entsendung britischer Truppen verhandelt, die bislang von griechischer Seite abgelehnt wurde.

Der 65jährige griechische Premierminister Alexandros Koryzis war 1933 vorübergehend Finanzminister für öffentliche Hilfe und Wohlfahrt

Unter dem Eindruck des deutschen Einmarsches in Bulgarien am → 2. März (S. 48) gibt der griechische Ministerpräsident Alexandros Koryzis dem britischen Drängen nach.
Den Verbündeten ist die fast aussichtslose strategische Situation klar. Der britische Premierminister, Winston Churchill, telegrafiert seinem Außenminister, Anthony Eden, Anfang März nach Kairo: »Ein schneller deutscher Vormarsch wird vermutlich die Engagierung ansehnlicher britischer Truppenkontingente verhindern.«

Italienische Balkan-Offensive gescheitert

14. März. Die am 9. März von italienischen Truppen gestartete Offensive in Albanien gegen griechische Armeeverbände gerät ins Stocken und scheitert zwei Tage später.
Die Offensive war gestartet worden, um vor dem Eingreifen deutscher Wehrmachtstruppen in den Krieg, deren Unterstützung der italienische Duce und Ministerpräsident, Benito Mussolini, Ende Dezember 1940 erbeten hatte, noch einen Erfolg für die italienische Armee zu erringen.
Italienische Truppen hatten am 28. Oktober 1940 von Albanien aus Griechenland angegriffen. Der Vormarsch geriet nach wenigen Tagen u. a. aufgrund taktischer Fehler, witterungsbedingter Schwierigkeiten sowie schlechter Nachschubwege ins Stocken. In einem Gegenangriff hatten die Griechen die Italiener bis Ende 1940 weit auf albanisches Gebiet zurückgedrängt. Das Scheitern der erneuten italienischen Offensive, die vom italienischen Duce und Ministerpräsidenten vor Ort verfolgt wurde, meldet der griechische Wehrmachtsbericht mit dem Satz: »Feindliche Angriffsaktionen … wurden durchweg zurückgeschlagen.«

Zwei gefangenommene italienische Kommandanten einer Gebirgseinheit werden von Soldaten in ein griechisches Militärhauptquartier gebracht

Erste Kriegserfolge Rommels in Afrika

24. März. Einheiten des Deutschen Afrika-Korps unter dem Befehl von Generalleutnant Erwin Rommel (→ 12. 2./S. 36) erobern die libysche Stadt El Agheila in der Bucht der Großen Syrte. Die Stadt war am 9. Februar von britischen Truppen besetzt worden, die ihre Stellungen nun nach kurzem Gefecht aufgeben und sich nach Osten zurückziehen (→ 4. 4./S. 66).
Noch drei Tage zuvor hatte Rommel mit Adolf Hitler und dem Oberbefehlshaber des Heeres, Walter von Brauchitsch, über die in Nordafrika einzuschlagende Strategie beraten. Rommel befürwortet eine rasche Eroberung der libyschen Halbinsel Cyrenaika, die in der Hand britischer Truppen ist. Das Führerhauptquartier entscheidet am 2. April jedoch: »Hauptaufgabe des Deutschen Afrika-Korps bleibt es vorerst, die erreichten Stellungen zu sichern und möglichst starke englische Kräfte in Nordafrika zu binden.«
Hitler und die Wehrmachtsführung wollen verhindern, daß die Briten die begonnene Überführung ihrer Truppen von Afrika nach Griechenland verstärken (→ 4. 3./S. 49). Sie fürchten, daß ein deutscher Vormarsch in Griechenland dadurch behindert wird (→ 6. 4./S. 64).

Ein deutscher Schwerer Kreuzer greift britische Schiffe im Atlantik an

22 Handelsschiffe versenkt

22. März. Das Oberkommando der deutschen Wehrmacht schreibt in seinem Bericht zu den Tagesereignissen: »Der Flottenchef Admiral [Günther] Lütjens als Führer eines Schlachtschiffverbandes meldet als bisherigen Erfolg einer längeren Unternehmung schwerer Streitkräfte im Nordatlantik die Versenkung von insgesamt 22 bewaffneten Handelsschiffen mit zusammen 116 000 Bruttoregistertonnen.«
Bei den Schlachtschiffen handelt es sich um die am → 4. Februar (S. 34) durch die Dänemarkstraße zwischen Grönland und Island vorgestoßenen Schiffe »Scharnhorst« und »Gneisenau«. Sie laufen nun den französischen Hafen Brest, einen Stützpunkt der deutschen Kriegsmarine, an. In den Tagen zuvor hatte das britische Gibraltar-Geschwader vergeblich versucht, die Schiffe vor Brest abzufangen.

Anweisungen für Krieg gegen UdSSR

13. März. Wilhelm Keitel, Chef des Oberkommandos der deutschen Wehrmacht, unterzeichnet die »Richtlinien auf Sondergebieten zur Weisung Nr. 21«. In der Geheimen Kommandosache werden Anordnungen getroffen für den Angriff auf die UdSSR, den »Fall Barbarossa« (→ 22. 6./S. 98), den der Führer und Reichskanzler Adolf Hitler in der Weisung Nr. 21 am 18. Dezember 1940 befohlen hatte.
In den Richtlinien heißt es: »Das im Zuge der Operationen zu besetzende russische Gebiet soll, sobald der Ablauf der Kampfhandlungen es erlaubt, nach besonderen Richtlinien in Staaten mit eigenen Regierungen aufgelöst werden.« Die Sowjetunion soll als Staatsgebilde zerschlagen und in Vasallenstaaten aufgeteilt werden, die zur wirtschaftlichen Ausbeutung einer einheitlichen deutschen Wirtschaftsleitung unterstellt werden.
Weiterhin wird festgelegt, daß »der Reichsführer SS zur Vorbereitung der politischen Verwaltung Sonderaufgaben« erhält, womit u.a. der Massenmord an der jüdischen Bevölkerung und die Liquidierung politisch Andersdenkender durch sog. Einsatzgruppen der SS gemeint sind (→ 31. 7./S. 117).

Japaner sollen im Krieg aktiver werden

5. März. Adolf Hitler legt in der Weisung Nr. 24 Grundsätze der Zusammenarbeit mit Japan fest.
In der Weisung heißt es u.a.: »Das Ziel... muß es sein, Japan so bald wie möglich zum aktiven Handeln im Fernen Osten zu bringen. Starke englische Kräfte werden dadurch gebunden, das Schwergewicht der Interessen der Vereinigten Staaten von Amerika wird nach dem Pazifik abgelenkt.«
Bei einem im Deutschen Reich viel beachteten Besuch des japanischen Außenministers Josuke Matsuoka in Berlin vom 26. bis 30. März stehen daher mögliche japanische Aktivitäten im Pazifik im Mittelpunkt der Gespräche. Hitler macht Matsuoka gegenüber jedoch keine Andeutung von dem geplanten deutschen Angriff auf die UdSSR. Matsuoka hatte vor seinem Berlinaufenthalt Moskau besucht, um den Abschluß eines japanisch-sowjetischen Neutralitätsabkommens am → 13. April (S. 68) vorzubereiten.

Empfang des japanischen Außenministers J. Matsuoka (l.)

V. l.: Von Ribbentrop, Josuke Matsuoka und Dino Alfieri

US-Aktion gegen feindliche Schiffe

30. März. Die US-amerikanische Regierung läßt deutsche, italienische und dänische Handelsschiffe, die in Häfen der Vereinigten Staaten liegen, mit der Begründung beschlagnahmen, daß von den Schiffen Sabotageakte an Hafenanlagen ausgegangen sind. Innerhalb eines Tages werden insgesamt 66 Schiffe von der US-amerikanischen Küstenwache beschlagnahmt und 1600 Besatzungsmitglieder interniert.
In den folgenden Tagen werden die Beschlagnahmungen auch in süd- und mittelamerikanischen Häfen durchgeführt und auf französische Handelsschiffe ausgedehnt. Die US-Regierung kann dadurch den Handelsverkehr zwischen der Pazifikregion und Europa stark beeinträchtigen, da die wichtige Route durch den Panama-Kanal von den Schiffen der betroffenen Länder ab sofort nicht mehr befahren werden kann.

Massenumsiedlung aus Balten-Staaten

25. März. Die in einem deutsch-sowjetischen Vertrag vom → 10. Januar (S. 13) vereinbarte Umsiedlungsaktion von 60 000 Reichs- und Volksdeutschen aus Litauen, Lettland und Estland ist vereinbarungsgemäß abgeschlossen. Gleichzeitig wurden 20 000 Litauer, Russen und Weißrussen aus dem Deutschen Reich in die UdSSR umgesiedelt.

Umsiedlungen Deutscher seit 1939

Jahr	Herkunftsgebiet	Zahl
1939	Südtirol	100 000
1939	Polen	28 000
1939	Estland	62 000
1940	Bessarabien	93 000
1940	Süd-Bukowina	55 000
1940	Nord-Bukowina	42 000
1940	Nord-Dobrudscha	14 000
1941	Litauen/Estland/Lettland	60 000

Das NS-Regime bemüht sich seit 1936 um die Deutschen, die nicht im Deutschen Reich leben. Zu diesem Zweck wurde eine Volksdeutsche Mittelstelle eingerichtet, die 1938 direkt dem Führer und Reichskanzler Adolf Hitler unterstellt wurde.

Seit 1939 befassen sich die Mittelstelle und der Reichskommissar für die Festigung deutschen Volkstums, Heinrich Himmler, mit Umsiedlungsaktionen von sog. Volksdeutschen ins Reichsgebiet. Volksdeutsche im nationalsozialistischen Sprachgebrauch sind Deutsche ohne Staatsbürgerschaft, die außerhalb des Deutschen Reichsgebietes von 1937 leben. Sie werden im Zuge von großangelegten Umsiedlungsmaßnahmen unter der Parole »Heim ins Reich« in Lager gebracht, die meist in den sog. deutschen Ostgebieten liegen. Ihnen sollen Bauernhöfe und Besitzungen von einheimischen Juden, Polen und anderen Bevölkerungsgruppen zur Verfügung gestellt werden, die zur Deportation vorgesehen sind. Die volksdeutschen Umsiedler müssen unter schwierigsten Lebensbedingungen in den ihnen zugewiesenen Gebieten leben und arbeiten, meistens müssen sie lange auf die Zuweisung eines Bauernhofes oder einer Arbeit in den Lagern warten, vielfach bekommen sie nie das ihnen versprochene Land zugeteilt.

Planwagen als Notunterkunft im Auffanglager für Umsiedler in Lódz

Alliierte Strategie »Germany first«

27. März. In der US-Hauptstadt Washington gehen britisch-US-amerikanische Generalstabsbesprechungen zu Ende, bei denen eine gemeinsame Strategie beider Staaten für den Fall des Kriegseintritts der USA entwickelt wurde.

In den geheimen Gesprächen einigten sich die Vertreter beider Staaten auf eine »Germany first«-Strategie bei dem befürchteten Zwei-Ozeane-Krieg. Die USA sind bereit, ihre Streitkräfte zunächst auf den Krieg gegen das Deutsche Reich und Italien zu konzentrieren, um zu verhindern, daß sich deren Truppen in Europa und Afrika festsetzen; die Armeestäbe gehen davon aus, daß sich Japans Streitkräfte ohne deutsche Unterstützung nicht lange halten können (→ 7. 12./S. 194).

Am gleichen Tag unterzeichnen Großbritanniens Premierminister Winston Churchill und US-Botschafter John Gilbert Winant in London ein Abkommen, mit dem die Briten ihre Marinestützpunkte vor Neufundland, auf den Bermudainseln, in Britisch-Guayana und auf den Westindischen Inseln an die US-Marine abtreten. Von hier und von britischen Stützpunkten aus sollen künftig Schiffskonvois im Atlantik gesichert werden.

Verstärkte US-Rüstungshilfe durch Leih- und Pachtgesetz

11. März. US-Präsident Franklin Delano Roosevelt unterzeichnet den Lend-and-Lease-Act (Leih- und Pachtgesetz), durch den er ermächtigt wird, solche Staaten mit Rüstungsmaterial auf Leih- oder Pachtbasis beliefern zu lassen, deren Verteidigung im Interesse der USA liegt. Die bisherige Regelung sah vor, daß Waffen- und Kriegsmateriallieferungen von den Empfängern sofort bezahlt werden mußten.

Insbesondere Großbritannien profitiert von dieser Neuregelung, da seine Dollarreserven in den USA fast erschöpft sind, die britische Armee aber auf Rüstungsgüter aus den USA angewiesen ist. Bis zum Jahresende liefern die USA Waffen und kriegswichtige Waren im Wert von über einer Milliarde US-Dollar.

Der Verabschiedung des Gesetzes war in den USA eine Auseinandersetzung zwischen isolationistischen Kreisen und den Befürwortern des Leih- und Pachtgesetzes vorausgegangen. Gegner des Gesetzes warfen Roosevelt vor, er treibe die USA auf diesem Weg in den Krieg. Roosevelt dagegen behauptet, das Gesetz bewahre der USA den Frieden. Die US-Bevölkerung spricht sich laut einer Umfrage im Januar zu 58% für das Gesetz aus, will aber einem Kriegseintritt der USA auf keinen Fall zustimmen.

Britischer Flottenstützpunkt mit US-Zollkuttern

Stapellauf eines Frachtschiffes für Großbritannien

Erste US-Lebensmittelsendung für die Briten

NS-Forschungen zur »Judenfrage«

26. März. In Frankfurt am Main wird mit einem zweitägigen Kongreß das »Institut für die Erforschung der Judenfrage« im Rahmen der »Hohen Schule« von NS-Parteiideologe Alfred Rosenberg eingeweiht. Zum Institutsleiter wird Wilhelm Grau ernannt, der am Eröffnungstag über die künftige Arbeit des Institutes berichtet.
Es hat die Aufgabe, im Sinne des NS-Regimes die »Judenfrage systematisch und wissenschaftlich« zu erforschen und seine Erkenntnisse an die Reichsregierung weiterzugeben. Rosenberg sagt zum Abschluß der Eröffnungsfeier: »Für Deutschland ist die Judenfrage erst dann gelöst, wenn der letzte Jude den großdeutschen Raum verlassen hat.«
Das Institut verfügt über eine Bibliothek von 350 000 Werken aus beschlagnahmten Archiven.

KZ Auschwitz als Rüstungszentrale

1. März. Der Reichsführer SS, Heinrich Himmler, besichtigt das Konzentrationslager (KZ) Auschwitz und ordnet den Ausbau des Lagers an. Er weist Kommandant Rudolf Höß an, die Errichtung eines neuen Lagers für 100 000 Kriegsgefangene vorzubereiten und das bestehende Lager für 30 000 Häftlinge zu erweitern. Für das im Bau befindliche, sieben Kilometer vom Lager entfernte Buna-Werk der I. G. Farbenindustrie A. G. soll Höß 10 000 Häftlinge baldmöglichst bereitstellen.
Der Plan, ein Werk zur Herstellung des zu Rüstungszwecken dringend benötigten Kautschuk-Ersatzstoffes Buna in der durch Luftangriffe kaum gefährdeten Region um Auschwitz zu errichten, wird von der Reichsregierung gefördert. Himmler will das im Mai 1940 gegründete KZ Auschwitz zu einer »Häftlings-Rüstungs-Zentrale« mit mehreren verschiedenen Rüstungsbetrieben ausbauen. Reichsmarschall Hermann Göring ordnete schon im Februar den Einsatz von polnischen Zwangsarbeitern bei Bauarbeiten an.

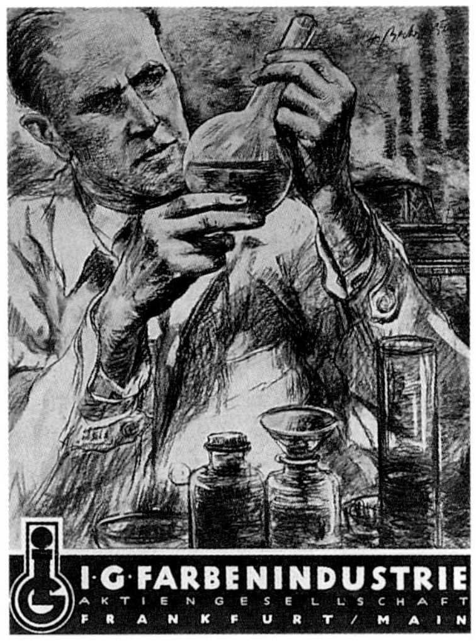

Auschwitz-Häftlinge werden in der IG-Farbenindustrie eingesetzt

Union deutscher Sozialisten im Exil

19. März. In London schließen sich der Exilvorstand der Sozialdemokratischen Partei Deutschlands, die Sozialistische Arbeiterpartei, die Landesgruppe deutscher Gewerkschaften in Großbritannien, der Internationale Sozialistische Kampfbund und das Auslandsbüro der Organisation Neu-Beginnen zur Union deutscher sozialistischer Organisationen in Großbritannien zusammen. Vertreter der bislang z. T. zerstrittenen Gruppen, darunter Erich Ollenhauer, Waldemar Freiherr von Knoeringen und Willi Eichler, hatten seit dem 25. Februar über die Unionsgründung beraten. Die Vereinigung, deren Ziel »der Sturz des Hitler-Regimes... und eine demokratische und sozialistische Zukunft Deutschlands« ist, grenzt sich entschieden von kommunistischen Exil-Organisationen ab.

Gepäckaufgabe im Hafen von Lissabon: Emigranten aus ganz Europa auf ihrem Weg in die Vereinigten Staaten

Letzte Absprachen vor Abfahrt des Passagierdampfers in die USA

Selbst Kabinen der niedrigsten Klassen sind auf dem überfüllten Dampfer in Richtung Australien restlos belegt

Lissabon – Hoffnung und Ziel der Flüchtlinge aus ganz Europa

15. März. Die American Export Line, die einzige US-amerikanische Schiffahrtslinie mit regelmäßigem Europadienst, stellt den Verkauf von Schiffsfahrkarten in Lissabon vorübergehend ein; die Gesellschaft hat bereits 10 000 Buchungen vorliegen, die erledigt werden müssen, bevor sie weitere Passagen anbieten kann.
Nach den deutschen Eroberungen im Westen des europäischen Festlandes bietet der Hafen der portugiesischen Hauptstadt Lissabon die einzige Möglichkeit, den nationalsozialistisch kontrollierten Kontinent zu verlassen, um nach Australien, Nord- oder Südamerika auszuwandern. Hier treffen Flüchtlinge aus ganz Europa ein, und ihre Zahl wächst ständig mit den deutschen Kriegseroberungen.
Welche Erleichterung die Ankunft im neutralen Portugal für Flüchtlinge bedeutet, kommt in den Tagebuchaufzeichnungen der Jüdin Miriam Sondheimer zum Ausdruck, die nach der Internierung in einem französischen Lager im Mai 1941 Lissabon erreicht: »Lieber Gott, ich danke dir, daß du uns so gut aus dem Hexenkessel herausgeführt hast. Ja, wir sind wirklich in Lissabon! Ganz wirklich, es ist kein Traum! Wir sind frei! Wir sind im Schlaraffenland! Endlich, endlich haben wir es geschafft.«
Der Aufenthalt in der portugiesischen Hauptstadt ist für die meisten Flüchtlinge jedoch kein »Schlaraffenland«. Sie sind hier zwar weitgehend sicher vor nationalsozialistischer Verfolgung, doch müssen sie in schlechten und überteuerten Unterkünften oft lange auf eine Passage warten. Ein Berichterstatter schildert die Atmosphäre im Hafen der Stadt: »Am Kai herrschte Massenbetrieb... Alle Sprachen Europas wurden gesprochen... die Emigranten gestikulierten und tuschelten aufgeregt hinter Regenschirmen. Die Züge ihrer Gesichter, der Ausdruck ihrer Gebärden und ihre Haltung verraten Vorsicht, Furcht und Panik.«

HJ-Fest statt Kommunion?

29. März. In den gesamten Volksschulen des Deutschen Reiches finden auf Anweisung von Reichserziehungsminister Bernhard Rust Feiern zur Schulentlassung der Volksschulabgänger statt.
Der Sicherheitsdienst der SS berichtet: »Die Feiern mußten, auch bei beschränkten Raumverhältnissen, im Schulgebäude stattfinden. Eltern, HJ-Führer, Bürgermeister, Ortsgruppenleiter usw. sollten, ›nur soweit die Räumlichkeiten dies gestatten‹ und ›lediglich als Gäste‹ eingeladen werden... In einigen Gegenden erhielten die Entlaßschüler Führerbilder als Andenken... überreicht«
Einen Tag nach den Schulentlaßfeiern finden die sog. Überweisungsfeiern statt, durch die 14jährige Mitglieder des Jungvolkes und des Jungmädelbundes in die Hitlerjugend oder den Bund Deutscher Mädchen aufgenommen werden.
Beide Feiern werden von Staats- und Parteistellen zentral organisiert, da das nationalsozialistische Regime der umfassenden Einbindung von Jugendlichen in den NS-Staat und die NSDAP-Organisationen große Aufmerksamkeit schenkt.
Vielerorts kommt es wegen der Überweisungsfeiern zu Konflikten mit den Kirchengemeinden, die an diesem Tag, dem Passionssonntag, Erstkommunion bzw. Konfirmation feiern. In manchen Städten werden die HJ-Feiern verlegt, da zahlreiche Gemeindemitglieder und Geistliche auf die örtlichen Parteistellen der NSDAP massiven Druck ausüben. U. a. wird darauf hingewiesen, daß Soldaten eigens Fronturlaub genommen hätten, um die Konfirmation bzw. Erstkommunion ihrer Kinder mitzuerleben, was bei einer Verschiebung der Kirchenfeste nicht mehr möglich sei.

Hitlerjugend-Gruppe von Lehrlingen der Dortmunder Zeche Dorstfeld, unternimmt anläßlich der Feier ihres Berufseintritts einen Ausflug zum Edersee

Zwangskartell der Kohlenwirtschaft

19. März. Auf Betreiben der großen Montankonzerne im rheinisch-westfälischen Industriegebiet werden der gesamte deutsche Kohlebergbau und der Kohlenhandel in der Reichsvereinigung Kohle (RVK) zusammengeschlossen.
Dieses Zwangskartell, zu dessen Präsidium u. a. die Industriellen Friedrich Flick und Alfried von Bohlen und Halbach gehören, soll Förderung, Investitionen, die Verteilung von Arbeitskräften und Produktionsmitteln auf die einzelnen Betriebe sowie den Kohlentransport im Deutschen Reich koordinieren. Das bislang für diese Aufgaben zuständige Amt des Reichskohlenkommissars, das Paul Walter innehatte, wird aufgelöst.
Die Kohlenwirtschaft hat als Rohstofflieferant für die Energieerzeugung und die chemische Industrie zentrale Bedeutung in der auf Rüstung ausgerichteten deutschen Wirtschaft. Ohne eine weitere Steigerung der Förderung, die in diesem Jahr im Reichsgebiet 246 Millionen t erreicht, und der Transportkapazitäten kann die von der Regierung geforderte Erhöhung der Rüstungsproduktion nicht erreicht und die ausreichende Versorgung der Bevölkerung mit Hausbrandkohle nicht sichergestellt werden.

Frühjahrsmessen in Leipzig und Wien

2. März. Propagandaminister Joseph Goebbels eröffnet in Leipzig die Frühjahrsmesse. Auf der bis zum 7. März dauernden Ausstellung zeigen 6864 Firmen verschiedenster Wirtschaftsbranchen aus 20 Ländern ihre Produkte.
Vom 9. bis 16. März findet die Wiener Frühjahrsmesse statt, hauptsächlich mit Produkten von und für die Landwirtschaft. Beide Messen werden als »Beweis deutscher Wirtschaftskraft« bezeichnet.

Stand mit kunstgewerblichen Arbeiten aus Japan auf der Leipziger Messe

Heldenehrung des Regimes

16. März. Bei seiner Rede aus Anlaß des zweiten Heldengedenktages fordert Führer und Reichskanzler Adolf Hitler im Berliner Zeughaus die Bevölkerung auf, stolz auf ihre Soldaten zu sein.
In der Rede heißt es u. a.: »In langen friedsamen Zeiten verlöschen in der Erinnerung allmählich die Eindrücke der furchtbaren Erlebnisse des Krieges, aus denen sich Heldentum und Todesopfer herausheben... Wenn aber das deutsche Volk im Jahre 1941 seine Helden ehrt, dann geschieht dies in der Gegenwart und unter Umständen, die uns das Recht geben, stolzen Hauptes derer zu gedenken, die in den Kämpfen der ferneren und nächsten Vergangenheit ihr Leben für die Nation opferten... Ganz gleich auf welcher Erde und welchem Meer und Luftraum deutsche Soldaten kämpfen, sie werden wissen, daß dieser Kampf das Schicksal, die Freiheit und die Zukunft unseres Volkes entscheidet für immer! Indem wir aber diesen Kampf siegreich beenden, danken wir allen Helden der Vergangenheit am würdigsten«.
Hitler geht im Verlauf seiner Rede besonders auf den Krieg gegen Großbritannien ein, dessen Regierung er zum wiederholten Male vorwirft, den Krieg begonnen zu haben. Er sagt jedoch den deutschen Sieg über die Briten voraus.

Adolf Hitler im Gespräch mit Großadmiral Erich Raeder (r.)

Zur Feier des Heldengedenktages ordnet Hitler die Errichtung »würdiger Kriegerfriedhöfe« in allen Teilen des Landes an und ernennt den Architekten Wilhelm Kreis zum Generalbaurat für die Gestaltung der deutschen Kriegerfriedhöfe. Das »Heldentum des deutschen Soldaten« soll seine Würdigung in monumentalen Kriegerdenkmälern finden.

Streiks lähmen US-Rüstungsindustrie

31. März. In 28 Unternehmen der US-amerikanischen Rüstungsindustrie streiken die Belegschaften, um höhere Löhne durchzusetzen.

Die Streiks hatten begonnen, als 18 000 Arbeiter der Bethlehem Steel Corporation in Pennsylvania am 25. März die Arbeit niederlegten. Gewerkschaften und Arbeitgebern war es nach Ablauf der Tarifvereinbarungen nicht gelungen, sich auf eine Lohnerhöhung zu einigen.

Die Arbeitgeber reagieren auf die Arbeitsniederlegungen mit dem Einsatz von Ersatzarbeitskräften in ihren Betrieben. Vor den Fabriktoren kommt es zu gewalttätigen Auseinandersetzungen zwischen Streikposten und Streikbrechern.

Auch Regierungsstellen schalten sich in den Konflikt ein, der sich zu Beginn des Monats April auf Bergwerksbetriebe ausdehnt. Marinesekretär Frank Knox, der die Rüstungsproduktion bedroht sieht, fordert in einem Telegramm die Betriebsleitung eines bestreikten Betriebes auf: »Teilen Sie Ihrer ganzen Belegschaft mit, daß sie im Interesse des Staates die Arbeit unverzüglich wieder aufnehmen soll, da das Programm der Landesverteidigung durch keine unnötigen Streiks behindert werden darf.«

Mitte April nehmen die Arbeiter der meisten Betriebe ihre Arbeit wieder auf, nachdem die Arbeitgeber Lohnerhöhungen von bis zu 10% zugestimmt haben.

Polizei hält streikende Arbeiter aus Milwaukee, die Autos von Streikbrechern umwerfen, mit Tränengas zurück

Steuer-Anklage gegen Gangster Al Capone

März. Der US-amerikanische Gangsterboß Al Capone steht in Chicago wegen Steuerhinterziehung in Höhe von 200 000 US-Dollar vor Gericht. Schon 1931 war Capone wegen Steuerdelikten zu elf Jahren Haft verurteilt worden, aus der er jedoch 1939 vorzeitig entlassen wurde.

Der 1899 in Neapel als Alfonso Capone geborene Gangster wanderte als 15jähriger in die USA ein und wuchs in den Slums von New York auf. 1920 ging er nach Chicago, wo er zu der Bande von John Torrio stieß. Diese Gang bezog ihre Gewinne aus Prostitution, Glücksspiel und sog. Schutzgeldern kleiner Geschäftsleute, denen im Fall der Zahlungsverweigerung die Läden demoliert wurden.

Mit Inkrafttreten der Prohibition 1920, dem Verbot der Herstellung, des Transports und Verkaufs alkoholischer Getränke, stieg die Bande, deren Anführer Capone während der 20er Jahre wurde, in das blühende illegale Alkoholgeschäft ein und betrieb zahlreiche Kneipen (sog. speak-easies).

Capone, der den Beinamen Narbengesicht (Scarface) trägt, begann 1925 den »Gangsterkrieg« gegen rivalisierende Gangs in Chicago, bei dem es mehrfach zu Morden und Massakern kam; so erschossen am 14. Februar 1929 Capones Männer sieben Mitglieder der Gang von Bugs Moran – eine Bluttat, die als das »Massaker am Valentinstag« bezeichnet wird. Capone kann jedoch von der Polizei nie wegen Beteiligung an einem Mord überführt werden.

Al Capone (r.) gen. Scarface, mit seinem Rechtsanwalt Deitelbaum (l.)

Internierte bauen Wüsteneisenbahn

22. März. Philippe Pétain, Staatschef im von deutschen Truppen nicht besetzten Teil Frankreichs, unterzeichnet das Gesetz zum Bau der Transsahara-Eisenbahn. Sie soll die bestehende Linie Oran–Béchar quer durch die Sahara in Französisch-Westafrika mit den Städten Dakar an der afrikanischen Westküste und Porto-Novo an der Küste des Golfes von Guinea verbinden.

Bei den Bauarbeiten werden Juden eingesetzt, die nach der Machtübernahme der Nationalsozialisten im Deutschen Reich nach Frankreich geflohen waren, dort in der Fremdenlegion gekämpft hatten und seit dem deutschen Sieg über Frankreich interniert sind. Außerdem waren in den nordafrikanischen Besitzungen Frankreichs seit Oktober 1940 mehrere hundert Juden verhaftet worden, die ebenfalls beim Bau der Eisenbahnlinie eingesetzt werden.

Entlang der geplanten Trasse werden acht Arbeits- und ein Straflager errichtet, in denen die Zwangsarbeiter, zu denen auch Polen und Tschechen gehören, ohne ausreichende Mengen an Wasser und Nahrung interniert sind.

Schweizer streiten über Obstschnaps

9. März. In der Schweiz findet die Volksabstimmung zur sog. Reval-Initiative statt. Das Begehren von Bauern aus der Innerschweiz, Obst aus heimischem Anbau zum Brennen von Alkohol einzusetzen, wird jedoch mit 452 076 zu 301 658 Stimmen abgelehnt.

Seit 1930 ist die Verwendung von Obst zum Alkoholbrennen untersagt. Es darf nur als Frisch- oder Dörrobst oder in Form von Most oder Saft verkauft werden.

Die Gegner der Reval-Initiative weisen auf die Bedeutung der Obstwirtschaft für die angestrebte Unabhängigkeit der Nahrungsmittelversorgung vom Ausland hin, die sie im Fall einer Verwendung von Obst zum Alkoholbrennen gefährdet sehen. Sie entfachen eine Kampagne gegen das Begehren, in der sich auch die renommierte »Neue Zürcher Zeitung« engagiert. Sie erscheint am Abstimmungstag mit der Titelzeile »Schützt die Volkswohlfahrt – Reval-Initiative: Nein!«.

Verkehr 1941:

Transportprobleme im zivilen Bereich

Das gesamte Verkehrssystem des Deutschen Reiches ist seit Ausbruch des Krieges auf die Bedürfnisse der Armee und der Rüstungsindustrie eingestellt worden. Der Individualverkehr wird zunehmend eingeschränkt, da Treibstoff, Ersatzteile und Autoreifen knapp sind und für Armee- und Staatsfahrzeuge reserviert bleiben.

Auch die Reichsbahn hat ihre Fahrpläne umgestellt und den Personenverkehr stark eingeschränkt. Dies führt insbesondere in den Städten mit einer hohen Zahl von Pendlern zu z. T. chaotischen Verhältnissen. Ende Juni, wenige Tage nach dem Angriff auf die Sowjetunion (→22. 6./S. 98), sind die Züge in Breslau zu 200% überbelegt, jeden Tag müssen rund 200 Reisende im Bahnhof zurückbleiben, die keinen Platz in den Waggons finden. Einzelne Züge sind derart überfüllt, daß die Reisenden in Gängen und Toiletten sitzen müssen und nur durch die Fenster in die Wagen gelangen.

Trotz der Transportschwierigkeiten startet die Deutsche Reichsbahn im Juli einen Großversuch mit dem Einsatz eines neuen Schlafwagentyps, der mit einbettigen Abteilen der II. Klasse ausgestattet ist; der Versuch wird von Reisenden mit Unverständnis quittiert, da in den vorhandenen Abteilwagen viermal soviel Menschen Platz finden wie in den neuen Schlafwagen.

In den Städten des Deutschen Reiches sind die Planungsabteilungen 1941 mit der Vereinheitlichung der Straßenbahnwagen befaßt. Ein Nürnberger Konstruktionsbüro hat den Einheits-Straßenbahnwagen entworfen, von dem für eine Probephase 52 Versuchswagen gebaut werden. Schienenprofile und Spurweiten der städtischen Straßenbahnen im Deutschen Reich sollen aus Kostengründen vereinheitlicht werden.

Die internationalen Verkehrsverbindungen beschränken sich auf die besetzten Territorien: Landwirtschaftliche Produkte, Rohstoffe und Industriegüter sollen schnellstmöglich ins Deutsche Reich befördert werden können.

◁△ Im Rahmen der allgemeinen Benzinverknappung keine Seltenheit: Ponydroschken bewältigen längere Strecken auch ohne Motor

△ Mit dem Fahrrad unterwegs und trotzdem regensicher: Fahrradtaxis wie dieses werden bereits in den Niederlanden und Frankreich eingesetzt

◁ Transporte von Kriegsmaterial der deutschen Wehrmacht am Polarkreis stellen die Fahrzeuge vor eine harte Bewährungsprobe

▽ Dieser Linienbus in Stockholm transportiert nicht nur die Fahrgäste in der Innenstadt, sondern auch die notwendige Benzinration für einen Tag in einem Anhänger

Geheimberichte des SD über die Stimmung der Bevölkerung

Der Sicherheitsdienst (SD) der SS im Reichssicherheitshauptamt erstellt zweimal pro Woche die »Meldungen aus dem Reich«, geheime Berichte über die Stimmung in der Bevölkerung, die Situation in den verschiedenen Bereichen des gesellschaftlichen Lebens sowie die Wirkung von Maßnahmen der nationalsozialistischen Regierung und ihrer Propaganda.

Die Berichte, die der SD seit 1939 anfertigt, werden aus einzelnen Meldungen eines Inlandsnachrichtendienstes unter der Leitung von Otto Ohlendorf erstellt, der über ein umfassendes Spitzelsystem im gesamten Deutschen Reich mit mehr als 550 Außenstellen und über 30 000 ehrenamtlichen Mitarbeitern und Verbindungsleuten verfügt. Die sog. V-Leute sollen laut Arbeitsanweisung »jede Gelegenheit wahrnehmen, um durch Gespräche in unauffälliger Form die tatsächliche, stimmungsmäßige Auswirkung aller wichtigen außen- und innenpolitischen Vorgänge und Maßnahmen zu erfahren«. Ihre Meldungen werden zu geheimen Lageberichten zusammengefaßt, die ein möglichst wahrheitsgetreues Bild von der Situation und der Stimmung in der Bevölkerung vermitteln sollen, um die NS-Regierung ständig über aktuelle Entwicklungen zu informieren und ihr Entscheidungshilfen zu geben.

Jeder Bericht beginnt mit einer Schilderung der Bevölkerungsreaktionen auf politische Großereignisse und neuere Entwicklungen des Krieges. Nach dem Beitritt Bulgariens zum Dreimächtepakt (→ 1. 3./S. 48) wird berichtet: »Der Staatsakt in Wien hat sofort die Aufmerksamkeit der gesamten Bevölkerung auf sich gezogen... Über die weiteren Auswirkungen des Beitritts Bulgariens gehen die Meinungen einheitlich dahin, daß nun der Weg nach Griechenland frei sei und dieses militärisch bald erledigt werde, falls es nicht vorziehe, einen Sonderfrieden zu schließen.« Nach dem deutschen Einmarsch in Bulgarien (→ 2. 3./S. 48) meldet der Sicherheitsdienst: »Nach der Besetzung Bulgariens durch die deutsche Wehrmacht erwartet die Bevölkerung mit Spannung weitere militärische und politische Aktionen im Südostraum.«

Unter der Rubrik »Kulturelle Gebiete« berichten die Meldungen u. a. über Reaktionen und Meinungen zu Rundfunksendungen, Zeitungsberichten, Filmen und Wochenschauen. Im Bericht vom 13. März heißt es: »Das 64. Wehrmachtswunschkonzert hat nach den hier eingegangenen Berichten aus verschiedenen Gauen durch seine frische und abwechslungsreiche Sendefolge Beifall gefunden. Insbesondere ist in der Bevölkerung dankbar anerkannt worden, daß dem Humor wieder ein breiterer Raum zugestanden wird... Nach übereinstimmenden Meldungen aus allen Teilen des Reiches findet die filmdokumentarische Darstellung des Kampfes und Sieges im Westen eine dankbare und begeisterte Aufnahme. Der Film [Der Krieg im Westen] hinterlasse einen ungeheuren und in dieser Stärke nur selten zu beobachtenden nachhaltigen Eindruck.«

Im Kapitel »Volkstum« wird häufig die Situation volksdeutscher Bevölkerungsgruppen in osteuropäischen Staaten geschildert und die Lage in den deutsch besetzten westeuropäischen Ländern. Darüber hinaus finden sich in diesen Kapiteln Berichte über die Gesundheitsversorgung der Bevölkerung, zu der es am 25. März heißt: »Nach den vorliegenden Berichten ... hat die ärztliche Versorgungslage im Reich in der letzten Zeit eine derartige Verschlechterung erfahren, daß in den Berichten teilweise von ›besorgniserregenden Zuständen‹ gesprochen wird... Übereinstimmend wird von allen Seiten berichtet, daß der praktische Arzt beim besten Willen nicht einmal mehr in der Lage sei, seine dringenden Fällen rechtzeitig zu behandeln«. Als Ursache für die mangelhafte Gesundheitsversorgung wird die große Zahl der zur Wehrmacht eingezogenen Mediziner genannt.

Unter den Rubriken »Wirtschaft« und »Verwaltung und Recht« findet sich eine Vielzahl von Meldungen, die sich u. a. mit Versorgungsschwierigkeiten und aufwendigen Verwaltungsvorschriften befassen. So berichtet der SD am 27. März über »Personalmangel im Handel und seine Auswirkungen«, »Verderb von Lebensmitteln infolge unzulänglicher Lenkungsmaßnahmen«, »Arisierung jüdischer Betriebe in den Niederlanden« und »Strengere Strafbestimmungen bei Vergehen gegen die Arbeitsdisziplin durch Polen«. Vielfach werden die »Meldungen« ergänzt durch statistisches Material, Dokumente und konkrete Einzelbeispiele, wodurch den zuständigen Behörden die Beobachtungen des SD plastisch vermittelt werden sollen, damit dort im Sinne des nationalsozialistischen Regimes schnell und zielstrebig gehandelt werden kann. Dazu wird in manchen Fällen auch nicht vor Übertreibungen zurückgeschreckt.

Aktivitäten der Kirchen werden besonders genau überwacht

Der Sicherheitsdienst (SD) der SS schenkt anti-nationalsozialistischen Tendenzen im Deutschen Reich besondere Aufmerksamkeit.

Im März wird mehrfach über kirchliche Aktivitäten berichtet, die NS-Propaganda und Regierungsmaßnahmen unterlaufen.

Am 17. März wird unter der Überschrift »Konfessioneller Wunderglaube als Kampfmittel der Kirchen gegen die staatliche Führungspropaganda« berichtet: »Wie aus zahlreichen Meldungen aus allen Teilen des Reiches hervorgeht, versuchen Geistliche und Kirchenangehörige planvoll das Gebiet des Über- bzw. Unnatürlichen wie Wunderglauben, Prophezeiungen, Weissagungen usw. zum Zwecke konfessioneller Propaganda und Stimmungsbeeinflussung heranzuziehen... Sogar eine fremdsprachige Prophezeiung, die an Eindeutigkeit nichts zu wünschen übrig läßt, konnte in kirchlichen Kreisen festgestellt werden: ›Es ist die Zeit gekommen, in der Deutschland die kriegerischste Nation der Erde genannt wird. Sie hat jenen Zeitpunkt erreicht, da aus ihrem Schoß der schrecklichste Krieger sich erheben wird, der den Krieg über die Welt bringen wird und den die Völker in Waffen den Antichrist nennen werden‹«.

Außer auf diese Aktivitäten geht der SD in einem späteren Bericht auf die kirchliche Gegenpropaganda zur Kinderlandverschickung ein. Geistliche in großen Städten wirken auf Eltern in dem Sinne ein, daß diese ihre Kinder nicht in die staatliche Landverschickung geben, da es dem Staat nicht darauf ankomme, »die Kinder in Sicherheit zu bringen, sondern der Zweck sei vor allem der, die Kinder den Eltern zu entziehen, eine Entfremdung gegenüber dem Elternhaus herbeizuführen.« Auch die Betreuung landverschickter Kinder durch Geistliche wird vom SD als Versuch staatsfeindlicher Einflußnahme gewertet.

In den Berichten des SD wird in zunehmendem Maße auf Propagandaflugblätter hingewiesen, die britische Bomber bei ihren Luftangriffen auf deutsche Städte abwerfen. Mit genauen Ortsangaben und Zitaten halten die »Meldungen« Flugblattabwürfe fest, um ein Eingreifen der Behörden oder Maßnahmen der Gegenpropaganda möglich zu machen; so wird der Abwurf von Flugblättern über Dortmund, Düsseldorf und Münster am 15. März gemeldet, in denen die dort lebenden Bauern zum Widerstand gegen staatlich festgesetzte Agrarpreise und Ablieferungsfristen aufgerufen werden.

Am 10. März beschäftigt sich der SD-Bericht ausführlich mit dem Verkauf von »Führerbildern auf Jahrmärkten«: »So wurden in Pommerschen Landgebieten auf den üblichen Monats- und Jahrmärkten Bilder des Führers und des Reichsmarschalls in kitschigem Farbdruck unter Glas- und Papierrahmen neben Heiligenbildern mit Silberflitter und Glorienschein angeboten. Auf dem Wochenmarkt in Kassel standen auf einem sog. ›Kunststand‹ unter den Nippessachen und kitschigen Porzellanfiguren auch Büsten des Führers... Das heutige Volksempfinden wende sich [Berichten von V-Leuten zufolge] dagegen, daß Führerbilder in unmittelbarer Nachbarschaft mit Heiligenbildern, Rosenkränzen und Devotionalien feilgeboten würden.«

Auszeichnung für Testpilotin Reitsch

28. März. Die Pilotin Hanna Reitsch wird vom Führer und Reichskanzler Adolf Hitler in Berlin wegen ihrer besonderen Verdienste um die Entwicklung und Erprobung von Luftwaffengerät mit dem Eisernen Kreuz zweiter Klasse ausgezeichnet.

Die erfolgreiche Fliegerin Hanna Reitsch (* 29. 3. 1912 in Hirschberg) stellte im Bereich des Segel- und Motorflugs zahlreiche Weltbestleistungen auf; 1937 schloß sie ihre Ausbildung zum ersten weiblichen Flugkapitän ab

Die 1912 im Riesengebirge geborene Pilotin hatte im Laufe ihrer Karriere zahlreiche Rekorde im Fliegen und Segelfliegen aufgestellt. Seit 1937 arbeitet sie als Versuchspilotin für die deutsche Luftwaffe bei der Erprobung und Entwicklung neuer Kampfflugzeuge.

Freitod aus Angst vor dem Wahnsinn

28. März. Die 1882 in London geborene Schriftstellerin Virginia Woolf nimmt sich im Fluß Ouse bei Lewes in der britischen Grafschaft Sussex das Leben aus Furcht, in geistige Umnachtung zu verfallen. Sie hatte u.a. die Romane »Mrs. Dalloway«,

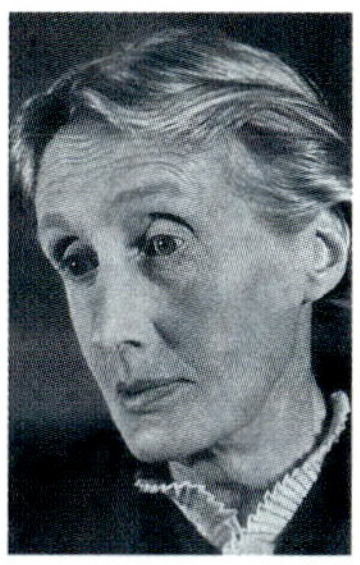

Virginia Woolf (* 25. 1. 1882 in London) gründete 1917 mit ihrem Ehemann Leonard den Verlag »Hogarth Press« und war Mittelpunkt eines Kreises englischer Verleger und Schriftsteller, genannt »Bloomsbury group«

»Orlando« und »Die Fahrt zum Leuchtturm« verfaßt. Virginia Woolf verwendete in ihren Romanen zur Darstellung von Bewußtseinsinhalten ihrer Figuren die Technik des inneren Monologs statt der im realistischen Roman üblichen Charakteranalyse.

Sommerzeit auch für die Schweizer Uhren

7. März. Der Schweizer Bundesrat in Bern beschließt die Einführung der Sommerzeit für die Schweiz. Die Uhren werden erstmals in der Nacht vom 4. auf den 5. Mai von 1.00 Uhr auf 2.00 Uhr vorgestellt. Am 6. Oktober werden die Uhren wieder zurückgestellt. Gründe für die Einführung der Sommerzeit, gegen die sich der Bundesrat lange gewehrt hatte, sind u. a. Schwierigkeiten im internationalen Eisenbahnverkehr. Nach Kriegsbeginn ist die Sommerzeit in den Schweizer Nachbarländern, dem Deutschen Reich und Italien, sowie in den deutsch besetzten Gebieten eingeführt worden.
In der »Neuen Zürcher Zeitung« wird die Sommerzeit mit wirtschaftlichen Vorteilen vor allem durch Energieeinsparungen begründet. Zugleich werden auch alltägliche Annehmlichkeiten für die Zeitumstellung angeführt: »Wenn man abends das Geschäft verläßt, wird die Sonne erfreulich hoch am Himmel stehen«.

Erfolgsbilanz der NS-Kunstschau

2. März. Die »Große Deutsche Kunstausstellung 1940«, die am 27. Juli des Vorjahres im Münchner Haus der Deutschen Kunst eröffnet wurde, geht mit einer »Bilanz der Erfolge« der Reichspressestelle der NSDAP zu Ende.

Adolf Ziegler, Präsident der Reichskammer der Bildenden Künste, ist einer der führenden NS-Kunstfunktionäre; seit 1933 ist er Professor an der Münchner Akademie und Mitorganisator der Großen Deutschen Kunstausstellung

Die »Münchner Neueste Nachrichten« berichten: »Die Zahl der Aussteller betrug 900... Die Gesamtzahl der ausgestellten Werke belief sich auf 1734 gegen 1564 im vorangegangenen Jahr. Die Besucherzahl stellte sich auf 603 895 ein. Bei gleicher Ausstellungsdauer hat sich die Zahl der Besucher gegenüber dem Vorjahr um mehr als 180 000 erhöht ... Die Ausstellung... wird ein weiterer Markstein auf dem vom Führer vorgezeichneten Weg sein«.
Entgegen den offiziellen Berichten meldet der Sicherheitsdienst der SS (→ S. 56), daß bei Kunstausstellungen im Deutschen Reich die Besucherzahlen zurückgehen, was u.a. auf die hohen Eintrittspreise zurückgeführt wird, die viele Bürger nicht bezahlen können.

»Hermann-Göring-Werke, Hochöfen im Bau«, Industriebild von F. Gerwin

Wenig Begeisterung für Hans Albers-Film

20. März. Im Hamburger Ufa-Palast wird der anti-britische Film »Carl Peters« von Regisseur Herbert Selpin uraufgeführt.
In den Hauptrollen des Films, der die Prädikate »staatspolitisch und künstlerisch wertvoll, kulturell wertvoll, volksbildend und jugendwert« erhält, sind Hans Albers, Karl Dannemann, Fritz Odemar und Hans Leibelt zu sehen.
Der Film erzählt die Geschichte des deutschen Kolonialpolitikers Carl Peters, der 1884 eine Expedition nach Afrika unternahm. Er brachte das Kerngebiet des späteren Deutsch-Ostafrika in seinen Besitz und unterstellte es 1885 kaiserlichem Schutz. 1891 wurde er zum Reichskommissar für die Kolonialgebiete ernannt, wegen brutaler und menschenunwürdiger Behandlung der einheimischen Bevölkerung 1897 aus diesem Amt entlassen.
Selpin stellt Carl Peters als deutschen Helden dar, dessen Lebenswerk von Briten, Juden und Sozialdemokraten zerstört wird. In der Inhaltsbeschreibung der Produktionsgesellschaft Bavaria heißt es: »Das Finale des Films wird zeigen, wie der weitsichtige und tatkräftige deutsche Kolonialpionier Peters in seinen Tagebuchblättern die folgerichtige Entwicklung der politischen Machtkämpfe voraussicht und wie ihm schon damals die große Auseinandersetzung des um seinen Lebensraum kämpfenden Deutschlands mit dem Weltbedrücker England naturbedingt erschien«.
Trotz massiver Werbung findet der Film beim Publikum keinen großen Anklang. Die Kinobesucher wollen Filmstar Hans Albers, der in Rollen als Draufgänger und Haudegen seine größten Erfolge feierte, nicht in einem politischen Film sehen. Außerdem findet das Thema Kolonialpolitik nur wenig Interesse.

Szene aus Herbert Selpins Filmbiographie über den Kolonialisten Carl Peters (1856–1918): Die neuen Kolonialherren landen an der Küste Ostafrikas

Film 1941:

»Schwarze Serie« – Spiegel von Krieg und Krise in den USA

Die NS-Ideologie beherrscht 1941 – entsprechend der deutschen Vormachtstellung auf dem Kontinent – den größten Teil der europäischen Filmproduktion, während das Filmschaffen z. B. in Großbritannien und der UdSSR durch den Krieg stark beeinträchtigt wird. In den USA dagegen vollzieht sich – unter dem Eindruck der Krisensituation – mit der »Schwarzen Serie« eine stärkere Hinwendung zur Realität.

Die französische Filmproduktion wird erst im Laufe des Jahres wieder aufgenommen, nachdem das Land 1940 von den Nationalsozialisten geteilt wurde. Die vor dem Krieg blühende tschechische Filmindustrie produziert nur 21 Filme, und das britische Filmwesen erreicht 1941 infolge der Bombenzerstörungen und der Einberufung von Spitzenkräften zur Armee den Produktionstiefpunkt seiner Geschichte.

Die deutschen Filmgesellschaften, die in diesem Jahr 71 Filme produzieren, beherrschen den Markt auf dem europäischen Festland. Im Auftrag des NS-Regimes, das den Film als wichtiges Propagandainstrument erkannt hat, werden kriegsverherrlichende Filme gedreht wie »Stukas« und »Über alles in der Welt« von Regisseur Karl Ritter sowie »Kampfgeschwader Lützow« von Hans Bertram (→ 28. 2./S. 42). Neben Filmen, die den Menschen an der »Heimatfront« das »Heldentum der deutschen Soldaten« vor Augen führen sollen, werden in den Kinos anti-britische Filme wie »Ohm Krüger« (→ 4. 4./S. 74) und »Carl Peters« (→ 20. 3./S. 57) oder anti-polnische Filme wie »Heimkehr« von Regisseur Gustav Ucicky aufgeführt. Dem angesichts des Krieges wachsenden Bedürfnis nach Ablenkung in Form von Komödien und Melodramen kommt die Filmindustrie mit Filmen wie »...reitet für Deutschland« (→ 11. 4./S. 75), »Hauptsache glücklich« mit Heinz Rühmann und »Annelie« mit Luise Ullrich nach.

Die US-amerikanische Filmwirtschaft, die das Filmgeschäft außerhalb Europas dominiert, setzt in diesem Jahr weiter auf ihre großen Stars. Cary Grant, James Stewart und Katherine Hepburn sind in »Philadelphia Story« (Die Nacht vor der Hochzeit) zu sehen, John Wayne in »Lady from Louisiana« (Lady aus Louisiana); Gary Cooper erhält für seine Hauptrolle in »Sergeant York« einen Oscar.

Regisseur John Huston dreht mit »The Maltese Falcon« (Die Spur des Falken/Der Malteserfalke; → 30. 9./S. 161), in dem Humphrey Bogart den Detektiv Sam Spade spielt, ein herausragendes Werk der US-amerikanischen sog. Schwarzen Serie. In den pessimistischen Gangster- und Detektivfilmen dieses Genres spiegelt sich das in den USA vorherrschende Gefühl der gesellschaftlichen Krise wider.

Einen Kriminalfilm traditioneller Art inszeniert der britische Krimi-Spezialist Alfred Hitchcock, der seit 1939 in den USA arbeitet, mit »Suspicion« (Verdacht; → 14. 9./S. 161), und der erst 26jährige Orson Welles dreht mit »Citizen Kane« (→ 1. 5./S. 93) einen von Kritikern hoch gelobten Film. Alle drei Regisseure entwickeln in ihren Werken neue filmtechnische und -ästhetische Elemente, die in den folgenden Jahren vielfach kopiert und weiterentwickelt werden.

(Siehe auch Übersicht »Film« im Anhang).

Plakat zum Propagandafilm »Wunschkonzert« mit Starbesetzung

Kriegsverherrlichender Film »Über alles in der Welt« von Karl Ritter

Film des Oberkommando des Heeres zum Krieg gegen Frankreich 1940

Humphrey Bogart in der Rolle des Privatdetektivs Samuel Spade in dem 1941 aufgeführten Kriminalfilm »Der Malteserfalke« von John Huston

Die Lebensgeschichte des Kriegshelden Alvin C. York (Gary Cooper, l.) steht im Mittelpunkt des Films »Sergeant York« von Regisseur Howard Hawks

Der Aufstieg des Schauspielers Franz Jauner zum erfolgreichen Theaterdirektor im 19. Jahrhundert ist das Thema des Films »Operette« von Willi Forst

Zarah Leander (r. neben Siegfried Breuer) spielt in dem zeittypischen Melodram »Der Weg ins Freie« von Rolf Hansen eine berühmte Sängerin

»Annelie, die Geschichte eines Lebens« von Josef von Baky; v. l.: Ilse Fürstenberg, Werner Krauß, Eduard von Winterstein und Josefine Dora

Sieg mit zwei Schön-Toren

9. März. Im ersten Länderspiel, das die deutsche Fußballnationalmannschaft in diesem Jahr bestreitet, wird die Auswahl der Schweiz in Stuttgart 4:2 besiegt. Die überragenden Spieler der deutschen Mannschaft sind Fritz Walter aus Kaiserslautern und der erst kurz vor dem Spiel in die Nationalmannschaft berufene Helmut Schön aus Dresden.

Die schwache erste Halbzeit, in der Schön das deutsche Führungstor in der 12. Minute erzielt, endet 1:1. Die von Josef »Sepp« Herberger betreute deutsche Nationalmannschaft startet dann aber furios in die zweite Spielhälfte. In den ersten neun Minuten nach dem Wiederanpfiff schießen Helmut Schön, Fritz Walter und Stanislaus Kobierski je ein Tor. Die völlig konsternierten Schweizer brauchen lange Zeit, um ihren Spielfluß wiederzufinden und erzielen drei Minuten vor dem Abpfiff den Treffer zum 4:2-Endstand. Die »Neue Zürcher Zeitung« bezeichnet den Sieg der favorisierten deutschen Mannschaft in einem Kommentar als verdient und beschreibt das Sturmspiel der deutschen Mannschaft nach der Pause: »Mit fliegenden Kombinationen wurde jetzt die schweizerische Dekkung Mal für Mal überspielt. Die Schweizer schienen das Abdecken und Instellunglaufen vollkommen vergessen zu haben«.

W. Hahnemann (M.) von Admira Wien wird von zwei Schweizern gestoppt

Kapells Schwimmweltrekord

19. März. Bei einem internationalen Wettkampf in Düsseldorf schwimmt die Mönchengladbacherin Anni Kapell mit 2:55,5 min Weltrekord über 200 m Brust. Sie unterbietet den bisherigen Weltrekord der Brasilianerin Maria Lenk um eine halbe Sekunde.

Schärfste Konkurrentin von Anni Kapell ist die Niederländerin Jopie Waalberg, die sich auf den ersten Bahnen dicht hinter der Deutschen hält. In der zweiten Hälfte des Rennens kann sie das hohe Tempo jedoch nicht mehr durchhalten und fällt zurück, so daß sie erst nach 3:00,1 min anschlägt.

Beim gleichen Schwimmfest stellt die Mannschaft der deutschen Kriegsmarine einen deutschen Rekord über 4 x 100 m Brust der Männer auf und verbessert die bisherige Bestmarke der Mannschaft von Hellas Magdeburg mit 4:52,5 min um 4,3 Sekunden.

Das spannendste Rennen des Düsseldorfer Schwimmfestes liefern sich über 100 m Kraul der Frauen die dänische Weltrekordlerin Ragnhild Hveger (→ 20. 8./S. 143) und die Niederländerin Anni Stijl. Nach einem Kopf-an-Kopf-Rennen über die gesamte Distanz schlägt die Niederländerin angefeuert von den Zuschauern mit 1:06,5 min nur eine Zehntelsekunde vor Ragnhild Hveger an. Dritte wird die Düsseldorferin Ruth Karnatz, die jedoch zu keinem Zeitpunkt in die Entscheidung um den Sieg eingreifen konnte.

Weltrekordlerin Anni Kapell wird bei ihrer Rückkehr in ihre Heimatstadt Mönchengladbach gefeiert

April 1941

Mo	Di	Mi	Do	Fr	Sa	So
	1	2	3	4	5	6
7	8	9	10	11	12	13
14	15	16	17	18	19	20
21	22	23	24	25	26	27
28	29	30				

1. April, Dienstag

Britische Truppen erobern Asmara, die Hauptstadt von Italienisch-Eritrea.

Der schwere Kreuzer »Admiral Scheer« läuft nach mehrmonatigen Unternehmungen im Atlantischen und im Indischen Ozean, wo er insgesamt 17 Schiffe mit 113 233 Bruttoregistertonnen versenkt hat, in Kiel ein.

Regierungsvertreter der USA und Mexikos unterzeichnen in Washington ein Abkommen, das die gegenseitige Benutzung von Flugfeldern und -plätzen für zivile und militärische Flugzeuge beider Staaten gestattet (→15. 4./S. 69).

Mit Sitz in Bregenz wird ein deutsches Fischereiamt für den Bodensee eingerichtet, dessen Aufgaben die Vereinheitlichung und Förderung der Bodenseefischerei sowie die Vertretung gegenüber den schweizerischen Fischereibehörden sind.

In der Schweiz wird durch das eidgenössische Volkswirtschaftsdepartement die Gewerbefreiheit aufgehoben. Dadurch soll die zentrale Kontrolle über den Rohstoffeinsatz in Gewerbe und Industrie sichergestellt werden. →S. 70

72,8% aller Großstadthaushalte im Deutschen Reich sind mit einem Rundfunkgerät ausgestattet; die höchste Radiodichte weist die Stadt Dessau mit 88,7% auf.

2. April, Mittwoch

Das Deutsche Afrika-Korps erobert in Nordafrika das von den Briten besetzte Adschdabija und stößt weiter in Richtung Bengasi vor (→4. 4./S. 66).

Die Heinkel HE 280, das erste mit zwei Strahltriebwerken ausgerüstete Flugzeug, unternimmt ihren Jungfernflug. →S. 73

In Berlin wird die Ausstellung »Maler an der Front« eröffnet. →S. 75

3. April, Donnerstag

Der ungarische Ministerpräsident Pál Graf Teleki begeht Selbstmord aus Protest gegen die deutschen Bestrebungen, Ungarn zur Teilnahme am Krieg gegen Jugoslawien zu zwingen. →S. 69

Nach einem Staatsstreich von Militärs und nationalistischen Gruppen flieht der irakische Regent Emir Abdul Ilah nach Basra; am 10. April wird als sein Nachfolger Scherif Scharaf gewählt.

Die brasilianische Regierung ordnet die Beschlagnahmung des im Hafen von Rio de Janeiro liegenden italienischen Frachtdampfers »Teresa« an; auch andere südamerikanische Regierungen konfiszieren deutsche und italienische Handelsschiffe, die in den Häfen ihrer Länder vor Anker liegen.

Durch einen Erlaß des Führers und Reichskanzlers Adolf Hitler wird mit Wirkung vom 1. Mai das Reichsverwaltungsgericht für das Deutsche Reich eingeführt.

Bei Verhandlungen deutscher und italienischer Regierungsvertreter in Berlin über Obst- und Gemüselieferungen ins Deutsche Reich wird die Übereinkuft erzielt, italienische Frischkost in Zukunft auch tiefgefroren auf den deutschen Markt zu bringen. →S. 71

In Berlin wird das Filmlustspiel »Hauptsache glücklich« uraufgeführt. Unter der Regie von Theo Lingen spielen Heinz Rühmann, Hertha Feiler, Ida Wüst und Hans Leibelt die Hauptrollen.

4. April, Freitag

Einheiten des Deutschen Afrika-Korps nehmen die nordafrikanische Stadt Bengasi ein, die bisher von britischen Truppen besetzt war. →S. 66

Der Arzt Fritz Mennecke, der im Konzentrationslager Sachsenhausen tätig ist, berichtet in Briefen über »Untersuchungen« von »invaliden Häftlingen«, die zu »Sonderbehandlungen« vorgesehen sind. →S. 70

In der Schweiz tauchen illegale Aufrufe und Kettenbriefe der »Nationalsozialistischen Bewegung der Schweiz« auf, worin u. a. eine Ausmerzung der schweizerischen Regierung und schärfste Maßnahmen gegen die jüdischen Schweizer gefordert werden. →S. 70

Eine Sachbearbeiterin der Reichsfrauenführung erklärt vor Pressevertretern in Berlin, daß in diesen Tagen rund 300 000 schulentlassene Mädchen das sog. Pflichtjahr angetreten haben, in dem sie zu haus- und landwirtschaftlichen Arbeiten eingesetzt werden.

In Berlin wird der Propagandafilm »Ohm Krüger« über das Leben eines burischen Freiheitskämpfers gegen die britische Vorherrschaft in Südafrika uraufgeführt. →S. 74

An der Reichsautobahn München–Berlin wird bei Halle an der Saale die erste Truppenerfrischungsstelle eingeweiht; hier werden nur Soldaten verpflegt, die im Dienst auf dieser Strecke unterwegs sind.

5. April, Sonnabend

Britische Truppenverbände erobern das von Italienern besetzte Addis Abeba, die Hauptstadt Äthiopiens.

Die polnische Exilregierung schließt mit der kanadischen Regierung ein Abkommen über die Aufstellung einer polnischen Armee-Einheit in Übersee.

6. April, Sonntag

Um 5. 15 Uhr greifen deutsche Truppen von Ungarn, Rumänien und Bulgarien aus Jugoslawien und Griechenland an. →S. 64

In Moskau unterzeichnen sowjetische und jugoslawische Regierungsvertreter einen Freundschafts- und Nichtangriffspakt. Der Vertrag wird auf den 5. April zurückdatiert, um nicht den Eindruck zu erwecken, die UdSSR unterzeichne ein Abkommen mit einem Land, das sich im Krieg mit dem Deutschen Reich befindet. →S. 64

Der Reichsführer SS und Chef der deutschen Polizei, Heinrich Himmler, verbietet alle Tanzveranstaltungen im Deutschen Reich und entzieht allen Tanzlokalen die Konzession.

7. April, Montag

Die deutsche Luftwaffe versenkt bei einem Angriff auf den griechischen Hafen Piräus zwölf Schiffe.

Die britische Luftwaffe Royal Air Force (RAF) greift während der Nacht Sofia an.

Britische Truppen erobern Massua im italienisch besetzten Eritrea in Afrika; zahlreiche italienische Schiffe, die im Hafen der Stadt liegen, werden zerstört.

8. April, Dienstag

Die deutsche Luftwaffe wirft über Glasgow 204 t Sprengbomben ab; in der Nacht zum 9. April ist Coventry Ziel eines Angriffs von 237 deutschen Bombern.

Die National Steel Corporation in der US-amerikanischen Stadt Pittsburgh einigt sich mit der Arbeitervertretung auf Lohnerhöhungen um 10%; damit gehen in diesem Werk mehrwöchige Streiks zu Ende, bei denen es, ähnlich wie in der gesamten Stahlindustrie der Vereinigten Staaten, um höhere Löhne für die Arbeiterschaft ging (→31. 3./S. 54).

In St. Louis schlägt Joe Louis, Boxweltmeister im Schwergewicht, seinen Herausforderer Tony Musto durch K.o. in der neunten Runde (→29. 9./S. 161).

9. April, Mittwoch

Die auf dem Balkan vorrückenden deutschen Truppen erobern die griechische Stadt Saloniki (→6. 4./S. 64).

Britische Luftwaffeneinheiten greifen Kiel an, wo 84 Menschen ums Leben kommen; in der Nacht zum 10. April ist die deutsche Reichshauptstadt Berlin Ziel britischer Bomberstaffeln.

Der dänische Gesandte in den USA, von Kauffmann, unterzeichnet in Washington einen Vertrag mit den Vereinigten Staaten, der den Bau von US-Luftbasen auf Grönland gestattet; im Gegenzug übernehmen die USA den Schutz der Insel im Atlantik. →S. 69

In Berlin wird der Film »Die schwedische Nachtigall« uraufgeführt, in dem Ilse Werner und Karl Ludwig Diehl die Hauptrollen spielen; die Regie führte Peter Paul Brauer. →S. 75

10. April, Donnerstag

Im von deutschen und italienischen Truppen eroberten Agram (Zagreb) wird der »Unabhängige Staat Kroatien« proklamiert; die Staatsführung übernimmt der aus dem italienischen Exil zurückgekehrte Führer der faschistischen Ustascha-Bewegung, Ante Pavelić.

Der Sicherheitsdienst der SS weist in seinen geheimen Lageberichten zum wiederholten Mal auf große Mängel der Lebensmittelversorgung der Bevölkerung hin. →S. 71

11. April, Karfreitag

Ungarische Truppen schließen sich dem deutschen Angriffskrieg gegen Jugoslawien an (→6. 4./S. 64).

Adolf Hitler trifft mit seinem Sonderzug in Tauchen-Schauereck ein. Der Zug, der bis zum 25. April auf der Eisenbahnstrecke Wiener Neustadt–Graz steht, dient ihm als Hauptquartier.

Willy Birgel spielt die Hauptrolle in dem Ufa-Film »... reitet für Deutschland«, der in Hannover uraufgeführt wird; die Regie führte Arthur Maria Rabenalt. →S. 75

12. April, Sonnabend

Deutsche Wehrmachts- und SS-Einheiten nehmen Belgrad ein; gleichzeitig wird eine Verbindung zwischen den deutschen und italienischen Invasionstruppen in Jugoslawien bei Karlovać hergestellt (→6. 4./S. 64).

Das schweizerische Rote Kreuz gibt die Ergebnisse seiner Wäschesammlung bekannt. →S. 70

13. April, Ostersonntag

Adolf Hitler erläßt die Weisung Nr. 27 an die deutsche Wehrmacht, in der er die Fortführung des Balkankriegs anordnet, bis »England endgültig vom Balkan« vertrieben sei.

Der japanische Außenminister Josuke Matsuoka unterzeichnet in Moskau ein fünfjähriges Neutralitätsabkommen mit der UdSSR. Darin verpflichten sich beide Staaten zu gegenseitiger Unantastbarkeit ihrer Territorien und versichern sich Neutralität im Falle kriegerischer Verwicklungen eines Vertragspartners mit anderen Staaten. →S. 68

14. April, Ostermontag

Das Reichsinnenministerium verkündet eine Neuregelung der Tarife für die Inanspruchnahme privater Kraftfahrzeuge durch die deutsche Wehrmacht; der Tagessatz einschließlich Fahrer für ein Kraftrad beträgt 15 bis 17 Reichsmark (RM), für einen Personenwagen 19 bis 26 RM und für einen Lastkraftwagen 15 bis 48 RM.

15. April, Dienstag

Anläßlich des ersten »Panamerican Day« beschwört der US-amerikanische Vizepräsident Henry Agard Wallace in einer Rundfunkansprache, die über sämtliche nord- und südamerikanischen Rundfunkstationen ausgestrahlt wird, den Zusammenhalt der amerikanischen Staaten zur Verteidigung der westlichen Hemisphäre. →S. 69

Die Zeitschrift »Die Woche« bringt im April einen Artikel über die Arbeit von Propagandakompanien; diese Wehrmachtseinheiten, die über das Frontgeschehen berichten, vermitteln in Wochenschaubeiträgen und Zeitungsreportagen der deutschen Bevölkerung das Bild vom »unbezwingbaren deutschen Soldaten«

In Mexiko zerstört ein schweres Erdbeben mehrere Ortschaften; der Erdstoß verursacht den Ausbruch des Vulkans Nevado de Colima in West-Mexiko.

Das britische Ernährungsministerium ordnet an, Fleisch zur Fütterung von Tieren ab sofort mit einer ungefährlichen Chemikalie grün zu färben; betrügerische Metzgereien hatten zu Futterzwecken bestimmtes Fleisch als Speisefleisch für Menschen verkauft. → S. 71

16. April, Mittwoch

Japanische und US-amerikanische Regierungsvertreter nehmen in Washington geheime Verhandlungen auf, um eine Übereinkunft bezüglich ihrer gegensätzlichen Interessen in Ostasien und im pazifischen Raum zu treffen. → S 68

Der ungarische Boxverband verlegt angesichts des Balkankrieges die für den 29. April bis 4. Mai in Budapest geplanten Europameisterschaften der Amateurboxer auf unbestimmte Zeit. → S. 75

Der Nordturm des Londoner Kristallpalastes, der letzte bestehende Teil des 1851 errichteten und 1936 bei einem Großfeuer weitgehend abgebrannten Bauwerkes, wird gesprengt. → S. 73

17. April, Donnerstag

Vertreter der jugoslawischen Armeeführung unterzeichnen in Belgrad die Kapitulation der jugoslawischen Streitkräfte; 344 000 Soldaten geraten in deutsche Kriegsgefangenschaft (→ 6. 4./S. 64).

685 deutsche Flugzeuge greifen London an und werfen 890 t Sprengbomben sowie 151 t Brandbomben ab; der Angriff soll eine Vergeltung für den britischen Angriff auf Berlin in der Nacht vom 9. auf den 10. April sein.

Vertreter der britischen und der spanischen Regierung unterzeichnen in London ein Wirtschaftsabkommen. Spanien wird eine Anleihe in Höhe von 2,5 Millionen Pfund Sterling für den Ankauf von Lebensmitteln gewährt.

Im Berliner Sportpalast wird die Werbewoche der deutschen Luftfahrt eröffnet, die sich vor allem an Kinder und Jugendliche mit zahlreichen Vorführungen und Werbeveranstaltungen richtet.

18. April, Freitag

Der griechische Ministerpräsident Alexandros Koryzis nimmt sich in Athen das Leben angesichts der aussichtslosen Lage der griechischen Armee gegenüber der von deutschen und italienischen Truppen angeführten Invasion.

Mit einem Aufruf an die Bevölkerung, der in den deutschen Tageszeitungen veröffentlicht wird, eröffnet Adolf Hitler das zweite Kriegshilfswerk für das Deutsche Rote Kreuz.

19. April, Sonnabend

Der bulgarische König Boris III. besucht den Reichskanzler und Führer in dessen Sonderzug, um über bulgarische Gebietsgewinne nach der Beendigung des Krieges gegen Jugoslawien und Griechenland zu verhandeln; Bulgarien verlangt Teile Makedoniens und Thrakiens.

In Basel wird die 25. Schweizer Mustermesse eröffnet, die bis zum 29. April dauert. Auf dem Messegelände sind die Produkte und Waren der gesamten eidgenössischen Wirtschaft zu sehen.

Im Zürcher Schauspielhaus wird Bertolt Brechts Schauspiel »Mutter Courage und ihre Kinder«, eine Chronik des Dreißigjährigen Krieges in zwölf Bildern, uraufgeführt. → S. 75

20. April, Sonntag

Die deutsche Luftwaffe fliegt mit 712 Flugzeugen wieder einen schweren Angriff gegen die britische Hauptstadt London, bei dem 1026 t Sprengbomben und 153 t Brandbomben abgeworfen werden.

In dem von deutschen Truppen besetzten Luxemburg kommt es am Geburtstag Adolf Hitlers zu anti-deutschen Kundgebungen der Bevölkerung.

Die deutsche Fußballnationalmannschaft verliert in Bern das 25. Länderspiel gegen die Schweiz 1:2. → S. 75

21. April, Montag

Nach Besprechungen zwischen dem kanadischen Ministerpräsidenten William Lyon Mackenzie King und US-Präsident Franklin D. Roosevelt in Washington, die am 16. April begannen, wird vereinbart, die nordamerikanischen Produktionsmöglichkeiten schnellstens zu mobilisieren. Außerdem wollen beide Staatschefs Großbritannien noch stärker als bisher im Krieg mit dem Deutschen Reich und Italien unterstützen (→ 5. 2./S. 37).

In dänischen Hotels und Restaurants wird ein fleischloser Tag pro Woche eingeführt; auch Butter darf nicht mehr portionsweise abgegeben werden, sondern muß gleich dünn auf das Brot aufgestrichen werden.

Die oberste Behörde für Vollblutzucht im Deutschen Reich gibt bekannt, daß es für die Halter von Vollblutzucht- und Rennpferden Pflicht ist, Luftschutzkästen für ihre Tiere bereitzuhalten.

22. April, Dienstag

Bei einem Festakt in der Nationalpolitischen Erziehungsanstalt Backnang wird Reichserziehungsminister Bernhard Rust die Gründung zehn weiterer Erziehungsanstalten zur »Förderung des begabten Nachwuchses« gemeldet.

23. April, Mittwoch

Der bayerische Kultusminister Adolf Wagner gibt Anweisung, die Kruzifixe aus den Schulen in Bayern zu entfernen und durch »zeitgemäßen Wandschmuck« zu ersetzen; die Proteste der bayerischen Bevölkerung gegen diesen Erlaß sind so stark, daß Wagner ihn im August zurückziehen muß. → S. 70

24. April, Donnerstag

Die britische Flotte beginnt mit der Räumung des griechischen Festlandes; über 50 000 britische Soldaten werden bei dieser Aktion nach Kreta und Ägypten übergesetzt. → S. 65

Auf der alljährlichen Tagung der Wirtschaftsgruppe Brauerei und Mälzerei des Deutschen Reiches wird in der Technischen Hochschule München u. a. über die Einführung eines Leichtbieres mit einem Alkoholgehalt von rund 0,5% beraten. → S. 71

Anläßlich seines 100jährigen Bestehens wird das Salzburger Mozarteum zur ersten Reichsmusikhochschule mit dem offiziellen Titel »Reichshochschule für Musik – Mozarteum – in Salzburg« umgewandelt.

In München wird »Auf Wiedersehen, Franziska«, der Liebesfilm um einen Wochenschaureporter von Regisseur Helmut Käutner uraufgeführt; die Hauptrollen spielen Marianne Hoppe und Hans Söhnker.

25. April, Freitag

In der Weisung Nr. 28 ordnet Adolf Hitler das »Unternehmen Merkur«, die Besetzung der griechischen Insel Kreta, an (→ 20. 5./S. 83).

Wegen der angespannten Lage auf dem deutschen Arbeitsmarkt verfügen das Reichsinnenministerium und das Reichsfinanzministerium, daß Beamte, Angestellte und Arbeiter in der öffentlichen Verwaltung »ohne Ausnahme« ab sofort nicht mehr als drei Wochen Urlaub jährlich bewilligt bekommen.

26. April, Sonnabend

Die USA dehnen ihre Neutralitätspatrouillen im Atlantischen Ozean, die hauptsächlich dem Schutz britischer Handels- und Transportschiffe dienen, weiter Richtung Osten aus (→ 9. 4./S. 69).

In den Filmtheatern des Deutschen Reiches werden ab sofort verbilligte Sonderveranstaltungen durchgeführt, in denen alte und neue Wochenschauen sowie »staatspolitisch wertvolle Kulturfilme« gezeigt werden.

27. April, Sonntag

Deutsche Truppen ziehen in Athen ein. Das Oberkommando der Deutschen Wehrmacht berichtet: »Auf der Akropolis wurde die Hakenkreuzfahne gehißt« (→ 6. 4./S. 64).

Reichserziehungsminister Bernhard Rust eröffnet im Rahmen eines Festaktes die am 20. April gegründete Reichsuniversität Posen.

Der Hamburger Hermann Schmidt stellt in seiner Heimatstadt eine Weltbestzeit im 30 km Bahngehen auf mit 2:30:33,6 h.

28. April, Montag

Reichspostminister Wilhelm Ohnesorge gibt in der »Deutschen Postzeitung« bekannt, daß der Personalbestand der Reichspost auf 580 000 Beschäftigte angewachsen ist (ohne Frauen, die als »Ersatz- und Hilfskräfte« eingesetzt werden). → S. 71

In München wird in einem Prozeß vor dem Sondergericht eine Zuchthausstrafe von einem Jahr gegen einen Mann verhängt, der ausländische Rundfunksender gehört hat.

Im Deutschen Reich wird die Hauptschule eingeführt, die begabte Schüler ihren Neigungen entsprechend fördern soll. → S. 73

Das Berliner Haus der Kunst wird in Berliner Kunsthalle umbenannt, um Verwechslungen mit dem Münchner Haus der Kunst vorzubeugen.

29. April, Dienstag

Reichsverkehrsminister Julius Dorpmüller erläßt Maßnahmen zur Verringerung des zivilen Kraftverkehrs, um Kraftstoffe für die militärische Nutzung einzusparen; Kraftfahrzeugzulassungen sollen überprüft und eingezogen werden; Neuzulassungen dürfen nur in Ausnahmefällen vorgenommen werden.

Reichsbildungsminister Bernhard Rust gibt in Danzig einen Erlaß zur Förderung von Kriegsteilnehmern an den Hochschulen bekannt, wonach ehemaligen Soldaten durch Gebührenbefreiungen und Unterstützungsgelder ein Hochschulstudium ermöglicht werden soll. → S. 73

Die Uraufführung des Dreiakters »La machine à écrire« (Die Schreibmaschine) von Jean Cocteau im Pariser Théâtre Hébertot wird von Faschisten gestört; weitere Aufführungen des Stücks werden zunächst von den deutschen Besatzungsbehörden verboten. → S. 74

30. April, Mittwoch

Die deutsche Wehrmacht schließt die Besetzung des griechischen Festlandes ab; insgesamt werden 223 000 Griechen und 21 900 britische Soldaten gefangengenommen (→ 6. 4./S. 64).

Im Irak beginnen anti-britische Regierungstruppen mit der Einschließung des britischen Luftwaffenstützpunktes Habbanija im Westen des Landes. Dies ist der Auftakt eines Krieges im Irak, dessen Öl für die Briten von großer Bedeutung ist (→ 2. 5./S. 84).

In einem Geheimbefehl des Führers und Reichskanzlers Adolf Hitler wird der Beginn des Unternehmens »Barbarossa«, des Angriffs auf die Sowjetunion, auf den → 22. Juni (S. 98) festgelegt.

Seit dem 1. März sind bei Angriffen der deutschen Luftwaffe auf Städte in Großbritannien 10 449 Menschen ums Leben gekommen, 11 694 Briten wurden z. T. schwer verletzt.

Das Wetter im Monat April

Station	Mittlere Lufttemperatur (°C)	Niederschlag (mm)	Sonnenscheindauer (Std.)
Aachen	7,0 (8,8)	24,9 (63)	151,5 (178)
Berlin	6,1 (8,3)	33,4 (41)	122,6 (193)
Bremen	6,1 (8,2)	23,6 (50)	141,6 (185)
München	5,4 (8,0)	77,8 (59)	109,6 (173)
Wien	— (9,6)	— (54)	— (173)
Zürich	7,0 (8,0)	71,0 (88)	136,0 (173)

( ) Langjähriger Mittelwert für diesen Monat
– Wert nicht ermittelt

Deutsche Zeitungen und Zeitschriften wie hier die »Hamburger Illustrierte« berichten in großer Aufmachung über Demonstrationen, Streiks und Unruhen in den USA; jedes Eingreifen der Polizei wird dabei zum Anlaß genommen, US-Präsident Franklin D. Roosevelt als gewalttätigen Diktator zu bezichtigen

Erfolgreicher Überraschungsangriff gegen Jugoslawien un

6. April. Das Deutsche Reich greift Jugoslawien und Griechenland an. Ohne Vorwarnung marschieren Einheiten der deutschen Wehrmacht von Ungarn, Bulgarien und der Steiermark aus nach Jugoslawien vor. Nach dem Beitritt Jugoslawiens zum Dreimächtepakt, einem Militärbündnis des Deutschen Reiches, Italiens und Japans, am 25. März in Wien, war es in Belgrad zu einem Staatsstreich gegen die deutschfreundliche Regierung gekommen (→ 27. 3./S. 49). Adolf Hitler hatte noch am gleichen Tag trotz Loyalitätserklärungen der neuen Regierung angeordnet, »Jugoslawien militärisch und als Staatsgebilde zu zerschlagen«.

Unter dem Kommando von Generalfeldmarschall Wilhelm List, Generaloberst Ewald von Kleist und Generaloberst Maximilian Freiherr von Weichs beginnt um 5. 15 Uhr der Angriff auf Jugoslawien mit vier Panzer-Divisionen, vier motorisierten Divisionen und sieben Infanterie-Divisionen. Der Vormarsch wird unterstützt von Bomberstaffeln, die schwere Angriffe auf Belgrad und wichtige Teile des jugoslawischen Verkehrsnetzes fliegen.

Die jugoslawische Armee ist nicht vorbereitet auf den deutschen Vormarsch. Von 17 Infanterie- und 3 Kavalleriedivisionen sind nur zwei Drittel kriegsbereit, und die Luftwaffe verfügt nur über 300 einsatzbereite, aber veraltete Flugzeuge. Die Verteidigungskraft der jugoslawischen Armee wird zudem durch die kroatischen Verbände geschwächt, die deutsche Wehrmachtseinheiten als Befreier begrüßen und Befehle des eigenen Oberkommandos mißachten.

Die überlegenen deutschen Streitkräfte erobern am 10. April Agram (Zagreb) und zwei Tage später die jugoslawische Hauptstadt Belgrad. Am 17. April unterzeichnen Vertreter der jugoslawischen Generalität in Belgrad die Kapitulationsurkunde, nachdem Ministerpräsident Dušan Simović bereits am 14. April von seinem Posten als Oberbefehlshaber der jugoslawischen Armee zurückgetreten und über Montenegro nach Ägypten geflohen ist. Der jugoslawische König Peter II., der durch den Putsch am 27. März an die Macht gekommen war, geht nach London ins Exil.

334 000 jugoslawische Soldaten geraten in Kriegsgefangenschaft. Mehrere tausend Zivilisten kommen bei den deutschen Luftangriffen ums Leben. Die deutsche Wehrmacht hat 151 Tote, 392 Verwundete und 15 Vermißte zu verzeichnen.

Am Morgen des deutschen Angriffs auf Jugoslawien unterzeichnen der jugoslawische Botschafter in Moskau, Gavrilović, und der sowjetische Staatschef, Josef W. Stalin, einen Freundschaftspakt beider Länder. Der Vertrag wird aber vordatiert, um den Eindruck zu vermeiden, die sowjetische Regierung schließe ein Abkommen mit einem Staat, der sich im Kriegszustand mit dem Deutschen Reich befindet.

Deutsche Wehrmachtseinheiten kommen nach anfänglichem massivem Widerstand in Nordgriechenland schnell voran in Richtung Ägäisches Meer

Gleichzeitig mit dem Angriff auf Jugoslawien stoßen deutsche Truppen über die bulgarische Grenze und erobertes jugoslawisches Gebiet zum Feldzug gegen Griechenland vor. Der griechische Ministerpräsident Alexandros Koryzis war wenige Stunden zuvor von der deutschen Regierung über den Angriff informiert worden; in der Botschaft heißt es: »Seit einigen Wochen kann nun kein Zweifel mehr darüber bestehen, daß England im Begriff ist,... eine neue Front gegen Deutschland in Griechenland zu errichten, um von dort noch einen letzten Versuch zu machen, den Krieg nach Europa hineinzutragen... Die Reichsregierung hat daher nunmehr ihren Truppen den Befehl erteilt, die britischen Streitkräfte vom griechischen Boden zu vertreiben.«

Der Krieg in Griechenland gestaltet sich für die deutschen Truppen er-

Griechische Offiziere überbringen als Unterhändler den deutschen Militärs das Kapitulationsangebot

Unwegsames und stark befestigtes Gelände wirft insbesondere an der thrakischen Front Probleme auf

Gefangene makedonische Soldaten werden drei Tage nach dem Angriff der deutschen Armee abgeführt

Griechenland

heblich schwieriger als in Jugoslawien. Trotz des Einsatzes schwerer Waffen und massiver Luftangriffe verteidigen griechische Truppen die sog. Metaxas-Linie verbissen. Erst am 9. April ist Saloniki in deutscher Hand, wo 60 000 Mann der ostmakedonischen Streitkräfte vor den Deutschen kapitulieren. Gemeinsam mit italienischen Streitkräften stoßen die deutsche Wehrmachtsverbände nach Westmakedonien vor und erzwingen die Kapitulation von 16 griechischen Divisionen am 21. April. Sechs Tage später ist die griechische Hauptstadt Athen in deutscher Hand.

Bericht aus Athen vom 27. April
»Um halb neun erreichten wir das Weichbild Athens. Oberstleutnant Sch., der Führer der Vorausabteilung, überbrachte der bereits wartenden griechischen Abordnung die Aufforderung zur Kapitulation. Um 9. 15 Uhr wurde sie in einem kleinen dunklen Café am Stadteingang unterschrieben. Dann nahm die Besetzung der wichtigsten militärischen und politischen Punkte Athens schnell ihren Fortgang. Auf der Akropolis weht seit den Vormittagsstunden die Hakenkreuzflagge« (»Völkischer Beobachter«).

Das Hauptziel des deutschen Angriffs auf Griechenland, die Vertreibung der britischen Truppen aus dem Ägäis-Staat, ist erreicht, als das britische Oberkommando am → 24. April (S. 65) die Operation »Demon« startet, die Ausschiffung von über 50 000 britischen Soldaten vom griechischen Festland zur Insel Kreta und nach Ägypten (→ 20. 5./S. 83). Nach Abschluß der Besetzung des gesamten griechischen Festlandes am 30. April sind 223 000 Griechen und 21 900 Briten in deutscher Kriegsgefangenschaft. Die deutschen Verluste bei den Feldzügen auf dem Balkan belaufen sich insgesamt auf 2559 Tote, 5820 Verwundete und 3169 Vermißte.
Da es in Griechenland nach Abschluß der Kampfhandlung zwischen den regulären Armeen zu Angriffen und Überfällen von Partisanengruppen kommt (→ 28. 11./S. 184), ordnen die deutschen Kommandanten an, jeden Widerstand rücksichtslos zu brechen.

Nach der Kapitulation der griechischen Armee landen britische Soldaten nach ihrer Evakuierung aus Griechenland im ägyptischen Hafen Alexandria

Britische Truppen vom griechischen Festland evakuiert

24. April. *Auf Befehl des britischen Oberkommandos in Griechenland werden die dort kämpfenden Truppen im Rahmen der Operation »Demon« (Dämon) von der britischen Mittelmeerflotte nach Kreta und nach Ägypten in Sicherheit gebracht. 50 672 Soldaten werden auf diesem Weg aus Griechenland evakuiert, das sich zum größten Teil in der Hand der deutschen Truppen befindet, die am → 6. April (S. 64) das Land angriffen.*
Die britischen Soldaten gehen im Schutz der Dunkelheit an gut getarnten Einschiffungsstellen an Bord der Schiffe, die vor Tagesanbruch den Küstenbereich verlassen. Die Einschiffungsstellen liegen an kleinen Buchten der griechischen Halbinsel Peloponnes, da die Häfen Piräus, Wolos und Salamis von der deutschen Luftwaffe zerstört wurden. Deutsche Flugzeuge greifen nach Sonnenaufgang die Truppentransporte in der Ägäis an, die gegen Angriffe aus der Luft meist wehrlos sind. Bis zum 29. April werden sechs britische Schiffe versenkt.
Viele britische Soldaten werden nach der Operation wieder auf dem nordafrikanischen Kriegsschauplatz eingesetzt.

Vormarsch des Afrika-Korps

4. April. Spähtrupps des Deutschen Afrika-Korps dringen in den frühen Morgenstunden in die libysche Stadt Bengasi ein und besetzen sie nach kurzem Gefecht mit australischen Nachhut-Einheiten der Briten. Die britischen Truppen hatten die Stadt vor den anrückenden Truppen von Generalleutnant Erwin Rommel geräumt und sich Richtung Osten zurückgezogen.

Seit dem → 24. März (S. 50) hatte das Deutsche Afrika-Korps die britischen Besatzungstruppen auf der libyschen Halbinsel Cyrenaika zurückgedrängt und u. a. die Städte und Festungen El Agheila, Mersa Brega und Adschdabija eingenommen. Der britische General Archibald Percival Wavell weicht einer Schlacht mit den deutschen Truppen aus, da seine eigenen Streitkräfte durch die Entsendung mehrerer tausend Soldaten zur Verteidigung Griechenlands (→ 4. 3./S. 49) nicht mehr über eine ausreichende Kampfkraft verfügen. Die britische Nachrichtenagentur »Exchange« berichtet am 7. April: »Es war die Absicht von General Wavell, eine durch das Gelände begünstigte Verteidigungslinie zu wählen und damit einen gewissen Ausgleich für die zahlenmäßige Schwächung seiner Truppen zu erzielen.« Wavells Truppen ziehen sich in die Festung Tobruk an der östlichen Cyrenaika-Küste zurück.

Deutsche und italienische Soldaten patrouillieren nach der Besetzung der nordlibyschen Hafenstadt Bardia vor den wichtigen Zufahrten zur Stadt

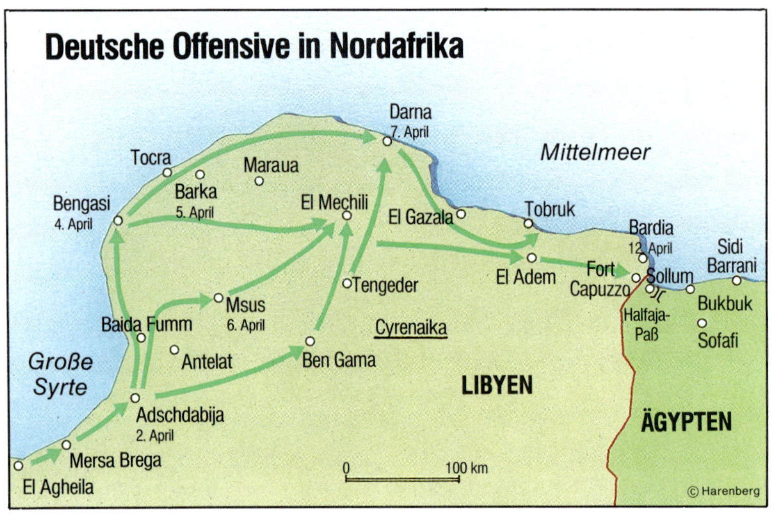

Neben dem Schiffsweg ist der Weg quer durch die Wüste eine der beiden Möglichkeiten des deutschen Korps, afrikanische Gebiete zu besetzen

Der »Wüstenfuchs« Erwin Rommel
Am 5. November 1891 als Sohn eines Schulrektors im württembergischen Heidenheim geboren, trat Erwin Rommel 1909 in die deutsche Armee ein. Im Ersten Weltkrieg kämpfte er an der Westfront, in Rumänien und den Dolomiten. Für seine Leistungen wurde er 1917 mit dem Orden Pour le mérite ausgezeichnet. Nach Abschluß des Krieges blieb Rommel Offizier der Reichswehr. Führer und Reichskanzler Adolf Hitler ernannte ihn 1939 zum Kommandanten im Führerhauptquartier. Auf eigenen Wunsch übernahm Rommel im Krieg gegen Frankreich 1940 die 7. Panzerdivision. Am 1. Januar 1941 wurde er zum Generalleutnant befördert, und im Februar übernahm er das Kommando des Deutschen Afrika-Korps (→ 12. 2./S. 36).

Das Deutsche Afrika-Korps setzt seinen Vormarsch in den folgenden Tagen fort und durchquert trotz des gefürchteten Sandsturms »Ghibli« die 400 km lange Strecke durch die nordafrikanische Halbinsel. Die Truppen können sich nur mit Kompassen orientieren und erreichen am 7. April El Mechili. Drei Tage später stehen deutsche Einheiten bei Sollum kurz vor der ägyptischen Grenze, wo sie ihre Offensive wegen Nachschubmangel stoppen. Die Truppen Rommels, dem der Führer und Reichskanzler Adolf Hitler in einem Telegramm vom 3. April volle Handlungsfreiheit für die Kriegführung in Nordafrika einräumt, nehmen bei ihrem Vormarsch mehrere tausend britische Soldaten und führende Generäle gefangen, scheitern jedoch in diesem Monat mehrfach bei kraftraubenden Angriffen auf die gut befestigte britische Festung Tobruk (→ 7. 12./S. 198).

Eine Pause unter der sengenden Sonne Afrikas legt dieses deutsche Bataillon im antiken Tempel auf der nordlibyschen Mittelmeerinsel Apollonia ein

Deutscher Luftwaffenstützpunkt in der Wüste von Cyrenaika: Hier werden Kampfflugzeuge vor dem Weiterflug mit Wasser und Benzin versorgt

Schwere Geschütze werden von der deutschen Wehrmacht im Kampf um die Hafenstadt Tobruk gegen britische Einheiten in Stellung gebracht

Deutsche Panzerspähwagen schießen Leuchtspurgeschosse ab, um feindliche Stellungen der britischen Armee während der Nacht aufzuspüren

Tagsüber um 50 °C, in Nächten um Null

Das nordafrikanische Klima stellt an die deutschen Soldaten, die nicht an derartige klimatische Verhältnisse gewöhnt sind, hohe körperliche Anforderungen.

In einer militärgeographischen Beschreibung des Generalstabes des Heeres heißt es dazu: »Mittagstemperaturen von 30 °C werden in der Libyschen Wüste auch in den Wintermonaten häufig erreicht. Höchsttemperaturen von 40 bis 50 °C sind keine Seltenheit … In der Wüste sinkt die Temperatur in den Stunden nach Mitternacht bis auf wenige Grade über Null, ja im Winter nicht selten unter den Gefrierpunkt.«

Jeder Soldat muß pro Tag vier bis fünf Liter Wasser trinken, um den hohen Wasserverlust des Körpers durch die Hitze auszugleichen. Zusätzlich haben die Soldaten unter den stürmisch heißen Südwinden, den »Ghiblis«, zu leiden.

Das britische siebte Kommando unter Leitung General Laycocks bereitet einen Sturmangriff in der Nähe der Hafenstadt Bardia vor

Von einem Panzerspähwagen leitet General Rommel den Angriff auf das belagerte Tobruk

Neutralitätsvertrag Japan–Sowjetunion

13. April. In Moskau unterzeichnen der japanische Außenminister Josuke Matsuoka und der sowjetische Außenminister Wjatscheslaw M. Molotow einen Neutralitätspakt zwischen beiden Staaten sowie eine Deklaration über die gegenseitige Achtung des von Japan kontrollierten Mandschukuo und der Mongolischen Volksrepublik im Machtbereich der UdSSR.
In dem für fünf Jahre abgeschlossenen Neutralitätspakt heißt es u. a.: »Artikel 1. Alle vertragschließenden Parteien verpflichten sich, friedliche und freundschaftliche Beziehungen untereinander aufrechtzuerhalten und gegenseitige territoriale Integrität und Unantastbarkeit der anderen vertragschließenden Partei zu achten. Artikel 2. Im Falle, wenn eine der vertragschließenden Parteien Objekt kriegerischer Handlungen von seiten einer oder mehrerer dritter Mächte wird, wird die andere ... Partei während der Dauer des Konfliktes Neutralität wahren.«
Die japanische Regierung verfolgt mit diesem Vertrag das Ziel, sich in einem drohenden Konflikt mit den Vereinigten Staaten in der Pazifikregion vor einem Eingreifen der Sowjetunion, die in diesem Raum ebenfalls territoriale Interessen verfolgt, zu schützen. Der UdSSR nutzt der Vertrag mit Japan, einem Bündnispartner des Deutschen Reiches, im Falle eines deutschen Angriffs, da sie dann ihre Verteidigung auf die westliche Front konzentrieren kann. Die deutsche Regierung, die seit Beginn des Jahres Japan zu militärischen Aktivitäten in Asien zu bewegen sucht, begrüßt das Abkommen (→ 5. 3./S. 50). Sie glaubt, daß nun eine Verbesserung der Ausgangslage für militärische Aktionen der Japaner gegen US-amerikanische und britische Stützpunkte in Fernost geschaffen ist. Den geplanten Krieg gegen die UdSSR (→ 22. 6./S. 98), über den die japanische Regierung nicht informiert ist, glaubt Adolf Hitler allein, ohne japanische Hilfe, gewinnen zu können. Die »Münchner Neuesten Nachrichten« bezeichnen den Vertrag als »sehr wichtigen Beitrag« für den Status im Fernen Osten, der auch in »Deutschland lebhaften Widerhall findet«. In der deutschen Bevölkerung wird der Vertrag jedoch ohne großes Interesse aufgenommen.

Japans Ministerpräsident Prinz Fumimaro Konoe sucht die Annäherung an die UdSSR, da er einen Konflikt mit den Vereinigten Staaten befürchtet.

Konflikte um Rohstoffe in Asien

16. April. *Japanische und US-amerikanische Regierungsvertreter nehmen in Washington Geheimverhandlungen auf, um zu einem Ausgleich ihrer gegensätzlichen strategischen und wirtschaftlichen Interessen im Fernen Osten zu kommen.*
Wie eine Karte der »Berliner Illustrierten Zeitung« (in der Abb. überarbeitet) zeigt, werden in Malaya, Sumatra und Niederländisch-Indien große Mengen Kautschuk, Zinn und Erdöl gewonnen. Die Vereinigten Staaten und Japan sind vor allem auf die Lieferungen dieser Rohstoffe aus dem Pazifikraum angewiesen. In der »Berliner Illustrierten Zeitung« heißt es dazu: »Das wirtschaftliche Schwergewicht des gesamten Raumes liegt im Süden, wo sich die Engländer und Holländer staatlich den Besitz teilen, die Vereinigten Staaten aber größtes wirtschaftliches Interesse haben; denn hier liegt das Gebiet, das die Amerikaner das der ›kritischen‹ Rohstoffe nennen ... Alle militärischen Vorteile liegen auf der Seite der Verbündeten Deutschlands und Italiens: Die Entfernung San Francisco–Philippinen beträgt 12 500 Kilometer, die von Tokio nach den Philippinen aber nur 3000 Kilometer!« Für das NS-Regime ist eine militärische Aktion Japans in dieser Region wichtig, da US-Truppen gebunden und der Rohstoffnachschub in die USA gefährdet würde.

USA bemüht sich um Hilfe Südamerikas

15. April. Am ersten »Panamerican Day«, einem Festtag zur Demonstration der Einheit Nord-, Süd-und Mittelamerikas, betont US-Vizepräsident Henry Agard Wallace die militärische Bedeutung dieser Zusammenarbeit.

In der Rede, die über alle nord- und südamerikanischen Radiostationen in englischer und spanischer Sprache ausgestrahlt wird, heißt es u. a.: »Die panamerikanische Solidarität ist für die Verteidigung der westlichen Hemisphäre von ausschlaggebender Bedeutung. In diesem von uns geschaffenen Gebilde können wir uns vor wirtschaftlichen Störungen schützen, die aus dem Inneren kommen, und sind gegen wirtschaftliche Störungen von außen nicht so empfindlich. Wir versuchen, diese wirtschaftliche Zusammenarbeit weitestgehend zu fördern, die aus Vertrauen und friedlichen Absichten entstanden ist.«

Die US-amerikanische Regierung versucht durch diplomatische, wirtschaftliche und politische Aktivitäten, ihren Einfluß in Süd- und Mittelamerika auszudehnen und die Zusammenarbeit mit den lateinamerikanischen Regierungen zu intensivieren. Sie verfolgt dabei das Ziel, Bündnissen zwischen südamerikanischen Staaten und Japan, dem Deutschen Reich oder Italien vorzubeugen. Sie will verhindern, daß die »Feinde der Demokratie« auf dem südamerikanischen Kontinent militärische Stützpunkte anlegen oder politischen Einfluß gewinnen. Darüber hinaus ist eine enge militärische Zusammenarbeit mit den lateinamerikanischen Staaten von entscheidender Bedeutung in dem drohenden Krieg mit Japan. So ist u. a. die Kontrolle über den Panama-Kanal, der kürzesten Verbindung zwischen Pazifischem und Atlantischem Ozean, ein Kernstück der strategischen Planung der US-Militärs.

Henry Agard Wallace, US-Vizepräsident und Vertrauter F. D. Roosevelts

Schon am 1. April hatte die US-Regierung mit Mexiko ein Abkommen geschlossen, das Flugzeugen der US-Luftwaffe das Überfliegen mexikanischen Territoriums und die Benutzung mexikanischer Flughäfen gestattet. Zwei Tage später lud die Admiralität der US-Marine die Flottenchefs von elf lateinamerikanischen Staaten zu einer gemeinsamen Inspektion der US-Flotte ein, um ihnen die Schlagkraft der US-amerikanischen Verteidigung vorzuführen.

Freitod von Teleki

3. April. *In Budapest begeht der ungarische Ministerpräsident Pál Graf Teleki (Abb.) Selbstmord. Die deutsche NS-Regierung hatte ihn unter Druck gesetzt, der Teilnahme ungarischer Truppen am Krieg gegen Jugoslawien und Griechenland (→ 6. 4./S. 64) zuzustimmen; dagegen hatte sich Teleki gewehrt. In deutschen Zeitungen wird Teleki als »Patriot« bezeichnet, sein Selbstmord verschwiegen und als »plötzlicher Tod« ausgegeben.*

Größeres Operationsgebiet der US-Marine im Atlantik

9. April. Ohne Vollmacht der dänischen Regierung unterzeichnen der dänische Gesandte in den Vereinigten Staaten, von Kauffmann, und US-Außenminister Cordell Hull in Washington ein Abkommen, das die dänische Insel Grönland unter den Schutz der USA stellt.

In dem Vertrag heißt es: »Aus der Überlegung heraus, daß als Folge des gegenwärtigen Krieges in Europa die Gefahr besteht, daß Grönland zum Ausgangspunkt eines Angriffs gegen Nationen des amerikanischen Kontinents gemacht werden könnte, ... übernimmt die Regierung der Vereinigten Staaten die Aufgabe, Grönland bei der Aufrechterhaltung seines gegenwärtigen Status zu schützen«. Der Vertrag regelt außerdem den Bau von US-amerikanischen Militärstützpunkten auf Grönland.

Die Regierung Dänemarks, das seit April 1940 von deutschen Truppen besetzt ist, protestiert gegen diesen Vertrag, zu dessen Abschluß sie ihren Gesandten nicht ermächtigt hatte. Sie veröffentlicht am 13. April eine Erklärung: »Das ... abgeschlossene Übereinkommen hat selbstverständlich keine völkerrechtliche Gültigkeit, da es zustande gekommen ist, ohne daß der König von Dänemark oder die von ihm ernannte gesetzmäßige dänische Regierung dabei mitgewirkt oder überhaupt irgendwelche Kenntnis davon gehabt haben.« Dem dänischen Botschafter wird seine Abberufung mitgeteilt, die von ihm und der US-Regierung aber nicht anerkannt wird.

Am 26. April verkündet US-Präsident Franklin Delano Roosevelt den Entschluß seiner Regierung, die Neutralitätspatrouillen, die von Schiffen der US-Marine zum Schutz vor deutschen Angriffen auf Handelsschiffe im Atlantik durchgeführt werden, bis nach Grönland auszudehnen. Bislang waren die Patrouillenschiffe in kürzeren Entfernungen vor der US-amerikanischen Küste gekreuzt, um deutsche Angriffe auf Handels- und Transportschiffe zu verhindern.

Flugboot und Kreuzer einer US-amerikanischen Flotte im Atlantik; neben dem Kamin des Kreuzers sind im Hintergrund Schwimmerflugzeuge zu sehen

Die Übernahme des Schutzes über Grönland und die Ausdehnung der Patrouillenfahrten im Atlantik durch die USA dienen hauptsächlich dem Schutz der Hilfslieferungen für Großbritannien. Seit Inkrafttreten des Leih- und Pachtgesetzes am → 11. März (S. 51) ist die Zahl der Transporte von Rüstungsgütern über den Atlantik sprunghaft gestiegen. Sie werden durch Angriffe der deutschen Marine verstärkt bedroht, nachdem diese ihr Blockadegebiet um Großbritannien am 25. März bis Island ausgedehnt hat. Außerdem will die US-Regierung verhindern, daß deutsche Militärstützpunkte in Reichweite der US-Küste eingerichtet werden und US-Gebiet direkt bedroht werden kann.

»Als zweite Portion folgten 1200 Juden«

4. April. Der Arzt Fritz Mennecke, der im Auftrag der für die Ermordung psychisch Kranker zuständigen Regierungsstelle mit dem Tarnnamen »T 4« (→ 19. 2./S. 39) in Konzentrationslagern des NS-Regimes mit der Aussonderung arbeitsunfähiger Häftlinge betraut ist, berichtet in ausführlichen Briefen an seine Frau über seine Arbeit.
Mennecke bezeichnet seine Arbeit als »sehr, sehr interessant«. Die Häftlinge werden den Ärzten nur kurz vorgeführt, die sie in der Regel ohne Untersuchung »ausmustern« oder »arbeitsfähig« schreiben. Mennecke schreibt aus dem Konzentrationslager Sachsenhausen: »Soeben bin ich fertig geworden mit der statistischen Zusammenstellung der von mir untersuchten Häftlinge, bis jetzt 100 an der Zahl. Morgen kommen noch ca. 25–30 als letzte Arbeit hinzu. Ich lege gerade auf diese Untersuchung besonderen Wert für eventl. spätere wissenschaftliche Auswertung, weil es sich ausschließlich um ›Antisoziale‹ – und zwar in höchster Potenz – handelt.«
Aus dem Konzentrationslager Buchenwald berichtet Mennecke, der das Wort untersuchen in seinen Briefen in Anführungsstriche setzt, einige Monate später: »Zunächst gab es noch etwa 40 Bogen fertig auszufüllen von einer ersten Portion Arier... Als zweite Portion folgten nun insgesamt 1200 Juden, die sämtlich nicht erst ›untersucht‹ werden, sondern bei denen es genügt, die Verhaftungsgründe... aus der Akte zu entnehmen und auf die Bögen zu übertragen.«

Mehr KZ, mehr Häftlinge, mehr Terror

Seit Ausbruch des Zweiten Weltkriegs ist die Zahl der Konzentrationslager (KZ) und der dort internierten Häftlinge stark gestiegen. Allein im Konzentrationslager Buchenwald werden in diesem Jahr 5890 neue Häftlinge gegenüber 2525 im Jahr 1940 registriert. Mit dem Anwachsen der Häftlingszahlen verschlechtern sich die ohnehin katastrophalen Unterbringungs- und Versorgungsbedingungen in den Lagern.
Die Häftlinge, die entsprechend ihrer Einstufung als politische Häftlinge, Homosexuelle, Juden, Zigeuner u. a. mit Farbsymbolen auf ihrer Kleidung gekennzeichnet sind, werden von SS-Mannschaften bewacht und auf brutale und unmenschliche Weise gequält. Die Geheime Staatspolizei (Gestapo), die in jedem Lager mit eigenen Beamten vertreten ist, foltert die Häftlinge bei oft stundenlangen Verhören.
Die KZ-Häftlinge müssen unter unmenschlichen Bedingungen in Industriebetrieben oder bei staatlichen Baumaßnahmen arbeiten, ohne ausreichende Ernährung, Unterkunft und Pausen. Mehrere tausend Menschen sterben in diesem Jahr in den KZ.

Faschisten auch in der Schweiz aktiv

4. April. Die Schweizer Behörden stellen in verschiedenen Städten Kettenbriefe der »Nationalsozialistischen Bewegung der Schweiz« sicher. Die Adressaten werden in diesen Mitteilungen aufgefordert, Abschriften der Briefe anzufertigen und an mindestens fünf weitere Personen zu senden. Für den Fall, daß sie die Kette unterbrechen, werden ihnen Strafen angedroht.
In einem sichergestellten Brief der aus dem Untergrund agierenden nationalsozialistischen Bewegung in der Schweiz heißt es: »Wir fordern eine restlose Ausmerzung unserer verblendeten, unsozialen und spießbürgerlichen Regierung, schärfste Maßnahmen gegen die Juden und rücksichtslosen Kapitalisten, gegen die Ausbeutung unseres Volkes! ... Nationalisten, Kameraden! Während die vollgefressenen, plutokratischen Schieber die Sitze in der parlamentarischen Schwatzbude untereinander verteilen, benützen wir die Zeit und schließen uns zum entscheidenden Kampf zusammen. Lang wurden wir geknechtet von diesen Sesselpiraten.«

Gesammelte Wäsche wird zunächst sortiert

Wäsche für Armee

12. April. *Das Schweizer Rote Kreuz teilt nach Abschluß einer Wäschesammlung für die Schweizer Armee mit, daß u. a. 66 644 Hemden, 22 046 Unterhosen, 28 816 Leibchen, 57 322 Sokken sowie Geldbeträge in Höhe von 220 250 Franken zusammengekommen sind. Anfang Februar hatte die Sammlung begonnen.*

Neue Betriebe nur mit Genehmigung

1. April. Der schweizerische Bundesrat in Bern führt die Bewilligungspflicht für die Neueröffnung von Betrieben der Industrie, des Gewerbes und des Handels ein. Begründet wird die Maßnahme, mit der die Gewerbefreiheit außer Kraft gesetzt wird, mit der Notwendigkeit der Landesverteidigung und der Sicherstellung der Volksversorgung; die einschränkende Maßnahme ist dazu bestimmt, »eine unerwünschte und unrationelle Verzettelung von Rohmaterialien und Betriebsstoffen zu verhüten«.
Das eidgenössische Volkswirtschaftsdepartement wird künftig nach vorheriger Rücksprache mit den jeweiligen Unternehmensverbänden für bestimmte Wirtschaftsbranchen die Bewilligungspflicht einführen. Es sollen nur noch solche Betriebe neu zugelassen werden, deren Versorgung mit Rohstoffen trotz der Rationierung bestimmter Güter auch auf Dauer gewährleistet werden kann. Die vorhandenen knappen Rohstoffe sollen künftig nutzbringender im nationalen Interesse eingesetzt werden.

Zuständig für die NS-Bildungs- und Kulturpolitik in Bayern: A. Wagner

Kruzifix-Erlaß in Bayern gescheitert

23. April. In einem Erlaß des bayerischen Kultusministers Adolf Wagner wird die Entfernung der Kruzifixe aus den bayerischen Schulen angeordnet.
Wagner, seit 1923 Mitglied der NSDAP, schreibt in der Anordnung: »Gleichzeitig weise ich darauf hin, daß kirchlicher Bilderschmuck, auch wenn er künstlerischen Wert besitzen sollte, sowie Kruzifixe in der Schule am falschen Platze sind; ich ersuche daher Sorge dafür zu tragen, daß solcher Wandschmuck allmählich entfernt oder durch zeitgemäße Bilder ersetzt wird.«
Die bayerische Bevölkerung reagiert auf den Erlaß mit Wut und Empörung, die sich in Unruhen, Boykotten und Demonstrationen entladen. Bauern verweigern die Milchablieferung, Eltern versperren Schuleingänge oder schicken ihre Kinder nicht mehr zum Unterricht. Die Entfernung der Kreuze kann so vielerorts verhindert werden.
Michael von Faulhaber, Kardinal von München und Freising, protestiert bei Wagner persönlich gegen »dieses neue Vorgehen zur Vernichtung des Christentums im öffentlichen Leben«. Am 28. August ordnet Wagner in einem Geheimerlaß die Einstellung der gescheiterten Kruzifix-Aktion an. Er macht für den Fehlschlag »teils die gut organisierte Gegenpropaganda der Geistlichkeit, teils die politisch falsche bzw. übereifrige Handlungsweise von Lehrkräften« verantwortlich.

Obst und Gemüse ungleich verteilt

10. April. Der Sicherheitsdienst (SD) der SS beschreibt in seinem geheimen Lagebericht die unzureichende Lebensmittelversorgung.
In der Mitteilung heißt es: »Aus mehreren Teilen des Reiches... liegen neuere Meldungen vor, wonach in der Bevölkerung der Landstädte und Landkreise über die unzureichende Zuteilung von Gemüse und Obst Klage geführt wird.« Schon in den Monaten zuvor war in den SD-Berichten (→ S. 56) mehrfach auf die mangelhafte Versorgung kleiner Städte hingewiesen worden.
Gleichzeitig wird aus Städten wie Berlin, Düsseldorf, Dessau und Münster gemeldet, daß die dort angelieferten großen Gemüsemengen nicht zu verkaufen sind. Manche Händler gehen dazu über, Mangelwaren nur noch bei gleichzeitiger Abnahme größerer Mengen Gemüse zu verkaufen.
Handel und Großhandel im Deutschen Reich sind nicht in der Lage, Gemüse und Obst so zu verteilen, daß alle Regionen gleichermaßen versorgt werden können. Die geringen Transportkapazitäten werden hauptsächlich benutzt, um Frischwaren schnell auf die Märkte der Großstädte zu bringen.

Ausbildung zur Schaffnerin für die Berliner Straßenbahnen

Briefträgerin der deutschen Reichspost in einem Berliner Bezirk

Wöchentlicher Dienstplan der Einsatzleitung im Duisburger Bahnhof

Diese Fabrikarbeiterin fixiert Nietenverbindungen von Panzerwagen

Post nur mit Frauen weiter arbeitsfähig

28. April. In der »Deutschen Postzeitung« stellt Reichspostminister Wilhelm Ohnesorge fest, daß neben den nunmehr 580 000 Bediensteten der Reichspost viele Ersatzkräfte beschäftigt werden müssen. Vor allem Frauen werden anstelle der Beamten eingesetzt, die zur Front eingezogen sind.
Alle öffentlichen Dienstleistungsunternehmen sind auf Frauen angewiesen, um ihre Arbeit aufrechterhalten zu können. Frauen werden in Aufrufen von NSDAP-Funktionären und Zeitungsanzeigen zur Übernahme einer Arbeitsstelle aufgefordert; in Zeitschriften werden die »Vorzüge« der Arbeit als Schaffnerin oder Briefträgerin hervorgehoben.
»Beyers Frauen-Illustrierte Hella« schreibt z. B. unter der Überschrift »Fräulein Briefträger«: »Ganz einfach war ja die Umstellung nicht,... aber im Krieg muß man eben da einspringen, wo es not tut... In der ersten Zeit habe ich einen tüchtigen Muskelkater gehabt, aber man gewöhnt sich an alles. Dafür habe ich einen Kriegsberuf mit frischer Luft und mit viel Bewegung.«

Grünes Futter für Hunde und Katzen

15. April. Das britische Ernährungsministerium ordnet an, daß künftig Fleisch zur Fütterung von Haustieren mit einer ungiftigen Chemikalie grün eingefärbt werden muß. Betrügerische Metzger hatten, wie die britische Polizei ermittelte, Futterfleisch für Hunde und Katzen als zum menschlichen Verzehr geeignet erklärt und in ihren Geschäften verkauft. Da Futterfleisch erheblich billiger ist als Fleisch für den menschlichen Verzehr, konnten die Metzger hohe Gewinne erzielen.
In Großbritannien gibt es zunehmende Schwierigkeiten bei der Versorgung der Bevölkerung. Die Menschen versuchen, sich auf Schwarzmärkten und durch Schmuggel mit Mangelwaren zu versorgen. Bei günstigen Angeboten greifen sie oft ohne Prüfung der Ware zu, woraus skrupellose Geschäftemacher mit qualitativ minderwertigen Produkten Nutzen ziehen.

Gefrierobst aus Italien

3. April. Bei Verhandlungen zwischen deutschen und italienischen Regierungsvertretern in Wien wird vereinbart, daß Italien zukünftig verstärkt Gefrierobst ins Deutsche Reich liefert. Die »Münchner Neuesten Nachrichten« schreiben: »Die Gefriererzeugnisse haben den Vorteil, daß sie an Wohlgeschmack dem Frischobst nicht nachstehen und durch das Einfrieren die Vitamine nicht zerstört werden.« Der »Zeitungsdienst des Reichsnährstandes« meldet wenig später, daß 1941 100 000 t Gefriererzeugnisse auf den deutschen Markt kommen.

Moderne Tiefkühlverfahren setzen voraus, daß frisch verpacktes Obst und Gemüse durch einen Gefriertunnel, dessen Temperatur – 40 °C beträgt, geleitet wird, bevor es in die ebenso temperierten Lagerräume gelangt; versendet wird es in extra isolierten Transportwagen

Gesundes Bier mit unter 0,5% Alkohol

24. April. Auf der traditionellen Frühjahrstagung der Wirtschaftsgruppe Brauerei und Mälzerei in der Technischen Hochschule in München wird über die Einführung eines Leichtbieres mit einem Alkoholgehalt von unter 0,5% beraten. Auf Betreiben der »Reichsgesundheitsführung« werden in Forschungsstätten des Brauereigewerbes Versuche zur Herstellung von derartigem Leichtbier unternommen.
Angestrebt wird die Herstellung eines Getränkes, »das allen gesundheitlichen Anforderungen entspricht und geschmacklich so gut ist, daß es von weiten Bevölkerungskreisen getrunken werden kann. Ein solches Getränk muß bekömmlich sein und darüber hinaus durststillend und erfrischend wirken.« Die Reichsgesundheitsführung will mit der Einführung des Leichtbieres den hohen Alkoholkonsum der Bevölkerung einschränken.

Architektur 1941:

Pläne für die Zeit nach dem Sieg

Die Konzentration der gesamten deutschen Wirtschaft auf die Rüstungsproduktion beeinträchtigt auch die Bautätigkeit im Deutschen Reich. Neue Großbauprojekte werden nur noch realisiert, wenn sie von den nationalsozialistischen Machthabern für kriegswichtig befunden werden. Die meisten Projekte kommen trotzdem nicht über das Planungsstadium hinaus.
Angesichts dieser Situation beschäftigen sich Architekten und Stadtplaner mit der Zeit »nach dem deutschen Sieg«.
So hatte Adolf Hitler 1939 die Umstrukturierung Hamburgs angeordnet und der Architekt Konstanty Gutschow stellt 1941 seinen Entwurf vor. Er folgt dabei der Maxime, die in der Zeitschrift »Raumforschung und Raumordnung« im Januar aufgestellt wird: »Die Stadtlandschaft will einen neuen zellenmäßigen Aufbau der Stadt in bewußter Anlehnung an die politische Gliederung unseres Volkes, im Gedanken der Volksgemeinschaft und in lebendiger Beziehung zur Landschaft.«
Der Krieg beeinflußt auch in anderen Staaten die Arbeit von Architekten und Stadtplanern. In London beginnen die Arbeiten an einem schon seit Mitte der 30er Jahre diskutierten Projekt der Dezentralisierung und der Wachstumsbeschränkung der Stadt (Greater London Plan); allerdings wird dieser Plan nicht realisiert.
In den USA, die nicht direkt vom Krieg betroffen sind, hat sich unter dem Einfluß europäischer Avantgarde-Architekten, die hier eine neue Heimat fanden, der modernistische »international style« weiterentwickelt. Walter Gropius, Marcel Breuer, Ludwig Mies van der Rohe und andere aus dem Deutschen Reich emigrierte Architekten finden für ihre Entwürfe und Planungen wachsenden Zuspruch. Nach wie vor führend – vor allem bei öffentlichen Bauten – sind jedoch die Architekten, die sich an klassische Vorbilder anlehnen, wie John Russell Pope. Ihre Entwürfe geraten jedoch zunehmend in die Schußlinie der Kritik, die einen gegenwartsbezogenen Baustil fordert.

△ Die National Gallery of Art in Washington D. C., von dem Architekten John Russell Pope von 1937 bis 1941 erbaut, gehört zu den bekanntesten Repräsentativbauten der 40er Jahre in den USA

◁ Der Bungalow »Snowflake« des US-amerikanischen Architekten Frank Lloyd Wright ist ein Beispiel aus der Serie der neuen Einfamilienhäuser (»Usonian Houses«), die Wright ab 1934 gebaut hat

▽ Das auf einem Eckgrundstück in Berlin-Dahlem von Architekt Fritz August Breuhaus gebaute Haus ist auf die Bedürfnisse anspruchsvoller Bewohner abgestimmt

Hauptschule zur Förderung begabter Kinder

28. April. Auf Anordnung des Reichserziehungsministeriums wird im Deutschen Reich die Hauptschule als Ausleseschule eingeführt. Während in den Gebieten, die dem Deutschen Reich angegliedert sind, mit dem Schuljahresbeginn 1941 die neuen Hauptschulen eingerichtet werden, geschieht dies im sog. Altreich erst 1942.
Ein Drittel der begabten Volksschüler soll in einem speziellen Verfahren ausgesucht werden, um ihnen den Besuch der schulgeldfreien Hauptschule nach der vierten Volksschulklasse zu ermöglichen. Die Auswahl der Hauptschüler nimmt der Leiter der jeweiligen Volksschule nach drei vom Reichserziehungsministerium aufgestellten Kriterien vor: »Charakterliche Haltung, körperliche Eignung und geistige Leistungsfähigkeit«. Die Eltern können gegen die Entscheidung des Schulleiters Beschwerde einlegen.

Aufnahme einer bayerischen Volksschulklasse; künftig sollen ausgewählte Schüler die Hauptschule besuchen können, wenn sie die vierte Klasse absolviert haben

Der zuständige Schulrat und der Kreisleiter der NSDAP haben in einem solchen Fall die Aufgabe, der Beschwerde nachzugehen. Die »Münchner Neuesten Nachrichten« schreiben dazu: »Durch diese Bestimmung wird zum erstenmal der Hoheitsträger der Partei in Angelegenheiten des öffentlichen Schulwesens eingeschaltet.«

Studienbeihilfen für Frontsoldaten

29. April. Reichserziehungsminister Bernhard Rust gibt in Danzig einen Erlaß zur Förderung des Hochschulstudiums von Kriegsteilnehmern der Öffentlichkeit bekannt.
Soldaten, die mindestens zwei Jahre Wehrdienst absolviert haben, davon ein halbes Jahr während des Krieges, wird eine Gebührenbefreiung an wissenschaftlichen Hochschulen eingeräumt. Außerdem können ehemalige Wehrmachtsangehörige während des Studiums Unterhaltszuschüsse des Erziehungsministeriums von bis zu 100 Reichsmark monatlich beantragen, wenn sie nicht an ihrem Heimatort studieren.
Die Förderung des Hochschulstudiums durch die NS-Regierung dient u.a. dem Zweck, dem Mangel an qualifizierten Arbeitskräften entgegenzuwirken und zusätzliche Anreize für die Ableistung des Wehrdienstes zu schaffen.

Jagdflugzeug der deutschen Luftwaffe vom Typ »HE 280 V1«; das erste zweistrahlige Flugzeug mit zwei HeS-8B-Turbinen von je 720 kp Schub

Erster Strahljäger HE 280

2. April. Die HE 280, weltweit das erste Jagdflugzeug mit Strahltriebwerken, startet in Rostock-Marienehe zu ihrem Jungfernflug. Die Entwicklungsabteilung der Ernst-Heinkel-Flugzeugwerke hat das Flugzeug konstruiert, das in der Folgezeit in neun verschiedenen Versuchsvarianten gebaut wird, aber nicht in die Serienproduktion geht. Das Flugzeug ist u.a. mit einem Schleudersitz ausgestattet, der im Januar 1942 – erstmals in der Geschichte der Luftfahrt – benutzt wird und dem Piloten der Maschine das Leben rettet.
Im Oktober 1942 verlegt Ernst Heinkel die Entwicklungsabteilung seines Werkes wegen alliierter Luftangriffe nach Wien, wo die Erkenntnisse aus dem Bau der HE 280 zur Konstruktion des 1944 erstmals eingesetzten »Volksjägers« HE 162 verwertet werden, einem kleinen, wendigen einsitzigen Jäger.

Gußeisen für die Rüstung

16. April. *Schottische Experten sprengen den Nordturm des 1936 bei einem Großfeuer weitgehend abgebrannten Londoner Kristallpalastes. Der 86 Meter hohe Turm hätte offiziellen Angaben zufolge »feindlichen Flugzeugen als Wegweiser dienen können«. 800 t Gußeisen, die zum Bau des Turmes 1851 verwendet wurden, werden für die Rüstungsproduktion bereitgestellt. Die »Illustrated London News« schreibt am Ende einer genauen Darstellung des Sprengvorganges: »So fiel eins der bekanntesten Londoner Wahrzeichen und ein Denkmal der frühen Jahre der Herrschaft Königin Victorias.«*
Die deutschen Zeitungen schreiben hämisch, daß der Nordturm den gleichen Weg geht, den »fast alle Eisengitter Londons« gegangen sind.

Der 86 m hohe Nordturm des Kristallpalastes wird gesprengt ▷

Musik 1941:

Musik als Propagandamittel

Das gesamte künstlerische Leben im Deutschen Reich wird zunehmend in den Dienst der Kriegspropaganda gestellt, die um eine Stärkung des Durchhaltewillens der Bevölkerung bemüht ist.
Durch die anhaltenden militärischen Siege fällt es den nationalsozialistischen Machthabern im Jahr 1941 leicht, eine gewisse Euphorie für den siegreichen Ausgang des Krieges zu entfachen. Jedoch wird nach dem Überfall Hitlers auf die Sowjetunion am 22. Juni eine wachsende Beklommenheit – insbesondere durch das Eintreten eines Zweifrontenkrieges – deutlich. Rundfunk, Presse und sonstige Medien sind angewiesen, durch pausenloses Einhämmern von Erfolgsmeldungen und »sieghafter« Marschmusik jegliche Zweifel an dem erfolgreichen Ausgang des Krieges von vorneherein im Keim zu ersticken. Die Musik spielt dabei eine erhebliche psychologische Rolle: Zum einen soll sie die Gesamtstimmung künstlich anheizen, nur in kämpferischen Dimensionen zu denken und zu handeln; zum anderen soll sie von den zunehmenden Alltagssorgen und wachsenden Problemen in Deutschland ablenken.
Soldatenlieder und oberflächliche Schlager rangieren dabei an erster Stelle. Von einem schöpferischen Impuls ist nichts mehr zu spüren.
Für die »kämpfenden Truppen« erfüllen mehrere deutsche »Soldatensender« auf der gleichen Ebene eine kriegswichtige psychologische Funktion.
Nicht zuletzt werden die »Kriegsfestspiele« in Bayreuth (→12. 7./S. 126) und Salzburg ganz in den Dienst des Kriegsgeschehens gestellt. Da die NS-Kulturpolitik keine internationalen Vergleiche oder Orientierungen gestattet, haben diese traditionellen Festspielbegegnungen keinerlei prägendes Format mehr.
(Siehe auch Übersicht »Uraufführungen« im Anhang.)

Hermann Uhde (l.), Emil Graf in »Falstaff« (Bayrische Staatsoper)

Tanzszene aus Carlo Goldoni »Weiber wollen heiraten« in einer Aufführung des Münchner Volkstheaters (vorn: Emil Matousek und Ilse Palm)

Bühnenstück von Cocteau umkämpft

29. April. Im Pariser Théâtre Hébertot hat das Stück »La machine à écrire« (Die Schreibmaschine) von Jean Cocteau Premiere.
Die Uraufführung des Dreiakters um eine anonyme Briefschreiberin, die durch ihre Briefe Skandale hervorruft und Menschen in den Selbstmord treibt, wird von Faschisten gestört. Die deutschen Besatzungsbehörden befehlen am folgenden Tag die Einstellung der Aufführungen, die von den Zensurbehörden genehmigt worden waren. Erst nach heftigen Einsprüchen des Theaterbesitzers Jacques Hébertot wird das Verbot wieder aufgehoben.
Wenige Tage nach der Premiere kommt es zu einer handfesten Auseinandersetzung zwischen Jean Marais, einem Freund Cocteaus, und dem Theaterkritiker Alain Laubreaux, der schon vor der Uraufführung angekündigt hatte, er werde das Stück »zerreißen«. Die Schriftstellerin Simone de Beauvoir schreibt über die Prügel für Laubreaux in ihr Tagebuch, daß diese sie »außerordentlich befriedigten«.

Jean Cocteau macht durch avantgardistische Stücke von sich reden

Szene aus dem deutschen Spielfilm »Ohm Krüger«; v. l.: Eduard von Winterstein, Friedrich Ulmer, Emil Jannings in der Titelrolle und Fritz Hoopts

Leinwandepos »Ohm Krüger«

4. April. In Berlin wird der von der Filmgesellschaft Tobis produzierte anti-britische Propagandafilm »Ohm Krüger« uraufgeführt.
Unter der Regie von Hans Steinhoff spielen Emil Jannings, Lucie Fröhlich, Werner Hinz und Ernst Schröder Hauptrollen in dem Film über den südafrikanischen Burenführer Paulus Krüger, der um die Jahrhundertwende gegen die britische Vorherrschaft kämpfte.
Emil Jannings, der bei dem 5,5 Millionen RM teuren Film auch als Produzent fungiert, verkörpert die Titelfigur. Sein Volk wird in der Filmhandlung von Briten bekämpft, die Frauen und Kinder in Konzentrationslagern verhungern lassen.
Mit dem Film, der viele historische Unwahrheiten enthält, soll dem Publikum vermittelt werden, daß Konzentrationslager keine deutsche Erfindung sind. Der am höchsten ausgezeichnete Film der NS-Zeit wird u.a. bei der Biennale im faschistischen Venedig als bester ausländischer Film prämiert.

Brechts »Mutter Courage« uraufgeführt

19. April. Im Zürcher Schauspielhaus wird das Bühnenstück »Mutter Courage und ihre Kinder. Eine Chronik aus dem Dreißigjährigen Krieg« von Bertolt Brecht uraufgeführt. Unter der Regie von Leopold Lindtberg spielt Therese Giehse die Hauptrolle in diesem Stück, das dem epischen Theater zugerechnet wird. Vor dem Hintergrund des Dreißigjährigen Kriegs erlebt der Zuschauer die Geschichte der Marketenderin Courage, für die der Krieg nur ein Geschäft ist. Auch als sie Kinder und Habe verliert, beschäftigt sie nur der Gedanke: »Ich muß wieder in den Handel kommen.«

Brecht, der 1933 aus dem Deutschen Reich emigrierte, schreibt zu dem Werk, »daß die Courage aus den sie betreffenden Katastrophen nichts lernt – das Publikum könnte dennoch etwas lernen, sie betrachtend«. Publikum und Kritik sind von Brechts Stück gleichermaßen begeistert. Die »Neue Zürcher Zeitung« schreibt nach der Uraufführung am 21. April: »Die Schwäche des epischen Theaters, die Gefahr, ins Endlose zu geraten,... hat das große bühnendramatische Talent dieses Dichters in hohem Maße zu bannen gewußt... Die neue dramatische Literatur ist um ein wertvolles, zeitnahes Werk reicher.«

Szene aus der Uraufführung von Bertolt Brechts »Mutter Courage« mit Therese Giehse, Erika Pesch, Wolfgang Langhoff und Karl Paryla (v. l.)

Ilse Werner in dem Kostümfilm über die unglückliche Liebe Andersens

Ilse Werner spielt Jenny Lind

9. April. Der Film »Die schwedische Nachtigall« von Regisseur Peter Paul Brauer wird in Berlin uraufgeführt. Ilse Werner spielt in dem Kostüm-Melodram die Sängerin Jenny Lind, die eine unglückliche Liebesbeziehung zu dem Märchendichter Hans Christian Andersen hat, den Karl Ludwig Diehl verkörpert. Der Film mit Musik von Franz Grothe kommt beim Publikum gut an, da er das Bedürfnis nach seichter Unterhaltung zufriedenstellt.

Der 50jährige Willy Birgel als deutscher Rittmeister Brenken

Birgel »... reitet für Deutschland«

11. April. Willy Birgel spielt die Hauptrolle in dem in Hannover uraufgeführten Film »... reitet für Deutschland«. Er verkörpert als Rittmeister Brenken den deutschen Reiter Carl Friedrich Freiherr von Langen-Parow, der nach einer Kriegsverletzung gelähmt ist. Nach hartem Training kann er beim Großen Preis von Europa siegen. Regisseur Arthur Maria Rabenalt glorifiziert in seinem nationalistisch geprägten Film deutsches Sportlertum.

Ausstellung »Kunst der Front« im Transporter unterwegs ins Elsaß

Naive Kunst zeigt »Fronteindrücke«

2. April. In Berlin wird die Ausstellung »Maler an der Front« eröffnet, die vom Oberkommando des Heeres veranstaltet wird. Gleichzeitig geht eine Wanderausstellung »Kunst der Front« auf Reisen durch das gesamte Reichsgebiet.

Beide Ausstellungen zeigen Zeichnungen, Grafiken und Bilder von Soldaten, die ihre Eindrücke vom Soldatenleben und dem Kriegsgeschehen in meist naiv-gegenständlicher Darstellungsweise festhalten.

Schweizern gelingt Fußball-Revanche

20. April. Die deutsche Fußballnationalmannschaft unterliegt der Schweizer Auswahl im mit 33 000 Zuschauern ausverkauften Berner Wankdorf-Stadion 2:1. Vor gut einem Monat hatte die deutsche Mannschaft die Schweiz in Stuttgart 4:2 besiegt (→ 9. 3./S. 59). Trotz des deutschen Führungstores durch Wilhelm Hahnemann (Admira Wien) erkämpfen die Schweizer in Bern noch einen knappen, aber verdienten Erfolg.

Die Favoritenrolle der deutschen Nationalmannschaft ist durch die bisherigen Siege über die Schweiz und durch einen sensationellen 7:0-Sieg über Ungarn am 6. April in Köln bedingt. Das Spiel in Bern kommentiert ein Sportreporter: »In Bern stieß die deutsche Nationalelf auf einen Gegner, der entschlossen war, sich durch das 7:0 in keiner Weise beeindrucken zu lassen.«

Sportwettkämpfe gegen Verbündete

16. April. Die für die Zeit vom 29. April bis 4. Mai in Budapest geplante Europameisterschaft der Amateurboxer wird vom ungarischen Boxverband verschoben. Wegen des seit dem → 6. April (S. 64) andauernden Balkankriegs sieht sich der Verband nicht in der Lage, die Titelkämpfe ordnungsgemäß auszurichten.

Immer mehr internationale Meisterschaften, Wettkämpfe und Sportfeste fallen wegen des Kriegs in Europa aus. Die Radsportwettkämpfe Tour de France und der Giro d'Italia sowie die internationalen Tennismeisterschaften im britischen Wimbledon werden in diesem Jahr nicht ausgetragen.

Für die deutschen Athleten werden statt dessen Wettkämpfe mit Sportlern aus solchen Staaten veranstaltet, die mit dem Deutschen Reich verbündet oder von deutschen Truppen besetzt sind. So finden im Juni Fußball-Länderspiele gegen die Mannschaften Rumäniens und des neu gegründeten Staates Kroatien statt, die Boxer treten im Mai zum Länderkampf gegen die Slowakei an, und die deutschen Tenniscracks spielen in Italien beim Preis von Rom gegen italienische Spieler; es geht dabei um den Titel des »weltbesten« Tennisspielers.

Mai 1941

Mo	Di	Mi	Do	Fr	Sa	So
			1	2	3	4
5	6	7	8	9	10	11
12	13	14	15	16	17	18
19	20	21	22	23	24	25
26	27	28	29	30	31	

1. Mai, Maifeiertag

In Athen wird unter der deutsch-italienischen Besatzungsmacht eine neue Regierung unter General Jeorjios Tsolakoglu gebildet (→6. 4./S. 64).

Die im US-amerikanischen Exil lebende niederländische Prinzessin Juliana fordert in einer Rundfunkansprache aus Anlaß ihres Geburtstages die niederländischen Seeleute auf, die Seeverbindung Großbritannien-USA trotz der Gefahr von Angriffen durch deutsche U-Boote aufrechtzuerhalten. →S. 87

Bei der Festveranstaltung der Reichsarbeitskammer in Augsburg aus Anlaß des Maifeiertages werden 419 Betriebe des Deutschen Reiches als »Nationalsozialistische Musterbetriebe« mit der »Goldenen Fahne« ausgezeichnet. →S. 88

Das Konzentrationslager (KZ) Groß-Rosen, bisher ein Außenlager des KZ Sachsenhausen bei Potsdam, wird selbständiges KZ. →S. 89

Die deutsche Luftwaffe fliegt in dieser und den fünf folgenden Nächten Bombenangriffe auf den britischen Hafen Liverpool-Birkenhead, dessen Umschlagskapazität durch die Zerstörung für einige Zeit auf ein Viertel sinkt.

Reichsluftfahrtminister Hermann Göring weist alle Dienststellen der Nationalsozialistischen Deutschen Arbeiterpartei (NSDAP), der Wehrmacht und der öffentlichen Verwaltungen an, die zur Beschlagnahme von Kulturgütern in den besetzten Gebieten eingerichteten Einsatzstäbe zu unterstützen. →S. 92

In New York findet die Uraufführung des Orson-Welles-Films »Citizen Kane« statt; neben Welles, der auch Regie führt, spielen Joseph Cotten und Everett Sloane die Hauptrollen. →S. 93

2. Mai, Freitag

Britische Luftwaffeneinheiten greifen im Westirak die um den britischen Stützpunkt Habbannijja zusammengezogene irakische Armee an. →S. 84

Zwischen San Francisco und Singapur nimmt die US-amerikanische Fluggesellschaft Panamerican Airways die erste direkte Flugverbindung auf.

3. Mai, Sonnabend

Die italienische Regierung veröffentlicht ein Dekret, demzufolge Slowenien als neue Provinz Laibach dem italienischen Staatsgebiet einverleibt wird.

204 Flugzeuge der deutschen Luftwaffe werfen über der nordirischen Stadt Belfast 237 t Sprengbomben und 2667 Brandschüttkästen ab.

4. Mai, Sonntag

Adolf Hitler hält vor dem Reichstag in Berlin eine Rede zum erfolgreichen Balkanfeldzug (→6. 4./S. 64), in der er verkündet, das Deutsche Reich und seine Verbündeten seien jeder denkbaren Koalition in der Welt überlegen. →S. 82

Im 75. Länderkampf der deutschen Amateurboxer wird die Auswahl der Slowakei in Preßburg 14:2 geschlagen.

5. Mai, Montag

In der Schweiz wird erstmals die Sommerzeit eingeführt, was vor allem mit den Energieeinsparungen begründet wird, die andere europäische Länder damit erzielt haben (→7. 3./S. 57).

Der Kaiser von Äthiopien (Abessinien), Haile Selassie I., zieht nach der Rückeroberung seines Landes mit Hilfe britischer Truppen wieder in die Hauptstadt Addis Abeba ein. →S. 85

Das staatliche mexikanische Petrolamt kauft die gesamte Öl- und Benzinproduktion US-amerikanischer und nationaler Unternehmen in Mexiko auf, um sie nach Großbritannien zu liefern.

6. Mai, Dienstag

Josef W. Stalin, bisher Generalsekretär der Kommunistischen Partei der Sowjetunion (KPdSU), übernimmt den Vorsitz im Rat der Volkskommissare der UdSSR und wird damit Regierungschef.

Die Vereinigten Staaten sperren den Export von allen Gütern, die als kriegswichtig betrachtet werden, in die Sowjetunion; die USA reagieren damit auf die Unterzeichnung des sowjetisch-japanischen Neutralitätsabkommens am →13. April (S. 68). →S. 87

In Tokio wird ein Handelsabkommen zwischen Japan und Französisch-Indochina abgeschlossen, das Japan für die Lieferung von Textilien niedrige Zollsätze und die Möglichkeit der Beteiligung an dortigen Handelsunternehmen einräumt.

Als erste deutsche Stadt richtet Wuppertal ein städtisches Tierschutzamt zur Kontrolle der Groß- und Kleinviehhaltung im Stadtgebiet ein. →S. 89

In Kanada trifft ein norwegischer Goldschatz im Wert von fünf Millionen US-Dollar ein; das Gold wurde an den scharfen deutschen Kontrollen vorbei über den Atlantik transportiert. →S. 87

7. Mai, Mittwoch

In Berlin wird der Zarah-Leander-Film »Der Weg ins Freie« uraufgeführt; unter Regisseur Rolf Hansen spielen neben der aus Schweden stammenden Filmdiva Hans Stüwe, Siegfried Breuer und Eva Immermann die Hauptrollen.

8. Mai, Donnerstag

Die britische Luftwaffe fliegt mit 359 Bombern ihre bislang schwersten Angriffe auf Ziele im Deutschen Reich, darunter die Städte Hamburg und Bremen.

Der Sicherheitsdienst der SS berichtet in seinen geheimen Berichten zur Lage im Deutschen Reich über ein Anwachsen der Gerüchte um einen deutschen Angriff auf die Sowjetunion. →S. 82

Die US-amerikanische DuPont Company kündigt den Bau einer Produktionsanlage für synthetisches Gummi in Louisville an; damit soll die wachsende Nachfrage nach Gummiprodukten, die durch Naturkautschuk nicht mehr befriedigt werden kann, gestillt werden. →S. 89

18748 New Yorker Polizisten werden in besonderen Kursen der Sicherheitsbehörden für Ordnungsmaßnahmen im Luftschutzfall geschult. →S. 87

9. Mai, Freitag

Der schweizerische Bundesrat in Bern beschließt drastische Maßnahmen zur Sicherstellung der Fleischversorgung der Bevölkerung; das Volkswirtschaftsdepartement erhält danach Vollmachten, um Viehzüchter zur Ablieferung schlachttauglichen Viehs zu veranlassen.

In Tokio wird nach über dreimonatigen Verhandlungen ein Friedensvertrag zwischen Thailand und Französisch-Indochina unterzeichnet, nachdem bereits am 11. März des Jahres ein vorläufiges Abkommen geschlossen wurde. →S. 85

10. Mai, Sonnabend

Rudolf Heß, Stellvertreter des Führers und Reichskanzlers Adolf Hitler, fliegt nach Großbritannien. Er will mit britischen Regierungsvertretern eine Übereinkunft bezüglich des deutschen Angriffs auf die UdSSR erzielen; nach seiner Landung in Schottland wird Heß gefangengesetzt. →S. 80

Die deutsche Luftwaffe fliegt mit 507 Flugzeugen, die 711 t Sprengbomben und 2393 Brandschüttkästen abwerfen, den letzten großen Angriff für drei Jahre auf London. Der Großteil der deutschen Luftwaffe wird anschließend nach Osten verlegt. →S. 86

Der jugoslawische Generalstabsoberst Draža Mihailović beginnt mit den in Südwestserbien lebenden Tschetniks einen Aufstand gegen die deutschen Truppen.

11. Mai, Sonntag

Adolf Hitler empfängt auf seinem Berghof in Berchtesgaden den französischen Admiral François Darlan; Hitler lehnt die von Darlan angestrebte Wiederbelebung der Kollaboration Frankreichs mit dem Deutschen Reich ab.

An den Reichsautobahn-Tankstellen wird Holz für Generatoren-Kraftfahrzeuge angeboten.

In Mannheim schlägt die deutsche Handballnationalmannschaft die Auswahl Ungarns 11:8; die deutsche Hockeynationalmannschaft besiegt in Schweinfurt das ungarische Team 2:0.

Trotz eines Aufrufes des Führers und Reichskanzlers Adolf Hitler an alle Frauen in einer Reichstagsrede am 4. Mai, sich zur freiwilligen Übernahme eines Arbeitsplatzes zu melden, hat sich in Leipzig nach einer Woche erst eine Frau beim Arbeitsamt gemeldet; auch in anderen Städten des Deutschen Reiches findet der Führeraufruf nur wenig Resonanz.

12. Mai, Montag

Der am →10. Mai (S. 80) nach Großbritannien geflogene und dort gefangengesetzte Rudolf Heß wird aller seiner Ämter enthoben; parteiamtlich wird bekanntgegeben, daß Heß das »Opfer von Wahnvorstellungen« sei und die Parteiführung von seinem Vorhaben nicht informiert gewesen sei.

In Manila beginnt eine sog. Pazifik-Konferenz, bei der Vertreter der USA, Großbritanniens, Australiens, Niederländisch-Indiens und Chinas über Maßnahmen gegen die aggressive Politik Japans in der Pazifik-Region beraten.

Der deutsche Ingenieur Konrad Zuse stellt seinen Rechenautomaten »Zuse Z 3« der Öffentlichkeit vor; es ist die erste funktionsfähige programmgesteuerte Rechenmaschine der Welt. →S. 90

13. Mai, Dienstag

In Agram (Zagreb) wird ein deutsch-kroatischer Grenzvertrag unterzeichnet, der die Angliederung der Südsteiermark an das Deutsche Reich vorsieht.

Adolf Hitler sichert in einem Erlaß über die Kriegsgerichtsbarkeit während des Angriffs auf die Sowjetunion (→22. 6./S. 98) Straffreiheit für brutales und völkerrechtswidriges Vorgehen gegen die sowjetische Zivilbevölkerung zu.

Zehn britische Bomber greifen die Insel Helgoland an, nachdem Verbände der britischen Luftwaffe zuvor Mannheim und Köln bombardiert haben.

In Honolulu schwimmt der US-Amerikaner William Smith auf der 400 m-Freistilstrecke Weltrekord mit 4:38,5 min.

14. Mai, Mittwoch

Sechs deutsche Bomber und drei Zerstörerflugzeuge werden zur Unterstützung der seit dem →2. Mai (S. 84) gegen britische Truppen kämpfenden irakischen Armee über Damaskus nach Mossul überführt.

In Berlin-Plötzensee wird der schweizerische Student Maurice Bavaud hingerichtet, der seit Oktober 1938 Adolf Hitler nachgereist war und ein Attentat auf ihn plante. →S. 82

Der deutschen Presse wird in einer Anweisung des Propagandaministeriums untersagt, weiter über den »Fall Heß« (→10. 5./S. 80) zu berichten. →S. 81

15. Mai, Donnerstag

In New York wird der »European P.E.N. in America« gegründet, ein Verband europäischer Schriftsteller im US-amerikanischen Exil; auf der Gründungsveranstaltung in New York sprechen u. a. Jules Romains, William Somerset Maugham, Sigrid Undset, Stefan Zweig und Ferdinand Bruckner. →S. 92

Die »Münchner Illustrierte Presse« berichtet Mitte Mai in großer Aufmachung über die Kapitulation der griechischen Truppen vor der deutschen Wehrmacht am 27. April

18. Jahrgang / Nr. 20
15. Mai 1941
Verlag Knorr & Hirth
Kommanditgesellschaft
München

Münchner Illustrierte Presse

Preis: 20 Pfennig
Italien: 2 Lire / Schweiz: 40 Rappen
Jugoslawien: 4 Din. / Holland: 20 Cent
Frankreich 4.- Frs. / Belgien 2.- Frs.

Aufnahme: SS PK-Neumann (PBZ)

Mit der weißen Fahne

Griechische Parlamentäre bringen das Kapitulationsangebot ihres Oberbefehlshabers

(Zu unserm Bildbericht „Kapitulation" im Innern des Blattes)

Im britischen Cranwell startet der Pilot Jerry Sayer zum Erstflug des ersten britischen Düsenflugzeugs, der »Gloster Whittle E. 28/39«.

16. Mai, Freitag

Das isländische Parlament beschließt, den seit 30. November 1918 bestehenden Bundesvertrag mit Dänemark nach seinem Auslaufen 1943 nicht mehr zu verlängern; diesem Vertrag zufolge hatten beide Länder ein Regentenhaus; ein gemeinsames, beratendes Gremium steht den Parlamenten beider Länder zur Seite. →S. 85

In der Schweiz werden der Mittwoch und der Freitag für private und der Freitag für private und kollektive Haushalte zu fleischlosen Tagen erklärt.

17. Mai, Sonnabend

Adolf Hitler erläßt die Weisung Nr. 29, die Italien die Sicherung des griechischen Raumes überläßt.

Die deutsche Reichsregierung drückt in einer Note an den japanischen Außenminister Josuke Matsuoka ihr Bedauern über die seit dem →16. April (S. 68) laufenden geheimen japanisch-US-amerikanischen Verhandlungen zur Lage im pazifischen Raum aus.

Deutsche Flugzeuge verseuchen den Sueskanal mit insgesamt 45 Luftminen, wodurch der Verkehr auf der strategisch wichtigen Wasserstraße zwischen Mittelmeer und Rotem Meer behindert wird.

Das Volkskommissariat für Auswärtige Angelegenheiten (Außenministerium) in der UdSSR gestattet diplomatischen Vertretern anderer Staaten Reisen in der Sowjetunion nur noch nach einer vorherigen Anmeldung bei den Behörden. Spionagetätigkeiten der Auslandsvertretungen sollen so verhindert werden.

18. Mai, Sonntag

Die italienischen Hauptstreitkräfte in Ostafrika kapitulieren nordöstlich von Gondar in Äthiopien (Abessinien) vor den britischen Truppen; damit ist der größte Teil Italienisch-Ostafrikas in britischer Hand (→5. 5./S. 85).

In Rom unterzeichnen italienische und kroatische Regierungsvertreter einen Grenzvertrag, der Italien fast das gesamte dalmatinische Küstengebiet samt der vorgelagerten Adriainseln zugesteht.

Mit zahlreichen Festveranstaltungen wird im Deutschen Reich der diesjährige Muttertag begangen. →S. 88

19. Mai, Montag

Reichsjugendführer Artur Axmann besucht ein Lager der Kinderlandverschickung in der Slowakei, wo Kinder aus solchen Gebieten des Deutschen Reiches untergebracht sind, die durch Luftangriffe besonders gefährdet sind. →S. 88

Die drei belgischen nationalsozialistischen Organisationen Flämischer Nationalverband, Verband Deutscher Nationalsolidaristen und die Rexisten Leon Degrells beschließen, ihre Organisationen zu vereinigen, um nationalsozialistische Werte besser verbreiten zu können. →S. 88

Im Berliner Mommsenstadion stellt der Dresdener Rudolf Harbig einen deutschen Rekord im 1000 m-Lauf mit 2:24,9 min auf (→24. 5./S. 93).

20. Mai, Dienstag

Um 7.15 Uhr beginnen deutsche Luftlandeeinheiten mit dem Angriff auf die von Briten und Griechen gehaltene Insel Kreta; nach zwölftägigen Kämpfen gibt das Oberkommando der Wehrmacht am 1. Juni die Eroberung Kretas bekannt. →S. 83

Reichsverkehrsminister Julius Dorpmüller ordnet an, keine dieselgetriebenen Kraftfahrzeuge mehr für den privaten Personenverkehr zuzulassen, da mit Dieselkraftstoff gehaushaltet werden muß.

21. Mai, Mittwoch

In Norwegen wird in Anwesenheit des Reichsführers SS, Heinrich Himmler, die allgemeine SS Norwegens, »Norges SS«, gegründet; schon am 30. Januar hatte Himmler in Oslo die ersten Mitglieder der norwegischen SS-Standarte Nordland verpflichtet (→19. 5./S. 88).

In Salzburg wird der modernste Milchhof im Einflußbereich des Deutschen Reiches in Betrieb genommen, auf dem pro Tag rund 80 000 Liter Milch für die Versorgung Salzburgs und der umliegenden Gemeinden verarbeitet werden können.

22. Mai, Christi Himmelfahrt

Das Finale um den Schweizcup kann die Fußballmannschaft von Grashoppers Zürich mit 2:0 Toren über Servette Genf im Berner Wankdorf-Stadion für sich entscheiden; das Spiel am 14. April hatte mit einem 1:1-Stand nach Verlängerung eine Wiederholung des Finales notwendig gemacht.

23. Mai, Freitag

Adolf Hitler bezeichnet in seiner Weisung Nr. 30 die arabische Freiheitsbewegung im Mittleren Orient, die sich gegen die britische Vorherrschaft in dieser Region wendet, als einen natürlichen Bundesgenossen des Deutschen Reiches (→22. 5./S. 84).

In Kroatien müssen alle Juden auf Brust und Rücken ein 10 × 20 cm großes gelbes Stoffstück mit dem Davidsstern oder dem Buchstaben Z für Ziddas (=Jude) tragen; orthodoxe Serben müssen sich in Zukunft selbst mit einem S und Freimaurer mit einem M auf ihrer Kleidung in der Öffentlichkeit kenntlich machen.

Der Großdeutsche Rundfunk nimmt in der Zeit von 20.15 Uhr bis 22.00 Uhr die Ausstrahlung von drei Programmen auf; neben dem bisherigen Reichsprogramm wird ein Unterhaltungs- und Tanzmusikprogramm sowie ein Orchester- und Opernprogramm geboten (→25. 5./S. 91).

Die Wiener Modewoche geht mit Vorführungen der Modeschulen München, Plauen und Wien zu Ende; Presseberichten zufolge waren die zahlreichen Vorführungen und die Ausstellung »Das modische Zubehör« ein voller Erfolg. →S. 91

Der US-amerikanische Boxer Joe Louis verteidigt seinen Titel als Schwergewichtsweltmeister gegen Herausforderer Buddy Baer in Washington. Der Kampf endet nach der siebten Runde durch Disqualifizierung von Baer (→29. 9./S. 61).

24. Mai, Sonnabend

Bei einem Seegefecht im Atlantik, südwestlich von Island, versenken das deutsche Schlachtschiff »Bismarck« und der Schwere Kreuzer »Prinz Eugen« den britischen Schlachtkreuzer »Hood«; die britische Marine nimmt daraufhin die Jagd auf die »Bismarck« auf (→27. 5./S. 86).

Rudolf Harbig, der erst vor fünf Tagen einen deutschen Rekord im 1000 m-Lauf aufgestellt hat, verbessert bei einem Abendsportfest in Dresden den Weltrekord über diese Distanz um 2,1 Sekunden auf 2:21,5 min. →S. 93

25. Mai, Sonntag

In Salzburg unterrichtet der Chef des Wehrmachtsführungsstabes im Oberkommando der Wehrmacht, General Alfred Jodl, Vertreter des finnischen Generalstabes über die deutschen Angriffspläne gegen die UdSSR (→22. 6./S. 98).

In Budapest werden 630 000 Einkaufsbücher an die Einwohner verteilt, mit denen jeder Bürger auf Verlangen der Behörden seine Einkäufe nachweisen muß; begründet wird die Maßnahme mit Wucher- und Spekulationskäufen bei Gütern des täglichen Gebrauchs und wachsenden Versorgungsschwierigkeiten.

In Stettin und Breslau werden vier Männer hingerichtet, die während der allabendlichen Verdunkelung Einbruchdiebstähle verübt hatten und von Sondergerichten als »Volksschädlinge« zum Tode verurteilt wurden.

Zum 75. und letzten Mal strahlt der Großdeutsche Rundfunk das »Wunschkonzert für die Wehrmacht« aus, das seit dem 1. Oktober 1939 zunächst zweimal wöchentlich, später jeden Sonntag auf dem Programm gestanden hat. →S. 91

In Kopenhagen besiegt die deutsche Hokkeynationalmannschaft die dänische Vertretung 5:1.

26. Mai, Montag

Ungarische und deutsche Regierungsvertreter unterzeichnen in Budapest ein Abkommen zur Lieferung von ungarischem Obst und Gemüse im Wert von 24 Millionen Reichsmark an das Deutsche Reich.

27. Mai, Dienstag

Britische Luft- und Seestreitkräfte versenken 400 Seemeilen westlich von Brest das deutsche Schlachtschiff »Bismarck«. →S. 86

Deutsche Fallschirmjägertruppen nehmen beim Kampf um die griechische Insel Kreta Chania ein (→20. 5./S. 83).

Der US-amerikanische Präsident Franklin D. Roosevelt verkündet in Washington den »Nationalen Notstand«. →S. 87

Der britische Premierminister Winston Churchill gibt bekannt, daß der Plan, in Nordirland die allgemeine Wehrpflicht einzuführen, von der britischen Regierung fallengelassen worden sei; nach dem Bekanntwerden dieses Vorhabens am 22. Mai hatte es massive Proteste der nordirischen Bevölkerung gegeben.

Auf dem alljährlich stattfindenden japanischen Flottentag in Tokio betonen Vertreter der japanischen Regierung und der Kriegsmarine, daß Japans Flotte bereit sei, »jede Herausforderung der Vereinigten Staaten« anzunehmen.

Mit einem Festakt wird in Madrid das deutsch-spanische Kulturinstitut eröffnet. Die Einrichtung, die von der Reichsregierung mitfinanziert wird, soll die Zusammenarbeit zwischen deutschen und spanischen Universitäten fördern.

28. Mai, Mittwoch

Nach siebentägigen Verhandlungen in Paris unterzeichnen der deutsche General Walter Warlimont und der französische Kriegsminister Charles Léon Clément Huntziger ein Protokoll, das eine französische Unterstützung für die deutsche Kriegführung vorsieht. →S. 82

29. Mai, Donnerstag

In der portugiesischen Hauptstadt Lissabon wird eine Kolonialwoche eröffnet, mit der die Regierung Portugals die enge Verbundenheit mit ihren Kolonien zum Ausdruck bringen will.

30. Mai, Freitag

Britische Truppen erobern die irakische Hauptstadt Bagdad (→2. 5./S. 84).

Carl Friedrich Goerdeler, einer der Köpfe der Opposition gegen die deutschen Nationalsozialisten, entwirft einen Friedensplan zur Übermittlung an die britische Regierung. →S. 82

Das Reichsluftfahrtministerium ordnet an, daß die Entrümpelung aller Dachböden im Deutschen Reich überprüft werden muß; dort gelagerte Gebrauchsgegenstände verursachen bei Bränden, die bei Luftangriffen entstehen, häufig Schwierigkeiten bei den Löscharbeiten.

31. Mai, Sonnabend

Die »Münchner Neuesten Nachrichten« veröffentlichen einen Propaganda-Bericht über den Einsatz Max Schmelings beim deutschen Angriff auf die griechische Insel Kreta (→20. 5./S. 83). →S. 93

Das Wetter im Monat Mai

Station	Mittlere Lufttemperatur (°C)	Niederschlag (mm)	Sonnenscheindauer (Std.)
Aachen	9,5 (12,8)	54,7 (67)	171,6 (205)
Berlin	10,7 (13,7)	77,2 (46)	191,9 (239)
Bremen	10,4 (12,8)	26,8 (56)	215,9 (231)
München	8,7 (12,5)	86,7 (103)	171,7 (217)
Wien	— (14,6)	— (71)	— (173)
Zürich	9,7 (12,5)	154,0 (107)	163,0 (207)

( ) Langjähriger Mittelwert für diesen Monat
– Wert nicht ermittelt

Schmuckseite der »Leipziger Illustrierten Zeitung« aus Anlaß des Muttertages am 18. Mai

MÜTTER BESIEGEN DEN TOD

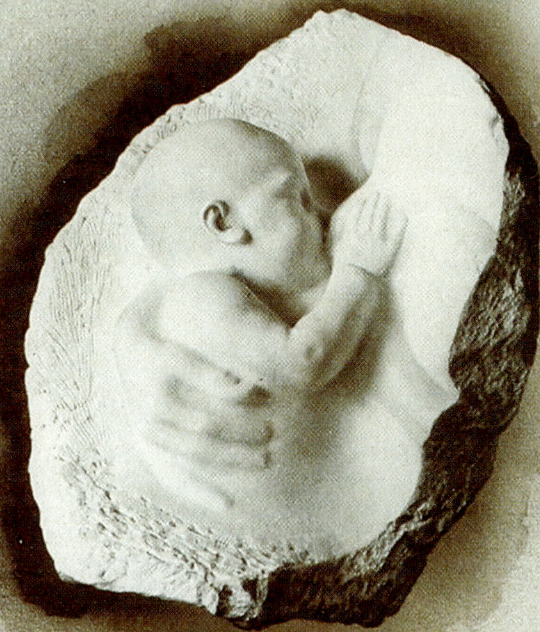

PLASTIK VON ANDRE NIKOLOV

Ewige Mutter

Mag Welt auf Welt zugrunde gehn –
das Göttliche, es bleibt bestehn.
Denn immer werden Mütter sein,
die in den Untergang hinein
zu überzeitlichem Bewähren
Menschen Gott angebären.

Mag „Sieg! Sieg! Sieg!" der tolle Tod
frohlocken, flammenüberloht –
das Leben wird der Sieger sein,
weil Mütter mit dem Glorienschein
es auch in allertrübsten Tagen
unter dem Herzen tragen.

Was atmet, es wird untergehn.
Was wurzelt, wird im Wind verwehn.
Was sternhell loht, versinkt in Nacht.
Wie kommts nur, daß man lebt und lacht?
Weil ewig Saat und Frucht und Segen
Mütter im Schoße hegen.

Stirb und Werde

Einem gefallenen Kameraden

Die Kugel traf ihn zu der gleichen Stunde,
da sich daheim sein Kind ins Leben rang,
und als das Blut verströmte aus der Wunde,
erhielt sein Herz vielleicht geheime Kunde,
daß wieder neu sein Blut ins Leben sprang.

So tapfer, wie er mit dem Tode rang,
so tapfer harrte sie der schweren Stunde.
Sie gingen beide gleichen Opfergang:
Geburt und Sterben ineinanderklang
wie eine Stimme nur aus einem Munde.

Geheimnisvoll die Fäden sich verweben:
Ein junges Leben
sinkt blutend in der Mutter Erde Schoß –
vom Schoß der Mutter reißt sich blutend los
ein junges Leben.

KK

ALFRED MÜLLER-HENNIG

»Führerstellvertreter« Rudolf Heß fliegt nach Schottland

10. Mai. Rudolf Heß, der die Posten des »Stellvertreters des Führers« und eines Reichsministers ohne Geschäftsbereich innehat, startet um 18.00 Uhr mit einer »Me 110« von Augsburg-Haunstetten zu Verhandlungen mit der britischen Regierung – ob (wie er selbst behauptet) mit Wissen des Reichskanzlers Adolf Hitler, wird nie geklärt.

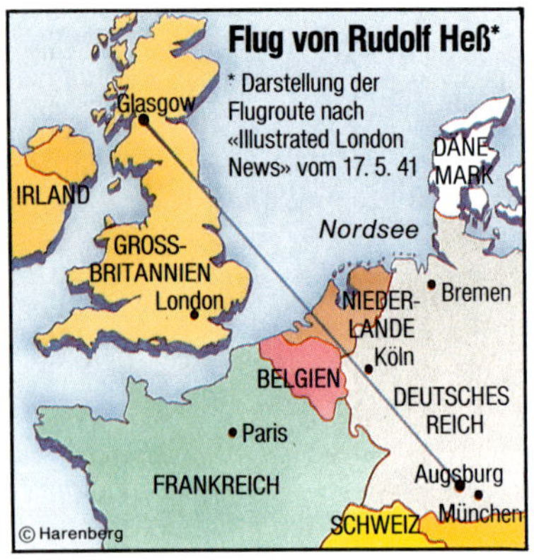

Das ausgebrannte Flugzeug vom Typ »Me 110«, mit dem Rudolf Heß den Ärmelkanal und England überquert hat

Heß springt gegen 23.00 Uhr mit dem Fallschirm in der Nähe des schottischen Landsitzes des Herzogs von Hamilton bei Glasgow ab. Durch Vermittlung des Herzogs, den er bei den Olympischen Spielen 1936 in Berlin kennengelernt hatte, hofft Heß, in Kontakt mit der britischen Regierung treten zu können. Nach seiner Landung wird Heß, der sich zunächst als Alfred Horn ausgibt, von britischen Sicherheitskräften verhaftet und wegen einer Fußverletzung in ein Glasgower Krankenhaus gebracht. Nach mehreren Verhören wird Heß als Kriegsgefangener in den Tower von London überführt und dort interniert.

Heß hat die Absicht, vor dem deutschen Angriff auf die Sowjetunion, dessen Beginn für den → 22. Juni (S. 98) geplant ist, mit der britischen Regierung ein Friedensabkommen zu schließen, damit die deutsche Wehrmacht ihre gesamte Kraft auf den »Rußlandfeldzug« konzentrieren kann. Als Gegenleistung für ein Nichteingreifen der Briten auf dem europäischen Kontinent bietet er die Respektierung des britischen Empire durch das Deutsche Reich an.

Die deutsche Regierung zeigt sich überrascht über die Aktion von Heß, über die sie, eigenen Angaben zufolge, nicht informiert war und die auch nicht mit Führer und Reichskanzler Adolf Hitler abgesprochen war. Dieser erklärt am 13. Mai in der deutschen Presse, daß Heß »wahnsinnig« sei und eventuell »von englischer Seite bewußt in eine Falle gelockt wurde«. Weiter betont Hitler, er bedauere, daß »dieser Idealist einer so verhängnisvollen Wahnvorstellung zum Opfer fiel«. Martin Bormann, der bisherige Sekretär von Heß, wird zu dessen Nachfolger ernannt. Die britische Regierung nimmt die »Verhandlungsangebote« von Heß nicht ernst, worauf dieser mit der »Versklavung« Großbritanniens droht. Churchill bezeichnet die Aktion von Heß, der als einer der ergebensten Anhänger Hitlers gilt, als »Wahnsinnstat« und Heß selbst als einen »medizinischen und keinen kriminellen Fall«.

Gefolgsmann und Vertrauter Hitlers

Der 1894 geborene Rudolf Heß trat 1920 in die NSDAP ein und wurde ein enger Vertrauter des Führers Adolf Hitler, dem er sich vollständig unterwirft. Zunächst Hitlers Privatsekretär, später sein »Stellvertreter«, hielt Heß sich seit 1923 immer in Hitlers Nähe auf.

Eine schweizerische Zeitung schreibt über Rudolf Heß: »In jahrelanger Zusammenarbeit entstand zwischen beiden [Heß und Hitler] ein enges Vertrauensverhältnis, und Rudolf Heß galt lange als der Mann, der Hitlers Ideen am besten kenne und zu ihrer Interpretation am ehesten befugt sei.«

1923: Adolf Hitler (l.) mit seinem engsten Vertrauten Rudolf Heß (r.) während der gemeinsamen Festungshaft in Landsberg, kurz nach dem gescheiterten Putschversuch der Rechtsradikalen in München

1939: Rudolf Heß (r.) mit Adolf Hitler (M.) im Münchner Bürgerbräukeller, in dem am 8. November ein geplantes Bombenattentat auf Hitler mißlang; bei dem Attentat gab es acht Tote und 63 Verletzte; Hitler selbst war zu der Zeit nicht anwesend

»Mein Kommen nicht verstanden«

10. Mai. Nach seiner Landung in Schottland wird Rudolf Heß, Stellvertreter des Führers der NSDAP, Adolf Hitler, von britischen Sicherheitsbeamten vernommen. Bei den Verhören sagt Heß u. a.:

»Ich weiß, daß mein Kommen wohl von niemandem richtig verstanden worden ist. Ich bin auf den Gedanken gekommen, als ich im Juni des vergangenen Jahres noch während des Frankreichfeldzuges beim Führer war... Er war der Meinung, daß der Krieg vielleicht der Anlaß sein könnte, endlich zur Verständigung mit England zu kommen... Und er sagte mir damals in Frankreich, daß man keine harten Bedingungen, auch wenn man siegen würde, stellen dürfte einem Land gegenüber, mit dem man sich verständigen wolle. Ich habe damals den Gedanken gehabt, wenn man in England das wüßte, könnte es vielleicht möglich sein, daß England seinerseits zu einer Verständigung bereit wäre... Es kamen dann im Verlaufe der nächsten Zeit die Kriegshandlungen zur Luft zwischen Deutschland und England... Deshalb sagte ich mir, muß ich jetzt erst recht meinen Plan verwirklichen, denn wenn ich drüben in England sein würde, könnte England dieses zum Anlaß nehmen, um Verhandlungen zwischen Deutschland und England zu pflegen.«

Rudolf Heß landet nach seinem Flug über England mit einem Fallschirm in der Nähe der Stadt Glasgow, wo er von einem Bauern entdeckt wird

»Fall Heß« für Presse einwandfrei geklärt

14. Mai. Laut einer Anweisung des Propagandaministeriums wird der Fall Heß in der deutschen Presse heruntergespielt. Rudolf Heß selbst gilt als wahnsinnig.

In der Anweisung heißt es: »Von der am Ende dieses Krieges stehenden Vernichtung Englands völlig überzeugt, gab Heß sich der naiven Wahnidee hin, durch sein persönliches Erscheinen in England die dortigen Friedensfreunde schon jetzt zur Aktion gegen Churchill bringen zu können, um der Welt eine längere Kriegsdauer und England die völlige Vernichtung zu ersparen. Heß hatte diese fixe Idee mit niemandem besprochen und völlig geheimgehalten. Er begriff es nicht, daß er in England nicht in Kontakt mit den dortigen Friedensfreunden kommen, sondern Churchill in die Hände fallen würde. Die Tatsache der Anwesenheit des reinen Toren Heß in England wird Churchill nun mit Lügen und Gewalt zur Propaganda für England und gegen Deutschland auszunützen versuchen.

Daraus ergibt sich für die Haltung der deutschen Presse: Sie wird Herrn Churchill nicht den Gefallen tun, durch Breittreten des Falles, der für die deutsche Öffentlichkeit einwandfrei geklärt ist, seinen Absichten Vorschub zu leisten. Sie hat den bedauerlichen Fall Heß als erledigt zu betrachten und sich der großen Aufgabe des Kampfes um den endgültigen Sieg mit verstärkter Kraft zuzuwenden.«

Rudolf Heß, der im Ersten Weltkrieg Stoßtruppführer und Flieger der Luftwaffe war, hier kurz vor dem Start zu einem Übungsflug mit einem Sportflugzeug (r.); links neben ihm seine Ehefrau und ein Offizier der Wehrmacht

Rudolf Heß (M.), hier unter den Tarnnetzen einer Geschützstellung am Ärmelkanal, liebt öffentliche Auftritte mit Wehrmachtsangehörigen

Anläßlich einer Jubiläumsfeier des Nationalsozialistischen Studentenbundes in München, empfängt Reichsminister Rudolf Heß (r.) Studentinnen, die in den Trachten ihrer Heimat erschienen sind; l. neben Heß: Reichsstudentenführer Scheel

Adolf Hitler vor den Abgeordneten des Reichstages in Berlin

Drohung an deutsche Feinde

4. Mai. *Führer Adolf Hitler hält nach Abschluß des Krieges gegen Jugoslawien und Griechenland (→ 6. 4./S. 64) vor dem deutschen Reichstag in Berlin eine »Siegesrede«. In seiner Ansprache droht er Großbritannien und den USA, indem er u. a. sagt: »Das Deutsche Reich und seine Verbündeten stellen militärisch, wirtschaftlich und vor allem moralisch eine Macht dar, die jeder denkbaren Koalition der Welt überlegen ist.«*

Theologiestudent Maurice Bavaud plante Anschlag auf Hitler

Hitler-Attentäter exekutiert

14. Mai. *In der Berliner Strafanstalt Plötzensee wird der schweizerische Theologiestudent Maurice Bavaud hingerichtet, der 1938 versucht hatte, Adolf Hitler zu töten. Bavaud war durch das gesamte Deutsche Reich hinter Hitler hergereist, und erst als er sein Vorhaben schon aufgegeben hatte, wurde er durch Zufall gefaßt. Seit seiner Verurteilung am 18. Dezember 1939 war Maurice Bavaud in Berlin in Haft.*

Carl F. Goerdeler, ehemaliger Oberbürgermeister von Leipzig

Friedensplan von Goerdeler

30. Mai. *Carl Friedrich Goerdeler, eine der führenden Persönlichkeiten des deutschen Widerstandes gegen das NS-Regime, verfaßt einen Friedensplan zur Übersendung an die britische Regierung. In seinem Plan fordert er u. a. die Wiederherstellung der vollen Souveränität der während des Krieges besetzten neutralen Länder. Goerdeler versucht auf diesem Weg, im Ausland Unterstützung zu gewinnen.*

»Zuversichtliche« Gerüchte über den Krieg

8. Mai. Aus dem gesamten Deutschen Reich wird gemeldet, daß die Bevölkerung Mutmaßungen über einen bevorstehenden Krieg gegen die UdSSR anstellt, obwohl es keine offiziellen Mitteilungen dazu gibt (→ 22. 6./S. 98).

»Seit den letzten drei Monaten ist, nach den hier vorliegenden Meldungen aus dem gesamten Reichsgebiet, ein stetes Anwachsen der in der Bevölkerung umlaufenden Rußlandgerüchte zu beobachten... Im wesentlichen beschäftigen sich die Gerüchte mit einer angeblich bevorstehenden Auseinandersetzung zwischen Deutschland und Rußland, die in allen Bevölkerungskreisen für absolut möglich, ja sogar für wahrscheinlich gehalten wird.« Mit diesen Sätzen beginnt der Sicherheitsdienst der SS in seinen Geheimberichten aus dem Deutschen Reich (→ S. 56) einen Beitrag über die kursierenden »Rußlandgerüchte«.

Der Ausbau des sog. Ostwalls, der Abschluß des sowjetisch-jugoslawischen Nichtangriffspaktes (→ 6. 4./S. 64) und Truppenkonzentrationen an der deutschen Ostgrenze sind Anhaltspunkte für die Vermutungen. Darüber hinaus werden Informationen und Erzählungen von Soldaten, die im Heimaturlaub berichten, daß UdSSR-Landkarten an Wehrmachtseinheiten verteilt werden, in diesem Sinne interpretiert.

Beobachtet wird auch, »daß die Presse sich schon seit Monaten jeder Äußerung über Rußland enthält«, und daß der Führer und Reichskanzler Adolf Hitler in seiner Rede zum Abschluß des Balkankrieges (→ 4. 5./S. 82) mit keinem Wort auf das deutsch-sowjetische Verhältnis einging. Die Gerüchte, die durch das Schweigen offizieller Stellen noch geschürt werden, sind nach den Kriegserfolgen von »mutiger Zuversicht« geprägt.

Kampfwagen des 15. Panzerregiments werden für den Transport von Wien bis Stalowa Wola im östlichen Polen, unweit der russischen Grenze, verladen

Pariser Protokoll nicht verwirklicht

28. Mai. Der französische Kriegsminister Charles Léon Clément Huntziger und der Beauftragte des Oberkommandos der deutschen Wehrmacht, General Walter Warlimont, unterzeichnen nach siebentägigen Verhandlungen das sog. Pariser Protokoll. Frankreich verpflichtet sich darin zur Sicherung des Nachschubs für das Deutsche Afrika-Korps (→ 4. 4./S. 66) über Tunesien und zur Unterstützung der deutschen Atlantikflotte. Da die deutsche Regierung die Vorfriedensverträge verweigert, die Frankreich als Gegenleistung zugesagt werden, zieht sich die französische Regierung am 14. Juli ihrerseits von der Übereinkunft zurück.

Charles Léon Clément Huntziger (* 25. 6. 1880 in Lesneven/Finistére), von Philippe Pétain im September 1940 ernannter französischer Verteidigungsminister, kommt am 12. November 1941 bei einem Flugzeugabsturz ums Leben

Verlustreiche deutsche Landung auf der Insel Kreta

20. Mai. Das deutsche Luftlandeunternehmen »Merkur«, die Eroberung der griechischen Insel Kreta, beginnt. Nach verlustreichen Kämpfen befiehlt der Kommandant der britischen Kreta-Armee, General Bernard Cyril Freyberg, eine Woche später den Rückzug.

Die erste Welle deutscher Fallschirmjäger wird um 7.15 Uhr abgesetzt, gegen 15.25 Uhr springt die zweite Welle über Kreta ab. Die deutschen Truppen unter dem Oberkommando von Generaloberst Alexander Löhr greifen in drei Gruppen die Insel mit dem Ziel an, zunächst die drei Flughäfen Iraklion, Maleme und Rethimnon unter ihre Kontrolle zu bringen; am Abend des ersten Angriffstages ist dieses Ziel noch nicht erreicht.

Die britischen und griechischen Truppen auf der Insel sind erheblich stärker, als dies von deutscher Seite vermutet wurde. Sie werden zudem von der kretischen Bevölkerung unterstützt, die z. T. aktiv in die Kämpfe gegen die deutschen Truppen eingreift (→ 12. 8./S. 138). Die abspringenden Fallschirmjäger sind schutzlose Ziele für die Briten, so daß diese Einheiten große Verluste hinnehmen müssen. Insgesamt kommen bei den Kämpfen 6850 deutsche Soldaten ums Leben.

Durch Konzentration der Einheiten auf den Flughafen Maleme gelingt es den deutschen Truppen, die durch Gebirgsjäger verstärkt werden, diesen strategisch wichtigen Punkt am 22. Mai in ihre Hand zu bringen und von dort aus die gesamte Insel in langwierigen Kämpfen zu erobern.

Absprung deutscher Fallschirmjäger über Griechenland

Deutsche leichte Flak in britischem Sperrfeuer

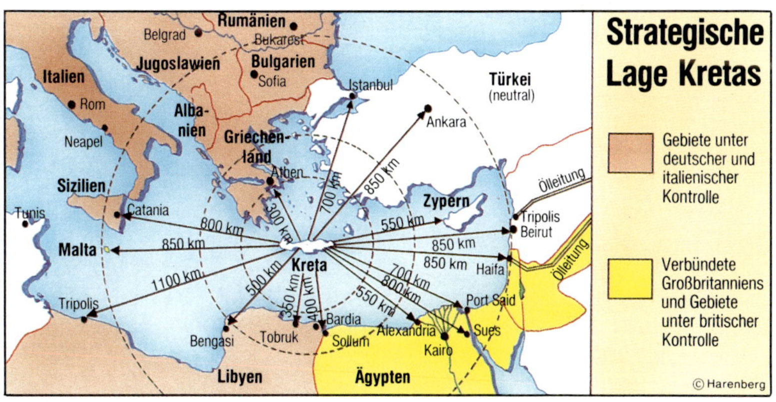

Gefahrenherd für deutsche Planung

Obwohl die Insel Kreta, die wie ein Sperriegel vor dem Ägäischen Meer liegt, für die weitere deutsche Kriegsplanung nicht von entscheidender Bedeutung ist, bildet sie eine wichtige Basis zur Absicherung des südosteuropäischen Raumes, der unter deutscher Kontrolle steht. Von Kreta aus könnte zudem der geplante deutsche Angriff auf die UdSSR bedroht werden. Seit dem 29. Oktober 1940 sind britische Soldaten auf der Insel stationiert, so daß Großbritannien im Mittelmeer über eine Stützpunktkette von Gibraltar über Malta bis Kreta verfügt. Von hier aus können die Briten den Nachschub für das Deutsche Afrika-Korps behindern, Luftangriffe auf die für das Deutsche Reich wichtigen Ölfelder in Rumänien fliegen und im Balkanraum eine Destabilisierungspolitik betreiben, die deutsche Truppen in dieser Region binden würde. Daher ist Kreta für die Deutschen von großer strategischer Bedeutung.

Einheiten der deutschen Luftwaffe laden auf einem griechischen Feldflughafen Bomben, Munition und Kraftstoff für deutsche Maschinen aus; an mehreren Stellen werden auf der griechischen Insel Kreta Stützpunkte errichtet

Vor dem Angriff auf Kreta nehmen Truppen der deutschen Wehrmacht bereits Stützpunkte im ägäischen Raum ein; hier sind deutsche Einheiten auf der Insel Lemnos gelandet und dringen in lockerer Schützenlinie über freies Feld vor

Hitler unterstützt Irak im Krieg gegen Großbritannien

2. Mai. Britische Luftstreitkräfte greifen im Westirak die um ihren Stützpunkt Habbannijja zusammengezogenen irakischen Truppen an. Die 9000 Mann starken irakischen Einheiten erwidern das Feuer und greifen ihrerseits mit schwachen Luftstreitkräften den britischen Stützpunkt an. Am 30. Mai können die Briten jedoch in der irakischen Hauptstadt Bagdad einziehen und die Macht in dem wichtigen Ölland übernehmen.

Der Konflikt zwischen dem anti-britischen und deutsch-freundlichen Raschid Al Gailani, der am 2. April durch einen Staatsstreich an die Macht gekommen war, und der britischen Regierung hatte sich entzündet, als Mitte April größere britische Truppenverbände zur Sicherung britischer Transportwege und Ölfelder im Irak in Basra landeten; sie unterstützen die schon im Land stationierten Einheiten. Die irakische Regierung will die Verstärkung der britischen Truppen im Land nicht zulassen und befiehlt die Belagerung der Briten in Habbannijja.

In den Konflikt schaltet sich auch die deutsche Regierung ein. Sie entsendet am 14. Mai neun deutsche Kampfflugzeuge in den Irak. Größere Unterstützungsmaßnahmen werden jedoch nicht eingeleitet, da der bevorstehende Krieg gegen die UdSSR (→ 22. 6./S. 98) wichtiger ist. Hitler erläßt am 23. Mai eine Weisung zum »Mittleren Orient«, die aber ohne Bedeutung bleibt, da die irakischen Truppen schon fast geschlagen sind. Die Hoffnung Hitlers auf indirekte Unterstützung aus dieser Region erfüllt sich nicht.

Arabische Freischärler brechen in der Nähe von Bagdad zum Kampf gegen die britischen Truppeneinheiten auf

Soldaten der irakischen Streitmacht paradieren auf einem Exerzierplatz im Zentrum der irakischen Hauptstadt Bagdad

Weisung »Mittlerer Orient« 23. Mai

»Die arabische Freiheitsbewegung ist im Mittleren Orient unser natürlicher Bundesgenosse gegen England. In diesem Zusammenhang kommt der Erhebung im Irak besondere Bedeutung zu. Sie stärkt über die irakischen Grenzen hinaus die England feindlichen Kräfte im Mittleren Orient, stört die englischen Verbindungen und bindet englische Truppen sowie englischen Schiffsraum auf Kosten anderer Kriegsschauplätze«. (Aus einer Geh. Kommandosache).

Eine der zahlreichen Massenkundgebungen gegen britisches Militär im Irak

Soldaten der transjordanischen »Wüstenpatrouille« kehren von ihrem Einsatz im Irak auf britischer Seite nach Amman zurück

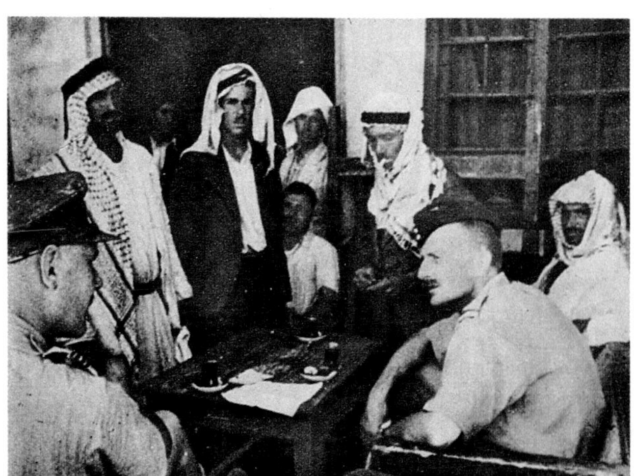

Irakische Gefangene werden von britischen Offizieren nach der Einnahme des strategisch wichtigen Forts Rutba verhört

Der erst sechsjährige irakische Thronfolger Faisal II.

Haile Selassie aus seinem Exil zurück

5. Mai. Kaiser Haile Selassie I., der nach dem italienischen Angriff auf Äthiopien (Abessinien) 1935 aus seinem Land nach London geflohen war, kehrt in die äthiopische Hauptstadt Addis Abeba zurück und wird von der Bevölkerung begeistert empfangen. Bereits am → 24. Januar (S. 15) war Haile Selassie aus seinem britischen Exil kommend in Afrika eingetroffen und hatte die äthiopische Grenze überschritten.

Die italienischen Truppen in Äthiopien waren seit Anfang des Jahres durch eine Offensive britischer und südafrikanischer Einheiten unter dem Kommando des britischen Generals Alan Cunningham weit zurückgedrängt worden und halten sich nur noch in vereinzelten Stellungen. Am 18. Mai kapitulieren die italienischen Streitkräfte, die unter dem Befehl von Amadeo di Savoia, dem Herzog von Aosta, stehen, nordöstlich von Gondar. Insgesamt 230 000 italienische Soldaten sind während der Kämpfe in Ostafrika in britische Gefangenschaft geraten; einige Einheiten halten sich in den unzugänglichen Bergregionen des Landes jedoch bis Ende des Jahres.

Die Rückkehr des 1928 zum Negus von Äthiopien gekrönten Haile Selassie wird möglich durch den massiven Einsatz britischer Land- und Luftstreitkräfte und die Aktivitäten einer äthiopischen Guerillabewegung, die mit Hinterhalten, Sabotageakten und Überraschungsangriffen gegen die italienische Besatzung kämpfte. Die Invasoren verloren bei solchen Angriffen mehrere tausend ihrer Soldaten.

Kaiser Haile Selassie I. (2. v. l.) wird nach seiner Ankunft in Addis Abeba von General Alan Cunningham (r.) begrüßt

Der Herzog von Aosta (4. v. l.) wird von britischen Offizieren nach der Kapitulation in Amba Alagi abgeführt

Japans Einfluß gesichert

9. Mai. In der Dienstwohnung des japanischen Ministerpräsidenten Fumimaro Fürst Konoe unterzeichnen Regierungsvertreter von Thailand und Französisch-Indochina einen Friedensvertrag, der die seit September 1940 andauernden Grenzstreitigkeiten beider Staaten beendet. Sie einigen sich auf einen Grenzverlauf, Gebietsabtretungen und die Aufnahme gegenseitiger diplomatischer Beziehungen.

In einem Zusatzabkommen versichern sie, keine Verträge mit dritten Staaten zu schließen, die »irgendwie gegen Japan gerichtet sind«. Japan war bei den Verhandlungen als Vermittler aufgetreten und hatte im Falle eines Scheiterns der Gespräche mit militärischem Eingreifen gedroht. Die japanische Regierung sah ihren Einfluß in Südostasien durch den thailändisch-indochinesischen Konflikt gefährdet, da Großbritannien und die USA bei anhaltenden Streitigkeiten möglicherweise eingegriffen hätten, um ihre Rohstofflieferungen aus diesem Raum sicherzustellen. Die Einmischung der westlichen Großmächte hätte Japans militärische, politische und wirtschaftliche Vormachtstellung erschüttert.

Unabhängigkeit Islands

16. Mai. Das isländische Parlament in Reykjavík beschließt, den 1918 abgeschlossenen Bundesvertrag mit Dänemark nach seinem Auslaufen 1943 nicht zu verlängern.

Island ist durch diesen Bundesvertrag ein unabhängiges Königreich in Personalunion mit Dänemark. Es anerkennt den dänischen König als Staatsoberhaupt und wird in auswärtigen Angelegenheiten vom dänischen Außenministerium vertreten. Dafür erhielt Island ein eigenes Parlament, das für die Regelung der inneren Angelegenheiten des Inselstaates zuständig ist.

Die Beziehungen zwischen Island und Dänemark sind seit der Besetzung Dänemarks durch deutsche Truppen im April 1940 und der Besetzung Islands durch britische Truppen einen Monat später gespannt. Der Handel beider Länder kommt durch den deutsch-britischen Atlantikkrieg (→ 4. 2./S. 34) fast vollständig zum Erliegen. Innenpolitisch nutzt eine rege Unabhängigkeitsbewegung diese weltpolitische Lage, um die Lösung Islands von Dänemark voranzutreiben, ein Schritt, der im Jahr 1944 endgültig vollzogen wird.

Nordflügel der Londoner St. Paul's Cathedral nach Bombenangriff

Dachsparren vor dem Hochaltar der ausgebombten Westminster Abbey

Winston Churchill (l.) besichtigt das zerstörte Parlamentsgebäude

Bomben auf London treffen St. Paul's Cathedral, Westminster Abbey und das Parlament

10. Mai. *Die deutsche Luftwaffe fliegt auf die britische Hauptstadt London den letzten schweren Angriff für drei Jahre. Großbritanniens Premierminister Winston Churchill berichtet über die Folgen des Luftangriffs: »Er entfachte über zweitausend Brände, und da beinahe hundertfünfzig Wasserrohre barsten und gleichzeitig in der Themse Ebbe herrschte, war es uns unmöglich, sie zu löschen... Fünf Docks und einundsiebzig Hauptziele in unserer Hauptstadt... hatten Treffer erhalten. Alle großen Bahnhöfe blieben wochenlang blockiert. Über 3000 Personen wurden getötet oder verletzt.«*

Bei früheren Luftangriffen der Deutschen waren mehrere historische Bauwerke in London stark zerstört worden, so die St. Paul's Cathedral und die Krönungskirche Westminster Abbey. Die deutschen Angriffe legten aber auch ganze Wohnviertel sowie Verkehrs- und Industrieanlagen in Schutt und Asche.

Schlachtschiff »Bismarck« nach Jagd im Atlantik versenkt

27. Mai. 400 Seemeilen vor der französischen Stadt Brest sinkt das deutsche Schlachtschiff »Bismarck« im Atlantik. 1977 Mann der Besatzung gehen mit dem Schiff unter.

Am 18. Mai waren die »Bismarck« und der Schwere Kreuzer »Prinz Eugen« aus Gotenhafen (Gdynia) zu Angriffen auf britische Geleitzüge im Atlantik ausgelaufen. Nachdem beide Schiffe schon am 20. Mai von der britischen Aufklärung gesichtet worden waren, kam es am Morgen des 24. Mai zu einem Gefecht, bei dem der britische Schlachtkreuzer »Hood« versenkt und das Schlachtschiff »Prince of Wales« beschädigt wurden. Die britische Flotte begann daraufhin mit der Jagd auf die beiden Schiffe. Die »Prinz Eugen« konnte entkommen, die »Bismarck« wurde am 26. Mai manövrierunfähig geschossen und sinkt nach weiteren Treffern und der Eigensprengung der Besatzung. Die Jagd auf die »Bismarck«, die in der britischen und der deutschen Öffentlichkeit aufmerksam verfolgt wurde, war ein Prestigekampf zwischen deutschen und britischen Seestreitkräften.

Das 35 000 t-Kriegsschiff »Bismarck« – hier während eines Manövers im Baltikum fotografiert –, das für unsinkbar gehalten wurde, ist mit 20 Kanonen und vier Flugzeugen bestückt, ein »Paradeschiff« der deutschen Kriegsmarine

»Bismarck«, Foto von einem Schiff der britischen Kriegsmarine aus

Appell Julianas an Landsleute auf See

1. Mai. Die im US-amerikanischen Exil lebende Prinzessin Juliana der Niederlande wendet sich aus Anlaß ihres 32. Geburtstages am Vortag in einer Rundfunkansprache an die niederländischen Seeleute in aller Welt. Sie fordert ihre Landsleute auf, trotz der Gefahren durch deutsche Angriffe die Schiffahrtslinien zwischen den USA und Großbritannien weiter zu befahren. Sie appelliert an die Niederländer, weiter zur Versorgung der Britischen Inseln beizutragen. Die deutsche Presse schreibt zu dem Aufruf, daß die niederländische Prinzessin selbst »wenig von dem Todesmut gezeigt hat, den sie von ihren im Stich gelassenen Landsleuten verlangt«.

Prinzessin Juliana (* 30. 4. 1909 in Den Haag) ist die einzige Tochter der niederländischen Königin Wilhelmina; 1940, drei Jahre nach ihrer Hochzeit mit Prinz Bernhard von Lippe-Biesterfeld, ging sie mit ihrer Familie ins Exil

Vollmachten für Roosevelt

27. Mai. US-Präsident Franklin D. Roosevelt proklamiert in Washington den »Nationalen Notstand«, mit dessen Einführung er umfangreiche Vollmachten erhält, z. B. das Recht zur Überführung von Industriebetrieben und Rundfunksendern unter staatliche Kontrolle.
Am gleichen Tag richtet er sich in einer im Rundfunk übertragenen Rede unter dem Titel »Plauderei am Kamin« an die US-amerikanische Bevölkerung: »Für uns steht es absolut fest, daß, falls der nationalsozialistische Vormarsch jetzt nicht mit Gewalt aufgehalten wird, die westliche Hemisphäre an der Schwelle des Unterganges steht... Jetzt wie nie zuvor ist die Einigkeit der amerikanischen Republiken für jeden einzelnen von uns und für die Sache der Freiheit in der ganzen Welt von höchster Bedeutung.«
Roosevelt fordert in seiner Rede verstärkte Rüstungsanstrengungen, nachdem er die Gefahren der deutschen Angriffe auf die Atlantikschiffahrt geschildert hat.
Weltweit war von der Rede Roosevelts eine Klärung der US-amerikanischen Haltung zum Krieg in Europa erwartet worden. Die Hoffnung vieler Briten und die Befürchtung der deutschen Regierung, daß Roosevelt ein aktives Engagement der USA in Europa ankündigen würde, erfüllen sich nicht. Die »Neue Zürcher Zeitung« schreibt, daß die Rede »vielmehr eine ausdrückliche Bestätigung« von Roosevelts bisherigem Kurs bedeutet.

Franklin Delano Roosevelt auf dem Titel einer deutschen Zeitschrift

Keine US-Exporte für Sowjetunion

6. Mai. Die US-amerikanische Regierung gibt bekannt, daß ab sofort der Export aller Güter, »die als kriegswichtig angesehen werden können«, in die Sowjetunion gesperrt wird. Begründet wird diese Maßnahme mit dem Abschluß des sowjetisch-japanischen Neutralitätsvertrages (→ 13. 4./S. 68) und mit »Unklarheiten über die Beziehungen Rußlands zu Deutschland«.
Die »Neue Zürcher Zeitung« kommentiert die Exportsperre am 7. Mai: »In diplomatischen Kreisen ist viel beachtet worden, daß das Exportverbot erfolgte, trotz der Versicherungen [von sowjetischer Seite], daß keine Käufe Rußlands in den Vereinigten Staaten von der Sowjetunion wieder ausgeführt werden«. Die US-amerikanische Regierung will durch das Ausfuhrverbot kriegswichtiger Güter in die Sowjetunion, die aus den USA hauptsächlich Maschinen und Werkzeuge bezieht, erreichen, daß die sowjetische Regierung ihre Position im Konflikt zwischen den westlichen Demokratien einerseits, Japan, Italien und dem Deutschen Reich andererseits öffentlich unmißverständlich klarstellt.

Goldschmuggel über den Atlantik

6. Mai. Die Nachrichtenagentur »Exchange« berichtet, daß Gold im Wert von fünf Millionen US-Dollar aus dem von Deutschen besetzten Norwegen herausgeschmuggelt und nach Kanada gebracht worden ist. Über die Herkunft des Goldes und die an der Aktion beteiligten Personen werden aus Sicherheitsgründen keine Angaben gemacht.
Der Goldschatz war an deutschen Kontrollen vorbei auf zwei Segelboote gebracht worden, die vor der norwegischen Küste ankerten. Die Segelboote samt Ladung wurden später in einem Fjord von einem Frachtdampfer aufgenommen, der ohne Zwischenfälle den Atlantik überquerte und Kanada erreichte. Die spektakuläre Aktion hat einen Prestigeverlust für die Nationalsozialisten zur Folge, die nicht in der Lage waren, den Goldschatz in dem seit Juni 1940 besetzten Land aufzuspüren. Trotz scharfer Küstenbewachung gelang es, das Gold außer Landes zu bringen.

Luftschutzübungen – Kriegsvorbereitung

8. Mai. *Alle 18 748 New Yorker Polizisten werden innerhalb von 14 Tagen in besonderen Kursen für Maßnahmen des Luftschutzes geschult. In den sechs Vorlesungen umfassenden Kursen werden vor allem theoretische Kenntnisse vermittelt, wobei der Schwerpunkt auf Fragen der »Bewachung von Elektrizitätswerken, Wasserreservoiren, öffentlichen Gebäuden, Telefon- und Telegrafenlinien« liegt.*
In vielen Städten, öffentlichen Behörden und Industriebetrieben der USA werden Luftschutzübungen durchgeführt. Ziel der Übungen ist es weniger, richtiges Verhalten im Falle eines Luftangriffes einzuüben, als vielmehr die Bevölkerung auf einen eventuellen Kriegseintritt der USA vorzubereiten. Simuliert werden nicht nur Luftangriffe, sondern auch Landeunternehmen feindlicher Truppen.

◁ Auf dem Broadway wird neues Kriegsgerät wie Scheinwerfer und Flugzeuge gezeigt

Nationalsozialisten international aktiv

19. Mai. Die drei nationalsozialistischen Bewegungen Belgiens, der Flämische Nationalverband, der Verband Deutscher Nationalsolidaristen und die rexistische Organisation unter der Führung von Léon Degrelle, schließen sich zusammen. Als gemeinsame Grundsätze und Ziele werden »die Befestigung der nationalsozialistischen Ordnung, die Weckung des völkischen Bewußtseins und des Sinnes für die germanische Zusammengehörigkeit,... das Führerprinzip [und] der Aufbau einer völkischen Kultur« in einem Vereinigungsabkommen »dauerhaft« festgeschrieben.

Vereidigung einer Gruppe norwegischer Soldaten der Waffen-SS

Die belgischen Nationalsozialisten werden von der Nationalsozialistischen Deutschen Arbeiterpartei (NSDAP) gefördert, deren Ziel es ist, ihre ideologischen Vorstellungen weltweit zu verbreiten. Sie unterhält dazu eigens eine Auslandsorganisation, die den Führungsanspruch der deutschen Nationalsozialisten international geltend macht. Insbesondere Nationalsozialisten in den von deutschen Truppen besetzten Ländern werden von der NS-Führung massiv unterstützt.

Auch die Waffen-SS wird in anderen europäischen Staaten aktiv und gründet dort Freiwilligenverbände. So vereidigte der Reichsführer SS, Heinrich Himmler, am 30. Januar in Oslo norwegische Freiwillige des Regimentes »Standarte Nordland« der Waffen-SS.

60 Mädchen aus Neukölln beim Sportunterricht in Zell am See

Publikumswirksam: Joseph Goebbels bei landverschickten Kindern in Linz

Kirchen bekämpfen Kinderlandverschickung der NSDAP-Führung

19. Mai. *Im Rahmen eines Besuches in der Slowakei besichtigt Reichsjugendführer Artur Axmann Lager der Kinderlandverschickung, in denen Kinder aus gefährdeten Gebieten untergebracht sind. Die nationalsozialistische Führung betont in Presseveröffentlichungen häufig die gute Unterbringung und Betreuung der Kinder.*

Eltern, die zögern, ihre Kinder mitzuschicken, werden von NS-Funktionären unter Druck gesetzt. Gegen die Kinderlandverschickung wenden sich vor allem die Kirchen. Sie fordern die Eltern auf, ihre Kinder zu Hause zu behalten, da die NS-Führung mit der Landverschickung bezwecke, »Kinder den Eltern zu entziehen«, um die Voraussetzung für eine »Erziehung durch den Staat« zu schaffen. In den Lagern der Landverschickung werden die Kinder von eigens eingestellten Lehrern betreut, die vielerorts den Unterrichtsschwerpunkt auf die Wehrerziehung legen.

Stille Maifeiern für den Sieg

1. Mai. »Der erste Mai wurde im gesamten Reichsgebiet in aller Stille begangen. Man empfand es allgemein dankbar, daß dieser Tag ein wirklicher Ruhetag war und keine Aufmärsche und Versammlungen stattfanden.« Mit diesen Worten beschreibt der Sicherheitsdienst der SS das Geschehen am »Tag des Festes der Arbeit«, das von der NS-Propaganda gut vorbereitet wurde.

Offizielle Maifeier in einem »Nationalsozialistischen Musterbetrieb«

Robert Ley, Leiter der Deutschen Arbeitsfront (DAF), erläßt aus diesem Anlaß einen Aufruf an »Arbeiter und Arbeiterinnen«, in dem er sie zur Steigerung ihrer Arbeitsleistung aufruft; es heißt darin u.a.: »Wir wollen unsere Leistungen immer mehr steigern und dabei nicht müde werden. Denn nicht nur in unserem Glauben, sondern auch in unserer Arbeit liegt eine der Voraussetzungen zu unserem Sieg.« Die Bevölkerung wird aufgerufen, in aller Stille an die Front zu denken, statt »lautstark« zu feiern.

In Augsburg findet eine Festtagung der Reichsarbeitskammer statt, auf der Ley und der Stellvertreter des Führers, Rudolf Heß (→10. 5./S. 80), 419 Unternehmen mit der »Goldenen Fahne« als »Nationalsozialistische Musterbetriebe« auszeichnen. Max Amann, Präsident der Reichspressekammer, Reichspostminister Wilhelm Ohnesorge und Flugzeugkonstrukteur Willy Messerschmitt werden als »Pioniere der Arbeit« geehrt. Alle Festreden enthalten Aufforderungen zur Steigerung der Produktion in Industrie und Landwirtschaft.

Nicht die Köchin – wie 1933 – sondern die Arbeiterin ist 1941 gefragt

NS-Regime ehrt arbeitende Mütter

18. Mai. Am Muttertag finden im Deutschen Reich Ehrungen berufstätiger Mütter statt; der Großdeutsche Rundfunk strahlt eine Sendung aus, in der Frontsoldaten und landverschickte Kinder mit ihren Müttern sprechen können.

Errichtung weiterer Konzentrationslager

1. Mai. Das Lager Groß-Rosen bei Striegau im Regierungsbezirk Breslau, das im August 1940 als Außenlager des Konzentrationslagers Sachsenhausen eingerichtet wurde, erhält den Rang eines selbständigen Konzentrationslagers (KZ).

Das Lager wird in der Folgezeit stark ausgebaut und um fünf Nebenlager erweitert. Bis zur Auflösung von Groß-Rosen im Februar 1945 werden hier über 125 000 Menschen interniert, von denen rund 40 000 den nationalsozialistischen Terrormaßnahmen zum Opfer fallen.

Die Erweiterung des Lagers Groß-Rosen zu einem selbständigen KZ ist nur eine der Maßnahmen der nationalsozialistischen Führung im Deutschen Reich zum Ausbau des Lagerwesens. Allein in diesem Jahr werden drei weitere große KZ gegründet, das KZ Natzweiler-Struthof im Elsaß, das KZ Theresienstadt bei Prag (→24. 11./S. 185) und das KZ Kulmhof (Culm) in der Nähe von Bromberg. Das Kommandoamt der Waffen-SS, dem alle Konzentrationslager unterstehen, erweitert die Lager, um noch mehr Häftlinge internieren zu können. Seit dem Ausbruch des Zweiten Weltkrieges ist die Verfolgung politisch Andersdenkender im Deutschen Reich, die von den Nationalsozialisten als »Staatsfeinde und Verräter« bezeichnet werden, intensiviert worden.

KZ-Gründungen bis zum Jahr 1941

Name	*Gründung*		*Schließung*	
Dachau	März	1933	April	1945
Sachsenhausen	August	1936	April	1945
Buchenwald	Juli	1937	April	1945
Flossenbürg	Mai	1938	April	1945
Mauthausen	August	1938	Mai	1945
Ravensbrück	Mai	1939	April	1945
Auschwitz	Mai	1940	Januar	1945
Neuengamme	Juni	1940	Mai	1945
Groß-Rosen	August	1940	Februar	1945
Natzweiler-Struthof	Juli	1941	Nov.	1941
Theresienstadt	Nov.	1941	Mai	1945
Kulmhof (Culm)	Dez.	1941	Januar	1945

Die Häftlingszahlen in den Lagern steigen aber insbesondere im Vorfeld der geplanten Massenmorde an der jüdischen Bevölkerung (→31. 7./S. 121) und durch Häftlinge aus den von den Deutschen im Verlauf des Krieges besetzten Gebieten. Über die Zustände in den Lagern und die Zahl der Internierten wird absolutes Stillschweigen bewahrt, wogegen die nationalsozialistische Führung die Existenz solcher Lager auch öffentlich erwähnt.

Die Häftlinge müssen meist körperlich schwere Arbeiten in Industriebetrieben leisten, die in unmittelbarer Nähe der Lager Produktionsstätten einrichten. Das Konzentrationslager Groß-Rosen stellt im Verlauf seines Bestehens u. a. Betrieben der I. G. Farbenindustrie AG, des Krupp- und des Rheinmetall-Konzerns Häftlinge als Arbeitskräfte zur Verfügung. Die Unternehmen zahlen dafür Beträge zwischen 2 und 8 Reichsmark pro Häftling und Tag an die Lagerleitung. Die ihnen zugeteilten Häftlinge werden in Barackenlagern direkt an der Produktionsstätte untergebracht. Hier herrschen oft schlimmere hygienische Verhältnisse als im »Stammlager«, so daß viele der unterernährten Häftlinge an Infektionen sterben.

Luftschutz auch für Zuchtpferde

6. Mai. Als erste Stadt im Deutschen Reich richtet Wuppertal ein Tierschutzamt ein, das die Haltung von Groß- und Kleinvieh durch systematische Stallkontrollen überwachen und Verbesserungen einführen soll. Das Amt soll mit dazu beitragen, Zucht und Haltung von Nutztieren effektiver zu gestalten, um die Versorgung der Bevölkerung mit Fleisch, Milch, Eiern u. a. sicherzustellen. Ähnlich wie bei der Versorgung mit frischem Obst und Gemüse (→10. 4./S. 71) bestehen im Deutschen Reich auch in diesem Bereich erhebliche Schwierigkeiten.

Landwirtschaftliche Betriebe, die in der Nähe von Industriestädten liegen, sind den britischen Luftangriffen ausgesetzt; in einigen Fällen wurden Ställe getroffen und Vieh getötet. Die Oberste Behörde für Vollblutzucht schreibt daher Ende April den Haltern von Vollblutzucht- und Rennpferden die Anschaffung von Luftschutzkästen für ihre Tiere vor.

Kunstgummi für die US-Wirtschaft

8. Mai. In Wilmington im US-Bundesstaat Delaware kündigt die Du-Pont Company an, sie werde sofort mit dem Bau einer Fabrik für synthetisches Gummi in Louisville beginnen. Ein Firmensprecher sagt zu der Anlage, in der jährlich 10 000 t synthetisches Gummi erzeugt werden sollen: »Damit ist es möglich, die Landesverteidigung und die privaten Industrien in genügendem Maße zu beliefern«.

Die Vereinigten Staaten haben einen Jahresbedarf von rund 750 000 t Gummi, das sie bisher in Form von Naturkautschuk aus Indien, Französisch-Indochina und anderen asiatischen Staaten bezogen haben. Im Falle eines bewaffneten Konfliktes mit Japan wären die USA von diesen Lieferungen abgeschnitten, die für die Rüstungsproduktion von großer Bedeutung sind. Die US-Regierung fördert die Errichtung von Fabriken zur Produktion von synthetischem Gummi und erwägt den Bau eigener Werke, was aber von den betroffenen Firmen, die in diesem Jahr rund 60 000 t Gummi herstellen, abgelehnt wird. Sie fürchten Konkurrenz auf dem umsatzträchtigen Markt.

Kameramann filmt von der Bugkanzel eines Flugzeuges aus für die Wochenschau

Filmtechniker koordiniert Bild- und Tonmaterial mit einem Mischgerät

Bekannte Stimme in den Kinos: Wochenschausprecher

Volkserziehung durch die »Wochenschauen«

In den Kinos des Deutschen Reiches wird vor Beginn des jeweiligen Hauptfilmes die »Deutsche Wochenschau« mit kurzen Filmberichten zu aktuellen Ereignissen gezeigt. Bilder vom Kriegsgeschehen an den verschiedenen Fronten machen den größten Teil der Wochenschauen aus. Zusätzlich werden Staatsbesuche ausländischer Politiker im Deutschen Reich, Berichte über führende Vertreter der Nationalsozialisten und über sportliche und kulturelle Großveranstaltungen gezeigt.

Die unter der Federführung des Reichspropagandaministeriums erarbeiteten Wochenschauen finden beim Publikum großen Anklang. Die einzelnen Berichte, die teils dokumentarische, teils gestellte Szenen enthalten, werden mit genau auf die Bilder abgestimmten Texten und Musik unterlegt.

Die Nationalsozialisten setzen die Wochenschau als Instrument der Propaganda und Desinformation ein; Hans Joachim Giese schreibt 1940 in den »Leipziger Beiträgen zur Erforschung der Publizistik« über die Wochenschau, daß diese Form der Filmberichterstattung, »ohne daß es dem einzelnen Betrachter zum Bewußtsein kommt, wertvolle Erziehungs- und Aufbauarbeit leistet«.

Gesundheit 1941:

Ärztemangel und Verbreitung von Infektionen

Die ärztliche Versorgung der Bevölkerung im Deutschen Reich verschlechtert sich mit anhaltender Dauer des Krieges. Die Zahl der Ärzte, die in den Städten und Gemeinden praktizieren, wird durch die Einberufung vieler Mediziner zur Wehrmacht und anderen Truppenverbänden verringert.
Nach Berichten des Sicherheitsdienstes der SS kommt u. a. in der westfälischen Stadt Hagen auf 33 000 Einwohner eine Ärztin, die gerade ihr Staatsexamen abgelegt und noch keinerlei praktische Erfahrung hat; in Zittau bei Dresden werden 60 000 Menschen von zwei Ärzten versorgt. Die Folgen für die Patienten sind Wartezeiten von 8 bis 10 Stunden in den Praxen der Ärzte, die keine Hausbesuche mehr machen können und bis zu 150 Patienten pro Tag ohne große Sorgfalt behandeln müssen.

Der Krieg, großangelegte Umsiedlungsaktionen und die Unterbringung von großen Menschenmengen in primitiv ausgestatteten Lagern auf engstem Raum führen insbesondere in den osteuropäischen Gebieten zur Verbreitung von Seuchen. Soldaten schleppen Viren und Krankheitserreger von den verschiedenen Kriegsfronten durch ganz Europa. So berichtet die deutsche Presse im Januar über die Verbreitung der Augenkrankheit Trachom im besetzten Polen. Dort sind über 200 000 Menschen von der Infektionserkrankung, die zur Erblindung führen kann, betroffen, und auch im Deutschen Reich sind 100 000 Menschen daran erkrankt. Ursprünglich kam Trachom nur in Afrika vor. Außerdem leiden immer mehr Menschen wegen der ungewohnten Lebensbedingungen unter Allergien.

Einige Ärzte befassen sich im Auftrag der nationalsozialistischen Regierung mit der Vernichtung von Menschen und mit Menschenversuchen in Konzentrationslagern (→ 1. 5./S. 89) und Euthanasieanstalten (→ 4. 4./S. 70). Der Arzt Sigmund Rascher führt im KZ Dachau Hochdruck- und Unterwasserversuche an Häftlingen durch, bei denen der Tod der Versuchspersonen wissentlich in Kauf genommen wird; der Arzt und Anatom Hermann Voss schreibt nach Leichenverbrennungen in sein Tagebuch: »Wie wenig doch von einem Menschen übrigbleibt, wenn alles Organische verbrannt ist... Die Polen sind augenblicklich wieder sehr frech und infolgedessen hat unser Ofen viel zu tun. Wie schön wäre es, wenn man die ganze Gesellschaft durch solche Öfen jagen könnte.«

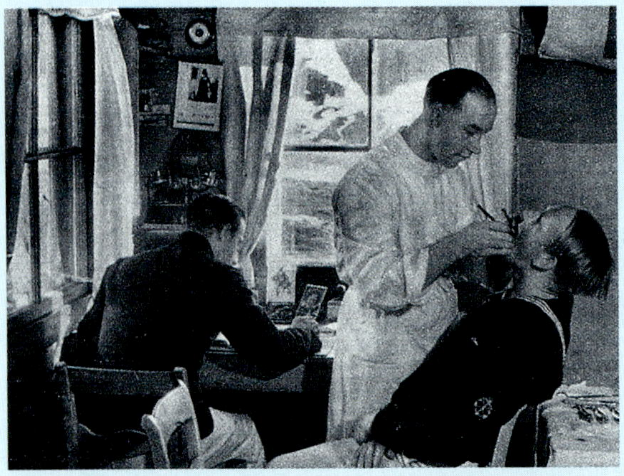

Mobiler Zahnarzt betreut Soldaten der deutschen Marine in einer weit abgelegenen Signalstation in der Arktis

Operationswagen, in dem unmittelbar an der Front größere chirurgische Eingriffe vorgenommen werden können

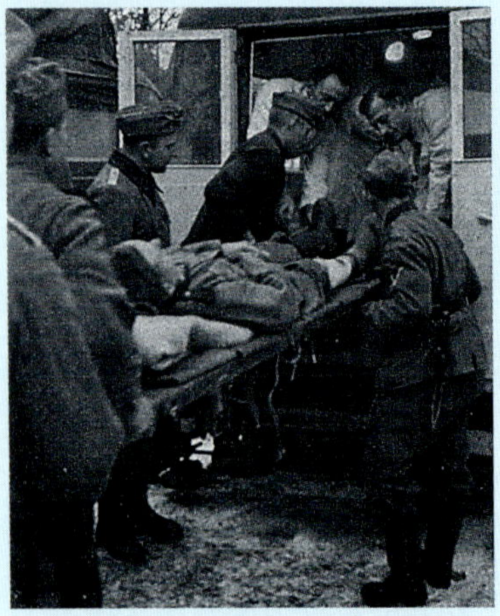

Verwundeter Soldat wird zum mobilen Operationswagen gebracht

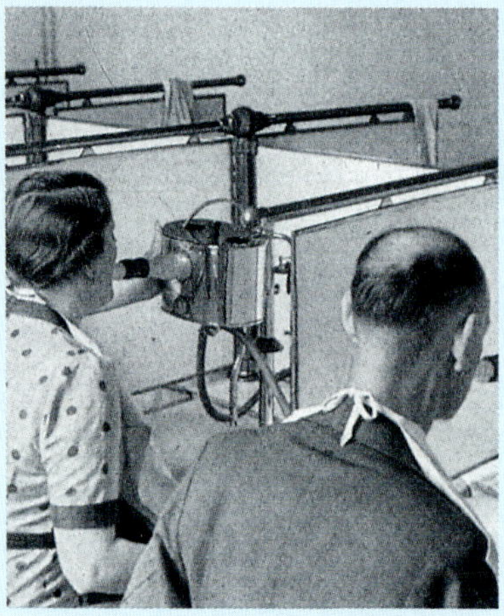

Inhalation von verdampfendem Quellwasser als Asthma-Therapie

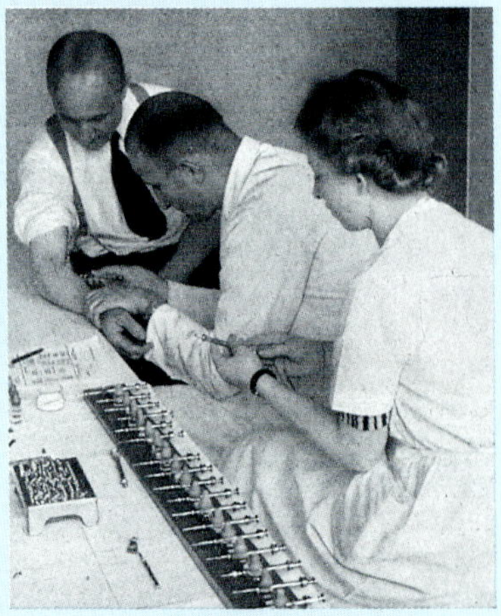

Reihentest im Labor zur Ermittlung der Reizstoffe bei Allergikern

Rechenautomat von Konrad Zuse

12. Mai. Der deutsche Ingenieur Konrad Zuse stellt den ersten funktionsfähigen programmgesteuerten Rechenautomaten der Welt, den »Zuse Z 3«, öffentlich vor.
Der Automat verfügt über ein duales Rechenwerk mit rund 600 Relais und einem Speicherwerk mit 1400 Relais. Zuse hatte 1934 mit der Entwicklung des Rechenautomaten begonnen und mehrere Versuchsmodelle konstruiert, doch erst das Modell »Z 3« ist ein in allen Teilen funktionsfähiger Rechner.

Vom Abakus bis zum »Zuse Z 3«
Abakus: Vermutlich von den Babyloniern rund drei Jahrtausende vor Christus erfundenes Rechenbrett für Additions- und Subtraktionsrechnungen.
Schickards Rechenmaschine: 1623 entwickelte zahnradgetriebene Rechenmaschine von Wilhelm Schikkard für die vier Grundrechenarten.
Pascals Rechenmaschine: 1644 von Blaise Pascal entwickelte Maschine für Additionen und Subtraktionen mit bis zu achtstelligen Zahlen.
Staffelwalzenmaschine: Gottfried Wilhelm Leibniz baute 1671 eine automatische Rechenmaschine für alle vier Grundrechenarten mit einer Walzenmechanik.
Lochkartenrechner: Erste programmgesteuerte mechanische Rechenmaschine 1833, von dem britischen Mathematiker Charles Babbage entwickelt.
»Z 3«: Programmgesteuerter automatischer Rechner Konrad Zuses.

Neben den vier Grundrechenarten können mit dem »Z 3« auch Multiplikationen mit festeingebauten Faktoren und das Ziehen quadratischer Wurzeln durchgeführt werden. Das Programm ist in einen Kinofilm gelocht, die Zahlenwerte werden über eine Tastatur eingegeben, und auf einem Lampenfeld ist das Ergebnis abzulesen. Eine Rechenoperation dauert rund drei Sekunden. Zuse, der seinen Rechner größtenteils aus alten, für seine Zwecke umfunktionierten Telefonrelais gebaut hat, wird von der NS-Führung kaum gefördert, da sie seine Erfindung als nicht kriegswichtig ansieht und ihren tatsächlichen Wert nicht erfaßt.

Modell eines Wiener Modeschöpfers auf der Wiener Frühjahrsmesse

Modewoche – Tips zum Selbernähen

23. Mai. In Wien geht die diesjährige Modewoche mit Vorführungen der Modeschulen München, Plauen und Wien zu Ende. Eine im Zusammenhang mit der Modewoche veranstaltete Ausstellung »Das modische Zubehör« fand nach Angaben der Veranstalter »größtes Interesse«. Für die meisten Verbraucher sind die gezeigten Modelle und Accessoires nicht erschwinglich. Die Vorführungen geben aber Anregungen zum Ändern alter Kleidungsstücke und zum Selbernähen.

Wunschkonzert für die Wehrmacht

25. Mai. Der Großdeutsche Rundfunk strahlt das 75. und letzte »Wunschkonzert für die Wehrmacht« aus. Die seit dem 1. Oktober 1939 laufende Reihe soll im September des Jahres fortgesetzt werden, was jedoch durch Änderungen der Programmkonzeption und den Kriegsverlauf verhindert wird.
Die populäre Sendung, in der Musikwünsche der Zuhörer erfüllt und Familiennachrichten verlesen werden, soll eine Verbindung zwischen den Soldaten an der Front und ihren Familien zu Hause schaffen. Die Beiträge des Wunschkonzertes und die von Hörern eingesandten Texte unterliegen einer strengen Zensur durch das Reichspropagandaministerium und die zuständigen Wehrmachtsstellen. Die Beliebtheit der Sendung beruht u. a. darauf, daß in ihr populäre Künstler und Künstlerinnen auftreten und die Musikwünsche der Hörer erfüllen. Die Zeitschrift »Reichs-Rundfunk« schreibt über die Jubiläums- und Schlußsendung der Wunschkonzertreihe, sie gebe »über den engen Rahmen der Beteiligten hinaus einen Querschnitt durch die seelische Welt und die sozialen Verhältnisse unserer Volksgemeinschaft, so daß sich … mit Recht alle Hörer beteiligt fühlen.« Der Sicherheitsdienst der SS betont in seinen Berichten immer wieder die Beliebtheit der Konzerte, die u. a. »in Tausenden das Erlebnis der Volksgemeinschaft wachrufen«.
Zwei Tage vor der letzten Wunschkonzertsendung startet der Großdeutsche Rundfunk sein Sommerprogramm, das zwischen 20.15 Uhr und 22.00 Uhr eine Dreiteilung des Programmes vorsieht. Die Sender Weichsel, Alpen und Luxemburg strahlen in dieser Zeit ein Unterhaltungs- und Tanzmusikprogramm aus, der Deutschlandsender bringt Opern-, Orchester- und Kammermusik, während alle anderen Sender das sog. Reichsprogramm übertragen. Die neue Programmstruktur kommt dem allgemeinen Bedürfnis nach Ablenkung vom Kriegsalltag und Unterhaltung entgegen. Neben der Propaganda ist dies die wichtigste Aufgabe des Rundfunks.

Stargäste der Radiosendung »Wunschkonzert«: V. l.: Die italienische Pianistin Angelica Murzelli, Gisela Schlüter und Sängerin Michiko Tanaka

Rühmann (l.) tritt zum Befehlsempfang an

Flieger Heinz Rühmann im Cockpit einer »Me 108« während seiner Ausbildung

Populärer Schauspieler Heinz Rühmann als Kurierflieger

Mai. *Die »Berliner Illustrierte Zeitung« berichtet über die Teilnahme des Schauspielers und Sportfliegers Heinz Rühmann an einem Ausbildungslehrgang für Kurierflieger. Rühmann, der bis 1939 von den Nationalsozialisten unter Druck gesetzt wurde und nur wenige Filmrollen angeboten bekam, weil er mit der Jüdin Maria Bernheim verheiratet war, wird inzwischen wieder vom NS-Regime gefördert. Er hatte sich von Maria Bernheim scheiden lassen und 1939 die Schauspielerin Hertha Feiler geheiratet, mit der er zusammen viele Filme gedreht hat. In diesem Jahr spielt Rühmann in drei Filmen Hauptrollen, in »Hauptsache glücklich« (Regie Theo Lingen), »Der Gasmann« (Regie Carl Froelich) und »Quax, der Bruchpilot« (Regie Kurt Hoffmann; → 16. 12./S. 205).*
Der Spezialist für leise komödiantische Rollen ist einer der beliebtesten Stars beim Publikum.

»Schutz in der U-Bahn«, so der Titel dieses Bildes von Henry Moore

Der Krieg im Spiegel der Kunst

Mai. *In einer Galerie am Londoner Trafalgar Square wird eine Ausstellung mit Kriegszeichnungen britischer Künstler eröffnet. Eine Kommission des britischen Informationsministeriums hat die Werkschau zusammengestellt. Die britische Regierung hatte zahlreiche Künstler, darunter den Grafiker und Bildhauer Henry Moore, beauftragt, ihre Eindrücke vom Kriegsgeschehen in Bildern, Zeichnungen und Plastiken festzuhalten.*

P.E.N.-Club von Exilschriftstellern

15. Mai. In New York wird ein »European P.E.N. in America« gegründet, in dem sich europäische Schriftsteller, die vor der nationalsozialistischen Herrschaft in die USA geflohen sind, zusammenschließen. An der Gründungversammlung nehmen Stefan Zweig, Sigrid Undset, William Somerset Maugham und der Präsident des internationalen P.E.N. teil, der französische Schriftsteller Jules Romains.

Jules Romains war nach dem Einmarsch deutscher Truppen in Frankreich 1940 über Spanien und Portugal in die Vereinigten Staaten geflohen, wo er die Gründung des »European P.E.N.« gegen den Willen des Internationalen Sekretariates in London vorantrieb, das nun die Absetzung Romains als Präsident in die Wege leitet. Die Auseinandersetzungen innerhalb der Schriftstellerorganisation entzünden sich u.a. an den unterschiedlichen Auffassungen zur Haltung der Organisation gegenüber deutschen Autoren.

Göring-Befehl zum Kulturgüterraub

1. Mai. Reichsmarschall Hermann Göring ordnet in einem Erlaß die Unterstützung von speziellen Einsatzstäben zur Beschlagnahmung von Kulturgütern und Forschungsmaterial im von Deutschen besetzten Ausland an.

Alle Dienststellen der NSDAP, der Wehrmacht und öffentlicher Behörden haben den Einsatzstäben, die in Görings Auftrag arbeiten, »jede nur denkbare Unterstützung und Hilfe angedeihen zu lassen«. Die »sichergestellten« Kulturgüter aus dem Besitz von »Juden, Freimaurern und der ihnen verbündeten und sonstigen weltanschaulichen und gegnerischen Mächte« werden ins Deutsche Reich transportiert und eingelagert. Fachleute werden von der nationalsozialistischen Regierung beauftragt, geeignete Räume für die Lagerung der Kunstschätze zu finden. Der Direktor der Staatlichen Gemäldegalerie Dresden, Hans Posse, empfiehlt z.B. in einem Schreiben an den Leiter der Parteikanzlei, Martin Bormann, die Räume des Stiftes Kremsmünster in Oberösterreich, »in denen Neuerwerbungen aller Art untergebracht werden können«.

»Feuernde Geschütze bei der Beschießung von Warschau« von Franz Eichhorst verherrlicht den Krieg

»Rast«: Bäuerliche Idylle von Rudolf Schramm-Zittau, vorgestellt auf der Großen Deutschen Kunstausstellung

Kunst 1941:

Kriegsverherrlichung auch in der Malerei

Das künstlerische Schaffen im Deutschen Reich ist geprägt von der Verherrlichung des Krieges, des Heldentums deutscher Soldaten und der führenden Nationalsozialisten. In Bildern wie »Sie trommeln« von Elk Eber, »Bomben über Engeland« von Georg Lebrecht, »Der 10. Mai 1940« von Paul Padua oder »Im Kampfgebiet des Atlantik« von Claus Bergen wird die Überlegenheit »arischer« Soldaten in klischeehaft-realistischem Ausdrucksstil als quasi naturgegeben interpretiert.

Die Kunst im totalitären Deutschen Reich behandelt mit Vorliebe Themen wie das bäuerliche Leben (»Heimkehr«, Oskar Martin-Amorbach), die NSDAP (»Feier des 9. November an der Feldherrnhalle«, Paul Hermann) und die sog. Volksgemeinschaft (»Arbeiter, Bauern und Soldaten«, Hans Schmitz-Wiedenbrück).

Auch die Darstellung industrieller Arbeit, die durch die Anforderungen an die Rüstungswirtschaft zunehmend ins öffentliche Blickfeld rückt, findet sich in Bildern von NS-Künstlern (»Schwerindustrie«, Ewald Jorzig). Stilistisch orientiert sich die staatlich geförderte Kunst an der deutschen Historienmalerei des 19. Jahrhunderts. Eine Weiterentwicklung der Ausdrucksformen findet nicht statt. Die Plastiken von Bildhauern wie Arno Breker und Josef Thorak, die immer häufiger im Zusammenhang mit vorher festgelegten Standorten konzipiert werden, orientieren sich an antiken Vorbildern, die Bildhauer ergehen sich in monumentalen Figuren-Darstellungen.

In Großbritannien malt Graham Sutherland im Auftrag der britischen Regierung das Kriegsgeschehen. Bilder wie »Devastation- City-Burn-out-Interior« sind inspiriert von den phantastisch-bizarr anmutenden Trümmerlandschaften der durch Luftangriffe zerstörten Städte. Die Werke US-amerikanischer Künstler sind kaum vom Krieg beeinflußt. Morris Graves (»Inner Eye«-Serie) und Marsden Hartley (»Hummerfischer«), zwei Pioniere der modernen Malerei in den USA, wenden sich Motiven aus der Natur zu.

Der erst seit kurzem in New York lebende deutsch-französische Maler Max Ernst (»Napoleon in der Wildnis«) genießt in den USA großes Ansehen; seine surrealistische Malerei beeinflußt Künstler in Nord- und Südamerika wie den Chilenen Roberto Sebastian Antonio Matta, der 1941 bei dem Bild »Listen to Living« mit neuen Formen, Techniken und der Farbgebung experimentiert.

*Das Ölgemälde »Der Gegenpapst« (160× 127 cm), gemalt von Max Ernst in den Jahren 1941 bis 1942, gehört zu den bekannten Werken surrealistischer Malerei; Max Ernst (*2. 4. 1891 in Brühl bei Köln), der zunächst der »Dada«-Gruppe in Köln angehörte, wandte sich unter dem Einfluß von Künstlern wie Giorgio de Chirico in den 20er Jahren wieder der Ölmalerei zu und gehörte 1924 in Paris zu den Gründern des Surrealismus in der bildenden Kunst; nach einem langjährigen Aufenthalt in Paris emigrierte er 1941 in die USA*

Deutsches Läuferas auf Mittelstrecken

24. Mai. Der deutsche Mittelstrekkenläufer Rudolf Harbig vom Dresdener SC verbessert bei einem Abendsportfest in seiner Heimatstadt den seit 1930 bestehenden Weltrekord des Franzosen Jules Ladoumegue auf der 1000 m-Strecke um 2,1 Sekunden auf 2:21,5 min. Seit 1939 hält Harbig die Weltrekorde über 400 m mit 46,0 sec und über 800 m mit 1:46,6 min. Erst vor fünf Tagen ist er in Berlin einen deutschen Rekord über 1000 m (2:24,9 min) gelaufen.
Der am 8. November 1913 geborene Rudolf Harbig hatte erst mit 20 Jahren mit seiner sportlichen Karriere begonnen, als der Freizeitsportler von seinem späteren Trainer Waldemar Gerschler entdeckt wurde. Harbig absolviert ein umfangreicheres Trainingsprogramm als seine Konkurrenz und bereitet sich systematisch auf seine Rennen vor.
Der schärfste Rivale Harbigs im internationalen Sport ist der Italiener Mario Lanzi. Die beiden eng befreundeten Sportler treten in zahlreichen Wettkämpfen, die vom Publikum stets mit Spannung verfolgt werden, gegeneinander an. Knapp einen Monat nach Harbigs Rekordlauf über 1000 m trifft er bei einem Wettkampf in Bologna auf Lanzi, der ihn über 400 m und 800 m besiegt. Kurze Zeit nach diesem Rennen wird Harbig zur Wehrmacht eingezogen. Er fällt 1944 bei Kämpfen in der Ukraine.

Rudolf Harbig (vorn) überholt seinen Konkurrenten Dieter Giesen

Max Schmeling als Fallschirmjäger

31. Mai. In den »Münchner Neuesten Nachrichten« erscheint ein Bericht unter der Überschrift »Fallschirmjäger Max Schmeling erzählt«. Der Kriegsberichterstatter Siegfried Kappe befragt den populären Boxer zu seinen Erlebnissen bei der deutschen Landung in Kreta (→ 20. 5./S. 83).
Schmeling erzählt: »Der Kampf war hart und schwer, denn der Gegner besaß vor allem schwere Waffen, denen wir nichts entgegensetzen konnten. Mancher deutsche Fallschirmjäger hat seinen kühnen Einsatz mit dem Leben bezahlt.« In dem Propaganda-Artikel wird berichtet, wie Schmeling den Kontakt zu seiner Einheit verliert, einen Tag über die Insel irrt, schließlich seine Truppe wiederfindet und weiterkämpft. Tatsächlich verletzte sich Schmeling schon beim Absprung schwer und wurde in ein Kriegslazarett gebracht.
Deutsche Soldaten, die in britische Kriegsgefangenschaft gerieten, erzählen von Schmelings Verletzung, und wenig später erscheinen in der internationalen Presse Berichte über Schmelings Tod. Propagandaminister Joseph Goebbels ordnet daraufhin ein Interview Schmelings mit einem US-Journalisten an. Während des Gespräches macht Schmeling einige zu freimütige Äußerungen, so daß er beim NS-Regime, das den Boxer gern zu Propagandazwecken einsetzte, in Ungnade fällt.

Propagandafoto von Max Schmeling als Fallschirmjäger über Kreta

Szene mit Joseph Cotten (l.), dem 25jährigen Orson Welles (M.) und Partner

Orson Welles in »Citizen Kane«

O. Welles und Ruth Warrick umringt von Statisten

»Citizen Kane« – umstrittenes Filmepos von Orson Welles

1. Mai. In New York wird der Film »Citizen Kane« von Orson Welles uraufgeführt, der die Hauptrolle spielte, das Drehbuch schrieb und Regie führte. Neben ihm spielen Joseph Cotten, Dorothy Comingore und Everett Sloane Hauptrollen.
»Citizen Kane« erzählt in Rückblenden das Leben des Pressezaren Charles Foster Kane, der zu Beginn des Films auf seiner abgeschiedenen Besitzung »Xanadu« in sagenhaftem Reichtum stirbt.
Um den Film entbrannte vor der Premiere eine scharfe Auseinandersetzung zwischen Orson Welles, der Produktionsgesellschaft RKO Radio Pictures und dem Zeitungsverleger William Randolph Hearst, der sein Leben in böswillig verzerrter Form in »Citizen Kane« verfilmt sah, obwohl Welles betonte, die Figur des Charles Foster Kane sei rein fiktiv. Die Zeitungen der Hearst-Gruppe druckten keine Anzeigen und keine Besprechungen der Filme von RKO Radio Pictures.
»Citizen Kane«, setzt in filmtechnischer und -ästhetischer Hinsicht neue Maßstäbe. Der Einsatz von Weitwinkelobjektiven zur Gewinnung von Tiefenschärfe, rasche Perspektivwechsel und der bis ins Detail durchkomponierte Bildaufbau werden von vielen, insbesondere US-Regisseuren nachgeahmt.

Juni 1941

Mo	Di	Mi	Do	Fr	Sa	So
						1
2	3	4	5	6	7	8
9	10	11	12	13	14	15
16	17	18	19	20	21	22
23	24	25	26	27	28	29
30						

1. Juni, Pfingstsonntag

Die deutschen Rundfunkzeitschriften, kirchliche und andere Presseerzeugnisse werden aus Papiermangel eingestellt; zahlreiche Tageszeitungen müssen ihren Umfang verringern.

In Großbritannien wird die Rationierung von Textilien mittels einer Kleiderkarte eingeführt; es ist die erste Rationierungsmaßnahme für Bekleidung in der britischen Geschichte.

Die deutsche Fußballnationalmannschaft gewinnt in Bukarest gegen Gastgeber Rumänien überlegen 4:1.

Im Münchner Dante-Stadion werden die Endspiele der deutschen Hockeymeisterschaften der Damen und Herren ausgetragen; die Spielerinnen der Würzburger Kickers erringen den Titel durch einen 1:0-Sieg über den Wiener Athletic-Club; bei den Herren besiegt der Berliner HC den Bayernmeister TSpG Pasing ebenfalls 1:0.

2. Juni, Pfingstmontag

Der deutsche Reichskanzler und Führer Adolf Hitler und der italienische Ministerpräsident und Duce Benito Mussolini treffen zu Beratungen am Brenner zusammen; Hitler macht keinerlei Andeutungen über den bevorstehenden Angriff auf die Sowjetunion. → S. 102

Die Kämpfe um die griechische Insel Kreta sind abgeschlossen; das Oberkommando der Wehrmacht erklärt, daß die Insel frei von britischen Truppen und der Widerstand der Griechen gebrochen ist (→ 20. 5./S. 83).

Für die 24. Zuteilungsperiode der Lebensmittelrationierung im Deutschen Reich, die bis zum 29. Juni dauert, wird die wöchentliche Fleischration für Erwachsene, Schwer- und Schwerstarbeiter um je 100 g gesenkt. → S. 104

3. Juni, Dienstag

Das finnische Oberkommando erteilt dem deutschen Generalstab die Erlaubnis, Nordfinnland als Aufmarschgebiet für den geplanten Angriff auf die Sowjetunion zu benutzen (→ 26. 6./S. 101).

Reichskanzler Adolf Hitler deutet in einem Gespräch mit Japans Botschafter im Deutschen Reich, Hiroshi Oshima, den geplanten deutschen Angriff auf die Sowjetunion an. Er bietet Japan in dem Gespräch eine Beteiligung an dem Feldzug an (→ 22. 6./S. 98).

Die Wirtschaftsgruppe Gaststättengewerbe im Deutschen Reich teilt in Berlin mit, daß sie ihre Mitglieder angewiesen habe, Frauen in Gaststätten keine Tabakwaren mehr zu verkaufen, da die vorhandenen Bestände männlichen Rauchern vorbehalten bleiben sollen.

4. Juni, Mittwoch

Im niederländischen Doorn stirbt der ehemalige deutsche Kaiser Wilhelm II. (1888–1918); Adolf Hitler läßt zu seinem Begräbnis am 9. Juni ein Ehrenbataillon antreten. → S. 104

5. Juni, Donnerstag

Die deutsche Luftwaffe fliegt Angriffe auf die britische Stadt Birmingham und die ägyptische Stadt Alexandria.

Der Führer und Reichskanzler genehmigt den Zeitplan für das »Unternehmen Barbarossa«, den Angriff auf die UdSSR, in dem Vorbereitungen für die Kriegführung festgelegt sind (→ 22. 6./S. 98).

6. Juni, Freitag

Das Oberkommando der Wehrmacht erläßt die »Richtlinien für die Behandlung politischer Kommissare«, in denen vorgeschrieben wird, daß gefangengenommene sowjetische Kommissare der Roten Armee sofort nach der Gefangennahme zu liquidieren sind. → S. 100

Helmut Degens Klavierkonzert wird von den Berliner Philharmonikern unter der Leitung von Carl Schuricht uraufgeführt.

Im Deutschen Reich wird der Abschuß von Rotwild in landwirtschaftlichen Gebieten auch in der Schonzeit freigegeben, um Wildschäden vorzubeugen, durch die Ernteerträge geschmälert werden.

Der US-amerikanische Weltrekordhalter im Stabhochsprung, Cornelius Warmerdam, verbessert in Compton seinen eigenen Rekord um 12 cm auf 4,72 m.

In der Schweiz stirbt der US-amerikanische Automobilkonstrukteur Louis Chevrolet im Alter von 62 Jahren.

7. Juni, Sonnabend

Der bulgarische König Boris III. stattet dem Führer und Reichskanzler Adolf Hitler einen Besuch auf dem Berchtesgadener Berghof ab; bei den Gesprächen wird festgelegt, daß sich die bulgarische Armee am Angriff auf die Sowjetunion (→ 22. 6./S. 98) nicht beteiligt.

8. Juni, Sonntag

Britische und gaullistische Truppen rükken von Palästina und dem Irak aus in Syrien ein und greifen die dort stationierten Truppen der französischen Vichy-Regierung an (→ 14. 7./S. 120).

In Rothenburg ob der Tauber beginnt eine zweitägige Arbeitstagung der Landdienstinspektion Süd; zu den Aufgaben der Landdienstinspektion gehört es, landwirtschaftlichen Betrieben ausreichend Arbeitskräfte zur Verfügung zu stellen und einer Landflucht in die industriellen Ballungsräume vorzubeugen. → S. 105

In Leipzig wird das Konservatorium im Rahmen eines Festaktes durch Reichserziehungsminister Bernhard Rust in eine Staatliche Musikhochschule umgewandelt; die Ausbildung von Musikerziehern soll durch die staatliche Oberaufsicht über die musikpädagogische Ausbildung vereinheitlicht werden.

In Luzern wird die bis zum 13. Juli dauernde 20. Nationale Kunstausstellung der Schweiz eröffnet.

Der italienische Duce und Ministerpräsident, Benito Mussolini, empfängt in Rom den deutschen Schauspieler Emil Jannings, der anläßlich der italienischen Premiere des Films »Ohm Krüger« (→ 4. 4./S. 74) in der italienischen Hauptstadt weilt.

Der F.C. Lugano wird zum zweiten Mal (nach 1938) Schweizer Fußballmeister.

9. Juni, Montag

In der Weisung Nr. 31 regelt Adolf Hitler die Befehlsverhältnisse auf dem Balkan; Generalfeldmarschall Wilhelm List wird darin zum »obersten Vertreter der deutschen Wehrmacht auf dem Balkan« ernannt.

10. Juni, Dienstag

Britische Truppen erobern Assab, den letzten italienischen Hafen am Roten Meer.

Durch einen Erlaß von Reichserziehungsminister Bernhard Rust werden die Lehrer im Deutschen Reich verpflichtet, während der Sommerferien höchstens drei Wochen Urlaub zu nehmen; in der restlichen Zeit müssen sie einen Pflichtdienst beim Luftschutz, in der Lehrerfortbildung oder bei der NSDAP leisten. → S. 104

Einzelhandelsgeschäften im Deutschen Reich wird es nicht mehr gestattet, ihre Schaufenster mit Waren zu dekorieren, die unverkäuflich oder bereits verkauft sind; diese bislang verbreitete Praxis hatte zu heftigem Unmut bei der Kundschaft geführt.

Das am 6. April 1941 für das Deutsche Reich verhängte Tanzverbot wird gelokkert; ab sofort dürfen an drei Tagen in der Woche Tanzvergnügen veranstaltet werden, was in der Bevölkerung als Indiz gegen einen bevorstehenden Rußlandfeldzug gewertet wird, um den es vielerorts Gerüchte gegeben hat (→ 8. 5./S. 82).

Die wegen der Rassengesetzgebung im Deutschen Reich in die Vereinigten Staaten emigrierte Fechterin Helene Mayer wird in New York US-amerikanische Meisterin im Florettfechten. → S. 107

11. Juni, Mittwoch

Die deutsche Wehrmachtsführung gibt einen zusammenfassenden Bericht über das Kriegsgeschehen seit Jahresbeginn ab. → S. 102

Der Entwurf einer Weisung Nr. 32, die von Führer und Reichskanzler Adolf Hitler jedoch nicht unterzeichnet wird, sieht für die Zeit nach Abschluß des Angriffs auf die Sowjetunion Eroberungen im Nahen Osten, in Nordwestafrika und die Einnahme Gibraltars vor.

12. Juni, Donnerstag

Im Münchner »Führerbau« treffen der rumänische Ministerpräsident Ion Antonescu und Adolf Hitler zusammen, wobei eine Einigung über eine Beteiligung Rumäniens am Krieg gegen die UdSSR erzielt wird (→ 22. 6./S. 100).

Die britische Luftwaffe fliegt ihren bislang schwersten Angriff auf Ziele im Ruhrgebiet; das Oberkommando der Wehrmacht spricht von »Verlusten an Toten und Verwundeten«.

Reichsinnenminister Wilhelm Frick ordnet Namensänderungen für einige Städte in den vom Deutschen Reich annektierten Ostgebieten an; die Stadt Znin erhält den Namen Dietfurt, Pleck heißt ab sofort Schröttersburg.

13. Juni, Freitag

Die sowjetische Nachrichtenagentur TASS dementiert in den letzten Tagen zunehmend Nachrichten über deutsche Truppenkonzentrationen an der deutsch-sowjetischen Grenze.

14. Juni, Sonnabend

Der US-amerikanische Präsident Franklin Delano Roosevelt erläßt eine Verordnung, die das »Einfrieren« aller deutscher Guthaben in den Vereinigten Staaten vorsieht; zwei Tage später fordert er den deutschen Geschäftsträger in Washington auf, alle deutschen Konsulate in den USA zu schließen. → S. 105

Die Einzelhandelspreise in Berlin liegen für 5 kg Kartoffeln bei 0,47 Reichsmark (RM), für 1 Liter Milch bei 0,26 RM, für ein Ei bei 0,12 RM.

Die Kasseler Lokomotivenfabrik Henschel & Sohn GmbH liefert die 25 000. Lokomotive an die Deutsche Reichsbahn.

15. Juni, Sonntag

Im Dogenpalast in Venedig unterzeichnet der kroatische Ministerpräsident Ante Pavelić den Beitritt Kroatiens zum Dreimächtepakt, einem 1940 zwischen Italien, Japan und dem Deutschen Reich geschlossenen Abkommen zur gegenseitigen Unterstützung im Krieg. → S. 102

Eine Verordnung der deutschen Reichsregierung dehnt die am 15. September 1935 erlassenen Nürnberger Gesetze, die Juden zu Bürgern minderen Rechts erklären, auch auf die annektierten Gebiete Osteuropas aus.

Die Reichsgesundheitsführung ordnet für Sachsen die organisierte Rheumabekämpfung an, da allein 1940 dort 2 858 000 Arbeitstage durch Rheumaerkrankungen ausfielen.

Mit zahlreichen Festveranstaltungen wird in Hannover der Deutsch-Japanische Freundschaftstag begangen, der die engen Beziehungen der beiden Staaten würdigen soll.

Im Wiener Praterstadion besiegt die deutsche Fußballnationalmannschaft die Mannschaft aus Kroatien 5:1.

Kriegs- und Soldatenbilder beherrschen die Titelseiten deutscher Illustrierten wie hier der Zeitschrift »Die Woche« in den Tagen vor dem deutschen Angriff auf die Sowjetunion; sie sollen die Bevölkerung auf die bevorstehenden Ereignisse einstimmen

16. Juni, Montag

Die Abteilung Schrifttum des Reichspropagandaministeriums gibt bekannt, daß Vertrieb und Verleih aller Werke der norwegischen Literaturnobelpreisträgerin von 1928, Sigrid Undset, für das Einflußgebiet des Deutschen Reiches verboten sind. →S. 106

17. Juni, Dienstag

Adolf Hitler erteilt den endgültigen Befehl zum Beginn des Angriffs auf die Sowjetunion am 22. Juni um 3.00 Uhr (→22. 6./S. 98).

Finnland gibt seinen Austritt aus dem Völkerbund bekannt. Die finnische Armee bereitet sich schon seit Monaten auf die Teilnahme am Krieg gegen die UdSSR vor (→26. 6./S. 101).

Die »Neue Zürcher Zeitung« berichtet, daß die französische Regierung 140 Franc für 100 kg Weintraubenkerne zahlt, aus denen Seife, Farben und Lacke hergestellt werden können.

Der US-amerikanische Leichtathlet Lester Steers verbessert in Los Angeles den Weltrekord im Hochsprung um 2 cm auf 2,11 m.

18. Juni, Mittwoch

In Ankara unterzeichnen der deutsche Botschafter Franz von Papen und der türkische Außenminister Şükrü Saracoğlu einen deutsch-türkischen Freundschaftsvertrag, in dem sich beide Staaten gegenseitig die Unverletzlichkeit ihrer Staatsgrenzen bestätigen. →S. 102

Joe Louis, Schwergewichtsweltmeister im Boxen, besiegt in New York seinen Herausforderer Billy Conn durch K.o. in der 13. Runde (→29. 9./S. 161).

19. Juni, Donnerstag

Die deutsche Kriegsmarine beginnt mit der Verminung der Ostsee, um die UdSSR von Versorgungstransporten über diesen Seeweg abzuschneiden.

Das Auswärtige Amt in Berlin teilt dem US-amerikanischen Botschafter in Berlin als Reaktion auf die deutschen Konsulatsschließungen in den USA am 16. Juni mit, daß alle US-Konsulate und die Niederlassungen der American Express Company im Einflußgebiet des Deutschen Reiches bis zum 15. Juli zu schließen sind (→14. 6./S. 105).

Der Reichskommissar für die besetzten Niederlande, Arthur Seyß-Inquart, verfügt die Einziehung aller aus Zinn, Kupfer, Blei und Nickel hergestellten Gegenstände bis auf Denkmäler, Orgeln und Kunstgegenstände.

In Schweden wird in beiden Parlamentskammern eine Änderung des Verfassungsgesetzes angenommen, die Einschränkungen der Pressefreiheit und die Einführung von Pressezensur im Kriegsfall vorsieht.

Der Braunschweiger Dom wird nach fünfjährigen Umbauarbeiten mit einem Festakt als kulturelle Veranstaltungsstätte eröffnet. →S. 105

20. Juni, Freitag

Reichspropagandaminister Joseph Goebbels gibt den Komponisten Norbert Schultze und Herms Nil den Auftrag zur Vertonung des u.a. von Walter Tietzler und Hans-Wilhelm Kulenkampf geschriebenen »Lied vom Feldzug im Osten« in Auftrag; auf ausdrücklichen Wunsch des Führers und Reichskanzlers Adolf Hitler wird das Stück »Les Préludes« von Franz von Liszt in die Melodie eingearbeitet.

In Samarkand (Sowjetunion) finden russische Archäologen das Grab des mongolischen Eroberers Tamerlan, in dem sich dessen einbalsamierter und gut erhaltener Leichnam befindet.

In Berlin wird der Film »Wir erinnern uns gern« uraufgeführt, der aus Szenen von 14 erfolgreichen deutschen Filmen zusammengestellt ist, u.a. »Viktor und Viktoria«, »Der Tanz auf dem Vulkan«, »Das indische Grabmal« und »Es leuchten die Sterne«.

In Palo Alto stellt Archie Harris aus den USA einen Weltrekord im Diskuswerfen mit 53,26 m auf. Bisher hatte der Deutsche Willi Schröder seit 1935 mit 53,10 m den Rekord inne.

21. Juni, Sonnabend

Bei den geheimen Verhandlungen zwischen japanischen und US-amerikanischen Regierungsvertretern (→16. 4./S. 68) stellt US-Außenminister Cordell Hull für eine Übereinkunft die Bedingung, daß Japan aus dem Dreimächtepakt mit Italien und dem Deutschen Reich austreten und eine Friedensregelung mit China finden müsse; Japan lehnt diese Forderungen kategorisch ab.

Die syrische Hauptstadt Damaskus wird von britischen Streitkräften und freifranzösischen Truppen des Generals Charles de Gaulle besetzt, der gegen die im unbesetzten Teil Frankreichs regierende Vichy-Regierung kämpft, die mit dem Deutschen Reich zusammenarbeitet (→14. 7./S. 120).

König Peter von Jugoslawien trifft nach seiner Flucht vor den deutschen Besatzungstruppen in der britischen Hauptstadt London ein (→6. 4./S. 64).

22. Juni, Sonntag

Ohne vorherige Kriegserklärung greift die deutsche Wehrmacht die UdSSR an. →S. 98

Rumänien und Italien erklären der UdSSR den Krieg. →S. 100

Im Endspiel um die deutsche Fußballmeisterschaft in Berlin verliert der FC Schalke 04 trotz einer 3:0-Führung 3:4 gegen Rapid Wien, das als erste Mannschaft der »Ostmark« den Meistertitel erringt. →S. 107

23. Juni, Montag

Die Slowakei unterstützt die deutsche Wehrmacht mit eigenen Truppenkontingenten im Krieg gegen die Sowjetunion (→22. 6./S. 98).

Der britische Premierminister Winston Churchill bezeichnet die Sowjetunion in einer Rundfunkansprache ungeachtet der ideologischen Differenzen als Verbündete (→22. 6./S. 100).

24. Juni, Dienstag

Das Reichspropagandaamt ordnet an, daß künftig US-amerikanische Filme nicht mehr in der Presse besprochen werden dürfen.

Die Reichsstelle für Bekleidung im Deutschen Reich verfügt Einschränkungen für die Herstellung vielfarbiger Stoffe, da sie zu kostspielig seien.

Der musikalische Liebesfilm »Dreimal Hochzeit« mit den Hauptdarstellern Marte Harell, Willy Fritsch, Theo Lingen und Hedwig Bleibtreu hat in Berlin Premiere; die Regie führte Géza von Bolváry.

25. Juni, Mittwoch

In der litauischen Hauptstadt Kowno (Kaunas) beginnen kurz nach der Besetzung durch deutsche Truppen Pogrome, denen 3800 Juden zum Opfer fallen.

Schweden erklärt sich im Krieg zwischen dem Deutschen Reich und der Sowjetunion für neutral, gestattet jedoch die Überführung deutscher Truppen auf schwedischen Eisenbahnen.

Gustaf Gründgens spielt die Titelrolle in dem Film »Friedemann Bach«, der in Dresden uraufgeführt wird; neben Gründgens spielen Eugen Klöpfer, Wolfgang Liebeneiner und Otto Wernicke unter der Regie von Traugott Müller Hauptrollen in dem Film über den Sohn Johann Sebastian Bachs. →S. 107

26. Juni, Donnerstag

Finnland erklärt der Sowjetunion den Krieg unter dem Vorwand, daß es von Truppen der UdSSR angegriffen worden sei. →S. 101

Argentinien und Paraguay schließen in Buenos Aires einen Wirtschaftsvertrag, der Maßnahmen zur Förderung des Handels zwischen den beiden südamerikanischen Staaten vorsieht.

27. Juni, Freitag

Nach angeblichen Luftangriffen sowjetischer Flugzeuge auf Ungarn erklärt die ungarische Regierung der UdSSR den Krieg. Mehrere ungarische Brigaden beginnen mit dem Vormarsch in Galizien.

Der Generalsekretär der spanischen Einheitspartei Falange, José Luis de Arrese, ruft zum Kreuzzug gegen die Sowjetunion auf, ohne daß Spanien der UdSSR den Krieg erklärt; bereits zu Beginn des deutschen Angriffs auf die UdSSR hatte Spanien die Blaue Division zur Unterstützung der deutschen Truppen an die Ostfront entsandt (→16. 7./S. 116).

Der Kriegsfilm »Stukas« von Karl Ritter wird in Berlin uraufgeführt; die Hauptdarsteller des von der Luftwaffe geförderten Films sind Carl Raddatz, Albert Hehn, Ernst von Klipstein und Marina von Ditmar. →S. 107

28. Juni, Sonnabend

In Norwegen wird eine Norwegische Legion aufgestellt, die auf deutscher Seite gegen die Sowjetunion kämpfen soll; auch in den Niederlanden, Dänemark und Schweden werden Freiwilligeneinheiten aufgestellt (→16. 7./S. 116).

Im Mittelabschnitt der Ostfront erobern deutsche Truppen Brest-Litowsk, im Südabschnitt kann Kowel eingenommen werden (→22. 6./S. 98).

Die Stadt München veranstaltet für rund 25 000 Kinder von Soldaten, Verwundeten und Gefangenen ein Kinderfest im Ausstellungspark.

29. Juni, Sonntag

In einem Geheimerlaß bestimmt der Führer und Reichskanzler Adolf Hitler den Reichsluftfahrtminister Hermann Göring zu seinem Nachfolger im Falle seines Todes. →S. 103

Das Zentralkomitee der Kommunistischen Partei der UdSSR erklärt die Abwehr des deutschen Angriffs zum »Großen vaterländischen Krieg«. →S. 101

In der Ukraine wird mit der Getreideernte begonnen; das Korn wird sofort ins Inland gebracht, um es vor dem Zugriff der vorrückenden deutschen Wehrmachtsverbände zu retten.

In New York stirbt der frühere polnische Ministerpräsident und weltbekannte Pianist Ignacy Jan Paderewski im Alter von 80 Jahren. →S. 106

30. Juni, Montag

Britische Bomber führen erstmals einen Tagesangriff auf Kiel durch.

Adolf Hitler begibt sich in sein ostpreußisches Hauptquartier »Wolfsschanze«, rund 14 km von Rastenburg entfernt.

Die französische Vichy-Regierung, die im unbesetzten Teil Frankreichs mit Duldung der deutschen Reichsregierung regiert, bricht die diplomatischen Beziehungen zur Sowjetunion ab. Gleichzeitig beginnt sie mit der Aufstellung einer Truppe, die unter deutschem Kommando an der Ostfront eingesetzt werden soll.

Die Heeresgruppe Süd unter Generalfeldmarschall Gerd von Rundstedt erobert Lemberg (Lwow), wo die Organisation Ukrainischer Nationalisten einen unabhängigen Staat proklamiert.

In der Sowjetunion wird ein staatliches Verteidigungskomitee gegründet, dessen Vorsitz der sowjetische Regierungschef Josef W. Stalin einen Tag später übernimmt.

Das Wetter im Monat Juni

Station	Mittlere Lufttemperatur (°C)	Niederschlag (mm)	Sonnenscheindauer (Std.)
Aachen	16,9 (15,9)	76,4 (77)	207,3 (200)
Berlin	17,6 (16,5)	45,0 (62)	270,7 (244)
Bremen	17,3 (16,0)	21,5 (59)	265,7 (218)
München	16,0 (15,8)	73,2 (121)	244,5 (201)
Wien	— (17,6)	— (68)	— (246)
Zürich	17,1 (15,5)	89,0 (138)	244,0 (220)

( ) Langjähriger Mittelwert für diesen Monat
– Wert nicht ermittelt

Die französische Ausgabe der deutschen Zeitschrift »Signal«, die vor allem im deutsch besetzten Teil Frankreichs vertrieben wird, berichtet mit dem Foto eines gegen Sandsturm geschützten Soldaten über den Kriegsschauplatz in Nordafrika, auf dem die Deutschen ihre ersten Erfolge verzeichnen

Panzer III, wichtiger Bestandteil der sog. Panzerwaffe, die großen Anteil am schnellen Vormarsch der deutschen Truppen hat

Die deutsche Wehrmacht ist längst ni

»Unternehmen Barbarossa« – der Überfall auf die UdSSR

22. Juni. Um 3.15 Uhr greifen deutsche Wehrmachtsverbände auf breiter Front zwischen der Ostsee und den Karpaten ohne Kriegserklärung die Sowjetunion an. 118 Infanteriedivisionen, 15¼ motorisierte Divisionen und 19 Panzerdivisionen mit insgesamt 3 050 000 Soldaten sind an dem Überfall beteiligt.

Sie sind in drei Heeresgruppen aufgeteilt, die durch einen schnellen Vormarsch große sowjetische Truppenverbände einkreisen und tief in sowjetisches Gebiet eindringen sollen. Die Heeresgruppe Nord unter Generalfeldmarschall Wilhelm Ritter von Leeb stößt von Ostpreußen aus durch die baltischen Staaten auf Leningrad vor; die Heeresgruppe Mitte unter Generalfeldmarschall Fedor von Bock marschiert entlang der Linie Warschau-Moskau gegen Minsk und Smolensk, und die Heeresgruppe Süd unter Generalfeldmarschall Gerd von Rundstedt hat die Aufgabe, die sowjetischen »Kräfte in Galizien und in der Westukraine noch westlich des Dnjepr zu vernichten und die Dnjepr-Übergänge bei und unterhalb Kiew frühzeitig in die Hand zu nehmen«. Der deutsche Angriff unter dem Tarnnamen »Unternehmen Barbarossa« wird unterstützt von starken Luftstreitkräften. 1945 deutsche Flugzeuge bombardieren wichtige militärische Einrichtungen in der Sowjetunion. Am ersten Angriffstag werden über 1200 sowjetische Flugzeuge vernichtet.

Münchner Neueste Nachrichten

Wirtschaftsblatt, Alpine und Sport-Zeitung, Theater- und Kunst-Chronik

94. Jahrgang — Montag, 23. Juni 1941 — Nr. 174

Schicksalsentscheidung im Osten

Die deutsche Antwort auf den russischen Verrat

Flugplätze zerstört, viele russische Maschinen am Boden vernichtet

Der erste planmäßige Schlag

Sachwalter Europas

Volle Solidarität Italiens

Erhebliche Unsicherheit in London

Auf der Titelseite berichten die »Münchner Neueste Nachrichten« vom 23. 6. über den Rußlandfeldzug

Die Sowjetunion wird von dem Überfall überrascht, obwohl der Regierung in Moskau die deutschen Kriegsvorbereitungen nicht verborgen geblieben sind. Der britische Geheimdienst hatte die sowjetische Führung mehrfach über die deutschen Pläne unterrichtet. Auf sowjetischer Seite stehen 88 Infanteriedivisionen, 7 Kavalleriedivisionen und 54 Panzer- und motorisierte Divisionen, die den vorrückenden deutschen Truppen zähen Widerstand leisten. Sie verzögern dadurch den geplanten schnellen Vormarsch der deutschen Wehrmacht, die trotz früher Erfolge nicht so schnell vorankommt wie geplant.

Bis zum Ende des Monats erobern die Deutschen u. a. die Städte Riga, Minsk und Dünaburg (Daugawpils). Ihnen folgen Einsatzgruppen der Sicherheitspolizei und des Sicherheitsdienstes, deren wichtigste Aufgabe die systematische Ermordung aller Juden ist (→ 31. 7./S. 117), und ein Wirtschaftsstab, der die wirtschaftlichen Kapazitäten in den eroberten Gebieten für das Deutsche Reich nutzbar machen soll. Die NS-Führung will die besetzten Gebiete sofort vollständig kontrollieren.

Führer und Reichskanzler Adolf Hitler teilt der deutschen Bevölkerung in einem Aufruf den Angriff auf die UdSSR mit. Über die Gründe des neuen Krieges sagt er u. a.: »Das bolschewistische Moskau ist im Begriff, dem nationalsozialistischen Deutschland in seinem Existenzkampf in den Rücken zu fallen. Deutschland ist nicht gewillt, dieser ernsten Bedrohung seiner Ostgrenze tatenlos zuzusehen«. Den Berichten des Sicherheitsdienstes der SS zufolge hat sich in der deutschen Bevölkerung die »Überzeugung durchgesetzt, daß die Reichsregierung nicht anders handeln konnte« (→ 5. 7./S. 112).

motorisiert, sondern u.a. noch auf Pferdegespanne für die Artillerie angewiesen

Markierung der deutsch-sowjetischen Grenze auf ehemals polnischem Gebiet; seit 22. Juni wird diese Linie von deutschen Truppen überschritten

Deutscher Unteroffizier vor einem brennenden russischen Bauernhaus; die Bewohner haben vor ihrer Flucht ihre Habe selbst in Brand gesteckt

Kradmelder haben im Feldzug eine wichtige Funktion: da die einzelnen Bataillone häufig nur unzureichend mit Sprechfunk ausgerüstet sind, müssen sie direkt an der Front Meldungen zwischen den Truppenteilen der deutschen Wehrmacht überbringen; ausgerüstet mit Motorrädern wagen sie sich durch unwegsames Gelände, bewaffnet mit einfachen Karabinern; die Gefahr, feindlichen Truppen in die Hände zu fallen, verbunden mit oft ungenauem Kartenmaterial, machen dieses Unternehmen zu einem ebenso anstrengenden wie gefährlichen Unterfangen

Die Propagandazeitschrift »Signal« illustriert mit diesem Bild die deutsche Überlegenheit gegenüber der sowjetischen Armee. Vor allem die Panzerstreitkräfte sind ein beliebtes Thema der deutschen Propaganda.

Ermordung der politischen Kommissare

6. Juni. Das Oberkommando der Wehrmacht erläßt »Richtlinien für die Behandlung politischer Kommissare«, den sog. Kommissarbefehl. Die Richtlinien sehen die sofortige Ermordung gefangengenommener politischer Leiter innerhalb der Roten Armee im Krieg mit der Sowjetunion (→22. 6./S. 98) vor.
Dieser Befehl wird nur den Truppenkommandanten zugänglich gemacht, die ihn den untergeordneten Rängen mündlich weitergeben. Der Oberbefehlshaber des Heeres, Generalfeldmarschall Walter von Brauchitsch, verfügt in Ergänzung zum Kommissarbefehl, daß »die Erledigung der politischen Kommissare bei der Truppe nach ihrer Aussonderung außerhalb der eigentlichen Kampfzone unauffällig zu erfolgen« habe.

Der »Kommissarbefehl« (Auszug)
»Im Kampf gegen den Bolschewismus ist mit einem Verhalten des Feindes nach den Grundsätzen des Völkerrechts nicht zu rechnen. Insbesondere ist von den Kommissaren aller Art als den eigentlichen Trägern des Widerstandes eine haßerfüllte, grausame und unmenschliche Behandlung unserer Gefangenen zu erwarten...
In diesem Kampf ist Schonung und völkerrechtliche Rücksichtnahme diesen Elementen gegenüber falsch. Sie sind eine Gefahr für die eigene Sicherheit und die Befriedung der eroberten Gebiete. Sie sind daher, wenn im Kampf oder Widerstand ergriffen, grundsätzlich sofort mit der Waffe zu erledigen«.

Der Krieg gegen die Sowjetunion wird von der NS-Führung mit dem Ziel der Eroberung neuen »Lebensraumes« geführt und als ideologischer Kampf zwischen den sich in »Todfeindschaft« gegenüberstehenden Ideologien des Bolschewismus und des Nationalsozialismus. Schon am 30. März hatte Führer und Reichskanzler Adolf Hitler bei einer Einweisung der Oberbefehlshaber der drei Waffengattungen als Kriegsziel die »Vernichtung der bolschewistischen Kommissare und der kommunistischen Intelligenz« formuliert. Die Liquidierung politischer Funktionsträger in der UdSSR erfolgt in Zusammenarbeit mit der Wehrmachtsführung, allerdings verweigern in einigen Fällen einfache Soldaten und Offiziere unterer Ränge die Exekutionsbefehle.

Demokratien auf seiten der Sowjetunion im Krieg gegen Hitler

22. Juni. Am Tag des deutschen Angriffs auf die Sowjetunion erklären Italien und Rumänien der UdSSR den Krieg; Ungarn, die Slowakei und Finnland (→26. 6./S. 101) folgen in den nächsten Tagen. Regierungen, die eng mit dem NS-Regime zusammenarbeiten, brechen die diplomatischen Beziehungen zur UdSSR ab. Großbritannien erklärt die UdSSR dagegen zum Verbündeten, und Exilregierungen von Ländern, die von deutschen und – wie Polen – auch von sowjetischen Truppen besetzt wurden, nehmen Kontakt zur Moskauer Regierung auf. Die USA beginnen mit Materiallieferungen an die UdSSR, während Japan sich vorerst nicht in den Krieg einmischt.

Der rumänische Militärdiktator Ion Antonescu verkündet in einem Aufruf an die Bevölkerung: »Vor der rumänischen Geschichte habe ich heute die Verantwortung übernommen, durch Gerechtigkeit und Ehrenhaftigkeit das zurückzugewinnen, was uns durch Verrat und gewaltsame Demütigung geraubt wurde, und habe beschlossen, den heiligen Kampf für die Wiedergewinnung der Rechte der Nation zu beginnen... Zum heiligen Kampf gegen die Schänder der Zivilisation, der Gerechtigkeit und unsrer eigenen Rechte [gemeint ist die Sowjetunion]!... Zum großen und gerechten Kampf an der Seite des großen deutschen Volkes für eine glückliche Zukunft der Menschen!«
Die Regierung des deutschbesetzten Dänemark veröffentlicht am 26. Juni eine Erklärung zum Abbruch der dänisch-sowjetischen Beziehungen: »Mit dem Krieg, der zwischen Deutschland und der Sowjetunion ausgebrochen ist, ist die große kriegerische Auseinandersetzung in Europa in eine neue Phase eingetreten, die die Aufmerksamkeit Dänemarks in einem ganz besonderen Grade beanspruchen muß, denn Deutschland hat nunmehr im Osten seine Waffen gegen eine Macht gerichtet, die Jahre hindurch eine Bedrohung der Wohlfahrt und des Gedeihens der nordischen Staaten bedeutete.«
In einer Rundfunkansprache erklärt der britische Premierminister Winston Churchill am 22. Juni: »Hitler ist ein Ungeheuer von unersättlicher Bosheit in seiner Blut- und Plünderungsgier. Nicht zufrieden damit, ganz Europa unter seinem Absatz zu haben oder es in verschiedenen Formen abscheulicher Unterwürfigkeit unter Terror zu halten, muß er jetzt sein Werk der Schlächterei und Zerstörung zu den Volksmengen Rußlands und Asiens tragen... Niemand ist ein konsequenterer Gegner des Kommunismus gewesen als ich. Ich will kein Wort widerrufen... Aber alles dies verblaßt vor dem Schauspiel, das sich jetzt entfaltet... Jedermann, der gegen den Nationalsozialismus kämpft, erhält unsere Hilfe. Jeder, der mit ihm marschiert, ist unser Gegner... Wir werden Rußland und dem russischen Volk alles geben, was in unseren Kräften liegt. Wir haben Rußland alle technische und wirtschaftliche Hilfe, die ihm von Nutzen sein kann, angeboten.«
Der Unterstaatssekretär der US-amerikanischen Regierung, Sumner Welles, erklärt am 23. Juni: »Für das amerikanische Volk [sind] die Grundsätze und Lehren der kommunistischen Diktatur ebenso unerträglich und ihren eigenen Anschauungen ebenso fremd, wie die Grundsätze und Lehren der nationalsozialistischen Diktatur. Keine der beiden Arten aufgezwungenen Herrschertums kann oder wird irgendwelche Unterstützung oder Geltung in dem Leben oder Regierungssystem des amerikanischen Volkes haben. Aber die Frage, die sich jetzt dem amerikanischen Volke unmittelbar präsentiert, ist, ob der Plan der Welteroberung und der grausamen, brutalen Versklavung aller Völker sowie der schließlichen Zerstörung der letzten freien Demokratien, ein Plan, den Hitler jetzt verzweifelt durchzuführen versucht, erfolgreich aufgehalten und zunichte gemacht werden kann... Nach Ansicht der amerikanischen Regierung wird... jede Verteidigung gegen den Hitlerismus... den schließlichen Untergang der gegenwärtigen deutschen Führer beschleunigen und sich für unsere eigene Abwehr von Vorteil erweisen.«

Vom Verbündeten zum Kriegsgegner

Der deutsche Angriff auf die Sowjetunion beendet die Zusammenarbeit beider Staaten, die im Nichtangriffspakt vom 23. August 1939 und der gemeinschaftlichen Zerschlagung Polens im September 1939 ihre Höhepunkte fand.
Seit der Gründung der Sowjetunion 1922 versuchte deren Führung, offene Konfrontationen mit anderen Mächten zu vermeiden. Ihr Hauptziel war es zunächst, die UdSSR innenpolitisch zu festigen. Der deutsch-sowjetische Nichtangriffspakt, in dessen geheimem Zusatzprotokoll territoriale Absprachen getroffen wurden, sollte der deutschen Regierung den Rükken freihalten im Krieg gegen die Westmächte. Die UdSSR versprach sich Gebietsgewinne und den Schutz ihrer Landesgrenzen. Im Juli 1940 hatte dieses Abkommen für die NS-Regierung keinen Sinn mehr, da das ursprüngliche Vorhaben, die Niederwerfung Großbritanniens, vorerst gescheitert war. Führer und Reichskanzler Adolf Hitler ordnete die Planung des Überfalls auf die UdSSR an. Dieser Staat war für die Briten der einzig mögliche Bündnispartner und für das Deutsche Reich die einzige Bedrohung auf dem europäischen Festland. Durch einen Sieg über die UdSSR will Hitler auch die britische Regierung zu einer Kapitulation oder wenigstens einem Bündnisvertrag zwingen.

Stalin (l.) und der deutsche Außenminister Ribbentrop 1939

Carl Gustaf Emil Freiherr von Mannerheim *(*4. 6. 1867 in Villnäs bei Turku), 74jähriger Oberbefehlshaber der finnischen Armee, im Arbeitszimmer seines Hauptquartiers an der finnisch-sowjetischen Front; Mannerheim, der bereits am finnischen Unabhängigkeitskrieg von 1917/18 teilgenommen hatte, wurde 1933 zum finnischen Marschall ernannt und ist der populärste Heerführer seines Landes*

Finnen verkünden Krieg gegen Sowjetunion

26. Juni. Die finnische Regierung erklärt der Sowjetunion den Krieg (→11. 11./S. 182). Sie begründet diese Maßnahme mit sowjetischen Luftangriffen auf finnische Städte.
Die Streitkräfte Finnlands unter dem Befehl von Marschall Carl Gustaf Emil Freiherr von Mannerheim sind hauptsächlich im Süden des Landes eingesetzt, wo sie beiderseits des Ladogasees in Richtung Onegasee, Swir und Karelische Landenge vorstoßen. In Nord- und Mittelfinnland stehen deutsche Wehrmachtsverbände, die von einigen finnischen Truppenverbänden unterstützt werden. Ihr Ziel ist die Unterbrechung der sowjetischen Eisenbahnlinie nach Murmansk, dem einzigen sowjetischen Nordmeerhafen, der auch im Winter eisfrei ist.
Finnlands Ziele im Krieg gegen die Sowjetunion sind die Rückgewinnung der im Moskauer Frieden vom 12. März 1940 abgetretenen Gebiete und die Erhaltung seiner Unabhängigkeit. Nach der Niederlage im finnisch-sowjetischen Krieg 1939/40 trat Finnland im Moskauer Vertrag wichtige Gebiete an die UdSSR ab. Es verlor rund ein Zehntel seines wertvollsten Territoriums und seiner Rohstoffe. Zudem war Finnland nach dem Friedensschluß ständig von einer Invasion sowjetischer Truppen bedroht.
Im Oktober 1940 machten Vertreter der deutschen Führung erstmals finnischen Regierungsvertretern gegenüber Andeutungen über einen deutschen Angriff auf die UdSSR. Im Mai 1941 führten deutsche und finnische Militärs Gespräche über die Kriegführung. Finnland ist als Lieferant von Erzen für das Deutsche Reich ein wichtiger Handelspartner, außerdem ermöglicht es eine Kriegführung gegen die Sowjetunion von Norden her, ohne daß die Wehrmachtsführung große Truppenkontingente bereitstellen muß.

Finnische Einheit schiebt Sturmboote in einen See bei Vuokkinen; die Boote sind für einen schnellen und wirkungsvollen Vorstoß über Wasser unentbehrlich

Marschall Semjon K. Timoschenko *(*1895) gehört zu den drei sowjetischen Heerführern, die einzelne Frontabschnitte der Landesgrenze verteidigen sollen; er übernimmt im Juli 1941 das Oberkommando über die an der sowjetischen Westfront stationierten Truppen; bereits im Mai 1940 hatte er das Volkskommissariat für Verteidigung geleitet und für eine Steigerung der Disziplin der bis dahin schlecht organisierten Roten Armee gesorgt*

Rote Armee auf Angriff nicht vorbereitet

29. Juni. Das Zentralkomitee der Kommunistischen Partei der Sowjetunion in Moskau erklärt in einem Aufruf an die Bevölkerung des Landes die Abwehr des deutschen Angriffs (→ 22. 6./S. 98) zum »Großen vaterländischen Krieg«.
Obwohl die sowjetische Führung über die deutschen Kriegspläne informiert war, ist die Rote Armee völlig unvorbereitet. Eine planmäßige Abwehr der vorrückenden deutschen Truppen kommt in den ersten Kriegstagen nicht zustande. Trotz hartnäckigem Widerstand sowjetischer Einheiten gelingt es den Wehrmachtsverbänden, tief in sowjetisches Gebiet vorzustoßen. Sie zerstören dabei wichtige Befehls- und Kommunikationssysteme der Roten Armee. Da der Generalstab und das Volkskommissariat für Verteidigung nicht in der Lage sind, die Auflösung ihrer Verteidigungslinien aufzuhalten, wird die Armeeführung vollständig umgebildet und neu organisiert (→ 7. 8./S. 135).

Finnisches Infanterieregiment geht mit Brandbomben gegen sowjetisches Dorf am Rande der Karelischen Wälder vor

Keine Andeutung über Kriegspläne

2. Juni. Führer und Reichskanzler Adolf Hitler trifft am Brenner zum zehnten Mal mit dem italienischen Ministerpräsidenten und Duce, Benito Mussolini, zusammen. Bei den mehrstündigen Gesprächen, an denen Regierungsdelegationen beteiligt sind, geht es um den Abschluß der Eroberung der griechischen Insel Kreta (→ 20. 5./S. 83) und andere militärische Fragen.

In der deutschen Presse wird über das Treffen berichtet, daß es von »herzlichster Freundschaft getragen« war. Hitler macht Mussolini gegenüber keine Andeutung von dem bevorstehenden deutschen Angriff auf die UdSSR (→ 22. 6./S. 98).

Herzlicher Empfang am Brenner als Auftakt zu einer mehrstündigen Unterredung: Adolf Hitler (l.) und der italienische Diktator Benito Mussolini

Deutscher Vasall Kroatien

15. Juni. Ante Pavelić, Staatschef des am 10. April in der von deutschen Truppen besetzten jugoslawischen Stadt Agram (Zagreb) proklamierten »Unabhängigen Staates Kroatien«, unterzeichnet im Dogenpalast von Venedig feierlich die Beitrittserklärung seines Landes zum Dreimächtepakt.

Dieses Bündnis, in dem sich die beteiligten Staaten gegenseitige Unterstützung zusagen, war 1940 von Japan, Italien und dem Deutschen Reich gebildet worden. Dem Dreimächtepakt sind seitdem mehrere europäische Staaten beigetreten.

Der kroatische Staat unter der faschistischen Regierung von Pavelić steht in völliger Abhängigkeit vom Deutschen Reich und Italien. Diese machten seine Gründung durch die Zerschlagung Jugoslawiens (→ 6. 4./S. 64) erst möglich und binden Kroatien durch wirtschaftliche und militärische Maßnahmen an sich.

Zum kroatischen Dreimächtepakt-Beitritt schreiben die »Münchner Neuesten Nachrichten« in einem Kommentar: »Die öffentliche Meinung Kroatiens, ausgedrückt durch Presse, Rundfunk und durch die überall hörbare Stimme des Volkes spricht oft davon, daß Kroatien niemals vergessen werde, wie sehr es dem Führer und der deutschen Wehrmacht... zu Dank verpflichtet ist.«

V. l.: Außenminister J. v. Ribbentrop und Ciano (Italien) in Venedig

Deutsch-türkischer Freundschaftspakt

18. Juni. Der deutsche Botschafter in der Türkei, Franz von Papen, und der türkische Außenminister Şükrü Saracoğlu unterzeichnen in der türkischen Hauptstadt Ankara einen Freundschaftsvertrag. Darin verpflichten sich beide Staaten, »gegenseitig die Integrität und Unverletzlichkeit ihres Staatsgebietes zu respektieren«. Nach dem deutschen Balkankrieg (→ 6. 4./S. 64) erwartete die türkische Regierung einen deutschen Angriff auf ihr Territorium. Um diese Befürchtungen zu zerstreuen und die Türkei als Verbündete in Südosteuropa zu gewinnen, schließt die deutsche Regierung den Vertrag.

Mit Handschlag besiegeln der türkische Außenminister Şükrü Saracoğlu (l.) und Botschafter Franz von Papen (r.) die Vertragsunterzeichnung in Ankara

Erfolgsmeldungen von allen Fronten

11. Juni. Das Oberkommando der deutschen Wehrmacht (OKW) veröffentlicht einen Bericht über die Kriegshandlungen im ersten Halbjahr 1941 sowie die eigenen und gegnerischen Verluste.

Zum Handelskrieg gegen Großbritannien heißt es: »Insgesamt verlor England von Jahresbeginn bis Ende April... an eigenem oder ihm nutzbaren Handelschiffsraum durch Kampfhandlungen der deutschen Kriegsmarine und Luftwaffe 2 235 000 BRT [Bruttoregistertonnen], während über 1 200 000 BRT Schiffsraum beschädigt wurden.«

Die Bombardierung ziviler Ziele im Luftkrieg gegen Großbritannien lastet das OKW allein den Briten an. Über die eigenen Erfolge schreibt es: »Mithin verlor die britische Luftwaffe allein auf diesem Kriegsschauplatz während der ersten vier Monate des Jahres 441 Flugzeuge. Dem gegenüber lagen die Verluste der deutschen Luftwaffe noch wesentlich unter 50%.«

Besonderer Stolz spricht aus dem Bericht über deutsche Truppen in Nordafrika: »In knapp zwei Monaten hat das Deutsche Afrika-Korps unter den besonders schwierigen Verhältnissen gegen starke britische Kräfte mehr als 180 km zurückgelegt. Dank der kühnen, angriffsfreudigen Führung und der überragenden Leistung der deutschen und italienischen Verbände ist es gelungen, in dreiwöchigem Feldzug die ganze Cyrenaika, mit Ausnahme von Tobruk, zurückzuerobern.«

Ausführlich berichtet das OKW am Ende der Halbjahresbilanz über den Balkankrieg (→ 6. 4./S. 64) und die Eroberung Kretas (→ 20. 5./S. 83). Auf die Verluste eingehend meldet das OKW: »Die Verluste, die die deutsche Wehrmacht im Balkanfeldzug erlitt, waren denkbar gering... Dem gegenüber betrugen die Verluste des Feindes...: an Gefangenen 10 700 britische Offiziere und Mann... an Gefallenen rund 5000 britische und griechische Offiziere und Mann«. Zum Schluß des Berichtes, der die deutschen Verluste und Erfolge beschönigt, schreibt das Oberkommando: »Mit der Eroberung von Kreta ist die deutsche Wehrmacht dem Ausspruch ihres Obersten Befehlshabers gerecht geworden: ›Dem deutschen Soldaten ist nichts unmöglich‹«.

Der zweite Mann im »Dritten Reich«

29. Juni. Führer und Reichskanzler Adolf Hitler ernennt für den Fall seines Todes in einem Geheimerlaß Reichsmarschall Hermann Göring zu seinem Nachfolger. Hitler bestätigt seinen schon 1939 offiziell bekanntgegebenen Nachfolger aus Anlaß des Krieges gegen die UdSSR (→ 22. 6./S. 98).

Feldmarschall Hermann Göring

V. l.: Hermann Göring, Adolf Hitler

Der 1893 in Rosenheim geborene Göring war während des Ersten Weltkriegs als Luftwaffenoffizier mehrfach ausgezeichnet worden. 1922 schloß er sich Hitler an, zu dessen Machtübernahme er durch gute Kontakte zu Hochfinanz und Reichswehr beitrug. Hitler machte ihn 1933 zum preußischen Innenminister und Ministerpräsidenten. In dieser Position war Göring am Aufbau der Geheimen Staatspolizei (Gestapo) maßgeblich beteiligt. Trotz seines prunksüchtigen Verhaltens und seiner operettenhaften öffentlichen Auftritte ist Göring in der Bevölkerung beliebter als Hitler. Er gilt als vertrauenswürdiger und zugänglicher Mann, der das »Herz am rechten Fleck« hat.

Der 51jährige Monarch Georg II. (2. v. r.), König von Griechenland seit 1922, hält sich während der deutschen Besatzung seines Landes im ägyptischen Exil auf; i. d. M.: Prinzessin Marie von Griechenland

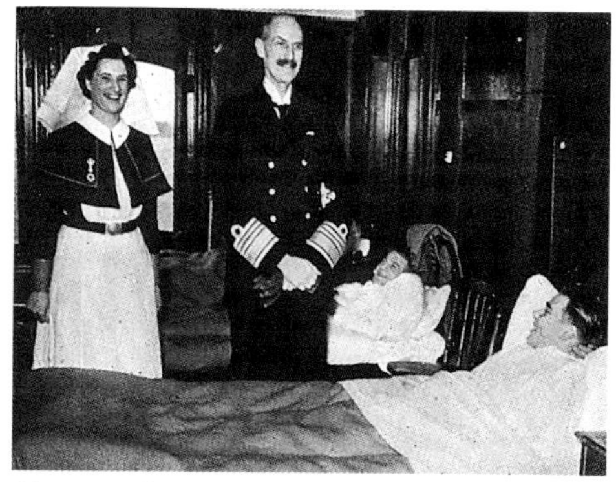

König Håkon VII. von Norwegen – hier während eines Besuchs in einem britischen Marinehospital – in seinem Exil in Großbritannien

Peter II. (M.), König von Jugoslawien, trifft am 21. Juni in seinem britischen Exil ein; der jugoslawische Premier Simović (l.) und Minister Knezević begleiten ihn

Der bereits 1940 zugunsten seines Sohnes Michael zurückgetretene König Karol II. (2. v. r.) von Rumänien findet auf einer westindischen Insel eine neue Heimat

Nach der Besetzung Luxemburgs emigrierte Großherzogin Charlotte nach Großbritannien, später in die USA

Europäische Regenten im Exil

In London und den USA leben Vertreter verschiedener europäischer Königshäuser, die durch die deutsche Besetzung ihrer Länder ins Exil getrieben wurden. König Håkon VII. von Norwegen, Königin Wilhelmina der Niederlande und andere vertriebene Regenten beteiligen sich an der Organisation des Widerstandes gegen die nationalsozialistische Besatzungsmacht in ihren Heimatländern. Mehrfach rufen sie in Radioansprachen und Flugschriften die Bevölkerung ihrer Länder auf, nicht mit Deutschen zusammenzuarbeiten. Sie genießen in ihren Heimatländern große Popularität, trotz massiver deutscher Propaganda, in der sie u. a. wegen ihrer Flucht als Feiglinge dargestellt werden.

Wilhelmina, Königin der Niederlande (M.), flüchtete im Mai 1940 ins britische Exil und bildete dort das Zentrum des Widerstandes

Monarchen und Präsidenten im britischen Exil folgen einer Einladung des Königs (5. v. l.)

Letzter deutscher Kaiser Wilhelm II.

4. Juni. In seinem niederländischen Domizil in Doorn stirbt Wilhelm II., der ehemalige deutsche Kaiser und preußische König im Alter von 82 Jahren. Nach der Niederlage der deutschen Truppen im Ersten Weltkrieg und der Revolution 1918 war Wilhelm II. ins niederländische Exil gegangen.

Führer und Reichskanzler Adolf Hitler ordnet für Wilhelm II. ein Begräbnis mit militärischen Ehren an, obwohl das Regime kein Interesse an Ehrungen des Monarchen hat. In einer Pressemitteilung zum Tod des letzten deutschen Kaisers heißt es: »Er starb als letzter Repräsentant einer Zeit, die längst vor ihm ins Grab gegangen ist.«

Wilhelm II. (l.) und sein Kanzler Otto von Bismarck vor einer Büste von Kaiser Wilhelm I. (von William Pape, 1894)

Kaiser Wilhelm II. und seine erste Frau Auguste Viktoria im Kreise ihrer Fami lie; Ferdinand Keller malte die kaiserliche Familie aus Anlaß der Silberhochzei des Kaiserpaares 1906; die Kaiserin starb am 11. April 1921 im Exil in Doorn

Mehr Kunsthonig, aber weniger Fleisch

2. Juni. Im Deutschen Reich beginnt die bis zum 29. Juni dauernde 24. Periode der Lebensmittelzuteilung.

Die Rationen von Brot, Mehl, Schweineschlachtfett, Käse, Quark, Teigwaren, Kartoffelstärke, Kaffee-Ersatz, Milch, Zucker und Kakaopulver bleiben konstant, die Fleischrationen werden dagegen gekürzt. Normalverbraucher über 6 Jahre sowie Schwer- und Schwerstarbeiter erhalten 100 g Fleisch weniger pro Woche. Normalverbraucher erhalten ab sofort nur noch 400 g, Schwerarbeiter 800 g und Schwerstarbeiter 1000 g Fleisch wöchentlich. Im Gegenzug erhält jeder Bezugsberechtigte in dieser Zuteilungsperiode eine Sonderration von 125 g Kunsthonig, die aber auf wenig Gegenliebe in der Bevölkerung stößt.

Zur Kürzung der Fleischzuteilung schreibt das Deutsche Nachrichtenbüro: »Die Herabsetzung der Fleischration ist eine zeitlich begrenzte Maßnahme. Sie wird durch das im Sommer besonders reichliche Angebot an Frischgemüse und Obst weniger fühlbar sein... Der gewaltige Ausbau der Wehrmacht im Hinblick auf die entscheidenden Endauseinandersetzungen verlangte und verlangt selbstverständlich auch entsprechende Leistungen der Ernährungswirtschaft gerade bei der Fleischversorgung. Es ist für jeden Deutschen klar, daß der deutsche Soldat für die besonderen Anforderungen, die er im Dienste des Volksganzen auf sich nehmen muß, auch vergleichsweise höhere Lebensmittelrationen erhalten muß als der Volksgenosse in der Heimat.«

Die Schwierigkeiten der Versorgung mit Fleisch, Obst und Gemüse (→ 10. 4./S. 71) im Deutschen Reich wachsen vor und während des im Juni beginnenden Krieges gegen die UdSSR (→ 22. 6./S. 98), da landwirtschaftliche Arbeitskräfte zur Front eingezogen, Transportmittel für die Wehrmacht bereitgehalten und staatliche Gelder nur noch in die Rüstung investiert werden. Die nationalsozialistischen Machthaber versuchen, die Mängel durch Sonderrationen billiger Nahrungsmittel und Falschmeldungen über ein umfangreiches Angebot an Frischwaren zu kaschieren. In der Bevölkerung wächst jedoch die Unzufriedenheit.

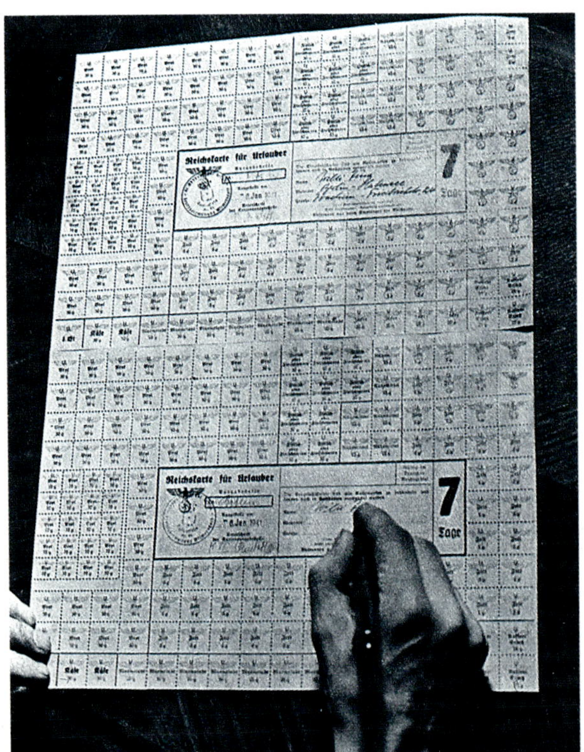

Soldaten der deutschen Wehrmacht besitzen eine Berechtigungskarte, mit der sie an den zuständigen Ausgabestellen Lebensmittelkarten für eine 14-Tage-Ration erhalten; begehrt sind die abgebildeten Reichskarten für Fronturlauber vor allem deshalb, weil Soldaten, die ihren Urlaub bei den Familien in der Heimat verbringen, größere Lebensmittelzuteilungen erhalten als die Zivilbevölkerung, die mit dem Nötigsten auskommen muß

Arbeitseinsatz für Lehrer im Sommer

10. Juni. Reichserziehungsministe Bernhard Rust erläßt Regelunge zum Arbeitseinsatz von Lehrer während der Sommerferien.

Wie für alle Arbeiter, Angestellt und Beamte des öffentlichen Dien stes im Deutschen Reich und den an gegliederten Gebieten hat di Reichsregierung auch für Lehrer de Jahresurlaub auf insgesamt drei Wo chen gekürzt. Sie dürfen sich künfti »nicht mehr als drei Wochen der Er holung widmen«; in der übrigen Zei der Sommerferien haben sie Arbeits einsätze im Luftschutzdienst, in de Lehrerfortbildung, in der NSDA und den ihr angeschlossenen Ve bänden abzuleisten oder Urlaubs vertretungen in anderen öffentl chen Dienststellen zu übernehmer In landwirtschaftlichen Regione können Lehrer als Erntehelfer ei gesetzt werden. Auch eine mehrwö chige Tätigkeit in einem Rüstungs unternehmen kann von den Behö den angeordnet werden.

Die Zuteilung von Einsatzstellen a die Lehrer übernehmen öffentlich Dienststellen je nach Bedarf in de in Frage kommenden Arbeitsbere chen. Angesichts des durch Einber fungen zur Wehrmacht verursac ten Arbeitskräftemangels nimm das NS-Regime jede Möglichke wahr, Arbeitskräfte, wenn auch nu kurzfristig, für »kriegswichtige« A beiten einzusetzen, auch wenn d ren Arbeit wenig effektiv ist.

Der ehemalige Kaiser in seinem Arbeitszimmer an seinem 75. Geburtstag am 27. Januar 1934, zu dem Glückwunschtelegramme aus aller Welt eintrafen

Wilhelm II. beim Spaziergang in Doorn mit seiner zweiten Frau, Hermine von Schönaich-Carolath

Zur Beisetzung Wilhelms II. im Park des Schlosses Doorn kommen zahlreiche Trauergäste; ganz r. der 91jährige Generalfeldmarschall von Mackensen, 3. v. r. der deutsche Reichskommissar Seyß-Inquart

Erster »Staatsdom« in Braunschweig

19. Juni. Mit einem Konzert der Braunschweigischen Staatsmusikschule wird der nach fünfjährigen Bauarbeiten neu gestaltete Braunschweiger Dom als erster »Staatsdom« eingeweiht. Im Auftrag des Führers und Reichskanzlers Adolf Hitler ist das im 12. Jahrhundert unter Heinrich dem Löwen errichtete Gebäude zu einem Veranstaltungsraum für Konzerte und Feierstunden umgebaut worden. Gottesdienste werden im Braunschweiger Dom während der NS-Herrschaft nicht mehr abgehalten.

Seitenflügel des Braunschweiger Doms mit Sgraffitos von W. Dohme

Mangel an Arbeitskräften

8. Juni. In Rothenburg ob der Tauber beginnt eine zweitägige Arbeitstagung der Landdienstinspektion Süd, auf der »Landdienstführer und -führerinnen auf ihren Aufgabenkreis« vorbereitet werden.
Der Landwirtschaft im Deutschen Reich stehen aufgrund von Landflucht und Einziehung der »wehrfähigen Männer« zur Wehrmacht nicht genügend Arbeitskräfte zur Verfügung, um die benötigten Nahrungsmittel zu produzieren. In sog. Schulungslagern des Landdienstes wird deshalb versucht, »jene Kräfte, die das künftige Bauerntum braucht«, heranzuziehen. Dem ständig wachsenden Arbeitskräftemangel versuchen die Nationalsozialisten, u.a. durch Ernteeinsätze von Schulkindern und sog. Landjahre von Schulabgängern entgegenzuwirken. Durch diese Maßnahmen können jedoch die aus der Landwirtschaft abgezogenen qualifizierten Arbeitskräfte nicht ersetzt werden.
Die Reichsregierung stellt zudem steigende Anforderungen an die Bauern, da sie eine weitgehende Unabhängigkeit des Deutschen Reiches von Nahrungsmitteleinfuhren aus dem Ausland anstrebt.

In den Sommermonaten werden Frauen häufig im Landdienst als zusätzliche Arbeitskräfte eingesetzt; hier ernten Frauen der NS-Frauenschaft Flachs

Regierung der USA gegen NS-Regime

14. Juni. Die US-amerikanische Regierung ordnet das »Einfrieren« aller in ihrem Land befindlichen Vermögenswerte an, die Bürgern des Deutschen Reiches und Italiens gehören. Zwei Tage später fordert sie den Geschäftsträger der deutschen Botschaft in Washington, die deutschen Konsulatsbeamten in den USA sowie die Mitarbeiter verschiedener deutscher Institutionen in den USA auf, die Vereinigten Staaten umgehend zu verlassen.
Die deutsche Regierung protestiert gegen dieses Vorgehen und friert am 17. Juni Guthaben US-amerikanischer Staatsbürger im Deutschen Reich ein. Am 19. Juni läßt sie die US-Konsulate und die Niederlassungen der American Express Company im Deutschen Reich und den deutsch besetzten Staaten schließen.
Beide Regierungen nehmen angebliche nachrichtendienstliche Aktivitäten des Botschaftspersonals zum Vorwand für ihre Maßnahmen. Die US-Regierung versucht, über das Einfrieren deutscher Guthaben das NS-Regime wirtschaftlich und politisch zu isolieren. Darüber hinaus will sie verhindern, daß mit deutschen und italienischen Vermögen in den USA, die sich nach Schätzungen auf insgesamt rund 200 Millionen US-Dollar belaufen, gegen US-Interessen gerichtete wirtschaftliche Transaktionen in ihrem Land durchgeführt werden.

Urlaub und Freizeit 1941:

Überfüllte Hotels ohne Urlaubsreisende

»Während die deutschen Kurorte und auch die Fremdenverkehrseinrichtungen mancher Großstädte im Reich in diesem Jahre zeitweilig fast bis auf den letzten Platz besetzt waren, mußten Dutzende von Hotels in der Schweiz ihren Betrieb aus Mangel an Gästen schließen«. Mit diesem Satz beginnt eine Bilanz der »Münchner Neuesten Nachrichten« zum Tourismus 1941. Die Fremdenverkehrsbetriebe der Schweiz leiden unter den Folgen des Krieges. In Friedenszeiten sind rund 60% ihrer Reisegäste Ausländer, die nun ausbleiben.

Auch im Deutschen Reich können immer weniger Menschen im Urlaub verreisen. Nur noch begüterten Schichten ist es möglich, sich einen Aufenthalt in den Bergen oder am Meer zu leisten. Frontsoldaten, die Heimaturlaub bekommen, verbringen die wenigen Tage, die ihnen zur Verfügung stehen, meist bei ihren Familien.

Überfüllte Hotels und Fremdenverkehrseinrichtungen, von denen die »Münchner Neuesten Nachrichten« berichten, sind darauf zurückzuführen, daß viele Beherbergungsbetriebe in Lazarette oder Erholungsheime für verwundete Soldaten umgewandelt wurden. Zudem werden einige Hotels und Pensionen für die Kinderlandverschickung (→ 19. 5./S. 88) genutzt – in anderen sind Wehrmachtsbüros untergebracht.

Unter den wachsamen Augen des Tanzlehrers werden hier Teenager mit einem Freizeitvergnügen vertraut, das nicht aus der Mode gekommen ist

Ausgelassene Frontsoldaten vergnügen sich im Berliner Tiergarten

Badespaß an der italienischen Riviera ist nur wenigen vergönnt

Angehörige des Jagdgeschwaders Mölders verbringen auf Einladung Hermann Görings einen Kurzurlaub in Tirol

Am häufigsten nutzen Frontsoldaten ihren Urlaub, um sich zu Hause im Kreise ihrer Familien zu erholen

Ignacy Paderewski – Pianist und Politiker

29. Juni. Der frühere polnische Ministerpräsident und weltbekannte Pianist Ignacy Jan Paderewski stirbt 80jährig in New York.

Der 1860 geborene Paderewski hatte nach dem Musikstudium in Warschau, Berlin und Wien aufsehenerregende Konzertreisen durch ganz Europa und die Vereinigten Staaten unternommen. 1901 veröffentlichte er seine Oper »Manru«.

Als Politiker setzte sich Paderewski während des Ersten Weltkrieges für die Wiedererrichtung eines unabhängigen polnischen Staates ein, dessen Ministerpräsident er 1919 für kurze Zeit war. Nach dem deutschen Einmarsch in Polen im September 1939 übernahm er den Vorsitz im polnischen Exilparlament.

Ignacy Jan Paderewski hat sich große Verdienste um Polen erworben

Sigrid Undsets Romane verboten

16. Juni. Vertrieb und Verleih von Werken der norwegischen Schriftstellerin Sigrid Undset im Deutschen Reich und den angegliederten Gebieten werden von der Reichsschrifttumskammer untersagt. Die Schriftstellerin war vor der Besetzung Norwegens durch deutsche Truppen in die USA emigriert und wirbt dort für die Befreiung Norwegens und Europas von der nationalsozialistischen Herrschaft. 1928 war Sigrid Undset u.a. für ihre Romane »Kristin Lavranstochter« (1920–22) und »Olav Audunssohn« (1925–27) mit dem Literaturnobelpreis ausgezeichnet worden.

Tragischer Gründgens-Film

25. Juni. In Dresden wird der Film »Friedemann Bach« mit Gustaf Gründgens in der Titelrolle uraufgeführt. Unter der Regie von Traugott Müller spielen Eugen Klöpfer, Wolfgang Liebeneiner, Leny Marenbach, Camilla Horn und Gustav Knuth weitere Hauptrollen.
In dem Filmdrama, das sich nicht an biographischen Tatsachen orientiert, geht es um das Schicksal von Friedemann Bach, dem Sohn des Komponisten Johann Sebastian Bach. Friedemann steht derart im Schatten seines Vaters, daß er seine künstlerischen Talente nicht zur Entfaltung bringen kann. Nach mehreren Mißerfolgen gibt er Werke seines Vaters als seine eigenen aus, um endlich die ersehnte Anerkennung zu bekommen. Er endet schließlich als umherziehender Geigenvirtuose, der bei einer Auseinandersetzung unter tragischen Umständen getötet wird.
Die Filmgesellschaft Terra, die »Friedemann Bach« produziert hat, kündigte in ganzseitigen Illustriertenanzeigen schon im Januar den Film an: »Die fesselnde Erscheinung eines Genies, das wie ein Komet aufleuchtet und dann im Dunkel eines tragischen Schicksals verschwindet«. Die Anzeigen für den Film bauen auf die Popularität von Gustaf Gründgens, der sich als Generalintendant des Preußischen Staatstheaters sowie als Theater- und Filmschauspieler sowohl großer Beliebtheit in der Bevölkerung als auch der Anerkennung von Fachkritikern erfreut.

Gustaf Gründgens (l.) als Friedemann Bach neben Gustav Knuth (r.)

Karl Ritter dreht »Stukas«

27. Juni. In Berlin wird der Ufa-Kriegsfilm »Stukas« von Regisseur Karl Ritter uraufgeführt.
Die Hauptrollen in dem Film, der die Leistungen der deutschen Sturzkampfbomber-Einheiten im Krieg gegen Frankreich 1940 glorifiziert, spielen Carl Raddatz, Albert Hehn, Egon Müller-Franken, Hannes Stelzer und O(tto) E(duard) Hasse. »Stukas« wird von den zuständigen nationalsozialistischen Stellen mit den Prädikaten »staatspolitisch wertvoll, künstlerisch wertvoll, volkstümlich wertvoll und jugendwert« ausgezeichnet.
Regisseur Karl Ritter ist neben Veit Harlan und Hans Steinhoff einer der wichtigsten nationalsozialistischen Filmregisseure. Der frühere Offizier und Maler hatte 1933 den Film »Hitlerjunge Quex« gedreht und sich bei den Nationalsozialisten durch weitere Propagandafilme wie »Der Verräter«, »Patrioten« und »Kadetten« einen Namen gemacht. Mit seinem Gefühl für realistische Details gelingt es ihm, den Zuschauer in eine Atmosphäre zu versetzen, in der seine überzeichneten Freund-Feind-Bilder besonders eindringlich wirken.
Ritter, dem für seine Filmarbeit alle erdenklichen Mittel von den NS-Behörden zur Verfügung gestellt werden, dreht in diesem Jahr noch den Film »Über alles in der Welt«, in dem die Soldaten der deutschen Wehrmacht ihren Gegnern gegenüber als militärisch und moralisch weit überlegen dargestellt werden.

Szene aus dem Kriegspropagandafilm »Stukas« von Karl Ritter

Rapid Wien Deutscher Fußballmeister

22. Juni. Vor 95 000 Zuschauern im Berliner Olympiastadion siegt die Mannschaft von Rapid Wien im Endspiel um die deutsche Fußball-Meisterschaft 4:3 über den Titelverteidiger FC Schalke 04. Damit holt sich erstmals eine Mannschaft aus Österreich, das am 11. März 1938 als sog. Ostmark an das Deutsche Reich angegliedert wurde, den deutschen Meistertitel.
Der »Schalker Kreisel«, Markenzeichen des fünffachen deutschen Meisters (seit 1934), läuft gegen den deutschen Pokalsieger von 1938 (Endspiel im Januar 1939) von Spielbeginn an auf Hochtouren. Die Mannschaft aus Gelsenkirchen liegt durch Hinz bereits nach sechs Minuten 2:0 in Führung. Zehn Minuten nach der Halbzeitpause markiert Eppenhoff sogar das 3:0 für Schalke. Doch dann, ab der 70. Minute, läuft plötzlich das kraftvolle »Scheiberl-Spiel« der Wiener: Schors trifft zum 1:3. Der baumlange Rapid-Mittelstürmer Franz »Bimbo« Binder kann von der Schalker Abwehr um den kleinen Stopper »Ötte« Tibulski nur mit unfairen Mitteln gestört werden. Von drei Elfmetern verwandelt Binder zwei. Innerhalb von ein paar Minuten macht Rapid aus dem 0:3 ein 3:3.
Und Binder setzt noch einen drauf: Kurz vor Schluß jagt er einen zu kurz abgewehrten Eckball aus vollem Lauf in den rechten Winkel, unhaltbar für Schalkes Nationaltorwart Hans Klodt.

Torszene im Endspiel um die Deutsche Fußballmeisterschaft beim 2:0; Schalkes Linksaußen Hinz (nicht im Bild) gelingt es, die Wiener Abwehr um Torwart Raftl (l.) zu täuschen und aus spitzem Winkel ein Tor zu schießen

Helene Mayer – Erfolg in den USA

10. Juni. Die aus Offenbach stammende Jüdin Helene Mayer, die wegen der Rassengesetzgebung im Deutschen Reich in die Vereinigten Staaten ausgewandert ist, wird in New York US-amerikanische Meisterin im Florettfechten.
Helene Mayer war eine der erfolgreichsten Fechterinnen im Deutschen Reich. Bei den Olympischen Sommerspielen 1928 in Amsterdam hatte sie die Goldmedaille geholt, 1932 in Los Angeles kam sie auf den fünften Rang, und 1936 in Berlin wurde sie zweite. 1929, 1931 und 1937 war sie Weltmeisterin im Florettfechten der Damen.
Die äußerlich dem nationalsozialistischen Frauenideal entsprechende Helene Mayer, die den Spitznamen »He« hatte, emigrierte nach diesen Erfolgen in die USA, weil sie den Druck, den die Nationalsozialisten auf die jüdische Bevölkerung ausüben, nicht mehr aushalten konnte und in ihrer Heimat keine Zukunft mehr für sich sah.

Juli 1941

Mo	Di	Mi	Do	Fr	Sa	So
	1	2	3	4	5	6
7	8	9	10	11	12	13
14	15	16	17	18	19	20
21	22	23	24	25	26	27
28	29	30	31			

1. Juli, Dienstag

In Mittelfinnland beginnen finnische und deutsche Truppen mit einer großangelegten Offensive gegen sowjetische Stellungen (→5. 7./S. 112).

Das Deutsche Reich, Italien, Spanien, Ungarn, Bulgarien, Rumänien, Kroatien und die Slowakei anerkennen die chinesische Nationalregierung unter Präsident Wang Ching-wei und kündigen die baldige Aufnahme diplomatischer Beziehungen an. →S. 120

Der Marineminister der Vereinigten Staaten, Frank Knox, sagt bei einer Gouverneurskonferenz in Boston, daß es an der Zeit sei, eine Säuberung des Atlantiks von deutschen Schiffen vorzunehmen; Isolationisten werten diese Stellungnahme als eindeutigen Beweis für die Bereitschaft zum Kriegseintritt der Regierung von Präsident Franklin D. Roosevelt.

Mit Beginn des Sommersemesters melden die Universitäten im Deutschen Reich, daß der Anteil von Frauen an der Zahl der Studenten zunimmt; an der philosophischen Fakultät der Universität Göttingen z. B. sind viermal soviel Studentinnen eingeschrieben wie Studenten. →S. 123

Die Angestelltengehälter im Deutschen Reich sind in den letzten zehn Jahren um rund 12% gesunken; verdiente ein Einzelhandelskaufmann 1931 noch 250 RM im Monat, so verdient er im Jahr 1941 nur 218 RM. →S. 123

2. Juli, Mittwoch

Der japanische Kronrat beschließt, den Vormarsch in Indochina fortzusetzen und nicht in den Krieg gegen die Sowjetunion einzugreifen.

Die deutschen Einsatzgruppen, deren Aufgabe die Ermordung von Juden und politisch Andersdenkenden in den eroberten Teilen der UdSSR ist, ermorden bei einem Massaker im Lemberg (Lwow) rund 7000 Menschen (→31. 7./S. 117).

Das Reichspropagandaministerium untersagt ab sofort die Besprechung sowjetischer Kunstwerke in der deutschen Presse.

In München wird ein 39jähriger Mann von einem Sondergericht zum Tode verurteilt, da er unter Ausnutzung der allabendlichen Verdunkelung Kofferdiebstähle im Münchner Hauptbahnhof verübt hatte. →S. 122

3. Juli, Donnerstag

Der sowjetische Parteichef Josef W. Stalin ruft in seiner Rundfunkrede nach dem deutschen Überfall auf die Sowjetunion (→22. 6./S. 98) die Bevölkerung zum Partisanenkrieg auf. →S. 114

4. Juli, Freitag

Die Kommunistische Partei Jugoslawiens unter ihrem Generalsekretär Josip Broz Tito beschließt, mit einem bewaffneten Aufstand die faschistische Besetzung des Landes rückgängig zu machen (→28. 11./S. 184).

5. Juli, Sonnabend

Truppeneinheiten der Heeresgruppe Süd setzen zum Angriff auf die Verteidigungsanlagen der sog. Stalin-Linie an, die sich vom Ost-Ufer des Flusses Dnjestr bis nach Opotschka erstreckt. →S. 112

Nach Grenzstreitigkeiten kommt es zu bewaffneten Auseinandersetzungen zwischen den südamerikanischen Staaten Ecuador und Peru, die erst nach argentinisch-brasilianisch-US-amerikanischen Vermittlungen beigelegt werden. →S. 120

6. Juli, Sonntag

Deutsche Luftwaffeneinheiten greifen die Mittelmeerinsel Malta an, die ein wichtiger Versorgungs- und Nachschubstützpunkt für die britischen Truppen in Nordafrika ist; zugleich dient Malta der britischen Armee als Basis für Angriffe auf deutsche und italienische Versorgungstransporte im Mittelmeer.

In Erfurt wird der Hamburger Fritz Müller Deutscher Meister im Fünf- und Zehnkampf der Leichtathleten; bei den Wettkämpfen um die Fünfkampf-Meisterschaften der Frauen siegt die Dresdnerin Luise Krüger.

Der Franzose Alfred Nakache stellt in Marseille einen Weltrekord im 200 m-Brustschwimmen mit 2:36,8 min auf.

7. Juli, Montag

US-amerikanische Truppen treffen mit Einverständnis der isländischen Regierung auf Island ein, um die dort stationierten britischen Einheiten zu verstärken; US-Präsident Franklin D. Roosevelt bezeichnet die Truppenentsendung als Maßnahme zur Vorbeugung einer deutschen Besetzung Islands. →S. 119

8. Juli, Dienstag

Führer und Reichskanzler Adolf Hitler verkündet in einer Lagebesprechung, daß Moskau und Leningrad dem Erdboden gleichgemacht werden müssen, um zu verhindern, »daß Menschen darin bleiben, die wir dann im Winter ernähren müßten« (→5. 7./S. 112).

Die katholischen Kirchenbehörden wehren sich gegen einen Erlaß des Reichsinnenministeriums, daß Geistliche in Krankenhäusern nur noch auf ausdrücklichen Wunsch der Kranken tätig werden dürfen. →S. 121

Der französische Marschall Philippe Pétain, Präsident der Vichy-Regierung im unbesetzten Teil Frankreichs, eröffnet den Nationalratsausschuß zur Ausarbeitung einer neuen Verfassung. →S. 118

Im Wirtschaftsgebiet Brandenburg werden Lohnhöchstgrenzen für Haushaltsgehilfinnen festgesetzt, da deren Löhne aufgrund des Mangels an Arbeitskräften enorm angestiegen sind. →S. 123

Die deutsche Schauspielerin Agnes Straub stirbt im Alter von 51 Jahren in Berlin; seit 1936 leitete sie ein Berliner Theater.

9. Juli, Mittwoch

328 000 sowjetische Soldaten geraten nach Abschluß der Doppelschlacht von Bialystok und Minsk in deutsche Kriegsgefangenschaft; ein Großteil der sowjetischen Westfront wird durch den Erfolg der Deutschen zerschlagen. →S. 112

Die deutsche und die italienische Regierung erklären das staatsrechtliche Ende Jugoslawiens, das im April des Jahres besetzt wurde (→6. 4./S. 64; 12. 7./S. 119).

10. Juli, Donnerstag

In Moskau wird der Stab der zentralen Partisanenbewegung gegründet, dem die Führung im Kampf sowjetischer Partisanen gegen die deutschen Truppen obliegt. →S. 114

Die finnische Armee beginnt unter der Führung von Marschall Carl Gustaf Emil Freiherr von Mannerheim mit einer Offensive gegen die UdSSR nördlich des Ladogasees (→26. 6./S. 101).

Der Komponist Werner Egk wird als Nachfolger des zurückgetretenen Paul Graener Leiter der Fachschaft Komponisten in der Reichsmusikkammer.

11. Juli, Freitag

Der Reichskommissar in den besetzten Niederlanden, Arthur Seyß-Inquart, fordert die Bevölkerung zur Bildung einer Freiwilligen-Legion für den Krieg gegen die Sowjetunion auf (→16. 7./S. 116).

In München wird die 1939 produzierte und erst nach scharfen Zensurmaßnahmen zugelassene Filmkomödie »Pedro soll hängen« von Regisseur Veit Harlan uraufgeführt; die Hauptrollen spielen Heinrich George, Gustav Knuth, Maria Landrock und Ursula Deinert.

12. Juli, Sonnabend

Britische und sowjetische Regierungsvertreter unterzeichnen in Moskau ein Beistandsabkommen, das separate Friedens- und Waffenstillstandsverhandlungen eines Vertragspartners mit dem Deutschen Reich ausschließt.

In Centinje proklamiert die konstituierende Nationalversammlung den unabhängigen Staat Montenegro. →S. 119

In Bayreuth werden die zweiten Kriegsfestspiele eröffnet, die mit ihren Aufführungen von Werken des Komponisten Richard Wagner bis zum 3. August dauern. →S. 126

Bei den zweiten Großdeutschen Kriegsmeisterschaften im Schwimmen, Springen und Wasserball in Wien erringt der Berliner Werner Plath alle vier Kraul-Titel; die Turmspringerin Olga Eckstein aus Oer-Erkenschwick kann ihren Titel verteidigen. →S. 127

13. Juli, Sonntag

Einheiten der sowjetischen Roten Armee erobern bei einem Vorstoß gegen deutsche Wehrmachtseinheiten die Städte Rogatschow und Schlobin zurück (→5. 7./S. 112).

14. Juli, Montag

Führer und Reichskanzler Adolf Hitler befiehlt für die Rüstungsgüterherstellung eine Verlegung des Schwerpunktes auf den Bau von Unterseebooten und die Produktion von Flugzeugen. Er sieht den Krieg gegen die Sowjetunion bereits als gewonnen an.

In Berlin unterbreitet Adolf Hitler der japanischen Regierung, vertreten durch ihren Botschafter Hiroshi Oshima, ein Bündnisangebot zur »Vernichtung« der UdSSR und der USA.

Mitglieder der französischen und der britischen Armeeführung im Nahen Osten unterzeichnen ein Waffenstillstandsabkommen, das u. a. die Besetzung Syriens durch britische Truppen regelt. →S. 120

15. Juli, Dienstag

Oberstleutnant Werner Mölders wird anläßlich seines 101. Luftsieges als erster Wehrmachtsoffizier mit dem neu gestifteten Eichenlaub mit Schwertern und Brillanten zum Ritterkreuz des Eisernen Kreuzes ausgezeichnet; Mölders wird von der nationalsozialistischen Propaganda als Inbegriff soldatischer Tugenden dargestellt (→22. 11./S. 185).

In Berlin stirbt der 1854 in Posen geborene Schriftsteller Max Kretzer; er schrieb soziale Romane wie »Meister Timpe« (1888) und »Die beiden Genossen« (1880).

16. Juli, Mittwoch

Adolf Hitler legt bei einer Besprechung mit nationalsozialistischen Spitzenfunktionären die »deutschen Ziele im Osten« fest; vorgesehen ist eine Aufteilung der UdSSR in vier Reichskommissariate und die Eingliederung einiger Gebiete wie der Halbinsel Krim ins »Großdeutsche Reich«.

Deutsche Wehrmachtseinheiten können die sowjetische Stadt Smolensk erobern (→5. 7./S. 112).

Bei einem Gefecht im sowjetischen Liosno gerät der Sohn des sowjetischen Parteichefs Josef W. Stalin, Jakow J. Dschugaschwili, in deutsche Kriegsgefangenschaft. →S. 116

Bei Saarburg treffen die ersten Freiwilligeneinheiten der spanischen Blauen Division aus dem Gebiet des Deutschen Reiches ein; ihre Mitglieder haben sich zum Einsatz im Krieg gegen die UdSSR gemeldet, obwohl Spanien nicht zu den kriegführenden Staaten zählt. →S. 116

Das japanische Kabinett unter Fumimaro Fürst Konoe tritt wegen interner Differenzen über den politischen Kurs Japans zurück; Konoe stellt am 19. Juli in Tokio seine neue Regierungsmannschaft vor, in der der bisherige Außenminister Josuke Matsuoka fehlt.

»Die Kriegsmarine«, eine Zeitschrift für die Soldaten der deutschen Seestreitkräfte, ist ein Organ der Kriegspropaganda; Soldaten aller Waffengattungen werden mit solchen Publikationen auf Durchhaltewillen und Siegesgewißheit eingeschworen

17. Juli, Donnerstag

Alfred Rosenberg, einer der wichtigsten Partei-Ideologen der NSDAP, wird von Adolf Hitler zum Reichsminister für die besetzten Ostgebiete ernannt. → S. 118

Die deutsche Luftwaffe fliegt einen Angriff auf die britische Stadt Hull, bei dem 113 Zivilisten getötet werden.

US-Präsident Franklin D. Roosevelt kündigt die Veröffentlichung einer Liste mit den Namen südamerikanischer Firmen an, die Geschäftsbeziehungen zu den sog. Achsenmächten unterhalten; gleichzeitig werden die Guthaben dieser Unternehmen in den Vereinigten Staaten gesperrt. → S. 125

Um das ungestörte Anhören von Wehrmachtsberichten, die im reichsdeutschen Rundfunk ausgestrahlt werden, in Gaststätten zu ermöglichen, verfügt die Leitung der Wirtschaftsgruppe Gaststätten- und Beherbergungsgewerbe, daß während der Sendungen keine Gäste bedient werden dürfen. → S. 122

18. Juli, Freitag

Der sowjetische Parteichef Josef W. Stalin fordert den britischen Premierminister Winston Churchill in einem Telegramm zur Bildung einer zweiten Front in Europa auf, um die stark unter Druck stehenden Truppen und Verteidigungslinien der UdSSR zu entlasten.

Britische Zeitungen berichten über deutsche Tarnungsaktionen; so wurden z. B. in Hamburg das 600 m lange Becken der Binnenalster, ein Teil der Außenalster und der Hauptbahnhof mit Attrappen aus Holz, Pappe und Tuch in Wohnblocks verwandelt, um drohende Luftangriffe von diesen Zielen abzuwenden. → S. 122

Verwaltungsstellen im Deutschen Reich beklagen die nicht zu bewältigende Flut von Verordnungen. → S. 123

19. Juli, Sonnabend

Adolf Hitler ordnet in seiner Weisung Nr. 33 den weiteren Vormarsch der Infanterie auf Moskau an.

Die bolivianische Regierung schließt die deutsche Botschaft und verlangt die Ausreise des deutschen Geschäftsträgers. Die nationalsozialistische Führung macht für diesen Akt den US-amerikanischen Präsidenten Franklin D. Roosevelt und seine Politik gegenüber Südamerika verantwortlich. → S. 125

In Brüssel wird ein flämisches Freiwilligenkorps für den Krieg gegen die Sowjetunion aufgestellt (→ 16. 7./S. 116).

Im Berliner Olympiastadion werden die zweiten Deutschen Kriegsmeisterschaften der Leichtathleten eröffnet; zu den zweitägigen Wettkämpfen kommen insgesamt 67 000 Zuschauer. → S. 127

20. Juli, Sonntag

Britische Luftwaffeneinheiten greifen Köln und Neapel an. Immer häufiger werden auch italienische Städte Ziel britischer Luftangriffe.

Deutsche Zeitungen berichten über eine neue Propaganda-Aktion des NS-Regimes. → S. 119

Die Hitlerjugend (HJ) veranstaltet in Bayern insgesamt 16 Ferienlager für ihre Mitglieder; gleichzeitig finden noch mehrere Schulungs- und Ausbildungslager für den sog. Führer- und Führerinnen-Nachwuchs statt.

21. Juli, Montag

195 deutsche Bomber fliegen den ersten Luftangriff auf die sowjetische Hauptstadt Moskau. → S. 115

Japanische Armee-Einheiten beginnen mit dem Einmarsch in Indochina; am → 29. Juli (S. 120) kommt es zu einem Abkommen mit der französischen Vichy-Regierung über die Einräumung von Militärstützpunkten für Japan.

22. Juli, Dienstag

Der britische Schatzkanzler Sir Kingsley Wood gibt im britischen Unterhaus bekannt, daß Großbritannien von den USA eine Anleihe in Höhe von 425 Millionen US-Dollar erhalten habe. Damit sollen Materiallieferungen bezahlt werden, die Großbritannien vor der Verabschiedung des Pacht- und Leihgesetzes am → 11. März 1941 (S. 51) erhalten hatte.

Der Operettenfilm »Frau Luna« mit der Musik von Paul Lincke wird uraufgeführt; unter der Regie von Theo Lingen spielen u. a. Lizzi Waldmüller, Fita Benkhoff und Irene von Meyendorff die Hauptrollen.

Nach fast zweiwöchigen ununterbrochenen schweren Regenfällen sind in Tokio über 12 000 Häuser überschwemmt.

23. Juli, Mittwoch

Auf dem Wiener Südbahnhof treffen die letzten Deutschen ein, die nach dem deutschen Angriff auf die UdSSR (→ 22. 6./S. 98) aus Moskau abgereist sind.

24. Juli, Donnerstag

Der Präsident der Vereinigten Staaten, Franklin D. Roosevelt, unterbreitet der japanischen Regierung den Vorschlag, Indochina zu neutralisieren, falls Japan seine Truppen aus dem ostasiatischen Land zurückzieht (→ 26. 7./S. 125).

Britische Bomber greifen beim bisher größten Tagesangriff die deutschen Schlachtschiffe »Gneisenau« und »Scharnhorst« in La Pallice an. Die »Scharnhorst« erhält dabei fünf Bombentreffer. → S. 121

In Honolulu auf Hawaii stellt der US-amerikanische Schwimmer William Smith einen Weltrekord über 800 m Freistil mit 9:50,9 min auf.

25. Juli, Freitag

Der Oberbefehlshaber der Marine, Generaladmiral Erich Raeder, weist Adolf Hitler in einem Gespräch vergeblich auf die Bedeutung einer Stärkung der deutschen Kriegsmarine für die weitere Kriegführung hin..

26. Juli, Sonnabend

Die Regierungen der USA und Großbritanniens verkünden das Einfrieren aller japanischen Guthaben in ihren Ländern wegen der aggressiven Politik Japans im Pazifik; der Handel mit Japan, das besonders auf Treibstofflieferungen angewiesen ist, kommt dadurch fast zum Erliegen. → S. 125

Die 2. deutsche Armee kann bei Mogiljow die 13. Sowjet-Armee vernichtend schlagen; über 23 000 sowjetische Soldaten geraten in deutsche Kriegsgefangenschaft (→ 5. 7./S. 112).

Reichspropagandaminister Joseph Goebbels eröffnet im Münchner Haus der Deutschen Kunst die »5. Große Deutsche Kunstausstellung«, auf der 1347 Werke von 647 nationalsozialistischen Künstlern gezeigt werden. → S. 127

27. Juli, Sonntag

Britische Seestreitkräfte verstärken mit Hilfe von Geleitzügen die Mittelmeerinsel Malta so, daß die von dort aus operierenden Flugzeuge und U-Boote vor deutschen Angriffen geschützt sind und ihrerseits deutsche Nachschubkonvois für das Afrika-Korps im Mittelmeerraum angreifen können.

Der portugiesische Staatspräsident António Oscar de Fragoso Carmona bricht von Lissabon aus zu einer 14tägigen Reise auf die Azoren auf, deren Zugehörigkeit zu Portugal er besonders unterstreicht, nachdem es Gerüchte über eine geplante Besetzung der Atlantikinseln durch US-amerikanische Streitkräfte gegeben hat. → S. 119

28. Juli, Montag

Der Münsteraner Bischof Clemens Graf von Galen erhebt beim örtlichen Polizeipräsidenten Anklage wegen Mordes an den »unproduktiven Volksgenossen« in den Heilanstalten des Deutschen Reiches (→ 3. 8./S. 138).

Im Konzentrationslager Auschwitz werden 575 Häftlinge ausgewählt, die in der sächsischen Euthanasie-Anstalt Sonnenstein vergast werden.

Finnland bricht die diplomatischen Beziehungen zu Großbritannien ab. Als Gründe für den Bruch gibt die finnische Regierung den britisch-sowjetischen Beistandspakt vom 12. Juli 1941 und die Blockade des finnischen Handels durch die Briten an.

Im Deutschen Reich wird die bis zum 23. August dauernde Reichsspinnstoffsammlung eröffnet, bei der Textilien gesammelt werden, um sie als Reißwolle oder Reißbaumwolle wiederzuverwenden. → S. 123

29. Juli, Dienstag

Führer und Reichskanzler Adolf Hitler unterzeichnet ein Gesetz, das eine Aufhebung der im Juni 1932 vorgenommenen Rentenkürzungen vorsieht; Invaliden- und Altersrenten werden um sechs Reichsmark, Witwen- und Waisenrenten um vier Reichsmark monatlich erhöht.

Japan und die Regierung des unbesetzten Frankreichs unterzeichnen in Vichy eine Vereinbarung zur gemeinsamen Verteidigung Indochinas. Der politisch schwachen Vichy-Regierung blieb nichts anderes übrig, als Japans Bedingungen zuzustimmen. → S. 120

Der Bundesrat der Schweiz führt eine zweiprozentige Warenumsatzsteuer auf alle Produkte ein, die an Endverbraucher verkauft werden; mit den Steuererlösen sollen Kreditrückzahlungen finanziert werden, die bis Ende 1940 zur Verstärkung der Landesverteidigung aufgenommen wurden.

Der Schweizerische Bundesrat erläßt Strafbestimmungen gegen die Störung der Beziehungen zum Ausland; Beleidigungen anderer Staaten werden ab sofort mit Gefängnis oder Geldbußen bestraft. → S. 125

30. Juli, Mittwoch

Der sowjetische Parteichef Josef W. Stalin empfängt den Sonderbeauftragten von US-Präsident Franklin D. Roosevelt, Harry Lloyd Hopkins, in Moskau zu Verhandlungen über US-amerikanische Lieferungen von Kriegsmaterial. → S. 115

Die polnische Exilregierung in London und die Regierung der UdSSR schließen ein Abkommen, in dem die Wiederaufnahme der diplomatischen Beziehungen vereinbart wird. → S. 125

Auf der sog. Ordensburg Sonthofen im Allgäu geht eine Leistungswoche der Adolf-Hitler-Schulen zu Ende. Auf diesen von der Parteiführung der NSDAP eingerichteten Schulen wird der sog. Führernachwuchs ausgebildet.

31. Juli, Donnerstag

SS-Gruppenführer Reinhard Heydrich wird von Reichsmarschall Hermann Göring beauftragt, »alle erforderlichen Vorbereitungen für eine Gesamtlösung der Judenfrage im deutschen Einflußgebiet« zu treffen; damit wird die Vernichtung der Juden in West- und Mitteleuropa eingeleitet. → S. 121

Bei einer großangelegten Mordaktion der Einsatzgruppe D des Sicherheitsdienstes der SS in der Sowjetunion werden in der Stadt Kischinjow innerhalb von 14 Tagen über 12 000 Juden ermordet. → S. 117

Zahlreiche Fremdenverkehrsregionen des Deutschen Reiches melden erhebliche Schwierigkeiten bei der Versorgung mit Gütern des täglichen Bedarfs. Die hohe Zahl der dort untergebrachten Deutschen aus Gebieten, die durch Luftangriffe gefährdet sind, verursacht die Engpässe.

Das Wetter im Monat Juli

Station	Mittlere Lufttemperatur (°C)	Niederschlag (mm)	Sonnenscheindauer (Std.)
Aachen	19,2 (17,5)	22,9 (75)	221,1 (190)
Berlin	20,2 (18,3)	9,54 (70)	271,1 (242)
Bremen	19,8 (17,4)	71,5 (92)	253,3 (207)
München	17,6 (17,5)	258,3 (137)	241,1 (226)
Wien	— (19,5)	— (84)	— (265)
Zürich	19,5 (17,2)	89,0 (139)	270,0 (238)

( ) Langjähriger Mittelwert für diesen Monat
– Wert nicht ermittelt

Schönheit, Anmut und Sportlichkeit prägen das Bild, das in der »Hamburger Illustrierten« von der deutschen Jugend gezeichnet wird; Ängste, Resignation und körperliche Gebrechen passen nicht in die NS-Ideologie

Erste Schwierigkeiten bremsen Vormarsch in der UdSSR

5. Juli. Einheiten der deutschen Wehrmacht durchbrechen im nördlichen Einsatzgebiet der Heeresgruppe Süd die sowjetische Stalin-Linie, eine z. T. mit schweren Befestigungen ausgebaute Verteidigungslinie der Roten Armee. Sie erstreckt sich vom Ostufer des Dnjestr bis in den Raum westlich von Opotschka.

An allen Frontabschnitten kommen die deutschen Einheiten in den ersten Tagen des Angriffs auf die Sowjetunion (→ 22. 6./S. 98) schnell voran, da der Gegner nicht auf die deutsche Offensive vorbereitet ist. Die deutsche Wehrmachtsführung und der Führer und Reichskanzler, Adolf Hitler, verfolgen das Ziel, durch schnelle Panzervorstöße die Hauptstreitkräfte der Roten Armee im europäischen Teil der UdSRR zu umzingeln und zu vernichten. In der Weisung Nr. 21, in der Hitler die Ziele des Krieges gegen die Sowjetunion unter dem Codenamen »Unternehmen Barbarossa« formulierte, wird der deutschen Wehrmacht die Aufgabe gestellt, schnellstmöglich eine Linie zu erreichen, »aus der die russische Luftwaffe reichsdeutsches Gebiet nicht mehr angreifen kann. Das Endziel der Operation ist die Abschirmung gegen das asiatische Rußland aus der allgemeinen Linie Wolga–Archangelsk«. Mit jedem Tag wächst der Widerstand der sowjetischen Armee gegen die schnell vorrückenden deutschen Verbände, so daß sich deren Vormarsch verlangsamt.

Deutsche Panzer dringen weit in sowjetisches Gebiet an der Ostfront vor, um die Truppen der Roten Armee einzuschließen; in den ersten Kriegsjahren kommen vornehmlich Panzer des Typs »Kampfwagen 3« zum Einsatz, die seit dem Jahr 1936 gebaut werden und 1938/39 in einer verbesserten Version in Serie gingen

Kriegsgeschehen an der Ostfront

- ▷ 5. 7.: Deutsche Truppen setzen zum Durchbruch durch die sog. Stalin-Linie an.
- ▷ 7. 7.: Wehrmachtsverbände erobern Salla an der finnischen Front.
- ▷ 8. 7.: Adolf Hitler beschließt, Moskau und Leningrad dem Erdboden gleichzumachen.
- ▷ 9. 7.: Nach Abschluß der Doppelschlacht von Bialystok und Minsk geraten 328 000 sowjetische Soldaten in Gefangenschaft. Deutsche Einheiten nehmen Schitomir, Witebsk und Pleskau (Pskow).
- ▷ 11. 7.: Bei Mogiljow überschreitet die Panzergruppe 2 unter Generaloberst Heinz Guderian den Dnjepr.
- ▷ 13. 7.: Truppen der Roten Armee erobern bei einem Gegenangriff Rogatschow und Schlobin.
- ▷ 16. 7.: Smolensk und Kischinjow werden von deutschen Einheiten erobert.
- ▷ 21. 7.: Die deutsche Luftwaffe fliegt ihren ersten Angriff auf Moskau (→ 21. 7./S. 115).
- ▷ 31. 7.: Die deutsche 16. Armee erreicht den Ilmensee.

Die Schlagkraft der deutschen Verbände wird geschwächt durch unterschiedliche strategische und taktische Vorstellungen über die Kriegführung in der Wehrmachtsspitze und Befehlsänderungen von Hitler. Starke Regenfälle erschweren außerdem den Vormarsch der deutschen motorisierten Truppen, die im Schlamm der z. T. nicht befestigten Straßen steckenbleiben. Darüber hinaus kann das Oberkommando der Roten Armee Organisation und Schlagkraft seiner Truppen verbessern (→ 5. 8./S. 134).

Kesselschlachten von Bialystok und Minsk

9. Juli. Nach Abschluß der ersten großen Doppelschlacht im Krieg gegen die Sowjetunion (→ 22. 6./S. 98) geraten rund 328 000 Soldaten der Roten Armee in deutsche Kriegsgefangenschaft. In den Kesseln von Bialystok und Minsk werden u. a. die 3., die 10. und die 13. sowjetische Armee vernichtend geschlagen. Nach deutschen Meldungen verliert die Rote Armee 1809 Geschütze und 3332 Panzer. Viele sowjetische Soldaten laufen zu den deutschen Truppen über.

In Kommentaren deutscher Zeitungen wird die Doppelschlacht in eine Reihe mit historischen Schlachten gestellt. Die »Münchner Neuesten Nachrichten« schreiben dazu: »Aber nur die Doppelschlacht von Bialystok und Minsk bannte eine Weltkrise. Sie rettete Europa vor der Invasion des Bolschewismus.«

Die Einkesselung großer sowjetischer Armeeverbände durch deutsche Truppen ist wichtiger Bestandteil der deutschen Strategie. Schnelle Panzereinheiten stoßen keilförmig tief ins sowjetische Hinterland vor, ohne sich auf Gefechte mit zwischen den Keilen stehenden sowjetischen Truppen einzulassen. Wenn sie die Fronttruppen der Roten Armee hinter sich gelasssen haben, schwenken sie ein und schließen so gemeinsam mit der nachrückenden Infanterie die sowjetischen Verbände ein.

In Schitomir trifft deutsche Infanterie auf Einheiten der Roten Armee

Die deutschen Erfolge in den Kesselschlachten müssen jedoch schwer und verlustreich erkämpft werden, da die sowjetischen Einheiten auch in aussichtslosen Situationen zähen Widerstand leisten. Dadurch werden deutsche Truppen gebunden und können nicht so schnell wie von der Heeresleitung geplant weiter vorstoßen. Da die deutschen Truppen zudem Schwierigkeiten mit dem Gelände und starken Regenfällen haben, die den erforderlichen schnellen Vormarsch behindern, können sie sowjetische Einheiten nicht schnell genug einschließen. Mehrere tausend Soldaten der Roten Armee können aus der Umzingelung entkommen und sich im Hinterland zu einer weiteren starken Verteidigungslinie neu formieren.

Nach der Doppelschlacht um Bialystok und Minsk werden zahlreiche sowjetische Soldaten von deutschen Truppen in ein Sammellager bei Minsk gebracht

Langer Zug sowjetischer Kriegsgefangener trifft nach verlorenem Kampf im Durchgangslager an einer der Rückzugsstraßen beim Kessel von Bialystok ein

Zentralkomitee der KPdSU organisiert den Widerstand

10. Juli. Beim Zentralkomitee der Kommunistischen Partei der Sowjetunion (KPdSU) in Moskau wird der Stab der zentralen Partisanenbewegung gegründet. Aufgabe des Stabes ist es, in den von deutschen Truppen besetzten sowjetischen Gebieten den Widerstand zu organisieren und zu koordinieren.

Schon am 29. Juni hatten das Zentralkomitee und der Rat der Volkskommissare beschlossen: »In den vom Feind okkupierten Gebieten sind Partisanenabteilungen und Diversionsgruppen zu schaffen für den Kampf gegen Einheiten der feindlichen Armee, zur Entfesselung des Partisanenkrieges überall und allerorts, für die Zerstörung von Brücken, Straßen, Telefon- und Telegrafenverbindungen, zur Niederbrennung der Versorgungslager usw.« Staatschef Josef W. Stalin rief am → 3. Juli (S. 114) in einer über alle sowjetischen Rundfunkstationen ausgestrahlten Ansprache die Bevölkerung zur Unterstützung der Partisanen auf.

Die auf den deutschen Angriff nicht vorbereitete sowjetische Regierung versucht in den ersten Tagen nach Kriegsausbruch, die reguläre Armee zu reorganisieren. Zugleich werden in den Gebieten, die in deutscher Hand sind, die Besatzer durch einen Partisanenkrieg und eine Strategie der »Verbrannten Erde« zermürbt, bei der die sich zurückziehenden Sowjetbürger alles vernichten, was für die vorrückenden deutschen Truppen nützlich sein könnte.

Die Not der Zivilbevölkerung wächst

Sowjetische Landarbeiterinnen unterstützen die Soldaten der Roten Armee

Zivilisten in den besetzten sowjetischen Städten werden von Deutschen auf Waffen untersucht, da der Widerstand der Bevölkerung ungebrochen ist

Stalins Aufruf zum Partisanenkrieg

3. Juli. Der sowjetische Staatschef Josef W. Stalin wendet sich nach dem deutschen Angriff auf die UdSSR in einer Rundfunkansprache an die Bevölkerung seines Landes:

»Brüder und Schwestern! Durch den uns aufgezwungenen Krieg ist unser Land in einen Kampf auf Leben und Tod mit seinem erbittertsten Feinde, mit dem deutschen Faschismus, eingetreten… Was muß geschehen, um die über unserem Vaterland schwebende Gefahr zu beseitigen?… Es ist für den Sowjetstaat und für die Völker der Sowjetunion eine Frage auf Leben und Tod, ob die Völker der Sowjetunion frei oder versklavt sein werden. Alles muß den Interessen der Front und der Niederzwingung des Feindes untergeordnet werden…

Die Rote Armee und Marine, alle Bürger der Sowjetunion müssen jeden Fußbreit des sowjetrussischen Bodens verteidigen… Im Falle eines Rückzuges muß das gesamte Rollmaterial mitgeführt werden… Alles von Wert… muß unbedingt vernichtet werden, wenn es nicht mitgenommen werden kann. In den vom Feind besetzten Gebieten sind Partisanendetachements… zu schaffen, die gegen die feindlichen Einheiten kämpfen, überall den Guerillakrieg entfachen… In den überfallenen Gebieten sind für den Feind unerträgliche Verhältnisse zu schaffen…«

Sowjetische Partisanin wird von Ungarn festgenommen

Deutsche Soldaten nehmen Partisanen gefangen

Waffenhilfe der USA für die Sowjetunion

30. Juli. In Moskau verhandeln der sowjetische Staatschef Josef W. Stalin und Harry Lloyd Hopkins, der Sonderbotschafter des US-Präsidenten Franklin D. Roosevelt, über materielle Hilfeleistungen der USA für die Sowjetunion, die sich seit dem 22. Juni im Krieg mit dem Deutschen Reich befindet.

Hopkins war zuvor in London, wo er mit der britischen Regierung Gespräche über die US-amerikanischen Rüstungslieferungen führte. Im Auftrag des US-Präsidenten bietet er nun auch Stalin US-Hilfe in Form von Waffen und Kriegsmaterial an. Unmittelbar nach dem deutschen

Der US-amerikanische Politiker Harry Lloyd Hopkins (*7. 8. 1890 in Sioux City/Iowa) prägte unter Präsident Franklin D. Roosevelt die Sozialgesetzgebung der USA und war von 1938 bis 1940 Handelsminister des Landes

Angriff auf die UdSSR hatte die US-amerikanische Regierung eine Exportsperre für Lieferungen in die UdSSR (→ 6. 5./S. 87) aufgehoben. Schon im Juli erhält die Sowjetunion Hilfsgüter im Wert von 6,5 Millionen US-Dollar.

Sonderbotschafter Hopkins erhält von Stalin bei den Moskauer Verhandlungen genaue Informationen über Truppenstärke und Bewaffnung der Roten Armee sowie über die Kriegspläne der sowjetischen Militärführung. Daran anschließend macht die Regierung in Moskau genaue Angaben über ihre Wünsche. Sie benötigt vor allem Maschinen und Rohstoffe zur Herstellung von Waffen und Munition, da viele ihrer Produktionsstätten von deutschen Truppen erobert wurden.

Während der Verhandlungen in Moskau verstärkt US-Präsident Roosevelt seine Bemühungen in den USA für verstärkte Hilfeleistungen an die Sowjetunion. Bis zum Jahresende werden insgesamt 360 778 t Rüstungs- und Hilfsgüter an die Sowjetunion geliefert; 1941 erhält die UdSSR allein auf einer Transportroute über den Iran 337 Flugzeuge, 10 138 LKW und Jeeps, 443 t Metalle und Metallprodukte sowie 330 t anderes Material aus den USA.

Unterirdische Warteräume der Moskauer U-Bahn dienen als Zufluchtsort bei Angriffen der deutschen Luftwaffe

Erste deutsche Luftangriffe auf Moskau

21. Juli. Während der Nacht fliegen 195 deutsche Bomber einen Luftangriff auf die sowjetische Hauptstadt Moskau. In den folgenden Nächten greift die deutsche Luftwaffe mit 125 bzw. 141 Flugzeugen erneut die Stadt Moskau an.

Die US-amerikanische Nachrichtenagentur United Press berichtet am 23. Juli: »In den ersten Berichten über den Luftangriff auf Moskau wird darauf hingewiesen, daß die deutschen Piloten, die in einer späteren Phase des Angriffs auf Moskau zuflogen, das Flammenmeer in der russischen Hauptstadt auf einer Distanz von über 140 km sehen konnten... Die Fliegerabwehr sei sehr heftig gewesen, und inmitten der bereits brennenden Häuser habe man

Luftbild eines Angriffs auf Moskau

unaufhörlich das Mündungsfeuer der Abwehrgeschütze konstatieren können.«

Die deutsche Luftwaffe, die rund 2000 Flugzeugen im Krieg gegen die UdSSR einsetzt, will durch die massiven Angriffe Moskau als Verkehrs- und Nachrichtenzentrum der UdSSR lahmlegen. Die Angriffe sollen außerdem die Bevölkerung der Stadt und des gesamten Landes demoralisieren und ihr die »Unfähigkeit der militärischen Führung« vor Augen führen. Während der Bombardements fliehen die Moskauer Bürger in Keller, Unterstände und unterirdische Stationen des U-Bahnnetzes, wo sie sich mit Feldbetten und Matratzen auf längere Aufenthalte einrichten.

Dänische Freikorps werden von SS ausgebildet

Norwegisches Freikorps bei Übung

Flämische Soldaten eines Freiwilligenkorps laden Maschinengewehr

Freiwillige aus ganz Europa an der Ostfront

16. Juli. Die ersten spanischen Freiwilligen der sog. Blauen Division betreten bei Saarburg deutschen Boden. Sie haben sich zum Einsatz auf deutscher Seite im Krieg gegen die Sowjetunion gemeldet, obwohl Spanien nicht zu den kriegführenden Staaten gehört.

Ihre Uniform besteht aus der Felduniform und dem Helm der deutschen Wehrmacht, dem blauen Hemd der spanischen Falange, die zur faschistischen Staatspartei gehört, und den spanischen Nationalfarben am Helm. Kommandiert wird die Blaue Division von General Agustín Muñoz Grandes.

In der deutschen Öffentlichkeit werden die Freiwilligeneinheiten begeistert gefeiert. Die »Münchner Neuesten Nachrichten« schreiben: »Die spanischen Einheiten setzen sich fast ausnahmslos aus nationalen Kämpfern aus dem Bürgerkrieg zusammen. Es handelt sich um durchweg langjährig ausgebildete Soldaten, die hervorragend ausgerüstet sind.« Tatsächlich sind die Freiwilligen-Einheiten meist schlecht ausgebildet und verfügen über eine mangelhafte Ausrüstung, die für die Anforderungen an der Front in der Sowjetunion, die sie im Oktober des Jahres erreichen, nicht ausreicht.

Auch in anderen europäischen Staaten werden Freiwilligeneinheiten für den Einsatz gegen die Sowjetunion aufgestellt. In den deutsch besetzten Niederlanden, Belgien, Norwegen, Dänemark und Frankreich rufen die Besatzungsbehörden zur Bildung von Legionen auf, »um dem Volk die Möglichkeit zu geben, an der Auseinandersetzung mit dem Bolschewismus Anteil nehmen zu können.«

Die Verstärkung der Wehrmachtsverbände durch diese Einheiten ist meist von geringer Bedeutung, da die »Legionäre« im »Krieg der Deutschen« nicht sehr einsatzfreudig und risikobereit sind.

Ein spanisches Freikorps auf seinem Weg zum Einsatz an der Front

Stalins ältester Sohn in deutscher Kriegsgefangenschaft

16. Juli. Der älteste Sohn des sowjetischen Staatschefs Josef W. Stalin, Jakow J. Dschugaschwili, gerät bei Kämpfen in der Nähe von Liosno, südöstlich von Witebsk in deutsche Kriegsgefangenschaft. Jakow J. Dschugaschwili ist Oberleutnant bei einer Panzer-Division der sowjetischen Streitkräfte.

Die deutsche Heeresleitung und die nationalsozialistischen Machthaber benutzen die Gefangennahme des Stalin-Sohnes zu propagandistischen Zwecken. In allen deutschen Tageszeitungen erscheinen Bilder, die ihn vor seinem Abtransport ins Deutsche Reich zeigen. In einem Pressebericht heißt es: »Er wies sich sofort als Sohn Stalins einwandfrei aus und brachte zum Ausdruck, daß er die Unsinnigkeit des Widerstandes gegen die deutschen Truppen eingesehen und sich deshalb mit seinen… Soldaten ergeben habe. Die Vernehmung Jakob Stalins brachte unerhört interessantes Material zutage.«

Mehrfach versucht die deutsche Führung, den Stalin-Sohn als Pfand bei Austauschverhandlungen mit der sowjetischen Regierung in Moskau einzusetzen, was diese aber immer strikt ablehnt.

Der aus erster Ehe mit der Georgierin Jekaterina Swanidise stammende Sohn Josef W. Stalins, Jakow J. Dschugaschwili (M.), vor seinem Abtransport auf einem Feldflughafen bei Liosno nach seiner Gefangennahme durch deutsche Truppen

Systematische Ermordung der Juden in der Sowjetunion

31. Juli. In Kischinjow beendet die Einsatzgruppe D der Sicherheitspolizei und des Sicherheitsdienstes der SS ein Massaker an Juden, bei dem seit dem 17. Juli mehr als 12 000 Menschen getötet wurden.

Die Aufgabe dieser Einsatzgruppen, von denen vier hinter der Front im Krieg gegen die Sowjetunion eingesetzt werden, ist die systematische Ermordung von kommunistischen Funktionären, Juden, Roma, Sinti und »asiatisch-minderwertigen« Menschen in der Sowjetunion.

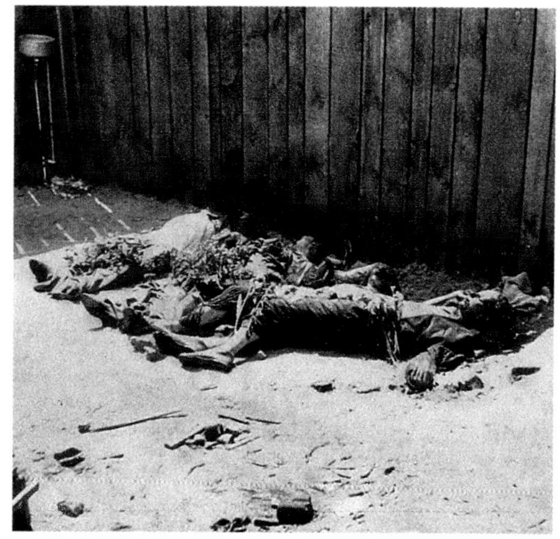

Massaker der Einsatzgruppen

Augustów	1 500	Lemberg (Lwow)	3 000
Bialystok	5 200	Liepaja (Libau)	3 000
Brest-Litowsk	5 000	Marculesti	1 000
Chotin	3 000	Minsk	2 000
Czyzewo	3 500	Nikolajew	5 000
Gródek	1 000	Pinsk	11 000
Jassy	4 000	Radzilow	1 500
Jelgava	2 000	Schitomir	2 500
Kamenez-		Szczuczyn	1 900
Podolski	14 000	Tarnopol	5 000
Kirowograd	6 000	Tschernowzy	4 000
Kischinjow	12 300	Wilna (Vilnius)	5 000
Kowno (Kaunas)	3 000	Zloczow	3 500

(Orte und Zahl der ermordeten Juden zwischen dem 22. 6. 1941 und dem 31. 8. 1941, Auswahl)

◁△ Fotos von ermordeten jüdischen Sowjets werden gezielt zu antisowjetischer Propaganda eingesetzt

△ Opfer des deutschen Massenmordes an der sowjetischen Zivilbevölkerung hinter einem Bretterverschlag

◁ Gefangengenommene Zivilisten werden in der deutschen Presse als Mörder ihrer Landsleute dargestellt

◁▽ Unter Aufsicht eines deutschen Exekutionskommandos schaufeln polnische Gefangene ihr eigenes Grab

▽ In einem Kornfeld im deutsch besetzten Gebiet erschießen Soldaten der deutschen Wehrmacht einen sowjetischen Heckenschützen

Sofort nach der Besetzung eines Ortes durch deutsche Truppen rücken die Einsatzgruppen ein, treiben die ortsansässigen Juden zusammen, transportieren sie aus den Städten hinaus und erschießen sie auf einem abgelegenen Gelände, nachdem sie den Juden Kleidung und Wertsachen weggenommen haben. Die Einsatzgruppen bedienen sich auch einheimischer Antisemiten, durch die sie Aufenthaltsorte von Juden erfahren und die sie bei den Massenerschießungen einsetzen.

Insgesamt 3000 Mann umfassen die vier Einsatzgruppen, die mit Wissen und z.T. mit Unterstützung der Wehrmachtsführung hinter den Frontlinien ihre »Sonderaufgaben im Auftrag des Führers« erfüllen (→ 13. 3./S. 50).

Seit Mai 1941 waren sie in der Polizeischule Pretzsch nordöstlich von Leipzig zusammengezogen und unter Leitung der Geheimen Staatspolizei (Gestapo), des Sicherheitsdienstes und der Sicherheitspolizei auf ihren Auftrag vorbereitet worden. Schon bei früheren Feldzügen der deutschen Truppen, z.B. in Polen, hatten sich die Nationalsozialisten solcher Einsatzgruppen zur systematischen Aufspürung und Vernichtung ganzer Volksgruppen und politischer Gegner bedient.

Rosenberg Minister für besetzte Ostgebiete

17. Juli. Führer und Reichskanzler Adolf Hitler ernennt Alfred Rosenberg, einen der führenden Ideologen der deutschen Nationalsozialisten, zum Reichsminister für die besetzten Gebiete in der UdSSR.

In einer Richtlinie zu den Aufgaben von Rosenbergs Ministerium heißt es im September: »Dem Reichsminister für die besetzten Ostgebiete sind die neuerdings besetzten Ostgebiete unterstellt. Auf Weisung des Führers richtet er dort bei Aufhebung der Militärverwaltung eine Zivilverwaltung ein. Er leitet und beaufsichtigt die gesamte Verwaltung dieses Raumes und vertritt die Souveränität des Reiches in den besetzten Ostgebieten.«

Die nationalsozialistische Führung will durch diese Maßnahme die besetzten sowjetischen Gebiete der Wehrmachtskontrolle entziehen, um die militärischen Kräfte verstärkt in der Kriegführung einzusetzen. Sie selbst will zugleich die unumschränkte Macht übernehmen. Die Ermordung der gesamten jüdischen Bevölkerung, aller kommunistischen Funktionäre und der Roma und Sinti, sowie die wirtschaftliche Ausbeutung der besetzten Regionen sind die Hauptinteressen des NS-Regimes. Unter Rosenbergs Leitung werden zunächst die Reichskommissariate Ostland und Ukraine unter Hinrich Lohse und Erich Koch eingerichtet, die beide mit brutaler Gewalt gegen die einheimische Bevölkerung vorgehen und die Ermordung von mehreren zehntausend Menschen anordnen.

NS-Ideologe Alfred Rosenberg

Der 1893 geborene Alfred Rosenberg war 1919 in die NSDAP eingetreten und 1923 Hauptschriftleiter des Parteiorgans »Völkischer Beobachter« geworden. Der fanatische Antisemit und Nationalist veröffentlichte 1930 das Buch »Der Mythus des zwanzigsten Jahrhunderts«, eine Darstellung der ideologischen Vorstellungen des Nationalsozialismus. Rosenberg befaßte sich hauptsächlich mit der »Erforschung der Judenfrage«, wozu er sog. Forschungsinstitute gründete (→ 26. 3./S. 52). Seit 1940 leitete er außerdem die Beschlagnahmung von Kunstschätzen und Kulturgütern in den deutsch besetzten Gebieten.

Pétains autoritäre neue Verfassung

8. Juli. Der Staatschef des von deutschen Truppen nicht besetzten Teils Frankreichs, Marschall Philippe Pétain, erläutert in einer Rede vor dem zuständigen Ausschuß der Nationalversammlung seine Vorstellungen von einer neuen Verfassung.

Pétain strebt die Errichtung eines autoritären und streng hierarchisch aufgebauten Staatsapparates an. Aus allen wichtigen Gesellschaftsgruppen soll eine kleine Zahl von Beratern ausgewählt werden. Sie sollen einer Person zuarbeiten, die an der Spitze des Staates steht und der alle untergeordneten Stellen gegenüber verantwortlich sind.

Der französische Staatschef, der sein Amt kurz vor der französischen Niederlage gegen die deutschen Truppen im Juni 1940 übernommen hatte, lehnt sich mit seinen Vorstellungen von der Neuorganisation der französischen Regierungsgewalt stark an den Aufbau der nationalsozialistischen Herrschaft im Deutschen Reich an.

Hitler: »Keine Germanen mehr nach Amerika gehen lassen«

Von den im Führerhauptquartier »Wolfsschanze« bei Rastenburg in Ostpreußen im Beisein von Führer und Reichskanzler Adolf Hitler eingenommenen Mahlzeiten werden auf Betreiben des Chefs der Reichskanzlei, Martin Bormann, insgeheim stichpunktartige Protokolle angefertigt. Unmittelbar nach Beendigung der Mahlzeiten werden diese Mitschriften in Anlehnung an den genauen Wortlaut der Ausführungen Hitlers ergänzt. Die Protokolle, die entgegen einem Befehl Hitlers angefertigt werden, will Martin Bormann zu Parteizwecken benutzen.

Hitler, der gemeinsam mit seinen Vertrauten zu essen pflegt, äußert sich zu allen Dingen, die ihn beschäftigen, wobei er häufig die Themen wechselt. Am 21. Juli z. B. sagt er: »Im Grunde müssen wir dem Jesuitismus dankbar sein. Wer weiß, ob wir ohne ihn von der Bauweise der Gotik zu der leichten, offenen und hellen Architektur der Gegenreformation gekommen wären … Ich muß sagen, ich freue mich immer, wenn ich dem Duce begegne [Italiens Ministerpräsident Benito Mussolini] … Wenn der Duce stürbe, so wäre das ein großes Unglück für Italien. Wie ich mit ihm durch die Villa Borghese [Mussolinis Wohnsitz] ging und seinen Kopf und die römischen Büsten vor mir hatte: Er ist einer der römischen Cäsaren! Irgendwie hat er die Erbmasse eines großen Mannes aus jener Zeit in sich«.

Über die zukünftige europäische Politik sagt Hitler wenig später: »Wir dürfen von Europa keine Germanen mehr nach Amerika gehen lassen. Die Norweger, Schweden, Dänen, Niederländer müssen wir alle in die Ostgebiete hereinleiten: Wir stehen vor der großen Zukunftsaufgabe, planmäßige Rassenpolitik zu betreiben.«

Adolf Hitler bei einem Spaziergang in den Außenanlagen des Führerhauptquartiers »Wolfsschanze« an der Ostfront

V. l.: Hermann Göring, Wilhelm Keitel, Heinrich Himmler und Hitler bei einer Besprechung im Hauptquartier

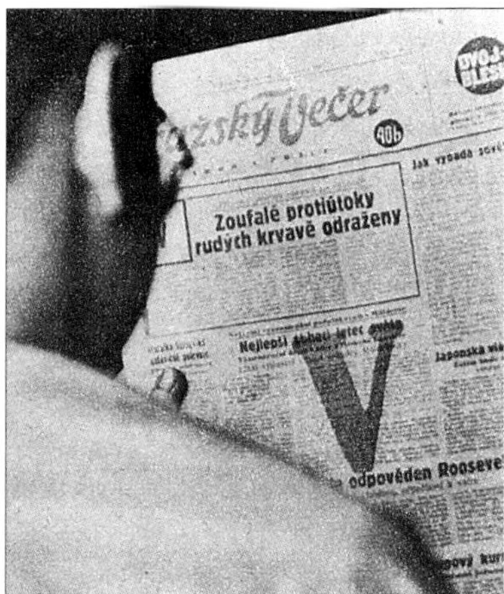

»V«-Zeichen als Aufdruck einer Tageszeitung

Prager Straßenpflaster mit »V«-Zeichen

Premierminister Winston Churchills Siegerpose

Unverständnis für »V«-Propagandaaktion im Deutschen Reich

20. Juli. *In deutschen Tageszeitungen erscheinen Berichte über eine Aktion des Propagandaministeriums, das den Buchstaben »V«, als Abkürzung für »Viktoria«, auf Zeitungen, Plakaten, Flugblättern, Anstecknadeln u. a. in den deutsch besetzten Gebieten verbreitet. Er dient als Symbol für den »Sieg Deutschlands an allen Fronten, an der militärischen und der weltanschaulichen«. Ursprünglich hatte die britische Propaganda diese Aktion mit dem »V« für »victory« (engl. Sieg) in den besetzten Gebieten als Zeichen des Widerstandes gegen die deutschen Truppen und die nationalsozialistische Herrschaft initiiert.*

Das Reichspropagandaministerium hatte sie daraufhin für ihre Zwecke umgedeutet. Im Deutschen Reich wird die »V«-Aktion mit Unverständnis aufgenommen, u. a. weil Viktoria kein »ursprünglich deutsches Wort« sei. Der Sicherheitsdienst der SS berichtet, »daß große Teile der Bevölkerung, die überhaupt nichts damit anzufangen wußten, sehr bald interessenlos daran vorbeigingen, der Rest lehnte die Propaganda-Aktion in drastischer Weise ab«. Mancherorts wird die Aktion ironisch von der Bevölkerung aufgenommen; einige Bürger begrüßen sich auf der Straße mit »Viktoria« statt mit »Heil Hitler«.

Staatengründungen verändern Balkan

12. Juli. In Centinje, der Hauptstadt Montenegros, das zum ehemaligen Jugoslawien gehörte, proklamiert eine konstituierende Nationalversammlung die Wiedererrichtung des »unabhängigen und souveränen Staates Montenegro«. Die Versammlung beschließt weiterhin, »in Ermangelung eines Staatschefs zur Errichtung einer Regentschaft ... den König von Italien zu bitten, einen Regenten des Königreichs Montenegro zu ernennen«.

Der »unabhängige Staat Montenegro« ist vollständig abhängig von Italien. Er ist der zweite Staat, den die Sieger im Balkankrieg, das Deutsche Reich und Italien, (→6. 4./S. 64) auf dem Gebiet von Jugoslawien errichten. Bereits am 10. April war in Agram (Zagreb) der Unabhängige Staat Kroatien proklamiert worden. Das staatsrechtliche Ende Jugoslawiens war am 9. Juli 1941 nach dem Sieg auf dem Balkan von der deutschen und der italienischen Regierung offiziell verkündet worden.

Truppen der USA auf Island

7. Juli. Die US-Regierung entsendet Truppen nach Island, um die dort stationierten britischen Einheiten zu verstärken. Die isländische Regierung, die am →16. Mai (S. 85) die Loslösung des Inselstaates vom deutsch besetzten Dänemark beschlossen hat, ist mit dieser Maßnahme einverstanden. Sie knüpft jedoch mehrere Bedingungen an die Stationierung, u. a. die Erhaltung der Unabhängigkeit Islands. US-Präsident Franklin D. Roosevelt begründet die Truppenentsendung mit dem Schutz der Insel vor einer möglichen deutschen Besetzung.

US-amerikanische Truppeneinheit in Reykjavik bei Vorbereitungsarbeiten zur Befestigung der isländischen Küste mit einem Schutzwall aus Sandsäcken und Felsbrocken gegen Angriffe der deutschen Marine und Luftwaffe

Portugiesische Azoreninseln

27. Juli. Portugals Staatspräsident, António Oscar de Fragoso Carmona, startet von Lissabon aus zu einer 14tägigen Reise auf die atlantische Inselgruppe der Azoren. Seit ihrer Entdeckung im 15. Jahrhundert gehören die Azoren zu Portugal.

Bei seiner Ankunft im Hafen Ponta Delgada auf der Insel Sao Miguel sagt Carmona: »Hier ist Portugal, Portugal mit seinen Menschen, seiner Sprache, seinem Glauben, seinen Traditionen und mit allen Banden, die die Einheit einer Nation bestätigen und befestigen können. Und diese Einheit bilden nicht nur jene, die im Mutterland leben, sondern auch die Tausende und aber Tausende der Söhne dieser Inselgruppe«. Der portugiesische Staatspräsident besucht die einzelnen Inseln der Azoren und betont in Reden immer wieder die Bereitschaft der portugiesischen Regierung, die Azoren als Teil Portugals gegen jeden Angreifer zu verteidigen.

Carmona reagiert mit dieser Reise und seinen Versicherungen zur Bewahrung des Status der Azoren auf Gerüchte, die nach der Stationierung US-amerikanischer Truppen auf Island (→7. 7./S. 119) verbreitet worden. In Presse- und Rundfunkmeldungen war berichtet worden, daß die US-Regierung die militärische Besetzung der Azoren und der ebenfalls zu Portugal gehörenden Kapverdischen Inseln plane. Von diesen Inselgruppen aus ist eine Überwachung und ein Schutz der atlantischen Schiffahrtslinien möglich, die durch Angriffe der deutschen Kriegsmarine ständig gefährdet sind (→4. 2./S. 34). Die Gerüchte hatten weitere Nahrung erhalten, als eine Beteiligung US-amerikanischer Firmen am Bau von Militärstützpunkten in Nordirland und Nordschottland bekannt wurde. Carmonas Reise dient nur Propagandazwekken, da seine Truppen eine US-Invasion nicht verhindern könnten.

Der portugiesische General und Politiker António Oscar de Fragoso Carmona (* 24. 11. 1869 in Lissabon), der 1926 an dem Militärputsch teilgenommen hatte, ist seit 1928 Staatspräsident Portugals

Britische und freifranzösische Truppen auf dem Platz der Märtyrer in Damaskus

Britischer Panzer in der zentral-syrischen Stadt Palmyra

Der freifranzösische Gouverneur Catroux (M.) in Beirut

Vorsorgliche Besetzung von Syrien durch britische und freifranzösische Streitkräfte

14. Juli. *In Damaskus unterzeichnen der britische General Henry Maitland Wilson und der französische General Henri Fernand Dentz ein Waffenstillstandsabkommen, das die Übergabe Syriens in britische Hand vorsieht. Am 8. Juni waren britische Streitkräfte in das unter französischer Kontrolle stehende Syrien eingedrungen, um einer befürchteten deutschen Besetzung des Landes zuvorzukommen (→ 27. 9./S. 157). Nachdem das Deutsche Reich über Syrien die irakische Regierung im Krieg mit Großbritannien (→ 2. 5./S. 84) unterstützt hatte, erwarteten die Briten ein deutsches Vordringen im Nahen Osten. Dadurch wäre die britische Position in dieser Region und in Nordafrika, wo sich britische und deutsch-italienische Streitkräfte gegenüberstehen, gefährdet worden. Außerdem hätte das NS-Regime im Falle eines Erfolges die Kontrolle über Erdölfelder im Nahen Osten erhalten, die für die weitere britische Kriegführung von großer Bedeutung sind.*

Auf britischer Seite wurden bei dem Vormarsch in Syrien freifranzösische Streitkräfte von General Charles de Gaulle eingesetzt, der von London aus gegen die deutsche Besetzung seines Landes und die Regierung in Vichy kämpft.

Konflikt zwischen Peru und Ecuador

5. Juli. Im nördlichen Grenzgebiet der südamerikanischen Staaten Peru und Ecuador kommt es zu bewaffneten Auseinandersetzungen zwischen Streitkräften der beiden Länder. Bei dem Konflikt geht es um einen alten Grenzstreit beider Staaten im Einzugsbereich des Flusses Putumayo.

Verschiedene amerikanische Staaten bieten ihre Vermittlung an. Argentinien, Brasilien und die USA schlagen den Regierungen in der peruanischen Hauptstadt Lima und der ecuadorianischen Hauptstadt Quito die Abgabe einer Nichtangriffserklärung und die Zurückziehung ihrer Truppen um jeweils 15 km hinter die bisherige Grenzlinie vor. Vermittler der drei Staaten sollen in der so geschaffenen neutralen Zone die Waffenruhe überwachen, bis eine endgültige Regelung der Grenzfrage gefunden ist.

Am 18. Juli nehmen Peru und Ecuador diesen Vorschlag an, doch brechen am 24. Juli wieder Kämpfe aus. Zwei Tage später einigen sich beide Regierungen, die sich zuvor gegenseitig für die Kämpfe verantwortlich gemacht haben, erneut auf die Einhaltung der Waffenruhe.

Japans Marionette in China

1. Juli. Die deutsche Regierung erkennt die 1940 im japanisch besetzten Ostchina eingesetzte Regierung unter Wang Ching-wei an und kündigt die Aufnahme diplomatischer Beziehungen an. Am gleichen Tag erklären auch Italien, Ungarn, Bulgarien, Rumänien, die Slowakei und Kroatien die Anerkennung der Regierung mit Sitz in Nanking. Wang Ching-wei war nach der Eroberung der reichen chinesischen Ostprovinzen durch die Japaner im 1937 begonnenen Krieg zwischen den beiden Staaten an die Macht gekommen. Er regiert in fast vollständiger Abhängigkeit von der japanischen Führung, die ihr Einflußgebiet auf dem ostasiatischen Festland noch weiter ausdehnen will.

Chinesische Bauern und Arbeiter begrüßen auf einer kleinen Bahnstation in Nordchina mit der Fahne Nippons den japanischen Präfekten der Provinz

Japanische Basen auch in Indochina

29. Juli. In Vichy, dem Sitz der Regierung des unbesetzten Teils von Frankreich, unterzeichnen französische und japanische Regierungsvertreter ein Protokoll zur gemeinsamen Verteidigung Französisch-Indochinas. 40 000 japanische Soldaten waren in den vergangenen Tagen nördlich der Cam-ranh-Bucht an Land gesetzt worden. Der japanischen Armee werden insgesamt acht Flugplätze im Land, die Hafenanlagen der indochinesischen Hauptstadt Saigon und andere militärische Einrichtungen zur freien Verfügung gestellt.

Die japanische Regierung nützt die Schwäche Frankreichs aus, das nach seiner Niederlage im Krieg gegen das Deutsche Reich militärisch nicht in der Lage ist, Indochina zu verteidigen. Durch die Vereinbarung erhält Japan militärische Stützpunkte im Süden des ostasiatischen Festlandes. Von hier aus kann es die Nachschubwege Chinas blockieren, mit dem sich Japan seit 1937 im Krieg befindet. Japan gelangt zudem in den Besitz von Militärbasen zur weiteren Ausdehnung seines Einflusses auf die Rohstoffgebiete im südostasiatischen Raum.

Befehl zur »Endlösung der Judenfrage«

31. Juli. Reichsmarschall Hermann Göring erteilt dem Chef der Sicherheitspolizei und des Sicherheitsdienstes der SS, Reinhard Heydrich, den Auftrag, »alle erforderlichen Vorbereitungen für eine Gesamtlösung der Judenfrage im deutschen Einflußbereich in Europa zu treffen«. Heydrich erhält damit die Vollmacht, alle organisatorischen, verwaltungstechnischen und finanziellen Maßnahmen für die »Endlösung« einzuleiten, wie Göring die Vernichtung aller im deutschen Einflußbereich lebenden Juden in seinem Brief nennt.
Schon im Januar 1939 war Heydrich von Göring beauftragt worden, »die Judenfrage... einer den Zeitverhältnissen entsprechend möglichst günstigen Lösung« zuzuführen, womit eine Beschleunigung der jüdischen Auswanderung gemeint war. Durch die Anweisung vom 31. Juli 1941 werden die Auswanderungen gestoppt. Außer Heydrich wird auch der Kommandant des Konzentrationslagers Auschwitz, Rudolf Höß, darüber informiert, daß der Führer und Reichskanzler Adolf Hitler die »Endlösung der Judenfrage« befohlen habe (→ 1. 9./S. 148; 3. 9./S. 150). Auf Einladung von Heydrich findet im Januar 1942 die sog. Wannsee-Konferenz in Berlin statt, auf der konkrete Maßnahmen für die »Endlösung« festgelegt werden, womit die NS-Führung die Ermordung von mehreren Millionen Juden meint.

Sicherheitspolizeichef Heydrich
Der am 7. März 1904 in Halle an der Saale als Sohn eines Musiklehrers geborene Reinhard Heydrich war erst 1931 in die NSDAP eingetreten. Mit Hilfe von Reichsführer SS, Heinrich Himmler, machte er schnell Karriere in der SS. 1934 wurde er Leiter des Berliner Amtes der Gestapo, 1935 Chef der Sicherheitspolizei sowie des Sicherheitsdienstes der SS und 1939 Leiter des Reichssicherheitshauptamtes, dem die NS-Sicherheitsdienste unterstehen. Heydrich befaßt sich schon seit langem mit Terrormaßnahmen gegen die jüdische Bevölkerung (→ 27. 9./S. 158). Das Bild zeigt Heydrich (r.) mit Himmler (M.) in Prag.

Hitler-Gedanken zur »Endlösung«

Der Führer und Reichskanzler Adolf Hitler spricht am 1. Dezember in seinem Hauptquartier auch über seine Auffassung zur Judenfrage. Die tatsächlichen Vorhaben und Pläne werden von ihm wie von vielen NS-Funktionären nur in Andeutungen angesprochen:

»Vor zehn Jahren hat unsere ganze intellektuelle Welt noch keine Vorstellung davon gehabt, was ein Jude ist... Viele Juden sind sich auch des destruktiven Charakters ihres Daseins nicht bewußt gewesen. Aber, wer das Leben zerstört, setzt sich dem Tod aus, und etwas anderes geschieht auch ihnen nicht! Wer hat die Schuld, wenn die Katze die Maus frißt?... Wir wissen nicht, welchen Sinn die Einrichtung hat, daß wir den Juden Völker zerstören sehen. Ist es so, daß ihn die Natur geschaffen hat, damit er durch seine Dekomposition [Zersetzung] die Völker in Bewegung bringt... Mit ihrer Tätigkeit erzeugen sie die Abwehr.«

NS-Kampf gegen die Kirchen geht weiter

8. Juli. Einem Erlaß des Reichsinnenministeriums über die »seelsorgerische Betreuung der Kranken in öffentlichen und privaten Kranken-, Heil- und Pflegeanstalten« entsprechend dürfen Geistliche nur noch auf ausdrücklichen Wunsch der Kranken tätig werden. Geistliche beider Konfessionen fordern deshalb die Gläubigen auf, bei Beginn eines Krankenhausaufenthaltes regelmäßigen Besuch eines Geistlichen anzufordern.
Die evangelische und die katholische Kirche im Deutschen Reich wehren sich mit allen Mitteln gegen Maßnahmen der nationalsozialistischen Führung, ihren Einfluß im gesellschaftlichen Leben zurückzudrängen. Geistliche prangern z.T. offen die NS-Kirchenpolitik an und fordern die Bevölkerung zum Festhalten am christlichen Glauben und zur Unterstützung der Kirchen auf. Der Zulauf, den die Kirchen trotz staatlichen Drucks haben, läßt sich u. a. an den Ergebnisse der Kirchenkollekten ablesen. So berichtet der Sicherheitsdienst (SD) der SS, daß eine Sammlung zur Erneuerung der Kirche einer süddeutschen Gemeinde innerhalb einer Woche 2000 Reichsmark erbracht hat, während für das Kriegswinterhilfswerk nur 18 Reichsmark gespendet wurden. Parteimitglieder reagierten darauf mit Haßausbrüchen und Übergriffen.
Die Intensivierung der seelsorgerischen Arbeit der Kirchen geht in einigen Fällen soweit, daß Gläubige in Krankenhäusern vom Pflegepersonal bevorzugt werden. Der SD meldet aus verschiedenen Hospitälern und Lazaretten: »Je nach ihrer [der Kranken] Teilnahme an den Morgen- und Abendandachten, erhalten sie sogar Sonderzuwendungen in der Form von außergewöhnlichen Gerichten... Wenn die Kranken sich aber den Bemühungen... in der religiösen Betreuung widersetzen, lassen die Schwestern es ebenso oft den Kranken an ihrer Pflege entgelten.«

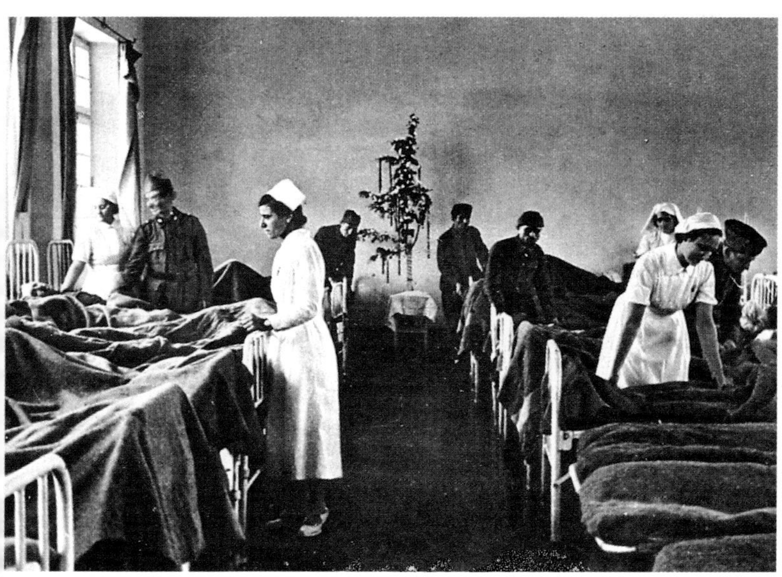

In Krankenhäusern und Lazaretten wie hier an der griechischen Front arbeiten Geistliche und Ordensleute mißtrauisch beäugt von den Behörden

Kampfkraftverluste der Kriegsmarine

24. Juli. 149 Bomber der britischen Luftwaffe greifen die deutschen Schlachtschiffe »Scharnhorst« und »Gneisenau« an. Beide Schiffe liegen im Biskayahafen La Pallice.

Erich Raeder (* 24. 4. 1876 in Wandsbek/Hamburg) war bereits im Ersten Weltkrieg Kreuzerkommandant, ab 1928 als Admiral Chef der Marineleitung und seit 1935 Oberbefehlshaber der Kriegsmarine

Die Kampfkraft der deutschen Marine ist seit der Versenkung der »Bismarck« (→ 27. 5./S. 86) und durch eine enge Zusammenarbeit zwischen Briten und US-Amerikanern stark geschwächt. Unzufrieden darüber schränkt der Führer und Reichskanzler Adolf Hitler in zunehmendem Maße die Handlungsfreiheit des Oberbefehlshabers der Kriegsmarine, Großadmiral Erich Raeder, ein. Er untersagt u.a. eine weitere Entsendung von deutschen Überwasserstreitkräften in den Atlantischen Ozean.

Verbrechen im Schutz der Verdunkelung

2. Juli. Ein Münchner Sondergericht verurteilt den Kelheimer Wilhelm Paul wegen Verdunkelungsverbrechen zum Tode und zum Verlust der bürgerlichen Ehrenrechte auf Lebenszeit. Paul war beim Kofferdiebstahl im Hauptbahnhof unter Ausnutzung der abendlichen Verdunkelung gefaßt worden.

Bei Anbruch der Dunkelheit werden im Deutschen Reich zum Schutz vor feindlichen Luftangriffen Straßen und Gebäude unbeleuchtet gelassen. Unter diesen Bedingungen häufen sich vor allem Einbrüche und Diebstähle, gegen die sogar Todesurteile verhängt werden.

Auch die Zahl der Gewaltverbrechen im Schutz der Verdunkelung nimmt zu. Ende Januar wird in Hannover ein 27jähriger Mann zum Tode verurteilt, dem in sieben Fällen Vergewaltigungen und Vergewaltigungsversuche nachgewiesen werden konnten. Das NS-Regime, das die Hilflosigkeit der Polizei bei sog. Verdunkelungsverbrechen nicht zugeben will, verheimlicht immer mehr diese Straftaten.

Neben der Zunahme an Gewalttaten bringt die Verdunkelung auch harmlosere Probleme mit sich: In einer niederländischen Kleinstadt haben empörte Bürger Fahrräder an einem Denkmal aufgehängt, die achtlos auf einem Bürgersteig abgestellt waren; in Zeitungen wird immer wieder darauf aufmerksam gemacht, daß solche »verantwortungslosen« Verhaltensweisen in den verdunkelten Städten Gefahren für die Mitbürger mit sich bringen

Keine Bedienung bei Frontberichten

17. Juli. Die Leitung der Wirtschaftsgruppe Gaststätten- und Berherbergungsgewerbe im Deutschen Reich erläßt eine Anordnung, um Störungen beim Anhören von Wehrmachtsberichten in Gaststätten zu vermeiden. Künftig darf während der Ausstrahlung der deutschen und italienischen Wehrmachtsberichte im Radio, das in allen Restaurants und Wirtschaften eingeschaltet sein muß, nicht mehr bedient werden.

Klappern mit Geschirr und Gläsern, Servieren von Speisen und Getränken und die Aufnahme von Bestellungen der Gäste haben nach Angaben der Wirtschaftsgruppenleitung in vielen Gaststätten das »Abhören« der Wehrmachtsberichte für Gäste unmöglich gemacht. In der Anordnung, die mit sofortiger Wirkung in Kraft tritt, heißt es weiter: »Die Betriebsinhaber werden verpflichtet, entsprechende Maßnahmen zu veranlassen und auch bei den Gästen dafür Sorge zu tragen, daß eine ungestörte Übertragung der Berichte sichergestellt wird.«

Neue Binnenalster täuscht Briten nicht

18. Juli. Die britische Nachrichtenagentur Exchange berichtet über neue Tarnmanöver der Deutschen. In der Nachricht heißt es: »Alle Londoner Blätter bringen heute eine Luftaufnahme der R.A.F. [Royal Air Force, britische Luftwaffe], aus der hervorgeht, daß die Deutschen in Hamburg riesige Tarnungen vornahmen zur Irreführung der angreifenden Flieger. So wurde das etwa 600 Meter lange und fast ebenso breite Wasserbekken der Binnenalster mit großen bemalten und mit Aufbauten versehenen Flößen bedeckt, die vortäuschen sollten, daß es sich um einen Kanal und Straßen mit Häusern handle. Sodann wurde aus einem Teil der Außenalster eine neue Binnenalster geschaffen. 600 Meter von der Lombardsbrücke entfernt, die die Binnenalster von der Außenalster trennt und über die die Eisenbahnverbindung vom Hamburger Hauptbahnhof nach Altona sowie eine belebte Verkehrsstraße führen, wurde eine neue angebliche Lombardsbrücke

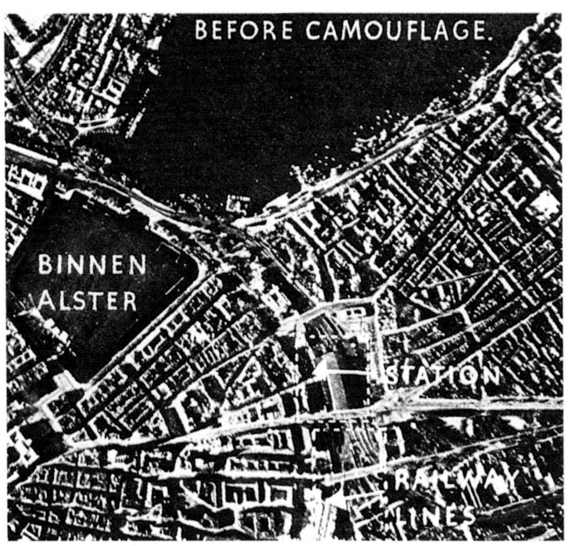

Luftaufnahme Hamburgs mit Bahnhof und Binnenalster

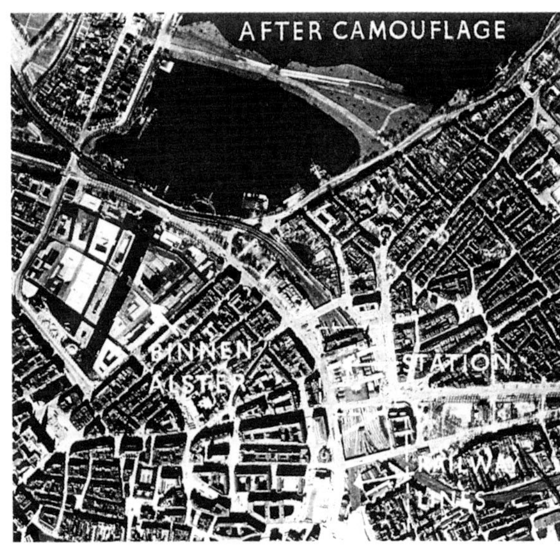

Luftaufnahme desselben Stadtteils nach der Tarnung

gebaut, so daß das Wasser zwischen der richtigen und der falschen Lombardsbrücke die Binnenalster vortäuschen soll. Auch der Hauptbahnhof wurde so getarnt, als ob es sich um eine Reihe von Straßen handle.«

Die Zeitungen in Großbritannien werten diese Tarnmaßnahme als ein Zeichen der Effektivität der britischen Luftangriffe auf deutsche Großstädte, vor denen die nationalsozialistische Regierung offensichtlich »Angst habe«.

Die Tarnung wichtiger Verkehrswege und Industrieanlagen durch künstlichen Nebel oder Attrappen ist eine der Schutzmaßnahmen der deutschen Luftabwehr. Daß dadurch z.B. in Hamburg britische Bomberpiloten, im Glauben den Bahnhof anzugreifen, ihre Bombenlast auf ein Wohngebiet werfen, nimmt die deutsche Luftabwehr wissentlich in Kauf.

Für die britische Propaganda hat die Veröffentlichung des Berichtes über die Tarnungen in Hamburg auch die Funktion, den von deutschen Luftangriffen zermürbten Bewohnern britischer Städte zu zeigen, wie erfolgreich die Bomber der Royal Air Force sind.

Mehr Studentinnen an den Universitäten

1. Juli. Die Zahl der Studierenden an den Universitäten im Deutschen Reich ist aufgrund der vermehrten Einberufungen zur Wehrmacht zurückgegangen. An der Universität in Berlin ist die Studentenzahl erstmals unter 6000 gesunken, in Göttingen ist sie gegenüber dem letzten Trimester von 1405 auf 1245 gesunken und in Marburg von 1600 auf 1150.
Der Anteil der Studentinnen ist infolge dieser Entwicklungen an nahezu allen Universitäten größer geworden. In Berlin sind 33% aller Immatrikulierten Studentinnen, in Göttingen 36% und in Marburg mehr als 50%.
In der NSDAP und in Teilen der Bevölkerung wird die hohe Zahl der Studentinnen als »ungesund« empfunden. Der Sicherheitsdienst der SS meldet in seinem geheimen Lagebericht am 10. Juli: »Es wird die Ansicht vertreten, daß Töchter aus finanziell bessergestellten Kreisen... sich auf diesem Wege einer für die Gesamtheit nützlicheren Dienstverpflichtung entzögen.«

Erstes Stadium der Lumpenaufbereitung mit Reißwolf

Auch Aluminium wird zur Wiederverwertung gesammelt

Erfolglose Sammlung von Spinnstoffen

28. Juli. Im Deutschen Reich beginnen Ortsgruppen der NSDAP mit einer Reichsspinnstoffsammlung, die bis zum 23. August durchgeführt wird. In eigens eingerichteten Sammelstellen soll die Bevölkerung Lumpen und Textilien aller Art abgeben, die nicht mehr brauchbar sind. Die gesammelten Stoffe können durch Aufarbeitung zu Reißwolle oder Reißbaumwolle bei der Textilherstellung, insbesondere bei der Produktion von Zellwolle und Kunstseide wiederverwendet werden.
In Zeitungsartikeln, Rundfunkberichten, Aufklärungsfilmen und Presseaufrufen wird für die Abgabe von Alttextilien geworben, die in Anlehnung an die Metall- und Schrottsammlungen »Textilschrott« genannt werden. Die nationalsozialistische Regierung will durch die Rückführung von Rohstoffen in die Produktion Finanzmittel einsparen, die dann in die Rüstungsproduktion investiert werden können.
Die Reichsspinnstoffsammlung findet in der Bevölkerung trotz aller Propaganda wenig Anklang. Vielerorts löst die Sammlung dagegen die Befürchtung aus, daß es zu Engpässen bei der Textilversorgung kommen wird und weitere Rationierungen bevorstehen.

Zu hoher Verdienst für Haushaltshilfen

8. Juli. In einer zunächst nur für das Wirtschaftsgebiet Brandenburg geltenden Verordnung werden Höchstlöhne für Haushaltsgehilfinnen festgesetzt. Als Begründung wird von den zuständigen Behörden angeführt, »daß der Lohn der Haushaltsgehilfinnen eine Entwicklung genommen hat, die nicht weiter geduldet werden kann. Es werden Löhne gefordert und gezahlt, die in keinem Verhältnis mehr zum Arbeitsentgelt anderer Volksgenossen stehen«.
Da die nationalsozialistische Regierung Frauen vermehrt zur Arbeit in der Rüstungsindustrie und im öffentlichen Dienst heranzieht, stehen für Privathaushalte kaum qualifizierte Haushaltsgehilfinnen zur Verfügung. Diese erhalten von den wohlhabenden Bürgern, die sich eine Haushaltshilfe leisten können, hohe Löhne und Nebenleistungen wie Treueprämien, Sachleistungen, Weihnachtsgratifikationen u. a.
Die Behörden wollen die zunehmende Attraktivität der Hausgehilfinnen-Arbeit einschränken, da sie weibliche Arbeitskräfte in anderen Bereichen einsetzen wollen.

16 Erlasse in neun Tagen

18. Juli. Im Bezirk Reichenberg hat ein Landrat seit dem 9. Juli insgesamt 16 Erlasse des Regierungspräsidenten und des Reichsinnenministeriums erhalten. Diese behandeln ausschließlich Familienunterhaltsangelegenheiten.
Die Justiz- und Verwaltungsbehörden klagen über die wachsende Flut von Erlassen, Verordnungen, Verfügungen und Durchführungsbestimmungen, die sie nicht mehr bearbeiten können. Gleichzeitig entsteht wegen ständiger Veränderungen der Rechtsvorschriften durch die ministeriellen Erlasse und Anweisungen zunehmende Rechtsunsicherheit, so daß »manche Rechtsfragen kaum noch richtig entschieden werden können«.
Laut einem Bericht des Sicherheitsdienstes der SS zu diesem Problem wird die Verwirrung noch dadurch vergrößert, »daß oft über ein und denselben Gegenstand seitens mehrerer Stellen Anordnungen ergingen, die zumeist noch den gleichen Wortlaut hätten. Nicht selten ergingen auch von einer Behörde in der gleichen Sache mehrere Verfügungen unabhängig voneinander«.
Die Politik der nationalsozialistischen Führung und ihrer bürokratischen Einrichtungen, die darauf zielt, alle Bereiche des gesellschaftlichen Lebens vollständig zu erfassen, zu kontrollieren und zu reglementieren, findet ihren Ausdruck in einer Unzahl von Detailvorschriften, die in der täglichen Praxis oft nicht eingehalten werden können.

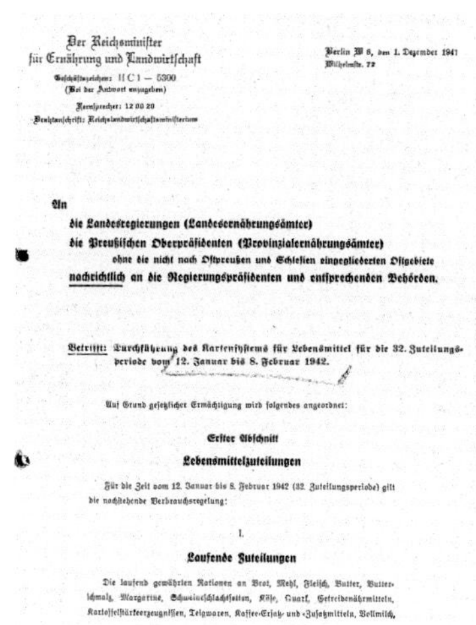

Der Reichsminister
für Ernährung und Landwirtschaft
Geschäftszeichen: II C 1 – 5300
(Bei der Antwort anzugeben)
Fernsprecher: 12 00 20
Drahtanschrift: Reichslandwirtschaftsministerium

Berlin W 8, den 1. Dezember 1941
Wilhelmstr. 72

An
die Landesregierungen (Landesernährungsämter)
die Preußischen Oberpräsidenten (Provinzialernährungsämter)
ohne die nicht nach Ostpreußen und Schlesien eingegliederten Ostgebiete
nachrichtlich an die Regierungspräsidenten und entsprechenden Behörden.

Betrifft: Durchführung des Kartensystems für Lebensmittel für die 32. Zuteilungsperiode vom 12. Januar bis 8. Februar 1942.

Auf Grund gesetzlicher Ermächtigung wird folgendes angeordnet:

Erster Abschnitt
Lebensmittelzuteilungen

Für die Zeit vom 12. Januar bis 8. Februar 1942 (32. Zuteilungsperiode) gilt die nachstehende Verbrauchsregelung:

I.
Laufende Zuteilungen

Die laufend gewährten Rationen an Brot, Mehl, Fleisch, Butter, Butterschmalz, Margarine, Schweineschlachtfetten, Käse, Quark, Getreidenährmitteln, Kartoffelstärkeerzeugnissen, Teigwaren, Kaffee-Ersatz- und -Zusatzmitteln, Vollmilch,

Erlaß vom Ende des Jahres 1941 zur Art und Weise der Verteilung von Lebensmittelmarken im Januar 1942

Unzufriedenheit in der Arbeiterschaft

1. Juli. In den letzten zehn Jahren sind die Gehälter der Angestellten im Deutschen Reich um rund 12% gesunken. Die Löhne der Arbeiter sind seit 1928 um mehr als 5% zurückgegangen.
Vor dem Beginn des Zweiten Weltkrieges war der Lebensstandard der Bevölkerung leicht gestiegen. Durch Überstunden und Sonderzulagen war es insbesondere der Arbeiterschaft gelungen, ihre Einkünfte deutlich zu erhöhen.
Durch die Umstellung der gesamten Produktion in der sog. Kriegswirtschaft geht der erreichte Lebensstandard stark zurück. Die geforderten Arbeitsleistungen in den Betrieben werden ständig gesteigert. Die Löhne werden nicht zuletzt durch ständige Sammlungen z. B. für das Kriegswinterhilfswerk verringert, wobei die Arbeitgeber die »Spenden« z. T. direkt vom Lohn abziehen. Unzufriedene Arbeiter und Arbeiterinnen reagieren mit häufigen Krankmeldungen, Verringerung ihrer Leistung und in einigen Fällen mit Sabotageakten, indem sie Maschinen beschädigen.

Auto 1941:

»Volkswagen« als Militärfahrzeug an allen Kriegsfronten

Die Automobilproduktion in Europa ist seit dem Beginn des Zweiten Weltkrieges nur auf die Herstellung von Armeefahrzeugen ausgerichtet. Personenwagen für den zivilen Bedarf werden in den großen deutschen Automobilwerken nicht mehr hergestellt.

Auch der sog. Volkswagen, dessen Konstruktion der Führer und Reichskanzler Adolf Hitler 1934 angeordnet hatte, wird nur für militärische Zwecke hergestellt. Weit über 100 000 Deutsche hatten im Rahmen einer Sparaktion der nationalsozialistischen Organisation Kraft durch Freude (KdF) Anzahlungen für einen Volkswagen geleistet. Seit 1939 wird dieser Autotyp aber nur noch für Wehrmachtszwecke produziert. Die Linzer »Tages-Post« schreibt dazu im September: »Dann und wann hört man heute die Frage, was eigentlich aus dem ›KdF-Wagen‹ oder ›Volkswagen‹ geworden sei... Es ist selbstverständlich, daß die großen Erfahrungen, die jetzt mit dem feldgrauen Volkswagen gemacht werden, der späteren Serienherstellung des zivilen ›KdF-Wagens‹ zugute kommen. Die bei der Wehrmacht eingereihten Wagen unterscheiden sich maschinell in keiner Weise von den Wagen, die später an die Sparer zur Auslieferung kommen.«

Zivilisten, die schon ein Kraftfahrzeug besitzen, sind von Treibstoffmangel und -rationierung betroffen. Zur Einsparung von Benzin, das vor allem für die Wehrmacht gebraucht wird, rüsten PKW-Eigner auf Holzgasantrieb um. Auch Lastkraftwagen und Omnibusse werden mit dem Gas angetrieben, das bei der Verbrennung von Holz in einem im Fahrzeug installierten Generator entsteht.

Die Automobilproduktion in den USA läuft noch auf vollen Touren. Im letzten Jahr, bevor auch hier auf Kriegsproduktion umgestellt wird, liefert Oldsmobile 273 040 Wagen aus, Chrysler 141 522 und Dodge 215 575. Chrysler bringt die neue »Town and Country«-Modellreihe auf den Markt. Die Wagen dieser Serie sind Mischungen aus PKW und »Stationcars« (Caravan); ihr Blickfang sind Seitenteile, die aus Holz gearbeitet sind.

Bereits 1939 wird dieser Personenkraftwagen »SS 1939« der britischen Automobilfirma Swallow Sidecars (später Jaguar) vorgestellt; er gehört in den folgenden Jahren zu den erfolgreichen Autos

Erstmals konstruiert wurde dieser Personenkraftwagen Ford »Taunus De Luxe« bereits 1939; er wird bis 1941 gebaut, dann muß die Produktion des Modells für einige Zeit eingestellt werden

Da Benzin und Dieselöl äußerst knapp sind, müssen Nutzfahrzeuge wie dieser Berliner Linienbus mit einfachen Holzgeneratoren betrieben werden

Zwischen 1940 und 1942 werden Mercedes-Benz-LKW vom Typ »L 3000 S« gebaut

Dieser für die Schiene umgerüstete VW-Kübelwagen Baujahr 1941 wird als Militärfahrzeug vor allem in unwegsamem Gelände eingesetzt

NS-Regime in Putschversuch verwickelt

19. Juli. Die bolivianische Regierung erklärt den deutschen Botschafter in La Paz, Hermann Wendler, zur »persona non grata« und verlangt seine Ausreise innerhalb der nächsten drei Tage. Sie begründet ihr Vorgehen mit Erkenntnissen über den Plan eines nationalsozialistischen Staatsstreiches in Bolivien, an dem Wendler beteiligt sein soll.

In einer Erklärung der Regierung wird dem deutschen Gesandten vorgeworfen, er habe den diplomatischen Kurier, der unkontrolliert die Grenzen Boliviens überschreiten kann, zur Verbreitung nationalsozialistischer Propagandaschriften und zum Transport von Geheiminformationen benutzt, die von im Deutschen Reich lebenden Exil-Bolivianern stammen.

Diese Erkenntnisse hat die bolivianische Regierung nach eigenen Angaben aus einem Brief des bolivianischen Militärattachés in Berlin, Elias Belmonte, an Wendler gewonnen. In dem Schreiben, das ihr zugespielt wurde, schreibt Belmonte u. a.: »Ich erwarte Ihre endgültige Nachricht, um von hier abzufliegen und das Werk zu beginnen, das Bolivien zunächst und später den ganzen südamerikanischen Kontinent von nordamerikanischem Einfluß befreien wird.« Belmonte und Wendler bestreiten die Existenz dieses Briefes und ihre Verwicklung in ein Komplott zum Sturz der bolivianischen Regierung.

Botschafter und Mitarbeiter der deutschen Gesandtschaften im Ausland sind seit der Machtübernahme der Nationalsozialisten mehrfach in Putschpläne verwickelt. Über verschiedene Institutionen und Organisationen wie die Auslandsorganisation der NSDAP und das Außenpolitische Amt bemühen sich die nationalsozialistischen Machthaber, ihren Einfluß auch auf andere Staaten auszudehnen. Seit Kriegsbeginn versuchen sie zudem, Bündnis- und Wirtschaftspartner ihrer Feinde auszuspionieren und auszuschalten, vor allem um die gegnerische Rohstoffversorgung zu stören.

Enrique Peñaranda y del Castillo, Präsident der Andenrepublik Bolivien

Truppen in La Paz; ihr Aufmarsch soll mögliche Putschisten abschrecken

Schwarze Listen für Wirtschaftskrieg

17. Juli. US-Präsident Franklin D. Roosevelt kündigt die Veröffentlichung einer »schwarzen Liste« mit den Namen von rund 1800 südamerikanischen Firmen an, die Geschäftsbeziehungen mit dem Deutschen Reich und Italien unterhalten. Die Guthaben der aufgeführten Unternehmen in den USA werden gesperrt, und die US-Regierung verhängt gegen sie eine Exportsperre. US-Firmen werden aufgefordert, zu diesen Unternehmen keine Wirtschaftsbeziehungen aufzunehmen.

Die US-Regierung nutzt ihren Einfluß auf dem südamerikanischen Kontinent, um das Deutsche Reich und Italien wirtschaftlich unter Druck zu setzen. Betroffen von der Veröffentlichung der »schwarzen Liste« sind aber vor allem die vom Export abhängigen südamerikanischen Länder. Für sie bedeuten die Listen einen schweren Eingriff in ihr Wirtschaftsleben. Sie befinden sich in weitgehender Abhängigkeit von den USA, sind aber auf Wirtschaftsbeziehungen zu anderen Ländern angewiesen. Am 20. Juli gibt die US-Regierung die Ausdehnung der »schwarzen Liste« auch auf zahlreiche europäische und asiatische Staaten bekannt.

Schweizer sichern ihre Neutralität

29. Juli. Der Schweizer Bundesrat erläßt neue Strafbestimmungen gegen Vergehen, die schweizerische Beziehungen zum Ausland stören. Die neuen Regelungen treten am 1. Januar 1942 in Kraft mit Ausnahme zweier Bestimmungen, die durch den Bundesratsbeschluß sofort gültig werden: »Artikel 296: Wer einen fremden Staat in der Person seines Oberhauptes, seines diplomatischen Vertreters oder in seiner Regierung öffentlich beleidigt, wird mit Gefängnis oder mit Buße bestraft.« Artikel 298 stellt die Wegnahme, Beschädigung und Zerstörung von Hoheitszeichen anderer Staaten in der Schweiz unter Strafe.

Die neuen Regelungen sind Ausdruck der Bemühungen des Bundesrates, die Schweizer Neutralität mit allen Mitteln aufrechtzuerhalten, um eine Verwicklung des Landes in den Krieg und eine militärische Besetzung zu vermeiden.

US-Sanktionen gegen Japan

26. Juli. Die Regierung der USA läßt mit sofortiger Wirkung alle japanischen Vermögenswerte in den Vereinigten Staaten einfrieren, nachdem sie von Plänen zur Stationierung japanischer Truppen in Französisch-Indochina unterrichtet worden ist (→ 29. 7./S. 120). Großbritannien, Kanada, Südafrika und Indien schließen sich dieser Maßnahme an. Gleichzeitig werden alle japanischen Schiffe beschlagnahmt, die derzeit in US-amerikanischen und kanadischen Häfen liegen.

Der Handel zwischen den USA und Japan kommt fast vollständig zum Erliegen, da Japan mit seinen Guthaben in den USA seine Importe bezahlt hat. Insbesondere von Treibstofflieferungen aus den USA ist Japan in hohem Maße abhängig.

Die US-Regierung reagiert mit ihrer Maßnahme auf die aggressive japanische Expansionspolitik im Fernen Osten, die zunehmend US-Interessen berührt. Vor allem die Kautschuk- und Zinnlieferungen aus Ländern dieser Region sind von grundlegender Bedeutung für die US-amerikanische Wirtschaft.

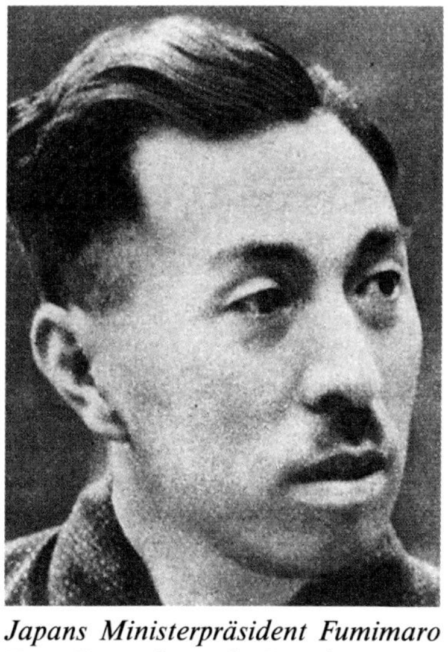

Japans Ministerpräsident Fumimaro Fürst Konoe kann die Beziehungen zu den USA nicht verbessern

Kontakte zwischen UdSSR und Polen

30. Juli. In London unterzeichnen ein Vertreter der sowjetischen Regierung und der Vorsitzende der polnischen Exilregierung, Wladyslaw Eugeniusz Sikorski, ein Abkommen über die »Wiederherstellung diplomatischer Beziehungen«. Die Abmachung zwischen der Sowjetunion und dem Deutschen Reich vom 28. September 1939, die eine Teilung des polnischen Staates regelte, wird für ungültig erklärt.

Die beiden Vertragspartner, zwischen denen es seit der Zerschlagung Polens durch deutsche und sowjetische Truppen 1939 keine Beziehungen gegeben hat, sagen sich in dem Vertrag gegenseitige Hilfeleistung im »gegenwärtigen Kriege gegen Hitler-Deutschland zu« (→ 14. 8./S. 134). Aus Protest gegen die Vereinbarung treten jedoch mehrere Minister der polnischen Exilregierung zurück, da sie die UdSSR weiterhin als Feind betrachten.

Festspielbesuch als »Belohnung für musterhafte Arbeit«

12. Juli. In Bayreuth werden die diesjährigen Festspiele eröffnet, in deren Verlauf bis zum 3. August Richard Wagners Oper »Der Fliegende Holländer« unter der musikalischen Leitung von Karl Elmendorff und sein Zyklus »Der Ring des Nibelungen« unter dem Dirigat von Heinz Tietjen zur Aufführung kommen.

In Zeitungen und Zeitschriften wird in aller Breite über die »Zweiten Kriegsfestspiele in Bayreuth« berichtet, wobei die künstlerischen Darbietungen relativ wenig Beachtung finden. Gewürdigt wird vielmehr die Tatsache, daß rund 19 000 Soldaten und Rüstungsarbeiter aus allen Teilen des Deutschen Reiches auf Einladung des Führers und Reichskanzlers Adolf Hitler die Aufführungen besuchen.

Für die Vorbereitung der Bayreuther Festspiele dankt Reichsorganisationsleiter Robert Ley Winifred Wagner

Festspielbesucherinnen aus der Industrie betrachten ihre Quartierscheine nach der Ankunft in Bayreuth

In den »Münchner Neuesten Nachrichten« wird über den Ablauf eines solchen Besuches berichtet: »Am Vorabend jeder Aufführung treffen die Sonderzüge ein. Am anderen Morgen gibt es dann eine Stadtbesichtigung und einen Einführungsvortrag, jeder Teilnehmer hat auch schon eine Schrift über Wagners Leben und Werke erhalten… Gegessen wird am Abend gemeinsam in der Ludwig-Siebert-Halle… und am Aufführungstag in der Festspielgaststätte, was früher als eine Angelegenheit der reichen und vornehmen Festspielgäste gegolten hat. In der Ludwig-Siebert-Halle finden auch Einführungsvorträge statt … Die Gäste des Führers haben alles frei. Freie Fahrt, freies Quartier, freien Eintritt ins Festspielhaus.«

Die nationalsozialistische Führung bezeichnet die Einladungen zu den Festspielen als »Belohnung für musterhafte Arbeit und anständige kameradschaftliche Gesinnung«. Der Sicherheitsdienst der SS berichtet, daß die Eingeladenen ihre »Teilnahme an der Bayreuth-Fahrt als ganz besondere Auszeichnung« betrachten. Durch ihre Mundpropaganda wird bei ihren Kollegen, Nachbarn und Familienangehörigen der Wunsch geweckt, »auch einmal zu den Festspielen zu dürfen«.

Literatur 1941:

Schweres Überleben im Exil in Übersee

Das literarische Schaffen im Deutschen Reich ist fast vollständig zum Erliegen gekommen. Während hier hauptsächlich kriegsverherrlichende und antisemitische Schriften ohne literarischen Wert erscheinen, veröffentlichen deutsche Autoren, die vor dem nationalsozialistischen Regime fliehen mußten, ihre Werke im Ausland.

In Stockholm erscheint Stefan Zweigs »Schachnovelle«, in der nationalsozialistische Terrormethoden vor dem Hintergrund der Begegnung zweier genialer Schachspieler angeprangert werden. Auch Franz Werfels Roman »Das Lied von Bernadette« erscheint in der schwedischen Hauptstadt. Werfel, der auf seiner Flucht aus dem Deutschen Reich im Juni 1940 im französischen Lourdes Aufnahme fand, löst damit ein Gelübde ein. Er hatte für den Fall seiner Rettung vor den NS-Häschern versprochen, die Geschichte des Wunders von Lourdes von 1858 zu »singen«.

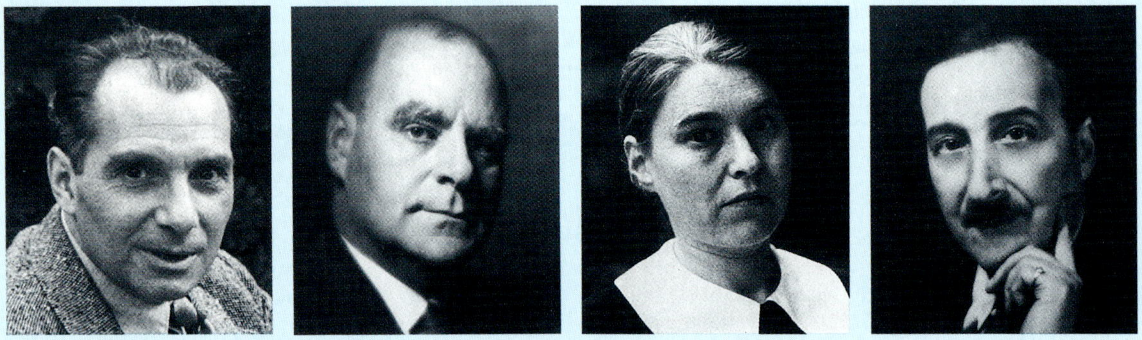

Deutsche Schriftsteller im Exil (v. l.): Walter Hasenclever, Bruno Frank, Anna Seghers und Stefan Zweig

Die Lebens- und Arbeitsbedingungen für deutsche Schriftsteller im Exil haben sich seit Kriegsbeginn verschlechtert. Unmittelbar nach der nationalsozialistischen Machtübernahme 1933 hatten sich viele Regimegegner in den deutschen Nachbarländern niedergelassen in dem Glauben, daß sich Hitler nicht lange würde halten können. Da die Nationalsozialisten ihren Machtbereich in Europa durch »Angliederungen« und Kriegserfolge weiter ausdehnen, müssen viele Oppositionelle nach Übersee fliehen.

Die bekannte Exil-Zeitschrift »Neue Weltbühne« (Prag, Zürich, Paris) mußte 1939 ihr Erscheinen einstellen, »Das Neue-Tage-Buch« (Paris) und »Maß und Wert« (Zürich) 1940.

In Mexiko, das anders als die USA auch kommunistische Autoren aufnimmt, bildet sich um Anna Seghers, Bruno Frei und Ludwig Renn ein neues Zentrum der deutschen Exilliteratur (→ 15. 11./S. 189). Aber auch in anderen südamerikanischen Staaten finden Deutsche Aufnahme.

Sie sehen sich jedoch vor eine ungewöhnlich schwierige Situation gestellt. In einem fremden Land, dessen Sprache sie oft nicht beherrschen und mit dessen Kultur sie nicht vertraut sind, müssen sie entscheiden, ob sie weiter gegen das Hitler-Regime anschreiben oder sich mit ihrer Heimatlosigkeit einrichten. Zudem sind ihre Existenzgrundlagen eingeschränkt, da der deutschsprachige Markt für NS-feindliche Bücher geschrumpft ist. Selbst neutrale Staaten wie die Schweiz versuchen, das Erscheinen von deutscher Exilliteratur in ihrem Land zu verhindern, um die NS-Führung nicht zu provozieren. Einige der Exilierten zerbrechen an dieser Situation und scheiden aus dem Leben wie Ernst Toller, Walter Hasenclever und Walter Benjamin. (Siehe auch Übersicht »Neuerscheinungen« im Anhang.)

Werner Plath holt alle vier Kraultitel

12. Juli. Im Wiener Praterstadion werden die zweitägigen Großdeutschen Kriegsmeisterschaften im Schwimmen, Springen und Wasserball feierlich eröffnet.

Den ersten Wettbewerb der Meisterschaften kann die Turmspringerin Olga Eckstein von Neptun Erkenschwick für sich entscheiden. Sie verteidigt ihren Titel gegen die Nürnbergerin Gerda Damerlang, die einen Tag später Deutsche Meisterin im Kunstspringen wird.

Herausragender Schwimmer der Wiener Wettkämpfe ist Werner Plath vom Askania Berlin. Er setzt sich in allen vier Kraulwettbewerben über 100 m, 200 m, 400 m und 1500 m durch.

Überraschend unterliegt die deutsche Weltrekordhalterin über 200 m Brust, Anni Kapell aus Mönchengladbach, der Hamburgerin Ingrid Schmidt (→ 19. 3./S. 59). Die deutsche Rekordhalterin über 100 m Rücken, Lisl Weber aus Bayreuth, kann dagegen ihre Konkurrenz deklassieren.

Meisterschaften der Leichtathleten

19./20. Juli. Bei den diesjährigen Deutschen Leichtathletikmeisterschaften im Berliner Olympiastadion können elf Titelträger des Vorjahres ihre Erfolge wiederholen.

Unter ihnen ist der Dresdener Rudolf Harbig, Weltrekordhalter über 400 m, 800 m und 1000 m, der auf der 800 m-Strecke mit 1:54,0 min siegreich bleibt (→ 24. 5./S. 93).

Über 400 m geht Harbig nicht an den Start, da dieser Wettkampf ebenfalls am 20. Juli stattfindet. Weltrekordlerin Gisela Mauermayer aus München, die 14 Tage zuvor bei den Mehrkampf-Meisterschaften in Erfurt nicht dabei war, wird erneut Doppel-Meisterin im Kugelstoßen und Diskuswerfen. Der Stuttgarter Sprinter Jakob Scheuring holt sich die Titel über 100 und 200 m.

Die Wettkämpfe stehen ganz unter dem Eindruck des Krieges. Die »Münchner Neuesten Nachrichten« berichten: »Rein zahlenmäßig gesehen, hatten diese Titelkämpfe ein Rekordmeldeergebnis für Kriegszeiten gefunden, wenn schließlich auch nicht alle abgegebenen Nennungen eingehalten werden konnten.«

Ländliche Idylle suggeriert dieses Gemälde des Landschaftsmalers Joseph Stein; das Bild vom fleißigen Bauern, der mit ehrlicher Arbeit sein Brot verdient, gehört zu den beliebten Themen von Künstlern im Nationalsozialismus

Münchner Ausstellung zeigt NS-Kunst

26. Juli. Im Münchner Haus der Deutschen Kunst wird die »5. Große Deutsche Kunstausstellung 1941« durch Reichspropagandaminister Joseph Goebbels und Gauleiter Adolf Wagner eröffnet.

1347 Gemälde, Graphiken und Plastiken von Künstlern, die das nationalsozialistische Regime fördert, werden auf der Kunstausstellung gezeigt. Der Krieg ist die wichtigste Themengruppe der Exponate. Sie verherrlichen deutsche Soldaten und glorifizieren führende Persönlichkeiten des NS-Regimes als Heerführer. Daneben werden Werke zu den Themen Arbeitswelt, Technik und bäuerliches Leben sowie Allegorien meist in Form von weiblichen Akten gezeigt.

»Panzerschlacht« heißt das Ölgemälde von Rudolf Lipus, ein Beispiel für die Verherrlichung des Krieges in der nationalsozialistischen Kunst

»Bildnis einer jungen Schauspielerin«; Ölgemälde des Künstlers Andreas Patzelt

»Der rote Brokat« heißt dieser Akt von Constantin Gerhardinger

Von Fritz Rhein ist das Ölgemälde mit dem Tiel »Dame mit schwarzem Schal«

August 1941

Mo	Di	Mi	Do	Fr	Sa	So
				1	2	3
4	5	6	7	8	9	10
11	12	13	14	15	16	17
18	19	20	21	22	23	24
25	26	27	28	29	30	31

1. August, Freitag

Die US-amerikanische Regierung verkündet nach dem Einfrieren aller japanischen Guthaben in den Vereinigten Staaten am →26. Juli 1941 (S. 125) nun ein Ölembargo gegen Japan und alle »Aggressoren« außerhalb der westlichen Hemisphäre.

Die Kriegsmarine der USA nimmt neu errichtete Flottenstützpunkte auf den Midwayinseln und auf Trinidad in Betrieb, wodurch die Präsenz der US-Streitkräfte im pazifischen und im karibischen Raum weiter verstärkt wird.

Im Rahmen eines Staatsaktes gibt Hans Frank, Generalgouverneur im von Deutschen besetzten Polen, die Eingliederung Galiziens in das sog. Generalgouvernement bekannt. →S. 138

In Schwyz und auf dem Rütli finden an diesem und am folgenden Tag Feiern zum 650jährigen Bestehen der Schweizer Eidgenossenschaft statt. →S. 141

Nach Sabotageakten auf Eisenbahnlinien im von deutschen Truppen besetzten Norwegen verhängen die Besatzungsbehörden den zivilen Ausnahmezustand. →S. 137

Neu zugelassene Kraftfahrzeuge im Deutschen Reich müssen entsprechend einer Verordnung des Reichsverkehrsministeriums so ausgestattet sein, daß sie keine Störungen des Funkverkehrs mehr verursachen.

Alle Postwertzeichen der Dauermarkenreihe der Deutschen Reichspost tragen von nun an ein Porträt des Führers und Reichskanzlers Adolf Hitler. →S. 139

In Frankfurt am Main wird vom Oberkommando des Heeres eine Heeresmusikschule eröffnet, an der 14- bis 16jährige Schüler zu Heeresmusikern ausgebildet werden.

In Berlin wird der Heinz Rühmann-Film »Der Gasmann« uraufgeführt. Unter der Regie von Carl Froelich spielen Anny Ondra, Will Dohm und Charlotte Susa weitere Hauptrollen in der erfolgreichen Leinwandkomödie.

2. August, Sonnabend

Der US-amerikanische Staatssekretär Sumner Welles sagt in einer Note an die sowjetische Regierung die Unterstützung der UdSSR gegen den Vormarsch der deutschen Truppen zu; gleichzeitig werden US-Materiallieferungen in die UdSSR aufgenommen.

Die britische Regierung fordert die Regierungen des Iran und Afghanistans zur sofortigen Ausweisung aller Deutschen auf (→25. 8./S. 133).

In Salzburg werden die diesjährigen Festspiele mit der Oper »Die Zauberflöte« von Wolfgang Amadeus Mozart in der Inszenierung von Heinz Arnold und unter der musikalischen Leitung von Karl Böhm eröffnet. →S. 141

3. August, Sonntag

Der Bischof von Münster, Clemens August Graf von Galen, prangert in einer Predigt in der Münsteraner Lambertikirche die Massentötung von Geisteskranken, wie sie von der nationalsozialistischen Führung angeordnet wurde, als Mord an. →S. 138

Das Oberkommando des Heeres leitet die Bereitstellung von Winterkleidung für die in der Sowjetunion stehenden Wehrmachtsverbände ein; diese Maßnahme ist ein erstes Anzeichen für die Erkenntnis im Oberkommando, daß der Krieg gegen die UdSSR nicht mehr vor Einbruch des Winters entschieden werden kann.

4. August, Montag

Einem Erlaß des Führers und Reichskanzlers entsprechend wird der Reichsarbeitsdienst für die weibliche Jugend um den sog. Kriegshilfsdienst von sechs Monaten Dauer verlängert; der Pflichtdienst muß in Wehrmachtsbüros oder bei gesundheitlichen und sozialen Einrichtungen abgeleistet werden. →S. 139

Als weitere Maßnahme gegen die aggressive Politik der japanischen Regierung im pazifischen Raum verfügt die US-amerikanische Regierung nach dem Einfrieren aller japanischen Guthaben in den USA und einem Ölembargo die Einstellung des Schiffsverkehrs zwischen Japan und den Vereinigten Staaten (→26. 7./S. 125).

Das Reichsfinanzministerium verordnet die Anmeldung der Vermögenswerte der USA und ihrer Staatsbürger im Deutschen Reich. Damit ist ein weiterer Höhepunkt in den politischen Auseinandersetzungen der beiden Länder erreicht (→14. 6./S. 105).

5. August, Dienstag

Nach dreiwöchigen Kämpfen beendet die Heeresgruppe Mitte der deutschen Wehrmacht siegreich eine Kesselschlacht bei Smolensk, in deren Verlauf 310 000 sowjetische Soldaten in deutsche Kriegsgefangenschaft geraten sind. →S. 134

6. August, Mittwoch

Deutsche Truppen erreichen in Estland den finnischen Meerbusen.

Die bislang auf vier verschiedene Ministerien verteilte Zuständigkeit für die Bereiche Wasser- und Energiewirtschaft im Deutschen Reich werden der Leitung eines »Generalinspektors für Wasser und Energie« unterstellt. Fritz Todt, Reichsminister für Munitionsbeschaffung, wird in dieses Amt berufen.

7. August, Donnerstag

Der sowjetische Staatschef Josef W. Stalin ernennt sich selbst zum Oberbefehlshaber der Roten Armee. →S. 135

Die sowjetische Luftwaffe fliegt einen Angriff auf Berlin; auch in der folgenden Nacht greifen sowjetische Bomber die Reichshauptstadt an, richten jedoch nur geringe Schäden an.

Im bengalischen Santiniketan stirbt der indische Dichter und Philosoph Rabindranath Tagore im Alter von 80 Jahren; Tagore war 1913 mit dem Literaturnobelpreis ausgezeichnet worden.

8. August, Freitag

Die Heeresgruppe Süd der deutschen Wehrmacht in der UdSSR schließt die Kesselschlacht bei Uman erfolgreich ab; 103 000 sowjetische Soldaten sind während der Kämpfe in deutsche Kriegsgefangenschaft geraten (→5. 8./S. 134).

Deutsche Luftwaffeneinheiten greifen Alexandria in Ägypten sowie militärische Anlagen am Sueskanal an.

Die japanische Regierung schlägt der US-amerikanischen Regierung ein Treffen zwischen dem japanischen Ministerpräsidenten Fumimaro Fürst Konoe und US-Präsident Franklin D. Roosevelt zur Beilegung der Differenzen bezüglich der Lage im pazifischen Raum vor.

9. August, Sonnabend

Die bolivianische Regierung gibt bekannt, daß sie einen Wirtschaftsplan der US-Regierung angenommen habe. Der Plan sieht neben einer Anleihe in Höhe von 30 Millionen US-Dollar für Straßen- und Eisenbahnbauvorhaben eine Reform der Armee und eine enge politische Zusammenarbeit vor.

In Berlin stellt Fritz Schwab vom SC Charlottenburg eine Weltbestzeit im Stundengehen auf; er legt 13,308 km zurück. →S. 143

10. August, Sonntag

Das Deutsche Afrika-Korps erhält auf Anweisung des Oberkommandos des Heeres eine eigene Uniform, die nicht nur den klimatischen Bedingungen in Afrika Rechnung trägt, sondern die Einheiten auch von anderen Heeresverbänden äußerlich unterscheidet.

Der Kölner Kurt Gies wird in Braunschweig Deutscher Tennismeister durch einen Fünfsatzsieg über Graf Adam Baworowski. →S. 143

Der schwedische Leichtathlet Gunder Hägg stellt in Stockholm einen Weltrekord auf der 1500 m-Strecke in 3:47,6 min auf. →S. 143

11. August, Montag

In Japan wird die Generalmobilmachung verkündet, da sich der Konflikt mit den USA um das japanische Vorgehen in Indochina und in der Pazifik-Region weiter zugespitzt hat.

Die Leitung des deutschen Fremdenverkehrs in Berlin ruft die Bevölkerung auf, Urlaubsreisen nur dann in die Hauptreisezeit zu legen, wenn familiäre und persönliche Gründe dies »unumgänglich« machen. Mit Hinweis auf die überfüllten deutschen Urlaubsorte wird darum gebeten, sich vor der Abreise um eine Unterkunft zu bemühen.

12. August, Dienstag

Britische Flugzeuge fliegen den bisher schwersten Luftangriff auf Berlin und richten bei einem Tagesangriff auf Köln schwere Verwüstungen an.

Der französische Admiral François Darlan wird zum Verteidigungsminister der Regierung in Vichy ernannt. Seit dem deutsch-französischen Waffenstillstand am 22. Juni 1941 ist Vichy Sitz der Regierung des unbesetzten südlichen Teils von Frankreich.

Die deutschen Besatzungsbehörden in Griechenland ordnen an, daß auf Personen, die sich in der Nähe von Telegrafenleitungen »zu schaffen machen«, ohne Vorwarnung zu schießen ist, nachdem es mehrfach zu Sabotageakten gekommen ist. →S. 138

13. August, Mittwoch

Die rumänische 4. Armee schließt die Hafenstadt Odessa am Schwarzen Meer ein.

Der französische Ministerpräsident, Marschall Philippe Pétain, kündigt nach mehrtägigen Ministerratskonferenzen ein Verbot der politischen Parteien und eine Erweiterung der Polizeibefugnisse im unbesetzten Teil Frankreichs an.

14. August, Donnerstag

US-Präsident Franklin Delano Roosevelt und der britische Premierminister Winston Churchill, die sich vom 9. bis 12. August an Bord eines Schlachtschiffes vor Neufundland getroffen haben, verkünden die bei diesem Treffen unterzeichnete Atlantikcharta, die wesentliche Friedensziele der beiden Regierungschefs beinhaltet. →S. 132

Das Repräsentantenhaus der USA in Washington nimmt eine Gesetzesvorlage zur Verlängerung der Dienstzeit US-amerikanischer Soldaten um 18 Monate mit 203 zu 202 Stimmen an; die Vorlage hatte den Senat der Vereinigten Staaten am 7. August mit einer Mehrheit von 44 zu 28 Stimmen passiert. →S. 133

Deutsche Wehrmachtseinheiten besetzen das sowjetische Erzgebiet Kriwoi Rog im Dnjepr-Bogen, das bisher rund 60% der sowjetischen Erzproduktion deckte (→5. 8./S. 134).

In der Sowjetunion werden Truppenverbände aus polnischen Kriegsgefangenen unter dem Kommando des polnischen Generals Władysław Anders aufgestellt. →S. 134

Im Konzentrationslager Auschwitz stirbt der polnische Franziskanerpater Maximilian Kolbe, der anstelle eines Familienvaters in den sog. Hungerbunker gegangen war. →S. 141

15. August, Freitag

Während der Nacht greifen 300 britische Bomber die Städte Hannover, Braunschweig und Magdeburg an.

Die britische Zeitschrift »The Illustrated London News« zeigt am 2. August Premierminister Winston Churchill als Manöverbeobachter; die britische Presse sieht in Churchill eine Symbolfigur für den Siegeswillen und die Widerstandskraft der Briten im Krieg gegen das Deutsche Reich

THE ILLUSTRATED LONDON NEWS,

SATURDAY, AUGUST 2, 1941.

A CHARACTERISTIC STUDY OF MR. CHURCHILL, CIGAR IN MOUTH, WATCHING A REALISTIC MOCK BATTLE IN THE SOUTHERN COMMAND IN WHICH ARMY EXERCISE LIVE AMMUNITION WAS USED.

In recent weeks the Prime Minister has been if possible even more prominently in the public eye than usual, as the result of frequent attendance at manœuvres, invasion practice, and tank inspections. Above he is seen during a recent visit to the Southern Command, when live ammunition was used in a mock battle. Three outstanding tributes to Mr. Churchill's leadership have been paid recently by prominent Americans now in England. Mr. Harry Hopkins, in his great broadcast on July 27, said: "The President is one with your Prime Minister in his determination to break the ruthless power of that sinful psychopathic of Berlin." Mr. Quentin Reynolds, pleading for "toughness" declared that "this is not a war for gentlemen. It is a war that must be won by the Churchills, the Beaverbrooks—yes, and by the Roosevelts—of this world." And Miss Dorothy Thompson, in a tribute to Britain's resistance under Mr. Churchill at the time of Dunkirk, affirmed that "if you had given up in that awful moment we would have given up too." *(British Official Photograph.)*

In der deutsch besetzten Stadt Kowno (Kaunas) in der UdSSR wird ein Ghetto für die in der Stadt und ihrer Umgebung lebenden Juden errichtet.

Eine Verordnung des Reichskommissars in den Niederlanden, Arthur Seyß-Inquart, schreibt die Aufhebung der bislang bestehenden Autonomie der Provinzen und Gemeinden in den Niederlanden vor. Diese Regelung ist ein massiver Eingriff in die niederländische Verfassung. → S. 139

16. August, Sonnabend

Deutsche Wehrmachtseinheiten nehmen die sowjetische Stadt Nikolajew ein, in deren Werften teilweise gesprengte Rümpfe von Kriegsschiffen vorgefunden werden.

In Moskau unterzeichnen britische und sowjetische Regierungsvertreter einen Handels- und Kreditvertrag. Die Sowjetunion ist angesichts des Vormarsches deutscher Truppen auf wirtschaftliche Hilfe der westlichen Mächte angewiesen.

17. August, Sonntag

An der sowjetischen Front erobern deutsche Einheiten die Städte Narwa und Nowgorod.

Bei den Deutschen Schachmeisterschaften in Bad Oeynhausen erringt der 17jährige Hamburger Klaus Junge den Meistertitel.

18. August, Montag

In einer Denkschrift des Oberkommandos des Heeres wird als vorrangiges Ziel im Krieg gegen die Sowjetunion der Vormarsch auf Moskau bezeichnet, der aus Witterungsgründen bis spätestens Oktober des Jahres abgeschlossen sein sollte (→ 5. 8./S. 134).

Im nicht von den Deutschen besetzten Teil Frankreichs wird eine neue Eidesformel für die Angehörigen der Streitkräfte, der Beamtenschaft und der Gerichtshöfe eingeführt. Sie müssen einen Treueschwur auf den Staatspräsidenten ablegen (→ 8. 7./S. 118).

19. August, Dienstag

In Berlin findet die Premiere des Films »Krach im Vorderhaus« unter der Regie von Paul Heidemann statt; die Hauptrollen in der Komödie spielen Mady Rahl, Rotraut Richter, Carl-Heinz Schroth und Grethe Weiser.

20. August, Mittwoch

Das britische U-Boot »Unique« versenkt den italienischen Truppentransporter »Esperia«, der im Rahmen eines Großgeleitzuges mit frischen Truppen für die italienische Afrika-Armee nach Tripolis unterwegs ist.

Die Dänin Ragnhild Hveger stellt in Kopenhagen einen Weltrekord im 1500 m-Freistilschwimmen der Frauen mit 20:57,0 min auf; eine Woche zuvor ist sie auf der 800 m-Freistilstrecke ebenfalls Weltrekordzeit mit 10:52,5 min geschwommen. → S. 143

21. August, Donnerstag

Adolf Hitler lehnt die Vorschläge der Heeresführung zur raschen Einnahme Moskaus vom 18. August ab und befiehlt verstärkte Angriffe auf die Krim und den Kaukasus, um die Rote Armee von Öl- und Getreidelieferungen abzuschneiden (→ 5. 8./S. 134).

Aus dem von deutschen Truppen besetzten Lothringen werden 40 Familien ins sog. Altreich deportiert, da jugendliche Familienmitglieder vor einer Einberufung zum Reichsarbeitsdienst geflohen sind. → S. 139

Das dänische Parlament (Folketing) nimmt einstimmig einen Gesetzesentwurf an, der das Verbot der Kommunistischen Partei und aller kommunistischen Aktivitäten in Dänemark vorsieht.

Von Island läuft ein britischer Versuchskonvoi mit 48 Jagdflugzeugen für die sowjetische Luftwaffe nach Archangelsk aus. Der Konvoi, der von sechs Zerstörern, zwei Schweren Kreuzern und einem Flugzeugträger gesichert wird, erreicht ohne Feindberührung am 31. August sein Ziel.

22. August, Freitag

Spanische und deutsche Regierungsvertreter unterzeichnen ein Abkommen, das es deutschen Wirtschaftsunternehmen ermöglicht, spanische Arbeitskräfte zur Beschäftigung im Deutschen Reich anzuwerben.

Alle niederländischen Kinos müssen auf Anweisung des Generalsekretariates für Volksaufklärung und Kunst in der Zeit vom 29. August 1941 bis zum 30. April 1942 den Film »Der ewige Jude« zeigen. → S. 139

In Dresden kommt die von Karl Anton inszenierte Filmkomödie »Immer nur du« zur Uraufführung, in der Johannes Heesters, Dora Komar, Fita Benkhoff und Paul Henckels in Hauptrollen zu sehen sind.

23. August, Sonnabend

Der deutsche Hilfskreuzer »Orion« läuft nach fast zweijähriger Kaperfahrt, während der er an der Versenkung von insgesamt zwölf Schiffen beteiligt war, in der Gironde-Mündung in Südwestfrankreich ein.

Der französische General Charles de Gaulle bildet in der britischen Hauptstadt London ein Nationalkomitee, das die Befreiung Frankreichs von der deutschen Besetzung anstrebt. → S. 137

Im von den deutschen Truppen nicht besetzten Teil Frankreichs unter Marschall Philippe Pétain wird ein Gesetz zur Unterdrückung der kommunistischen und anarchistischen Tätigkeit erlassen, das die Einrichtung von Sondergerichten zur zügigen Aburteilung linksgerichteter Aktivisten vorsieht.

Das Drahtgewerbe im Deutschen Reich wird in der Arbeitsgemeinschaft der Deutschen Drahtindustrie zusammengeschlossen, um Produktion und Vertrieb zentral koordinieren zu können.

24. August, Sonntag

Der Führer und Reichskanzler befiehlt u.a. wegen zahlreicher Proteste den Stopp der sog. Euthanasie, der systematischen Ermordung geistig und psychisch Kranker. Internen Statistiken der nationalsozialistischen Machthaber zufolge sind bisher 70 273 Menschen der Aktion zum Opfer gefallen. → S. 138

Der rumänische Staatschef Ion Antonescu wird zum Marschall von Rumänien ernannt; am 6. August war er von Adolf Hitler mit dem Ritterkreuz des Eisernen Kreuzes ausgezeichnet worden.

Bei der diesjährigen Tour de Suisse siegt der schweizerische Radsportler Josef Wagner vor seinem Landsmann Werner Buchwalder. → S. 143

25. August, Montag

Britische und sowjetische Truppeneinheiten marschieren in den neutralen Iran ein unter dem Vorwand, einer Besetzung des Landes durch die Achsenmächte Deutsches Reich und Italien vorzubeugen. → S. 133

Der italienische Duce und Ministerpräsident, Benito Mussolini, trifft zu einem viertägigen Besuch in Adolf Hitlers ostpreußischem Hauptquartier »Wolfsschanze« ein; während seines Aufenthaltes besucht er gemeinsam mit Hitler Truppenverbände an der Front in der Sowjetunion. → S. 136

26. August, Dienstag

Eine Denkschrift des Oberkommandos der Wehrmacht, die auch von Adolf Hitler genehmigt wird, stellt fest, daß der Krieg gegen die Sowjetunion im Verlauf des Jahres 1941 nicht mehr beendet werden kann.

Die deutsche Reichsregierung entzieht den Konsulaten von Mexiko und Haiti das Exequatur; die Konsulate der beiden Staaten müssen binnen zehn Tagen geschlossen werden. Beide Staaten arbeiten verstärkt mit den USA und Großbritannien zusammen.

27. August, Mittwoch

Bei einem Festakt zur Aufstellung der ersten französischen Freiwilligeneinheiten für den Krieg gegen die UdSSR in Versailles verübt ein Anhänger von General Charles de Gaulle ein Attentat auf den früheren französischen Ministerpräsidenten Pierre Laval und den Initiator der Freiwilligenstreitmacht, Marcel Déat. → S. 137

Britische Seestreitkräfte bringen im Nordatlantik das deutsche Unterseeboot »U 570« auf, das nach Reparaturarbeiten als »HMS Graph« für die britische Kriegsmarine wieder in Dienst gestellt wird. → S. 133

28. August, Donnerstag

Deutsche Truppen erobern die sowjetische Stadt Reval (Tallin) in Estland und fügen bei ihrem weiteren Vordringen der sowjetischen Kriegsmarine empfindliche Verluste zu.

Auf ausdrücklichen Befehl Josef W. Stalins, des Oberbefehlshabers der Roten Armee, wird der Staudamm des Dnjepr bei Saporoschje beim Rückzug sowjetischer Einheiten vor den angreifenden deutschen Truppen gesprengt. → S. 135

Der Oberste Rat der Sowjetunion verfügt die Deportation der gesamten deutschen Bevölkerung des Wolgagebietes nach Sibirien, da diese die Deutschen decke und durch Sabotageakte unterstütze. → S. 135

29. August, Freitag

Die finnische Armee nimmt das am 12. März 1940 an die UdSSR abgetretene Wyborg wieder ein und erobert so das Gebiet bis zur alten finnisch-sowjetischen Grenze zurück.

Der jugoslawische General Milan Nidić bildet im Auftrag der deutschen Besatzungsbehörden im besetzten Serbien eine Zivilregierung, deren Ministerpräsident er wird. → S. 138

Die deutsche Einsatzgruppe C an der Front in der Sowjetunion meldet die Erschießung von rund 14 000 Juden bei Kamenez-Podolski (→ 31. 7./S. 117).

In Berlin wird der Film »Ich klage an« von Regisseur Wolfgang Liebeneiner uraufgeführt, der aktive Sterbehilfe propagiert; die Hauptrollen spielen Heidemarie Hatheyer, Paul Hartmann und Mathias Wieman (→ 24. 8./S. 138).

30. August, Sonnabend

Die britische Luftwaffe fliegt erneut schwere Angriffe gegen deutsche Städte, u.a. auf Hamburg, Berlin und Frankfurt am Main, wo 91 t Sprengbomben abgeworfen werden.

In Tighina unterzeichnen deutsche und rumänische Regierungsvertreter einen Freundschaftsvertrag, demzufolge das Gebiet zwischen Bug und Dnjestr, das sog. Transnistrien, rumänischer Zivilverwaltung unterstellt wird.

31. August, Sonntag

Im Iran treffen sich die Spitzen der sowjetischen und der britischen Invasionstruppen bei Ghaswin (→ 25. 8./S. 133).

In Leipzig beginnt die diesjährige Herbstmesse, auf der 6625 Aussteller aus insgesamt 19 Staaten ihre Produkte ausstellen. → S. 141

In der gesamten Schweiz wird für die kommenden drei Tage der Verkauf von Käse eingestellt, um die nationalen Bestände zu überprüfen; ab dem 3. September wird der Käse für die schweizerischen Verbraucher erstmals rationiert.

Das Wetter im Monat August

Station	Mittlere Lufttemperatur (°C)	Niederschlag (mm)	Sonnenscheindauer (Std.)
Aachen	15,1 (17,2)	168,1 (82)	131,5 (188)
Berlin	15,8 (17,2)	57,6 (68)	179,8 (212)
Bremen	15,2 (17,1)	125,6 (79)	129,8 (182)
München	15,3 (16,6)	141,3 (96)	207,5 (211)
Wien	– (18,6)	– (68)	– (242)
Zürich	16,1 (16,6)	215,0 (132)	181,0 (219)

( ) Langjähriger Mittelwert für diesen Monat
– Wert nicht ermittelt

Das Kino im Deutschen Reich erfreut sich wachsender Beliebtheit; Zeitschriften wie die »Film Illustrierte« setzen auf diesen Trend und berichten in großen Bildreportagen über das Neueste aus den deutschen Filmstudios

Winston Churchill verabschiedet Präsident Franklin D. Roosevelt bei dessen Abreise mit dem Kreuzer »Augusta«

Charta legt gemeinsame Friedensziele fest

14. August. Der US-amerikanische Präsident Franklin D. Roosevelt und der britische Premierminister Winston Churchill verkünden die Atlantikcharta. Die beiden Regierungschefs hatten diese Erklärung zu gemeinsamen Friedenszielen bei einem Treffen vom 9. bis 12. August an Bord des US-amerikanischen Kreuzers »Augusta« und des britischen Schlachtschiffes »Prince of Wales« in der Argentia-Bucht vor Neufundland erarbeitet.

In der Charta sind die Prinzipien niedergelegt, die beide Staaten nach dem Krieg verwirklichen wollen, u.a. das Selbstbestimmungsrecht der Völker, freier Welthandel und die Errichtung eines allgemeinen weltweiten Sicherheitssystems.

Bei den geheimgehaltenen Verhandlungen gab es Meinungsverschiedenheiten in den Fragen des freien Zugangs zu den Weltrohstoffen und des freien Welthandels. Churchill wehrte sich lange gegen diesen Passus, der eine Einschränkung der britischen Kolonialpolitik mit sich bringt. Da die britische Regierung abhängig von US-amerikanischer Unterstützung ist, beugte sich Churchill schließlich dem Wunsch Roosevelts nach Beibehaltung dieser Grundsätze. Elliott Roosevelt, der Sohn des US-Präsidenten, der bei den Unterredungen anwesend war, beschreibt die Verhandlungen zu dieser Frage: »Allmählich, fast unmerklich glitt der Kommandomantel von den britischen auf die amerikanischen Schultern… Churchill hatte sich erhoben und durchmaß mit weiten Schritten das Zimmer… Endlich rief er aus: ›Herr Präsident, ich glaube, Sie wollen das britische Empire zerstören. Alle Ihre Ideen über die Ordnung des Friedens nach dem Krieg zeigen dies an. Aber dennoch wissen wir, daß Sie unsere einzige Hoffnung sind‹.«

Über das Treffen der beiden Regierungschefs, das weltweites Aufsehen erregt, schreibt die »New York Times«: »Die Zusammenkunft bedeutet den Beginn einer neuen Ära, in der die Vereinigten Staaten entschlossen sind, die einer großen Weltmacht zustehenden Verantwortlichkeiten zu übernehmen… Die englisch-amerikanische Erklärung wird die Richtschnur bilden für die Anstrengungen der Vereinigten Staaten und des britischen Reiches.«

An Bord der »Augusta« begrüßt der US-amerikanische Präsident Franklin D. Roosevelt (2. v. r., neben seinem Sohn Eliott Roosevelt) kurz nach seiner Ankunft vor der Küste Neufundlands den britischen Premierminister Winston Churchill (l.), der ihm einen Brief König Georgs VI. überreicht; während der Besprechungen bleiben die beiden Staatsmänner an Bord

Die Grundsätze der Atlantikcharta

14. August. Die britische und die US-amerikanische Regierung veröffentlichen eine Erklärung zu den Zielen und Grundsätzen ihrer gemeinsamen Politik, die sog. Atlantikcharta:

»Der Präsident der Vereinigten Staaten von Amerika und der Premierminister… im Vereinigten Königreich [Großbritannien] erachten es für richtig, gewisse gemeinsame Grundsätze der nationalen Politik ihrer Länder, auf die sie ihre Hoffnung für eine bessere Zukunft der Welt gründen, bekanntzugeben.

1. Ihre Länder suchen keine territoriale… Vergrößerung.
2. Sie wünschen, daß keine territorialen Veränderungen zustande kommen, die nicht mit den frei geäußerten Wünschen der… Völker übereinstimmen.
3. Sie achten das Recht aller Völker, sich diejenige Regierungsform zu wählen, unter der sie leben wollen; und sie wünschen, daß Souveränitätsrechte und Selbstregierung denen zurückgegeben werden, denen sie gewaltsam entrissen worden sind.
4. Sie werden sich… bemühen, allen Staaten… zu gleichen Bedingungen den Zugang zum Welthandel und zu den Weltrohstoffen… zu ermöglichen.
5. Sie wünschen, die vollste Zusammenarbeit zwischen allen Nationen auf wirtschaftlichem Gebiet herzustellen…
6. Nach der endgültigen Vernichtung der nationalsozialistischen Tyrannei hoffen sie,… daß alle Menschen in allen Ländern… frei von Furcht und Not leben können.
7. Solch ein Friede soll alle Menschen instand setzen, ungehindert die Meere und Ozeane zu befahren.
8. Sie glauben, daß alle Völker der Erde… dahin kommen müssen, die Anwendung von Gewalt aufzugeben… sie glauben, daß die Entwaffnung solcher Nationen [die mit Angriffen jenseits ihrer Grenzen drohen und drohen könnten] wesentlich ist, bis ein umfassenderes und dauerndes System der allgemeinen Sicherheit aufgebaut sein wird.«

Britische und sowjetische Streitkräfte besetzen den Iran

25. August. Britische Truppen überschreiten von Süden und Westen, sowjetische Truppen von Norden die iranischen Grenzen und dringen ins Landesinnere vor. Sie begründen ihr militärisches Vorgehen mit Erkenntnissen über Spionage- und Terroraktionen der im Iran lebenden Deutschen. Die iranische Regierung hatte gegen die deutsche Kolonie in ihrem Land trotz mehrfacher Aufforderungen der Alliierten nichts unternommen.

M. Resa Pahlawi

Resa K. Pahlawi

Schon drei Tage nach Kriegsbeginn stellen die iranischen Truppen den Widerstand ein. Ein am 9. September abgeschlossener Vertrag sieht die Besetzung des Landes durch britische und sowjetische Truppen vor. Der iranische Schah Resa Khan Pahlawi muß auf Druck der Besatzer am 16. September zugunsten seines Sohnes Mohammad zurücktreten. Die britische Regierung will sich durch die Besetzung des Landes den freien Zugang zu den wichtigen iranischen Ölfeldern sichern.

◁△ Freundschaftliche Begrüßung unter britischer Flagge zwischen einem sowjetischen (l.) und zwei britischen Offizieren nach der Ankunft sowjetischer und britischer Truppen im Iran; ihre Stationierung ist vertraglich beschlossen und richtet sich gegen die Duldung einer deutschen Kolonie in dem wichtigen Ölland

△ Indischer Soldat bewacht den Abschnitt einer Öl-Pipeline, die mitten durch den Iran verläuft und die iranische Ölfelder im Hinterland direkt mit den Ölraffinerien in Abadan am Persischen Golf verbindet; die größten Ölraffinerien, die in diesem Gebiet angesiedelt sind, gehören der Anglo-Iranian Oil Company, die auch britisches Fachpersonal beschäftigt und Großbritannien mit Öl versorgt

Indische Wachposten kontrollieren die Besucher auf dem Gelände einer bedeutenden Raffinerie der Anglo-Iranian Oil Company am Persischen Golf

Wehrdienstzeit in USA verlängert

14. August. Das US-amerikanische Repräsentantenhaus nimmt mit einer Stimme Mehrheit eine Gesetzesvorlage an, die eine Verlängerung der Wehrdienstzeit von drei auf viereinhalb Jahre vorsieht. Die bislang gültige Höchstgrenze von 900 000 Mann, die gleichzeitig ihren Dienst in der US-amerikanischen Armee verrichten, wird aufgehoben. Die Gesetzesvorlage war am 22. Juli von US-Präsident Franklin D. Roosevelt vorgelegt worden. Von seinen politischen Gegnern wird die Neuregelung, die am 19. August in Kraft tritt, als weiteres Zeichen für die Bereitschaft Roosevelts gewertet, in den Krieg gegen Japan und das Deutsche Reich einzutreten.

Deutsches U-Boot in britischer Kriegsmarine

27. August. Das deutsche U-Boot »U 570« wird im Atlantik südlich von Island bei schwerem Wetter durch einen Hudson-Bomber der britischen Luftwaffe beschädigt. Das aufgetauchte Boot treibt mehrere Stunden manövrierunfähig und wird von britischen Flugzeugen umkreist, bis britische Kriegsschiffe zur Stelle sind. Kapitänleutnant Hans-Joachim Rahmlow übergibt das U-Boot an die Briten und verläßt mit seiner Mannschaft das Schiff.

Die »U 570« wird zur Reparatur nach Island geschleppt. Am 19. September stellt die britische Marine das deutsche U-Boot als »HMS Graph« in ihre Dienste.

Das aufgebrachte Boot liefert britischen Militärexperten wertvolle Erkenntnisse über die deutsche U-Boot-Technik. In der britischen Presse wird ausführlich und nicht ohne Häme über das erste deutsche U-Boot in der königlichen Kriegsmarine berichtet.

Das deutsche U-Boot »U 570«, das von einem britischen Bomber manövrierunfähig geschossen worden ist, wird von britischen Marinesoldaten inspiziert, bevor es unter der Leitung von Leutnant George Colvin in einen britischen Hafen geschleppt wird

Schwer erkämpfter Erfolg bei Smolensk

5. August. Nach dreiwöchigen Kämpfen besiegen deutsche Truppen der Heeresgruppe Mitte Verbände der Roten Armee im Raum Smolensk. Nach Abschluß einer verlustreichen Kesselschlacht gibt das Oberkommando der Wehrmacht (OKW) das Ergebnis der Kämpfe mit 310 000 Gefangenen, 3205 Panzern und 3120 Geschützen der Roten Armee an.

Schon am 15. Juli hatten schnelle Panzertruppen die Außenbezirke von Smolensk erreicht. Sie sollten in einer weiten Umfassungsbewegung die dort stationierten sowjetischen Verbände einkesseln. Die Panzertruppen stießen jedoch auf massiven Widerstand der Roten Armee, der ihren Vormarsch zeitweise zum Stehen brachte. Währenddessen formierte die Rote Armee eine Verteidigungslinie rund 40 km östlich von Smolensk u. a. mit Truppenverbänden, die aus dem deutschen Kessel entkommen konnten.

Der Vormarsch der deutschen Einheiten wird zudem durch den hohen Materialverschleiß, den die blitzartigen Vorstöße über lange Distanzen verursachen, behindert, außerdem durch Schwierigkeiten beim Nachschub. Darüber hinaus treten unterschiedliche Auffassungen zwischen Wehrmachtsführung und Führer und Reichskanzler Adolf Hitler immer deutlicher zutage. Das OKW befürwortet in einer Denkschrift vom 18. August einen weiteren Vormarsch in Richtung Moskau; Hitler bestimmt drei Tage später, daß die deutschen Truppen zunächst Krim und Kaukasus in ihre Hand bringen sollen (→ 8. 9./S. 154; 19. 9./S. 155).

Die Stadt Witebsk nördlich von Smolensk ist nur eine von vielen Städten, die die deutschen Truppen bei ihrem Vormarsch in der Sowjetunion zerstört hinterlassen

Polen kämpfen auf sowjetischer Seite

14. August. Die polnische Exilregierung in London und die sowjetische Regierung unterzeichnen ein Militärabkommen. Es sieht die Freilassung der Polen vor, die nach der Zerschlagung des Landes im September 1939 in sowjetische Kriegsgefangenschaft geraten sind. Sie sollen unter dem Kommando des polnischen Generals Władysław Anders eine eigene Armee in der Sowjetunion bilden. Nach der Aufnahme der sowjetisch-polnischen Kontakte (→ 30. 7./S. 125) ist das Militärabkommen ein weiterer Schritt zur Normalisierung der Beziehungen zwischen beiden Regierungen.

Die Freilassung der internierten Polen kommt nur schleppend voran, so daß die polnische Exilregierung mehrfach in Moskau protestiert. Auch kann die sowjetische Führung keine zufriedenstellende Auskunft über den Verbleib von 15 000 polnischen Offizieren und Unteroffizieren geben, die seit ihrer Gefangennahme vermißt werden.

Deutsche Infanterie-Einheiten von Gewaltmärschen zermürbt

Die Anfangserfolge der deutschen Wehrmachtsverbände im Krieg gegen die Sowjetunion beruhen auf schnellen, keilförmigen Vorstößen der Panzereinheiten. Hinter den Panzergruppen marschieren Infanterieverbände, die zwischen den Panzerkeilen stehende Truppen der Roten Armee bekämpfen. Sie sollen durch schnelles Vordringen zu den Panzerspitzen aufschließen, um große Territorien schnell unter ihre Kontrolle zu bringen, die Verbindung zu den Panzerverbänden aufrechterhalten und deren Nachschubwege für weitere Vorstöße sichern.

Durch diese Taktik werden die deutschen Soldaten in hohem Maße belastet. Die gut ausgerüsteten Panzereinheiten legen in wenigen Tagen Entfernungen von mehreren hundert Kilometern zurück. Sie haben nur geringe Verluste zu verzeichnen und leiden meist nur unter dem Ausfall ihrer Fahrzeuge infolge der Überbeanspruchung des Materials.

Die Infanterieverbände dagegen sind weit schlechter ausgerüstet und folgen den Panzern in Gewaltmärschen. In voller Ausrüstung legen die Soldaten an manchen Tagen 50 km und mehr auf meist schlechten Straßen zurück. Gefechts-, Versorgungs- und Transportfahrzeuge mit Gummireifen und Kugellagerachsen brechen auseinander, Pferde verenden vor Erschöpfung im Geschirr der Fuhrwerke. Bei Regen versinken die Truppen im Matsch der unbefestigten Wege. Eine ständige Gefahr für die deutschen Soldaten sind sowjetische Partisanen, die aus gut getarnten Verstecken die vorrückenden Marschkolonnen angreifen.

Die Versorgung der Truppen wird mit dem weiteren Vormarsch ständig schlechter, da der Nachschub bei den miserablen Verkehrsverhältnissen zeitweise stockt. Rasierklingen, Seife und Zahnpasta werden zu Mangelwaren. Auch aus den eroberten Gebieten kann kaum Verpflegung gewonnen werden, da die sowjetischen Soldaten bei ihrem Rückzug alles verbrannt haben, was sie nicht mitnehmen konnten. Schlechte Unterkünfte, Regenfälle und die fallenden Temperaturen lassen die Stimmung in manchen Infanteriedivisionen in diesen Wochen auf den »Nullpunkt sinken«, wie Offiziere der Heeresleitung mehrfach mitteilen.

Zuversicht und Siegesgewißheit soll dieses Propagandabild demonstrieren, das deutsche Soldaten auf ihrem Vormarsch zeigt

Behelfsbrücke der Wehrmacht über einen der zahlreichen Flüsse im Gebiet um Smolensk

Josef W. Stalin – neuer Oberbefehlshaber der Roten Armee

7. August. Der sowjetische Staatschef Josef W. Stalin ernennt sich in Moskau selbst zum Oberbefehlshaber der Roten Armee. Damit vereinigt er die gesamte politische und militärische Macht in der Sowjetunion in seiner Hand.

Nachdem sich die strategische Führung der sowjetischen Armee nach dem Überfall der deutschen Wehrmacht auf die Sowjetunion unfähig gezeigt hat, sofort wirkungsvolle Verteidigungsmaßnahmen einzuleiten, kommt es zu einer tiefgreifenden Neuorganisation.

Unter dem Vorsitz von Stalin war am 30. Juli ein Staatliches Verteidigungskomitee gebildet worden, dem u.a. Außenminister Wjatscheslaw M. Molotow, der Sekretär des Zentralkomitees der Kommunistischen Partei der Sowjetunion (KPdSU), Georgi M. Malenkow, und Marschall Kliment J. Woroschilow angehören. Zur Koordinierung der militärischen Einsätze und zur Erleichterung der strategischen Führung im Verteidigungskrieg wurde Mitte Juli die gesamte Front auf drei Oberkommandos aufgeteilt.

Der Krisenstab des sowjetischen Volkskommissariats für Verteidigung tritt zusammen; v. l.: Wjatscheslaw M. Molotow, Josef W. Stalin, Marschall Kliment J. Woroschilow, Georgi M. Malenkow, Lawrenti P. Berija und ein Mitarbeiter

Auch in der Roten Armee werden umfangreiche Neuordnungen vorgenommen. Durch die Aufstellung neuer Nachrichteneinheiten kann das vor Kriegsausbruch vernachlässigte Informationswesen verbessert werden. Die Verständigung der einzelnen Truppenteile auf den weit auseinandergezogenen Abschnitten der Front ist eine grundlegende Voraussetzung für die Abwehr der angreifenden deutschen Verbände. Bis zum Jahresende werden neun Pioniereinheiten aufgestellt, deren Aufgabe der Ausbau der sowjetischen Verteidigungsanlagen ist. Durch eine intensive ideologische Schulung werden die Soldaten der Roten Armee auf Stalin als Heerführer eingeschworen. Spezielle Truppen sollen das Überlaufen zum Feind, wie es mehrfach vorgekommen war, notfalls mit Gewalt verhindern.

Auch die Zivilbevölkerung wird in die militärischen Maßnahmen einbezogen. In den großen Städten wie Moskau, Leningrad und Kiew werden Volkswehren aus Zivilisten gebildet, die bei der Verteidigung der Städte gegen die deutschen Truppen eingesetzt werden. Männer und Frauen sind zudem verpflichtet, Luftschutzdienst zu versehen.

Die Propaganda der sowjetischen Führung ruft die Bewohner der Großstädte darüber hinaus zu freiwilligen Arbeitseinsätzen in Rüstungsbetrieben auf. Trotz der Gebietsverluste im zweiten Halbjahr des Jahres 1941 kann die Produktion gegenüber den ersten sechs Monaten um über 300% gesteigert werden; die Zahl der produzierten Panzer steigt von 1800 auf 4740, die der Geschütze und Granatwerfer von 15600 auf 55500.

Rote Armee sprengt Dnjepr-Staudamm

28. August. *Die vor den Einheiten der deutschen Heeresgruppe Süd zurückweichenden Truppen der Roten Armee sprengen den Dnjepr-Staudamm bei Saporoschje. Den deutschen Truppen sollen die Kraftwerke der 1932 fertiggestellten Stauanlage mit einer Leistung von 810000 PS nicht in die Hände fallen. Der Vormarsch der Wehrmacht wird durch die Überflutung des Dnjepr-Tales nach der Sprengung erheblich erschwert.*

Der Dnjepr-Staudamm lieferte den größten ▷ Teil des Stroms für die Region Saporoschje

Zwangsumsiedlung der Wolgadeutschen

28. August. Die sowjetische Führung in Moskau beschließt die Umsiedlung der gesamten deutschstämmigen Bewohner des Wolgagebietes nach Sibirien.

Die Maßnahme wird begründet mit Aktivitäten deutscher Agenten in dieser Region, die sich gegen die UdSSR richten. Diese »Fünfte Kolonne« sei bereit, »auf ein deutsches Signal hin Explosionen und Sabotage auszulösen«. Die deutsche Regierung hatte schon häufiger versucht, ihre Kriegsgegner durch Mobilisierung deutschstämmiger Bevölkerungsgruppen zu schwächen.

Dörfer und Städte werden während des Rußlandfeldzuges völlig zerstört

Obdachlose sowjetische Landbevölkerung flüchtet mit ihrer letzten Habe

Bevölkerung leidet unter Terror und Not

Die Zivilbevölkerung der am Krieg beteiligten Staaten und in einigen von deutschen Truppen besetzten Gebieten ist von den Kriegshandlungen stark betroffen.
Die Bewohner britischer Großstädte, insbesondere die Londoner, leben tagsüber in Trümmern und nachts in Luftschutzbunkern. Auch in deutschen Städten sind die Menschen immer häufiger gezwungen, Zuflucht in Bunkern zu suchen. In den französischen Hafenstädten am Ärmelkanal und am Atlantik, die der deutschen Kriegsmarine als Stützpunkte dienen, sind die Menschen den britischen Luftangriffen meist schutzlos ausgeliefert, da es nur wenige Unterstände für die Zivilbevölkerung gibt.
Die größten Opfer fordert der Krieg von der sowjetischen Zivilbevölkerung. Sie wurde überrascht von dem deutschen Angriff auf ihr Land (→ 22. 6./S. 98), auf den nicht einmal die politische Führung der UdSSR vorbereitet war. Die Versorgung mit Lebensmitteln und Verbrauchsgütern bricht in vielen Städten und Dörfern kurz nach Kriegsbeginn zusammen. Die vor den deutschen Truppen fliehende Bevölkerung kann nur das Nötigste zum Leben mitnehmen. Alles, was zurückbleiben muß, wird verbrannt; der vorrückende Feind soll nichts von Nutzen in den eroberten

Hitler und Mussolini bekräftigen gemeinsame Zielsetzung

25. August. Der italienische Duce und Ministerpräsident, Benito Mussolini, trifft zu viertägigen Beratungen im ostpreußischen Führerhauptquartier »Wolfsschanze« bei Rastenburg ein. In einem Kommuniqué heißt es dazu: »In den Besprechungen wurden alle militärischen und politischen Fragen, die die Entwicklung und die Dauer des Krieges betreffen, eingehend erörtert.«
Mussolini und Hitler besuchen im Verlauf ihres Treffens deutsche und italienische Truppen weit hinter der Front in der Sowjetunion. Bei ihrer Reise durch Gebiete, die von deutschen Truppen besetzt sind, werden sie von starken Militärverbänden begleitet, die sie vor möglichen Angriffen schützen sollen.
Die Führer der beiden sog. Achsenmächte sprechen u. a. über eine Neuordnung Europas, die sie nach Beendigung des Krieges vornehmen wollen: »Die neue europäische Ordnung, die aus diesem Sieg hervorgehen wird, soll möglichst weitgehend die Ursachen beseitigen, die in der Vergangenheit zu den europäischen Kriegen Veranlassung gegeben haben. Die Vernichtung der bolschewistischen Gefahr und der plutokratischen Ausbeutung wird die Möglichkeit einer friedlichen, harmonischen und fruchtbaren Zusammenarbeit aller Völker auf dem europäischen Kontinent... schaffen.«
Die »Neue Zürcher Zeitung« schreibt zu den Kriegszielen der Achsenmächte: »Ihre Erklärung verfolgt wohl in erster Linie den Zweck, dieses Kriegsziel in summarischer und leicht faßlicher Form den eigenen Völkern in Erinnerung zu rufen... in dem Augenblick, in dem ausdrücklich auf die Fortdauer des Krieges hingewiesen wird.« Die Zeitung wertet die Begegnung von Hitler und Mussolini als Antwort auf das Treffen von US-Präsident Franklin D. Roosevelt mit dem britischen Premierminister Winston Churchill, die ihre Friedensziele in der Atlantikcharta festgelegt hatten (→ 14. 8./S. 132). Im Deutschen Reich werden die guten Beziehungen beider Staaten betont.

Der Duce Benito Mussolini (l.) und Adolf Hitler (r.) auf dem Weg zum Führerhauptquartier »Wolfsschanze«

An der sowjetischen Front inspizieren Hitler (l.) und Mussolini (r.) die Trümmerstädte nach dem deutschen Ostfeldzug

Auch in Frankreich ist man noch mit Aufräumungsarbeiten beschäftigt

Nach den schweren Luftangriffen gleicht London einer Trümmerwüste

Gebieten vorfinden. Die Menschen in den eroberten Städten werden von den deutschen Besatzern terrorisiert. Hinter den deutschen Wehrmachtsverbänden rücken Einsatzgruppen der SS und der Sicherheitspolizei ein und beginnen mit der systematischen Ermordung ganzer Bevölkerungsgruppen (→31. 7./S. 117). Auf jeden Widerstand reagieren die deutschen Besatzer mit Terror und Gewalt. Sie nehmen Zivilisten als Geiseln, die sie im Falle von Partisanen- oder Widerstandsaktionen erschießen, und brennen ganze Orte nieder, wenn die Bewohner nicht die Vorräte liefern, die von den Truppen benötigt werden. Die nationalsozialistischen Reichskommissare in den besetzten Gebieten zwingen die Bewohner zu Arbeiten, deren Erträge der deutschen Wirtschaft zugute kommen. Den Menschen in der Sowjetunion bleiben kaum Nahrung, Kleidung und Brennstoffe.

Das Leid der Zivilbevölkerung wächst mit der Dauer des Krieges. Die gesamte wirtschaftliche und landwirtschaftliche Produktion wird von den Armeen verbraucht, so daß die Menschen in allen am Krieg beteiligten Staaten unter Hunger und Not leiden. Der wachsenden Unzufriedenheit und Auflehnung der Bevölkerung begegnen insbesondere die nationalsozialistischen Machthaber mit Erschießungen, Mißhandlungen und Inhaftierungen.

Ausnahmezustand in Norwegen

1. August. Die deutschen Besatzungsbehörden in Norwegen verhängen den zivilen Ausnahmezustand über das Land. Seit Mitte 1941 ist es in mehreren Betrieben zu Streiks gekommen, die das wirtschaftliche und öffentliche Leben in manchen Regionen nahezu lahmlegten. Widerstandsgruppen verüben zahlreiche Sabotageaktionen gegen Eisenbahnlinien, Wehrmachtseinrichtungen und Industrieanlagen (→10. 9./S. 157).

Die deutschen Behörden machen die britische Rundfunkpropaganda, die norwegische Partisanengruppen unterstützt und die Bevölkerung zu Widerstandsaktionen auffordert, für diese Situation verantwortlich. Zusätzlich bringt der norwegische Exilsender »Folkesenderen Norge Frihet« Nachrichten über Sabotageakte und deutsche Greueltaten. Deshalb werden in West- und Südnorwegen rund 90% aller Rundfunkgeräte beschlagnahmt. Denn die vom NS-Regime betriebenen Sender werden von der einheimischen Bevölkerung kaum gehört.

Einfluß de Gaulles wächst

23. August. Der französische General Charles de Gaulle bildet sein »Provisorisches Komitee« in London in ein »Nationalkomitee« um, das u.a. die Beziehungen zu westlichen Regierungen intensivieren soll. Diesem tritt ein beratender Nationalrat zur Seite.

Die Umbildung ist Ausdruck der gefestigten Position der sog. Freien Franzosen, die sich nach der Besetzung und Teilung Frankreichs durch deutsche Truppen im Juni 1940 um de Gaulle geschart haben. Charles de Gaulle hatte Frankreich kurz vor der Kapitulation verlassen können. Er begann unmittelbar nach der Unterzeichnung des Waffenstillstandes durch die Regierung von Philippe Pétain im Juni 1940, den Widerstand zu organisieren.

Die freifranzösische Bewegung strebt die Wiedervereinigung Frankreichs an, den Abzug der deutschen Besatzungstruppen und die Absetzung der Petain-Regierung, die sich nur mit Duldung der deutschen Besatzer im Amt hält.

Nach anfänglichen Schwierigkeiten hatte de Gaulles Bewegung wachsenden Zulauf erhalten, so daß er eigene Streitkräfte aufstellen konnte. Diese sind auf britischer Seite in Nordafrika und im Nahen Osten im Einsatz (→14. 7./S. 120). De Gaulle, der seine Organisation von London aus leitet, arbeitet trotz Meinungsverschiedenheiten eng mit der britischen Regierung zusammen.

General Charles de Gaulle (l.) beim Besuch freifranzösischer Soldaten

Pierre Laval bei Attentat verletzt

27. August. Bei einer Festveranstaltung in Versailles für die ersten französischen Freiwilligentruppen, die auf deutscher Seite im Krieg gegen die Sowjetunion eingesetzt werden, schießt ein Anhänger von General Charles de Gaulle auf den früheren Ministerpräsidenten Pierre Laval. Laval und Marcel Déat, der Initiator der Freiwilligentruppen, werden schwer verletzt.

Laval, der sich für einen Kriegseintritt Frankreichs im Bündnis mit Hitler-Deutschland einsetzt, mußte nach einem mißglückten Umsturzversuch gegen Marschall Philippe Pétain am →8. Januar (S. 18) in das deutsch besetzte Paris fliehen.

General Charles de Gaulle organisiert von Großbritannien aus den Widerstand gegen die deutsche Besetzung Nord- und Westfrankreichs und die Pétain-Regierung im unbesetzten Teil des Landes, die mit den Deutschen zusammenarbeitet. In Frankreich operieren verschiedene Widerstandsgruppen im Untergrund, die vielfach aus politischen Gründen nicht zusammenarbeiten.

Bischofswort zur sog. Euthanasie

3. August. Der Bischof von Münster, Clemens August Graf von Galen, bezeichnet in seiner Sonntagspredigt vor Gläubigen die Tötung von Geisteskranken durch die nationalsozialistischen Machthaber als Mord:

»Seit einigen Monaten hören wir Berichte, daß aus Heil- und Pflegeanstalten für Geisteskranke auf Anordnung von Berlin Pfleglinge, die schon länger krank sind und vielleicht unheilbar krank erscheinen, zwangsweise abgeführt werden. Regelmäßig erhalten dann die Angehörigen nach kurzer Zeit die Mitteilung, die Leiche sei verbrannt, die Asche könne abgeliefert werden. Allgemein herrscht der an Sicherheit grenzende Verdacht, daß diese zahlreichen unerwarteten Todesfälle von Geisteskranken nicht von selbst eintreten, sondern absichtlich herbeigeführt werden, daß man dabei jener Lehre folgt, die behauptet, man dürfe sogenanntes ›lebensunwertes Leben‹ vernichten, also unschuldige Menschen töten, wenn man meint, ihr Leben sei für Volk und Staat nichts mehr wert. Eine furchtbare Lehre, die die Ermordung Unschuldiger rechtfertigen will, die die gewaltsame Tötung nicht mehr arbeitsfähiger Invalider, Krüppel, unheilbar Kranker, Altersschwacher grundsätzlich freigibt... Wenn man den Grundsatz aufstellt und anwendet, daß man den ›unproduktiven‹ Mitmenschen töten darf, dann wehe uns allen, wenn wir alt und altersschwach werden.«

Clemens August Graf von Galen

Griechen bekämpfen deutsche Besatzung

12. August. Die deutschen Besatzungstruppen in Griechenland erhalten die Anweisung, ohne Vorwarnung auf Personen zu schießen, die sich in der Nähe von Telegrafenleitungen aufhalten. In den vergangenen Wochen sind mehrfach Anschläge auf Telefon- und Telegrafeneinrichtungen verübt worden.

Kurze Zeit nach der Besetzung Griechenlands durch deutsche Wehrmachtsverbände (→ 6. 4./S. 64) formierte sich der Widerstand. Partisanen verübten Anschläge auf Soldaten und Heereseinrichtungen. Eine im Juli ausbrechende Hungersnot hatte den Zulauf zu den Partisanengruppen noch verstärkt. Auf der Insel Kreta (→ 20. 5./S. 83) operiert nach Angaben der Nachrichtenagentur Reuter eine kleine Streitmacht, der auch Briten und Neuseeländer angehören, die im August »300 Mann als Gefangene eingebracht haben«.

Regierung gegen Serbiens Guerilla

29. August. In Belgrad bildet General Milan Nedić im Auftrag der deutschen Militärbehörden eine Zivilregierung für Serbien und wird deren Ministerpräsident.

In Serbien, dem südöstlichen Teil des im Balkankrieg zerschlagenen Staates Jugoslawien (→ 6. 4./S. 64), tobt seit Anfang Juli ein Bürgerkrieg. Eine kommunistische Guerilla-Truppe unter Josip Tito und die nationalistischen Cetnici (Tschetniks) verüben Anschläge auf deutsche Truppen, Depots und militärische Einrichtungen. Die deutschen Besatzungsbehörden versuchen, mit Massenerschießungen die Bevölkerung einzuschüchtern, die auf seiten der Partisanen steht, haben dabei aber wenig Erfolg.

Die neue Regierung soll den Serben das Gefühl der Unabhängigkeit geben und die Zusammenarbeit zwischen der Oberschicht und antikommunistischen Gruppen fördern.

NS-Terrorregime auch in Galizien

1. August. Mit einem feierlichen Staatsakt in Lemberg (Lwow) wird die Eingliederung der ehemals polnischen Provinz Galizien ins Generalgouvernement vollzogen, das aus den nicht ins Deutsche Reich eingegliederten Gebieten Polens 1939 gebildet wurde. Deutsche Wehrmachtseinheiten hatten Galizien, das nach der Zerschlagung Polens durch deutsche und sowjetische Truppen der UdSSR zugefallen war, bei ihrem Angriff auf die Sowjetunion (→ 22. 6./S. 98) erobert.

Aus den westpolnischen Gebieten, die ins Deutsche Reich eingegliedert wurden, werden Polen und Juden ins Generalgouvernement deportiert. Sie werden in Ghettos interniert und leisten Zwangsarbeit für das Deutsche Reich. Diese Unterdrückungspolitik, der Tausende von Menschen zum Opfer fallen, wird von Generalgouverneur Hans Frank auf Galizien ausgedehnt.

Massenmord vorerst von Kirchen gestoppt

24. August. Der Führer und Reichskanzler, Adolf Hitler, ordnet die Einstellung der »Aktion T 4« an, der systematischen Ermordung von psychisch Kranken (→ 19. 2./S. 39). Im September 1939 hatte Hitler den Befehl zur Tötung von Menschen gegeben, deren Leben von den Nationalsozialisten als »lebensunwert« betrachtet wird.

Trotz der Anweisung, strengste Geheimhaltung über die Ermordungen in eigens eingerichteten »Euthanasieanstalten« zu bewahren, drangen Informationen darüber an die Öffentlichkeit. Pflegepersonal und Ärzten von Heil- und Pflegeanstalten war die Aussonderung von Kranken durch Untersuchungskommissionen, ihr Abtransport in speziellen Fahrzeugen und die in jedem Fall kurze Zeit später erfolgende Todesmeldung aufgefallen. Sie hatten diese Beobachtungen weitergegeben, und vor allem in Kirchenkreisen regte sich massiver Protest gegen die Mordaktion.

Der Münsteraner Bischof Clemens August Graf von Galen erstattete am 28. Juli bei der Staatsanwaltschaft in Münster Strafanzeige gegen Unbekannt wegen Mordes und prangerte die Verbrechen in einer Predigt öffentlich an (→ 3. 8./S. 138). Geistliche beider Konfessionen wie der evangelische Landesbischof von Württemberg, Theophil Wurm, und der katholische Kardinal von München und Freising, Michael von Faulhaber, hatten zuvor in Schreiben an die Reichsregierung gegen die Morde protestiert.

Unter diesem Druck stellt die nationalsozialistische Führung ihre Aktion vorläufig ein. Seit dem Beginn der »Aktion T 4« im September 1939 sind in insgesamt sechs Anstalten 70 273 Menschen umgebracht worden. Nach kurzer Unterbrechung werden die Mordaktionen jedoch weitergeführt, wobei die Ausgesonderten, zu denen u. a. Altersschwache und Alkoholiker gehören, mit Giftspritzen, tödlichen Medikamentengaben und durch Nahrungsentzug umgebracht werden.

In dem am 29. 8. 1941 uraufgeführten Film »Ich klage an« wird das Thema des »lebensunwerten« Lebens aufgegriffen (Szene mit H. Hatheyer und P. Hartmann)

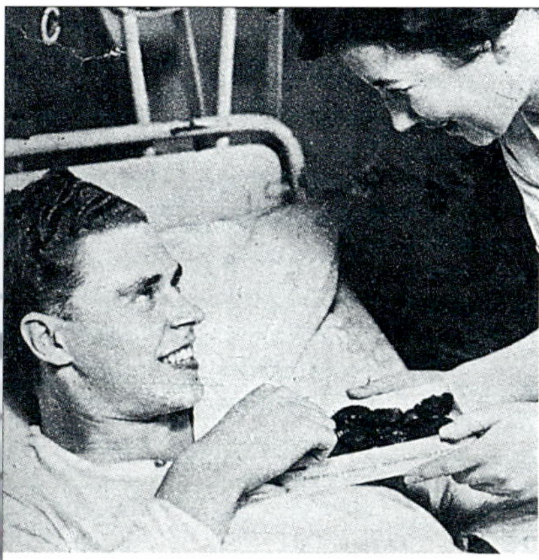

Betreuung von verwundeten Soldaten im Lazarett

Wäschepflege im Arbeitsdienstlager

Unter Aufsicht einer Hilfsschwester lernen Kinder backen

Im Erholungsheim für Frontsoldaten betreuen Frauen im Kriegshilfsdienst die Genesenden

In einem Kinderheim beaufsichtigen Hilfsschwestern Waisen

Neuer Kriegshilfsdienst für Frauen verlängert Arbeitsdienstpflicht

4. August. *Ein »Erlaß des Führers und Reichskanzlers Adolf Hitler über den weiteren Einsatz des Reichsarbeitsdienstes für die weibliche Jugend« schreibt vor, daß künftig schulentlassene Mädchen nach Beendigung des sechsmonatigen Arbeitsdienstes einen sog. Kriegshilfsdienst von weiteren sechs Monaten ableisten müssen.*

Der Kriegshilfsdienst, von dem in diesem Jahr rund 100 000 Mädchen und Frauen betroffen sind, kann im Bürobetrieb der Wehrmacht, in Krankenhäusern, Lazaretten, Erholungsheimen und sozialen Einrichtungen des Staates sowie bei hilfsbedürftigen, kinderreichen Familien abgeleistet werden. Die zwangsverpflichteten Frauen erhalten im Monat ein Entgelt von 45 Reichsmark.

Unmittelbar nach Veröffentlichung des Erlasses wird vor allem aus Wirtschaftskreisen Kritik geäußert, da »zwar dem Bedarf an Arbeitskräften in der Hauswirtschaft und in den Krankenhäusern Rechnung getragen ist, nicht aber den Erfordernissen der Rüstungsindustrie und der Landwirtschaft«. In allen Teilen der deutschen Wirtschaft macht sich der Mangel an Arbeitskräften bemerkbar, so daß Unternehmen und Betriebe die Forderungen des Regimes ohne Beihilfe nicht mehr erfüllen können.

»Ihr behandelt die Leute wie Vieh«

21. August. Aus dem von deutschen Truppen besetzten Lothringen werden rund 40 Familien, insgesamt 240 Menschen, von den nationalsozialistischen Behörden ins Saarland deportiert. Jugendliche Familienmitglieder waren vor dem Einsatz im Reichsarbeitsdienst geflüchtet. Ihre Angehörigen hatten sich geweigert, Auskunft über deren Aufenthaltsorte zu geben. Die Bevölkerung Lothringens reagiert auf die Deportation ebenso mit Empörung wie auf die Ankündigung, daß lothringische Eisenbahner und Lehrer demnächst für längere Zeit ins Deutsche Reich versetzt werden.

Auch im Elsaß wenden sich große Teile der Bevölkerung unvermindert heftig gegen die deutschen Besatzer. Jugendliche entziehen sich der von den deutschen Behörden eingeführten Arbeitsdienstpflicht, Beschäftigte des öffentlichen Dienstes arbeiten mehr oder weniger offen gegen Anweisungen der Besatzungsbehörden. Widerstandsgruppen agieren im Untergrund und begehen Sabotageakte und Anschläge auf deutsche Dienststellen. Ein nationalsozialistischer Ortsgruppenleiter in Kirchberg wird in einem anonymen Brief bedroht: »Ich möchte Euch bitten, so langsam das Testament zu machen,… für Euch hat bald die Stunde geschlagen. Wir sind auch nur Menschen, nicht Vieh, aber Ihr behandelt die Leute wie Vieh. Das Blatt dreht sich wieder, aber dann wird abgerechnet.«

Hitlerporträt auf allen Briefmarken

1. August. Im Deutschen Reich erscheinen die ersten Postwertzeichen der neuen Dauermarkenreihe. Alle Marken dieser Reihe zeigen künftig das Porträt des Führers und Reichskanzlers Adolf Hitler. Auch in Lothringen, dem Elsaß und Luxemburg, für die ab sofort keine eigenen Briefmarken mehr gedruckt werden dürfen, werden deutsche Postwertzeichen eingeführt.

Der von der nationalsozialistischen Propaganda seit Kriegsbeginn intensiv geförderte Personenkult um Adolf Hitler erreicht mit dem Aufdruck seines Porträts auf den Briefmarken der Dauermarkenreihe einen neuen Höhepunkt.

Der Personenkult um Hitler findet auch in solchen Plakaten Ausdruck

Massiver Eingriff in die Verfassung

15. August. Der nationalsozialistische Reichskommissar für die besetzten Niederlande, Arthur Seyß-Inquart, hebt in einer Verordnung die Autonomie der niederländischen Gemeinden und Provinzen auf. Die bislang gewählten Gemeinde- und Provinzvorstände werden ersetzt durch »Führer«, die von der Zentralverwaltung ernannt werden. Die Führer üben nur die Aufsicht in den Gemeinden und Provinzen aus, die nach Weisung der staatlichen Behörden verwaltet werden. Die Nationalsozialisten setzen mit dieser Verordnung einen der wichtigsten Grundsätze der niederländischen Staatsverfassung außer Kraft.

NS-Propaganda in den Niederlanden

22. August. Die Nationalsozialisten verstärken mit allen Mitteln ihre ideologische Propaganda in den besetzten Ländern. Eine Anordnung des Amtes für Volksaufklärung und Kunst der deutschen Behörden in den Niederlanden verpflichtet alle Kinobesitzer, bis zum 30. April 1942 den Film »Der ewige Jude« zu zeigen. Der 1940 entstandene Propagandafilm ist eine Montage aus eigens gedrehten Filmaufnahmen, Szenen aus Spielfilmen und Archivmaterial. Dem Zuschauer soll damit die »Minderwertigkeit der jüdischen Rasse« vor Augen geführt werden, deren Vernichtung der Film unverhohlen ankündigt.

Werbung 1941:
Schönheit und Luxus nur in der Werbung

Trotz der Umfangsverringerung infolge der Papierknappheit nehmen Werbeanzeigen immer noch viel Platz in deutschen Zeitungen und Illustrierten ein. Vielfach wird Bezug auf den Krieg genommen und die Bevölkerung aufgefordert, den männlichen Familienangehörigen, die an der Front sind, Produkte wie »Hanewacker«-Kautabak, »Wybert« Halspastillen oder »Vitamin Krem Lippenpomade« zu schicken. Die Frauen an der »Heimatfront« werden in den Anzeigen von pharmazeutischen Unternehmen, Kosmetikherstellern und Textilfirmen aufgefordert, ihre Schönheit für die »Männer an der Front« zu pflegen und zu erhalten. »Scherk Gesichtswasser«, »Uralt Lavendel«, »Kaloderma Cremes« und »Pulmonet Miederwaren« zeigen ihnen »neue Wege zu neuer Schönheit«.

Alle diese Anzeigen, die meist aus Schwarzweißfotografien oder Grafiken mit langen erläuternden Texten bestehen, vermitteln Bilder von jungen, gut ernährten, gesunden Frauen und zuversichtlichen, starken und in jeder Beziehung unwiderstehlichen Männern.

Die größten und aufwendigsten Anzeigen in Illustrierten werben für Luxusgüter, die kaum oder gar nicht mehr zu bekommen sind. Die Sektkellerei MM veranstaltet ein Preisausschreiben unter dem Motto: »In die Hände, meine Lieben, wurde Euch MM geschrieben«. Kraftfahrzeugunternehmen wie Borgward und Ford werben in farbigen Großanzeigen für Automobile, die auf dem deutschen Markt gar nicht angeboten werden. Manche Firmen wie Underberg, Kodak und Leica bedauern in ihren Inseraten, daß ihre Produkte momentan nicht erhältlich sind, aber nach Kriegsende mit Sicherheit wieder angeboten werden.

Die Regierungen aller am Krieg beteiligten Staaten werben mit großangelegten Kampagnen für ihre Ziele und ihre Politik. Die US-amerikanische Regierung startet in diesem Jahr eine Kampagne in Rüstungsbetrieben, die Arbeiter vor Verrätern warnt und zu gesteigerter Aufmerksamkeit gegenüber möglichen Saboteuren aufruft.

Die Firma Zeiss wirbt mit ihren Erfahrungen durch deutsche Feldzüge

Auf den Afrika-Feldzug spielt diese Reklame der Ford-Werke an

Auch Rüstungsfirmen wie Henschel benutzen den Krieg als Werbeträger

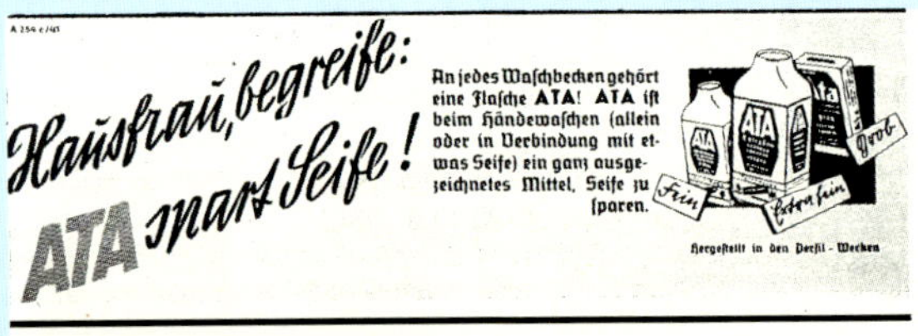

Den Versorgungsengpaß bei Gebrauchsgütern des täglichen Bedarfs sprechen Firmen in ihrer Reklame offen an

Markennamen sind zur Zeit augenfälliger als die Produkte selbst

Das Bild gesunder und zufriedener Menschen vermitteln Kosmetikhersteller

Parfüm kann sich in Deutschland nur noch eine kleine Minderheit leisten

Franziskanerpater Kolbe ermordet

14. August. Im KZ Auschwitz wird der aus Polen stammende Franziskanerpater Maximilian Kolbe im Alter von 47 Jahren durch eine Phenolinjektion ermordet.

Kolbe war gemeinsam mit neun Häftlingen 14 Tage zuvor in den Hungerbunker gesperrt worden. Nachdem sechs der Häftlinge gestorben sind, werden die noch lebenden mit Gift getötet. Maximilian Kolbe hatte sich an Stelle des Familienvaters Fraciszek Gajowniczek gemeldet, den die Lagerleitung als einen von zehn Häftlingen zur Ermordung ausgesucht hatte als »Vergeltung« für die Flucht eines anderen Lagerinsassen.

Maximilian Kolbe war am 7. Januar 1894 als Sohn eines Weberehepaares in Zdunska-Wola geboren worden. Als 17jähriger hatte er das erste Gelübde des Franziskanerordens abgelegt. Während des Ersten Weltkrieges studierte Kolbe in Rom Theologie, 1918 wurde er Priester. Nachdem er in seine Heimat zurückgekehrt war, scharte er Anhänger der Marienverehrung um sich. 1920 rief er die Zeitschrift »Rycerz Niepokalanej« (Ritter der Unbefleckten) ins Leben, die in Polen weite Verbreitung fand. In der Nähe von Warschau war er 1927 maßgeblich an der Gründung der Klosterstadt Niepolkalanów beteiligt, wo er auch einen Verlag für seine Schriften einrichtete. Bei einem längeren Aufenthalt in Japan warb Kolbe auch dort für die Marienverehrung und gründete eine Zeitschrift.

Nach der deutschen Besetzung Polens 1939 wurde die Klosterstadt aufgelöst, Kolbe geriet vorübergehend in Haft. Im Februar 1941 wurde der lungenkranke Pater erneut verhaftet und nach Auschwitz gebracht. Trotz schwerster Arbeit und gesundheitlichem Verfall war Kolbe auch unter den Häftlingen im KZ seelsorgerisch tätig.

Maximilian Kolbe gehört zu den engagiertesten und unerschrockensten Theologen zur Zeit des Nationalsozialismus; neben seiner seelsorgerischen Tätigkeit suchte er auch durch christliche Pressearbeit in der Öffentlichkeit zu wirken

Erfolgreiche Messe in Leipzig

31. August. In Leipzig wird die eine Woche dauernde Herbstmesse eröffnet. Deutsche Zeitungen weisen in ihren Kommentaren auf die wachsende Zahl von Ausstellern und Besuchern dieser Gebrauchsgüterschau hin. 6625 Aussteller aus 19 Ländern führen ihre Produkte vor, wobei in diesem Jahr die Textilunternehmen besondere Aufmerksamkeit finden. Die deutsche Propaganda hebt besonders hervor, daß Brasilien und Chile mit Ständen in Leipzig vertreten sind; denn die US-Regierung hatte allen südamerikanischen Unternehmen, die mit dem Deutschen Reich wirtschaftliche Beziehungen unterhalten, gedroht, sie auf eine »schwarze Liste« zu setzen (→ 17. 7./S. 125).

Der Reichsminister für Propaganda und Volksaufklärung, Joseph Goebbels (2. v. l.) eröffnet die Leipziger Messe im Gewandhaus mit einer Rede über die neue Wirtschaftsordnung Europas und begrüßt anschließend die zahlreich erschienenen Gäste aus dem In- und Ausland

Musikdirektoren Hans Knappertsbusch (l.) und Clemens Krauss (r.)

Salzburg eröffnet mit »Zauberflöte«

2. August. Eine Aufführung der Oper »Die Zauberflöte« von Wolfgang Amadeus Mozart bildet den Auftakt der Salzburger Festspiele. Bis zum 24. August werden u. a. die Mozartopern »Die Hochzeit des Figaro« und »Don Giovanni« gegeben.

In Anwesenheit des schweizerischen Generals Henri Guisan (2. v. r.) sowie des Bundesrats findet im Kanton Schwyz eine der Jubiläumsfeiern statt

Feierlichkeiten zum 650jährigen Bestehen der Eidgenossenschaft

1. August. *An zahlreichen Orten der Schweiz finden Feierlichkeiten aus Anlaß des 650jährigen Bestehens der Schweizer Eidgenossenschaft statt, aus der die Schweiz hervorgegangen war. In einem Aufruf des Bundesrates an die Bevölkerung heißt es: »Was auch die Schwere unserer Zeit von uns fordern und uns an Opfern auferlegen mag, wir wollen es mannhaft tragen mit dem Gleichmut, mit der Kraft und Geschlossenheit, die eines Volkes würdig ist, das auf eine stolze und oft sturmbewegte Geschichte von sechseinhalb Jahrhunderten zurückblickt.« Die zentrale Veranstaltung in Schwyz wird landesweit in allen Rundfunkstationen übertragen. In Ansprachen von Regierungsvertretern wird auf die Neutralität der Schweiz hingewiesen, ein Status, der unter allen Umständen beizubehalten sei.*

NS-Herrschaft im Spiegel des Humors

Witze, die hinter vorgehaltener Hand in der Bevölkerung erzählt werden, drücken Gefühle und Empfindungen aus, die viele Menschen im nationalsozialistischen Deutschen Reich beschäftigen. Verse wie »Lieber Gott mach mich stumm, daß ich nicht nach Dachau kumm« oder »Alter schützt vor Schutzhaft nicht« zeugen von den Ängsten vieler Menschen vor SS und Gestapo, vor Konzentrationslagern und Gefängnissen.
Auch die sich ausbreitende Unzufriedenheit über die schlechte Versorgung mit Lebensmitteln und Gebrauchsgütern des täglichen Bedarfs wird in zahlreichen Witzen zum Ausdruck gebracht: »Welche drei Arten von Ernährten gibt es im Deutschen Reich? Die schlecht Ernährten, die Unter-Ernährten und die Unter-der-Hand-Ernährten.«
Zielscheibe des heimlichen Spotts sind die drei führenden Nationalsozialisten Adolf Hitler, Hermann Göring und Joseph Goebbels. Die Frage nach der deutschen Weihnachtsgans wird beantwortet: »Fett wie Göring, schnatternd wie Goebbels, braun wie die Partei und gerupft wie das deutsche Volk.« Über Hitlers Buch »Mein Kampf« ist zu erfahren, »daß es nur noch auf der Kleiderkarte erhältlich ist, da es zu den Spinnstoffen gehört«. Über Hitler selbst wird erzählt: »Hitler besucht eine Irrenanstalt. Er fragt einige Kranke, ob sie wüßten, wer er sei. Als sie verneinend den Kopf schütteln, erklärt er: ›Ich bin Adolf Hitler, der Führer. Ich bin fast so mächtig wie der liebe Gott.‹ Die Kranken schauen sich mitleidig lächelnd an. Einer klopft Hitler auf die Schulter und sagt: ›Ja, ja, so hat es bei uns auch angefangen.‹«
Auch die massive Propaganda der nationalsozialistischen Führung ist häufig Thema von Witzen. »Tünnes ist gestorben. Woran denn? Er lag verkohlt im Wohnzimmer vor dem Volksempfänger.«
Neben diesen politischen Witzen, die aus Angst vor Denunziation und Verhaftung nur heimlich erzählt werden können, kursieren Witze über die deutschen Kriegsgegner und unpolitische Witze, die von sprachlichen Doppeldeutigkeiten und Situationskomik leben.

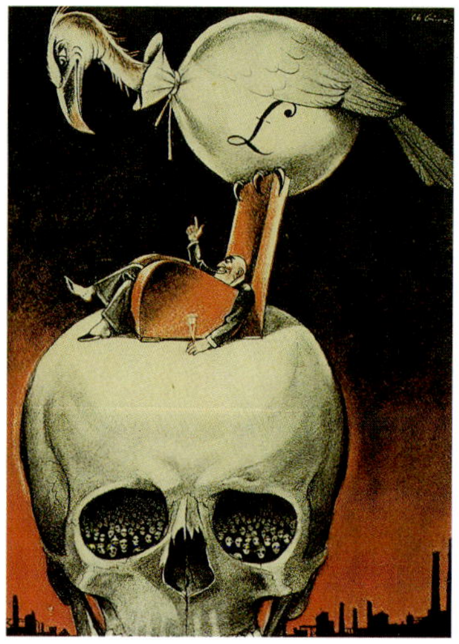

In der französischen Ausgabe der deutschen Zeitschrift »Signal« wird das britische Kapital attackiert

Churchill, Roosevelt und Stalin (v. l.) als apokalyptische Reiter, Karikatur in der Illustrierten »Die Woche«

Die Pressefreiheit wird in Karikaturen deutscher Zeichner mit Spott kommentiert (aus Zeitschrift »Signal«)

Zeitungskarikaturen zeigen dümmliche und hinterlistige Feinde

Ein wichtiges Mittel der deutschen Propaganda sind Karikaturen. Durch sie werden mit geringem Aufwand der großen Leserschaft von Zeitungen und Zeitschriften grotesk verzerrte Bilder der Kriegsgegner und ihrer Verbündeten vermittelt, die sich durch ihr häufiges Erscheinen einprägen. Figuren, die in den Zeitungskarikaturen beinahe täglich auftauchen, sind ein tolpatschiger, großspuriger und dümmlicher britischer Premierminister Winston Churchill, ein überheblicher und raffgieriger US-Präsident Franklin D. Roosevelt und ein hinterlistiger sowjetischer Staatschef Josef W. Stalin. Der russische Bär mit verbranntem Pelz und ein mit Pflastern übersäter britischer Löwe gehören auch zu den ständig benutzten Karikaturen. Vertreter der nationalsozialistischen deutschen Führung werden in den Zeichnungen deutscher Karikaturisten jedoch nie, auch nicht als Helden abgebildet.

Ein US-amerikanisches Propagandaplakat zeichnet den deutschen Nationalsozialisten als Henker

In US-amerikanischen Zeitschriften werden die US-Soldaten als unbeschwerte »Sonnyboys« dargestellt

Eine politische Karikatur des Zeichners Boris Efimov zeigt Joseph Goebbels als geifernde Micky Maus

Hysterisch-fanatischer Hitler umgeben von bornierten Gefolgsleuten

Auch die Propagandafachleute in den Vereinigten Staaten und in Großbritannien setzen die Karikatur als Mittel ein, die Kriegsgegner Deutsches Reich und Italien in den Augen der Zeitungs- und Magazinleser herabzusetzen. Der deutsche Führer und Reichskanzler Adolf Hitler wird von britischen und US-amerikanischen Karikaturisten mit Vorliebe als hysterischer Fanatiker gezeigt, der häufig von Peitschen, Waffen und anderen Folterwerkzeugen umgeben ist. Seine Untergebenen sind als Duckmäuser, Karrieristen und bornierte Gefolgsleute dargestellt. Britische und US-amerikanische Karikaturisten beschäftigen sich aber auch satirisch mit den politischen Führern ihrer Länder.

»Der kleine Gies« wird Tennismeister

10. August. In Braunschweig enden die Deutschen Tennismeisterschaften mit einer Überraschung. Der Kölner Kurt Gies, der in der Vorschlußrunde den Favoriten und Titelverteidiger Henner Henkel geschlagen hat, siegt im Finale gegen Graf Adam Baworowski.

Die »Münchner Neuesten Nachrichten« kommentieren das Finale: »Die beiden ersten Sätze des Schlußspiels schienen dann auch den allgemeinen Erwartungen recht zu geben. Baworowski kam verhältnismäßig schnell auf 6:3 und 6:4 und sah schon wie der sichere Sieger aus, als plötzlich der kleine Gies das Kommando übernahm... Seine Rückhandschüsse waren von Baworowski nur sehr schwer zu nehmen, und seine Stopper und Netzangriffe machten den Gegner allmählich mürbe.« Kurt Gies siegt mit 3:6, 4:6, 6:2, 6:4 und 6:3 und sichert sich zum ersten Mal den Titel.

Beim »All-Berliner-Schlußspiel« im Dameneinzel besiegt Ulla Rosenow ihre Gegnerin Margarete Käppel trotz »hartnäckigem Widerstand« 6:1, 2:6, 6:4. Henner Henkel, der seinen Einzeltitel an Kurt Gies verloren hatte, erringt mit diesem gemeinsam den Titel im Herren-Doppel.

Titelverteidiger Henner Henkel scheidet schon in der Vorschlußrunde aus

Spannung bei der Tour de Suisse

24. August. Der schweizerische Radrennfahrer Josef Wagner aus Zürich siegt vor Werner Buchwalder im Gesamtklassement der Tour de Suisse. Auf den drei Etappen der verkürzten achten Auflage dieses seit 1933 ausgetragenen und 1940 ausgefallenen Rennens hatten Wagner und sein Landsmann Buchwalder die anderen Fahrer des 44 Teilnehmer starken Feldes deklassiert.

Beide Fahrer lagen nach Beendigung der Etappen Zürich–Lausanne (300 km), Lausanne–Bern (118 km) und Bern–Zürich (188 km) gleichauf. Josef Wagner konnte die dadurch notwendig gewordene Entscheidung auf der Züricher Hallenbahn mit knappem Vorsprung für sich entscheiden.

Trotz der verkürzten Tour de Suisse und des Fernbleibens vieler ausländischer Fahrer begeistert das Rennen die Zuschauer. Die »Neue Zürcher Zeitung« schreibt nach der dramatischen Entscheidung: »Unser Respekt vor der ›Kleinen Tour de Suisse‹ ist heute um einige weitere Grade gestiegen... Wieder zeigte die Fahrt das Bild einer nie erlahmenden Tempofahrt mit andauernden, wuchtigen Vorstößen.«

Mittelstreckenas aus Schweden

10. August. Der schwedische Sportler Gunder Hägg läuft bei einem Leichtathletikwettkampf in Stockholm mit 3:47,6 min Weltrekord über 1500 m. Er verbessert damit den bestehenden Rekord, den der Neuseeländer Jack Lovelock bei den Olympischen Sommerspielen in Berlin 1936 aufgestellt hatte, um zwei Zehntelsekunden.

1500 m-Weltrekorde seit 1912

1912	Abel Kiviat	USA	3:55,8
1917	John Zander	Schweden	3:54,7
1924	Paavo Nurmi	Finnland	3:52,6
1926	Otto Peltzer	Deutschland	3:51,0
1930	Jules Ladoumègue	Frankreich	3:49,2
1933	Luigi Becalli	Italien	3:49,0
1934	Bill Bonthron	USA	3:48,8
1936	Jack Lovelock	Neuseeland	3:47,8
1941	Gunder Hägg	Schweden	3:47,6

Dieser Rekordlauf Häggs ist der Auftakt einer Serie von Weltrekorden, die der Schwede in der folgenden Zeit aufstellt. Bis 1945 verbessert er den Weltrekord über 1500 m noch zweimal. Auf der Meilenstrecke stellen er und sein Landsmann Arne Anderson in diesem Zeitraum insgesamt fünf Weltrekorde auf. Über 5000 m bleibt Hägg als erster Läufer der Welt unter 14 Minuten. Insgesamt stellt der schwedische Leichtathlet 15 Weltrekorde über Mittel- und Langstrecken auf.

Im nicht am Krieg beteiligten Schweden kann Hägg intensiv trainieren

Geherbestzeit von Fritz Schwab

9. August. Bei einem Geherwettkampf in Berlin stellt Fritz Schwab vom SC Charlottenburg im Stundengehen eine Weltbestzeit auf. Er legt in einer Stunde 13,308 km zurück und verbessert den bestehenden Rekord um 14 m. Offizielle Geher-Rekorde werden allerdings nicht geführt, da die Wettkampfstrecken zu unterschiedlich sind, um einen Vergleich zuzulassen.

Am 10. August läuft der deutsche Rekordhalter auf der 1500-m-Strecke, Ludwig Kaindl aus München, auch auf der 2000-m-Strecke deutschen Rekord. Trotz schlechter Wetterverhältnisse verbessert er bei einem Sportfest in Bad Tölz die bestehende Bestzeit um 1,6 Sekunden auf 5:25,8 min. Seit seinem ersten großen Erfolg, dem zweiten Platz bei den Europameisterschaften 1938 in Paris im 3000-m-Hindernislauf, ist Kaindl einer der beständigsten deutschen Spitzensportler in der Leichtathletik.

40. Weltrekord von Ragnhild Hveger

20. August. Bei einem Schwimmwettkampf in Kopenhagen stellt die Dänin Ragnhild Hveger über 1500 m Kraul mit 20:57,0 min einen Weltrekord auf. Eine Woche zuvor ist sie am Saenderstrand in Kopenhagen auf der 800 m-Kraul-Strecke mit 10:52,5 min Weltrekordzeit geschwommen. 1941 schwimmt die Dänin außerdem noch Weltrekordzeiten über 1000 m Kraul (13:43,4 min) und über 400 m Rücken (5:38,2 min). Sie stellt damit insgesamt 40 Weltrekorde auf.

Die am 10. Dezember 1920 geborene Ragnhild Hveger war bereits bei den Olympischen Sommerspielen in Berlin 1936 Silbermedaillengewinnerin über 400 m Kraul geworden. Zwei Jahre später siegte sie bei den Europameisterschaften über 100 m Kraul, 400 m Kraul und 4 × 100 m Kraul. In den folgenden Jahren schwamm sie u. a. Weltrekorde über 200 m, 400 m, 800 m, 1000 m und 1 Meile Kraul.

September 1941

Mo	Di	Mi	Do	Fr	Sa	So
1	2	3	4	5	6	7
8	9	10	11	12	13	14
15	16	17	18	19	20	21
22	23	24	25	26	27	28
29	30					

1. September, Montag

Durch eine Polizeiverordnung über die »Kennzeichen der Juden im Reichsgebiet« wird mit Wirkung vom 19. September der Judenstern eingeführt. →S. 148

Der Führer und Reichskanzler Adolf Hitler erläßt einen Aufruf zum Kriegswinterhilfswerk 1941/42, worin er die Spendenfreudigkeit der deutschen Bevölkerung als Ausdruck ihrer Unterstützung für die Truppen an den Kriegsfronten bezeichnet. →S. 159

In Venedig wird die 9. Internationale Filmkunstausstellung, die Biennale, eröffnet, bei der zahlreiche deutsche Filme präsentiert werden; zur Eröffnung ist Reichspropagandaminister Joseph Goebbels angereist. →S. 160

An deutschen Schulen wird mit sofortiger Wirkung die Antiqua-Schrift eingeführt; die bisher gebräuchliche Frakturschrift wird abgeschafft. →S. 160

2. September, Dienstag

In Moskau finden Beratungen über Hilfslieferungen der Alliierten statt, an denen neben dem sowjetischen Parteichef Josef W. Stalin Harry Lloyd Hopkins als Vertreter der USA und William Aitken Beaverbrook als Vertreter Großbritanniens teilnehmen (→29. 9./S. 156).

3. September, Mittwoch

Schwere Artillerie der deutschen Wehrmacht beginnt mit der Beschießung der belagerten sowjetischen Stadt Leningrad (→8. 9./S. 154).

Im Konzentrationslager Auschwitz finden die ersten Vergasungen von Juden mit Zyklon B statt. →S. 150

Im Konzentrationslager Sachsenhausen werden mit einer Genickschußanlage sowjetische Kriegsgefangene ermordet.

4. September, Donnerstag

Im Atlantik kommt es zum ersten Zwischenfall, an dem deutsche und US-amerikanische Seestreitkräfte beteiligt sind, als das deutsche U-Boot »U 652« versucht, den US-Zerstörer »Greer« zu torpedieren (→11. 9./S. 157).

Das Pacht- und Leihhilfegesetz der Vereinigten Staaten, das am →11. März (S. 51) verabschiedet worden war, um Großbritannien Rüstungsgüter zur Verfügung zu stellen, wird auf Polen ausgedehnt, das durch die polnische Exilregierung in London vertreten wird.

5. September, Freitag

Deutsche Armeeverbände schließen die Besetzung Estlands ab.

Kampfflugzeuge der deutschen Luftwaffe greifen die ägyptische Stadt Sues an und versenken drei Handelsschiffe, die im dortigen Hafen liegen.

Auf der schweizerischen Bundesbahnstrecke Basel–Romanshorn macht die erste Gasturbinen-Lokomotive der Welt ihre Jungfernfahrt; die Lokomotive erreicht bei einer Anhängelast von 2000 t eine Höchstgeschwindigkeit von 110 km/h. →S. 159

In Berlin findet die Premiere des Bavaria-Films »Komödianten« des Regisseurs Georg Wilhelm Pabst statt; in den Hauptrollen sind Käthe Dorsch, Hilde Krahl, Henny Porten, Gustav Dießl und Richard Häußler zu sehen.

6. September, Sonnabend

Der Führer und Reichskanzler erläßt die Weisung Nr. 35, in der er der Heeresgruppe Mitte befiehlt, sich für Ende September auf den Angriff gegen Moskau vorzubereiten (→2. 10./S. 166).

Der japanische Kronrat beschließt, den Krieg gegen die USA und Großbritannien zu eröffnen, falls die laufenden Geheimverhandlungen mit der US-Regierung bis zum 10. Oktober nicht zu einem Abschluß gebracht werden.

Im deutsch besetzten Wilna (Vilnius) wird ein Ghetto eingerichtet, in dem die jüdische Bevölkerung der Stadt abgeriegelt von der restlichen Bevölkerung interniert wird.

Das Oberkommando der Besatzungstruppen in Frankreich läßt mehrere französische Geiseln hinrichten, nachdem Attentate auf einen deutschen Soldaten und einen deutschen Polizisten in Paris verübt worden sind (→21. 10./S. 172).

7. September, Sonntag

Bei einem Luftangriff britischer Bomberstaffeln auf das Zentrum der Reichshauptstadt Berlin sterben in den Trümmern eines Wohnhauses über 100 Menschen.

Mit zahlreichen Festveranstaltungen wird in der schweizerischen Hauptstadt Bern das 750jährige Bestehen der Stadt gefeiert.

8. September, Montag

Mit der Eroberung Schlüsselburgs (Petrokrepost) am Ladogasee durch deutsche Truppen ist Leningrad von allen Landverbindungen abgeschnitten; es beginnt die bis zum 20. Januar 1944 dauernde Blockade der Stadt durch die Wehrmacht. →S. 154

Der ungarische Reichsverweser Miklós Horthy trifft zu einem dreitägigen Besuch im Führerhauptquartier »Wolfsschanze« ein; bei den Gesprächen mit Adolf Hitler geht es vor allem um den gegenwärtigen Stand an der Ostfront und den Abzug ungarischer Truppen. →S. 158

In den spanischen Pyrenäen wird der »túnel español de Viella« in Betrieb genommen, der mit 5 km Länge einer der längsten Europas ist.

Die Sieger der Schul-Altstoffsammlung im Deutschen Reich treffen zu einem viertägigen Besuch in Berlin ein; diese Reise ist die Prämie für das erfolgreiche Sammeln von Knochen, Textilien, Altpapier und Altmetall.

9. September, Dienstag

Britische und kanadische Streitkräfte besetzen die norwegische Insel Spitzbergen. →S. 157

Das iranische Parlament nimmt einen britisch-sowjetisch-iranischen Vertrag an, der eine Besetzung Nordirans durch sowjetische Truppen und des Südirans durch britische Truppen vorsieht; der mittlere Teil des Landes bleibt unbesetzt (→25. 8./S. 133).

In Griechenland wird die Widerstandsorganisation National-Republikanischer Bund (EDES) gegründet, die sich gegen die Besetzung des Landes durch deutsche Truppen wendet; am 27. September wird eine zweite Widerstandsgruppe, die Nationale Befreiungsfront (EAM), ins Leben gerufen.

In Berlin wird der Film »Annelie, die Geschichte eines Lebens« von Regisseur Josef von Baky uraufgeführt; die Hauptdarstellerin Luise Ullrich erhält bei der Biennale in Venedig den Pokal Volpi als beste Schauspielerin (→1. 9./S. 160).

10. September, Mittwoch

Die deutschen Besatzungsbehörden in Norwegen verhängen wegen zahlreicher Streiks den Ausnahmezustand über die Hauptstadt Oslo und sechs Provinzen des Landes. →S. 157

In London beginnt der XVII. Internationale Kongreß der Schriftstellervereinigung P.E.N., an dem u.a. Alfred Kerr, Erika Mann und Wilhelm Wolfgang Schütz teilnehmen (→15. 5./S. 92). Der deutschen Frage ist ein eigenes Thema gewidmet, bei dem Kerr erläutert, daß die deutsche Literatur nach Beendigung des Krieges für eine gewisse Zeit in erster Linie erzieherisch wirken muß.

11. September, Donnerstag

Der US-amerikanische Präsident Franklin Delano Roosevelt erteilt der US-Marine den Befehl, ohne Vorwarnung auf deutsche und italienische Schiffe zu schießen, die sich in Gewässern der US-amerikanischen Sicherheitszone aufhalten. →S. 157

Im Raum Murmansk fliegen britische Hurricane-Jäger ihren ersten Einsatz gegen angreifende deutsche Einheiten; die Hurricane-Jäger, die erst Anfang September in die UdSSR verlegt wurden, werden Ende November von der sowjetischen Luftwaffe übernommen.

12. September, Freitag

111 britische Flugzeuge fliegen einen Angriff auf Frankfurt am Main, bei dem sie 135 t Sprengbomben abwerfen.

Das Londoner Unterhaus verschiebt die bevorstehenden Neuwahlen in Indien und Birma auf einen Zeitpunkt zwölf Monate nach Beendigung des Krieges. Diese Entscheidung wird in den zum britischen Empire gehörenden Staaten mit Enttäuschung aufgenommen. →S. 157

Die Städtischen Bühnen für die Nachbarstädte Kattowitz (Katowice) und Königshütte (Chorzow) werden eröffnet; hier finden in den folgenden Jahren die »Deutschen Eichendorff-Wochen« statt.

13. September, Sonnabend

Im deutschen Strafrecht tritt eine Änderung in Kraft, die eine schärfere Anwendung der Todesstrafe vorsieht. →S. 150

14. September, Sonntag

Nahe der sowjetischen Stadt Lochvica treffen die Spitzen der Panzergruppen 1 und 2 des deutschen Heeres zusammen und schließen so den Ring um die »Südwestfront« der Roten Armee.

Der erste Opfersonntag des Kriegswinterhilfswerks 1941/42 im Deutschen Reich bringt offiziellen Angaben zufolge über 28 Millionen Reichsmark ein.

In den USA wird der Film »Suspicion« (Verdacht) von dem britischen Regisseur Alfred Hitchcock uraufgeführt; in den Hauptrollen sind Cary Grant, Joan Fontaine und Sir Cedric Hardwicke zu sehen →S. 161

15. September, Montag

Die Entwicklung ferngelenkter Raketen auf dem Versuchsgelände in Peenemünde erhält von der NS-Regierung die Sonderdringlichkeitsstufe. →S. 158

Die britische Luftwaffe fliegt schwere Angriffe auf Hamburg, Bremen, Cuxhaven und Wilhelmshaven.

100 italienische Arbeiter der Firma Lanz AG in Mannheim verweigern die Arbeitsaufnahme, da ihnen die Verpflegung ungenügend erscheint; aus anderen Unternehmen im Deutschen Reich, die ausländische Arbeiter beschäftigen, wer den ähnliche Vorkommnisse gemeldet →S. 152

Trotz eines Waffenstillstandsvertrages der am 31. Juli 1941 abgeschlossen wurde, kommt es an der Grenze zwischen den südamerikanischen Staaten Peru und Ecuador wieder zu bewaffneten Zwischenfällen (→5. 7./S. 120).

Auf der Insel Fehmarn erfolgt im Rahmen eines Festaktes der erste Spatenstich für die deutsch-dänische Eisen- und Autobahnverbindung »Vogelfluglinie«; mi dem Bau dieser Verkehrsverbindung zwischen Hamburg und Kopenhagen wird i Dänemark und dem Deutschen Reich gleichzeitig begonnen (endgültig fertiggestellt 1963). →S. 152

16. September, Dienstag

Wilhelm Keitel, deutscher Generalfeldmarschall, ordnet auf Befehl des Führer und Reichskanzlers Adolf Hitler im sog Kommunistenerlaß an, daß für jeden i den besetzten Gebieten getöteten deutschen Soldaten 50 bis 100 Kommuniste zu erschießen sind. →S. 150

Der Berichterstattung über den Besuch von Adolf Hitler und dem italienischen Duce und Ministerpräsidenten Benito Mussolini Ende August an der sowjetischen Front wird in deutschen Zeitungen breiter Raum gewidmet; die »Berliner Illustrierte Zeitung« bringt am 11. September sogar eine mehrseitige Bildreportage

Nummer 37 11. September 1941
Copyright 1941 by Deutscher Verlag, Berlin

Berliner Illustrierte Zeitung

50. Jahrgang Preis 20 Pfennig
Freiexempla.

Im Flugzeug über den Schlachtfeldern des Ostens:

Der Führer und der Duce

Unter der Maschine liegt eine nach hartem Kampf bezwungene Festung der Sowjet-Union.

Presse-Hoffmann

Im britisch-sowjetisch besetzten Iran dankt der bisherige Herrscher, Schah Resa Pahlawi, zugunsten seines Sohnes Mohammad ab und geht ins Exil nach Südafrika (→25. 8./S. 133).

In Paris werden von den deutschen Besatzungstruppen erneut zehn Geiseln erschossen, nachdem es deutschen Angaben zufolge drei bewaffnete Angriffe auf Angehörige der Wehrmacht in Frankreich gegeben hat (→21. 10./S. 172).

Die deutschen Besatzungsbehörden in den Niederlanden beschlagnahmen das im Land befindliche Vermögen des niederländischen Königshauses, dessen Mitglieder im überseeischen Exil leben.

Das Arbeitswissenschaftliche Institut der Deutschen Arbeitsfront veröffentlicht eine Studie, derzufolge Arbeiter rund 30% ihrer »Kulturausgaben« für Bücher und Zeitungen aufwenden. →S. 160

17. September, Mittwoch

Adolf Hitler ordnet nach dem US-amerikanischen Schießbefehl auf deutsche und italienische Schiffe in der US-Sicherheitszone vom →11. September (S. 157) die strikte Vermeidung von Zwischenfällen mit US-Schiffen an.

Eine Escort-Group der US-Marine mit fünf Zerstörern übernimmt erstmals die Sicherung eines britischen Konvois im mittleren Atlantik; damit beteiligen sich die USA an der Schlacht im Atlantik.

Das Oberkommando der Wehrmacht gibt bekannt, daß Juden, Männer jüdischer Abstammung und mit Jüdinnen verheiratete Männer nicht in einer auf deutscher Seite kämpfenden, ausländischen Truppeneinheit aufgenommen werden dürfen.

Im Deutschen Reich werden erstmals Todesurteile wegen Abhörens von ausländischen Rundfunksendern ausgesprochen. →S. 151

In einem Bericht zur Kartoffelversorgung im Deutschen Reich im bevorstehenden Winter wird die Bevölkerung aufgefordert, Kartoffeln nur noch als Pellkartoffeln zuzubereiten, da beim Schälen roher Kartoffeln Verluste von 15 bis 30% auftreten. →S. 151

18. September, Donnerstag

Im Deutschen Reich brauchen Juden eine Erlaubnis für die Benutzung öffentlicher Verkehrsmittel.

Mehrere Zechen im rheinisch-westfälischen Industriegebiet beklagen einen Rückgang der Steinkohlenförderung aufgrund der Arbeitsunlust der Beschäftigten, die sich weigern, Über- und Sonntagsschichten zu verfahren. →S. 152

US-Präsident Franklin Delano Roosevelt ersucht den Kongreß, weitere 5985 Millionen US-Dollar zur Unterstützung der kriegführenden Verbündeten zur Verfügung zu stellen; bis zum 31. August ist Kriegsmaterial im Wert von 190 Millionen US-Dollar im Rahmen des am →11. März (S. 51) verabschiedeten Leih- und Pachtgesetzes geliefert worden.

19. September, Freitag

Die 6. deutsche Armee schließt die Eroberung der ukrainischen Stadt Kiew in der Sowjetunion ab. →S. 155

Der deutsche Industrielle Ernst Poensgen wird anläßlich seines 70. Geburtstages mit dem Adlerschild des Deutschen Reiches ausgezeichnet; Poensgen ist einer der maßgeblichen deutschen Industrievertreter, die das NS-Regime unterstützen (→30. 1./S. 23).

Der im Besitz der US-Regierung befindliche panamesische Frachter »Pink Star« wird vor Island von einem deutschen U-Boot versenkt.

20. September, Sonnabend

Adolf Hitler befiehlt eine Verstärkung der Marineeinheiten in der Ostsee, die den Vormarsch der deutschen Truppen in der UdSSR und deren Nachschubwege sichern sollen.

21. September, Sonntag

Der Geschoßwerfer »Katjuscha« (»Stalinorgel«) wird erstmals von der Roten Armee vor Leningrad gegen die angreifenden deutschen Wehrmachtsverbände eingesetzt. →S. 156

Beim Viertelfinalspiel im Fußballpokal zwischen Schalke 04 und Austria Wien (4:1) kommt es in Gelsenkirchen zu Raufereien und anti-österreichischen Ausschreitungen.

In München wird die »Deutsche Kulturfilmwoche« eröffnet, in deren Rahmen zahlreiche dokumentarische und propagandistische Filme vorgeführt und prämiert werden.

22. September, Montag

In Großbritannien wird die »Russische Tankwoche« eröffnet, in der die britische Arbeiterschaft ihre Verbundenheit mit der UdSSR zum Ausdruck bringen soll. Alle bis zum 27. September produzierten Panzerwagen werden unverzüglich an die sowjetische Front geliefert. →S. 157

Im Deutschen Reich wird durch eine Verordnung des Ministerrats für die Reichsverteidigung die unbestimmte Verurteilung im Jugendstrafvollzug eingeführt; jugendliche Straftäter können danach zu Gefängnisstrafen unbestimmter Dauer verurteilt werden, um »das Erziehungswerk« zu vollenden, wie es in der amtlichen Begründung zu der Verordnung heißt (→13. 9./S. 150).

Der Reichskommissar für die besetzten Niederlande, Arthur Seyß-Inquart, ordnet an, daß alle im Deutschen Reich geltenden Bestimmungen über die Behandlung der Juden auch in den Niederlanden Anwendung finden sollen; ab sofort müssen niederländische Juden den sog. Judenstern tragen (→1. 9./S. 148).

Die kanadische und die US-amerikanische Regierung geben den Abschluß eines Militärabkommens bekannt, das eine enge Zusammenarbeit und eine Entmilitarisierung der gemeinsamen Grenze vorsieht (→5. 2./S. 37).

Die mexikanische und die US-amerikanische Regierung schließen ein Abkommen über die enge Zusammenarbeit bei der »Verteidigung der westlichen Hemisphäre«.

23. September, Dienstag

Die deutsche Luftwaffe fliegt einen schweren Angriff gegen die sowjetische Baltische Flotte, bei dem das sowjetische Schlachtschiff »Marat« vor Kronstadt auf Grund geht.

Der deutsche Techniker und Industrielle Robert Bosch wird 80 Jahre alt.

24. September, Mittwoch

Die sowjetische Regierung erklärt auf einer interalliierten Konferenz in London ihre Übereinstimmung mit der am →14. August (S. 132) von US-Präsident Franklin D. Roosevelt und dem britischen Premierminister Winston Churchill verkündeten Atlantikcharta, die Friedensziele der Großmächte beinhaltet. →S. 156

Die deutsche Reichsregierung verkauft ihre 1935 erworbenen Aktien an den Schiffahrtsgesellschaften Norddeutscher Lloyd und Hapag. →S. 152

25. September, Donnerstag

Die sowjetische Regierung erläßt ein Dekret über die Auflösung der Wolgadeutschen Autonomen Sowjetrepublik, deren Bewohner schon zu Beginn des Monats zum größten Teil nach Sibirien deportiert wurden (→28. 8./S. 135).

26. September, Freitag

Die große Kesselschlacht östlich der Stadt Kiew endet mit einem Sieg der deutschen Einheiten, die während der Kämpfe 665 000 sowjetische Soldaten gefangennehmen (→19. 9./S. 155).

Die deutsche Heeresgruppe Mitte erhält den Befehl zur Einleitung des Unternehmens »Taifun«, der Schlacht um Moskau (→2. 10./S. 166).

In Breslau (Wroclaw) wird der Film »Kameraden« uraufgeführt; unter der Regie von Hans Schweikart spielen Willy Birgel, Karin Hardt, Maria Nicklisch, Rudolf Fernau und Paul Dahlke die Hauptrollen.

27. September, Sonnabend

Führer und Reichskanzler Adolf Hitler beauftragt den SS-Obergruppenführer Reinhard Heydrich mit der Führung der Geschäfte des Reichsprotektors in Böhmen und Mähren. →S. 158

Der deutsche Buchhandel wird vom Reichspropagandaministerium aufgefordert, nur noch solche Werke zu begünstigen, »denen vom Volk aus gesehen das größte Gewicht zukommt«; gleichzeitig gibt das Ministerium weitere Beschränkungen der Buchproduktion bekannt.

Der französische General Georges Catroux, Stellvertreter von General Charles de Gaulle in der französischen Unabhängigkeitsbewegung, proklamiert die Souveränität der Republik Syrien. →S. 157

28. September, Sonntag

Im Reichsprotektorat Böhmen und Mähren wird der zivile Ausnahmezustand verhängt; damit verbunden ist u.a. die Einziehung von 15000 Rundfunkgeräten, die nur bei Wohlverhalten der Besitzer gegenüber den nationalsozialistischen Behörden zurückgegeben werden (→27. 9./S. 158).

Führer und Reichskanzler Adolf Hitler stiftet für »vielfache außergewöhnliche Tapferkeits- und Führungstaten« das Deutsche Kreuz in Gold und für »vielfache außergewöhnliche Verdienste« das Deutsche Kreuz in Silber.

29. September, Montag

In Moskau beginnt ein dreitägiges Treffen sowjetischer, britischer und US-amerikanischer Regierungsvertreter, in dessen Verlauf sich die USA verpflichten, im kommenden Jahr Waren im Wert von über 1 Milliarde US-Dollar an die UdSSR zu liefern. →S. 156

Nach der Einnahme Kiews durch deutsche Wehrmachtsverbände am →19. September (S. 155) kommt es zu Massenerschießungen von Juden; 33771 Menschen werden im Verlauf der Massaker ermordet.

In einem Kampf um den Weltmeistertitel im Schwergewichtsboxen siegt Titelträger Joe Louis in New York gegen Herausforderer Lou Nova durch K.o. in der sechsten Runde. →S. 161

30. September, Dienstag

Die Heeresgruppe Mitte der deutschen Truppen eröffnet einen Angriff in Richtung Orel.

Die britische Luftwaffe fliegt mit 72 Flugzeugen einen schweren Angriff auf Hamburg, bei dem 85 t Sprengbomben geworfen werden.

Die deutschen Werften melden einen Mehrbedarf an Arbeitskräften von insgesamt 57 500 Mann, ohne den sie die Aufträge der deutschen Marine nicht ausführen können.

In Italien wird der Verkauf von Stoffen, Pelzwaren, Schuhen, Hüten und anderen Bekleidungsstücken untersagt; ab dem 15. Oktober wird Bekleidung nur über Bezugsscheine vertrieben.

Der Film »The Maltese Falcon« (Die Spur des Falken/Der Malteserfalke) von Regisseur John Huston wird in den USA uraufgeführt; die Hauptrollen in dem Kriminalfilm, der als wichtiger Film der sog. Schwarzen Serie gilt, spielen Humphrey Bogart, Mary Astor, Peter Lorre und Sydney Greenstreet. →S. 161

Das Wetter im Monat September

Station	Mittlere Lufttemperatur (°C)	Niederschlag (mm)	Sonnenscheindauer (Std.)
Aachen	14,3 (14,5)	24,9 (68)	172,7 (160)
Berlin	12,5 (13,8)	69,7 (46)	204,5 (194)
Bremen	13,1 (14,0)	61,1 (60)	171,1 (164)
München	11,7 (13,4)	51,4 (84)	181,2 (176)
Wien	– (15,0)	– (56)	– (184)
Zürich	13,6 (13,5)	14,0 (101)	191,0 (166)

( ) Langjähriger Mittelwert für diesen Monat
– Wert nicht ermittelt

Da der Vormarsch der deutschen Truppen in der Sowjetunion nicht mehr so schnell vorankommt wie angekündigt, wird häufiger über die dortigen Bedingungen berichtet; die französische Ausgabe der deutschen Zeitschrift »Signal« bringt Propagandabilder von der Front, wo sich das Land durch anhaltende Regenfälle in eine Schlammwüste verwandelt hat

Tragen des »Judensterns« wird zur Pflicht

1. September. Für das Deutsche Reich erläßt die nationalsozialistische Führung eine Polizeiverordnung zur »Kennzeichnung der Juden«. Ab dem 19. September müssen alle Juden und Jüdinnen vom sechsten Lebensjahr an »auf der linken Seite auf der Kleidung ein handtellergroßes, aufgenähtes Abzeichen in gelber Farbe, das einen 6-zackigen Stern zeigt, tragen... Auf diesem Stern steht in schwarzer Schrift das Wort ›Jude‹«.

Die Polizeiverordnung schreibt weiter vor, daß Juden ihren Wohnsitz nur mit Genehmigung der zuständigen Polizeibehörden verlassen dürfen, auch wenn es sich nur um eine kurzfristige »Abwesenheit« handelt. In einer Meldung des Deutschen Nachrichten-Büros, die von deutschen Tageszeitungen übernommen wird, heißt es zur Begründung dieser Maßnahmen: »Der deutsche Soldat hat im Ostfeldzug den Juden in seiner ganzen Widerwärtigkeit und Grausamkeit kennengelernt... Dieses Erlebnis läßt den deutschen Soldaten und das deutsche Volk in seiner Gesamtheit fordern, daß den Juden in der Heimat die Möglichkeit genommen wird, sich zu tarnen und damit jene Bestimmungen zu durchbrechen, die dem deutschen Volksgenossen die Berührung mit dem Juden ersparen.« Der Sicherheitsdienst der SS berichtet über die Reaktion der Bevölkerung auf die Einführung des Judensterns: »Die Verordnung über die Kennzeichnung der Juden wurde vom überwiegenden Teil der Bevölkerung begrüßt und mit Genugtuung aufgenommen, zumal eine solche Kennzeichnung von vielen schon lange erwartet worden war. Nur in geringem Umfang... wurden einzelne Stimmen des Mitleids laut... Überall ist das erste Auftreten von gekennzeichneten Juden stark beachtet worden. Mit Erstaunen wird festgestellt, wie viele Juden es eigentlich in Deutschland gibt.«

Mit der Einführung der Kennzeichnungspflicht für die jüdische Bevölkerung und des Verbotes, den Wohnort zu verlassen, das im kommenden Monat durch das Auswanderungsverbot für Juden ergänzt wird, beginnen die konkreten Vorbereitungen zur systematischen Ermordung aller Juden im Einflußgebiet des Deutschen Reiches. Hier wie in den besetzten Gebieten werden die Juden in Listen erfaßt, in engen Wohnvierteln zusammengetrieben, von wo aus sie in den kommenden Monaten in die Ghettos in den besetzten osteuropäischen Gebieten deportiert werden. Die nationalsozialistische Führung, die am →31. Juli (S. 121) die Vernichtung der Juden beschlossen hat, läßt weitere Konzentrationslager einrichten und Tötungsmethoden auf ihre Tauglichkeit überprüfen (→3. 9./S. 150). So werden Versuche mit Genickschußanlagen und mit Zyklon B zur Vergasung angestellt.

Jüdische Frau, die sich mit dem gelben Stern kenntlich machen muß

Jüdische Familien vor ihrem Abtransport nach Osten, wo Ghettos und Lager zur Internierung und Ermordung errichtet wurden

Bei der Ankunft im Konzentrationslager Auschwitz werden die Deportierten von einem SS-Mann durchsucht

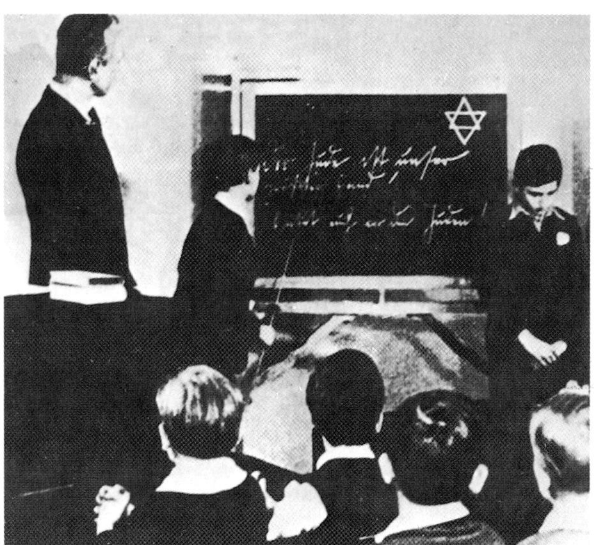

In deutschen Schulen werden die jüdischen Schüler während des Unterrichts vor ihren Klassenkameraden diffamiert

Gaststättenbesitzer weisen auf Plakaten darauf hin, daß Juden nicht bedient werden

Jüdische Familie in Berlin; die Verfolgung wird durch den Stern bis in die Privatsphäre getragen

In einem polnischen Ghetto tragen Juden den gelben Stern

Deutsche Soldaten erschießen jüdische Zivilisten in Polen

Als Revanche für den Tod eines deutschen Soldaten werden 100 Polen zu ihrer Hinrichtung durch die Stadt geführt

Jüdische Frauen und Männer, gleich welchen Alters, werden zu den anstrengendsten Straßenarbeiten herangezogen

»Auf Ausbrüche der aufgepeitschten Volksseele vorbereitet«

1. September. Durch die Einführung des Judensterns, den die im Deutschen Reich lebenden Juden tragen müssen, sind diese für jeden Menschen, dem sie begegnen, sofort als Juden zu identifizieren. Nach Berichten des Sicherheitsdienstes der SS wird die »Judenstern-Verordnung« in weiten Teilen der Bevölkerung zustimmend aufgenommen, doch machen einige Juden auch andere Erfahrungen.

Elisabeth Freund, die in Berlin Zwangsarbeit leistet, berichtet: »Seit der letzten Woche tragen wir den Judenstern. Die Wirkung auf die Bevölkerung ist anders als die Nazis erwarteten. Berlin hat noch vielleicht 80 000 Juden... Leute, von denen man nach dem Äußeren nicht angenommen hätte, daß sie Juden sind, tragen den Stern... Alle Maßnahmen gegen die Juden sind bisher im dunkeln vor sich gegangen. Jetzt kann niemand daran vorbeisehen... Ich höre es von anderen Leuten und erlebe es selbst, daß ich von wildfremden Menschen auf der Straße mit besonderer Höflichkeit gegrüßt werde und daß mir in der Bahn ostentativ Platz gemacht wird, obwohl Sternenträger nur sitzen dürfen, wenn kein Arier mehr steht. Aber es werden mir auch mal von Straßenjungen Schimpfworte nachgerufen. Und gelegentlich sollen Juden verprügelt worden sein.«

Auswanderung deutscher Juden

1933	37 000
1934	23 000
1935	21 000
1936	25 000
1937	23 000
1938	40 000
1939	78 000
1940	15 000
1941	8 000

(Schätzwerte; im Deutschen Reich lebten 1933 rund 500 000 Juden)

Der jüdische Geschichtswissenschaftler Jacob Jacobson beschreibt die Zeit nach der Einführung des Judensterns: »Ich muß gestehen, daß ich auf Ausbrüche der aufgepeitschten Volksseele, auf Spott und Verhöhnung gefaßt war, als ich zuerst als Sternträger meine Wohnung in Charlottenburg verließ; aber nichts davon geschah. Die erste, ebenfalls mit dem Stern gekennzeichnete Person, der ich begegnete, war eine mir völlig unbekannte Dame. Unwillkürlich zog ich tief den Hut vor ihr – und damit war für mich ... der Bann gebrochen. Das soll aber nicht heißen, daß ich nicht später durch den Judenstern zu unangenehmen Zusammenstößen kam. Am ersten Tage aber brachte er mir heimlich zugesteckte Zigaretten ein ...«

Schon vor der Einführung der Kennzeichnungspflicht für Juden hatte das nationalsozialistische Regime mit Deportationen von jüdischen Bürgern in die besetzten Ostgebiete begonnen. Die Jüdin Camilla Neumann schildert die Atmosphäre in Berlin im Herbst 1941: »Von da ab ist die Stimmung unter den Juden auf dem Nullpunkt angelangt. Schon wochenlang vorher war eine trostlose Atmosphäre, denn in den kleineren Städten hatte man die Juden bereits zusammengetrieben und... abgeschoben. Man war hier auf das Schlimmste gefaßt.«

Terror gegen die Juden begann 1933

Unmittelbar nach der Machtübernahme der NSDAP unter Adolf Hitler im Deutschen Reich am 30. Januar 1933 begann der Terror gegen die jüdische Bevölkerung. Boykotte von jüdischen Geschäften, Überfälle auf Juden und jüdische Einrichtungen sowie Diskriminierungen der Juden im öffentlichen Leben waren an der Tagesordnung.

Mit den Nürnberger Gesetzen vom 15. September 1935 wurde die Bevölkerung im Deutschen Reich in Juden und Nichtjuden aufgeteilt. Die nationalsozialistische Regierung traf Maßnahmen zur Ausschaltung der Juden aus dem wirtschaftlichen und gesellschaftlichen Leben wie die Einführung gekennzeichneter Pässe, die Pflicht, Vermögenswerte ab 5000 Reichsmark bei den Behörden anzumelden und die Streichung der Zulassungen jüdischer Ärzte und Rechtsanwälte.

In der »Reichskristallnacht« am 9./10. November 1938 fand der nationalsozialistische Terror gegen die Juden einen weiteren Höhepunkt. Synagogen und jüdische Einrichtungen wurden zerstört, Tausende von Juden verhaftet oder getötet. Das NS-Regime verwehrte kurz danach Juden den Zugang zu Universitäten und Schulen, zu Theatern, Kinos und Museen.

Zielte die nationalsozialistische Politik bis zur Entfesselung des Krieges u.a. aus außenpolitischen Gründen darauf, die im Deutschen Reich lebenden Juden durch Terror zur Auswanderung zu veranlassen, so nahm das Regime nach dem 1. September 1939 keine Rücksicht mehr auf die Weltöffentlichkeit. Noch im gleichen Jahr wurden Juden aus Wien und Böhmen nach Polen deportiert, wenig später die ersten jüdischen Ghettos wie das in Warschau errichtet. Im Sommer 1941 fällt die NS-Führung die Entscheidung zur physischen Vernichtung aller im deutschen Einflußgebiet lebenden Juden und ordnet die »Endlösung der Judenfrage« an (→ 31. 7./S. 121).

Vergasungen im KZ Auschwitz mit Zyklon B

3. September. In Arrestzellen im Keller von Block 11 des Konzentrationslagers Auschwitz finden die ersten »Probevergasungen« von Menschen mit Zyklon B statt, einer blausäurehaltigen Chemikalie, die bisher zur Ungezieferbekämpfung eingesetzt wurde. Nach den Probevergasungen wird im Krematorium des Lagers eine spezielle Gaskammer eingerichtet mit gasdichten Türen, Luken zum Gaseinwurf und einer Belüftungsanlage.

Der Kommandant des Konzentrationslagers Auschwitz, Rudolf Höß, war im Sommer des Jahres in Berlin vom Reichsführer SS und Chef der deutschen Polizei, Heinrich Himmler, unterrichtet worden, daß Führer und Reichskanzler Adolf Hitler die »Endlösung der Judenfrage« angeordnet hatte (→31. 7./S. 121). Höß erhielt aus Berlin den Befehl: »Alle... erreichbaren Juden sind jetzt während des Krieges ohne Ausnahme zu vernichten«.

Die SS testet seit einiger Zeit verschiedene Tötungsverfahren mit Gas, da Massenerschießungen »eine zu große Belastung für die SS-Männer sind, die dies durchführen müßten«. Bei den Massenmorden an sowjetischen Kriegsgefangenen und Juden hinter den Fronten in der UdSSR werden Gaswagen eingesetzt. Diese eigens hergestellten LKW verfügen über eine Vorrichtung, mit der die Auspuffgase in den gasdicht verschlossenen Laderaum geleitet werden, in dem die Gefangenen eingesperrt sind.

Da diese Methode für die erwartete große Zahl von Morden nicht geeignet ist, entscheidet sich die SS-Führung für die Vergasung mit Zyklon B, die »weniger aufwendig, sicherer und billiger« ist.

KZ-Kommandant Rudolf Höß 1946

Leichenverbrennungsöfen im Konzentrationslager Auschwitz-Birkenau, das 1941 – etwa 3 km vom Stammlager Auschwitz I entfernt – errichtet wurde

»Transport ging in den Leichenraum«

3. September. Der Kommandant des Konzentrationslagers Auschwitz, Rudolf Höß, berichtet über eine Probevergasung und eine kurze Zeit später erfolgende Vergasung von 900 sowjetischen Kriegsgefangenen mit Zyklon B, einer blausäurehaltigen Chemikalie:

»Die Vergasung wurde in den Arrestzellen des Blocks 11 durchgeführt. Ich selbst habe mir die Tötung, durch eine Gasmaske geschützt, angesehen. Der Tod erfolgte in den vollgepfropften Zellen sofort nach Einwurf. Nur ein kurzes, fast schon ersticktes Schreien, und schon war es vorüber...

Die Russen mußten sich im Vorraum entkleiden und gingen alle ganz ruhig in den Leichenraum, da ihnen gesagt wurde, sie würden da entlaust. Der ganze Transport ging gerade genau in den Leichenraum. Die Tür wurde zugeschlossen und das Gas durch die Öffnungen hineingeschüttet... Beim Einwerfen schrien einige ›Gas‹, darauf ging ein mächtiges Brüllen los und ein Drängen nach den beiden Türen... Nach mehreren Stunden erst wurde geöffnet und entlüftet.«

»50–100 Kommunisten für ein Soldatenleben«

16. September. Generalfeldmarschall Wilhelm Keitel, Chef des Oberkommandos der Wehrmacht (OKW), unterzeichnet einen Geheimbefehl, in dem brutale Vergeltungsmaßnahmen für jeden Aufstand in den besetzten Gebieten angeordnet werden.

In dem Befehl heißt es: »Seit Beginn des Feldzuges gegen Sowjetrußland sind in den von Deutschland besetzten Gebieten allenthalben kommunistische Aufstände ausgebrochen. Die Formen des Vorgehens steigern sich von propagandistischen Maßnahmen und Anschlägen gegen einzelne Wehrmachtsangehörige bis zu offenem Aufruhr und verbreitetem Bandenkrieg... Der Führer hat nunmehr angeordnet, daß überall mit den schärfsten Mitteln einzugreifen ist, um die Bewegung in kürzester Zeit niederzuschlagen... Hierbei ist nach folgenden Richtlinien zu verfahren:

a) Bei jedem Vorfall der Auflehnung gegen die deutsche Besatzungsmacht... muß auf kommunistische Ursprünge geschlossen werden.

b) Um die Umtriebe im Keim zu ersticken, sind beim ersten Anlaß unverzüglich die schärfsten Mittel anzuwenden... Dabei ist zu bedenken,

Wilhelm Keitel, Generalfeldmarschall der deutschen Wehrmacht

daß ein Menschenleben in den betroffenen Ländern vielfach nichts gilt und eine abschreckende Wirkung nur durch ungewöhnliche Härte erreicht werden kann. Als Sühne für ein deutsches Soldatenleben muß in diesen Fällen die Todesstrafe für 50–100 Kommunisten als angemessen gelten...«

Die nationalsozialistische Führung reagiert mit dieser Anordnung auf die sich ausdehnende Partisanentätigkeit in den besetzten sowjetischen Gebieten, die von der Zivilbevölkerung unterstützt wird (→3. 7./S. 114). Es werden Plakate ausgehängt, auf denen jedem, der Waffen und Munition versteckt oder Partisanen hilft, zur Abschreckung mit der Todesstrafe gedroht wird.

Massenerschießungen von Geiseln und brutaler Terror gegen die Bevölkerung bis hin zur Vernichtung ganzer Orte betrachtet die NS-Führung als uneingeschränkt anwendbare Mittel im Vernichtungskrieg gegen die Sowjetunion.

Schärfere Strafen für Straffällige

13. September. Die nationalsozialistische Regierung verschärft einige Rechtsvorschriften des Reichsstrafgesetzbuches. Sie ordnet die Todesstrafe für »Gewohnheits- und Sittlichkeitsverbrecher« an, verändert die Strafvorschriften für die Tatbestände Mord und Totschlag und verhängt drastische Strafen gegen den »Mißbrauch von Ausweispapieren«.

Am 22. September wird außerdem im Jugend-Strafvollzug die »unbestimmte Verurteilung« eingeführt. Jugendliche Straftäter können künftig solange in Haft gehalten werden, bis »die Persönlichkeit des Verurteilten so gefestigt erscheint, daß man erwarten kann, er werde sich künftig in die Volksgemeinschaft einordnen«. Die Höchstdauer der Strafe beläuft sich auf vier Jahre. Die NS-Regierung will durch diese Strafrechtsänderungen die im Deutschen Reich seit Kriegsbeginn steigende Zahl von Straftaten und kleineren Kriminaldelikten eindämmen.

Ed Murrow von CBS berichtet aus London über den Krieg

Prinzessinnen Elisabeth (r.) und Margaret im BBC-Haus

Das Radio ist eines der wichtigsten Informationsmittel

Regime fürchtet Auslandssender

17. September. Im Deutschen Reich werden erste Todesurteile wegen »Abhörens von Feindsendern« ausgesprochen. In Nürnberg verurteilt das Landgericht einen Mann zum Tod, der seiner Frau den Inhalt einer ausländischen Radiosendung erzählt hatte. Die Nationalsozialisten reagieren damit auf die hohe Zahl von sog. Rundfunkverbrechen, die trotz drakonischer Strafen nicht zurückgegangen ist.

Seit dem 1. September 1939, dem Beginn des Zweiten Weltkriegs, wird im Deutschen Reich das Abhören ausländischer Rundfunksender mit Zuchthaus, Gefängnis und Einziehung der Radiogeräte bestraft. Trotz des Verbotes und massiver Propaganda wie Merkzetteln, die am Sendersuchknopf des Radios angebracht wurden, hören viele Menschen weiterhin ausländische Sender. Insbesondere Soldaten an den Kriegsfronten hören häufig die Rundfunkprogramme feindlicher Staaten, in denen z. T. massive Propaganda gegen die Nationalsozialisten gemacht wird.

Neue Sparmaßnahme: Pellkartoffeln statt Schälkartoffeln

17. September. Ein Bericht des Reichsernährungsministeriums zur Kartoffelversorgung im Winter 1941/42 kommt zu dem Ergebnis, daß die »Winter-Kartoffelversorgung gesichert« ist. Trotzdem wird zum sparsamen Umgang mit Kartoffeln aufgefordert.

Im Herbst eingelagerte Kartoffeln dürfen nur in geeigneten Räumen aufbewahrt werden und sind ständig auf Fäulnis zu kontrollieren. Zur weiteren Einsparung wird den Verbrauchern nahegelegt, Kartoffeln nur als Pellkartoffeln zu verzehren: »In allen deutschen Haushalten sollten grundsätzlich nur noch Pellkartoffeln auf den Tisch kommen… Vor allem muß in den Gaststätten und Werksküchen die Kartoffelschälmaschine stillgelegt werden. Schon beim Schälen der ungekochten Kartoffel von Hand kann man mit einem Schälverlust von rund 15 v. H. rechnen. Beim Kartoffelschälen mit der Schälmaschine ist aber ein Schälverlust von ungefähr 30 v. H. zu verzeichnen.«

Trotz Sparmaßnahmen stehen im kommenden Winter viel zu wenig Kartoffeln für die deutsche Bevölkerung zur Verfügung.

Wie in diesem Duisburger Stadtteil, gehört die öffentliche Speisung mit Eintopfessen aus der Gulaschkanone zu den vertrauten Straßenbildern

Ein großer Teil der Kartoffelernte wird direkt mit der Reichsbahn zur lebensmittelverarbeitenden Industrie gebracht

KARTOFFEL-SUPPEN

1. Kartoffelsuppe.

Sechs große Kartoffeln werden gewaschen, geschält, in Scheiben geschnitten und ins Wasser gelegt. Ebenso wird eine kleine gelbe Rübe geschabt, in Scheiben geschnitten, dazu etwas Sellerie, mit Wasser zugesetzt, etwas gesalzen und weich gekocht. Währenddessen gibt man in einen Tiegel Fett oder Schmalz, läßt dieses heiß werden, gibt einen fein geschnittenen Zwiebel und zwei oder drei Kochlöffel voll Mehl dazu, läßt es schön gelb werden, verrührt es mit den gekochten Kartoffeln und passiert es durch, läßt es nochmals aufkochen, gibt etwas Maggi-Suppen-Würze dazu und richtet die Suppe über würfelig geschnittene Semmeln an.

169 Kartoffelrezepte sind im »Neuen Kartoffel-Kochbuch« von Marie Buchmeier notiert

Küchenarbeit auf engstem Raum: Eine U-Boot-Besatzung beim Karoffelschälen

Kohleförderung gesunken

18. September. Von den Steinkohlenzechen im rheinisch-westfälischen Industriebezirk wird ein Rückgang der Arbeitsleistung der Beschäftigten und der Kohleförderung gemeldet.
Die Arbeitsleistung pro Mann und Schicht liegt in diesem Jahr mit 1959 kg erheblich unter der des Vorjahres (2013 kg). Auf der Schachtanlage Brassert in Marl-Hüls ist die Förderung seit Jahresbeginn um rund 18% zurückgegangen; auf den Schachtanlagen der Ewald-König-Ludwig AG in Herten sinkt die Förderung im gleichen Zeitraum um über 10%.
Der Rückgang der Arbeitsleistung auf den Zechen im Ruhrgebiet ist auf die Weigerung vor allem der ausländischen Beschäftigten zurückzuführen, zusätzliche Schichten zu verfahren. Auch unter den deutschen Bergleuten macht sich Unzufriedenheit über die ständig wachsenden Anforderungen der nationalsozialistischen Regierung breit, die von ihnen Überstunden, Zusatzschichten und Sonntagsarbeit verlangt.
Die Bergarbeiter, die zudem unter den häufigen britischen Luftangriffen auf das Ruhrgebiet leiden, arbeiten langsamer und melden sich häufiger krank als früher. Auf der Schachtanlage Recklinghausen II, die 2000 Menschen beschäftigt, liegen über 400 Krankmeldungen vor, auf anderen Zechen verschärft sich die Lage noch bis zum Jahresende.

Ausbreitung der Arbeiterproteste

15. September. In Mannheim verweigern 100 italienische Arbeiter wegen der schlechten Verpflegung die Arbeitsaufnahme bei der Firma Lanz AG. In Mönchengladbach erscheinen mehrere hundert Niederländer aus ähnlichen Gründen nicht zur Arbeit. Ausländische Arbeiter, die von deutschen Firmen wegen des im Deutschen Reich herrschenden Arbeitskräftemangels angeworben wurden, lehnen sich in zunehmendem Maße gegen ihre schlechte Behandlung auf. Ihre Proteste und Streiks wirken sich auf die Arbeitsmoral der deutschen Beschäftigten »abträglich« aus.

Aktienverkäufe der NS-Regierung

24. September. Die deutsche Reichsregierung verkauft ihre Mehrheitsaktienpakete an den beiden Schifffahrtsunternehmen Norddeutscher Lloyd und Hapag. Die Aktien, die seit dem Jahr 1935 in Regierungsbesitz waren, werden offiziellen Angaben zufolge »in großen Paketen in hanseatischen Wirtschaftskreisen« verkauft.
Industrie und Großfinanz bekommen durch den Aktienverkauf ein geeignetes Anlageobjekt für ihre Überschüsse aus der Kriegsproduktion. Die Reichsregierung erhält zusätzliche Mittel, die sie für die Kriegführung dringend benötigt.

Unternehmen, die Stahl produzieren, sind wichtige Pfeiler der Rüstungsgüterherstellung; daher werden sie vom NS-Regime bevorzugt behandelt

Bau der »Vogelfluglinie«

15. September. In Anwesenheit von Reichsverkehrsminister Julius Dorpmüller und dem Generalinspektor für das deutsche Straßenwesen, Fritz Todt, wird auf der Ostseeinsel Fehmarn der erste Spatenstich für die »Vogelfluglinie« nach Dänemark vollzogen.
Diese kombinierte Eisen- und Autobahnverbindung zwischen dem Deutschen Reich und Dänemark soll u.a. die Bahnreise zwischen Hamburg und der dänischen Hauptstadt Kopenhagen von acht auf vier Stunden verkürzen.
Gleichzeitig mit dem Spatenstich auf deutscher Seite beginnen die Dänen die Bauarbeiten auf der Insel Lolland. Die geplante Verkehrsverbindung besteht im wesentlichen aus einer Hochbrücke von rund 970 m Länge über den Fehmarn-Sund, einer Eisenbahn- und Straßenverbindung über die Insel Fehmarn und einer Fährlinie über den Fehmarn-Belt nach Lolland. Von dort aus führt die Linie, die der Route der Zugvögel folgt, über mehrere Brükken und Inseln bis Kopenhagen.
Generalinspektor Fritz Todt bezeichnet die »Vogelfluglinie«, eine wichtige Verbindung zwischen Nord- und Mitteleuropa, als »ein Symbol der Neuordnung der europäischen Beziehungen«. Das Bauvorhaben soll bis zum Jahr 1945 fertiggestellt werden, wird aber wegen des Krieges erst 1963 vollendet.

Wirtschaftliche Zusammenarbeit zwischen Italien und Deutschland wird auf einer Wirtschaftskonferenz der beiden Staaten in Rom demonstriert

Wirtschaft 1941:

Sparer finanzieren zunehmende Rüstungsgüterproduktion

Der wachsende Rüstungs- und Munitionsbedarf der deutschen Wehrmacht prägt das Wirtschaftsleben im Deutschen Reich.
Während die Produktion von Waffen und militärischem Gerät seit 1939 um 76% gestiegen ist, sinken im gleichen Zeitraum die Konsumgüterherstellung um 5% und die Bautätigkeit um 64%. Insgesamt wendet die nationalsozialistische Regierung über 70 Milliarden Reichsmark (RM) für die Beschaffung von Flugzeugen, Panzern, Geschützen, Waffen und Munition auf, 20 Milliarden RM mehr als im Vorjahr. Das Volkseinkommen ist im gleichen Zeitraum nur um 8 Milliarden RM auf insgesamt 122 Milliarden RM angestiegen.
Da die Nationalsozialisten durch verschiedene Maßnahmen die deutsche Wirtschaft seit ihrer Machtübernahme 1933 auf den Krieg vorbereitet hatten, sind die Veränderungen im Wirtschaftsleben nicht so gravierend wie in anderen am Krieg beteiligten Staaten. Das Deutsche Reich muß seine Rüstungsproduktion seit 1939 etwa verdoppeln, Großbritannien dagegen mehr als versechsfachen und die USA fast verachtfachen.

Deutsche Rüstungsproduktion

Gewehrmunition	917 000 000
Handgranaten	24 560 000
Karabiner, Gewehre, Maschinenpistolen	1 600 000
Maschinengewehre	85 500
Leichte Infanteriegeschütze	1 120
Leichte Feldhaubitzen	1 160
Schwere Feldhaubitzen	520
Lastkraftwagen	62 400
Panzer	3 250
Flugzeuge	12 300

(geschätzte Stückzahlen, 1941)

Die gut vorbereitete deutsche Wehrmacht konnte in den ersten Kriegsmonaten auf ausreichende Vorräte zurückgreifen, zumal bei den schnellen Siegen gegen Polen 1939 und Frankreich 1940 nicht so viel Material verbraucht wurde wie geplant. Durch die Abnutzung von Waffen und Kampfgerät im Luftkrieg gegen Großbritannien und im Krieg gegen die Sowjetunion (→ 22. 6./S. 98), die beide nicht die erwünschten schnellen Erfolge bringen, treten erste Lücken in der Bereitstellung von Rüstungsgütern auf. Auch die Verluste der Marine, wie die Versenkung der »Bismarck« (→ 27. 5./S. 86), erzwingen die Mobilisierung weiterer Wirtschaftskapazitäten für die Rüstung. Arbeitskräfte, Anlagen und Rohstoffe werden aus der zivilen Güterproduktion abgezogen.
Die Nationalsozialisten, die eine wirtschaftliche Autarkie anstreben, sind in zunehmendem Maße auf Rohstoff- und Nahrungsmittellieferungen aus dem Ausland angewiesen. In den besetzten Gebieten Polens, Frankreichs und der Sowjetunion eignen sie sich alles an, was für die deutsche Wirtschaft nützlich ist. Gleichzeitig verfolgen sie das Ziel einer wirtschaftlichen Neuordnung Kontinentaleuropas unter ihrer Führung. Umfangreiche Handelsverträge mit Verbündeten und Nachbarländern sollen diese an das Deutsche Reich binden und dessen Versorgung mit allen wichtigen Gütern sicherstellen. Noch zu Jahresbeginn schließt das NS-Regime einen Handelsvertrag mit der sowjetischen Führung, der Lieferungen von über 9000 t Buntmetallen bis August vorsieht, von denen der größte Teil bis zum deutschen Angriff geliefert wird. Spanien kann seine Einfuhren ins Deutsche Reich von 1940 bis 1941 von 20,4 Millionen auf 146,3 Millionen RM steigern, und Ungarns Lieferungen sind seit dem Beginn des Krieges um über 9% gestiegen.
Die finanziellen Mittel für die Produktionssteigerung beschafft sich die NS-Regierung durch sog. geräuschlose Verschuldungen. Kreditinstitute werden veranlaßt, ihre Einlagen in Schuldverschreibungen für das Deutsche Reich anzulegen; andere Anlagemöglichkeiten wie Aktien, Pfandbriefe und Darlehen werden gleichzeitig eingeschränkt. Auf diesem Weg finanzieren die deutschen Sparer die Rüstungsausgaben, ohne davon etwas zu wissen. Die Staatsschulden sind seit 1939 von 41,1 Milliarden auf 124,87 Milliarden RM angewachsen, allein im vergangenen Jahr um 49,03%.
Die Kriegsgegner des Deutschen Reiches bilden einen Wirtschaftsblock unter Führung der USA. Obwohl dort der Ausbau der Rüstungsproduktion erst beginnt, verfügen die Vereinigten Staaten über genügend Mittel, um Großbritannien und seit Juni auch die UdSSR mit Waffen und Munition zu versorgen. Nach der Wirtschaftskrise in den 30er Jahren leitet die Rüstungsgüterherstellung für die USA einen Aufschwung ein. Das amerikanische Bruttosozialprodukt wächst im Vergleich zum Vorjahr um rund 25 Milliarden auf 124,5 Milliarden US-Dollar.

Die Produktion von Flugzeugen für die deutsche Luftwaffe – hier eine Serie von Sturzkampfbombern vom Typ »JU 87« – läuft im Jahr 1941 auf Hochtouren

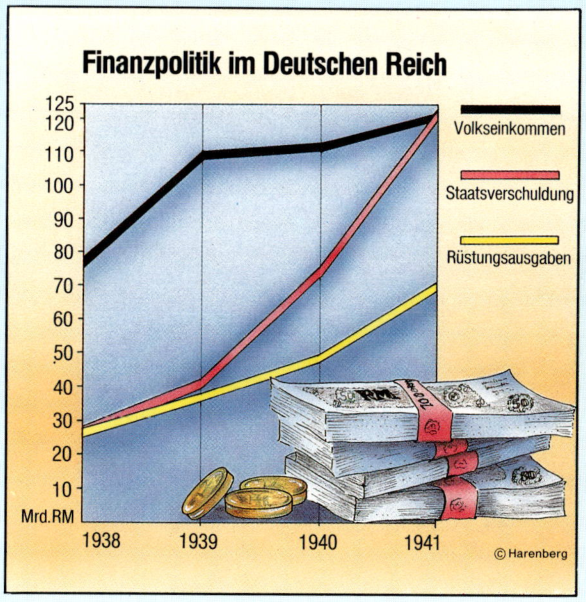

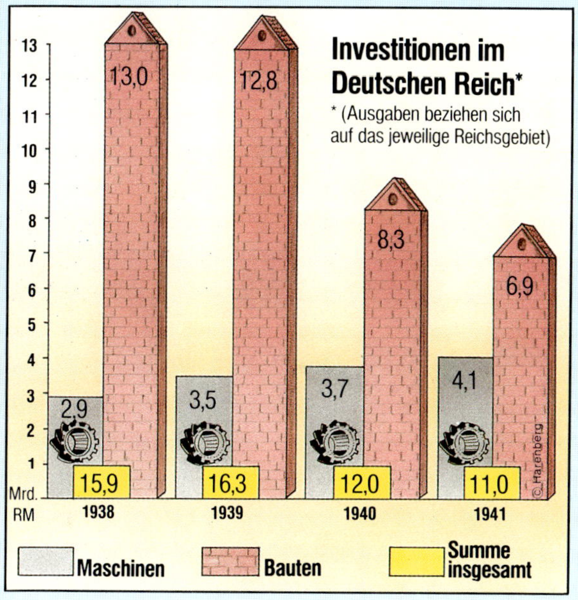

Zwei sowjetische Flugzeuge umkreisen sichernd das Leningrader Hafengebiet zwischen dem hellen Turm der Admiralität (l.) und der Isaak-Kathedrale (r.)

Leningrad von deutschen Truppen völlig eingeschlossen

8. September. Einheiten der Heeresgruppe Nord der deutschen Wehrmacht an der sowjetischen Front nehmen die Stadt Schlüsselburg (Petrokrepost) am Ladogasee ein. Das benachbarte Leningrad ist dadurch eingeschlossen, die Landverbindung nach Südosten ist unterbrochen. Eine Versorgung der Bevölkerung während der folgenden, 900 Tage dauernden deutschen Belagerung ist nur noch auf dem See- und dem Luftweg möglich.

Da bei einem deutschen Vordringen in die Stadt große Verluste durch Straßenkämpfe, Tretminen und Heckenschützen befürchtet werden, ordnet Führer und Reichskanzler Adolf Hitler die enge Einschließung Leningrads und nicht seine Eroberung an. Bevölkerung und Verteidiger sollen durch Luftangriffe und Artilleriebeschuß mürbe gemacht werden.

Die Verteidigung der zweitgrößten Stadt der Sowjetunion war seit Juli vorbereitet worden, da schon früher mit einem deutschen Angriff gerechnet worden war. Unter Beteiligung von rund 500 000 Leningradern waren rund um die Stadt Verteidigungslinien errichtet worden. In Leningrad selbst wird eine Volkswehr aus Zivilisten organisiert, die einen großen Teil der Verteidigungsaufgaben übernimmt.

Der Blick auf die Innenstadt Leningrads vermittelt einen Eindruck von der Architektur der ehemaligen russischen Hauptstadt

Bombentreffer eines deutschen Flugzeugs auf ein sowjetisches Fort zur Verteidigung Leningrads

Marschall Kliment J. Woroschilow, der Chef der Leningrader Front

Hilflosigkeit und große Angst herrschen im belagerten Leningrad

Die Schriftstellerin Wera Inber, die freiwillig in einem Leningrader Krankenhaus arbeitet, schildert in ihrem Tagebuch die Zeit der Belagerung der Stadt durch die Wehrmacht:

»9. September. Gestern erster Angriff auf Leningrad... Die Deutschen haben Bomben geworfen und große Lebensmittellager in Brand gesetzt.

19. September. Die Nacht war ruhig, von einer beängstigenden Stille. Es war, als atmete die Stadt nicht mehr... Und am Morgen ging es los. Gegen 6 Uhr heulten die Sirenen... Die Flak [Flugabwehrkanone] eröffnete ein schreckliches Feuer. Das ganze Haus zitterte. Dann folgte eine Explosion: Eine Bombe hatte – nicht weit von unserer Straße – ein sechsstöckiges Haus getroffen.

23. September. Die Deutschen wenden eine neue Taktik an. Zuerst werfen sie nur Sprengbomben, und erst, wenn die Gebäude aufgerissen sind, lassen sie Brandbomben fallen. Im Militärhospital sind auf diese Weise viele Verwundete umgekommen.

26. September. Während der Alarme sind die Verletzten ruhig, aber niedergeschlagen. Das Gefühl ihrer Hilflosigkeit bedrückt sie offensichtlich – die meisten sind unfähig, auch nur einen Schritt zu machen.«

Luftaufnahme Leningrads, auf der deutlich die Mündungsarme der Newa mit der Kronstädter Bucht zu sehen sind

Leningrad – 200 Jahre russische Hauptstadt

Das von deutschen Truppen eingeschlossene Leningrad ist nach Moskau die zweitgrößte Stadt der Sowjetunion. Sie liegt an der Mündung der Newa am Finnischen Meerbusen und gehört zu den wichtigsten Verkehrs- und Wirtschaftszentren des Landes.
Der russische Zar Peter I., der Große, ließ 1703 auf der Haseninsel vor der Newamündung eine Festung bauen. Sie diente der Sicherung von Gebieten, die er zuvor von den Schweden erobert hatte. In unmittelbarer Nähe der Festung, die den Namen St. Petersburg erhielt, wurde der Hafen Kronstadt angelegt. 40 000 bis 50 000 Arbeiter bauten in den folgenden Jahren die Stadt auf dem sumpfigen Gelände aus, und 1712 verlegte Zar Peter I. die Hauptstadt seines Reiches von Moskau nach St. Petersburg.
Die Stadt entwickelte sich während des 18. und 19. Jahrhunderts zum kulturellen, politischen und wirtschaftlichen Zentrum des Zarenreiches. Handels- und Schiffbauunternehmen siedelten sich hier an. Vor den Toren der Stadt ließen sich Textilunternehmen, Eisengießereien und andere Industriebetriebe nieder.
In der 1914 in Petrograd umbenannten Stadt kam es in den ersten Jahren des 20. Jahrhunderts zu Aufständen der Arbeiter, die sich gegen ihre schlechte soziale Situation auflehnten. Während der Oktoberrevolution 1917 war die Stadt ein Zentrum der Revolutionäre, die 1919 die Hauptstadt nach Moskau verlegten und Petrograd 1924 in Leningrad umbenannten.
Das Bild der über 500 km² großen Stadt, die zu einem Zehntel von Wasserflächen bedeckt ist, prägen große Plätze, Parks und historische Bauwerke wie die Peter- und Pauls-Festung mit der Kathedrale, die Eremitage, das Alexander-Newski-Kloster und die sog. Admiralität. Während der deutschen Belagerung werden viele der historischen Gebäude Leningrads beschädigt oder zerstört.

Wehrmacht in der Ukraine siegreich

19. September. Die 6. deutsche Armee unter Generalfeldmarschall Walter von Reichenau erobert Kiew, die Hauptstadt der Ukrainischen Sowjetrepublik. Östlich der Stadt tobt eine Kesselschlacht, bei der bis zum 26. September die 5., 21., 26., 37. und Teile der 38. sowjetischen Armee von der 2., 6. und 17. Armee der deutschen Wehrmacht vernichtend geschlagen werden.
665 000 sowjetische Soldaten geraten nach der gelungenen Umfassungsschlacht gegen die sowjetische »Südwestfront« in deutsche Gefangenschaft. Die deutschen Truppen erbeuten 3718 Geschütze und 884 Panzer. Beflügelt vom Erfolg erhalten die Truppen den Befehl zum Angriff auf die Hauptstadt Moskau, den Führer und Reichskanzler Adolf Hitler im August zunächst gestoppt hatte.
Deutsche Zeitungen berichten in großer Aufmachung von den Erfolgen der Wehrmachtseinheiten in der Ukraine unter Schlagzeilen wie »Millionenheer bei Kiew untergegangen« und »Reichskriegsflagge weht über Kiew«.
Den erschöpften deutschen Soldaten werden von Vorgesetzten Versprechungen über ein baldiges Kriegsende gemacht. Unteroffizier Robert Rupp schreibt am 20. September in sein Tagebuch: »Einen Monat höchstens noch, nach der neuen Verheißung, sind wir in Rußland. Der Chef sagt, er wisse von oben her, daß bis zum 20. Oktober die Aufgaben... erfüllt sein müssen... Ich habe immer mit September gerechnet.«

Blick von der Zitadelle in Kiew, der eroberten Hauptstadt der Ukraine

Stalinorgeln wie diese bestehen aus Mehrfachraketenwerfern, die auf Lastwagen montiert sind

Erfolgreicher Einsatz von »Stalinorgeln«

21. September. *Bei der Verteidigung des von deutschen Truppen eingeschlossenen Leningrad (→ 8. 9./S. 154) setzt die Rote Armee erstmals die Geschoßwerfer »Katjuscha«, sog. Stalinorgeln ein. Die einfach konstruierten Raketenwerfer feuern bis zu 48 Geschosse mit Reichweiten von bis zu 8 km gleichzeitig ab. Die Salvengeschütze sind mit schwenkbaren Leitschienen auf LKW montiert. Trotz geringer Treffsicherheit werden die Stalinorgeln allein wegen der schnellen Schußfolge und Flächenabdeckung erfolgreich gegen die deutschen Truppen eingesetzt und von diesen gefürchtet.*

Sowjetische Panzereinheiten mit T-34 rücken in die von deutscher Wehrmacht besetzten Gebiete vor

T-34 – »Granaten prallen glatt an ihnen ab«

September. *Deutsche Soldaten sehen sich in der Sowjetunion erstmals mit dem Panzer T-34 der Roten Armee konfrontiert. Er ist deutschen Panzern an Feuerkraft und Panzerung weit überlegen. Ein Soldat berichtet: »Unsere 3,7-cm-Pak, 10,5-cm-Feldhaubitzen sind zum direkten Beschuß… aufgefahren. Aber gegen die stark gepanzerten T-34 können sie nichts ausrichten. Die Granaten prallen glatt an ihnen ab.« Im Schlamm und Schnee der folgenden Monate ist der T-34 mit seinen breiten Ketten beweglicher als die deutschen Panzer und bringt der Roten Armee wichtige Vorteile.*

Interalliierte Konferenz mit Sowjetunion

24. September. Im Londoner St. James-Palast findet die zweite Interalliierte Konferenz statt, nachdem bei einem ersten Treffen im Juni eine Fortführung des Krieges gegen das Deutsche Reich bis zum Sieg beschlossen wurde. Neben Mitgliedern der britischen Regierung sind die Exilregierungen Belgiens, Griechenlands, Polens, der Tschechoslowakei, Norwegens, Jugoslawiens, Luxemburgs, der Niederlande und der freifranzösischen Bewegung vertreten. Erstmals nimmt auch ein Vertreter der sowjetischen Regierung an dem Treffen teil.

Die Konferenz, die eine enge Zusammenarbeit der teilnehmenden Regierungen im Krieg fördern soll, verabschiedet einmütig die Unterstützung der Atlantikcharta (→ 14. 8./S. 132), die wesentliche Friedensziele der britischen und der US-amerikanischen Regierung enthält. In einer weiteren Entschließung werden Vereinbarungen getroffen für die Versorgung der europäischen Länder mit Rohstoffen und Nahrungsmitteln nach der Befreiung von der nationalsozialistischen Herrschaft.

Der US-amerikanische Politiker William A. Harriman (2. v. r.), der als Vorsitzender der US-Mission in Moskau tätig ist, um die von Franklin D. Roosevelt vorbereiteten militärischen Hilfeleistungen der Vereinigten Staaten zu koordinieren, hier mit Vertretern der US-amerikanischen und britischen Delegationen in London

Sowjets erhalten Waffen aus USA

29. September. In Moskau beginnen dreitägige Gespräche zwischen britischen, sowjetischen und US-amerikanischen Regierungsvertretern über Hilfslieferungen für die Sowjetunion. In einem vetraulichen Protokoll, das am 1. Oktober unterzeichnet wird, verpflichten sich die USA und Großbritannien, bis Ende Juni Material im Wert von über 1 Milliarde US-Dollar an die UdSSR zu liefern, darunter 1800 Flugzeuge, 2250 Panzer, rund 1200 Panzerabwehrgeschütze, 5000 Jeeps, 85 000 LKW, Panzerplatten, Chemikalien und Ausrüstungsgegenstände.

Schon am 2. September hatten in Moskau Beratungen zwischen dem sowjetischen Staatschef Josef W. Stalin, US-Sonderbotschafter Harry Lloyd Hopkins und Lord William Aitken Beaverbrock stattgefunden, bei denen über die strategische Situation an den sowjetischen Fronten und Hilfslieferungen für die UdSSR beraten wurde. Die deutsche Regierung erklärt zu den Konferenzen, daß ihre Ergebnisse bedeutungslos seien, da für die Sowjetunion jede Hilfe zu spät komme.

Britische Truppen besetzen Spitzbergen

9. September. Britische und kanadische Streitkräfte landen gemeinsam mit norwegischen Exiltruppen auf der norwegischen Insel Spitzbergen im Nordpolarmeer. Offiziellen Angaben zufolge besteht der Zweck der Operation darin zu verhindern, daß Spitzbergen mit seinen reichhaltigen Kohlevorkommen, die z. T. von der Sowjetunion ausgebeutet werden, von deutschen Wehrmachtsverbänden besetzt wird.

Durch handstreichartige Angriffe auf Küsten und Inseln der von deutschen Truppen besetzten Länder versucht die britische Armeeführung, das deutsche Oberkommando zu zwingen, stärkere Verbände in diesen Regionen zu stationieren; so hatten im Frühjahr britische Marineeinheiten einen Angriff auf die norwegischen Lofotinseln unternommen. Gleichzeitig dienen diese »Raids« Propagandazwecken, da sie der britischen Bevölkerung als große Erfolge ihrer Truppen vermittelt werden.

Die Landung auf der nicht von Deutschen besetzten Insel Spitzbergen schildert ein Soldat der beteiligten kanadischen Verbände: »Die Schiffe trafen etwa um sechs Uhr morgens vor Spitzbergen ein, wo sie getrennt in die … Fjorde einfahren. Die Truppen gingen sofort an Land. Die norwegische Bevölkerung war den Truppen beim Ausladen des Kriegsmaterials behilflich.«

Norwegische, kanadische und britische Soldaten an der Küste Spitzbergens

Norwegische Zivilbevölkerung kurz vor ihrer Abfahrt nach Großbritannien

Schießbefehl für US-Kriegsmarine

11. September. US-Präsident Franklin D. Roosevelt erteilt der US-Marine den »Shoot-on-Sight«-Befehl; danach soll ab sofort das Feuer auf deutsche und italienische U-Boote und Schiffe ohne Warnung eröffnet werden, wenn sie sich in Seegebieten aufhalten, die zur Sicherheitszone der USA gehören.

In einer Rundfunkansprache erläutert Roosevelt seine Anweisung: »In den Gewässern, die wir für unsere Verteidigung erforderlich betrachten, werden amerikanische Kriegsschiffe und Flugzeuge nicht länger warten, bis Unterseeboote oder Handelsstörer der Achsenmächte ihren tödlichen Streich zuerst geführt haben.« Gleichzeitig kündigt Roosevelt den Schutz aller Handelsschiffe durch die US-Marine in den betreffenden Seegebieten an.

Roosevelt reagiert mit diesem Befehl auf den ersten Zusammenstoß US-amerikanischer und deutscher Seestreitkräfte im Atlantik am 4. September. Das deutsche U-Boot »U 652« hatte den US-Zerstörer »Greer« angegriffen, nachdem es seinerseits von einem britischen Flugzeug mit Wasserbomben attakkiert worden war. Da der U-Boot-Kommandant die »Greer« für den Angreifer hielt, ließ er Torpedos auf sie abfeuern. Nach seinen Angaben war die Nationalität der »Greer« vor dem Angriff nicht feststellbar.

Schlag gegen die Gewerkschaften

10. September. Die deutschen Besatzungsbehörden verhängen über die norwegische Hauptstadt Oslo den zivilen Ausnahmezustand, nachdem es in mehreren Betrieben zu Streiks gekommen ist. Gleichzeitig wird die Standgerichtsbarkeit eingeführt, die alle Übertretungen des Ausnahmezustandes mit dem Tod oder lebenslanger Haft bestraft (→ 1. 8./S. 137).

Die Maßnahmen der deutschen Behörden richten sich vor allem gegen die norwegischen Gewerkschaften. Während des sechstägigen Ausnahmezustandes werden führende Gewerkschaftsvertreter hingerichtet. Die bestehenden norwegischen Arbeiterorganisationen werden mit sofortiger Wirkung der faschistischen Nasjonal Samling von Vidkun Abraham Lauritz Quisling unterstellt.

Britische Panzer für die Rote Armee

22. September. In Großbritannien beginnt die »Russische Tankwoche«; alle in dieser Woche in britischen Rüstungsbetrieben hergestellten Panzer werden unverzüglich an die sowjetische Front geliefert.

Die britische Regierung, auf deren Initiative die Tankwoche veranstaltet wird, bezeichnet die Aktion als »Bekenntnis der britischen Arbeiterschaft für einen verstärkten Einsatz zugunsten der Sowjetunion«.

Die Werbung für die Tankwoche geht einher mit intensiver Propaganda für die Unterstützung der UdSSR im Krieg gegen das Deutsche Reich. Bis zum deutschen Überfall (→ 22. 6./S. 98) hatte die britische Regierung die Sowjetunion als feindliche Macht angesehen und häufig vehement angegriffen.

Keine Wahlen in Indien und Birma

12. September. Das britische Unterhaus verabschiedet nach Meldungen der US-amerikanischen Nachrichtenagentur Associated Press ein Gesetz, das freie Wahlen für Indien und Birma erst nach der Beendigung des Krieges zuläßt. Ursprünglichen Vereinbarungen zufolge waren in beiden Ländern Wahlen für das Jahr 1942 vorgesehen.

In Indien und Birma, wo sich starke politische Gruppen für die Unabhängigkeit ihrer Länder von Großbritannien engagieren, ruft das Gesetz große Enttäuschung hervor. Gegen das Versprechen der britischen Regierung, beiden Staaten die Unabhängigkeit zu gewähren, hatten diese Großbritannien mit Truppen und Rohstofflieferungen unterstützt (→ 4. 12./S. 202).

Syrien zum freien Staat proklamiert

27. September. Der Oberkommandierende der freien französischen Streitkräfte von General Charles de Gaulle im Nahen Osten, General Georges Catroux, proklamiert die Unabhängigkeit Syriens. Das Land steht seit dem erfolgreichen Nahost-Feldzug der britischen und freifranzösischen Truppen (→ 14. 7./S. 120) nicht mehr unter französischer Oberhoheit.

Die Regierung des von deutschen Truppen nicht besetzten Teils Frankreichs in Vichy erkennt die Souveränität Syriens nicht an. Die freifranzösische Bewegung will sich durch die Unabhängigkeitserklärung die Unterstützung des arabischen Landes im Kampf gegen die Vichy-Regierung und das Deutsche Reich sichern.

Vergeltungswaffe V 2 soll in Serie gehen

15. September. Die Entwicklung von ferngelenkten Raketenwaffen auf dem Versuchsgelände des Heeres in Peenemünde erhält die Sonderdringlichkeitsstufe. Die seit 1936 in der Forschungsanstalt an der Ostseeküste laufenden Versuche mit Raketen waren 1940 gebremst worden, nachdem Führer und Reichskanzler Adolf Hitler die Mittel für die Raketenforschung der Luftwaffe zukommen ließ.

In Peenemünde arbeiten Techniker und Ingenieure unter Leitung von Walter Dornberger und Wernher Freiherr von Braun an der Entwicklung von Raketen, die insbesondere bei der Beschießung von Zielen in Großbritannien zum Einsatz kommen sollen.

1938 war hier ein Prototyp der Rakete A 4 konstruiert worden, die von der deutschen Propaganda als Vergeltungswaffe V 2 bezeichnet wird. Sie verfügt über einen eigenen Antrieb und eine Selbststeuerung bei Reichweiten von bis zu 18 km. Zur Serienproduktion der A 4 bedarf es noch einiger Forschungs- und Entwicklungsarbeiten, die den Nationalsozialisten angesichts des Krieges bislang zu langwierig und zu kostspielig waren.

Probestart einer Rakete vom Typ A 5, einem Vorläufermodell der A 4

Ungarns Lösung von NS-Führung

8. September. Der ungarische Reichsverweser Miklós Horthy trifft zu dreitägigen Gesprächen mit dem deutschen Führer und Reichskanzler Adolf Hitler in dessen Hauptquartier »Wolfsschanze« ein. Zum Abschluß des Besuches zeichnet Hitler Horthy mit dem Ritterkreuz des Eisernen Kreuzes für die Tapferkeit der ungarischen Truppen aus, die auf deutscher Seite gegen die Rote Armee kämpfen.

Der ungarische Marineoffizier Miklós Horthy (* 18. 6. 1868 in Kenderes) wurde 1920 zum Reichsverweser mit beschränkten Rechten gewählt; zuvor war er Oberbefehlshaber der ungarischen Armee

Horthy bittet Hitler bei den Besprechungen zur Lage an der Ostfront um die Heimbeförderung des ungarischen Schnellen Korps, das im Oktober von der Front abgezogen wird. Dies ist das erste Anzeichen eines ungarischen Abrückens von der deutschen Führung.

Heydrich wird Reichsprotektor von Böhmen und Mähren

27. September. Adolf Hitler entläßt den Reichsprotektor für Böhmen und Mähren, Konstantin Freiherr von Neurath, aus seinem Amt. Der SS-Obergruppenführer Reinhard Heydrich wird mit der Führung der Geschäfte im Reichsprotektorat beauftragt. In der Öffentlichkeit wird als Grund für den Wechsel angegeben, daß von Neurath zur Wiederherstellung seiner angegriffenen Gesundheit um einen längeren Erholungsurlaub gebeten habe.

Reinh. Heydrich

Karl H. Frank

In der nationalsozialistischen Führung hatte sich Unzufriedenheit über die Amtsführung von Neuraths breit gemacht, nachdem es in den ehemals tschechischen Gebieten wiederholt zu Ausschreitungen und Protestkundgebungen der Bevölkerung gegen die deutschen Behörden gekommen war.

Einen Tag nach seiner Amtsübernahme verhängt Heydrich den zivilen Ausnahmezustand über das Land. Der Präsident der Protektoratsregierung, Alois Elias, wird verhaftet und wegen Hoch- und Landesverrats zum Tode verurteilt. 24 Menschen werden an diesem Tag exekutiert, drei Tage später weitere 188. Reinhard Heydrich, unterstützt von Staatssekretär Karl Hermann Frank, läßt über 15 000 Radiogeräte einziehen, um zu verhindern, daß die tschechische Bevölkerung weiterhin Auslandssender abhört, die deutschfeindliche Propaganda ausstrahlen.

Prag ist der Mittelpunkt des Reichsprotektorats Böhmen und Mähren; Blick von der Karlsbrücke auf die Burg

Konstantin Freiherr von Neurath, abberufener Reichsprotektor von Böhmen und Mähren, in seinem Arbeitszimmer (r.

Blick in einen Teil einer Großküche im britischen Liverpool, wo der Hunger der Bevölkerung nur noch mit einfachsten Mitteln gestillt werden kann

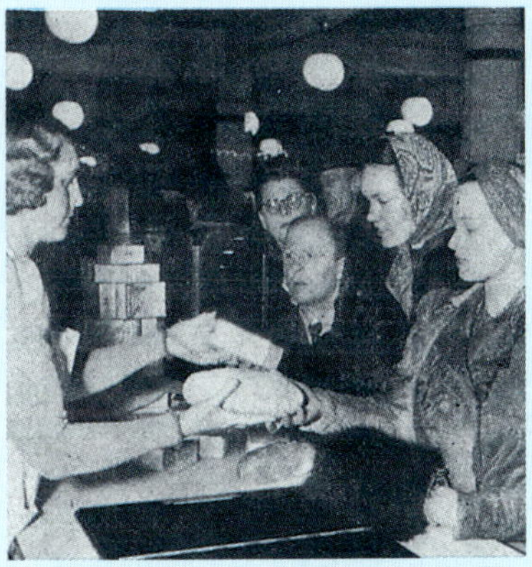

Für die wenigen erhältlichen Lebensmittel müssen die Menschen anstehen

Herstellung von Fleischkonserven für die deutschen Wehrmachtsverbände

Essen und Trinken 1941:

Lebensmittel werden knapp

In allen europäischen Ländern sind infolge des Krieges und der dadurch bedingten verringerten landwirtschaftlichen Produktion viele Nahrungsmittel rationiert, manche gar nicht mehr zu bekommen. Gemüse, Frischobst, Fleisch und Kaffee sind immer schwieriger zu beschaffen. Ersatzlebensmittel wie Gerstengraupen, Gersten- oder Roggenkaffee und Kunsthonig sind wenig beliebt und stapeln sich in manchen Lagerhäusern, da sie von den Verbrauchern nicht abgenommen werden. Statt frischer Nahrungsmittel werden verstärkt Erzeugnisse auf den Markt gebracht, die durch Trocknen oder Einfrieren länger haltbar sind.

Während die Versorgung der Bevölkerung in den Großstädten weitgehend sichergestellt werden kann, treten vor allem in ländlichen Regionen Engpässe auf. Die nationalsozialistischen Machthaber im Deutschen Reich geben solche Mängel öffentlich nicht zu. Sie melden statt dessen Rekordernten und erfolgreiche Vertragsabschlüsse mit Nachbarländern über die Lieferung von Lebensmitteln.

Trotzdem werden im Deutschen Reich wie auch in den Nachbarländern Aufrufe zum sparsamen Umgang mit Lebensmitteln (→ 17. 9./S. 151) erlassen, Eintopfsonntage und fleischfreie Tage verordnet. Um die Vielseitigkeit der fleischlosen Küche darzustellen, veröffentlichen Zeitungen und Illustrierte Rezepte; in Mehl geröstete »saure Kartoffeln« werden den Verbrauchern ebenso empfohlen wie »Rühreier mit Käse« und mit Reis gefüllter Kohl.

Da die Ernte des Jahres 1941 nicht so ertragreich wie erwartet ist, kommt es im Winter zu erheblichen Engpässen in der Lebensmittelversorgung. Die Bevölkerung greift wie schon im Ersten Weltkrieg auf Steckrüben zurück, weil selbst Grundnahrungsmittel wie Kartoffeln nicht in ausreichenden Mengen zur Verfügung stehen.

Um die Getränkeversorgung sicherzustellen, erwägen die Nationalsozialisten die Einführung eines Leichtbieres (→ 24. 4./S. 71), da insbesondere die männliche Bevölkerung nicht bereit ist, auf Bier zu verzichten. Die deutschen Winzer haben keine guten Erträge zu verzeichnen, da sie u. a. Anbauflächen für die Nahrungsmittelerzeugung abtreten mußten, auch bringen die Trauben dieses Jahres keine respektablen Weine hervor.

Erste Gasturbinen-Lokomotive der Welt

5. September. Die erste Gasturbinen-Lokomotive der Welt, die Ae 4/6 1101, absolviert auf der Strecke Basel–Romanshorn und zurück bis Winterthur ihre Jungfernfahrt. Die von Adolf Meyer für die Aktiengesellschaft Brown-Boveri & Cie. konstruierte Lokomotive erreicht mit einer Anhängelast von insgesamt 2000 t eine Spitzengeschwindigkeit in der Ebene von 110 km/h.

Die Lokomotive benötigt kein Wasser und verarbeitet nach Herstellerangaben »jedes beliebige Treiböl«, das zu Gas verbrannt und mit großer Geschwindigkeit in die Turbine geleitet wird. Der Einsatz einer Gasturbine als selbständiger Energieerzeuger in einer Lokomotive überrascht die Fachwelt, da Gasturbinen bisher zur rückstandsarmen Verarbeitung von Abgasen bei Verbrennungsanlagen verwendet wurden.

Die Schweizer Bundesregierung hat von den Ölreserven des Landes, die wegen des Krieges knapp sind, eigens 40 t Treiböl für die Jungfernfahrt der Lokomotive zur Verfügung gestellt, die in schweizerischen Zeitungen als »Wendepunkt in der Zugförderung« gefeiert wird.

Die Gasturbinen-Lokomotive Ae 4/6 1101 geht in der Schweiz trotz großer Schwierigkeiten bei der Treibstoffversorgung im September auf ihre Jungfernfahrt

Hitler-Aufruf zum Winterhilfswerk

1. September. Mit einem Aufruf des Führers und Reichskanzlers Adolf Hitler an das deutsche Volk wird das Kriegswinterhilfswerk 1941/42 eröffnet. In dem über Zeitungen und Rundfunk verbreiteten Appell heißt es: »In einem gigantischen Ringen kämpft in diesen geschichtlichen Tagen unsere Wehrmacht um das Sein oder Nichtsein der deutschen Nation... Möge sich die deutsche Heimat durch... ihren eigenen Opfersinn den Heldentaten dieser Söhne würdig erweisen.«

Die seit 1933 von den Nationalsozialisten veranstalteten Sammelaktionen des Winterhilfswerkes sollen allen Bedürftigen und Mittellosen im Deutschen Reich zugute kommen, dienen jedoch in zunehmendem Maße der parteiinternen Wohlfahrtsarbeit der NSDAP.

Lateinische Schrift in deutschen Schulen

1. September. In den Schulen des Deutschen Reiches werden nicht mehr wie bisher die Fraktur-Schrift und die »deutsche Schreibschrift« gelehrt; ab sofort werden in den Schulklassen die lateinische Druckschrift Antiqua und die lateinische Schreibschrift unterrichtet, die in einer Regierungserklärung als »deutsche Normalschrift« bezeichnet wird.

Die Einführung der Antiqua-Schrift, die auf Anweisung der NS-Regierung seit Frühjahr 1941 auch bei Zeitungen vermehrt Anwendung findet, dient der Vereinheitlichung der Schrift in Europa. In den meisten europäischen Staaten wird die Antiqua-Schrift der deutschen Druck- und Schreibschrift vorgezogen.

In Presseveröffentlichungen wird diese Regierungsentscheidung zudem historisch begründet; nicht die Fraktur-Schrift sei, wie bislang angenommen, die eigentliche deutsche Schrift, sondern die Antiqua. Diese Schrift des »germanischen Mittelalters« sei durch die Fraktur-Schrift, die später »vom Westen herüber kam«, verdrängt worden.

Für den Unterricht und die Schüler bedeutet die Neuregelung eine große Umstellung. Fibeln, Schulbücher und Schreibhefte müssen neu gedruckt werden; Schüler, die bislang nur die deutschen Schriften kannten, müssen neu lesen und schreiben lernen. An Oberschulen, wo beide Druck- und Schreibschriften Verwendung finden, ist die Umgewöhnung weniger schwierig. Das Ziel des Schreibunterrichtes ist die »Erreichung einer natürlichen, deutlichen, geläufigen und gefälligen Schrift…, mit der zugleich eine Handschrift erreicht werden kann, die ein persönliches Gepräge trägt«.

In der Bevölkerung ist die neue Regelung nach Berichten des Sicherheitsdienstes der SS umstritten: »Die Elternschaft war z.T. erstaunt, daß jetzt die Antiqua-Schrift wieder eingeführt werde, da nach 1933 von Behörden und Parteidienststellen die Pflege der Fraktur- oder gotischen Schrift gefordert, die Antiqua aber abgelehnt wurde… Von praktisch denkenden Lehrern wird die Neuordnung begrüßt; sie sähen ein, daß die Verbreitung der deutschen Sprache im neuen Europa nicht von einer im Auslande fremden Schrift erschwert werden darf… Im Sudetenland macht aber die Einführung der Antiqua-Schrift große Schwierigkeiten… Kaum eine Maßnahme habe dort so große Verärgerung hervorgerufen wie diese… Diese Einstellung des Sudetenlandes wird durch folgende Äußerung charakterisiert: ›Wir haben die Juden hinausgejagt, die Demokratie überwunden…, die… Stalin-Linie vernichtet, die deutsche Schrift als hohes Kulturgut geben wir aber auf.‹ Man glaubt dort nicht, daß die Verordnung auf den Führer zurückgehe.«

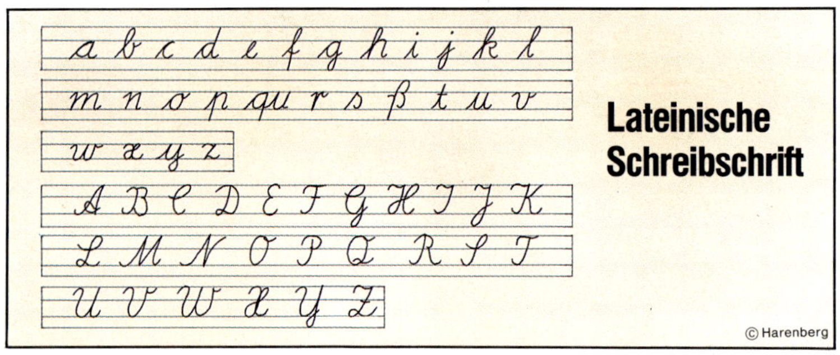

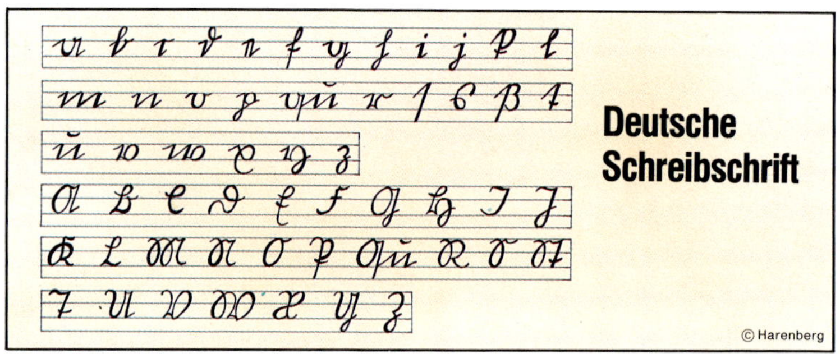

Antiqua-Schrift setzt sich in Europa durch

An den deutschen Schulen wurden bislang die Fraktur-Schrift als »deutsche Schrift« und die »deutsche Schreibschrift« gelehrt, die der Graphiker Ludwig Sütterlin (1865–1917) entwickelte. Sie werden nun durch die lateinische Schreibschrift und die Antiqua-Schrift ersetzt.

Die Fraktur-Schrift war im 16. Jahrhundert in Deutschland u.a. aus Elementen der gotischen Schrift entstanden. In den folgenden Jahrhunderten war sie in Skandinavien, Deutschland und im östlichen Mitteleuropa weit verbreitet und wurde vielfach als »deutsche Schrift« bezeichnet. Charakteristisch für die Fraktur sind »Elefantenrüssel« an Großbuchstaben und »Entenfüßchen« an Kleinbuchstaben.

Die Antiqua-Schrift wurde im 15. Jahrhundert aus der karolingischen Minuskel und der römischen Schrift entwickelt. Sie setzte sich im 16. Jahrhundert in den romanischen Ländern und in Großbritannien durch. Bis zum 19. Jahrhundert wurde sie in Deutschland als fremdartig empfunden. In manchen Fraktur geschriebenen Texten wurden Fremdwörter in Antiqua gedruckt. Die Brüder Jacob und Wilhelm Grimm setzten sich im 19. Jahrhundert erfolgreich für die Verwendung der Antiqua-Schrift bei wissenschaftlichen Werken ein.

Trotzdem konnte sich diese Schrift im Deutschen Reich nicht durchsetzen. Insbesondere die Nationalsozialisten förderten die Fraktur als »die deutsche Schrift«. Erst als die Ausdehnung ihres Machtbereiches auf weite Teile Europas auch eine Vereinheitlichung der Schrift erfordert, wird die in den deutschen Nachbarländern verbreitetere Antiqua-Schrift eingeführt.

Biennale-Pokale für deutsche Filme

1. September. Im Cinema San Marco in Venedig wird in Anwesenheit des deutschen Propagandaministers Joseph Goebbels die 9. Internationale Filmkunstausstellung Biennale eröffnet. Biennale-Präsident Graf Volpi di Misurata bezeichnet in seinem Grußwort die diesjährige Ausstellung als »erste Demonstration des gemeinsamen europäischen Widerstandes gegen amerikanische Filmkonzentration«.

Bei der Abschlußveranstaltung am 15. September werden die Preise für die von der Jury ausgewählten Filme vergeben. Neun deutsche Filmproduktionen werden ausgezeichnet. Der Film »Ohm Krüger« (→ 4. 4./S. 74) erhält den Mussolini-Pokal, Luise Ullrich wird als beste Schauspielerin für ihren Film »Annelie« mit dem Volpi-Pokal ausgezeichnet, und der Film »Ich klage an«, der die Tötung »lebensunwerten Lebens« propagiert, wird mit dem Pokal der Biennale prämiert. Die deutsche Propaganda sieht in den Auszeichnungen ihren Führungsanspruch im Filmwesen bestätigt.

Ein Drittel für Buch und Zeitung

16. September. In Berlin wird eine Studie des Arbeitswissenschaftlichen Institutes der nationalsozialistischen Deutschen Arbeitsfront (DAF) zu Aufwendungen von Arbeitern für Kulturgüter veröffentlicht. Arbeiter geben danach 30% ihres »Kulturetats« für Bücher, Zeitungen und Zeitschriften aus.

Die Untersuchung wurde in drei Einkommensgruppen durchgeführt, die den Qualifikationsgruppen ungelernter Arbeiter, gelernter Arbeiter und Facharbeiter entsprechen. Als zweitgrößter Ausgabenposten wird in allen drei Gruppen der Rundfunk ermittelt, auf den bis zu 24% der Kulturausgaben entfallen. Danach folgen Reisen. Für Schulzwecke wenden die Untersuchungspersonen bis zu 12% ihrer Kulturausgaben auf, während der Anteil für Kinobesuche nur rund 9% beträgt. Die Untersuchung kommt zu dem Schluß, daß die Arbeiterschaft erheblich mehr Mittel für ihre Ausbildung und Fortbildung aufwendet als für Unterhaltung, Erholung und Entspannung.

In A. Hitchcocks »Suspicion« spielen Cary Grant (r.) und Joan Fontaine (l.) die Hauptrollen

»Verdacht« – Spiel mit Licht und Schatten

14. September. *In den USA wird der Film »Suspicion« (Verdacht) des britischen Regisseurs Alfred Hitchcock uraufgeführt, in dem Cary Grant und Joan Fontaine die Hauptrollen spielen. Joan Fontaine, die für ihre Leistung mit dem Oscar als beste Hauptdarstellerin ausgezeichnet wird, spielt eine Generalstochter, die einen Playboy und Tunichtgut heiratet. Bald wächst in ihr der Verdacht, daß ihr Mann sie umbringen will. Hitchcock setzt in »Suspicion« bis ins Detail ausgefeilte Licht- und Schatteneffekte ein, die sein schon in früheren Filmen angewandtes Spiel mit den Ängsten und Fantasien der Zuschauer unterstützen und eine besondere Spannung erzeugen.*

Plakat zum »Malteserfalken« mit M. Astor (2. v. l.), H. Bogart (2. v. r.) und P. Lorre (r.)

Humphrey Bogart auf der »Spur des Falken«

30. September. *Humphrey Bogart spielt die Hauptrolle des Privatdetektivs Sam Spade in dem Film »The Maltese Falcon« (Die Spur des Falken/Der Malteserfalke). Regisseur John Huston drehte den Film, mit dem die sog. Schwarze Serie des US-amerikanischen Films begründet wird, nach einem Roman von Dashiell Hammett. Der mit einem Mini-Budget von 300 000 US-Dollar produzierte Film wird von Publikum und Kritik begeistert gefeiert. Die Kriminalgeschichte um eine geheimnisvolle und kostbare Falkenstatuette spielt vor dem Hintergrund der von Habgier, Zynismus und Gewalt geprägten Atmosphäre der US-amerikanischen Großstadt San Francisco.*

Boxweltmeister Joe Louis im 20. Titelkampf siegreich

29. September. Der US-amerikanische Schwergewichtsboxweltmeister Joe Louis siegt in seinem siebten Titelkampf in diesem Jahr in New York gegen Lou Nova durch K.o. in der 6. Runde. Er verteidigt seinen Titel zum 20. Mal.

Der »braune Bomber« Louis (r.) besiegt Nova in der 6. Runde durch K.o.

Der am 13. Mai 1914 in Lafayette im US-Bundesstaat Alabama geborene Louis kam nach dem Umzug seiner Familie nach Detroit erstmals mit dem Boxsport in Berührung. 1932 stand er zu seinem ersten Kampf im Ring und unterlag. Diese Niederlage spornte ihn so an, daß er bis 1934 als Amateur 54 Kämpfe absolvierte; er siegte 43mal durch K.o., siebenmal nach Punkten und verlor viermal.

Am 4. Juli 1934 absolvierte Louis seinen ersten Profi-Boxkampf für eine Börse von 52 US-Dollar. Im folgenden Jahr machte er durch Siege über die beiden Ex-Weltmeister Primo Carnera und Max Baer von sich reden und erhielt den Beinamen der »braune Bomber«.

Als farbiger Boxer war Joe Louis Diskriminierungen und Benachteiligungen ausgesetzt, die sein Manager Mike Jacobs aber letztlich geschickt in einen Vorteil ummünzte. Zwei Monate nach der sensationellen K.o.-Niederlage gegen den Deutschen Max Schmeling buchte Jacobs mit Jack Sharkey den vierten Exweltmeister, den Louis in drei Runden verprügelte. Jacobs versprach dem amtierenden Weltmeister James J. Braddock 10% aller Börsen aus Louis' Titelkämpfen; der Herausforderer Nr. 1, Max Schmeling, war ausgebootet. Joe Louis trat am 22. Juni 1937 gegen Braddock an, den er nach acht Runden besiegte.

Titelkämpfe von Louis 1937–1941

22. 6. 1937	K.o.-Sieg in der 8. Runde gegen James J. Braddock
30. 8. 1937	Punktsieg gegen Tommy Farr
23. 2. 1938	K.o.-Sieg in der 3. Runde gegen Nathan Mann
1. 4. 1938	K.o.-Sieg in der 5. Runde gegen Harry Thomas
22. 6. 1938	K.o.-Sieg in der 1. Runde gegen Max Schmeling
25. 1. 1939	K.o.-Sieg in der 1. Runde gegen John H. Lewis
17. 4. 1939	K.o.-Sieg in der 1. Runde gegen Jack Ropper
28. 6. 1939	K.o.-Sieg in der 4. Runde gegen Tony Galento
20. 9. 1939	K.o.-Sieg in der 11. Runde gegen Bob Pastor
9. 2. 1940	Punktsieg gegen Arturo Godoy
29. 3. 1940	K.o.-Sieg in der 2. Runde gegen Johnny Paychek
20. 6. 1940	K.o.-Sieg in der 8. Runde gegen Arturo Godoy
16. 12. 1940	K.o.-Sieg in der 6. Runde gegen Al McCoy
31. 1. 1941	K.o.-Sieg in der 5. Runde gegen Red Burman
17. 2. 1941	K.o.-Sieg in der 2. Runde gegen Gus Dorazio
21. 3. 1941	K.o.-Sieg in der 13. Runde gegen Abe Simon
8. 4. 1941	K.o.-Sieg in der 9. Runde gegen Tony Musto
23. 5. 1941	Disqualifikationssieg gegen Max »Buddy« Baer
18. 6. 1941	K.o.-Sieg in der 13. Runde gegen Billy Conn
29. 9. 1941	K.o.-Sieg in der 6. Runde gegen Lou Nova

Oktober 1941

Mo	Di	Mi	Do	Fr	Sa	So
		1	2	3	4	5
6	7	8	9	10	11	12
13	14	15	16	17	18	19
20	21	22	23	24	25	26
27	28	29	30	31		

1. Oktober, Mittwoch

Der deutsche Volksgerichtshof in Prag verurteilt den ehemaligen Ministerpräsidenten der »autonomen Regierung des Protektorates Böhmen und Mähren«, Alois Elias, wegen Feindbegünstigung und Vorbereitung zum Hochverrat zum Tod (→ 27. 9./S. 158).

Im Deutschen Reich wird aufgrund eines Erlasses vom 8. Juli 1941 eine einheitliche Lohnabzugstabelle eingeführt, aus der Lohnsteuer und Sozialversicherungsbeiträge für Lohnempfänger abgelesen werden können; dies ist eine der Maßnahmen der Reichsregierung zur Vereinfachung des Steuersystems. → S. 174

In Spanien wird der 5. Jahrestag der Ausrufung Francisco Franco Bahamondes zum Staatschef und Caudillo als nationaler Feiertag begangen; Franco war im Zuge des Spanischen Bürgerkrieges 1936 bis 1939 an die Macht gekommen und hatte ein faschistisches Regime installiert.

In Italien wird die Brotkarte eingeführt; Normalverbraucher erhalten danach 200 g Brot, Schwerarbeiter 300 g und Schwerstarbeiter 400 g pro Tag.

Dienststellen, Behörden und Privatunternehmen in Posen müssen aufgrund eines Erlasses der zuständigen Gauleitung von ihnen benutzte Wohnungen räumen, da es in dieser Region – ähnlich wie im gesamten Deutschen Reich – erheblichen Wohnraummangel gibt. → S. 173

An der Staatsoper Wien hat »Die Zauberflöte« von Wolfgang Amadeus Mozart in der Inszenierung von Gustaf Gründgens Premiere (→ 11. 10./S. 176).

2. Oktober, Donnerstag

Die Heeresgruppe Mitte der deutschen Wehrmacht eröffnet den Angriff auf Moskau. → S. 166

Der Pilot Heini Dittmar überschreitet mit dem Raketenflugzeug Me 163 in Peenemünde erstmals die 1000 km/h-Grenze mit 1003 km/h.

In der Reichsuniversität Posen wird die Ostaktion für die Berufserziehung eröffnet; die deutsche Reichsregierung gibt für diese Aktion 15 Millionen Reichsmark aus, um einen Facharbeiterstamm für die deutschen Ostgebiete auszubilden.

Das deutsche Reichsgericht entscheidet in einem Grundsatzurteil, daß Bezieher von Invaliditätsrenten verpflichtet sind, sich ihren Fähigkeiten entsprechend neue Beschäftigungen zu suchen.

3. Oktober, Freitag

Anläßlich der Eröffnung des Kriegswinterhilfswerkes sagt Führer und Reichskanzler Adolf Hitler im Berliner Sportpalast, daß die Sowjetunion schon geschlagen sei und sich »nie mehr erheben« werde. → S. 167

In Kroatien wird ein neues Schulgesetz eingeführt, das die Einrichtung deutscher Schulen für die deutschstämmige Bevölkerung vorschreibt. → S. 172

Durch einen Erlaß des Reichswirtschaftsministers Walther Funk wird der Erwerb, die Zurschaustellung und der Verkauf von Briefmarken der mit dem Deutschen Reich verfeindeten Staaten verboten.

Auf Anordnung des Chefs der deutschen Polizei, Heinrich Himmler, werden an verkehrsreichen Straßen vor Kindergärten Warnschilder aufgestellt; unter einem weißen Dreieck ist die Aufschrift Kindergarten angebracht.

4. Oktober, Sonnabend

Das Oberkommando der Wehrmacht meldet in seiner ersten Verlautbarung über die Offensive an der Ostfront, daß »Kampfhandlungen von großer Tragweite im Gange sind« (→ 2. 10./S. 166).

5. Oktober, Sonntag

Zwei deutsche Fußballnationalmannschaften tragen gleichzeitig Länderspiele aus; eine Begegnung mit der finnischen Auswahl in Helsinki wird 6:0 gewonnen, während das Spiel gegen die schwedische Mannschaft in Stockholm mit einer 2:4-Niederlage endet. → S. 177

In der Berliner Deutschlandhalle wird der Hamburger Halbschwergewichtsboxer Richard Vogt Deutscher Meister durch einen K.o.-Sieg in der 8. Runde über den Berliner Heinz Seidler.

6. Oktober, Montag

In Singapur und Manila finden britisch-US-amerikanische Konsultationen über die Lage in Fernost statt; zudem wird eine enge militärische Zusammenarbeit der Streitkräfte beider Staaten in dieser Region vereinbart.

Der neue australische Premierminister John Curtin stellt in der Hauptstadt Australiens, Canberra, sein Kabinett vor, das nur aus Mitgliedern der Labour Party besteht; Curtin löst Arthur William Fadden, der nur gut einen Monat im Amt war, durch ein Mißtrauensvotum ab. → S. 170

Der Sonderbevollmächtigte von US-Präsident Franklin D. Roosevelt beim Vatikan, Myron Taylor, überbringt Papst Pius XII. eine Botschaft des Präsidenten; Myrons Aufgabe ist es, den Vatikan für die politischen Ziele der US-Regierung zu gewinnen. → S. 169

Im Deutschen Reich beginnt die bis zum 12. Oktober dauernde Reichsvollkornbrotwoche, in deren Verlauf der Reichsvollkornbrot-Ausschuß über die Bedeutung des »Vollkornbrotes als Grundlage der Ernährung« aufklären will.

7. Oktober, Dienstag

Führer und Reichskanzler Adolf Hitler erteilt den deutschen Wehrmachtsverbänden an der Ostfront den Befehl, eine Kapitulation Moskaus auf keinen Fall anzunehmen (→ 2. 10./S. 166).

Die Operationen der Heeresgruppe Mitte in Richtung Moskau kommen nach den ersten Schneefällen und dem Einsetzen der Schlammperiode zum Erliegen.

Die Reichsfrauenführerin Gertrud Scholtz-Klink eröffnet in der Reichshauptstadt Berlin ein »Internationales Frauentreffen«, auf dem über die Aufgaben beraten wird, »die den Frauen im Dienst an den Völkern zufallen«.

8. Oktober, Mittwoch

Einheiten des deutschen Ostheeres, das seit dem Beginn des Krieges gegen die Sowjetunion über 500 000 Mann verloren hat, erobern die Stadt Orel an der Oka.

9. Oktober, Donnerstag

In Ankara wird ein deutsch-türkischer Handelsvertrag unterzeichnet, der einen Güteraustausch im Wert von 200 Millionen Reichsmark vorsieht; die Türkei liefert im Gegenzug für deutsche Eisen- und Stahlerzeugnisse vor allem Baumwolle, Olivenöl, Tabak und Mineralien.

Otto Dietrich, Reichspressechef der NSDAP, erklärt vor Pressevertretern in Berlin, daß »die militärische Entscheidung im Osten gefallen« und die Sowjetunion »erledigt« sei. Mit derartigen Erklärungen versuchen Funktionäre des NS-Regimes, die jüngsten Mißerfolge an der Ostfront zu verharmlosen.

In der mittelamerikanischen Republik Panama kommt es zu einem unblutigen Staatsstreich; der amtierende Präsident Arnulfo Arias hält sich zu diesem Zeitpunkt in Kuba auf. → S. 170

Die Sendetätigkeit der britischen Rundfunkgesellschaft British Broadcasting Corporation (BBC) im Ausland wird einem eigens eingerichteten Regierungsausschuß unterstellt, dem u. a. der britische Außenminister Robert Anthony Eden angehört. → S. 172

Im von britischen Truppen besetzten Irak bildet Nuri As Said ein neues Kabinett; die diplomatischen Beziehungen zu Italien und dem Deutschen Reich werden abgebrochen.

10. Oktober, Freitag

Als Auftakt einer Aktion zur »Entrümpelung schlechter Sitten« im Deutschen Reich wird in Hannover ein Kellner verhaftet, der das mehrfache Anmahnen eines bestellten Essens durch einen weiblichen Gast mit dem Götz von Berlichingen-Zitat beantwortete. → S. 171

In Wien findet die Premiere des Films »Heimkehr« von Regisseur Gustav Ucicky statt; in dem mehrfach ausgezeichneten Film spielen Paula Wessely, Peter Petersen, Attila Hörbiger und Carl Raddatz die Hauptrollen.

11. Oktober, Sonnabend

Frauen und Kinder werden aus Moskau evakuiert, da die deutschen Truppen weiter auf die Hauptstadt der Sowjetunion vorrücken (→ 2. 10./S. 166).

Die deutsche Reichsregierung dementiert Berichte, wonach sie der Sowjetunion ein Waffenstillstandsangebot unterbreitet habe; das Gerücht hatte die alliierte Presse verbreitet.

Im Berliner Schauspielhaus am Gendarmenmarkt wird »Faust I« von Johann Wolfgang von Goethe in der Inszenierung von Gustaf Gründgens aufgeführt; Gründgens spielt auch die Rolle des »Mephisto«. → S. 176

12. Oktober, Sonntag

Ein britischer Bomber wirft über dem Dorf Buhwil im Schweizer Kanton Thurgau mehrere Bomben ab; zum wiederholten Mal ist Schweizer Territorium von Bombenabwürfen betroffen, obwohl das Land nicht zu den kriegführenden Staaten gehört. → S. 169

In Königsberg wird die bis zum 15. Oktober dauernde Ostmesse eröffnet, die in deutschen Presseveröffentlichungen als Symbol für die wirtschaftliche Bedeutung der besetzten Ostgebiete bezeichnet wird. → S. 174

13. Oktober, Montag

Das Oberkommando der Wehrmacht meldet, daß die britische Luftwaffe ihre Angriffe auf Ziele im gesamten Deutschen Reich verstärkt fortsetzt.

Auf Anordnung von Reichsgesundheitsführer Leonardo Conti sollen sich deutsche Ärzte mit der gesundheitsfördernden Wirkung des Sauna-Bades befassen, um es zukünftig auch im Deutschen Reich verstärkt in Therapie und Vorsorge einzusetzen.

14. Oktober, Dienstag

Der Chef der Ordnungspolizei im Deutschen Reich, Kurt Daluege, unterzeichnet den ersten Befehl zur Deportation deutscher Juden in die besetzten osteuropäischen Gebiete. → S. 171

Argentinien und die Vereinigten Staaten von Amerika schließen ein Handelsabkommen, das eine Senkung der jeweiligen Einfuhrzölle für Waren aus dem Partnerland um 50% vorsieht.

15. Oktober, Mittwoch

Im Deutschen Reich wird die dritte Reichskleiderkarte mit 120 Punkten und einer Gültigkeit bis zum 31. Dezember 1942 ausgegeben. → S. 173

Die britische und die sowjetische Regierung fordern die Regierung Afghanistans auf, alle Deutschen und Italiener, die nicht zu den diplomatischen Vertretungen gehören, auszuweisen; Afghanistan kommt dieser Aufforderung am 20. Oktober nach.

Auf Anordnung der US-Regierung wird in den Vereinigten Staaten die Automobilproduktion gegenüber dem Vorjahr um 50% gesenkt, um Herstellungskapazitäten für Panzer und andere Militärfahrzeuge freizumachen.

Die »Illustrated London News« zeigt am 25. Oktober das Kriegskabinett von Winston Churchill; sitzend v. l.: John Anderson, Churchill, Clement Richard Attlee, Anthony Eden; stehend v. l.: Arthur Greenwood, Ernest Bevin, William Maxwell Aitken Beaverbrook und Kingsley Wood

THE ILLUSTRATED LONDON NEWS,

SATURDAY, OCTOBER 25, 1941.

THE PRIME MINISTER WITH HIS WAR CABINET: THE EIGHT MEN WHO CONTROL THE WAR MACHINE.

Left to right (standing): Mr. Arthur Greenwood, Minister without Portfolio; Mr. Ernest Bevin, Minister of Labour and National Service; Lord Beaverbrook, Minister of Supply; Sir Kingsley Wood, Chancellor of the Exchequer; (sitting): Sir John Anderson, Lord President of the Council; Mr. Winston Churchill, Prime Minister and Minister of Defence; Mr. C. R. Attlee, Lord Privy Seal, and Mr. Anthony Eden, Secretary of State for Foreign Affairs. Formed by the Prime Minister himself in May 1940, the War Cabinet since that time has been solely responsible for the conduct of the war at home and overseas. *(Photograph by Bassano.)*

Unter dem Patronat des Roten Kreuzes werden 37 Ärzte und 30 Krankenschwestern aus der Schweiz an der Ostfront bei Smolensk eingesetzt.

16. Oktober, Donnerstag

Die Regierung der UdSSR und das Diplomatische Korps verlassen das von den deutschen Wehrmachtseinheiten belagerte Moskau und siedeln nach Kuibyschew an der Wolga über. → S. 166

Die 4. rumänische Armee besetzt die seit zwei Monaten belagerte Stadt Odessa, die von den sowjetischen Streitkräften über See geräumt wurde. → S. 168

Die japanische Regierung unter Fürst Fumimaro Konoe tritt nach dem Scheitern der Verhandlungen mit den USA zurück; neuer Ministerpräsident wird General Hideki Todscho. → S. 170

Marschall Philippe Pétain, Regierungschef im unbesetzten Teil Frankreichs, verkündet in einer Radioansprache, daß u.a. gegen die Politiker Léon Blum und Édouard Daladier eine lebenslange Festungshaft verhängt wird, weil sie für den Krieg und die französische Niederlage verantwortlich seien. → S. 169

Die »Münchner Neueste Nachrichten« berichten über die Einrichtung eines Ghettos für rumänische Juden in Czernowitz (Tschernowzy) und die gleichzeitige Einführung drastischer Strafen für Vergehen im Bereich des Ghettos.

17. Oktober, Freitag

Der Raketentechniker Eugen Sänger unternimmt erstmals terrestrische Versuche mit Strahlentriebwerken.

Italienische Radiosprecher werden mit speziellen Geräten ausgerüstet, die es ihnen ermöglichen, direkt auf Einblendungen von Schwarzsendern zu antworten, die ihre Sendungen überlagern; Untergrundstationen gelingt es in zunehmendem Maße, offizielle Rundfunkprogramme zu stören.

In Franzensbad wird das Moorforschungsinstitut für das deutsche Bäderwesen eröffnet, das wissenschaftliche Untersuchungen über Wirkung und Verbesserung von Moorbehandlungen zur Krankenpflege durchführen soll.

18. Oktober, Sonnabend

Die japanische Polizei verhaftet in Tokio den dortigen Korrespondenten der »Frankfurter Zeitung«, Richard Sorge, der seit rund 20 Jahren für die Sowjetunion spioniert hat. → S. 171

In Berlin beginnen Massendeportationen von jüdischen Bürgern in Konzentrations- und Arbeitslager in den deutsch besetzten Ostgebieten. Im gesamten Reichsgebiet werden in diesen Tagen alle Juden, deren das Regime habhaft wird, interniert und in Lager abtransportiert.

19. Oktober, Sonntag

Der sowjetische Parteichef Josef W. Stalin läßt über Moskau den Belagerungszustand ausrufen und kündigt in einer Rede die Verteidigung der Stadt bis zum Letzten an (→ 16. 10./S. 166).

20. Oktober, Montag

Die japanische Marine beginnt mit Vorbereitungen für einen Angriff auf den US-amerikanischen Marinestützpunkt Pearl Harbor auf Hawaii. → S. 170

Die Doppelschlacht bei Wjasma und Brjansk an der Ostfront kann von der deutschen Armee erfolgreich beendet werden; 673 000 sowjetische Soldaten geraten in deutsche Kriegsgefangenschaft (→ 2. 10./S. 166).

Britische Flugzeuge werfen bei einem Luftangriff auf die Hansestadt Bremen 140 t Bomben ab.

21. Oktober, Dienstag

Deutsche Polizeieinheiten erschießen im ehemaligen jugoslawischen Kragujevac 7000 Geiseln und in Kraljevo 2300 Geiseln als Vergeltung für Partisanenaktivitäten in dieser Region. → S. 172

In der französischen Stadt Nantes werden 50 Geiseln von den deutschen Besatzungstruppen erschossen, nachdem ein deutscher Offizier bei einem Anschlag ums Leben gekommen ist. → S. 172

22. Oktober, Mittwoch

Das sowjetische Staatskomitee für Verteidigung beschließt die Bildung städtischer Verteidigungskomitees in 46 Städten der UdSSR, u.a. in Sewastopol, Rostow, Stalingrad (Wolgograd) und Kursk.

Der isländische Ministerpräsident Hermann Jonasson reicht seinen Rücktritt ein, nachdem es wegen der Stationierung von US-Truppen in dem Inselstaat zu innenpolitischen Schwierigkeiten gekommen war (→ 7. 7./S. 119).

Mexiko und Großbritannien nehmen nach dem Abbruch der diplomatischen Beziehungen im Jahr 1938 wieder offizielle Kontakte auf, mit denen Mexiko unter anderem seine Sympathie für die Alliierten zum Ausdruck bringen will.

Reichspropagandaminister Joseph Goebbels und Reichsaußenminister Joachim von Ribbentrop schließen eine Vereinbarung, in der sie die Zusammenarbeit auf dem Gebiet der Auslandskulturpolitik beschließen. → S. 171

23. Oktober, Donnerstag

Auf Anordnung des Reichsführers SS und Chefs der deutschen Polizei, Heinrich Himmler, wird den deutschen Juden verboten, aus dem Deutschen Reich auszuwandern (→ 14. 10./S. 171).

Die japanische Regierung und das Oberkommando der japanischen Armee und Marine legen auf einer sog. Verbindungskonferenz die zukünftige japanische Politik in Fernost fest (→ 16. 10./S. 170).

24. Oktober, Freitag

Die Heeresgruppe Süd an der Ostfront erobert die sowjetischen Städte Charkow und Belgorod.

Die Operationsabteilung des Oberkommandos des Heeres stellt einen ersten Entwurf für eine deutsche Offensive im Kaukasus fertig.

25. Oktober, Sonnabend

Die deutsche Offensive auf Moskau kommt wegen des schlechten Wetters fast völlig zum Stehen.

In der Stadt Riga richten die deutschen Besatzungsbehörden ein Ghetto für die dort lebenden Juden ein.

Bei einem Besuch des italienischen Außenministers Galeazzo Ciano, Graf von Cortellazzo, im Führerhauptquartier betont Führer und Reichskanzler Adolf Hitler, daß die europäischen Völker eine »kulturelle« Einheit bilden.

In Paris stirbt im Alter von 56 Jahren der französische Maler Robert Delauney.

26. Oktober, Sonntag

Im Deutschen Reich werden die Kriegsbuchwochen veranstaltet, die bis zum 22. November dauern; im Rahmen dieser Wochen werden Buchsammlungen für Frontsoldaten durchgeführt.

Der Deutsche Schwergewichtsmeister im Boxen, der Wiener Heinz Lazek, verteidigt in der Berliner Deutschlandhalle seinen Titel gegen Walter Neusel durch einen Punktsieg in einem Kampf über zwölf Runden. → S. 177

Der zehnte Länderkampf der Amateurboxer Deutschlands und Italiens in der Breslauer Jahrhunderthalle endet unentschieden 8:8. → S. 177

Der Italiener Adolfo Consolini verbessert in Mailand den erst am 20. Juni von dem US-Amerikaner Archie Harris aufgestellten Weltrekord im Diskuswerfen um 8 cm auf 53,34 m.

27. Oktober, Montag

Die 11. deutsche Armee der Heeresgruppe Süd durchbricht nach zehntägigen Kämpfen die sowjetischen Stellungen auf der Landenge von Perekop und erobert in den folgenden Tagen die Städte Kramatorsk, Simferopol, Feodossija und Kertsch.

Die deutsche Lufthansa nimmt den Flugverkehr nach Riga und Helsinki auf.

28. Oktober, Dienstag

Am Flottentag der Vereinigten Staaten sagt US-Präsident Franklin Delano Roosevelt, er verfüge über Material, das Pläne der Nationalsozialisten belege, im Falle eines Sieges über die Alliierten alle Religionsgemeinschaften abzuschaffen und Südamerika aufzuteilen.

Adolf Hitler unternimmt mit den beiden türkischen Generälen Ali Fuad Erden und Husseyn Erkileet eine Besichtigungsfahrt zu den deutschen Stellungen an der Front in der UdSSR.

In Berlin wird die Filmgesellschaft Berlin-Film GmbH gegründet, die dem Reichspropagandaministerium unterstellt ist. Durch die wirtschaftliche Zusammenfassung der Filmproduktion will das Ministerium die totale Kontrolle über dieses Medium ausüben.

29. Oktober, Mittwoch

24 deutsche U-Boote werden ins Mittelmeer verlegt, um die Nachschubwege des Deutschen Afrika-Korps zu sichern; nach einer Meldung der Operationsabteilung der Marine ist Adolf Hitler bereit, die Schlacht im Atlantik bis zur »Bereinigung der Mittelmeerlage« zurückzustellen.

Der Sicherheitsdienst der SS ermordet 8000 Juden in der sowjetischen Stadt Mariupol (Schdanow).

In Wien findet die Premiere des Films »Wir bitten zum Tanz« von Regisseur Hubert Marischka statt; die Hauptrollen in der Komödie spielen Elfie Mayerhofer, Hans Holt und Paul Hörbiger.

30. Oktober, Donnerstag

Deutsche Truppen beginnen mit der Belagerung der Festung Sewastopol, die von der Roten Armee hartnäckig verteidigt wird. → S. 168

Die französische Regierung verbietet das Abhören britischer Radiosender, die französischen Angaben zufolge zu Sabotage- und Terrorakten aufrufen; Zuwiderhandlung wird mit Gefängnishaft bis zu drei Jahren geahndet.

In Zürich wird die bis zum 6. November dauernde 1. Schweizerische Ausstellung für Neustoffe eröffnet, auf der neben neuartigen Werkstoffen Techniken der Abfallaufbereitung und -wiederverwertung vorgeführt werden.

31. Oktober, Freitag

Durch eine Verordnung über die Lenkung von Kaufkraft im Deutschen Reich versuchen die nationalsozialistischen Machthaber, Kaufkraftüberschüsse mit der Schaffung steuerbegünstigter »Eiserner Sparkonten« abzuschöpfen. → S. 173

Die Deutsche Reichsbahn kündigt drastische Einschränkungen des Personenverkehrs an, da Waggons in den folgenden Wochen insbesondere für den Transport von Kartoffeln, Rüben und Steinkohle benötigt werden. → S. 174

Der erste deutsche Farbspielfilm, »Frauen sind doch bessere Diplomaten«, wird in Berlin uraufgeführt; unter der Regie von Georg Jacoby spielen Marika Rökk, Willy Fritsch, Aribert Wäscher und Ursula Herking die Hauptrollen. → S. 176

In Saratow stirbt 63jährig der deutsche Schriftsteller Herwarth Walden.

Das Wetter im Monat Oktober

Station	Mittlere Lufttemperatur (°C)	Niederschlag (mm)	Sonnenscheindauer (Std.)
Aachen	9,2 (10,0)	106,9 (64)	90,9 (123)
Berlin	8,4 (8,8)	133,1 (58)	110,4 (123)
Bremen	8,8 (9,4)	127,6 (47)	111,3 (104)
München	7,5 (7,9)	125,8 (62)	68,6 (130)
Wien	— (9,6)	— (57)	— (118)
Zürich	8,4 (8,4)	91,0 (80)	68,0 (108)

( ) Langjähriger Mittelwert für diesen Monat
– Wert nicht ermittelt

Werner Krauss als Amtsrat in dem Film »Annelie« ist auf dem Titel der »Film-Illustrierten« zu sehen, die ihre Leserschaft über die Filmproduktionen im Deutschen Reich auf dem laufenden hält

Schwere Panzer der deutschen Wehrmacht arbeiten sich durch Schlamm und unwegsames Gelände im Raum Smolensk immer weiter Richtung Moskau vor

Zwischen Trümmern von Panzern, Geschützen und Transportwagen Deckung suchend, stoßen deutsche Sturmbataillone in die sowjetischen Abwehr vor

Schnee und Schlamm stoppen den Angriff auf Moskau

2. Oktober. Die Heeresgruppe Mitte der deutschen Truppen in der Sowjetunion tritt nordöstlich von Smolensk zum Angriff auf Moskau an, dem »Unternehmen Taifun«. Bis zum 20. Oktober werden in der Doppelschlacht bei Wjasma und Brjansk Teile von neun sowjetischen Armeen besiegt. Nach deutschen Angaben geraten 673 000 sowjetische Soldaten in deutsche Kriegsgefangenschaft, und über 1200 Panzer sowie 5000 Geschütze aller Art werden erbeutet.

Führer und Reichskanzler Adolf Hitler hatte noch im August den Vorschlag der Wehrmachtsführung zum sofortigen Angriff auf Moskau abgelehnt (→ 5. 8./S. 134). Er wollte zunächst die sowjetischen Wirtschaftsgebiete in der Ukraine in seine Hand bekommen und Leningrad einkesseln (→ 8. 9./S. 154). Nachdem diese Ziele weitgehend erreicht sind, erklärt er sich nach zweimonatiger Verzögerung bereit, dem Vorstoß gegen die sowjetische Hauptstadt zuzustimmen.

Am 7. Oktober fällt in der UdSSR der erste Schnee, und die Schlammperiode beginnt, die den schnellen Vormarsch unmöglich macht, der zur Einnahme Moskaus vor Winterbeginn notwendig wäre. Die Wehrmachtsspitze sieht sich in ihrer Befürchtung bestätigt, daß der Angriff auf Moskau durch die wetterbedingte Verzögerung vor Einbruch des Winters nicht mehr erfolgreich abgeschlossen werden kann.

Hitler verbietet den deutschen Truppen die Annahme einer Kapitulation Moskaus. Am 14. Oktober befiehlt das Oberkommando des Heeres, Moskau eng einzuschließen. Während der deutsche Vormarsch durch Schlamm und Schnee immer langsamer wird, beginnt in Moskau die Organisation der Verteidigung. Die Stadt ist das wirtschaftliche und politische Zentrum des Landes, zu deren Schutz die Rote Armee und die Zivilbevölkerung alle zur Verfügung stehenden Kräfte mobilisieren. Nachdem die Regierung die Stadt verlassen hat (→ 16. 10./S. 166), verkündet Staatschef Josef W. Stalin, der in Moskau bleibt, den Belagerungszustand (→ 5. 12./S. 196).

Über eine von sowjetischen Truppen nur z. T. zerstörte Brücke marschieren deutsche Soldaten in die wirtschaftlich bedeutende Stadt Charkow ein

Verteidigung der sowjetischen Hauptstadt

16. Oktober. Die sowjetische Regierung und das in Moskau akkreditierte Diplomatische Korps verlassen die sowjetische Hauptstadt und übersiedeln nach Kuibyschew an der Wolga. Drei Tage später läßt Staatschef Josef W. Stalin, der in Moskau geblieben ist, den Belagerungszustand ausrufen.

Der deutsche Vormarsch auf Moskau (→ 2. 10./S. 166) überrascht die schlecht organisierte sowjetische Verteidigung. Die großen Verluste der Roten Armee in der Doppelschlacht von Wjasma und Brjansk lähmen die Bemühungen zur Abwehr der deutschen Truppen. Erst als General Georgi K. Schukow Mitte des Monats den Oberbefehl der Verbände übernimmt, die Moskau verteidigen, können Erfolge erzielt werden.

Der sowjetischen Armeeführung kommen die Witterungsverhältnisse zugute, die den deutschen Angriff durch Schnee und Schlamm aufhalten. Schukow kann innerhalb kurzer Zeit mehrere tausend Soldaten in Verteidigungsstellungen vor der sowjetischen Hauptstadt zusammenziehen. Dazu gehören Truppen, die in größter Eile von den sowjetischen Grenzen im Fernen Osten abgezogen und nach Moskau gebracht werden. Dieser Truppenabzug wurde möglich, nachdem Stalin über den Spion Richard Sorge in Tokio im September erfahren hatte, daß Japan trotz des Paktes mit dem Deutschen Reich nicht in den Krieg gegen die UdSSR eingreifen werde (→ 18. 10./S. 171).

Die Moskauer Führung setzt beim Bau von Verteidigungsstellungen die Bevölkerung ein. Als der Belagerungszustand über Moskau verhängt wird, versuchen viele Bürger, aus der Stadt zu entkommen, andere decken sich durch Plünderungen mit Lebensmitteln ein.

Adolf Hitler: »Dieser Gegner wird sich nie mehr erheben!«

3. Oktober. Im Berliner Sportpalast findet die offizielle Eröffnungsveranstaltung des dritten Kriegswinterhilfswerkes 1941/42 (→ 1. 9./S. 159) unter Beteiligung hoher NSDAP-Funktionäre und Regierungsvertreter statt. Nachdem Reichspropagandaminister Joseph Goebbels einen Rechenschaftsbericht abgelegt hat, hält Führer und Reichskanzler Adolf Hitler eine Ansprache. Er nimmt Stellung zum Krieg gegen die Sowjetunion, wobei er der vom deutschen Angriff (→ 22. 6./S. 98) überraschten sowjetischen Führung vorwirft, sie habe einen Krieg gegen das Deutsche Reich vorbereitet, in der Absicht, die Macht über ganz Europa zu gewinnen. Einem solchen Krieg sei er durch den Befehl zum Angriff an die deutsche Wehrmacht zuvorgekommen.

»Meine deutschen Volksgenossen und -genossinnen! Wenn ich heute nach langen Monaten wieder zu Ihnen spreche, dann geschieht es nicht, um etwa einem jener Staatsmänner Rede und Antwort zu stehen, die sich vor kurzem wunderten, warum ich solange geschwiegen habe... Ich bin heute hierher gekommen, um wie immer dem Winterhilfswerk eine kurze Einleitung zu geben. Dieses Mal wurde mir das Herkommen allerdings sehr schwer, weil sich in diesen Stunden an unserer Ostfront eine neu eingeleitete Operation [»Operation Taifun«, →2. 10./S. 166] wieder als gewaltiges Ereignis vollzieht. Seit 48 Stunden ist sie in gigantischem Ausmaß in Gang. Sie wird mithelfen, den Gegner im Osten zu zerschmettern.

...Seit dem 22. Juni tobt ein Kampf von einer wahrhaft weltentscheidenden Bedeutung. Umfang und Auswirkung dieses Ereignisses wird erst eine Nachwelt klar erkennen. Sie wird dereinst feststellen, daß damit eine neue Zeitenwende begann... Am 22. Juni morgens setzte nun dieser größte Kampf der Weltgeschichte ein. Seitdem sind etwas über dreieinhalb Monate vergangen, und ich kann heute hier eine Feststellung treffen: Es ist alles seitdem planmäßig verlaufen.

...Wir hatten keine Ahnung davon, wie gigantisch die Vorbereitungen dieses Gegners gegen Deutschland und Europa waren und wie ungeheuer groß diese Gefahr war, wie haarscharf wir diesmal vorbeigekommen sind an der Vernichtung nicht nur Deutschlands, sondern ganz Europas. Das kann ich heute hier aussprechen! Ich spreche das erst heute aus, weil ich es heute sagen darf, daß dieser Gegner bereits gebrochen und sich nie mehr erheben wird. Hier hat sich gegen Europa eine Macht zusammengeballt, von der leider die meisten keine Ahnung hatten und viele noch keine Ahnung besitzen. Es wäre dies ein zweiter Mongolensturm eines neuen Dschingis-Khan geworden.

...Die Zahl der Gefangenen ist nunmehr auf rund 2,5 Millionen Sowjetrussen angewachsen. Die Zahl der erbeuteten oder vernichteten, also bei uns befindlichen Geschütze beträgt bereits jetzt rund 22 000. Die Zahl der erbeuteten oder vernichteten, also bei uns befindlichen Panzer beträgt jetzt bereits über 18 000. Die Zahl der vernichteten, zerstörten und abgeschossenen Flugzeuge über 14 000. Und hinter unseren Truppen liegt nun schon ein Raum, der zweimal so groß ist, als das Deutsche Reich war, als ich 1933 die Führung erhielt, oder viermal so groß als England. Die Luftlinie aber, die die deutschen Soldaten zurückgelegt haben, beträgt fast durchgehend heute über 800 bis 1000 Kilometer. Das ist Luftlinie. An Marschkilometern bedeutet das oft das Anderthalbfache und Doppelte – auf einer Frontlänge, die gigantisch ist, und einem Gegner gegenüber, der – das muß ich aussprechen – nicht aus Menschen besteht, sondern aus Tieren, aus Bestien.

...Ich werde aus diesem Krieg einst zurückkehren wieder mit meinem alten Parteiprogramm, dessen Erfüllung mir jetzt noch wichtiger erscheint als vielleicht am ersten Tag! Diese Erkenntnis hat mich auch heute nur ganz kurz hierher geführt, um zum deutschen Volk zu sprechen, denn es hat auch im Winterhilfswerk wieder eine Gelegenheit, den Geist dieser Gemeinschaft zu bekunden. Was die Front opfert, das kann überhaupt durch nichts vergolten werden. Aber auch das, was die Heimat leistet, muß vor der Geschichte dereinst bestehen... Nur dann, wenn dieses ganze deutsche Volk zu einer einzigen Opfergemeinschaft wird, dann allein können wir hoffen und erwarten, daß uns die Vorsehung auch in der Zukunft beistehen wird.

Der Herrgott hat noch niemals einem Faulen geholfen, er hilft auch keinem Feigen, er hilft auf keinen Fall dem, der sich nicht selber helfen will... Volk, hilf dir selbst, dann wird auch der Herrgott dir seine Hilfe nicht verweigern!«

»Nicht die übliche Begeisterung einer gut geleiteten Kundgebung«

Die »Münchner Neuesten Nachrichten« berichten am 4. Oktober über die Ansprache des Führers und Reichskanzlers Adolf Hitler in Berlin: »Es ist verständlich, daß sich eine besondere Spannung der Bevölkerung bemächtigte, was der Führer sagen würde... Ein Begeisterungssturm erhob sich. Der Führer im schlichtem feldgrauen Rock, völlig unverändert, höchstens daß seine Augen etwas ernster blickten nach dem harten Leben, das er als Soldat führt, und all dem Elend, das ihm begegnet ist... Immer wieder unterbrach die Versammlung die Rede, um dem Führer ihren Dank und ihre Zustimmung zum Ausdruck zu bringen. Das war nicht die übliche Begeisterung einer gut geleiteten Kundgebung... Niemand konnte sich diesem Eindruck entziehen. Der Saal raste, als, nachdem der Führer geendet, der Versammlungsleiter Hilgenfeldt das Sieg-Heil auf den Führer ausbrachte.«

Reichskanzler Adolf Hitler (r.) im Berliner Sportpalast; l. hinter ihm Propagandaminister Joseph Goebbels

Blick von einer Freitreppe auf das Hafengebäude von Odessa; die Küstenstadt verfügt über eine der bedeutendsten Hafenanlagen der Sowjetunion

Rumänen erobern Odessa

16. Oktober. Die 4. rumänische Armee besetzt mit Unterstützung deutscher Einheiten die am Schwarzen Meer gelegene sowjetische Stadt Odessa. Die sowjetische Flotte hatte seit dem 1. Oktober unter großen Verlusten 15 000 Bewohner und 80 000 Soldaten aus Odessa über See evakuiert.

Für die rumänische Armee bedeutet die Einnahme der Stadt einen großen Erfolg. Das Hauptziel der rumänischen Regierung im Krieg gegen die Sowjetunion, ihre Position an der Schwarzmeerküste auszubauen, ist dadurch erreicht.

Die rumänische Nachrichtenagentur Rador meldet am 17. Oktober: »Nach mehrtägiger starker Artilleriebeschießung ist es den rumänischen Truppen gelungen, die Verteidigungslinien von Odessa zu durchbrechen… Die sowjetrussischen Soldaten legten die Häuser und Fabriken in Brand, um ihren Rückzug zu erleichtern… Zwei Monate lang dauerten die Kämpfe Tag und Nacht an.«

Deutsche Truppen vor Sewastopol

30. Oktober. Truppen der 11. deutschen Armee unter dem Befehl von General Erich von Manstein beginnen mit der Einschließung der Festung Sewastopol auf der sowjetischen Halbinsel Krim. Da die Festungstruppen dem deutschen Angriff energischen Widerstand entgegensetzen, befiehlt Manstein die Heranführung schwerer Artillerie, um Sewastopol sturmreif zu schießen (→ 29. 12./S. 196).

Der Transport schwerer Geschütze verzögert sich in den folgenden Wochen, da es keine tragfähige Brücke über den Dnjepr gibt, über den Nachschub und Versorgung für die 11. Armee laufen. Mansteins Truppen belagern Sewastopol, das über See versorgt wird, über ein halbes Jahr, nachdem die gesamte Krim in deutscher Hand ist.

Nordöstlich der Krim konnten deutsche Wehrmachtsverbände in der »Schlacht am Asowschen Meer« bis zum 10. Oktober die 18. sowjetische Armee vernichtend schlagen. 100 000 sowjetische Soldaten gerieten in deutsche Gefangenschaft.

In den eroberten Gebieten operieren in zunehmendem Maße Partisanengruppen, die von ehemaligen Soldaten der Roten Armee gebildet werden. Durch Sabotageakte und Überfälle binden sie starke Einheiten des deutschen Heeres.

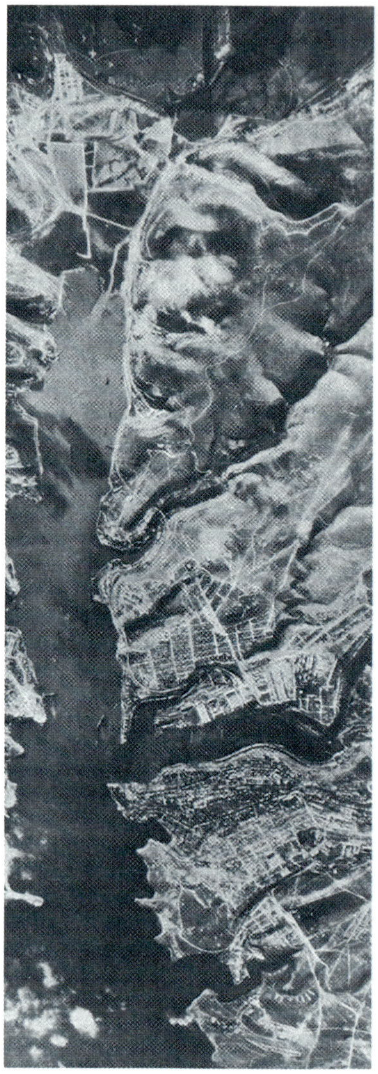

Luftaufnahme von der Festung Sewastopol auf der Halbinsel Krim

Nicht-kämpfende Heereseinheiten

Ohne die nicht-kämpfenden Wehrmachtseinheiten wäre die Kriegführung unmöglich.

Die Heeresnachrichtengruppe der deutschen Wehrmacht hat seit dem Angriff auf die Sowjetunion (→ 22. 6./S. 98) auf diesem Kriegsschauplatz rund 600 000 km Kabel und Leitungen verlegt. Baueinheiten sind an der Ostfront mit der Umrüstung des sowjetischen Schienennetzes auf die Spurweite deutscher Lokomotiven und Waggons beschäftigt und errichten Verteidigungsanlagen. Transportkompanien sorgen u.a. für den Nachschub zur Front und den Abtransport von Verwundeten. In Lazaretten und Verbandsstationen versorgen Sanitätseinheiten Verletzte und verwundete Soldaten.

Deutsche Nachrichtentruppe auf sowjetischem Gebiet: Während zwei Funker im Vordergrund das Empfangs- und Sendegerät bedienen, produziert ein anderer auf der Tretmaschine (r.) elektrischen Strom

Deutsche Soldaten nehmen einen Funkspruch vom Feldfernsprecher auf und notieren ihn; die Flagge zeigt eine Funkstelle an

Flugzeugmechaniker versuchen, den Motor eines Sturzkampfbombers wieder in Gang zu bringen

US-Bemühungen um Papst Pius XII.

6. Oktober. Der Sonderbevollmächtigte von US-Präsident Franklin Delano Roosevelt beim Vatikan, Myron Taylor, überbringt Papst Pius XII. eine Botschaft des US-amerikanischen Staatsoberhauptes. Roosevelt versucht, den Papst für die politischen Ziele der Alliierten im Krieg gegen das Deutsche Reich und Italien zu gewinnen und gleichzeitig einflußreiche religiöse Kreise in den Vereinigten Staaten von seiner Politik zu überzeugen.
Pius XII., der 1939 zum Papst gekrönt wurde, hatte unmittelbar nach seiner Amtsübernahme mehrere Initiativen zur Verhinderung eines Krieges ergriffen. Er war dabei und auch nach Kriegsbeginn darauf bedacht, die Neutralität des Vatikan einzuhalten, so daß er sich jeder öffentlichen Bewertung der deutschen und italienischen Angriffs- und Terrorakte enthielt.
Der Vatikan ist durch seine Lage mitten in Italien ständig gefährdet, obwohl die italienische Regierung dem Kirchenstaat nur wenige Beschränkungen auferlegt hat. Seit Frühjahr 1941 wird jedoch im Vatikan mit der Besetzung durch deutsche Truppen gerechnet.
Unter der Herrschaft Pius XII. wird im Vatikan ein Informationsdienst eingerichtet, durch den der Papst Nachrichten aus nahezu allen europäischen Ländern erhält. Eine päpstliche Hilfsorganisation leistet neben internationaler karitativer Unterstützung auch Hilfe bei der Flucht von Juden aus Europa.
Die US-Regierung möchte den Papst veranlassen, stärker als bisher auch in der Öffentlichkeit gegen das NS-Regime aufzutreten. Es soll verhindert werden, daß die Nationalsozialisten sich durch das Schweigen des Papstes vor der Weltöffentlichkeit gerechtfertigt fühlen.

Papst Pius XII. *(*2. 3. 1876 in Rom), vorher Eugenio Pacelli, war in der Zeit von 1920 bis 1929 als Nuntius des Papstes in Berlin tätig, bevor er 1929 zum Kardinal und am 2. März 1939 in Rom zum Papst gewählt wurde*

Bombenabwürfe auf die Schweiz

12. Oktober. Ein britischer Bomber wirft über dem Weiler Buhwil im Schweizer Kanton Thurgau mehrere Bomben ab. Drei Menschen werden getötet, ein Gehöft wird fast vollständig zerstört.
Die »Neue Zürcher Zeitung« berichtet über die Folgen des Bombenabwurfes: »Zur Zeit des Bombeneinsatzes waren die zwei Wohnhäuser von sieben Personen bewohnt... Eine Bombe fiel direkt auf den mittleren Gebäudeteil und drückte das Haus auf einer Breite von etwa acht Metern zusammen... Beim Wohnhaus ist das Dach vollständig eingedrückt; die Mauern sind auseinandergeborsten und die Zimmer nach Westen vollständig aufgerissen... Die ganze Liegenschaft ist ein großer Trümmerhaufen.«
Die schweizerische Bundesregierung protestiert nach der Feststellung der Nationalität des Flugzeuges bei der britischen Regierung und fordert Ersatz für den angerichteten Schaden. Schon Ende September hatte eine Staffel von 50 britischen Bombern den Schweizer Luftraum verletzt und war von der Schweizer Luftabwehr beschossen worden.
Fehlerhafte Navigationsgeräte werden von der britischen Regierung als Begründung für die Bombenabwürfe und das Überfliegen der Schweiz angeführt.

Festungshaft für Blum und Daladier

16. Oktober. Der Staatschef des von deutschen Truppen nicht besetzten Teils von Frankreich, Marschall Philippe Pétain, gibt in einer Rundfunkansprache bekannt, daß die Politiker Léon Blum und Édouard Daladier vom Politischen Gerichtshof zu Festungshaft verurteilt wurden. Die beiden sozialistischen Politiker werden verantwortlich gemacht für Frankreichs Eintritt in den Krieg und die französische Niederlage gegen das Deutsche Reich.

Der französische Politiker Léon Blum (* 9. 4. 1872 in Paris) gründete 1902 mit Jean Jaurès die reformistische Sozialistische Partei Frankreichs und war 1936/37 und 1938 französischer Ministerpräsident

Édouard Daladier (* 18. 6. 1884 in Carpentras/Vaucluse) war ab 1919 Abgeordneter der radikalsozialistischen Partei Frankreichs, deren Vorsitz er 1927 bis 1931 innehatte; seit 1924 wurde er mehrmals zum Ministerpräsidenten gewählt

Hier versorgt eine Sanitätseinheit einen verwundeten Kameraden; nachdem sie einen ersten notdürftigen Kopfverband angelegt haben, heben ihn die Sanitäter auf eine bereitstehende Trage, mit der sie ihn in das nächst gelegene Lazarett zur weiteren Behandlung fahren

Eine Truppe des deutschen Sicherheits- und Hilfsdienstes ist im Scheinwerferlicht in der Nacht mit dem Durchbruch einer Mauer beschäftigt

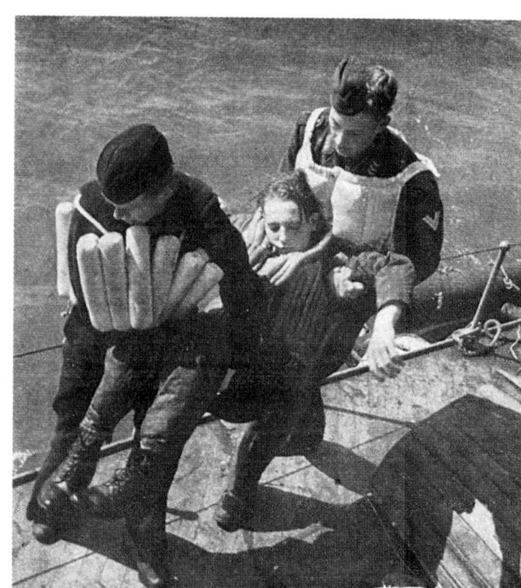

Der militärische Seenotrettungsdienst birgt einen abgestürzten Flieger aus einem Gummiboot; er wird auf dem schnellsten Weg zur ärztlichen Versorgung auf das Flugsicherungsboot gebracht

Militarist Todscho Ministerpräsident

16. Oktober. Das japanische Kabinett unter Fumimaro Fürst Konoe tritt zurück, nachdem Verhandlungen mit der US-Regierung gescheitert sind. Der bisherige Kriegsminister Hideki Todscho übernimmt die Regierung in Tokio und legt in einer Konferenz mit dem Oberkommando von Armee und Marine Richtlinien für die zukünftige japanische Politik fest.

Fumimaro Konoe hatte seit April versucht, zu einer Übereinkunft mit der US-Regierung bezüglich des japanisch-US-amerikanischen Interessenkonfliktes in der Pazifikregion zu kommen (→ 16. 4./S. 68). Durch die japanische Expansionspolitik in diesem Raum sehen die USA, die von dort wichtige Rohstoffe beziehen, ihre Position bedroht. Am 6. September hatte der japanische Kronrat beschlossen, Krieg gegen die USA zu führen, falls die Verhandlungen mit den USA bis zum 10. Oktober keine Ergebnisse erbringen (→ 20. 10./S. 170; 20. 11./S. 182). Da die US-Regierung für Japan unannehmbare Forderungen stellt, drängen die Militärs auf den sofortigen Rücktritt Konoes.

Hideki Todscho war 1940 Kriegsminister, bevor er 1941 zum Staatspräsidenten Japans gewählt wird

Im Westen wird der Regierungswechsel mit Besorgnis aufgenommen. Die »Neue Zürcher Zeitung« schreibt: »Die meisten Kommentare in England und – wie man erfährt auch in den Vereinigten Staaten – unterstreichen, daß der neue Premierminister Tojo [Todscho] durch und durch Militarist sei und daß seine Sympathien entschieden auf der Seite der Achsenmächte lägen.«

Verhandlungen zwischen Japan und USA

Seit dem → 16. April (S. 68) verhandeln Vertreter der US-Regierung und der japanischen Führung in meist geheimgehaltenen Besprechungen über eine Beilegung der Interessenkonflikte.

Die japanische Regierung unter Ministerpräsident Fumimaro Fürst Konoe und Außenminister Josuke Matsuoka verfolgt das Ziel, eine wirtschaftlich unabhängige »Großasiatische Wohlstandssphäre« unter japanischer Führung in der Pazifikregion aufzubauen und die Vereinigten Staaten zur Einhaltung strikter Neutralität zu veranlassen.

US-Präsident Franklin D. Roosevelt und Außenminister Cordell Hull wollen die US-Position im Pazifikraum festigen, da die USA wichtige Rohstoffe von dort beziehen. Sie versuchen daher u. a., Japan aus dem Dreimächtepakt mit dem Deutschen Reich und Italien zu isolieren und den Rückzug japanischer Truppen aus China zu erreichen, dessen östlicher Teil unter Japans Kontrolle steht. Japans Position im Pazifik soll so geschwächt werden.

Der japanische Gesandte S. Kurusu (r.) mit US-Außenminister Cordell Hull (M.) in Singapur

Die Chancen für einen Ausgleich sinken mit der Dauer der Verhandlungen. Als Japan Truppen in Französisch-Indochina stationiert (→ 29. 7./S. 120), reagiert die US-Regierung mit Wirtschaftssanktionen. Zudem streben führende japanische Militärs ein Losschlagen gegen die USA an (→ 20. 11./S. 182; 7. 12./S. 194).

Vorbereitungen für Angriff auf USA

20. Oktober. Die japanische Kriegsmarine beginnt mit den Vorbereitungen für einen Angriff auf den Stützpunkt der US-amerikanischen Pazifikflotte in Pearl Harbor auf Hawaii (→ 7. 12./S. 194).

Nach den ergebnislosen Verhandlungen zwischen der japanischen und der US-amerikanischen Führung seit April des Jahres hatte der japanische Kronrat am 6. September beschlossen, den Krieg gegen die USA zu beginnen, falls bis zum 10. Oktober keine Übereinkunft erzielt sei. Die japanische Armee erhielt den Auftrag, bis Ende Oktober alle Vorbereitungen für diesen Fall abgeschlossen zu haben.

Obwohl das Verhandlungsultimatum nach dem Regierungswechsel in Japan am → 16. Oktober (S. 170) noch einmal verlängert wurde, planen japanische Militärstrategen den Krieg gegen die USA. Zugleich bereiten sie den Vormarsch in den Südpazifik vor, u. a. um dortige Ölfelder unter ihre Kontrolle zu bringen.

Staatsstreich in Panama

9. Oktober. In dem mittelamerikanischen Staat Panama wird Staatspräsident Arnulfo Arias gestürzt. Der bisherige Innenminister Ricardo Adolfo de la Guardia übernimmt in Abwesenheit des Präsidenten, der sich zur ärztlichen Behandlung in Kuba aufhält, die Macht.

Panama ist wegen des Kanals, der die wichtigste Verbindung zwischen dem Pazifischen und dem Atlantischen Ozean ist, von großer wirtschaftlicher und militärstrategischer Bedeutung für die USA. Da dem bisherigen Präsident Arias Sympathien für das Deutsche Reich und Italien vorgeworfen werden, verstärken sich Gerüchte, daß die US-Regierung an dem Umsturz beteiligt ist.

Einen Tag vor dem Umsturz meldet die US-amerikanische Nachrichtenagentur United Press, daß die US-Marine in Panama eine »Küsten- und Grenzverteidigungsflotte« stationiert hat, zwei Tage später heißt es in einer Verlautbarung der US-Regierung in Washington, daß der Umsturz »zu einer engeren Zusammenarbeit mit den Vereinigten Staaten in der Frage der Verteidigung der westlichen Hemisphäre, besonders aber in der Frage der Verteidigung des Panamakanals führen werde«.

US-Außenminister Hull, Gerüchten zufolge in den Putsch verwickelt

Streit im Innern – einig nach außen

6. Oktober. Nach innenpolitischen Differenzen zwischen der liberalen Nationalpartei Australiens und der Labour Party übernimmt Labour-Vorsitzender John Curtin das Amt des australischen Premierministers. Er ist in diesem Jahr bereits der dritte Premier Australiens. Im August war der Liberale Robert Gordon Menzies von Arthur William Fadden abgelöst worden, der sich jedoch nur wenig länger als einen Monat im Amt halten konnte.

Die Meinungsverschiedenheiten in Australien betreffen vor allem wirtschaftliche und soziale Fragen. Außenpolitisch stellen sich alle australischen Premierminister auf die Seite Großbritanniens und der USA. Der neue australische Premier macht wie seine Vorgänger in einer Regierungserklärung unmittelbar nach seinem Amtsantritt deutlich, daß Australien weiterhin Großbritannien mit Truppen und Hilfslieferungen unterstützen und in einen Krieg im Pazifik aktiv gegen Japan eingreifen werde.

Deportation von Juden zur »Endlösung«

14. Oktober. Kurt Daluege, Chef der Ordnungspolizei im Deutschen Reich, gibt den Befehl zur Deportation von Juden: 19287 Juden aus Berlin, Wien, Prag, Köln und anderen Städten des Deutschen Reiches werden nach Lodz abtransportiert. Ein zweiter Befehl Dalueges vom 24. Oktober ordnet die Deportation von 50000 Juden nach Riga und Minsk bis Ende November an.

Die Zusammenfassung der jüdischen Bevölkerung und ihr Abtransport in osteuropäische Ghettos ist eine der Maßnahmen zur nationalsozialistischen »Endlösung der Judenfrage«, mit der SS-Obergruppenführer Reinhard Heydrich von Reichsmarschall Hermann Göring beauftragt worden ist (→31. 7./ S. 121; 3. 9./S. 150).

Die zur Deportation vorgesehenen Juden erhalten auf Anordnung des Reichssicherheitshauptamtes, das der SS untersteht, »Evakuierungsbefehle«. Zu einer angegebenen Zeit werden sie von Polizisten abgeholt und zu zentralen Sammelstellen gebracht, wo sie auf ihren Abtransport warten müssen. Von dort werden sie zu den Bahnhöfen geführt, wobei sie in manchen Fällen in Kolonnen durch die Innenstädte geleitet werden, ohne daß die Bevölkerung Kenntnis von ihnen nimmt.

Die Verladung der Juden in Sonderzüge, die von bewaffneten SS-Einheiten genau überwacht wird, schildert ein Augenzeuge aus Nürnberg: »Abgezählt vor jedem Abteil, genau nach Nummern geordnet stehen sie vor den Wagentüren. Das Einsteigesignal wird gegeben, da wird schon mit den KZ-Methoden angefangen. Es ist keine Einstiegsrampe vorhanden. Frauen und Kinder und ältere Personen müssen hinaufgehoben werden, und wer nicht schnell genug in einem Abteil verschwindet, wird mißhandelt.«

Jüdisches Ghetto in Lodz, in das zahlreiche der 1941 fast 70000 aus den Großstädten des Deutschen Reiches deportierten Juden verschleppt werden

»Entrümpelung schlechter Sitten«

10. Oktober. Die Geheime Staatspolizei (Gestapo) in der Stadt Hannover nimmt einen Kellner wegen »Verstoßes gegen den Geist der Volksgemeinschaft« fest.

In einem Zeitungsbericht wird geschildert, daß der Kellner sich unhöflich gegenüber einer Frau benommen habe: »Die Frau, die als Mittagsgast das Lokal aufgesucht hatte, wartete bereits eine Stunde auf ihr Essen. Auf ihre Frage an den bedienenden Kellner, ob ihr Essen jetzt bald kommen würde, rief er ihr laut und von allen Gästen hörbar ein gewisses Zitat aus Götz von Berlichingen zu. Für dieses Benehmen wurde er einer Stelle zugeführt, wo ihm keine Gelegenheit gegeben ist, deutsche Frauen zu beleidigen.«

Die Nationalsozialisten nehmen diesen Vorfall zum Anlaß, Maßnahmen zur »Entrümpelung schlechter Sitten« anzukündigen und die Bevölkerung um Mitarbeit zu bitten, was einer Aufforderung zur Denunziation gleichkommt.

Vertrag zur Propaganda

22. Oktober. Reichsaußenminister Joachim von Ribbentrop und Reichspropagandaminister Joseph Goebbels schließen ein geheimes Abkommen, in dem sie eine enge Zusammenarbeit bei der deutschen Auslandspropaganda und der künftigen Auswertung gegnerischer Propaganda vereinbaren.

Am 8. September 1939 hatte der Führer und Reichskanzler Adolf Hitler die außenpolitische Propaganda des Deutschen Reiches dem Auswärtigen Amt (AA) unterstellt. Gegen diese Regelung wehrte sich Goebbels, da er seine Kompetenzen stark eingeschränkt sah. Insbesondere im Bereich Rundfunkarbeit verschärfte sich der Konflikt zwischen Ribbentrop und Goebbels; es kam sogar zu Handgreiflichkeiten zwischen Bediensteten beider Ministerien, z. B. als Goebbels im Herbst 1940 Ribbentrops Leute aus den Räumen der Reichsrundfunkgesellschaft hinauswerfen ließ.

Im nun unterzeichneten Arbeitsabkommen wird gegenseitige Information und gemeinsame Kontrolle über die Auslandspropaganda verabredet, damit die weitere Arbeit nicht gefährdet wird. Die in deutschem Besitz befindlichen ausländischen Rundfunkanstalten werden in die Interradio AG eingebracht, die zu je 50% den beiden Ministerien gehört. In Vorstand und Aufsichtsrat sind AA und Propagandaministerium gleich stark vertreten, die Koordination zwischen beiden Ämtern obliegt AA-Mitarbeiter Kurt Georg Kiesinger. Der Interradio AG wird auch der sog. Sonderdienst Seehaus unterstellt, der bisher im Auftrag Ribbentrops ausländische Radiosendungen auswertete und sog. Funk-Spiegel erstellte.

Auch für andere Bereiche der Auslandspropaganda werden konkrete Übereinkünfte getroffen. Die Arbeit von AA und Propagandaministerium ist jedoch auch nach Vertragsabschluß von Mißtrauen gekennzeichnet, da beide Ämter weiterhin die alleinige Kontrolle der Propaganda anstreben.

UdSSR-Spion Sorge in Tokio verhaftet

18. Oktober. Der deutsche Journalist Richard Sorge, der für die »Frankfurter Zeitung« in Japan arbeitet, wird wegen Spionagetätigkeit für die Sowjetunion von der japanischen Polizei in Tokio verhaftet. Sorge ist seit 1933 in Japan tätig und hatte dort einen gut funktionierenden Spionagering aufgebaut.

Der 1895 geborene Sorge verfügte in Japan über gute Kontakte zu Spitzenpolitikern und Militärs, wodurch er genauen Einblick in die Politik der japanischen Regierung hatte. Er hatte u. a. die sowjetische Regierung 1940 vor dem Abschluß des Dreimächtepaktes über das Zustandekommen dieses Bündnisses zwischen Japan, Italien und dem Deutschen Reich informiert. Wenige Wochen vor seiner Festnahme konnte er die sowjetische Führung davon unterrichten, daß Japan nicht auf deutscher Seite in den Krieg gegen die UdSSR eintreten wird. Diese Nachricht ermöglichte es der Roten Armee, Truppen von der sowjetischen Ostgrenze abzuziehen und in den Kämpfen gegen die deutschen Wehrmachtseinheiten vor Moskau einzusetzen (→16. 10./S. 166).

Drei Jahre nach seiner Verhaftung wird Richard Sorge, der auch enge Kontakte zur deutschen Botschaft in Tokio unterhielt, hingerichtet.

Journalist Richard Sorge, Geheimagent in Japan seit 1933

Erschießungen von Geiseln

21. Oktober. In der französischen Hafenstadt Nantes im von deutschen Truppen besetzten Teil Frankreichs werden auf Anweisung der Besatzungsbehörden nach einem Anschlag auf einen deutschen Offizier 50 Menschen, darunter viele Kommunisten, ermordet.
Am gleichen Tag wird in Bordeaux ein weiterer deutscher Offizier erschossen; die Täter können unerkannt fliehen. Auch hier lassen die Behörden 50 Menschen erschießen und drohen, wie auch schon in Nantes, mit der Ermordung weiterer Geiseln, falls die Täter nicht in fünf Tagen gefunden sind.
Am 22. Oktober verhängen die deutschen Behörden, deren Terrormaßnahmen auf Plakaten öffentlich bekannt gemacht werden, ein Ausgehverbot über Nantes. In der Anordnung heißt es, »daß jede Ansammlung von mehr als zwei Personen bis auf weiteres untersagt ist. Ferner darf niemand eine von einem Kordon deutscher Truppen rings um Nantes gebildete Demarkationslinie überschreiten«.
Die Regierung im unbesetzten Teil Frankreichs tritt sofort in Verhandlungen mit den deutschen Behörden ein und beteiligt sich an der Suche nach den Tätern. Gleichzeitig richtet Staatschef Philippe Pétain einen Aufruf an die Bevölkerung: »Eure Pflicht ist klar: Das Morden muß aufhören. Durch den Waffenstillstand haben wir die Waffen niedergelegt. Wir haben nicht das Recht, sie wieder zu ergreifen, um den Deutschen in den Rücken zu fallen.«
General Charles de Gaulle, der von London aus die Bewegung zur Befreiung Frankreichs anführt, appelliert an die Bevölkerung, sich ruhig zu verhalten, bis »mit einem Angriff von außen das Zeichen zum inneren Aufruhr gegeben wird«.
Auch in anderen besetzten Gebieten reagieren die deutschen Besatzer mit Massenerschießungen auf den Widerstand der Bevölkerung. In den ehemals jugoslawischen Orten Kragujevac und Kraljevo werden im Oktober über 9000 Menschen ermordet, die in Gebieten leben, die von Partisanen kontrolliert werden. Der deutsche Terror schürt jedoch nur den Widerstandswillen der Menschen. Die Besatzungsbehörden registrieren eine Zunahme der Widerstandsaktionen.

De Gaulle (M., mit Eden, l., in London) mahnt die Franzosen zur Ruhe

Radiopropaganda der BBC verstärkt

9. Oktober. Die britische Regierung trifft Maßnahmen zur Neuorganisation der Auslandssendetätigkeit der Rundfunkgesellschaft British Broadcasting Corporation (BBC). Die Auslandsaktivitäten der BBC werden einem »Ausschuß für den politischen Krieg« unterstellt, zu dem u. a. Außenminister Anthony Eden und Informationsminister Brendan Bracken gehören.
Die politischen Sendungen für die besetzten und feindlichen Gebiete werden organisatorisch von den Sendungen für das übrige Europa getrennt. Die britische Regierung will ihre Propaganda gegen das Deutsche Reich vor allem in den besetzten Ländern intensivieren, um den Widerstand der Bevölkerung gegen die Besatzung zu fördern. Die von der BBC ausgestrahlten Sendungen werden dort oft gehört, da sie häufig die einzige Informationsquelle der Bevölkerung neben der deutschen Propaganda sind.

Ablehnung und Gewalt gegen Deutsche in besetzten Ländern

3. Oktober. In Kroatien, einem Staat, der aus einem Teil des ehemaligen Jugoslawien gebildet wurde, wird ein neues Schulgesetz verkündet. Darin wird die Einrichtung deutscher Schulen für die deutschstämmige Bevölkerung vorgeschrieben, die erheblich besser ausgestattet werden als Schulen für kroatische Kinder.
Die Behörden in Ländern, die von deutschen Truppen besetzt sind oder die von engen Verbündeten des NS-Regimes beherrscht werden, bevorzugen die deutschstämmige Bevölkerung durch solche Maßnahmen gegenüber Einheimischen. Diese äußern ihren Unwillen über die Besatzung und ihre Behandlung daher häufig in Pöbeleien, Schikanierungen und Übergriffen gegen Deutsche; einheimische Unternehmer entlassen deutschstämmige Arbeiter, ihnen werden Wohnungen gekündigt, ihre Kinder in den Schulen benachteiligt und ihre Frauen in Geschäften nicht bedient. Als Reaktion wenden diese sich an nationalsozialistische Organisationen, durch die die Interessen der deutschen Bevölkerung im Ausland vertreten werden sollen. Erwirkt werden dabei häufig Sonderregelungen für Deutsche, die wiederum den Unwillen der Einheimischen wecken.
Eine ähnlich scharfe Ablehnung von seiten der einheimischen Bevölkerung erleben in vielen Fällen deutsche Besatzungssoldaten, die im Ausland stationiert sind.
In den südost- und osteuropäischen Gebieten nimmt die Partisanentätigkeit zu. Große Teile der Bevölkerung unterstützen die Widerstandskämpfer, deren Stärke ständig wächst. Die deutschen Besatzungsbehörden reagieren auf militante Partisanenaktionen mit Terror gegen die Zivilbevölkerung (→ 21. 10./S. 172). Statt Menschen vor Widerstandsaktionen abzuschrecken, fördern sie dadurch den Zulauf zu den Untergrundgruppen.
Die Spannungen zwischen Einheimischen und Deutschen wachsen mit der andauernden Besatzung durch die Eskalation von deutschem Terror und Unterdrückung und dem zunehmend gewalttätigen Widerstand der Einheimischen.

SA-Gruppenführer Siegfried Kasche (M.) schreitet mit General Kvaternik (r.) eine Ehrenkompanie im besetzten Kroatien ab

Volksdeutsche Soldaten aus Serbien kehren in die von der Wehrmacht besetzten Gebiete zurück

Brennende Wohnhäuser nach einem Luftangriff; viele Menschen verlieren durch Bombentreffer ihre gesamte Habe

7köpfige Familie in 1,5 Zimmer-Wohnung

1. Oktober. Nach einer Verordnung der Gauleitung in Posen müssen Dienststellen, Behörden und Privatunternehmen, die Wohnräume für Bürozwecke nutzen, ihre Arbeitsräume in Baracken unterbringen. In Posen werden rund 460 Wohnungen als Büros genutzt.

Mit solchen Erlassen versuchen öffentliche Verwaltungsstellen, der im gesamten Deutschen Reich herrschenden Wohnungsnot Herr zu werden. In den meisten deutschen Städten ist in den zurückliegenden Jahrzehnten versäumt worden, eine ausreichende Zahl von Wohnungen für die anwachsende Bevölkerung zu bauen. Die angespannte Situation hat sich seit Kriegsbeginn in einigen Städten wie Bielefeld durch Zerstörungen bei britischen Bomberangriffen weiter verschärft.

Vor allem für kinderreiche Familien ist es schwierig, eine ausreichend große Wohnung zu finden. Der Sicherheitsdienst der SS meldet in seinen Lageberichten aus diesem Monat: »Dortmund... Als Beispiel sei angeführt, daß in einer Wohnung bestehend aus 2 Zimmern und Küche, folgende Personen wohnen: 1. und 2. die Eltern, 3. die verheiratete Tochter, 4. deren Ehemann, 5. und 6. deren beide Kinder, 7. die zweitälteste Tochter, 8. deren Ehemann, 9. deren Kind... Frankfurt/Oder: So war es kein Einzelfall, daß 5-, 6- und 7-köpfige Familien zum Teil mit heranwachsenden Kindern in 1- bzw. 1½-Zimmerwohnungen hausen.«

Die Bemühungen der Behörden, durch Maßnahmen wie in Posen Wohnraum zu gewinnen, bleiben weitgehend wirkungslos, da der Wohnungsmangel so groß ist, daß nur durch Neubauten Abhilfe zu schaffen ist. Der Wohnungsbau wird aber zurückgestellt, da alle vorhandenen Mittel für Rüstungszwecke genutzt werden. Zugleich wird der Mangel durch Zerstörungen bei Luftangriffen verschärft.

Aufräumungsarbeiten nach einem Luftangriff der Alliierten: Die ohnehin gespannte Lage auf dem deutschen Wohnungsmarkt wird durch die Bombenangriffe der Royal Air Force, der britischen Luftwaffe, noch verschärft

Kleiderkarte mit weniger Punkten

15. Oktober. Im Deutschen Reich wird die dritte Reichskleiderkarte ausgegeben, die mit 120 Punkten die Versorgung mit Kleidung bis Ende 1942 sicherstellen soll. Ein Anzug kostet künftig 80, ein Wollkleid 42 und ein Pullover 19 Punkte.

In Abständen von jeweils einem Vierteljahr werden 20 Punkte zum Einkauf frei, bei größeren Anschaffungen müssen die notwendigen Punkte zusammengespart werden.

Die neue Kleiderkarte hat 30 Punkte weniger als die bisherige und eine um vier Monate verlängerte Laufzeit. Bevorstehende Versorgungsengpässe werden von den Behörden jedoch abgestritten. Tatsächlich sinkt die Produktion der Textilbetriebe, die zugunsten der Rüstungsgüterherstellung auf Rohstoffe und Transportkapazitäten verzichten müssen. Ein großer Teil ihrer Produktion dient zudem der Ausstattung der Wehrmacht, eine Entwicklung, die der Zivilbevölkerung nicht verborgen bleibt.

»Eisernes Sparen« für die Rüstung

31. Oktober. Die nationalsozialistische Regierung führt für Arbeitnehmer im Deutschen Reich aufgrund einer Verordnung zur Kaufkraftlenkung das »Eiserne Sparen« ein. Bis zu 26 Reichsmark pro Monat können Arbeitnehmer durch ihre Arbeitgeber vom Lohn abziehen und auf Konten einzahlen lassen, die bis zum Kriegsende nicht gekündigt werden können.

Durch die Aktivitäten von NSDAP-Mitgliedern in den Betrieben können große Teile der Arbeitnehmerschaft veranlaßt werden, »eiserne Sparkonten« einzurichten. Die illegale Zeitung »Süddeutsche Volksstimme«, die dem NS-Regime vorwirft, sich so neue Finanzmittel für die Rüstung zu beschaffen, schreibt: »Wie springt die Hitlerregierung nun aber mit den lohnarbeitenden Deutschen um? Mit einem Federstrich wurde für diese diktiert, daß ab sofort ein Teil der Löhne und Gehälter auf einem sogenannten ›Eisernen Sparkonto‹ einzubehalten ist... Auf 20 Millionen Lohn- und Gehaltsempfänger berechnet... erpreßt Hitler also annähernd 6 Milliarden Mark aus dem Volke.«

Personenzüge entfallen

31. Oktober. »Um die für die Sicherstellung der Ernährung des deutschen Volkes und die für die Kriegswirtschaft notwendigen Transporte an Kartoffeln, Rüben und Kohle in dem erforderlichen Umfang unbedingt durchführen zu können... werden erhebliche Einschränkungen im Personenverkehr der Deutschen Reichsbahn eintreten«. So kündigt das Deutsche Nachrichten-Büro der Bevölkerung an, daß ab sofort ein großer Teil der Personenzüge ausfallen wird. Die Kapazitäten der Reichsbahn reichen nicht aus, um den Personenverkehr neben Transportzügen zur Front, zu den Rüstungsbetrieben und zur Versorgung der Bevölkerung im gleichen Umfang wie bisher zu betreiben.

Damit der Nachschub an Kriegsgerät und Munition gewährleistet bleibt, wird ein beschädigter Lazarettzug in dem Gebiet vor der sowjetischen Hauptstadt von den Schienen zur Seite gekippt; die Beförderung von Rüstungsgütern hat auch in diesem Fall unbedingten Vorrang

Reichseinheitliche Lohnsteuertabelle

1. Oktober. Auf Verordnung des Finanzministeriums in Berlin tritt reichseinheitlich eine Lohnsteuertabelle in Kraft. Aus ihr können Lohnsteuerhöhe sowie Beiträge zur Rentenversicherung und zur Deutschen Arbeits-Front (DAF) für jede Lohngruppe abgelesen werden.

Wenige Wochen zuvor war eine Verordnung in Kraft getreten, die eine Besserstellung »mitverdienender Ehefrauen« durch eine Steuersenkung vorsieht. Zur Begründung heißt es aus dem Reichswirtschaftsministerium: »Diese Maßnahme dient zugleich der Förderung des Arbeitseinsatzes der Ehefrauen.«

Das NS-Regime reagiert mit Vereinheitlichungen in der Besteuerungspraxis und steuerlicher Begünstigung einzelner Arbeitnehmergruppen auf die wachsende Unzufriedenheit in der Arbeiterschaft über hohe Steuern. Durch »freiwillige Abgaben« z. B. zur DAF, zum Winterhilfswerk und zum »Eisernen Sparen«, die direkt vom Arbeitgeber einbehalten und abgeführt werden (→ 31. 10./S. 173), gleicht die Regierung ihre Mindereinnahmen aber wieder aus.

Messeimpulse für die »Ostwirtschaft«

12. Oktober. In Königsberg wird die dreitägige Ostmesse eröffnet, auf der u. a. Böhmen und Mähren, das Generalgouvernement, Rumänien, Ungarn, Kroatien, Italien und Mandschukuo beteiligt sind. Die Messe umfaßt eine Musterausstellung mit Gebrauchs- und Konsumgütern sowie eine Bauausstellung.

Wirtschaftsvertretern aus dem Deutschen Reich und den angegliederten Gebieten dient die Ostmesse zu Sondierungsgesprächen mit Regierungsfunktionären über die wirtschaftliche Ausbeutung der besetzten sowjetischen Gebiete. In einem Grußwort zum Messeauftakt weist Führer und Reichskanzler Adolf Hitler ausdrücklich auf diese Möglichkeit hin: »Die durch den aufopfernden Einsatz der deutschen Soldaten im Osten geschaffenen neuen Verhältnisse eröffnen der 29. Deutschen Ostmesse neue Wege für die wirtschaftliche Erschließung weiterer Gebiete.«

Die nationalsozialistische Führung hat großes Interesse an der Nutzung und Ausbeutung der sowjetischen Rohstoffe und Arbeitskräfte zugunsten des Deutschen Reiches.

Verschwenderische Stoffülle zeichnet dieses elegante, weich fallende Straßencape aus; passend dazu wird ein gleichfarbiger Turban getragen

Kopenhagener Modell zeigt Details eines ägyptisch inspirierten Hutes

Pelzverbrämte Samtkappe mit Anlehnung an flämische Trachten

Strandmode: Ein Thema für wenige

Kurzer sommerlicher Glockenrock

Schaufensterdekoration am Kurfürstendamm mit luftigen Unterkleidern

Mode 1941:

Stoffreiche Modelle in den Modejournalen

In den deutschen Modezeitschriften wird immer wieder die meisterhafte, eigenständig schöpferische Kraft deutscher Couturiers betont, wie die von Romatzki, Gehringer & Glupp, Corves & Seeger, Horn, Schulze-Bibernell, Schwichtenberg, Stuckenberger und Roth. In Paris, das unter deutscher Besatzung steht, dürfen die verbliebenen Modeschöpfer unter schlechten Voraussetzungen weiterarbeiten, doch ihre Modelle werden kaum vorgestellt. In London führt die Regierung die bis 1952 existierenden »Utility Collections« (Nützlichkeits-Kollektionen) ein, die auch in anderen Ländern beispielgebend für Herstellung und Gebrauch von Textilien und Modezubehör sind.

In der deutschen Mode fällt bei den Frühjahrs- und Sommermodellen ein größerer Stoffverbrauch auf: weite Röcke, selbst Faltenröcke, geraffte Jackenschöße und füllige Weite im Rücken von Mänteln. Auch der stoffaufwendige und gar nicht sehr praktische Fledermausärmel ist häufig. Das elegante Kleid zeigt sich weiterhin mit Raffungen oder einem Kasack und weist höchstens ein kleines eckiges Dekolleté oder den sehr beliebten, sog. Fensterausschnitt auf. Freilich ist vieles für den Export gedacht, da sich nur wenige deutsche Frauen solche Modelle leisten können. Die Zuteilungen auf den Kleiderkarten, die ständig verringert werden, reichen gerade für das Notwendigste.

Im Herbst sieht man wieder strenge Sportkostüme, auch Laufanzüge genannt, mit hüftlangem Schoß sowie Kleider mit einfacher Biesenverzierung. Selbstverständlich gehören auch die vielen Vorschläge, wie zweierlei Stoffe zu einem aparten Modell verarbeitet werden können, in jedes Modejournal. Am wichtigsten für jede Frau aber ist die Fahrradkleidung mit dem bequemen Hosenrock. Aber auch Vorschläge für Golfensembles mit Turban und Strandanzüge werden in Zeitschriften präsentiert.

Eine Veränderung gibt es in der Frisur der Frau: Die über der Stirn gebauschten Locken bleiben, jedoch wird das in den Nacken fallende Haar nun seitlich hochgebürstet und hinten aufgesteckt; halblanges Haar wird nach innen umgerollt, um so auf keinen Fall bei der Arbeit, wie im Gesundheitswesen aus hygienischen Gründen, oder bei der Bedienung von Maschinen aus Sicherheitsgründen, zu stören.

Die Herrenmode ist kein Thema mehr, denn die Herrenoberbekleidungsindustrie beschäftigt sich weitgehend mit der Herstellung von Wehrmachtsuniformen.

Auf Wiener Blusenmode verweist die Reklametafel in Kopenhagen

Kurze, sportliche Kleider und Kostüme benötigen wenig Stoff

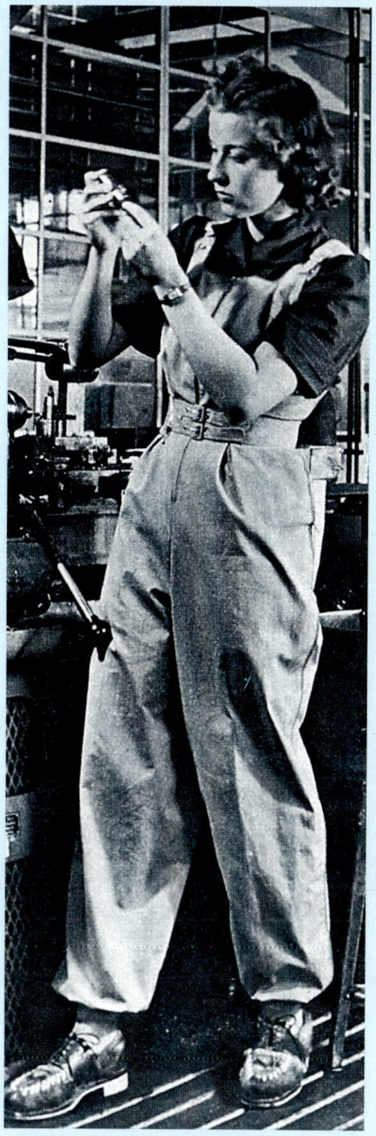

Praktischer Overall aus derbem Leinentuch für die Fabrikarbeit

Begeisterung für Gründgens als »Mephisto«

11. Oktober. Im Berliner Staatlichen Schauspielhaus am Gendarmenmarkt wird »Faust I« von Johann Wolfgang von Goethe in der Inszenierung des Schauspielhaus-Intendanten Gustaf Gründgens aufgeführt. Neben Gründgens, der den »Mephisto« spielt, sind Paul Hartmann als Faust und Käthe Gold als Gretchen zu sehen.

Presse und Publikum sind gleichermaßen von der Gründgens-Inszenierung begeistert. Der »Berliner Lokal-Anzeiger« schreibt am 14. Oktober: »Wenn der Herr redet, glüht golden die Säule der Engel auf; nur der Teufel steht, ausgeschlossen von Strahl und Gnade, im Dämmerblauen, Kaltschillernden. Eine Prologszene aus kosmischer Phantasie,... nahe den ewigen Mächten, die kämpfend hinunterwirken zu unserem Stern, zu dem Menschen Faust, der, ewig wie sie, durch die Welt gehen muß, damit Gottes und Teufels Streit Fleisch und Blut werde in seiner Schuld... Jede große ›Faust‹-Aufführung wird zum Durchbruch, zur Versinnbildlichung der übermenschlichen Mächtespannungen streben und das irdische Beiwerk damit überhöhen wollen. Die Neueinstudierung von Gustaf Gründgens ist voller Verachtung des Naturalistischen, des nur Poetischen, des Zufälligen in Erscheinung oder Psychologie; hervor springt schon äußerlich in allen nur möglichen Ausdrucksmitteln der Dekorationen, des Films, der Farbe... ein Wille, die grenzenlos gesetzvolle, maßlos dämonische, höhere Welt zu beschwören... Gründgens selber ist Mephisto wie früher, Luzifer und gefallener Engel, genial-bestechendes Inbild des tausendfältig-unwandelbaren, allergescheitesten Teufels dieser Welt... Und so wird dieses ganze Ensemble... ein innerstes Erlebnis der Menschenkunst, das die Zuschauer tief ergreift.«

Gustaf Gründgens hatte im Dezember 1932 in seiner Antrittsrolle am Berliner Staatsschauspielhaus bereits den »Mephisto« gespielt. Damals galt sein Auftritt bei Theaterkritikern als Sensation. Der »Berliner Börsen-Courier« schrieb zu seiner schauspielerischen Leistung: »Spannung erzeugt ein Schauspieler wie Gustaf Gründgens, wo immer er auftritt. Es ist nicht leicht, die reservierte Haltung eines Staatstheaterparketts zu durchschlagen... Gründgens wirbelt durcheinander... Er zwingt die Leute zuzuhören, ja oder nein zu sagen... Gründgens spielt den Agenten Fausts, einen Manager Schmelings, einen Stellenvermittler der Hölle.«

Der 1899 in Düsseldorf geborene Gustaf Gründgens ist ein gefeierter Star auf deutschen Theaterbühnen. Während der 20er Jahre hatte er gemeinsam mit Klaus und Erika Mann, den Kindern des Schriftstellers Thomas Mann, Theater gespielt. Sein großes schauspielerisches Können brachte ihm später ein Engagement in Berlin ein, wo er seit 1934 Intendant des Staatlichen Schauspielhauses ist.

Nach der Machtübernahme durch die Nationalsozialisten läßt sich Gründgens von Reichsmarschall Hermann Göring fördern, mit dessen Ehefrau, der Schauspielerin Emmy Sonnemann, er befreundet ist. Durch diesen Kontakt kann Gründgens sich u.a. erfolgreich für einige Schauspieler einsetzen, die von Verfolgung bedroht sind.

Gustaf Gründgens, der dem NS-Regime als ein Repräsentant des künstlerischen Schaffens im Deutschen Reich dient, spielt in diesem Jahr auch die Titelrolle in William Shakespeares »Julius Caesar«; im Juni inszeniert er das Stück »Alexander« von Hans Baumann, einem von den Nationalsozialisten geförderten Schriftsteller. An der Staatsoper Wien inszeniert er die Oper »Die Zauberflöte« von Wolfgang Amadeus Mozart, und er wirkt in den Filmen »Ohm Krüger« (→4. 4./S. 74) und »Friedemann Bach« (→25. 6./S. 107) mit. Das Regime macht den auch international anerkannten Star zum Aushängeschild seiner Kulturpolitik, wodurch Gründgens in die Kritik von NS-Gegnern gerät.

Szene aus der umjubelten »Faust«-Aufführung in Berlin; v. l.: Käthe Gold als Gretchen, Maria Koppenhöfer als Marthe und Gustaf Gründgens als Mephisto

Marika Rökk in dem Farbfilm »Frauen sind doch bessere Diplomaten«

Kinos zeigen ersten deutschen Farbfilm

31. Oktober. In Berlin wird der erste lange deutsche Farbspielfilm (93 min) uraufgeführt. Marika Rökk, Willy Fritsch, Aribert Wäscher und Ursula Herking spielen unter der Regie von Georg Jacoby die Hauptrollen in dem Kostümfilm »Frauen sind doch bessere Diplomaten«.

Die Technik des Farbfilms

Seit Beginn des 20. Jahrhunderts wird an Farbfilmverfahren gearbeitet. Bis zu den 30er Jahren sind zwei Verfahren entwickelt worden; bei »Technicolor« werden in einer riesigen Kamera drei Filme gleichzeitig belichtet, die jeweils eine der drei Grundfarben aufnehmen. Beim Kopieren werden diese auf einen Filmstreifen übertragen, wodurch eine weitgehend natürliche Farbwiedergabe möglich ist. Beim »Kodachrome«-Verfahren wird ein dreischichtiger Film belichtet, bei dem jede Schicht eine der drei Grundfarben aufnimmt. Ein ähnliches Verfahren wurde auch von der deutschen Firma »Agfa« entwickelt.

Der Farbfilm der Universum Film AG (Ufa), der wegen schlechter Farbqualität kritisiert wird, wurde bereits 1939 gedreht. Da es Schwierigkeiten bei der Herstellung von Farbkopien gab, kann er erst jetzt uraufgeführt werden. 1936 wurde der erste deutsche Farbtestfilm, »Das Schönheitsfleckchen«, produziert.

Fußballsonntag mit zwei Länderspielen

5. Oktober. Zwei deutsche Fußballnationalmannschaften tragen zur gleichen Zeit in Helsinki und Stockholm Länderspiele gegen die Mannschaften Finnlands und Schwedens aus. Im Spiel gegen die Finnen bleiben die Deutschen mit 6:0 siegreich, während sie gegen Schweden 2:4 verlieren. Die »Münchner Neuesten Nachrichten« berichten von einem »schweren Fußballsonntag«.

Im Stadion von Helsinki tritt die deutsche Nationalelf vor 12 000 Zuschauern an, unter denen sich auch Finnlands Ministerpräsident Risto Ryti befindet. Die überlegene deutsche Mannschaft führt zur Halbzeit 2:0 durch Tore von Hermann Eppenhoff (Schalke 04) und Ernst Willimowski (PSV Chemnitz). In der zweiten Spielhälfte der sehr einseitigen Begegnung erzielen beide Spieler noch je zwei Treffer.

In Stockholm tritt die deutsche Mannschaft vor 40 000 Zuschauern an. Auf der Ehrentribüne verfolgen u. a. der schwedische König Gustav V., sein Sohn, der spätere Gustav VI. Adolf, und Ministerpräsident Per Albin Hansson das Spiel. Die deutschen Tore in dem Spiel, das die schwedische Auswahl überlegen für sich entscheidet, erzielen Ernst Lehner (Blau-Weiß Berlin) und Fritz Walter (1. FC Kaiserslautern).

Rudolf Gellesch vom 1. FC Schalke 04 kommt gegen Finnland zum Einsatz

Andreas Kupfer von Schweinfurt 05 spielt in Stockholm gegen Schweden

Die deutsche Nationalmannschaft hat in diesem Jahr sieben Länderspiele absolviert, von denen sie fünf für sich entscheiden konnte. Nur in Schweden, wo sie 1911 zum letzten Mal siegreich war, und gegen die Schweizer Elf in Bern (→ 20. 4./S. 75) unterliegt sie.

Boxer kämpfen in ausverkauften Hallen

26. Oktober. In Breslau endet ein Box-Länderkampf zwischen der deutschen Auswahl und Italien 8:8. Die deutsche Boxstaffel stellt die Sieger im Fliegen-, Leicht-, Welter- und Halbschwergewicht, die Italiener siegen im Bantam-, Feder-, Mittel- und Schwergewicht. Alle Kämpfe in der ausverkauften Jahrhunderthalle werden mit Punktsiegen beendet.

Heinz Lazek, der im Vorjahr Deutscher Meister im Schwergewicht geworden war, verteidigt am gleichen Tag in der bis auf den letzten Platz besetzten Berliner Deutschlandhalle seinen Titel gegen Herausforderer Walter Neusel, der 1938 Deutscher Schwergewichtsmeister im Boxen war. In dem Kampf über zwölf Runden liegt Neusel bis zur sechsten Runde knapp nach Punkten in Führung. Danach steigert sich der 10 kg leichtere Titelverteidiger aber so, daß er, angefeuert von den begeisterten Zuschauern, den Kampf für sich entscheiden kann.

Deutsche Spitzensportler im Einsatz an den Kriegsfronten

Seit Kriegsbeginn sind viele deutsche Spitzensportler zur Wehrmacht eingezogen worden. Zeitschriften und Propagandablätter berichten in großer Aufmachung über prominente deutsche Sportler im Fronteinsatz.

Die Propagandazeitschrift der Luftwaffe, »Der Adler«, schreibt unter der Überschrift »Kampf im Krieg und Frieden«: »In vielen sportlichen Wettkämpfen, die trotz des Krieges überall im Reich veranstaltet werden, stehen Angehörige der Luftwaffe als Mitkämpfer und Sieger in der vordersten Front. Das ist kein Zufall, denn Sport und Fliegerei gehören seit jeher zusammen. Ob Kampfflieger oder Jäger, ob Flakartillerist oder Mann des Bodenpersonals, sie alle brauchen im Augenblick des entscheidenden Einsatzes einen gesunden, widerstandsfähigen Körper.«

Auf Bildern zu diesem Bericht werden u. a. Gotthard Handrick, Goldmedaillengewinner der Olympischen Sommerspiele in Berlin 1936 im Modernen Fünfkampf, Alfred Schwarzmann, Goldmedaillengewinner im Zwölfkampf der Turner in Berlin, und der bekannte Mittelstreckenläufer Rudolf Harbig (→ 24. 5./S. 93) gezeigt. Auch der deutsche Boxer Max Schmeling, Skispringer Gustl Berauer und Leichtgewichtsringer Heinrich Nettesheim sind beliebte Vorzeige-Sportler und -Soldaten der deutschen Armeeführung und des nationalsozialistischen Regimes.

Bei den im Deutschen Reich stattfindenden Sportveranstaltungen können viele männliche Spitzensportler nicht teilnehmen, da sie keinen Urlaub vom Wehrmachtsdienst erhalten oder nicht rechtzeitig von der Front zu Wettkämpfen kommen können. Bei den Deutschen Leichtathletikmeisterschaften in Berlin (→ 19. 7./S. 127) weist die Presse darauf hin, daß »leider nicht alle Meldungen eingehalten werden konnten«. Das Publikum muß in vielen Fällen auf sportliche Darbietungen der deutschen Spitzenathleten verzichten.

Der deutsche Berufsboxer Max Schmeling bei der Fliegerstaffel

Unteroffizier Dieter Giesen (l.) und Rudolf Harbig beim 800 m-Lauf

Auch Finnlands berühmter Speerwerfer Achill Järvinen muß an die Front

November 1941

Mo	Di	Mi	Do	Fr	Sa	So
					1	2
3	4	5	6	7	8	9
10	11	12	13	14	15	16
17	18	19	20	21	22	23
24	25	26	27	28	29	30

1. November, Sonnabend

In der Slowakei wird Juden das Reisen in Eisenbahnen nur noch in gesonderten Abteilen erlaubt, Briefe von und an Juden müssen mit dem Judenstern gekennzeichnet sein; auch in Rumänien treten Verordnungen über die Behandlung der Juden in Kraft.

Die Anzeigenteile der deutschen Zeitungen werden neu gestaltet, da es Proteste der Bevölkerung gegen unnötige Werbung auf Kosten von Nachrichten und Reportagen gegeben hat.

Eine Sturmflut an den Kanarischen Inseln verwüstet die Insel Gomera. Die Schäden belaufen sich umgerechnet auf weit mehr als 10 Millionen RM.

Im Haus des Dirigenten Ernst Römer in Mexiko-Stadt trifft sich erstmals ein Heinrich-Heine-Club, in dem sich deutsche Künstler und Intellektuelle unter der Präsidentschaft der Schriftstellerin Anna Seghers zusammengeschlossen haben (→15. 11./S. 189).

2. November, Sonntag

Ein britischer Kreuzerverband kapert östlich des Kaps der Guten Hoffnung einen französischen Konvoi aus fünf Handelsschiffen mit zusammen 39 589 Bruttoregistertonnen.

Der Reichsführer SS und Chef der deutschen Polizei, Heinrich Himmler, fordert die Polizeibehörden in einem Runderlaß auf, Verstöße und Nachlässigkeiten im Umgang mit Autoreifen, deren Beschaffung den zuständigen deutschen Stellen ernste Schwierigkeiten bereitet, schärfstens zu ahnden. →S. 187

Im Endspiel um den deutschen Fußballpokal (Tschammerpokal) besiegt Titelverteidiger Dresdner SC den Gelsenkirchener Verein FC Schalke 04 in Berlin 2:1. →S. 189

3. November, Montag

Sowjetische Bomberstaffeln fliegen einen Luftangriff auf die finnische Hauptstadt Helsinki.

4. November, Dienstag

Durch die zweite Verordnung zur Durchführung des Ehegesundheitsgesetzes im Deutschen Reich sind Eheleute gezwungen, vor der Eheschließung eine »Unbedenklichkeitsbescheinigung« des zuständigen Gesundheitsamtes beim Standesamt vorzulegen; eine Ausnahme gilt nur für Soldaten. →S. 187

5. November, Mittwoch

Der japanische Kronrat beschließt, den Krieg gegen die Vereinigten Staaten durch einen Überraschungsangriff auszulösen, falls es bei den laufenden Verhandlungen zwischen Regierungsvertretern beider Staaten bis zum 25. November keine Übereinkunft gibt (→20. 11./S. 182).

6. November, Donnerstag

Der frühere sowjetische Außenminister Maxim M. Litwinow wird Botschafter seines Landes in den Vereinigten Staaten.

Der finnische Marschall Carl Gustaf Emil Freiherr von Mannerheim befiehlt der Karelischen Armee, den weiteren Vormarsch gegen die UdSSR zu stoppen und Verteidigungsstellungen zu beziehen; die Stellungen sollen so befestigt werden, daß sie dauerhaft gehalten werden können.

In einer Rede vor dem Obersten Sowjet gibt Parteichef Josef W. Stalin die bisherigen sowjetischen Verluste mit 350 000 Toten, 378 000 Verwundeten und mehr als einer Million Vermißten an; die tatsächlichen Verluste der Roten Armee sind jedoch weit höher.

Der deutsche Schauspieler Joachim Gottschalk scheidet gemeinsam mit seiner jüdischen Frau Meta und Sohn Michael in Berlin aus dem Leben. →S. 189

Buchhändler im Deutschen Reich äußern Befürchtungen, daß sie zukünftig die Verbraucher nicht mehr ausreichend mit Büchern versorgen können; drastische Einschränkungen der Buchproduktion und ein wachsendes Interesse der Bevölkerung an Büchern bilden den Hintergrund für diese Sorge.

7. November, Freitag

Adolf Hitler stellt die Eroberung der sowjetischen Ölfelder im Kaukasus, die ursprünglich für dieses Jahr geplant war, bis 1942 zurück.

Die Stabschefs der US-Streitkräfte weisen ihre Operationsabteilung an, in die bestehenden Pläne für die Kriegführung im Pazifik die japanischen Inseln miteinzubeziehen.

Die britische Luftwaffe bombardiert mit 400 Flugzeugen Berlin, Mannheim, Köln, Ostende, Boulogne-sur-Mer und das Ruhrgebiet.

In Zürich stirbt der schweizerische Schriftsteller Albin Zollinger im Alter von 46 Jahren.

8. November, Sonnabend

Das Oberkommando der deutschen Wehrmacht läßt im gesamten Deutschen Reich eine Flaschensammlung durchführen, um die Versorgung der Frontsoldaten mit Getränken sicherzustellen.

In München und Augsburg kommt es zu panikartigen Reaktionen in der Bevölkerung, nachdem sich das Gerücht eines geplanten Großangriffes der britischen Luftwaffe verbreitet hat. →S. 187

Ein Flottenverband der britischen Kriegsmarine versenkt im Mittelmeer einen italienischen Nachschubgeleitzug für Nordafrika; alle sieben Transportschiffe des Konvois werden trotz Geleitschutz von den Briten versenkt.

9. November, Sonntag

Mit Aufmärschen und Festveranstaltungen begehen die Nationalsozialisten im Deutschen Reich den Jahrestag des sog. Hitlerputsches am 9. November 1923 in München.

In Rumänien findet eine Volksabstimmung über die »Billigung oder Nicht-Billigung der befreienden Staatsführung des Marschalls Antonescu« statt; das Regime Ion Antonescus wird offiziellen Angaben zufolge mit »überwältigender Mehrheit« bestätigt.

Die beiden nationalsozialistischen Schriftsteller Adolf Bartels und Hans Baumann erhalten den Dietrich-Eckart-Preis der Hansestadt Hamburg für die kompromißlose Vertretung »des völkischen Standpunktes« in ihren Werken verliehen.

10. November, Montag

Britische Luftstreitkräfte fliegen Angriffe auf die norddeutschen Städte Hamburg, Emden und Cuxhaven.

Das Oberkommando der deutschen Wehrmacht veröffentlicht einen Bericht, demzufolge bei den bisherigen Kämpfen in der Sowjetunion 3 632 000 Soldaten der Roten Armee in deutsche Kriegsgefangenschaft geraten seien.

11. November, Dienstag

Das Oberkommando der Wehrmacht meldet ein weiteres Vordringen deutscher Truppenverbände gegen die sowjetischen Städte Sewastopol und Kertsch auf der Halbinsel Krim (→30. 10./S. 168; 29. 12./S. 196).

Die finnische Regierung in Helsinki lehnt die US-amerikanischen Vermittlungsvorschläge vom 21. und 30. Oktober 1941 ab, Friedensverhandlungen mit der Sowjetunion aufzunehmen; sie sieht die finnischen Sicherheitsinteressen durch einen Abbruch der militärischen Operationen gefährdet. →S. 182

12. November, Mittwoch

Der britische König Georg VI. sagt in einer Rede zur Eröffnung des neuen Parlamentsjahres in den Londoner Houses of Parliament: »Die Ereignisse der letzten Jahre haben meine Völker und meine Verbündeten in ihrem Entschluß bestärkt, den Krieg gegen die Angriffsmächte bis zum Endsieg weiterzuführen«. →S. 183

13. November, Donnerstag

Das deutsche U-Boot »U 81« torpediert den britischen Flugzeugträger »Ark Royal«, der in der Nähe von Gibraltar sinkt. →S. 184

Der US-amerikanische Kongreß in Washington stimmt einer Änderung des Neutralitätsgesetzes zu. Sie erlaubt u. a. die Bewaffnung US-amerikanischer Handelsschiffe (→18. 11./S. 182).

14. November, Freitag

Reichspropagandaminister Joseph Goebbels veröffentlicht in der Wochenzeitschrift »Das Reich« zehn Grundsätze für das Verhalten gegenüber Juden, wobei er u. a. feststellt, daß die Juden kein Unrecht durch die Maßnahmen der nationalsozialistischen Machthaber erleiden. →S. 185

In der sowjetischen Stadt Simferopol werden 11 000 Juden vom Sicherheitsdienst der SS ermordet (→31. 7./S. 117).

15. November, Sonnabend

Nach dem Abklingen der Schlammperiode und dem ersten Frost an der Ostfront beginnen deutsche Truppen mit der zweiten Phase des Angriffs auf Moskau (→2. 10./S. 166; 5. 12./S. 196).

Adolf Hitler unterstellt die Deutsche Akademie mit Sitz in München dem Reichspropagandaministerium; Aufgabe der Akademie ist die »Erforschung und Pflege der deutschen Sprache im Inlande und ihre Förderung und Verbreitung im Auslande«.

24 deutsche Kommissionen werden zur Anwerbung dringend benötigter Arbeitskräfte für die deutsche Wirtschaft in die besetzten Ostgebiete geschickt.

In der Bremer Wollkämmerei trifft ein Zug mit zwangsrekrutierten polnischen Arbeitern ein, die z.T. jünger als 14 Jahre sind. →S. 185

Am 79. Geburtstag von Gerhart Hauptmann wird dessen Drama »Iphigenie in Delphi« im Beisein des Dichters im Berliner Staatlichen Schauspielhaus uraufgeführt.

In Mexiko erscheint die erste Ausgabe der Zeitschrift »Freies Deutschland«, an der zahlreiche deutsche Literaten mitarbeiten, die vor den nationalsozialistischen Machthabern ins Ausland fliehen mußten. →S. 189

16. November, Sonntag

Durch die Eroberung der sowjetischen Stadt Kertsch hält die deutsche Armee die gesamte Krimhalbinsel mit Ausnahme der Festung Sewastopol besetzt (→30. 10./S. 168; 29. 12./S. 196).

Die deutsche Fußballnationalmannschaft spielt in Dresden gegen die Nationalelf Dänemarks 1:1.

17. November, Montag

An der Front in der Sowjetunion tritt die Rote Armee bei Rostow zu einer Gegenoffensive an und drängt deutsche Panzereinheiten zurück.

Der deutsche Generalluftzeugmeister Ernst Udet begeht Selbstmord, da ihm Fehlentwicklungen bei der Luftwaffe angelastet werden; der Öffentlichkeit wird mitgeteilt, Udet sei beim Test eines neuen Flugzeugtyps abgestürzt. →S. 185

Das bisher deutschen Militärbehörden unterstellte Gebiet Semlin im ehemaligen Jugoslawien, in dem starke Partisanengruppen operieren, wird der alleinigen Gebietshoheit Kroatiens unterstellt.

Die »Münchner Illustrierte Presse« versucht im Rahmen der nationalsozialistischen Propaganda, Sowjetbürger als »Untermenschen, Unmenschen und Bestien« darzustellen, um damit nachträglich eine Begründung für den deutschen Angriff auf die UdSSR zu liefern

18. Jahrgang / Nr. 46
13. November 1941
Verlag Knorr & Hirth
Kommanditgesellschaft
München

Münchner Illustrierte Presse

Preis: 20 Pfennig
Italien: 2 Lire / Holland: 20 Cent
Schweiz: 40 Rappen
Frankreich 4.- Frs./ Belgien 2.- Frs.

Aufnahme H. v. Perkhammer

Das bolschewistische Gesicht

„... Denn dieser Feind besteht nicht aus Soldaten, sondern zum großen Teil nur aus Bestien."

(Aus dem Aufruf des Führers an die Soldaten der Ostfront)

Eine Verordnung für das deutsche Textilgewerbe schreibt eine Räumung der vorhandenen Lagerbestände um mindestens 30% bis zum 31. Dezember vor, um das Horten von Waren zu unterbinden.

18. November, Dienstag

Die britische 8. Armee in Nordafrika unter General Alan Cunningham eröffnet eine Offensive, um das seit April von deutschen Truppen eingeschlossene Tobruk zu entsetzen. → S. 182

US-Präsident Franklin Delano Roosevelt unterzeichnet das abgeänderte Neutralitätsgesetz, das u. a. eine Bewaffnung US-amerikanischer Handelsschiffe vorsieht. → S. 182

Auf deutschen Druck hin beruft die Vichy-Regierung im unbesetzten Teil Frankreichs General Maxime Weygand von seinem Posten als Generalresident in Französisch-Nordafrika und Generalgouverneur von Algerien ab.

Die deutsche IG-Farbenindustrie AG gründet gemeinsam mit französischen Partnern das Chemiewerk SA de Matières Colorantes et Produits Clinique, Francolor, Paris.

Der deutsche Physiker und Chemienobelpreisträger von 1920, Walther Nernst, stirbt auf dem Gut Ober-Zibelle bei Bad Muskau im Alter von 77 Jahren.

19. November, Buß- und Bettag

Der deutsche Hilfskreuzer »Kormoran« muß nach der Versenkung von elf Schiffen vor der westaustralischen Küste seine Kaperfahrt aufgeben, da in diesem Gebiet überlegene australische Seestreitkräfte operieren.

Die 1. Panzer-Armee der deutschen Wehrmacht erreicht den Nordrand von Rostow am Don; bis zum 21. November ist die ganze Stadt in deutscher Hand.

In Göttingen stellen Stadtverwaltung, Wehrmachtsstellen und Parteigliederungen der NSDAP mehrere hundert Schlafstellen zur Verfügung, da die vorhandenen Zimmer für die sprunghaft angewachsene Studentenschaft der Universität nicht ausreicht (→ 1. 7./S. 123).

Adolf Hitler legt als Kriegsziel für das kommende Jahr die Besetzung des Kaukasus und der Südgrenze der UdSSR fest.

20. November, Donnerstag

Die japanischen Unterhändler in Washington, Admiral Saburo Kurusu und Botschafter Kichisaburo Nomura, überreichen US-Außenminister Cordell Hull das letzte japanische Verhandlungsangebot zur Bereinigung der Spannungen im pazifischen Raum; Japan verlangt u. a. die Freigabe der eingefrorenen japanischen Guthaben in den USA und die Aufgabe der Unterstützung Chinas. → S. 182

Britische Luftwaffeneinheiten greifen von Malta aus einen italienischen Geleitzug an, der Nachschub für die Truppen der Achsenmächte nach Nordafrika bringen soll; drei italienische Schiffe werden bei den Kämpfen versenkt.

Der US-Amerikaner Theodor Nathan Kaufmann veröffentlicht in den Vereinigten Staaten das Buch »Germany must perish« (Deutschland muß zugrunde gehen). → S. 189

21. November, Freitag

Der Führer und Reichskanzler Adolf Hitler ordnet die Vorbereitung des Angriffs auf die Murmansk-Bahn an, eine sowjetische Eisenbahnverbindung zur Hafenstadt Murmansk; der deutsche Vorstoß soll im März 1942 erfolgen, zur Zeit der meisten Schneefälle in dieser Region.

In Berlin wird der Film »Das andere Ich« von Regisseur Wolfgang Liebeneiner uraufgeführt, in dem Hilde Krahl, Mathias Wieman, Erich Ponto und Harald Paulsen die Hauptrollen spielen.

22. November, Sonnabend

Die deutsche Seekriegsleitung bricht die Kriegführung im Nordatlantik vorübergehend ab und entsendet 13 U-Boote ins Mittelmeer zur Entlastung der dort kämpfenden Streitkräfte der Achsenmächte.

Der deutsche Hilfskreuzer »Schiff 16 Atlantis« wird im Südatlantik von dem britischen Schweren Kreuzer »Devonshire« überrascht; die Mannschaft versenkt ihr Schiff selbst. → S. 184

Der deutsche Luftwaffenoberst Werner Mölders kommt bei einem Flugzeugabsturz in der Nähe von Breslau ums Leben. → S. 185

Die Reichsstelle für die Elektrizitätswirtschaft fordert die deutschen Verbraucher auf, zwischen 6 und 10 Uhr elektrische Geräte möglichst nicht zu verwenden, um die Stromversorgung der Rüstungsindustrie und der Landwirtschaft nicht zu gefährden. → S. 187

Ein Länderkampf der deutschen und der dänischen Box-Nationalstaffeln in München endet 14:2 für die deutschen Boxer.

23. November, Sonntag

Die deutschen Truppen in der Sowjetunion erobern die nordwestlich von Moskau gelegene Stadt Klin. Die Verteidiger der 30. sowjetischen Armee müssen sich zurückziehen.

Die japanische Regierung verschiebt den letzten Termin für den Abschluß der Verhandlungen mit der US-Regierung über die Lage in der Pazifikregion vom 25. auf den 29. November (→ 20. 11./S. 182).

Die Universität Straßburg nimmt als deutsche Reichsuniversität den Lehrbetrieb wieder auf, während die französische Universität nach Clermont-Ferrand verlagert wird. → S. 187

24. November, Montag

In Theresienstadt (Terezín) wird ein Konzentrationslager errichtet. → S. 185

Britische Sturmtruppen landen für wenige Stunden an der Küste der Normandie und greifen deutsche Stellungen an. → S. 183

25. November, Dienstag

Am fünften Jahrestag des Antikominternpaktes treten bei einem Festakt in Berlin Bulgarien, Dänemark, Finnland, Kroatien, Rumänien, National-China und die Slowakei dem Bündnisvertrag bei. → S. 184

Vertreter der US-Regierung und der niederländischen Exilregierung unterzeichnen einen Staatsvertrag, aufgrund dessen US-amerikanische Streitkräfte Niederländisch-Guayana (Surinam) besetzen. → S. 182

US-Präsident Franklin Delano Roosevelt entschließt sich zum Abbruch der Verhandlungen mit Japan über Fernostfragen, indem er der japanischen Delegation unannehmbare Bedingungen stellt (→ 20. 11./S. 182).

Die Zahl der Kriegsgefangenen, die sich im Deutschen Reich befinden, wird offiziell bekanntgegeben. → S. 185

Nördlich von Bardia versenkt das deutsche U-Boot »U 331« das britische Schlachtschiff »Barham«.

Im Deutschen Reich wird die elfte Verordnung zum Reichsbürgergesetz erlassen, die es ermöglicht, den zur Deportation bestimmten deutschen Juden die Staatsbürgerschaft zu entziehen und ihr Vermögen zu beschlagnahmen.

Der Oberbefehlshaber der 8. britischen Armee, Generalleutnant Alan Cunningham, wird angesichts der verlustreichen Kämpfe seiner Truppen in Nordafrika von seinem Kommando abgelöst (→ 18. 11./S. 182).

In Wien findet die Premiere des Films »Jenny und der Herr im Frack« statt; unter der Regie von Paul Martin spielen Gusti Huber, Johannes Heesters, Paul Kemp und Oskar Sima die Hauptrollen.

26. November, Mittwoch

Das japanische Angriffsgeschwader für den Überfall auf den US-Flottenstützpunkt Pearl Harbor auf Hawaii sticht von den Kurilen aus in See (→ 7. 12./S. 194). Zu dem Geschwader gehören u. a. sechs Flugzeugträger, zwei Schwere Kreuzer und zwei Schlachtschiffe.

27. November, Donnerstag

Die deutschen Truppen an der Ostfront erreichen das Gebiet um Krasnogorsk nordwestlich von Moskau.

General Georges Catroux, Beauftragter des freifranzösischen Generals Charles de Gaulle im Nahen Osten, verkündet die Unabhängigkeit der Republik Libanon. → S. 182

28. November, Freitag

Deutsche Truppen erobern die von Josip Tito proklamierte »Volksrepublik Užice« auf dem Gebiet des ehemaligen Jugoslawien; Titos Partisanenarmee zieht sich in die nahegelegenen Berge zurück. → S. 184

Der rumänische König Michael stattet dem Führer und Reichskanzler Adolf Hitler einen Besuch in Berlin ab, um mit ihm die Lage an der Ostfront und weitere Maßnahmen zu erörtern.

Die britische Regierung fordert in einer Note an die Regierung Finnlands die Beendigung des Krieges gegen die Sowjetunion (→ 11. 11./S. 182).

Die letzten italienischen Streitkräfte in Ostafrika kapitulieren bei Gondar vor der britischen Übermacht, 23 000 Italiener geraten in Kriegsgefangenschaft (→ 5. 5./S. 85).

Aus Anlaß des achten Jahrestages der Gründung der NS-Gemeinschaft Kraft durch Freude (KdF) gibt die Organisationsführung in Berlin einen Überblick über bisherige Aktivitäten in der Truppenbetreuung; allein 1941 sind 188 000 KdF-Veranstaltungen von 68 Millionen Soldaten besucht worden. → S. 186

In Wien beginnt eine Festwoche zum Gedenken an den Komponisten Wolfgang Amadeus Mozart, in deren Rahmen bis zu dessen 150. Todestag am 5. Dezember zahlreiche seiner Werke zur Aufführung kommen.

29. November, Sonnabend

Streitkräfte der Roten Armee erobern das am 21. November von deutschen Truppen eingenommene Rostow zurück.

In Norwegen werden durch eine Verordnung des deutschen Reichskommissars Josef Terboven Rationierungskarten für Lebensmittel und Gebrauchsgegenstände ausgegeben, die Menge der zugebilligten Waren wird dabei von der Zusammenarbeit mit den deutschen Besatzungsbehörden abhängig gemacht.

30. November, Sonntag

84 britische Flugzeuge fliegen einen Angriff auf Hamburg, bei dem sie 138 t Bomben abwerfen.

Der sowjetische Staatschef Josef W. Stalin billigt einen Operationsplan des Generalstabes, der eine Gegenoffensive im Raum Moskau gegen die vorrückenden deutschen Wehrmachtstruppen beinhaltet (→ 5. 12./S. 196).

Die mexikanische Regierung gibt bekannt, daß sie die Flottenstützpunkte Acapulco de Juarez, Salina Cruz und Magdalenenbucht den US-Streitkräften überläßt.

Bei der Weinlese in den deutschen Anbaugebieten werden Kriegsgefangene und Fremdarbeiter eingesetzt. Der größte Teil der diesjährigen Weine, die keine hohe Qualität haben, wird an die Wehrmacht geliefert.

Das Wetter im Monat November

Station	Mittlere Lufttemperatur (°C)	Niederschlag (mm)	Sonnenscheindauer (Std.)
Aachen	5,0 (6,0)	41,0 (67)	84,7 (62)
Berlin	1,6 (3,9)	27,3 (46)	57,0 (50)
Bremen	3,0 (5,3)	38,2 (60)	46,8 (50)
München	0,7 (3,0)	30,8 (53)	57,2 (54)
Wien	— (4,5)	— (53)	— (58)
Zürich	3,0 (3,3)	57,0 (72)	33,0 (51)

( ) Langjähriger Mittelwert für diesen Monat
– Wert nicht ermittelt

Über den Einsatz italienischer U-Boote in der Atlantikschlacht berichtet die deutsche Ausgabe von »Tempo« im November

USA bereiten sich auf Kriegseintritt vor

18. November. US-Präsident Franklin D. Roosevelt unterzeichnet das abgeänderte Neutralitätsgesetz, das eine Bewaffnung US-amerikanischer Handelsschiffe erlaubt. Weitere Regelungen gestatten US-amerikanischen Schiffen, Häfen kriegführender Staaten anzulaufen.

Das im November 1939 verabschiedete Neutralitätsgesetz sollte durch Auflagen für Wirtschaft und Handel der USA verhindern, daß die Vereinigten Staaten in den auf dem europäischen Kontinent ausgebrochenen Krieg verwickelt werden. Durch die Gesetzesänderung steuert die Regierung Roosevelts nun einen Kriegseintritt der USA an.

US-Schiffe können künftig Großbritannien und andere Verbündete direkt mit Kriegsgerät beliefern, was sie zum Angriffsziel der deutschen Kriegsmarine macht, deren Aufgabe die Blockade der Britischen Inseln ist. Bewaffnete Zusammenstöße zwischen US-amerikanischen und deutschen Schiffen sind zukünftig kaum zu vermeiden.

Die Regierung Roosevelts bereitet durch gesetzgeberische Aktivitäten den Kriegseintritt der USA vor. Schon seit dem Frühjahr (→ 27. 3./S. 51) wird an strategischen Planungen für eine gemeinsame Kriegführung mit Großbritannien gearbeitet. Die US-Regierung wartet auf einen Zwischenfall, der ihr den Vorwand zum Eintritt in den Zweiten Weltkrieg liefert (→ 7. 12./S. 194).

Das Foto, aufgenommen von einem US-amerikanischen Flugboot, zeigt einen Konvoi britischer Versorgungsschiffe vor der englischen Küste; US-amerikanische Langstreckenbomber, von einer geheimen Basis aus operierend, schützen den Konvoi vor Angriffen der deutschen Wehrmacht, die vor allem mit U-Booten die Schiffe bedroht

Keine Einigung im Pazifikkonflikt

20. November. Die Unterhändler der japanischen Regierung in Washington, Botschafter Kichisaburo Nomura und Admiral Saburo Kurusu, überreichen US-Außenminister Cordell Hull das unumstößlich letzte Angebot zur Beilegung des Interessenkonfliktes beider Staaten in der Pazifikregion (→ 16. 10./S. 170).

Die US-Regierung ist über die Ernsthaftigkeit des ultimativen Verhandlungsangebotes informiert, da sie nach der Entschlüsselung des japanischen Funkcodes weiß, daß die Regierung in Tokio Kriegsvorbereitungen trifft (→ 7. 12./S. 194).

US-Präsident Franklin D. Roosevelt entschließt sich dennoch am 25. November, die Verhandlungen mit Japan abzubrechen, und läßt Nomura eine Zehn-Punkte-Note überbringen, die unannehmbare Forderungen für Japan enthält.

US-Militärschutz für Bauxitgruben

25. November. Die niederländische Exilregierung und die Regierung der USA geben in Washington die Unterzeichnung eines Vertrages über die Entsendung von US-Truppen nach Niederländisch-Guayana (Surinam) bekannt.

Die Streitkräfte, die unmittelbar nach Vertragsabschluß in Marsch gesetzt werden, sollen vor allem die Bauxitgruben des Landes schützen. Offiziellen Angaben zufolge liefern diese 60% der Erze für die US-amerikanische Aluminiumindustrie.

Begründet wird die Übereinkunft mit der Notwendigkeit, die Gruben vor Anschlägen und Sabotageakten zu sichern. Da die niederländische Exilregierung ihre Truppen aber in ihren pazifischen Besitzungen wegen des dort drohenden Krieges benötigt, ersucht sie die US-Regierung um militärische Hilfe.

Finnen setzen Krieg gegen UdSSR fort

11. November. Die finnische Regierung übergibt einem Vertreter der US-Regierung in Helsinki eine Antwortnote auf zwei Memoranden, in denen sie zur Einstellung der Feindseligkeiten gegen die UdSSR aufgefordert wurde. Die US-Memoranden werden mit Hinweis auf die Entwicklung der finnisch-sowjetischen Beziehungen abgelehnt.

Finnland war auf der Seite der deutschen Truppen in den Angriffskrieg gegen die UdSSR eingetreten (→ 26. 6./S. 101), um die nach dem verlorenen Krieg gegen die Sowjetunion 1939/40 abgetretenen Gebiete zurückzuerobern. Die finnische Regierung ist nicht bereit, Regelungen zuzustimmen, »die eine Gefährdung der Sicherheitsinteressen des Landes durch... Zunichtemachung völlig berechtigter militärischer Operationen bedeuten«.

Britische Offensive gegen Afrika-Korps

18. November. In der Nacht überschreiten britische Verbände die ägyptisch-libysche Grenze zur bislang größten Offensive gegen die deutschen und italienischen Truppen in Nordafrika (Operation »Crusader«). Ihr Ziel ist es, die von deutschen Truppen belagerte Festung Tobruk zu entsetzen und das Afrika-Korps unter Generalleutnant Erwin Rommel nach Westen zurückzudrängen (→ 4. 4./S. 66).

Die Briten treten mit rund 100 000 Soldaten, 800 Panzern und mehr als 1000 Flugzeugen gegen rund 40 000 deutsche Soldaten an, die über 600 Panzer und rund 300 Flugzeuge verfügen. Bis zum Ende des Monats gelingt es den Briten nicht, die deutschen Truppen entscheidend zu schlagen. Erst als sie Anfang Dezember frische Truppen zum Einsatz bringen und Rommel nicht die angeforderte Verstärkung erhält, müssen sich die deutschen Truppen zurückziehen (→ 7. 12./S. 198).

Unabhängigkeit für den Libanon

27. November. Der Stellvertreter des freifranzösischen Generals Charles de Gaulle im Nahen Osten, General Georges Catroux, proklamiert den unabhängigen Staat Libanon. Ähnlich wie Syrien ist der Libanon, der zuvor unter französischer Verwaltung stand, von britischen und freifranzösischen Truppen erobert worden (→ 27. 9./S. 157).

Der französische General und Diplomat Georges Catroux (* 29. 1. 1877 in Limoges) ist seit 1939 Generalgouverneur in Indochina; im Jahr 1940 schloß er sich als erster General Charles de Gaulle an

Catroux, der den bisherigen libanesischen Ministerpräsidenten Alfred Naqqasch zum Staatspräsidenten ernennt, kündigt am gleichen Tag an, daß bis zum Ende des Krieges britische und freifranzösische Truppen im Libanon stationiert bleiben. Erst danach könne über eine völlige Selbstbestimmung des Landes verhandelt werden.

Minenleger-Boot im Ärmelkanal

Von deutschen U-Booten torpedierter britischer Transporter

Schweres deutsches Geschütz auf Eisenbahnlafette

Stahl-Netze werden gegen U-Boot-Angriffe ausgelegt

Wasserflugzeuge der deutschen Wehrmacht werden zur Aufklärung am Ärmelkanal eingesetzt, um Schiffsbewegungen der britischen Streitkräfte festzustellen und zu überwachen

Heftige Kämpfe an der Kanalküste

24. November. Nach Meldungen der US-amerikanischen Nachrichtenagentur United Press landet ein britisches Sturmkommando an der deutsch besetzten französischen Kanalküste. Nach Zerstörungen von Verteidigungsanlagen ziehen sich die Briten zurück.

Die deutsch-britischen Auseinandersetzungen am Ärmelkanal sind von überfallartigen Angriffen und ständigen Scharmützeln kleiner Einheiten gekennzeichnet.

König Georg VI. ruft Briten zum Krieg bis zum »Endsieg« auf

12. November. Der britische König Georg VI. fordert in seiner Ansprache zur Eröffnung des neuen Sitzungsjahres die Abgeordneten beider britischer Parlamentshäuser auf, den Krieg weiterzuführen.

In der Rede des britischen Königs heißt es: »Die Ereignisse des letzten Jahres haben meine Völker und meine Verbündeten in ihrem Entschluß bestärkt, den Krieg gegen die Angriffsmächte bis zum Endsieg weiterzuführen. Indessen prüft meine Regierung in ständigem Kontakt mit den Dominions [britische Kronländer] und den Regierungen der Alliierten sowie in wohlwollendem Einverständnis mit der Regierung der Vereinigten Staaten die dringenden Probleme, denen wir gegenüberstehen werden, wenn die Völker, die jetzt unter der Tyrannei der Unterdrücker schmachten, die Freiheit wiedergewinnen.«

Der Sowjetunion, die seit dem deutschen Überfall (→ 22. 6./S. 98) ein britischer Verbündeter ist, spricht der König seine Bewunderung für ihren »heldenhaften Kampf« aus. Georg VI. ist bei der Bevölkerung seines Landes sehr beliebt, weil er in der Öffentlichkeit stets die Entschlossenheit zum Ausdruck bringt, den Krieg gegen die Achsenmächte konsequent bis zum alliierten Sieg weiterzuführen.

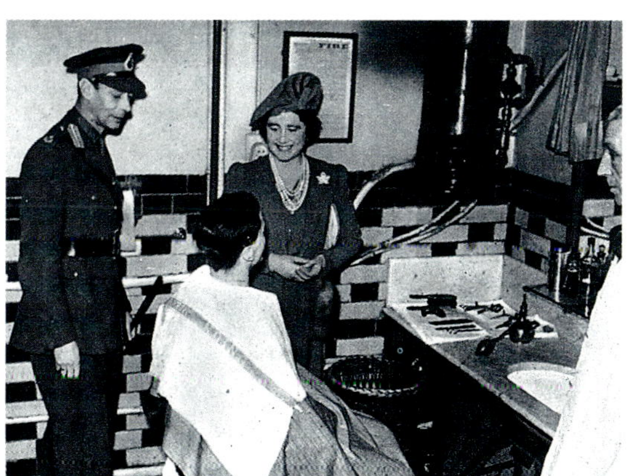

Georg VI. (l.) und Königin Mary besuchen Soldaten

Die königliche Familie auf einem Luftwaffenstützpunkt

Vorstoß gegen zerstrittene Partisanen

28. November. Deutsche Panzereinheiten nehmen die Ortschaft Užice (Titovo Užice), rund 260 km südwestlich von Belgrad. In diesem Gebiet haben die kommunistischen Partisanen unter Führung von Josip Tito ihre Hauptstützpunkte. Sie ziehen sich nach dem deutschen Vormarsch in die Berge des Sandschak im Südosten Bosniens zurück.

Josip Tito, eigentlich Josip Broz (* 25.5.1892 in Kumrovec), Generalsekretär der Kommunistischen Partei Jugoslawiens ab 1937, organisiert den Partisanenkampf gegen die deutsche und italienische Besatzung

Sitzung des Politbüros der Kommunistischen Partei Jugoslawiens; v. l.: Bakarić, Milutinović, Kardelj, Josip Tito, Rancović, Vukmanović und Milovan Djilas

Im ehemaligen Jugoslawien kämpfen zwei Widerstandsgruppen mit militärischen Mitteln gegen die deutschen Besatzungstruppen: Die kommunistischen Tito-Partisanen und die nationalistischen Cetnići (Tschetniks) unter Draža Mihailović. Beide Gruppen hatten im Spätherbst mehr als ein Drittel des ehemaligen jugoslawischen Staatsgebietes unter ihre Kontrolle gebracht.

Die zwischen beiden Partisanenarmeen bestehenden Spannungen verschärften sich, als die deutschen Besatzungstruppen mehrere tausend Menschen in den befreiten Gebieten ermordeten als Vergeltung für einen Partisanenangriff (→ 21.10./S. 172). Mihailović, der derartige Menschenopfer vermeiden will, rückte von Tito ab, und zu Beginn des Monats kam es zu offenen Kämpfen.

Bei Požega (Slavonska Požega) zwangen Titos Partisanen Mihailovićs Truppen nach eintägigem Gefecht zum Rückzug und umzingelten Mihailović in seinem Hauptquartier. Sie ließen ihn nach sowjetischen und britischen Vermittlungen aber wieder frei.

Die deutsche Besatzungsmacht nutzt die Streitigkeiten der Partisanen für ihre militärische Großaktion gegen das »Bandenwesen« mit Artillerie, Panzern und Flugzeugen.

Bündnis gegen den Kommunismus

25. November. In der Berliner Reichskanzlei unterzeichnen Vertreter der Mitgliedsländer des Antikominternpaktes, Deutsches Reich, Japan, Italien, Ungarn, Mandschukuo und Spanien, die Verlängerung des Bündnisses um fünf Jahre. Bulgarien, Dänemark, Finnland, Kroatien, Rumänien, die Slowakei und National-China erklären ihren Beitritt zu dem Bündnis.

Der Antikominternpakt wurde 1936 von Japan und dem Deutschen Reich zur Bekämpfung der 1919 gegründeten Kommunistischen Internationale (Komintern) geschlossen.

Der japanische Botschafter in Berlin, Hiroshi Oshima, sagt bei der Verlängerung des Pakts, »...daß die Notwendigkeit immer größer wird, daß die Staaten, die von dem gleichen Willen beseelt sind, den Kommunismus zu bekämpfen, sich immer enger zusammenschließen..., damit jeder Staat in seinem Raum die ihm aufgetragene Mission erfüllen kann.« Reichsaußenminister Joachim von Ribbentrop betont, »daß unsere Regierungen nicht eher ruhen werden, bis das Ziel der Ausrottung des Bolschewismus... endgültig erreicht ist«.

Luftaufnahme des britischen Flugzeugträgers »Ark Royal«, der erstmals 1938 eingesetzt wurde

Flugzeugträger »Ark Royal« torpediert

13. November. *Der britische Flugzeugträger »Ark Royal« wird im Mittelmeer von dem deutschen U-Boot »U 81« torpediert und schwer beschädigt. Einen Tag später sinkt das Schiff knapp 30 Seemeilen vor Gibraltar, wohin es von einem Begleitschiff zur Reparatur geschleppt werden sollte.*

Die Besatzung kann sich vor dem Untergang in Sicherheit bringen. Die 72 Flugzeuge tragende und 30 Knoten schnelle »Ark Royal« wurde im November 1938 von der britischen Marine in Dienst gestellt und war seitdem mehrfach Ziel deutscher Unterseeboot- und Luftangriffe.

Der als Handelsschiff getarnte, bewaffnete deutsche Hilfskreuzer »Schiff 16 Atlantis«

»Atlantis«-Mannschaft versenkt sich selbst

22. November. *Der deutsche Hilfskreuzer »Schiff 16 Atlantis« wird im Südatlantik bei der Versorgung des U-Bootes »U 126« von dem britischen Schweren Kreuzer »Devonshire« überrascht. Die Besatzung der »Atlantis« versenkt ihr Schiff und wird wenig später von der »U 126« aufgenommen.*

Die deutsche Kriegsmarine setzt insgesamt neun als Handelsschiffe getarnte Hilfskreuzer ein, deren Aufgabe die Unterstützung der Seestreitkräfte bei der Störung des feindlichen Handelsverkehrs ist. Die bewaffneten Hilfskreuzer beteiligen sich auch an der Versenkung feindlicher Schiffe.

Generalluftzeugmeister Ernst Udet (l.) und Reichsmarschall Hermann Göring bei einer Einsatzbesprechung

Trauerfeier für den Flieger Ernst Udet in Berlin, an der Hermann Göring (r.) und Adolf Hitler (2. v. r.) teilnehmen

Freitod von Ernst Udet wird verschleiert

17. November. Der 45jährige Generalluftzeugmeister Ernst Udet geht nach heftigen Auseinandersetzungen mit Reichsluftfahrtminister Hermann Göring in den Freitod. Die NS-Führung gibt einen Tag später bekannt, Udet sei bei der Erprobung eines neuen Flugzeugtyps ums Leben gekommen. Auf Anordnung des Führers und Reichskanzlers findet am 22. November in Berlin ein Staatsbegräbnis statt.

Der erfolgreiche Jagdflieger des Ersten Weltkrieges hatte sich in den 20er Jahren den Ruf eines waghalsigen Testpiloten erworben. Die Nationalsozialisten holten ihn daher ins Technische Amt des Reichsluftfahrtministeriums. Udet konzentrierte sich auf die Entwicklung von Jagdflugzeugen und vernachlässigte Langstreckenbomber und Transportmaschinen. Göring machte ihn deswegen für das Versagen der Luftwaffe im Krieg gegen Großbritannien und an der sowjetischen Front verantwortlich.

Mölders stirbt bei Flugzeugabsturz

22. November. Werner Mölders, Oberst der deutschen Luftwaffe und Inspekteur der Jagdflieger, kommt bei einem Flugzeugabsturz in der Nähe von Breslau ums Leben. Er befand sich auf dem Weg zum Staatsbegräbnis von Generalluftzeugmeister Ernst Udet, der am → 17. November (S. 185) Selbstmord begangen hatte.

Werner Mölders (* 18. 3. 1913 in Gelsenkirchen) war seit 1939 Kommandeur eines Jagdgeschwaders und seit 1940 Kommodore des Jagdgeschwaders 51; er war einer der gefeiertsten deutschen Kriegshelden

Jagdflieger Mölders hatte am 15. Juli für seinen 101. Abschuß die höchste militärische Auszeichnung erhalten. Die nationalsozialistische Propaganda hatte den 28jährigen Fliegeroffizier in Büchern, Rundfunksendungen und Zeitungsartikeln zum Volkshelden, »Vorbild für die Jugend« und »kühnsten deutschen Jagdflieger« hochstilisiert.

Propaganda für die Judenvernichtung

14. November. Reichspropagandaminister Joseph Goebbels veröffentlicht in der Zeitschrift »Das Reich« Grundsätze zur Behandlung der Judenfrage. Er betont, daß alle Juden aufgrund ihrer Geburt und Rasse einer internationalen Verschwörung gegen das Deutsche Reich angehören und zu vernichten seien.

In Goebbels' Artikel heißt es: »Die Juden sind unser Verderben. Sie haben den Krieg angezettelt... Jeder deutsche Soldat, der in diesem Krieg fällt, geht auf das Schuldkonto der Juden... Die Juden sind Sendboten des Feindes unter uns. Wer sich zu ihnen stellt, läuft im Krieg zum Feind über... Sie [die Juden] erleiden durch die Behandlung, die wir ihnen angedeihen lassen, kein Unrecht. Sie haben sie mehr als verdient.« Der Aufsatz ist eine der Propagandamaßnahmen, mit denen das NS-Regime die Öffentlichkeit auf die »Endlösung der Judenfrage« vorbereitet (→ 31. 7./S. 121).

KZ Theresienstadt als »Gegenbeweis«

24. November. Die SS richtet in der tschechischen Stadt Theresienstadt (Terezín) ein Konzentrationslager (KZ) ein. Es dient zunächst als Durchgangslager für tschechische Juden, die in Vernichtungslagern ermordet werden sollen.

Kurz nach der Errichtung des Lagers werden hier Juden interniert, die vorerst nicht ermordet werden sollen. Die Schutzstaffel (SS) pfercht in der kleinen Festungsstadt jüdische Kriegsveteranen des Ersten Weltkrieges, Halbjuden, ehemalige hohe Staatsbeamte und andere privilegierte Juden zusammen.

Das NS-Regime benutzt Theresienstadt später vor der internationalen Öffentlichkeit als »Beweis« gegen Massenmorde. Die Häftlinge müssen Zwangsarbeit verrichten, leben auf engstem Raum und erhalten wenig Nahrung. 30000 Menschen finden hier den Tod, mehrere tausend werden in andere KZ deportiert und dort ermordet.

Sowjetische Kriegsgefangene säubern die Straße Smolensk–Moskau

Kriegsgefangene als Zwangsarbeiter

25. November. 108395 Polen, 13476 Weißrussen, 89396 Belgier, 951004 Franzosen und 26368 Briten sind als Kriegsgefangene im Deutschen Reich. Viele von ihnen werden in Industrie und Landwirtschaft als Zwangsarbeiter eingesetzt, oft ohne ausreichende Nahrung und hygienische Versorgung.

»Zwölf Stunden in verstaubter Luft«

15. November. Der 13jährige Pole Julian Oleg Nowak trifft mit anderen polnischen Jungen in Bremen ein. Er berichtet über die Arbeit als Zwangsarbeiter in der dortigen Wollkämmerei:

»Wir waren 98 Jungen und alle mit dem Transport aus Posen gekommen... Im Lager Albrechtstraße wurden uns Stuben zugeteilt, unterschiedlich groß, in denen jeweils zwischen 6 und 28 Jungen untergebracht waren... Ich mußte... als Auflader arbeiten, das heißt, erst die Krempelmaschinen mit Rohfasern beladen und dann das fertige Band von den Maschinen nehmen. Es war schwere Arbeit: zwölf Stunden in der verstaubten und stickigen Luft – Entlüftungs- und Entstaubungsanlagen gab es keine – ... Der eingeatmete Staub setzte sich in solchen Mengen in Rachen und Nase ab, daß beim Reinigen der Atemwege große Klumpen abgesondert wurden.«

Holzbude an der Ostfront, die als Kartenraum und Regimentsbüro dient

Für eine warme Mahlzeit sorgt die improvisierte Küche unter freiem Himmel auf einem besetzten Bauernhof in der Sowjetunion

Sogar mit elektrischem Licht ist dieses Notquartier an der Ostfront ausgestattet

Die Frontbuchhandlung in Smolensk, deren Angebot schon einen Tag nach der Eröffnung stark gelichtet ist, versorgt deutsche Soldaten mit Lesestoff

Zermürbt von Hitze und Frost

Die deutschen Soldaten an den Kriegsfronten können Marsch- und Kampfpausen meist nicht zur Erholung nutzen. Waffen- und Militärgerät müssen überholt oder repariert werden, da sie durch die schnellen Vormärsche und die extremen klimatischen und geographischen Bedingungen überbeansprucht sind.

Darüber hinaus verwenden die Soldaten viel Zeit zur Sicherung ihrer Quartiere und zur Beschaffung einer ausreichenden Menge von Lebensmitteln. Sind Truppeneinheiten für längere Zeit an einem Ort stationiert, so versuchen die Soldaten, ihre meist schlechten Unterkünfte zu verbessern. Schutz vor Frost und Schnee ist in der UdSSR ebenso wichtig wie der Schutz vor Hitze und Sand auf dem nordafrikanischen Kriegsschauplatz.

Die einfachen Soldaten erfahren kaum etwas über ihre künftigen Einsätze, so daß immer neue Gerüchte über ein Kriegsende, neue Siege und Niederlagen in Umlauf kommen. Die Kampfmoral der von Gewaltmärschen, Frost bzw. Hitze zermürbten Soldaten wird schlechter. Offiziere berichten über eine zunehmende Zahl von Befehlsverweigerungen.

KdF-Unterhaltung für Soldaten an der Front

28. November. Auf einer Jubiläumsveranstaltung der nationalsozialistischen Gemeinschaft Kraft durch Freude (KdF) in Berlin wird eine Bilanz der bisherigen Truppenbetreuung gezogen. Seit Beginn des Krieges 1939 hat KdF rund 500 000 Veranstaltungen vor über 160 Millionen Soldaten durchgeführt.

KdF schickt Künstler und Künstlerinnen, zu denen auch bekannte Film-, Varieté- und Theaterstars gehören, auf Tourneen. Sie treten vor Frontsoldaten und in Kriegslazaretten auf und versuchen, ihr Publikum mit Schlagern, Sketchen und Varieténummern für kurze Zeit vom Kriegsalltag abzulenken.

Der beliebte Bühnen- und Filmschauspieler Paul Kemp (4. v. l.) probiert bei seinem Besuch der Soldaten an der Ostfront das Feldküchenessen

Tänzerin in bulgarischer Tracht führt deutschen Soldaten Volkstänze vor

Soldatenehen ohne Gesundheitszeugnis

4. November. Die nationalsozialistische Regierung erläßt die zweite Verordnung zur Durchführung des Ehegesundheitsgesetzes. Sie schreibt vor, daß »jeder im Reich wohnende Deutsche dem Standesbeamten bei der Bestellung des Aufgebotes, spätestens aber bei der Eheschließung, eine vom zuständigen Gesundheitsamt kostenlos auszustellende Bescheinigung vorzulegen hat, daß dem Gesundheitsamt keine Tatsachen bekannt sind, die ein Eheverbot nach dem Ehegesundheitsgesetz und... dem Blutschutzgesetz begründen«. Ausgenommen von dieser Regelung sind Soldaten.

Am 18. Oktober 1935 hatte das NS-Regime das »Gesetz zum Schutze der Erbgesundheit des deutschen Volkes« verkündet. Eheschließungen können danach verboten werden, wenn einer der Partner unter einer Krankheit leidet, die nach Auffassung der Nationalsozialisten erhebliche Gesundheitsschäden für den Partner oder die Kinder zur Folge haben kann. Die Zeugung von »minderwertigem« Nachwuchs soll so verhindert werden. Das im September 1935 erlassene »Gesetz zum Schutz des deutschen Blutes und der deutschen Ehre« verbietet darüber hinaus Ehen zwischen Juden und Nicht-Juden.

Da es Frontsoldaten bei ihren kurzen Heimaturlauben kaum möglich ist, die sog. Unbedenklichkeitsbescheinung für eine Eheschließung beizubringen, werden sie von den Vorschriften ausgenommen. Dadurch werden auch Ferntrauungen möglich. Während die Frau auf dem heimatlichen Standesamt getraut wird, schließt ein Offizier an der Front die Ehe zwischen den getrennten Eheleuten, die sich oftmals danach nie wiedersehen.

Einige tausend Kilometer liegen zwischen diesem soeben in den Stand der Ehe getretenen, jungen Soldaten (r.) an der Ostfront und seiner Braut, die im Deutschen Reich vor den Standesbeamten tritt; als Dekoration dienen bei der Ferntrauung, die von dem Batteriechef (2. v. l.) vorgenommen wird, Hakenkreuzfahne und Karabiner; Blumensträuße in Blechdosen sollen der Zeremonie festlichen Charakter verleihen

Panik nach Gerücht um Bombenangriffe

8. November. Viele Einwohner Münchens verlassen die Stadt, nachdem sich in den letzten Tagen Gerüchte verstärkt haben, daß die britische Luftwaffe einen Großangriff plane. Auch in Augsburg, wohin viele Münchner ausweichen, reagiert die Bevölkerung panisch, als Gerüchte über einen bevorstehenden Luftangriff in Umlauf kommen. Der Sicherheitsdienst der SS meldet über die Ereignisse in München: »Diese Unruhe fand neue Nahrung durch Erzählungen über angeblich von den Engländern abgeworfene Flugblätter des Inhalts, daß München in der Nacht vom 8. zum 9. 11. pulverisiert werde, und zahllose Gerüchte, daß z. B. bereits Massengräber für die zu erwartenden Toten ausgegraben und ferner umfassende Abwehrmaßnahmen durch die Verstärkung der Flak [Fliegerabwehrkanonen]... getroffen worden seien.«

Die verstärkten Angriffe der britischen Luftwaffe und die britische Propaganda schüren die Angst der Menschen in deutschen Großstädten vor den Bomberstaffeln.

Stromsparen vor allem am Morgen

22. November. Die Reichsstelle für die Elektrizitätswirtschaft ruft die Bevölkerung zum sparsamen Umgang mit Strom auf. Zwischen 6 und 10 Uhr sollen keine elektrischen Haushaltsgeräte und Maschinen benutzt werden. Nur in Ausnahmefällen soll die elektrische Beleuchtung eingeschaltet werden.

Im Aufruf der Reichsstelle, der in deutschen Tageszeitungen veröffentlicht wird, heißt es: »In der Kriegszeit werden besonders große Mengen an elektrischem Strom zur Steigerung der Rohstofferzeugung, zum weiteren Ausbau der Rüstungsindustrie sowie in der Ernährung und Landwirtschaft gebraucht... Ebenso wie der Verbrauch an Kohle ... eingeschränkt werden muß, ist es erforderlich, daß Haushalte, Handel und Gewerbe auch ihren Stromverbrauch auf das unbedingt notwendige Maß beschränken.«

Angesichts des bevorstehenden Winters verlangt das NS-Regime Stromsparen von der Bevölkerung, um die Rüstungsproduktion nicht zu beeinträchtigen.

Strafe für Reifenverschleiß

2. November. Der Reichsführer SS und Chef der deutschen Polizei, Heinrich Himmler, weist in einem Erlaß an alle Polizeidienststellen darauf hin, daß mutwilliger und leichtfertiger Umgang mit Autoreifen strengstens geahndet werden muß. Eigens geschulte Beamte werden künftig überwachen, ob Fahrzeughalter die zulässigen Höchstgeschwindigkeiten einhalten, das Zuladegewicht ihrer Fahrzeuge nicht überschreiten und mit dem richtigen Reifendruck fahren.

In der Begründung zu dem Erlaß wird auf die Notwendigkeit des sparsamen Umgangs mit Autoreifen hingewiesen: »Der Krieg bedingt einen zusätzlichen, außergewöhnlich hohen Bedarf an Bereifungen durch die Wehrmacht. Der Verschleiß ist zudem bei den riesenhaften Transportleistungen entsprechend groß. Den Ausgleich muß die heimische Wirtschaft bringen.«

Trotz des Ausbaus der Herstellung von künstlichem Kautschuk seit der Mitte der 30er Jahre kann die Industrie nicht genug Reifen zur Verfügung stellen, um den Bedarf der Wehrmacht und der Zivilbevölkerung zu decken. Seit dem Frühjahr 1941 wachsen im Deutschen Reich die Schwierigkeiten bei der flächendeckenden Versorgung mit Fahrrad- und Autoreifen.

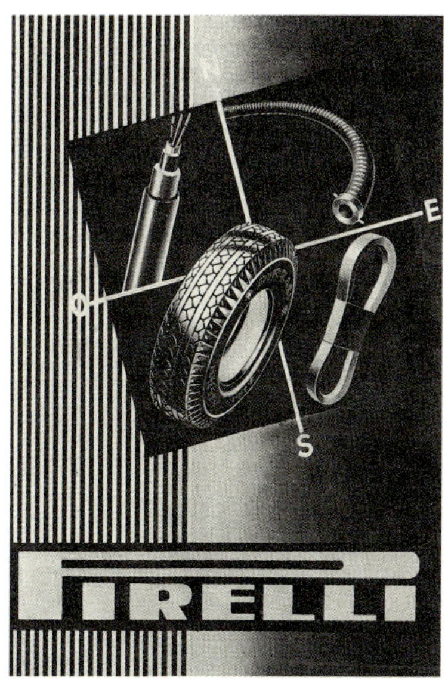

Reklame in der Zeitschrift »Tempo« für Reifen und andere Erzeugnisse der italienischen Firma »Pirelli«

Reichsuniversität Straßburg eröffnet

23. November. Mit einem Festakt wird die Universität in Straßburg, das seit Juni 1940 unter deutscher Verwaltung steht, als deutsche Reichsuniversität wieder eröffnet. Die bislang dort ansässige französische Universität wird nach Clermont-Ferrand verlegt.

Da das Elsaß mit seiner Hauptstadt Straßburg eines der Streitobjekte in den deutsch-französischen Konflikten seit dem 19. Jahrhundert ist, erklärt Reichserziehungsminister Bernhard Rust die neue Straßburger Reichsuniversität zum »Zentrum der Auseinandersetzung mit dem Westen«. Der Rektor der Universität, Karl Schmidt, sagt in seiner Ansprache bei der Eröffnungsveranstaltung zu den Aufgaben der Hochschule: »Die Universität Straßburg ist niemals eine französische Kulturstätte oder Ausdruck eines französischen Kulturschaffens gewesen... Die Reichsuniversität soll insbesondere auch mit die geistigen Waffen schmieden, damit der Kampf auch auf diesem Gebiete siegreich zu Ende getragen werden kann.«

Wissenschaft/Technik 1941:

Forschungen im Dienst des Krieges

Der Schwerpunkt der technischen Entwicklung und der naturwissenschaftlichen Forschung liegt zumindest in den Ländern Europas und in Japan im Zuge des Zweiten Weltkriegs auf dem Rüstungssektor und hier wiederum besonders beim Bau von Kriegsschiffen, Jagd- und Bombenflugzeugen.

Hatte ein Flottenabkommen zwischen den Siegermächten des Ersten Weltkriegs vom 6. Februar 1922 die Stärke der Seestreitkräfte der USA, Großbritanniens, Japans, Frankreichs und Italiens auf ein Verhältnis von 5:5:3:1,75:1,75 festgelegt, so verlor dieser Vertrag schon im Vorfeld des Zweiten Weltkrieges seine Bedeutung. Seit 1936 kam es zu einem forcierten internationalen Wettrüsten zur See, das jetzt mit dem Stapellauf des massiv gepanzerten und schwer bewaffneten japanischen Großkampfschiffs »Yamato« seinen technischen Höhepunkt findet. Das 62 316 t große, 263 m lange und 39 m breite Schiff ist das größte Schlachtschiff des Zweiten Weltkriegs.

Fortschritte im Flugwesen gehen in erster Linie vom Deutschen Reich aus. Am → 2. April (S. 73) startet in Rostock erstmals ein mit zwei Strahltriebwerken bestücktes Flugzeug, die »He 280«. Am 2. Oktober fliegt ein Pilot der Heeresversuchsanstalt in Peenemünde, Heini Dittmar, mit dem Raketenflugzeug »Me 163« erstmals schneller als 1000 km/h (genau 1003 km/h).

Die japanische »Yamato« ist mit 263 m Länge und 39 m Breite das größte Schlachtschiff im Zweiten Weltkrieg

Das Haus Siemens stellt nach zehnjährigen Entwicklungsarbeiten einen ersten voll einsatzfähigen Autopiloten für Flugzeuge vor. Während bisher Instrumente dieser Art die Maschinen allenfalls im Geradeausflug stabilisieren konnten, erlaubt das neue Gerät eine automatische Kurs- und Geschwindigkeitssteuerung unabhängig von Turbulenzen und Trimmänderungen. Am 17. Oktober nimmt in der Heeresversuchsanstalt Peenemünde der Raketenforscher Eugen Sänger erste – terrestrische – Versuche mit Staurohr-Strahltriebwerken auf.

Ebenfalls im Rahmen des Krieges liegen Bestrebungen, die nationale Unabhängigkeit in der Rohstoffversorgung zu erreichen. In den Staaten der westlichen Welt beginnt die Gewinnung von Rohstoffen aus dem Meer. Praktische Erfolge stellen sich bei der Magnesiumgewinnung ein.

Einen Markstein setzt der deutsche Ingenieur Konrad Zuse in der elektrischen Rechnertechnik. Er stellt unter der Bezeichnung »Zuse Z 3« den ersten programmgesteuerten Rechner der Welt vor, der in jeder Beziehung zuverlässig funktioniert. Der Computer arbeitet binär und ist mit rund 2000 Relais bestückt (→ 12. 5./S. 90).

Auf dem Gebiet der Fernsehtechnik, die sich – vorwiegend in den USA – während der 30er Jahre eindeutig vom elektromechanischen zum elektronischen Betrieb entwickelt hat, nimmt der nationale US-amerikanische Fernsehausschuß eine Normung vor: Er setzt 535 Bildzeilen und eine Bildfolge von 30 Bildern pro Sekunde fest.

In Großbritannien gelingt mit der Entwicklung des »Terylene« ein Durchbruch auf dem Kunststoffsektor: Die erste Synthetikfaser auf Polyesterbasis wird auf den Markt gebracht.

In den USA nimmt eine Entwicklung ihren Anfang, die in wenigen Jahren weltweite Märkte erschließen und in den 80er Jahren zu ernsthaften Umweltproblemen führen wird: Erstmals wird eine flüssige Substanz – ein Insektizid – mit Treibgas (Freon) aus Spraydosen zerstäubt.

Der Raketenträger vom Typ »Me 163 B«, der eine Geschwindigkeit von über 1000 km/h erreicht, gehört zu den neuen Entwicklungen der deutschen Rüstungsindustrie

Mit diesem Hubschrauber bricht der US-Amerikaner Igor Sikorsky mehrere Flugrekorde des deutschen Piloten Henrich Focke

Zeitschrift deutscher Exilschriftsteller

15. November. In Mexiko-Stadt erscheint die erste Ausgabe der Zeitschrift »Freies Deutschland«, die von europäischen Schriftstellern im Exil herausgegeben wird. Sie enthält u.a. Beiträge von Lion Feuchtwanger, Thomas Mann, Egon Erwin Kisch, Ludwig Renn, Anna Seghers, Alfred Kantorowicz und Rudolf Leonhard; Redakteure sind Bruno Frei und Bodo Uhse.

Neben Nachrichten und Berichten aus dem Deutschen Reich und von den Kriegsschauplätzen enthält »Freies Deutschland« Essays, Redetexte prominenter Antifaschisten und literarische Texte. In der ersten Ausgabe erscheinen zudem mehrere Grußworte prominenter Flüchtlinge. Lion Feuchtwanger wünscht der Zeitschrift, daß sie »Baustein eines soliden Hauses für freie und vernunftige Menschen« werde. Der deutsche Regisseur Wilhelm (William) Dieterle schreibt: »Mit Bewunderung begruesse ich die Männer, die, entwurzelt und ihrer Ausdrucksmittel beraubt, nicht den Mut verloren haben, den Kampf gegen den Faschismus, d.h. Versklavung und Verdummung der Menschen, fortzusetzen.«

Die Redaktion der Zeitschrift setzt sich in kurzen Berichten, Anzeigen und Spendenaufrufen für Antifaschisten ein, die in südfranzösischen Lagern von der Regierung des unbesetzten Teils Frankreichs festgehalten werden. Sie unterstützt damit die Arbeit südamerikanischer und US-amerikanischer Flüchtlingsorganisationen, die Geldmittel sammeln, um Flüchtlinge in Frankreich freizukaufen und nach Übersee in Sicherheit zu bringen.

Enger Kontakt besteht auch zu dem am 1. November in Mexiko-Stadt gegründeten Heinrich-Heine-Club. In ihm haben sich Künstler und Wissenschaftler zusammengeschlossen, die »einig im Kampf gegen den Nazi-Faschismus sind«. Den Vorsitz der Vereinigung, die sich im Haus des Dirigenten Ernst Römer trifft, hat die kommunistische Schriftstellerin Anna Seghers.

Der Heinrich-Heine-Club hat es sich zur Aufgabe gemacht, »deutsche freiheitliche Kunst, Literatur und Wissenschaft durch Wort und Schrift« zu fördern. Auf seiner ersten Veranstaltung liest u.a. Anna Seghers aus ihrem bislang noch unveröffentlichten Roman »Das siebte Kreuz« (erscheint 1942).

Kantorowicz emigrierte 1933 aus dem Deutschen Reich

Leonhard nahm an der Novemberrevolution 1919 teil

Renn saß vor seiner Emigration zwei Jahre in NS-Haft

Kisch engagiert sich für inhaftierte Kollegen

Im Grußwort der Erstausgabe heißt es: »Deutsche Schriftsteller, die, vertrieben aus ihrer Heimat, in dem freien Lande Mexico Gastfreundschaft und Asyl gefunden haben, geben diese Blaetter heraus. Sie koennen nicht stumm bleiben, wenn auf den Schlachtfeldern von Moskau das Schicksal der kommenden Generationen entschieden wird... Diese Blaetter sollen dem Kampf gegen Hitler dienen... Diese Zeitschrift soll helfen, die Verbindung unter den in der westlichen Hemisphaere zerstreuten freiheitlichen Deutschen herzustellen.«

»Deutschland muß zugrunde gehen«

20. November. In zahlreichen deutschen Zeitungen und Zeitschriften erscheint ein Bericht über das Buch »Germany must perish« (Deutschland muß zugrunde gehen) des US-Amerikaners Theodor Nathan Kaufmann. Der Autor fordert darin, das Deutsche Reich nach Beendigung des Krieges auf seine Nachbarstaaten aufzuteilen. Die gesamte deutsche Bevölkerung soll sterilisiert und der Gebrauch der deutschen Sprache unterbunden werden. Die deutschen Zeitungen kommentieren das Buch Kaufmanns, der als »enger Berater Roosevelts« bezeichnet wird, als »klaren Beweis für den Willen des Weltjudentums, Deutschland zu vernichten«.

Schauspieler in den Tod getrieben

6. November. Der deutsche Schauspieler Joachim Gottschalk scheidet gemeinsam mit seiner jüdischen Frau Meta und Sohn Michael aus dem Leben. Er hatte seit Beginn des Krieges kaum Arbeit beim Film gefunden. Kurz vor seinem Selbstmord hatte der Staatskommissar für die preußischen Bühnen, Hans Hinkel, ihn aufgefordert, sich von seiner Frau scheiden zu lassen, was Gottschalk ablehnte.

Obwohl Propagandaminister Joseph Goebbels die Teilnahme an der Beisetzung des beliebten Schauspielers verbietet, kommen mehrere Kollegen, darunter Gustav Knuth, Brigitte Horney und René Deltgen.

Schalke auch im Pokal ohne Erfolg

2. November. Im Endspiel um den deutschen Fußballpokal (Tschammerpokal) siegt der Dresdner SC 2:1 über den FC Schalke 04. Die 65 000 Zuschauer im Berliner Olympiastadion sehen ein spannendes Spiel, bei dem Pokalverteidiger Dresden zweimal in Führung geht. Trotz drückender Schalker Überlegenheit können die Dresdner ihren Vorsprung bis zum Schlußpfiff halten. Die Mannschaft aus dem Ruhrgebiet, die schon das Endspiel um die Deutsche Meisterschaft verloren hat (→22. 6./S. 107), bleibt in diesem Jahr ohne großen Erfolg.

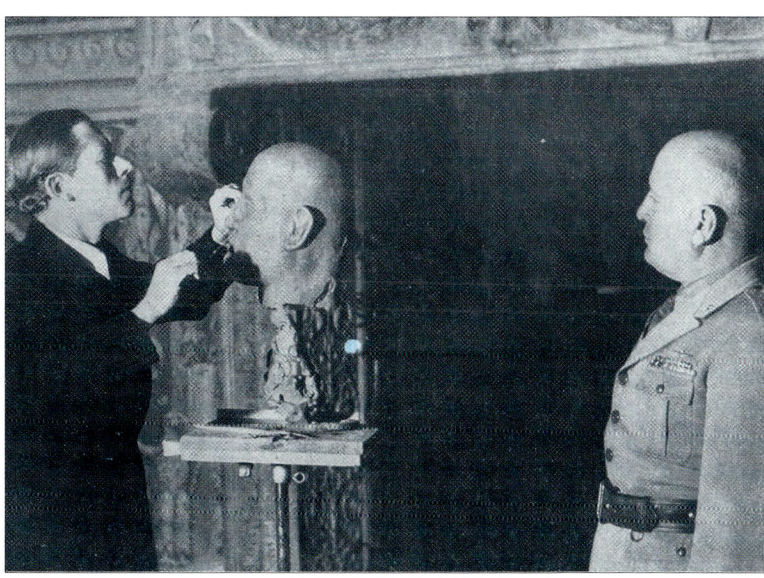

Deutscher Bildhauer porträtiert Mussolini

Die »Münchner Illustrierte Presse« veröffentlicht einen Bildbericht über den Münchner Bildhauer Hans Wimmer. Er hatte auf Vermittlung der NS-Behörden die Erlaubnis erhalten, den italienischen Duce und Ministerpräsidenten, Benito Mussolini, in dessen Amtssitz zu porträtieren. Der Text zu dem Bild lautet: »Unsere Aufnahme zeigt den italienischen Staatschef, der seine Arbeit auf kurze Zeit unterbrochen hat, um dem Künstler die Möglichkeit zu geben, letzte Feinheiten des Ausdrucks an der Büste zu vollenden.«

Dezember 1941

Mo	Di	Mi	Do	Fr	Sa	So
1	2	3	4	5	6	7
8	9	10	11	12	13	14
15	16	17	18	19	20	21
22	23	24	25	26	27	28
29	30	31				

1. Dezember, Montag

Der Oberbefehlshaber der Heeresgruppe Mitte in der Sowjetunion, Generalfeldmarschall Fedor von Bock, meldet dem Oberkommando des Heeres, daß seine Truppen an der Ostfront nahezu erschöpft sind (→5. 12./S. 196).

In der französischen Stadt Saint-Florentin findet ein Treffen zwischen Marschall Philippe Pétain, Staatschef des unbesetzten Teils Frankreichs, und dem deutschen Reichsmarschall Hermann Göring statt, die über die zukünftige Zusammenarbeit ihrer Länder beraten.

Der finnische Reichstag in Helsinki beschließt die Wiedervereinigung der Gebiete mit Finnland, die von der UdSSR seit Kriegsausbruch (→26. 6./S. 101) zurückerobert wurden. Gleichzeitig beschließt er die Annullierung der entsprechenden Bestimmungen des Moskauer Friedens vom März 1940 nach dem sowjetischen Angriff auf Finnland.

In der Schweiz wird eine Volkszählung durchgeführt; danach hat das Land 4 265 703 Einwohner, was einem Bevölkerungszuwachs von 4% gegenüber 1930 entspricht.

In Chicago erscheint die erste Ausgabe der neuen Tageszeitung »The Chicago Sun«; das britenfreundliche Blatt tritt in Konkurrenz zur Traditionszeitung »Chicago Tribune«, die ein Organ isolationistischer Kreise ist.

Der Sicherheitsdienst der SS berichtet in seinen regelmäßigen Meldungen aus dem Deutschen Reich über Unzufriedenheit in der Bevölkerung wegen der hohen Eintrittspreise für Kulturveranstaltungen der NS-Gemeinschaft Kraft durch Freude (KdF). →S. 206

Die Gebühr von 5 Reichspfennig auf Briefe von Postscheckteilnehmern an das Postscheckamt entfällt in Zukunft, falls die eigens dafür vorgesehenen gelben Briefumschläge verwendet werden.

2. Dezember, Dienstag

In der Weisung Nr. 38 ordnet Führer und Reichskanzler Adolf Hitler die Verlegung »der im Osten freigewordenen Verbände der deutschen Luftwaffe« nach Süditalien und Nordafrika an.

Verbände der deutschen Wehrmacht dringen in die Vororte der sowjetischen Hauptstadt Moskau ein, werden am weiteren Vordringen jedoch von starken Verteidigungskräften gehindert.

Der dänische Gesandte in London, Graf Reventlow, teilt der dänischen Regierung mit, daß er nach deren Beitritt zum Antikominternpakt am →25. November (S. 184) ihren Weisungen nicht mehr Folge leisten kann; die dänischen Interessen in Großbritannien vertritt er ab sofort nach eigenem Dafürhalten.

In Danzig (Gdansk) findet die Premiere des Films »Kadetten« von Regisseur Karl Ritter statt; die Hauptdarsteller in dem historischen Drama sind Mathias Wieman, Andrews Engelmann, Carsta Löck und Theo Shall.

3. Dezember, Mittwoch

Im Reichserziehungsministerium finden Beratungen zur Einführung einer reichseinheitlichen Wirtschaftsoberschule statt, deren Ausbildung mit einem Wirtschaftsabitur beendet wird.

In der New Yorker Central Needle Trades High School hat das Stück »The Circle of Chalk« (Der Kreidekreis) von Klabund (Alfred Henschke) in der Inszenierung des deutschen Regisseurs Erwin Piscator Premiere. →S. 205

4. Dezember, Donnerstag

Für die dem Deutschen Reich eingegliederten Ostgebiete tritt ein Sonderstrafrecht für Polen und Juden in Kraft, das u. a. die Möglichkeit einer Standgerichtsbarkeit beinhaltet.

Im ersten Bericht der jugoslawischen Armee, die gegen die deutschen Besatzungstruppen im ehemals jugoslawischen Staatsgebiet kämpft, werden schwere Kämpfe in Bosnien und Montenegro gemeldet.

Finnische Truppen besetzen Hangö in Südfinnland, nachdem die Stadt und der Hafen von der sowjetischen Ostseeflotte geräumt wurden.

Die britische Regierung entläßt Mitglieder der indischen Unabhängigkeitsbewegung vorzeitig aus der Haft, die im Herbst wegen Aktionen des zivilen Ungehorsams gegen die Kolonialbehörden in Indien festgesetzt wurden. →S. 202

5. Dezember, Freitag

An der »Kalininfront« eröffnet die Rote Armee eine Offensive gegen die deutschen Truppen in der UdSSR, deren Vormarsch nach dem Wintereinbruch ins Stocken geraten ist. →S. 196

Im nationalsozialistischen Vernichtungslager Chelmno (Culm) bei Bromberg, wo LKW mit Vergasungsanlagen stationiert sind, beginnen die SS-Mannschaften mit Massenmorden an Juden.

Der sowjetische Parteichef Josef W. Stalin und der Ministerpräsident der polnischen Exilregierung in London, Władysław Eugeniusz Sikorski, unterzeichnen in Moskau ein Freundschafts- und Hilfsabkommen, in dem gegenseitige Zusammenarbeit auch nach dem Ende des Krieges vereinbart wird (→14. 8./S. 134).

Die US-amerikanische aeronautische Handelskammer gibt bekannt, daß 1941 in den Vereinigten Staaten 20 000 Militärflugzeuge produziert wurden, für die beiden folgenden Jahre wird eine Produktionssteigerung auf insgesamt 100 000 Maschinen angestrebt. →S. 203

6. Dezember, Sonnabend

Die britische Regierung erklärt auf sowjetisches Drängen Finnland, Ungarn und Rumänien den Krieg.

Der US-amerikanische Präsident Franklin Delano Roosevelt wendet sich in einem Schreiben an den japanischen Kaiser Hirohito; er bittet den Kaiser, seinen persönlichen Einfluß zur Erhaltung des Friedens geltend zu machen (→7. 12./S. 194).

In München wird im Rahmen eines Festaktes das Institut für die Technik des Staates eröffnet, eine politikwissenschaftliche Forschungseinrichtung der nationalsozialistischen Führung.

In der Zeit bis zum 24. Dezember werden Feldpostpäckchen gar nicht mehr und Feldpostbriefe nur noch bis 50 g Gewicht transportiert, da Reichspost und Reichsbahn Transportschwierigkeiten haben.

7. Dezember, Sonntag

Mit dem japanischen Angriff auf den US-amerikanischen Flottenstützpunkt Pearl Harbor auf Hawaii eröffnet Japan den Krieg gegen die USA und ihre Verbündeten. →S. 194

Der Chef des Oberkommandos der Wehrmacht, Wilhelm Keitel, unterzeichnet den »Nacht- und Nebel-Erlaß« für die von deutschen Truppen besetzten Länder; danach sind Verhaftete so abzuführen, daß Angehörige nichts über deren Verbleib erfahren. →S. 206

Der Befehlshaber des Deutschen Afrika-Korps, Generalleutnant Erwin Rommel, läßt den Kampf um die von britischen Einheiten gehaltene Stadt Tobruk abbrechen, als italienische Unterstützung für seine Truppen ausbleibt. →S. 198

Die deutsche Fußballnationalmannschaft besiegt in Breslau die Auswahl der Slowakei 4:0.

8. Dezember, Montag

Der Führer und Reichskanzler befiehlt in seiner Weisung Nr. 39 den Rückzug der deutschen Truppen an der Front in der Sowjetunion in kräftesparende Stellungen (→19. 12./S. 202).

Japan erklärt den Vereinigten Staaten, Großbritannien, Kanada und Australien den Krieg. →S. 200

Die USA erklären Japan nach Abstimmungen in beiden Parlamentskammern den Krieg. →S. 201

Japanische Truppenverbände landen auf Luzon, der Hauptinsel der Philippinen (→7. 12./S. 194).

Ein thailändisch-japanisches Abkommen gestattet den Truppen Japans den Durchmarsch durch Thailand; japanische Streitkräfte hatten bereits zwei Tage vor Abschluß des Vertrags die Grenze Thailands überschritten.

9. Dezember, Dienstag

Deutsche Luftwaffeneinheiten bombardieren die nordenglische Stadt Newcastle upon Tyne.

Der Großmufti von Jerusalem, Muhammad Amin Al Husaini, der von britischen Invasionstruppen vorübergehend gefangengehalten worden war, wird von Adolf Hitler zu Gesprächen über die Situation im Nahen Osten in Berlin empfangen.

10. Dezember, Mittwoch

Die britische Armee in Nordafrika stellt die Verbindung zu ihren Truppen in der Festung Tobruk her, die von deutschen Wehrmachtsverbänden belagert wurde (→7. 12./S. 198).

Japanische Truppen erobern die US-amerikanische Insel Guam im Pazifischen Ozean (→7. 12./S. 194).

Japanische Luftwaffenverbände versenken östlich von Britisch-Malaya (Malaysia) die Schlachtschiffe »Prince of Wales« und »Repulse« der britischen Ostasienflotte (→7. 12./S. 194).

Die Schweizer Bundesversammlung in Bern wählt mit 152 gegen 17 Stimmen Philipp Etter zum Bundespräsidenten für 1942; Vizepräsident wird Enrico Celio.

11. Dezember, Donnerstag

Vor dem deutschen Reichstag in der Berliner Krolloper verkündet der Führer und Reichskanzler Adolf Hitler die deutsche Kriegserklärung an die USA. →S. 200

Deutsche, japanische und italienische Regierungsvertreter unterzeichnen ein Abkommen, das den unterzeichnenden Regierungen separate Waffenstillstands- oder Friedensverhandlungen mit Großbritannien und den USA verbietet.

Die US-amerikanischen Streitkräfte auf Wake Island im Pazifik schlagen einen japanischen Landungsversuch erfolgreich zurück.

12. Dezember, Freitag

Zahlreiche Staaten, darunter Guatemala und Honduras, erklären dem Deutschen Reich und Italien den Krieg; Ungarn, Rumänien und Bulgarien erklären den USA den Krieg.

Im Deutschen Reich dürfen Juden öffentliche Telefone nicht mehr benutzen.

Aus Anlaß der Gründung eines Institutes zur Erforschung des internationalen Pressewesens sagt der Reichspressechef der NSDAP, Otto Dietrich, daß die Pressefreiheit »verheerend« auf die Völker der Welt gewirkt habe. →S. 205

In einem Schreiben an den Reichsminister für Wissenschaft, Erziehung und Volksbildung, Bernhard Rust, ordnet Adolf Hitler an, das Schauspiel »Wilhelm Tell« von Friedrich von Schiller künftig nicht mehr im Schulunterricht zu behandeln. →S. 205

13. Dezember, Sonnabend

Die US-amerikanische Regierung in Washington gibt bekannt, daß künftig französische Schiffe in Häfen der Vereinigten Staaten ebenso beschlagnahmt werden wie Schiffe der Achsenmächte Italien und Deutsches Reich.

Zehn Tage nach dem japanischen Angriff auf den US-Stützpunkt Pearl Harbor auf Hawaii bildet die deutsche Zeitschrift »Die Woche« einen japanischen Kampfflieger unter dem Sonnenbanner seines Landes auf der Titelseite ab

14. Dezember, Sonntag

Die 9. deutsche Armee an der Front in der UdSSR muß die Stadt Kalinin aufgeben und sich vor den vorrückenden Einheiten der Roten Armee nach Westen zurückziehen (→5. 12./S. 196).

In Nicaragua, das am 12. Dezember dem Deutschen Reich den Krieg erklärt hat, wird die allgemeine Wehrpflicht mit einer Dauer von sechs Monaten eingeführt; die Regierung von Anastasio Somoza García nutzt den Kriegszustand, um ihre Macht im Land auszubauen.

In Zürich besiegt die schweizerische Eishockeynationalmannschaft die deutsche Auswahl 3:1.

15. Dezember, Montag

Die Schweiz übernimmt die Vertretung der deutschen Interessen in den Vereinigten Staaten und vertritt gleichzeitig britische und US-amerikanische Anliegen im Deutschen Reich.

Die Einzelhandelspreise im Deutschen Reich betragen für 1 kg Brot 0,35 Reichsmark (RM), 1 kg Zucker 0,74 RM, 5 kg Kartoffeln 1,49 RM, 1 l Milch 0,26 RM, 1 kg Schweinefleisch 1,60 RM und 50 kg Steinkohle 2,08 RM.

Aus Anlaß des zehnjährigen Bestehens der nationalsozialistischen Partei in den Niederlanden (NSB) unter Führung von Anton Adriaan Mussert werden alle anderen politischen Vereinigungen in den Niederlanden aufgelöst.

16. Dezember, Dienstag

Führer und Reichskanzler Adolf Hitler fordert die deutschen Tuppen an der Ostfront zu »fanatischem Widerstand« auf und verbietet jedes Zurückweichen im Raum um Moskau (→19. 12./S. 202).

In Hamburg wird der Heinz Rühmann-Film »Quax, der Bruchpilot« uraufgeführt; unter der Regie von Kurt Hoffmann spielen neben Rühmann Karin Himboldt, Lothar Firmans, Harry Liedtke und Hilde Sessak weitere Hauptrollen. →S. 205

17. Dezember, Mittwoch

Das US-amerikanische Repräsentantenhaus erteilt dem US-Präsidenten Franklin D. Roosevelt außerordentliche Vollmachten für die Dauer des Krieges; Roosevelt kann u.a. ohne Rücksprache mit den beiden Parlamentskammern Zensurmaßnahmen verhängen. →S. 203

Zwischen Riga und Tilsit (Sowetsk) wird erstmals eine Autobuslinie eingerichtet; die Postbusse legen die 300 km lange Strecke in sieben Stunden zurück.

18. Dezember, Donnerstag

Der Oberbefehlshaber der Heeresgruppe Mitte, Generalfeldmarschall Fedor von Bock, wird abgelöst und durch Generalfeldmarschall Hans Günther von Kluge ersetzt; Hintergrund dieser Umbesetzung ist mangelnder Erfolg der deutschen Wehrmachtseinheiten an der Ostfront (→19. 12./S. 202).

In München wird der Film »Der Meineidbauer« uraufgeführt; unter der Regie von Leopold Hainisch spielen Eduard Köck und O(tto) W(ilhelm) Fischer die Hauptrollen.

19. Dezember, Freitag

Der Führer und Reichskanzler entläßt aus Unzufriedenheit über die deutsche Heeresleitung Generalfeldmarschall Walter von Brauchitsch, den Oberbefehlshaber des Heeres, und übernimmt selbst den Oberbefehl. →S. 202

Italienische Torpedoreiter versenken die britischen Schlachtschiffe »Vailant« und »Queen Elizabeth« im Hafen von Alexandria; beide Schiffe werden von der britischen Marine wieder gehoben und in Dienst gestellt.

Vier neue Filme werden im Deutschen Reich uraufgeführt; in Lübeck findet die Premiere von »Menschen im Sturm« von Fritz Peter Buch mit Olga Tschechowa und Siegfried Breuer statt; in Wien wird »Tanz mit dem Kaiser« von Georg Jacoby mit Marika Rökk, Wolf Albach-Retty und Axel von Ambesser erstmals gezeigt; darüber hinaus werden die Filme »Sonntagskinder« in Hamburg und »Sein Sohn« in Kattowitz (Katowice) in den Kinos uraufgeführt.

20. Dezember, Sonnabend

In Moskau gehen sowjetisch-britische Beratungen zu Ende, in deren Verlauf der sowjetische Parteichef Josef W. Stalin seine Kriegsziele bekanntgibt; u.a. fordert er die Anerkennung der sowjetischen Grenzen vom →22. Juni 1941 (S. 98), eine Aufteilung des Deutschen Reiches und die Wiederherstellung Österreichs. →S. 202

Der Führer und Reichskanzler Adolf Hitler und Reichspropagandaminister Joseph Goebbels rufen die deutsche Bevölkerung zur Spende von warmer Winterkleidung für die Truppen an der Front in der Sowjetunion auf. →S. 206

Unter starken Angriffen der Roten Armee ziehen sich die 2. deutsche Armee und die 2. Panzergruppe auf die Linie Tim-Mzensk südlich von Bjelew zurück (→5. 12./S. 196).

21. Dezember, Sonntag

Die nach Sizilien verlegten deutschen Luftwaffeneinheiten beginnen mit Angriffen auf die Mittelmeerinsel Malta, die eine wichtige Versorgungsbasis für die britischen Streitkräfte in Nordafrika ist (→16. 1./S. 15).

In Bangkok unterzeichnen japanische und thailändische Regierungsvertreter ein Militärbündnis, das die gegenseitige Respektierung und die Unterstützung bei Angriffen dritter Staaten auf einen der unterzeichnenden Vertragspartner vorsieht (→7. 12./S. 194).

Erich Zeller (Rot-Weiß Berlin) wird bei den III. Kriegsmeisterschaften im Eiskunstlaufen der Männer im Berliner Sportpalast Deutscher Meister für die Saison 1942 vor Erich Rada aus Wien und Ulrich Kuhn aus Berlin. →S. 205

22. Dezember, Montag

Der britische Premierminister Winston Churchill und US-Präsident Franklin Delano Roosevelt schaffen bei der sog. Arcadia-Konferenz in Washington die Grundlagen für den »Pakt der Vereinten Nationen«. Sie bilden außerdem einen gemeinsamen Kriegsrat beider Staaten, das Combined Chiefs of Staff Committee (CCSC). →S. 203

Der Film »Alarmstufe V« von Regisseur Alois Lippl wird in Dresden uraufgeführt; die Hauptrollen spielen Heli Finkenzeller, Ernst von Klipstein, Bruno Hübner und Liesl Karlstadt.

23. Dezember, Dienstag

Das Deutsche Afrika-Korps räumt die nordafrikanische Stadt Bengasi, die am 26. Dezember von britischen Streitkräften besetzt wird (→7. 12./S. 198).

Japanische Truppen erobern das von US-amerikanischen Streitkräften bislang erfolgreich verteidigte Pazifik-Atoll Wake Island.

24. Dezember, Mittwoch

Die britische Kronkolonie Hongkong kapituliert vor der Übermacht der japanischen Truppen (→7. 12./S. 194).

Freifranzösische Truppen von General Charles de Gaulle erobern die Inselgruppe Saint-Pierre-et-Miquelon vor der Küste Neufundlands, die zum französischen Kolonialbesitz gehört.

Adolf Hitler ordnet eine bessere Behandlung sowjetischer Kriegsgefangener an, damit eine möglichst große Zahl zum Arbeitseinsatz ins Deutsche Reich gebracht werden kann.

Reichspropagandaminister Joseph Goebbels verspricht in seiner Weihnachtsansprache, das Deutsche Reich werde »größer, schöner und erhabener aus diesem Krieg hervorgehen«. →S. 207

Der Schriftsteller Thomas Mann wünscht seinen deutschen Landsleuten in einer Radioansprache der British Broadcasting Corporation (BBC), daß sie Scham und Verzweiflung spüren mögen angesichts des Unheils, das sie in ganz Europa anrichten. →S. 207

25. Dezember, 1. Weihnachtstag

Nach internen Auseinandersetzungen in der deutschen Heeresleitung wird Generaloberst Heinz Guderian durch Generaloberst Rudolf Schmidt ersetzt (→19. 12./S. 202).

In Berlin empfängt der deutsche Außenminister Joachim von Ribbentrop den früheren irakischen Minsterpräsidenten Raschid Al Gailani zu Beratungen über die Lage im Nahen Osten; die deutsche Reichsregierung unterstützt anti-britische Gruppierungen in dieser Region.

26. Dezember, 2. Weihnachtstag

Einheiten der Roten Armee landen auf der Krim; deutsche Wehrmachtseinheiten halten die Halbinsel bis auf die Festung Sewastopol seit dem 16. November besetzt (→29. 12./S. 196).

Nach dem Aufruf zum Spenden von Winterkleidung für die Ostfront-Soldaten am →20. Dezember (S. 206) ergeht ein erneuter Aufruf der deutschen Regierung zur Abgabe von Skiern; ab dem 30. Dezember wird der Transport von Skiern in Eisenbahnen, Automobilen und Straßenbahnen für Zivilisten verboten.

27. Dezember, Sonnabend

96 britische Bombenflugzeuge werfen 126 t Bomben über Düsseldorf ab.

Die Operation »Archery« der britischen Marine gegen deutsche Anlagen auf den norwegischen Lofotinseln wird mit der Versenkung von insgesamt sieben Schiffen erfolgreich abgeschlossen.

28. Dezember, Sonntag

Adolf Hitler befiehlt dem deutschen Heer in der UdSSR die Verteidigung der deutschen Stellungen bis zum letzten Einsatz.

Einheiten der japanischen Armee landen auf Sumatra.

29. Dezember, Montag

Truppen der Roten Armee erobern die Stadt Kertsch auf der Halbinsel Krim von deutschen Einheiten zurück und durchbrechen im Bereich der Heeresgruppe Mitte die deutschen Linien. →S. 196

30. Dezember, Dienstag

Der Liebesfilm »Illusion« von Regisseur Viktor von Tourjansky wird in den Berliner Kinos uraufgeführt; Hauptdarsteller in diesem Streifen sind Johannes Heesters und Brigitte Horney.

In der Reichshauptstadt Berlin findet im Staatlichen Schauspielhaus am Gendarmenmarkt die Premiere der Gustaf-Gründgens-Inszenierung von William Shakespeares Komödie »Die Lustigen Weiber von Windsor« statt.

Der 51jährige sowjetische Maler und Graphiker El Lissitzky stirbt in Moskau.

31. Dezember, Mittwoch

Die 11. deutsche Armee, die seit dem 17. Dezember erstmals systematisch versucht, die sowjetische Festung Sewastopol zu erobern, muß die Stadt wegen der Landung starker Einheiten der Roten Armee auf der Krim aufgeben.

Seit Jahresbeginn sind im Deutschen Reich 11 405 Linksoppositionelle verhaftet worden.

Das Wetter im Monat Dezember

Station	Mittlere Lufttemperatur (°C)	Niederschlag (mm)	Sonnenscheindauer (Std.)
Aachen	–3,6 (3,1)	65,3 (62)	32,3 (49)
Berlin	2,0 (0,7)	78,0 (41)	23,9 (36)
Bremen	3,6 (2,2)	92,9 (54)	20,0 (33)
München	0,1 (–0,7)	40,5 (44)	41,7 (41)
Wien	– (0,9)	– (51)	– (41)
Zürich	0,8 (0,2)	43,0 (73)	49,0 (37)

( ) Langjähriger Mittelwert für diesen Monat
– Wert nicht ermittelt

Weihnachtsausgabe der französischen Zeitschrift »L'Illustration« mit einem biblischen Motiv

Krieg im Pazifik nach Japans Angriff auf Pearl Harbor

7. Dezember. Gegen sechs Uhr morgens startet der erste Flugzeugverband der japanischen Streitkräfte zum Angriff auf den US-amerikanischen Marinestützpunkt Pearl Harbor auf der Hawaii-Insel Oahu. Japan hatte den USA zuvor nicht den Krieg erklärt.

Bei dem Großangriff schalten 360 japanische Flugzeuge die US-amerikanische Luftabwehr aus, versenken die Schlachtschiffe »Arizona«, »California«, »Oklahoma«, »West Virginia«, »Nevada« und zwei weitere Schiffe; drei Schlachtschiffe, drei Kreuzer, drei Zerstörer und zwei Versorgungsschiffe der US-Marine werden schwer beschädigt und 188 Flugzeuge zerstört. Über 2400 US-Amerikaner kommen bei dem Überraschungsangriff ums Leben, 1178 werden verwundet. Die japanischen Streitkräfte verlieren 55 Soldaten und 29 Flugzeuge.

Am 26. November war das Angriffsgeschwader von den Kurilen aus in See gestochen. Zu ihm gehören die Flugzeugträger »Akagi«, »Kaga«, »Shokaku«, »Zuikaku«, Hiruyu« und »Soryu« sowie zwei Schlachtschiffe, zwei Schwere und ein Leichter Kreuzer, neun Zerstörer, Versorgungsschiffe und U-Boote. Bei völliger Funkstille hatte der Verband durch den Nordpazifik Kurs auf Hawaii genommen.

Die US-Streitkräfte in Pearl Harbor sind von dem Angriff vollkommen überrascht. Der US-amerikanische Schriftsteller James Jones [Autor des Romans »Verdammt in alle Ewigkeit«, 1951] schildert seine Erlebnisse bei dem Angriff: »In der Schofield-Kaserne saßen die von uns, die bereits aufgestanden waren, beim Frühstück... Die meisten von uns waren mehr mit ihrer Milch beschäftigt als mit dem Lauschen auf die Explosionen, deren Lärm von dem drei Kilometer entfernten Wheeler-Flugplatz zu uns herüberdrang. ›Machen die Sprengversuche?‹ fragte ein älterer Soldat... Erst als das erste Jagdflugzeug im Tiefflug mit ratterndem MG-Feuer über uns hinwegdonnerte, liefen wir, mit unsern Milchgläsern in der Hand, hinaus... und wurden uns mit einem plötzlichen Gefühl des Schreckens bewußt, daß wir mit eigenen Augen einen wirklich historischen Augenblick sahen und erlebten. Als wir, mit dem Rücken an die Mauer des Tagesraums drängend, draußen auf der Straße standen, kam ein zweites Jagdflugzeug mit den roten Sonnen auf den Flügeln über die Hauptstraße heran, achtzig Meter vor ihm bohrten sich zwei Reihen Löcher in den Asphalt.«

Die japanische Führung hatte den Angriff auf Pearl Harbor sorgfältig vorbereitet, nachdem die USA wegen des japanischen Vorgehens im Pazifik ein Wirtschaftsembargo gegen Japan verhängt hatten (→26. 7./S. 125). Das von Öl- und Rohstoffimporten abhängige Japan versucht nun, die Pazifikstreitkräfte der USA zu vernichten, um seine Machtposition in dieser rohstoffreichen Region auf Dauer zu sichern.

Auf die US-amerikanische Bevölkerung wirkt der japanische Angriff wie ein Schock. In vielen Städten des Landes kommt es zu Übergriffen gegen japanische Bürger; mehrere tausend Japaner werden interniert.

US-Präsident Franklin D. Roosevelt unterzeichnet nach dem Eintreffen der ersten Meldungen aus Hawaii die Kriegserklärung gegen Japan (→8. 12./S. 201). Der britische Premierminister Winston Churchill empfindet »größte Freude« über den Kriegseintritt der USA, er schreibt: »Das Britische Reich, die Sowjetunion, und nun auch die Vereinigten Staaten... Keine andere Kombination auf der Welt konnte gegen unsere vereinte Macht bestehen.«

Im Deutschen Reich wird die Nachricht vom japanischen Überraschungsangriff mit Bestürzung zur Kenntnis genommen. Der Führer und Reichskanzler Adolf Hitler hatte sich seit Kriegsausbruch bemüht, die Vereinigten Staaten vom Krieg fernzuhalten, da er die wirtschaftliche und militärische Stärke der USA fürchtet. Er muß nun auch mit dem Eingreifen US-amerikanischer Streitkräfte auf dem europäischen Kriegsschauplatz rechnen.

Japans Vormarsch im Südpazifik

Gleichzeitig mit dem Angriff auf die US-Streitkräfte in Pearl Harbor eröffnet die japanische Armee eine Offensive in der Pazifikregion. Der japanische Plan sieht u.a. die Eroberung von Britisch-Malaya, der Philippinen, Hongkong, Guam, Borneo, Sumatra und die Zerstörung des britischen Stützpunktes in Singapur vor. Von Indochina aus marschieren japanische Streitkräfte in Thailand ein und erobern am 8. Dezember die Hauptstadt Bangkok. Am gleichen Tag landen japanische Truppen im Norden Britisch-Malayas und auf der Philippinen-Insel Luzon. Zwei Tage später versenken sie die britischen Schlachtschiffe »Prince of Wales« und »Repulse«, die japanische Invasionstruppen in Britisch-Malaya angreifen sollten. Am 24. Dezember nehmen japanische Verbände auch noch die britische Kronkolonie Hongkong ein.

In US-amerikanischen Militär- und Regierungskreisen war ein Angriff der japanischen Armee seit dem Abbruch der Verhandlungen mit Japan (→20. 11./S. 182) erwartet worden. Schon am 27. November war eine Kriegswarnung des Oberkommandos an die Außenbefehlshaber der US-Truppen ergangen.

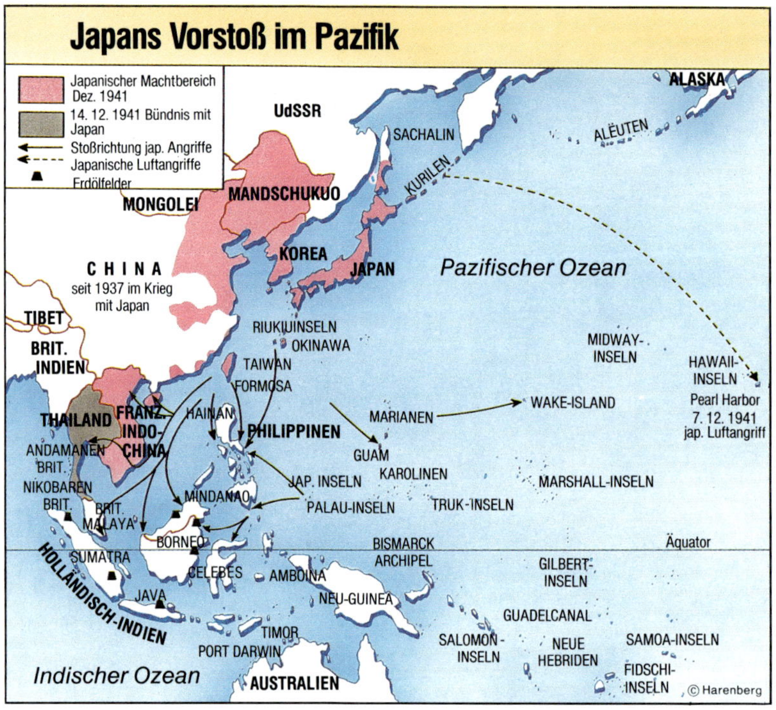

△ *Der japanische Machtbereich in Südostasien erstreckt sich auf Mandschukuo, Korea, große Teile im Osten Chinas, die Insel Taiwan und Französisch-Indochina; Thailand mußte sich inzwischen ebenfalls dem japanischen Druck beugen und die Stationierung von Truppen in seinem Land zulassen; die japanische Regierung verfolgt das Ziel, im Fernen Osten ein Staatenbündnis unter seiner Führung aufzubauen, das den Großmächten in Europa und vor allem den Vereinigten Staaten ebenbürtig ist*

◁ *Zahlreiche Flugzeugdepots der US-amerikanischen Streitkräfte wie dieses gehen nach den ersten Bombardements der japanischen Flugstaffel auf Pearl Harbor in Flammen auf; insgesamt 188 US-Flugzeuge werden bereits am Boden zerstört; da auch gefüllte Treibstofftanks getroffen werden und in Flammen aufgehen, sind effektive Löscharbeiten nahezu unmöglich*

Ein Vorpostenboot der US-amerikanischen Marine nähert sich den bombardierten Schlachtschiffen, von denen fünf versinken und drei beschädigt wurden

Das US-amerikanische Schlachtschiff »Arizona« ist nach japanischen Bombentreffern im Hafen von Pearl Harbor schwer beschädigt worden und liegt auf Grund

Erfolgreiche Winteroffensive der sowjetischen Armee

5. Dezember. An der »Kalininfront« treten die sowjetischen Streitkräfte mit der 22., 29., 31. und 39. Armee zur Offensive gegen die deutschen Truppen nordwestlich von Moskau an. Am folgenden Tag eröffnen die Armeen der »Westfront« unter dem Kommando von Armeegeneral Georgi K. Schukow den Angriff auf die vor Moskau stehenden deutschen Wehrmachtseinheiten.

Todesurteil wegen Rückzugsbefehl

29. Dezember. *Die deutschen Besatzungstruppen in Kertsch auf der sowjetischen Halbinsel Krim ziehen sich vor der angreifenden 51. sowjetischen Armee zurück. Der deutsche Kommandant, Hans Graf von Sponeck (Abb.), ordnete den Rückzug an, da seine Truppe Gefahr läuft, von den Einheiten der Roten Armee aufgerieben zu werden. Für diesen Befehl wird er von einem Kriegsgericht zum Tode verurteilt, weil er nicht die erforderliche Genehmigung eingeholt hatte.*

Seit Oktober hatte die sowjetische Armeeführung im Raum östlich von Moskau starke Truppenverbände zusammengezogen und provisorisch geschult, um die drohende Einnahme Moskaus durch deutsche Heereseinheiten zu verhindern. Die Wirkung der Angriffe dieser Verbände auf die deutschen Linien übertrifft die Erwartung der sowjetischen Militärführung.

Bis zum Ende des Monats müssen sich die deutschen Truppen an manchen Frontabschnitten um mehr als 100 km westlich zurückziehen. Einheiten der Roten Armee erobern am 9. Dezember Jelez und Tichwin zurück, durchbrechen am 13. Dezember den deutschen Frontbogen bei Tula und nehmen am 14. Dezember die Stadt Kalinin ein.

Die deutschen Truppen an der Ostfront sind zermürbt und entkräftet. Der Oberbefehlshaber der Heeresgruppe Mitte, Generalfeldmarschall Fedor von Bock, hatte am 1. Dezember an das Oberkommando des Heeres gemeldet, der Zeitpunkt sei »sehr nahe gerückt, in dem die Kraft der Truppe völlig erschöpft ist«. Die deutsche Wehrmacht hat seit dem Angriff auf die UdSSR Verluste von 162 314 Toten, 571 767 Verwundeten und 33 334 Vermißten zu verzeichnen. Die geschwächten Verbände müssen nun eine Frontlinie von weit über 1000 km verteidigen. Die Versorgung mit Munition, Waffen und Lebensmitteln ist mangelhaft. Nur acht bis zehn Versorgungszüge erreichen die Einheiten der Heeresgruppe Mitte, deren Tagesbedarf mehr als dreimal so groß ist. Viele Transportlinien sind zerstört, und die Heeresführung hatte nach den Erfolgen zu Beginn des Krieges (→ 2. 10./S. 166; 30. 10./S. 168) keine Vorbereitungen für einen Winterfeldzug getroffen.

Die zahlenmäßig überlegenen sowjetischen Truppen führen unter hohen Verlusten dauernde Angriffe an allen Frontabschnitten auf die zurückweichenden deutschen Verbände durch. Sie wollen verhindern, daß die Wehrmachtsführung ihre Kräfte in rückwärtigen Stellungen neu formieren kann.

Die deutschen Soldaten sind angesichts ihrer schlechten Versorgung und der fast aussichtslosen, ständigen Rückzugsgefechte gegen die Rote Armee demoralisiert. Der Gefreite Fritz Sigel schreibt am 6. Dezember in einem Brief nach Hause: »32 Grad Kälte. Mein Gott, sowas hab ich noch nie erlebt. Fast jeder hat sich einen Teil davon geholt. Einer hat die ganzen Hände erfroren, er mußte sofort ins Lazarett, fast jeder die Fingerspitzen, ich habe den linken Daumen erfroren ... Wir sind eingesetzt im Kampf um die Stadt Tula.« Unteroffizier Gottfried Kuchenbrod schreibt neun Tage später: »Bei durchschnittlich 25 bis 30 Grad Kälte tippeln wir nun auf der Landstraße dahin und voraussichtlich wohl in einen anderen Frontabschnitt. Kaum findet man abends ein einigermaßenes ›Quartier‹ ... Die russischen Verhältnisse sind im Vergleich zum Sommer um achtzig Prozent schlechter geworden. Sonst hat man sich für die Nacht um einen Baum gestritten, wo man sein Zelt aufschlagen konnte, jetzt kämpft man um einen Schlupfwinkel ›hinter dem Ofen‹ ... Ja, wir sind arme Schweine geworden.«

Die sowjetische Winteroffensive

In der Führung der deutschen Truppen kommt es angesichts der Entwicklung an der Front in der Sowjetunion zu Meinungsverschiedenheiten, in deren Verlauf der Führer und Reichskanzler Adolf Hitler selbst das Oberkommando des Heeres übernimmt (→ 19. 12./S. 202).

Die nationalsozialistische Regierung läßt die deutsche Bevölkerung im unklaren über die Situation. In deutschen Zeitungen wird ausführlich über den Krieg im Pazifischen Raum (→ 7. 12./S. 194) berichtet, und nur vereinzelt erscheinen Artikel zur Lage in der UdSSR, die zudem das Geschehen beschönigen und den Rückzug als strategische Maßnahme bezeichnen. Am 18. Dezember schreiben die »Müchner Neuesten Nachrichten«: »Gewisse operative Vorgänge an der Ostfront, die seit dem Einbruch des Winters den Charakter der deutschen Kampfhandlungen bestimmten, haben der feindlichen Propaganda den lang gesuchten Anlaß gegeben für eine Unzahl von Behauptungen über bolschewistische Erfolge, sowjetische Gegenoffensiven und deutsche Niederlagen. Wie wir bereits vor einigen Tagen festgestellt haben, sind die derzeitigen Bewegungen an der Ostfront ausschließlich von dem frei gewählten Entschluß der obersten deutschen Führung bestimmt, nach fünfeinhalb Monaten Bewegung ... die offensive Angriffsfront mit Beginn des Winters in eine feste Abwehrfront zu überführen.«

Im mittleren Abschnitt der Ostfront an der Wolga versuchen deutsche Soldaten, den Fluß mit einem Schlauchboot zu überqueren; l. ein sowjetischer Gefangener

Durch heftigen winterlichen Schneefall dringt dieser Teil der deutschen Infanterie mit Planwagen in dem Frontstreifen nordwestlich von Moskau vor

Mit Pferdegespannen und Schlitten legen Einheiten der deutschen Wehrmacht den Weg auf den vereisten und mit Schnee bedeckten Vormarschstraßen zurück

Um im Schnee nicht entdeckt zu werden, trägt diese Einheit weiße Tarnungen

Die sowjetische Stadt Kalinin, die von Truppen der 9. deutschen Armee besetzt worden ist – hier sichert Infanterie die Stadt kurz nach der Einnahme –, wird am 14. Dezember von Einheiten der Roten Armee zurückerobert

Eine der Panzerformationen der britischen Armee, die im libysch-ägyptischen Grenzgebiet gegen die deutschen Gefechtsstellungen eingesetzt wird

Afrika-Korps weicht vor britischer Offensive zurück

7. Dezember. Der Kommandant des Deutschen Afrika-Korps, Generalleutnant Erwin Rommel, ordnet den Rückzug seiner Einheiten aus dem libysch-ägyptischen Grenzgebiet nach Westen an. Die deutschen Stellungen sind gegen den Druck der angreifenden britischen Verbände nicht länger zu halten, da Nachschub und Unterstützung nicht rechtzeitig eintreffen.

Rommels Truppen hatten den britischen Nordafrika-Verbänden, die vor rund drei Wochen eine Offensive von Ägypten aus gestartet hatten (→18. 11./S. 182), große Verluste zugefügt. Der britische Plan, den deutschen Ring um die britische Festung Tobruk zu sprengen, war bislang erfolgreich vereitelt worden. Da die Briten über mehr als fünfmal so viele Panzer wie die Deutschen und ausreichenden Nachschub verfügen, müssen sich Rommels Truppen aber nun zurückziehen. Bis zum Ende des Jahres verlegen die deutschen Verbände ihre Stellungen an den Westrand der Cyrenaika, von wo aus sie im Februar des Jahres ihren Vormarsch begonnen hatten (→4. 4./S. 66).

Am 10. Dezember stellen die britischen Truppen die Verbindung zur Festungsbesatzung in Tobruk her, die seit April von deutschen Einheiten eingeschlossen war. Die US-amerikanische Nachrichtenagentur United Press berichtet nach der Einnahme El Adems südlich von Tobruk durch britische Streitkräfte: »Die Eroberung von El Adem hat zweifellos in der Lage auf dem nordafrikanischen Kriegsschauplatz eine Wende zugunsten der britischen Streitkräfte gebracht, weil Tobruk jetzt als britische Versorgungsbasis benutzt werden kann. Obwohl man weiß, daß noch harte Kämpfe bevorstehen, wird die Lage von den hiesigen britischen Stellen allgemein als befriedigend bezeichnet.«

Die vorrückenden britischen Truppen werden von den deutschen Nachhut- und Panzerabwehrverbänden ständig in verlustreiche Gefechte verwickelt. Ihr Vormarsch wird dadurch so verlangsamt, daß Rommels Einheiten Zeit haben, weit hinter den Frontlinien Verteidigungsstellungen auszubauen. Hier können sie auf Nachschub und Verstärkung warten. Am 19. Dezember laufen mehrere Frachter in Tripolis und Bengasi mit Munition, Verpflegung, Waffen und Gerät ein; die Zahl der Panzer des Deutschen Afrika-Korps, das einen großen Teil seiner Ausrüstung und seines Materials verloren hat, erhöht sich dadurch wieder auf 70.

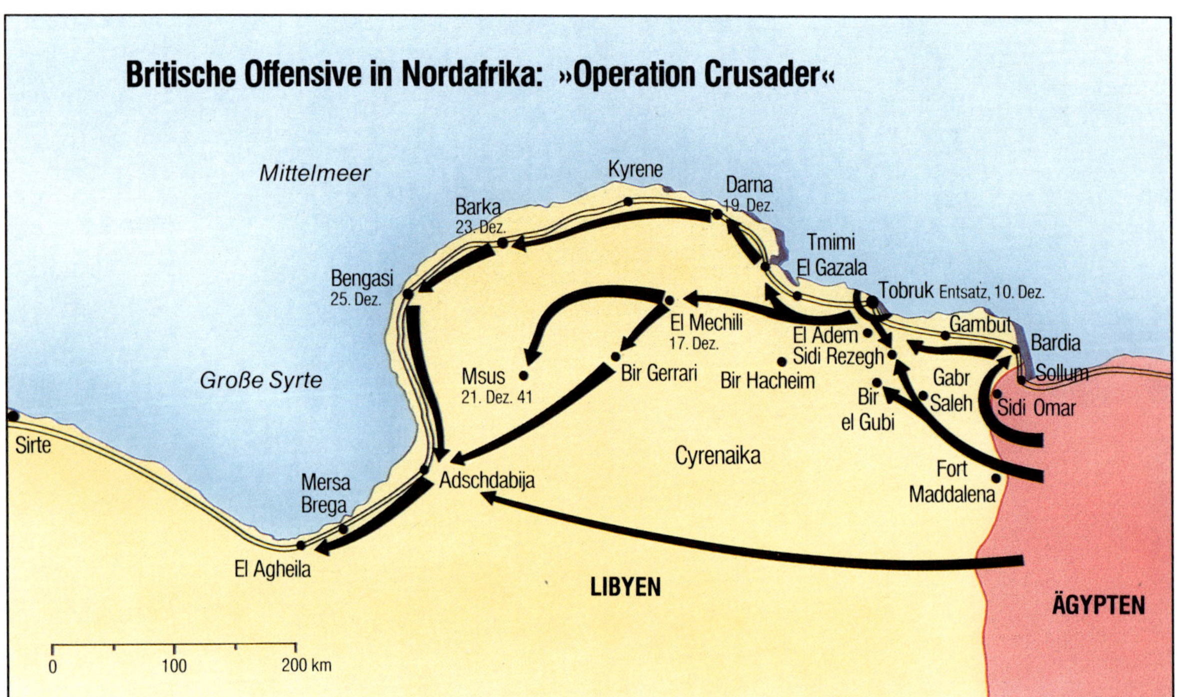

Britische Infanterie trifft auf den Stoßtrupp einer britischen Panzereinheit vor Tobruk

Deutscher Kampfwagen vom Typ »PZ IV« geht nach dem Beschuß durch einen britischen Panzer im Kampf um Tobruk in Flammen auf

Deutsches Aufklärungsflugzeug beobachtet die Truppenbewegungen vor Tobruk

Deutsche Infanterie auf dem Rückzug vor den britischen Truppen nach Westen; selbst der Rückzug durch den Wüstensand ist äußerst beschwerlich

Geschützstellung mit leichter Flak vor der Festung Tobruk; r. ein Flugzeugbeobachter, der den Angriff britischer Geschwaderstaffeln auskundschaftet

Deutscher Panzer dient hier zur Befestigung einer Hängematte

Wasserkanister mit gefiltertem Trinkwasser für das Deutsche Afrika-Korps

Eine Gruppe Soldaten der deutschen Wehrmacht wird von britischen Soldaten nach der Niederlage der deutschen Truppen in ein Gefangenenlager gebracht

Nach Japans Angriff auf den US-Stützpunkt in Pearl Harbor

8. Dezember. In Tokio überreicht ein Vertreter des japanischen Auswärtigen Amtes den Botschaftern Großbritanniens und der USA sowie den Gesandten Kanadas und Australiens die Kriegserklärungen seiner Regierung. Die USA greifen nun aktiv in den Krieg ein, an dem sie bislang nur als Waffenlieferant Großbritanniens und der Sowjetunion teilgenommen hatten. Der Krieg wird gleichzeitig auf den ostasiatischen Raum ausgedehnt.

Am →11. Dezember (S. 200) erklären der deutsche Führer und Reichskanzler Adolf Hitler und der italienische Duce und Ministerpräsident Benito Mussolini den USA den Krieg. Am gleichen Tag unterzeichnen Vertreter der beiden Länder mit der japanischen Regierung ein Abkommen; sie verpflichten sich darin, »ohne volles gegenseitiges Einverständnis weder mit den USA noch mit England Waffenstillstand oder Frieden zu schließen«.

Auf den Kriegsschauplätzen in Europa, Nordafrika und im Atlantik werden künftig auch US-Truppen auf britischer Seite in die Kämpfe eingreifen. Während das Bündnis der europäischen Achsenmächte Italien und Deutsches Reich mit Japan keine gemeinsame Kriegführung beinhaltet, koordinieren die britische und US-amerikanische Armeeführung ihre Aktionen; sie hatten sich schon im Frühjahr auf eine gemeinsame Kriegsstrategie verständigt, derzufolge zunächst in Europa angegriffen werden soll (→27. 3./S. 51).

Lediglich die Sowjetunion paßt sich nicht vollständig in die beiden kriegführenden Blöcke ein. Seit dem deutschen Überfall (→22. 6./S. 98) ist sie Bündnispartner der alliierten Westmächte. Die sowjetische Führung gibt jedoch einen Tag nach dem japanischen Angriff auf den US-Stützpunkt Pearl Harbor in Hawaii (→7. 12./S. 194) bekannt, daß sie in einen ostasiatischen Krieg nicht eingreifen werde. Sie betrachtet den sowjetisch-japanischen Neutralitätspakt vom →13. April 1941 (S. 68) weiterhin als gültig.

Die kriegführenden Blöcke veranlassen viele ihrer Bündnispartner, feindlichen Regierungen den Krieg zu erklären. Obwohl diese meist kleinen Staaten nicht aktiv an Kampfhandlungen teilnehmen, befinden sich dadurch Länder aller Kontinente im Krieg.

Nach Bekanntgabe der Kriegserklärung gegen die USA durch Adolf Hitler in der Krolloper folgt das Deutschlandlied

Deutsche Kriegserklärung an USA verkündet

11. Dezember. In der Berliner Krolloper gibt Adolf Hitler die deutsche Kriegserklärung an die Vereinigten Staaten bekannt. Am 5. Dezember hatte er der japanischen Führung zugesagt, er werde den USA den Krieg erklären, falls Japan in einen Krieg mit den Vereinigten Staaten verwikkelt wird. Zu diesem Zeitpunkt war Hitler jedoch nicht über den geplanten japanischen Angriff auf den US-Pazifikstützpunkt in Pearl Harbor/Hawaii (→7. 12./S. 196) informiert.

Nach längeren Ausführungen über den bisherigen Kriegsverlauf sagt Hitler in seiner Rede: »Daß die japanische Regierung es nach jahrelangem Verhandeln mit diesem Fälscher [US-Präsident Franklin D. Roosevelt] endlich satt hatte, sich noch weiter in so unwürdiger Weise verhöhnen zu lassen, erfüllt auch die übrigen anständigen Menschen auf der ganzen Welt mit tiefer Genugtuung... Auch wenn wir nicht im Bündnis mit Japan stünden, wären wir uns darüber im klaren, daß es die Absicht der Juden und ihres Franklin Roosevelt ist, einen Staat nach dem anderen allein zu vernichten... In Verfolg der immer weiteren Ausdehnung einer auf unbegrenzte Weltherrschaftsdiktatur gerichteten Politik des Präsidenten Roosevelt sind die Vereinigten Staaten von Amerika im Verein mit England vor keinem Mittel zurückgewichen, um dem deutschen, dem italienischen und auch dem japanischen Volk die Voraussetzungen ihrer natürlichen Lebenserhaltung zu bestreiten... Deutschland und Italien haben demgegenüber sich nunmehr endlich gezwungen gesehen, getreu den Bestimmungen des Dreimächtepaktes... Seite an Seite mit Japan den Kampf... gegen die Vereinigten Staaten von Amerika und England gemeinsam zu führen.«

Die nationalsozialistische Führung gibt durch die Kriegserklärung ihre bisherige Haltung gegenüber den USA auf. Bislang hatte sie versucht, den Vereinigten Staaten keinen Vorwand zum Kriegseintritt zu liefern, da sie die militärische und wirtschaftliche Stärke der USA fürchtet.

Die deutsche Kriegserklärung an die USA hat für das NS-Regime innenpolitische Vorteile. Sie richtet das Interesse der Bevölkerung auf den fernöstlichen Kriegsschauplatz und lenkt gleichzeitig vom Scheitern der deutschen Offensive in der Sowjetunion ab (→5. 12./S. 196). Daß diese Bemühungen erfolgreich sind, bestätigt der Sicherheitsdienst der SS in seinem Lagebericht vom 18. Dezember: »Im Vordergrund des Interesses ... steht in erster Linie der Kampf des japanischen Bundesgenossen im Fernen Osten... Das Interesse an den Kampfhandlungen im Osten ist infolge Ausbleibens größerer Erfolgsmeldungen auch weiterhin nur gering.« Trotzdem bringt der Kriegseintritt der USA die Wende zugunsten der Alliierten.

US-amerikanischer Geschäftsträger Morris (l.) nach seinem letzten Besuch beim deutschen Außenminister J. v. Ribbentrop im Auswärtigen Amt

Der Krieg wird zum Weltkrieg

Im Repräsentantenhaus der USA erklärt Präsident Franklin D. Roosevelt (am Rednerpult) in Abstimmung mit den Kongreßmitgliedern Japan den Krieg

Roosevelt: »Bis zum Sieg ohne Bedingung«

8. Dezember. Nach Abstimmungen in beiden Kammern des US-amerikanischen Parlamentes in Washington erklären die USA Japan offiziell den Krieg. Nur eine Abgeordnete des Repräsentantenhauses stimmte gegen die Erklärung.

Zuvor hatte US-Präsident Franklin D. Roosevelt vor den Abgeordneten eine Rede gehalten: »Ganz gleichgültig, wie lange Zeit es dauern mag, bis wir diesen niederträchtigen Angriff zurückgewiesen haben mögen – eines ist gewiß, wir Amerikaner sind entschlossen, den Weg bis zum bedingungslosen Sieg fortzusetzen.« Nach einem Bericht der US-amerikanischen Nachrichtenagentur Exchange folgte Roosevelts Rede »nicht endenwollender Beifall«.

Der Präsident der USA, Franklin D. Roosevelt, unterzeichnet die Kriegserklärung an das Deutsche Reich

Verbündete erklären Krieg

Mit dem japanischen Angriff auf den Stützpunkt der US-Marine in Pearl Harbor auf Hawaii (→7. 12./S. 194) weitet sich der bislang auf Europa, Afrika und den Atlantik beschränkte Krieg auch auf Ostasien aus. Verbündete der kriegführenden Staaten erklären in den Tagen nach dem Angriff den Feinden ihrer Partner den Krieg, auch wenn sie nicht selbst in das Geschehen eingreifen.

8. Dezember: Japan erklärt offiziell den USA, Großbritannien, Kanada und Australien den Krieg. Die Regierungen der USA und Großbritanniens erklären ihrerseits Japan den Krieg. Am gleichen Tag erfolgen weitere Kriegserklärungen nicht direkt an den Kampfhandlungen beteiligter Staaten:

- ▷ Mandschukuo, ein enger Verbündeter Japans, erklärt den Kriegszustand mit den USA und Großbritannien
- ▷ Kanada, Costa Rica, Australien, Nicaragua und Niederländisch-Indien erklären Japan den Krieg
- ▷ Kanada, Neuseeland, Indien und die tschechische Exilregierung in London teilen der finnischen Regierung mit, daß sie sich im Kriegszustand mit Finnland befinden

Die sowjetische Führung erklärt, daß sie den am → 13. April 1941 (S. 68) mit Japan geschlossenen Neutralitätsvertrag weiterhin als gültig betrachtet. Sie will nicht in den Krieg mit Japan eintreten, da ihre Verteidigung gegen die deutschen Truppen dadurch geschwächt würde. Die brasilianische Regierung bekundet in einem Memorandum ihre Solidarität mit den Vereinigten Staaten, tritt aber nicht in den Krieg ein.

9. Dezember: Ägypten, die Dominikanische Republik, Haiti, Honduras, Kuba, El Salvador, Mexiko und Panama verkünden den Kriegszustand mit Japan

10. Dezember: Die japanische Regierung erhält Kriegserklärungen von Neuseeland, Südafrika, Guatemala, Bolivien, Indien, Kolumbien sowie von den Exilregierungen der Niederlande und Belgiens in London. Auch die freifranzösische Bewegung unter General Charles de Gaulle, die von London aus die deutsche Besatzung ihres Landes bekämpft, erklärt Japan den Krieg.

11. Dezember: Weitere Regierungen verkünden, daß sie sich im Krieg mit den Feinden ihrer jeweiligen Bündnispartner befinden:

- ▷ Das Deutsche Reich, Italien und Albanien erklären den USA den Krieg
- ▷ Nicaragua, Kuba, Costa Rica und Mexiko übermitteln der deutschen und der italienischen Regierung Kriegserklärungen, Bolvien nur der italienischen Regierung

12. Dezember: Weitere Staaten beider Bündnisblöcke treten in den Krieg ein:

- ▷ Die USA erklären nach Abstimmungen in beiden Parlamentskammern dem Deutschen Reich und Italien den Krieg
- ▷ Die deutschen Bündnispartner Bulgarien, Kroatien und die Slowakei verkünden, daß sie sich im Krieg mit den USA und Großbritannien befinden; Rumänien und Ungarn erklären den USA den Krieg

Durch die Kriegserklärungen von Staaten aller Kontinente wird die Kriegführung in Europa, Nordafrika und Asien miteinander verknüpft. In Europa kämpfen die westlichen Alliierten, Großbritannien und USA gemeinsam mit der UdSSR, Freifranzosen und verschiedenen europäischen Exilregierungen gegen die Achsenmächte Deutsches Reich und Italien. Briten und US-Amerikaner führen gleichzeitig in Ostasien Krieg gegen Japan und werden dabei u. a. von Australien und Neuseeland unterstützt.

Der Kriegseintritt vieler kleiner Staaten dient nur in wenigen Fällen militärischen Zwecken. Vielfach wollen sich ihre Regierungen die Sympathie und den Schutz der übermächtigen Bündnispartner sichern. Manche dieser Staaten liefern wichtige Rohstoffe oder sichern strategische Punkte wie z. B. Panama: Der Panamakanal, der den Atlantischen mit dem Pazifischen Ozean verbindet, ist von großer Bedeutung für die Versorgung und den Nachschub der US-amerikanischen Truppen.

Hitler übernimmt Oberbefehl des Heeres

19. Dezember. Der Führer und Reichskanzler Adolf Hitler übernimmt den Oberbefehl des Heeres, nachdem der bisherige Oberbefehlshaber, Generalfeldmarschall Walter von Brauchitsch, seinen Posten niedergelegt hat. In der militärischen Führung der deutschen Truppen haben sich nach dem Scheitern des Angriffs auf Moskau (→ 2. 10./S. 166) und der erfolgreichen Winteroffensive der Roten Armee (→ 5. 12./S. 196) die Meinungsverschiedenheiten über die einzuschlagende Strategie verschärft, so daß Hitler Kommandeure, die anderer Meinung sind, entläßt.

Die deutsche Heeresführung will ihre erschöpften Truppen Anfang Dezember auf eine sog. Winterlinie zurücknehmen. Die weit über 1000 km lange Front mit großen Ausbuchtungen soll damit verkürzt werden. Nur so scheint es der Heeresleitung möglich, daß die schlecht ausgerüsteten Soldaten sich von den Strapazen der letzten Monate erholen, und die Front gegen die Offensiven der angreifenden sowjetischen Truppen halten können.

Hitler lehnt ein Zurückweichen der Truppen auf die weit hinter der bestehenden Front liegende Winterlinie ab. Er wirft den Heeresbefehlshabern, die ein Zurückweichen befürworten, Unfähigkeit vor. Sie werden durch Offiziere ersetzt, die Hitler widerspruchslos folgen. Am 28. November war der Oberbefehlshaber der Heeresgruppe Süd, Generalfeldmarschall Gerd von Rundstedt, abgelöst worden, als er bei Rostow den Rückzug befahl.

Generalfeldmarschall Walter von Brauchitsch (2. v. l.) wird auf dem Flughafen von Reichskanzler Adolf Hitler (r.) begrüßt (neben Brauchitsch: Erhard Milch)

Am 8. Dezember ordnet Hitler in der Weisung Nr. 39 an: »Die Masse des Ostheeres geht sobald wie möglich in kräftesparenden, vom Oberbefehlshaber des Heeres festzulegenden Fronten zur Abwehr über.« Acht Tage später verbietet er ein Zurückweichen der Truppen. In einem Fernschreiben an das Oberkommando der Heeresgruppe Mitte heißt es dazu: »Größere Ausweichbewegungen können nicht durchgeführt werden. Sie führen zum völligen Verlust von schweren Waffen und Gerät. Unter persönlichem Einsatz der Befehlshaber, Kommandeure und Offiziere ist die Truppe zum fanatischen Widerstand in ihren Stellungen zu zwingen, ohne Rücksicht auf den durchgebrochenen Feind in Flanke und Rücken.«
Am 18. Dezember schickt Hitler den Oberbefehlshaber der Heeresgruppe Mitte, Generalfeldmarschall Fedor von Bock, in den Urlaub und ersetzt ihn durch Generalfeldmarschall Hans Günther von Kluge. Einen Tag später übernimmt Hitler selbst den Oberbefehl des Heeres anstelle von Walter von Brauchitsch. Am 25. Dezember wird Generaloberst Heinz Guderian, Oberbefehlshaber der 2. Panzerarmee, von seinem Posten abgelöst.

Indien kämpft um die Unabhängigkeit

4. Dezember. Die britische Kolonialregierung in Indien entläßt mehrere hundert Mitglieder der Partei des Indian National Congress (INC) und Anhänger von Mohandas Karamchand (Mahatma) Gandhi vorzeitig aus der Haft. Sie hatten sich im Herbst an einer Aktion des zivilen Ungehorsams beteiligt, mit der die indische Unabhängigkeitsbewegung die Beendigung der britischen Herrschaft über ihr Land erreichen wollte (→ 12.9./S. 157).
Unter den Entlassenen ist der indische Politiker Jawaharlal Nehru. Er hatte, im Gegensatz zu Gandhi, einer Teilnahme Indiens im Krieg gegen den Faschismus zugestimmt, sie jedoch abhängig gemacht von der Schaffung eines unabhängigen indischen Staates.

Mohandas Gandhi, Führer des gewaltlosen Widerstandes in Indien

Die britische Regierung ordnet die Entlassung Nehrus und der anderen Inhaftierten an, da sie auf die Zusammenarbeit mit der indischen Unabhängigkeitsbewegung angewiesen ist. Angesichts der japanischen Aggression in Ostasien, die sich auch gegen Indien richtet, kann sie es sich nicht leisten, britische Streitkräfte durch innenpolitische Auseinandersetzungen in Indien zu binden.
Zudem drängt US-Präsident Franklin D. Roosevelt auf eine britisch-indische Einigung, u. a. weil der britische Premierminister Winston Churchill mit der Unterzeichnung der Atlantikcharta (→ 14. 8./S. 132) die Souveränitätsrechte aller Völker anerkannt hatte, die den Indern bisher verweigert wurden.

Teilung des Deutschen Reiches gefordert

20. Dezember. In Moskau gehen viertägige Gespräche zwischen dem britischen Außenminister Robert Anthony Eden und dem sowjetischen Staatschef Josef W. Stalin zu Ende. Während der Beratungen hatte Stalin sowjetische Kriegsziele und seine Vorstellungen über eine Friedensregelung nach einer Niederlage der Achsenmächte dargestellt.
Stalin fordert u. a. die Anerkennung der sowjetischen Grenzen vom → 22. Juni 1941 (S. 98) durch die Alliierten. Darüber hinaus schlägt er eine Aufteilung des Deutschen Reiches vor; er strebt eine Loslösung des Rheinlandes von Preußen, die Bildung eines selbständigen Staates Bayern und die Wiederherstellung eines unabhängigen Österreichs an.

Der britische Außenminister Eden (Abb.) verhandelt in Moskau mit dem sowjetischen Staatschef Josef W. Stalin über eine Neugliederung Europas nach Kriegsende; Eden ist einer der profiliertesten Vertreter der britischen Außenpolitik; 1935 übernahm er das Außenressort, das er bis 1938 und seit 1940 leitet

Der britische Premierminister Winston Churchill (am Rednerpult) während seiner Rede vor dem Kongreß der USA

Churchill zu Beratungen in Washington

22. Dezember. Der britische Premierminister Winston Churchill trifft zu Beratungen mit US-Präsident Franklin D. Roosevelt in Washington ein. Die bis zum 14. Januar 1942 dauernde sog. Arcadia-Konferenz bringt als wichtigstes Verhandlungsergebnis den »Pakt der Vereinten Nationen« hervor.

Darin erkennen 26 Unterzeichnerstaaten die Atlantikcharta an, die Roosevelt und Churchill am →14. August (S. 132) unterzeichnet hatten. Darüber hinaus verpflichten sie sich zum Einsatz aller militärischen und wirtschaftlichen Mittel gegen das Deutsche Reich, Italien und Japan und zur Zusammenarbeit bei der Kriegführung. Eine weitere Vereinbarung schreibt vor, daß kein Unterzeichnerstaat einen gesonderten Waffenstillstand oder Frieden mit den feindlichen Regierungen abschließen darf.

Die Gespräche in Washington sind vom engen persönlichen Verhältnis der beiden Regierungschefs geprägt. Churchill beschreibt die Atmosphäre im Weißen Haus: »Wir verbrachten täglich mehrere Stunden miteinander… Unsere Gespräche waren ausschließlich den Geschäften gewidmet, und in vielen bedeutsamen und weniger bedeutsamen Punkten wurde weitgehende Übereinstimmung erzielt.«

Mehr Vollmachten für US-Präsident

17. Dezember. Das US-amerikanische Repräsentantenhaus in Washington erteilt US-Präsident Franklin Delano Roosevelt außerordentliche Vollmachten für die weitere Dauer des Krieges.

Der US-Präsident kann u. a. die Bundesregierung umbilden und Zensurmaßnahmen über den Nachrichtenverkehr zwischen den Vereinigten Staaten und dem Ausland verhängen, ohne die Zustimmung der Parlamentskammern einzuholen. Roosevelt erhält damit ähnlich umfangreiche Vollmachten wie US-Präsident Woodrow Wilson während des Ersten Weltkrieges (1914–1918).

Statt einer strengen Zensur strebt Roosevelt eine Zusammenarbeit mit Presse und Rundfunk an. Durch Selbstbeschränkung und freiwillige Selbstzensur sollen die Medien dafür sorgen, daß sie den Kriegsgegnern der USA keine kriegswichtigen Informationen liefern.

Am gleichen Tag setzt US-Präsident Roosevelt eine Kommission ein, die den japanischen Angriff auf den US-Marinestützpunkt Pearl Harbor (→7. 12./S. 194) und seine Folgen untersuchen soll. Die innenpolitischen Gegner Roosevelts werfen diesem vor, er verfüge bereits seit September über Informationen, »daß die Japaner einen Angriff auf Pearl Harbor und Manila beabsichtigten«. Roosevelt habe die US-Streitkräfte jedoch nicht gewarnt.

100 000 Flugzeuge für die US-Armee

5. Dezember. In New York teilt die aeronautische Handelskammer der USA mit, daß 1941 in den USA 20 000 Militärflugzeuge hergestellt wurden. Zur weiteren Entwicklung der Produktion von Kriegsflugzeugen erklärt die Kammer: »In den beiden nächsten Jahren wird die Produktion dieser Flugzeuge auf zusammen 100 000 steigen, was ohne Zweifel einen entscheidenden Faktor in diesem Krieg darstellen dürfte.«

Die Rüstungsindustrie der USA ist noch nicht auf Kriegsbedarf umgestellt. Sie beginnt erst jetzt, ihre Produktionskapazitäten dem wachsenden Bedarf der US-Armee nach Rüstungsgütern anzupassen.

Pittsburgh am Ohio gehört aufgrund der hohen Stahlproduktion zu den wichtigsten Lieferanten der Rüstungsindustrie in den USA

Montageteam vor einer »Douglas B-19«, dem derzeit größten Kampfbomber der Welt

Theater 1941:

NS-Propaganda auf deutschen Bühnen

Die Aufführung von Theaterstükken, die – vor allem an Provinz- und Kleinstadtbühnen – nationalsozialistische Vorstellungen propagieren, ist eine typische Erscheinung des Theatergeschehens im Deutschen Reich. Die Autoren greifen neben aktuellen Themen wie Kinderlosigkeit und Krieg Motive der deutschen Sagenwelt auf. Sie verkünden die Überlegenheit der Deutschen gegenüber allen anderen Kulturen.

In einer Besprechung der »Deutschen Theater-Zeitung« vom 21. Januar 1941 zur Premiere eines solchen Stückes mit dem Titel »Die Magd des Peter Rottmann« von Erich Bauer in Bad Lauchstädt heißt es: »Es spricht für die oft bewährte künstlerische Verantwortungsbereitschaft der Gaubühne, daß sie mit diesem Werk von Erich Bauer ein Stück aus der Taufe hob, das sich in leidenschaftlichem Ringen mit einem ernsten, gegenwartsnahen Problem auseinandersetzt: Mit der Frage nach der Daseinsberechtigung oder Nichtberechtigung der kinderlosen Ehe. Die an sich harmonische Ehe des Bauern Peter Rottmann zerbricht nach zehn Jahren daran, daß ihr die letzte Erfüllung versagt blieb... So treibt es den Bauern zu der urgesunden jungen Magd, die ihm den erhofften Sohn schenkt... Dieses schlichte Geschehen findet den dramatischen Höhepunkt in dem herben Verzicht der Bäuerin.«

Die großen deutschen Bühnen bringen angesichts des Mangels qualitativ hochwertiger neuer Werke Klassiker zur Aufführung wie »Faust I« von Johann Wolfgang von Goethe am Berliner Staatlichen Schauspielhaus (→ 11. 10./S. 176). Namhafte Autoren, die noch im Deutschen Reich leben, greifen auf klassische Themen zurück wie Gerhart Hauptmann mit seinem Drama »Iphigenie in Delphi«.

Ein Theaterereignis von internationalem Rang ist die Züricher Premiere des Stückes »Mutter Courage und ihre Kinder« von Bertolt Brecht, der seit 1933 im Exil lebt (→ 19. 4./S. 75).

(Siehe auch Übersicht »Uraufführungen« im Anhang.)

Pamela Wedekind (l.) als zweite Gemahlin des Böhmenkönigs Ottokar in »König Ottokars Glück und Ende«

Szenenfoto der Uraufführung von Curt Langenbecks Drama »Schwert« im Münchner Prinzregententheater

E. Korhel (l.) und A. Garbe in der Tragödie »Kassandra« in Leipzig

In München spielen F. D. Voebel und Heidemarie Hatheyer in »Didos Tod«

»Was ihr wollt« von Shakespeare am Münchner Residenztheater

Inszenierung des »König Ödipus« von Sophokles am Neuen Theater in Leipzig unter der Leitung von Paul Smolny

»Wilhelm Tell« aus Schulen verbannt

12. Dezember. Führer und Reichskanzler Adolf Hitler erteilt Reichserziehungsminister Bernhard Rust die Anweisung, Zitate aus Friedrich von Schillers Schauspiel »Wilhelm Tell« aus den deutschen Schulbüchern entfernen zu lassen.

Der deutsche Dichter und Dramatiker Friedrich von Schiller (1759 bis 1805) wurde bislang von der NS-Propaganda als »Vorläufer des Nationalsozialismus« gefeiert. Hans Fabricius, führender Funktionär der NSDAP, veröffentlichte 1934 ein Buch mit dem Titel »Schiller, unser Kampfgenosse«, in dem er u.a. schreibt: »Schiller als Nationalsozialist! Mit Stolz dürfen wir ihn als solchen grüßen.«

Schillers Schauspiel »Wilhelm Tell« über den Freiheitskampf der Schweizer ist jedoch Hitler inzwischen ein Dorn im Auge. Er sagt kurz nach seiner Anweisung an Erziehungsminister Rust bei einem Tischgespräch: »Ausgerechnet Schiller mußte diesen Schweizer Heckenschützen verherrlichen.«

Piscator lehrt Theater in USA

3. Dezember. An der »Central Needle Trades High School New York« findet die Premiere des Stükkes »The Circle of Chalk« (Der Kreidekreis) von Klabund (Alfred Henschke) in der Inszenierung von Erwin Piscator statt. Der Ulmer Regisseur und Theaterleiter hält sich seit 1938 in den USA auf und leitet dort die Schauspielschule »Dramatic Workshop« an der »New School for Social Research« in New York.

An dieser Schule, die von Piscator und Alwin Johnson ins Leben gerufen wurde, lehren u. a. Lee Strasberg, Carl Zuckmayer und Hanns Eisler. Tennessee Williams, Arthur Miller, Marlon Brando, Tony Curtis, Harry Belafonte und Julian Beck erhalten hier Unterricht.

Erwin Piscator war während der 20er Jahre ein führender Vertreter des politischen Agitationstheaters im Deutschen Reich. Zudem hatte er Technik und theaterfremde Ausdrucksmittel in das Bühnengeschehen integriert: Aufzüge, Filmprojektionen, mehrere Bühnenebenen u. a. prägten seine Inszenierungen. Zu diesen gehörten »Die Abenteuer des braven Soldaten Schwejk« von Jaroslav Hašek und »Der Kaufmann von Berlin« von Walter Mehring.

1931 ging Piscator zu Filmarbeiten in die UdSSR, 1936 nach Paris und von dort in die USA, wo er unter schlechten Bedingungen arbeitet.

Erwin Piscator entwickelte neue Formen des politischen Theaters

Forschung gegen die Pressefreiheit

12. Dezember. In Wien wird das Institut zur Erforschung des internationalen Pressewesens in Anwesenheit des Reichspressechefs der NSDAP, Otto Dietrich, eröffnet. Das Institut soll die nationalsozialistische Propagandaarbeit gegen die Presse der westlichen Demokratien durch »wissenschaftliche Forschung« unterstützen.

Dietrich sagt in seinem Grußwort vor den versammelten Pressevertretern und Journalisten zur Pressefreiheit: »Die Erfahrung, welche die Völker in 1½ Jahrhunderten mit dieser sogenannten Pressefreiheit gemacht haben, kann man nur als verheerend bezeichnen… Es ist erwiesen, daß durch die jüdische Presselüge die internationalen Beziehungen vergiftet wurden.«

Für die Nationalsozialisten ist eine gleichgeschaltete Presse zentraler Bestandteil ihrer Propagandaarbeit. Sie bekämpfen daher jede Forderung nach einer freien Presse, die sie als eine Bedrohung ihrer Gewaltherrschaft betrachten.

Heinz Rühmann als »Quax, der Bruchpilot«

16. Dezember. Der Heinz Rühmann-Film »Quax, der Bruchpilot« von Regisseur Kurt Hoffmann wird in Hamburg uraufgeführt. Neben Rühmann, der zugleich Produzent des Filmes ist, spielen Lothar Firmans, Karin Himboldt und Hilde Sessak Hauptrollen.

Der von Heinz Rühmann dargestellte Otto Groschenbügel, genannt Quax, gewinnt zu Beginn der Filmkomödie bei einem Preisausschreiben eine Sportfliegerausbildung. Quax tut sich während seiner Ausbildung durch Angeberei und Disziplinlosigkeit hervor, wandelt sich jedoch später zum erstklassigen und verantwortungsbewußten Piloten.

In die Filmhandlung eingebaut sind waghalsige Flugkunststücke und komische Bruchlandungen. Der begeisterte Sportflieger Heinz Rühmann drehte viele dieser Szenen selbst mit Kameras, die auf der Tragfläche und vor dem Cockpit seiner Maschine montiert waren.

Die Filmkomödie, die unterschwellig Werbung für die Kriegsfliegerei macht, erhält die Prädikate »künstlerisch wertvoll«, »volkstümlich wertvoll« und »jugendwert«. In den Kinos spielt sie mehr als fünf Millionen Reichsmark ein und ist ein großer kommerzieller Erfolg.

Nach der Hamburger Premiere schreibt die »Berliner Volkszeitung«: »Da alles auf Star Heinz Rühmann ausgerichtet ist, möchte man fast von einem Monumental-Einakter des grotesk-komischen Genres sprechen. Heinz Rühmann zeigt… die Fülle seiner feinen darstellerischen Nuancen. Um ihn herum herrscht ein munteres Treiben, ohne daß der eine oder andere besonders kräftig in Erscheinung zu treten Gelegenheit finden würde.«

Der beliebte Schauspieler Heinz Rühmann als waghalsiger Bruchpilot Otto Groschenbügel in dem Spielfilm »Quax, der Bruchpilot« von Kurt Hoffmann

Erich Zeller wird neuer Eislaufmeister

21. Dezember. Im Berliner Sportpalast siegt Erich Zeller bei den III. Kriegsmeisterschaften im Eiskunstlauf der Herren. Mit 371,8 Punkten kann er sich gegen den Wiener Erich Rada (368,9 Punkte) und den Berliner Ulrich Kuhn (362,4 Punkte) durchsetzen.

Rada führte nach der Pflicht knapp vor Zeller. Die »Münchner Neuesten Nachrichten« schreiben zum entscheidenden Kürlaufen: »Zeller überraschte mit dem weitaus besten Kürprogramm, das man bisher von ihm gesehen hat. Bei guter Raumaufteilung bot er eine gut durchdachte Kür, die an Schwierigkeit und Sicherheit kaum einen Wunsch offen ließ… Zum Schluß folgte Erich Rada, der es nach Zeller besonders schwer haben mußte. Wartete der Wiener auch mit einigen Kabinett-Sprüngen auf, so erreichte sein Vortrag doch nicht die große Linie des früheren Augsburgers.«

Der Maschinenbauingenieur Erich Zeller wurde am 13. Januar 1920 in Augsburg geboren. Er lebt inzwischen in Berlin und wird von Tia Frenzen trainiert.

Skispende trifft Kinder und Jugendliche

20. Dezember. Der Führer und Reichskanzler Adolf Hitler erläßt einen Aufruf an die deutsche Bevölkerung, in der er zur Abgabe von warmer Kleidung und Winterausrüstung für die deutschen Soldaten an der Front in der UdSSR auffordert. In einer Rundfunkansprache sagt Propagandaminister Joseph Goebbels: »So lange sich noch ein einziger brauchbarer Gegenstand der Winterausrüstung in der Heimat befindet, muß er an die Front… Ich möchte diese Sammlung… das Weihnachtsgeschenk des deutschen Volkes an die Ostfront nennen. Es gibt gewiß im ganzen Lande niemanden, der sich von diesem Weihnachtsgeschenk für unsere Soldaten ausschließt.«

Deutsche Soldaten in der Sowjetunion werden mit Skiern und Winterkleidung versorgt, die im Deutschen Reich gesammelt wurden; mit solchen Bildern, die in Zeitungen und Illustrierten veröffentlicht werden, will die NS-Führung der Bevölkerung zeigen, wie ihre Spenden Verwendung finden

Sechs Tage später wird dieser Aufruf erweitert. Die NSDAP-Führung fordert die Bevölkerung auf, zusätzlich auch Skier und Skischuhe zu spenden. Am Tag darauf verbietet sie den Transport von Skiern in öffentlichen und privaten Verkehrsmitteln. Skibesitzer, die ihre Skier nicht abgeben wollen, werden so daran gehindert, mit Skiern in Wintersportgebiete zu kommen. Besonders hart trifft der »Ski-Aufruf« und das Transportverbot für Skier Kinder und Jugendliche. Manche von ihnen haben zu Weihnachten Skier geschenkt bekommen und müssen sie sofort nach dem Fest wieder abgeben, ohne daß sie ihr Geschenk einmal ausprobieren können.

»Grundsätzlich die Todesstrafe«

7. Dezember. Der Chef des Oberkommandos der Wehrmacht, Wilhelm Keitel, unterzeichnet den »Nacht- und Nebel-Erlaß« des Führers und Reichskanzlers. Für die besetzten Gebiete wird die »Verfolgung von Straftaten gegen das Reich« neu geregelt, um jeden Widerstand gegen die deutschen Truppen zu unterdrücken.

Der Erlaß schreibt vor, daß für Straftaten nichtdeutscher Zivilisten gegen die Besatzungsmacht grundsätzlich die Todesstrafe angebracht ist. Die Täter sollen in den besetzten Gebieten abgeurteilt und hingerichtet werden, wenn ein Todesurteil wahrscheinlich und in kurzer Zeit vollstreckbar ist. Andernfalls sollen sie ohne Aufsehen verhaftet und ins Deutsche Reich gebracht werden. Keitel begründet die neue Vorgehensweise: »Die abschreckende Wirkung liegt a) in dem spurlosen Verschwindenlassen der Beschuldigten, b) darin, daß über ihren Verbleib und ihr Schicksal keinerlei Auskunft gegeben werden darf.«

KdF-Veranstaltungen zu teuer für die Normalverdiener

1. Dezember. Der Sicherheitsdienst der SS berichtet in seinen »Meldungen aus dem Reich«, daß die hohen Eintrittspreise für Kulturveranstaltungen, die von der NS-Gemeinschaft Kraft durch Freude (KdF) angeboten werden, auf starke Kritik in der Bevölkerung stoßen.

»Wenn man auch die qualitätsmäßige Hebung der Veranstaltungen anerkenne, werde doch im selben Augenblick darauf hingewiesen, daß dies der Handarbeiterschaft und ihren Familien nicht viel nützen würde, weil sie die Eintrittspreise nicht bezahlen könnten… Es sei zu beobachten, daß sich innerhalb der Besucherschaft zu Gunsten der finanziell besser gestellten Kreise dadurch eine Verlagerung ergebe. Nach einer Meldung aus Breslau seien die Eintrittspreise für Theatervorstellungen im Kreise Wohlau neuerdings um 10 bis 20 Reichspfennig erhöht worden… In Gladbeck wurden für ein KdF-Konzert Eintrittskarten zum Preise von 4,– RM [Reichsmark] verkauft. Über diesen hohen Eintrittspreis habe man sich dort sehr aufgeregt, zumal dieser nach Ansicht der Besucher der Veranstaltung in keinem Verhältnis zu den Darbietungen und den entstandenen Kosten gestanden habe.«

Die nationalsozialistische Gemeinschaft KdF, die im November 1933 im Rahmen der Deutschen Arbeits-Front gegründet wurde, hat die Aufgabe, die Freizeitgestaltung der Bevölkerung im Sinne des NS-Regimes zu lenken. Ursprünglich reichte ihr Angebot von Tanz- und Musikveranstaltungen bis zu Urlaubsreisen und Sparaktionen für ein eigenes Auto. Seit Kriegsbeginn ist die Zahl der KdF-Veranstaltungen eingeschränkt worden. Die Organisation wird seit ihrer Gründung kritisiert, weil ihre attraktivsten Angebote nur besser Verdienende wahrnehmen können, die große Masse der Bevölkerung kann sich lediglich die Billigangebote leisten. Trotzdem zeigt sich die KdF-Leitung von derartiger Kritik weitgehend unbeeindruckt.

Plakat für die Sparaktion zum Kauf eines KdF-Wagens, des Volkswagens

Werbung der KdF-Propaganda für Breitensport in einer Zeitschrift

Vor Ausbruch des Weltkrieges bot KdF zahlreiche Kreuzfahrten an

Joseph Goebbels: »Kämpfe für das Vaterland und den Führer«

24. Dezember. Über alle deutschen Rundfunkstationen wendet sich Propagandaminister Joseph Goebbels mit einer Ansprache zur dritten Kriegsweihnacht an die deutsche Bevölkerung und die deutschen Soldaten an den Kriegsfronten:

Joseph Goebbels während einer seiner Reden im Berliner Sportpalast

»Der Geschenktisch unter dem Weihnachtsbaum ist dieses Jahr nur karg ausgestattet. Unsere Weihnachtskerzen haben wir an die Ostfront geschickt, weil unsere Soldaten sie dringender als wir brauchen, und statt der Puppenstuben, Burgen, Bleisoldaten und Kinderkanonen haben unsere Fabriken in den vergangenen Wochen andere, kriegswichtige Dinge produziert...

Statt äußerer Geschenke verbindet uns heute umso mehr ein gemeinsames Vertrauen und eine Sehnsucht, die in dieser Stunde goldene Brükken über endlose Weiten, Länder, Ozeane und Kontinente schlagen... Der Krieg ist für unser Volk die hohe Schule der Heimatliebe geworden. Wenn die Heimat auch jetzt wieder ein drittes Kriegsweihnachten, zwar karger und viel bescheidener als sonst, aber doch beschützt und abgeschirmt gegen Drohungen der Feinde, begehen kann, so muß sie dafür denen danken, die sie verteidigen, ihren Männern, Vätern und Söhnen, die draußen stehen und in fernen Ländern und unter fremden Völkern erst recht einsehen lernten, was sie an ihrem Vaterland und ihrem Volke haben..., für die sie sich mit ganzer Hingabe einsetzen...

Heute weiß die Heimat, was sie denen schuldig ist, die sich mit ganzer Kraft für sie einsetzen... Wie sie uns nicht im Stich lassen, so werden wir sie nicht im Stich lassen. Die Heimat wäre der harten und schweren Opfer, die heute Millionen Menschen für sie bringen, gar nicht wert, wenn sie nicht immerfort bestrebt wäre, sich ihrer würdig zu erweisen...

Der Sieg wird uns nicht geschenkt, wir können ihn uns nur verdienen. Im Gedenken an den Führer, der auch an diesem Abend allgegenwärtig ist, da, wo Deutsche zusammensitzen, werden wir uns um das Vaterland stellen. Es soll größer, schöner und erhabener aus diesem Krieg hervorgehen. Es soll die stolze und freie Heimat für uns alle sein. Das wollen wir in dieser Stunde dem Führer geloben. Ich grüße Euch alle aus tiefstem Herzen. Wenn wir früher zu Weihnachten den Frieden auf Erden in unseren Liedern gläubig besangen, jetzt ist die Zeit da, ebenso gläubig für ihn zu arbeiten und zu kämpfen. Für einen Frieden durch den Sieg! Das sei unsere Parole.«

Thomas Mann: »Heiße Scham vor dem Liebesgeist des Festes«

24. Dezember. Der deutsche Schriftsteller Thomas Mann, der im US-amerikanischen Exil lebt, wendet sich in einer Sondersendung der britischen Rundfunkgesellschaft British Broadcasting Corporation (BBC) an die deutsche Bevölkerung:

Thomas Mann, der auch in den USA hoch angesehen ist, bei einer Ansprache

»Deutsche Hörer! Und Weihnachten wieder, deutsche Hörer, Kriegsweihnachten wieder, zum dritten Mal und nicht zum letzten – ach, lange noch nicht zum letzten Mal. Eure Machthaber halten es nun ja für das Beste, euch wenigstens dies zu gestehen, daß ein langer und harter Krieg euch bevorsteht, mit blutigen Weihnachten Jahr für Jahr. Die Weltlage, sagen sie, bringe das mit sich – die Weltlage, die sie geschaffen haben. Ihr dürft ihnen ausnahmsweise glauben, was sie sagen, und was sie nicht sagen, das ahnt euch: daß kein Sieg-Friede steht am Ende eures Krieges, denn Deutschlands Sieg wäre kein Friede, und die Menschheit muß und wird den Frieden verhindern, den eure Führer planen. Kriegsweihnacht wieder, eine von vielen, – erbärmlich zu begehen. Wünschtet ihr nicht, es gäbe das Fest gar nicht mehr, und man brauchte es nicht kümmerlich zuzurüsten, einander nicht mit Gaben zu beschenken, denen man den Verfall des äußeren Lebens ja doch ansieht, – vom Zustande des Gemütes zu schweigen, in dem man sie gibt und empfängt?

Wie ist euch zumute, Deutsche, beim Fest des Friedens, dem Fest der Lichtgeburt, dem Fest der niedergestiegenen, den Menschen geborenen Barmherzigkeit? Rate ich recht, daß Scham und grenzenlose Sehnsucht euch dabei erfüllen: Sehnsucht nach Unschuld – aus der Verstrickung in irrsinnige Schuld, in der ihr euch windet; Scham, heiße Scham vor dem Liebesgeist dieses Festes? Seht um euch, was ihr getan habt! In Griechenland sterben täglich zweihundert Menschen Hungers – das ist nur ein Einzelbeispiel für das zum Himmel schreiende Elend, das Völkersterben, die Menschenschändung, die Agonien des Leibes und der Seele rings um euch her, die eure Verführbarkeit, eure schreckliche Folgsamkeit verschuldet haben. Was soll aus Europa, was aus euch selber werden im Laufe des ›langen und harten‹ Krieges, den man euch mit falscher Redlichkeit ankündigt?

Wenn Verzweiflung begönne, sich in eure Seelen zu schleichen, es wäre gut, Deutsche, es wäre der Anfang des Guten. Verzweiflung ist gut, sie ist besser als feige Prahlerei. Aus der Verzweiflung, ist sie nur tief genug, kommt die Erhebung, die neue Hoffnung, die Wiedergeburt des Lichtes.

Seht, der Weihnachtsstern, nach dem die Menschheit wandert, brennt und leuchtet auch durch den dicken Blutnebel dieser Zeit. Es ist der Stern des Friedens, der Brüderlichkeit und des Rechtes.«

Trostloses Fest an den Kriegsfronten

Weihnachten. Die deutschen Soldaten an den Kriegsfronten verbringen das Weihnachtsfest meist in schlechten Unterkünften oder auf Rückzugswegen. In Nordafrika und in der Sowjetunion sind die Truppen erschöpft, ihre Versorgung ist äußerst mangelhaft.

An der sowjetischen Front sind die Soldaten zudem Kälte und Schnee ausgesetzt sowie der Ungewißheit über ihr weiteres Schicksal. Der Gefreite Gustav Vetter notiert in sein Tagebuch: »24. 12. Weihnachten. Lage unverändert, immer noch auf Wache vor der Oka am Stadtrand von Kaluga, nachts auf Posten. Lebhaftes Artilleriefeuer des Feindes. 25. 12. Noch in Kaluga... 26. 12. Wir sind eingeschlossen. 35 Grad Kälte... Am zweiten Weihnachtsfeiertag werden aus dem Gefangenenlager in Kaluga etwa 3000 russische Gefangene abtransportiert... Viele davon fallen vor Schwäche (Hunger) auf der Straße um und werden totgeschossen.«

Adolf Hitler hält vor den Soldaten eines deutschen Kampfgeschwaders eine Tischrede

Piloten, die auch am Heiligabend im Einsatz sind, werden von Kameraden mit einem kleinen Weihnachtsbaum am Steuer überrascht

Sorge um Schicksal der Frontsoldaten

Weihnachten. Die Bevölkerung im Deutschen Reich verbringt ein karges Weihnachtsfest, obwohl es den Behörden gelungen ist, die Versorgung mit den wichtigsten Nahrungsmitteln für die Feiertage flächendeckend sicherzustellen.

Nach Berichten des Sicherheitsdienstes der SS haben sich die Bürger wegen der Lieferschwierigkeiten schon im Herbst notdürftig mit Geschenken eingedeckt. Spielwaren, Bücher, Haushaltsartikel, Küchengeräte, Toilettenartikel, Schreib- und Papierwaren, Wein und Spirituosen sind die meistgekauften Geschenke.

Wer Verwandte unter den Wehrmachtssoldaten hat, schickt diesen ein Päckchen mit Lebensmitteln, Zigaretten und Schokolade. Unruhe macht sich vor allem in Familien breit, die Angehörige an der Front in der UdSSR haben. Die unklaren Meldungen über »erfolgreiche Loslösungen vom Gegner« und »schwere Abwehrkämpfe« sowie Gerüchte über Niederlagen lassen das Schlimmste fürchten.

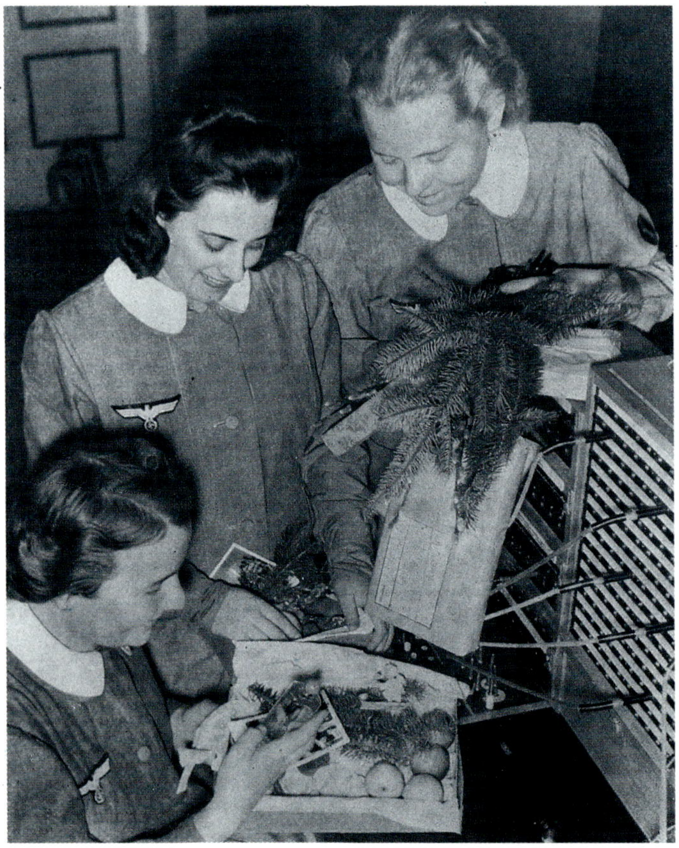

Drei Telegrafistinnen erhalten mit der Feldpost Grüße aus der Heimat; die beigefügten Fotos frischen Erinnerungen auf

Auch in Kriegszeiten wird an den Bräuchen festgehalten: St. Nikolaus verteilt Geschenke

Minister Joseph Goebbels (M.) auf einer Weihnachtsfeier von Flak-Soldaten

Weihnachten in tropischer Hitze erleben die Marinesoldaten in Afrika

Soldaten eines Infanterieregimentes feiern in Frankreich Weihnachten

Ausgezeichneter deutscher Frontsoldat hält eine Rede an die Zivilbevölkerung

Ein geschmückter Weihnachtsbaum, Kerzen, Wein und Akkordeonmusik sorgen für eine dürftige Weihnachtsstimmung an der Ostfront

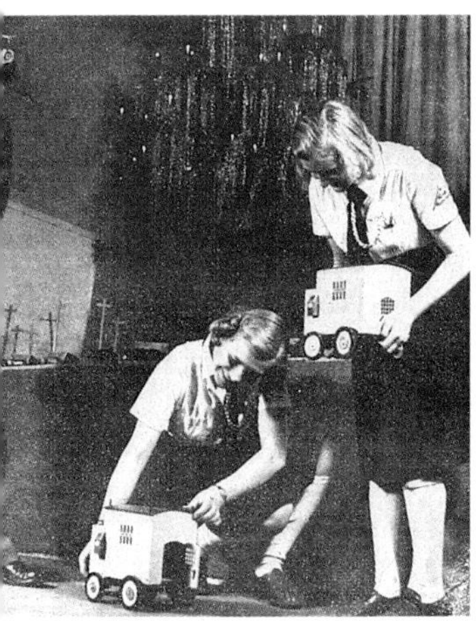

Hölzerne Postkutschen wurden von BDM-Mitgliedern gebastelt

Selbstgebaute Eisenbahnwagen auf einer HJ-Ausstellung

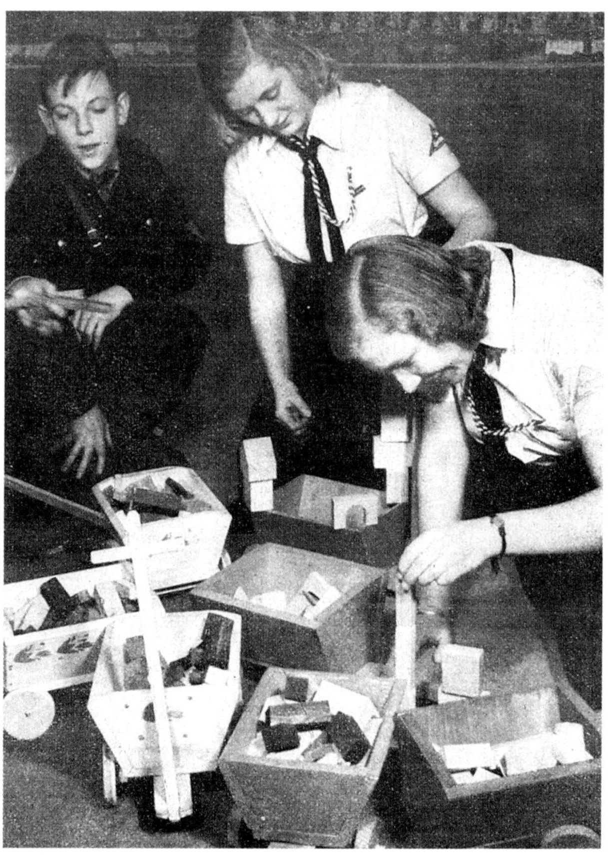

Holzspielzeug, das Kinder der HJ für das dritte Kriegswinterhilfswerk gebastelt haben, wird in München vorgeführt

Bilder von Familie ohne Vater in den Illustrierten

Sie zeigen zufriedene Gesichter nach Weihnachtseinkäufen

Vor dem Fest ziehen Kinder singend und musizierend von Haus zu Haus und sammeln Geschenke und Süßigkeiten

Vom europäischen zum weltweiten Krieg

Während des Jahres 1941 hat sich die weltpolitische Lage grundlegend geändert. Das deutsche NS-Regime hat den Krieg auf den Balkan und die UdSSR ausgedehnt. Japan greift die USA an, dessen Präsident, Franklin D. Roosevelt, US-Truppen auch in Europa einsetzen will. War der Krieg zu Beginn des Jahres ein Krieg europäischer Mächte, die auch in Afrika kämpften, so ist er Ende 1941 ein weltweiter Konflikt, in den alle großen Mächte und Staaten aller Kontinente verwickelt sind. Die Ausdehnung des Krieges leitet die spätere Niederlage der Achsenmächte ein.

Der Führer und Reichskanzler Adolf Hitler hatte in seiner Neujahrsbotschaft an die deutsche Bevölkerung zum Jahresbeginn 1941 angekündigt, den Krieg bis zur Vernichtung seiner Feinde, der »demokratischen Kriegsverbrecher«, fortzusetzen. Da sich schon 1940 abzeichnete, daß Großbritannien nicht zu besiegen war, gab Hitler den Auftrag zur Vorbereitung eines Krieges gegen die Sowjetunion, das »Unternehmen Barbarossa«. Im Frühsommer 1941 waren die Pläne fertig, doch erzwang die sich abzeichnende Niederlage der italienischen Truppen, die im Oktober 1940 Griechenland angegriffen hatten, einen Aufschub des Vorhabens. Die deutsche Wehrmacht griff Griechenland und Jugoslawien an und eroberte beide Länder (→6. 4./S. 64). Partisanen nahmen den Kampf mit den deutschen Besatzern auf, die versuchen, jeden Widerstand mit brutaler Gewalt zu ersticken.

Gleichzeitig ging der Luftkrieg zwischen dem Deutschen Reich und Großbritannien weiter. Deutsche Luftwaffenverbände legten Industrie- und Wirtschaftszentren der Britischen Inseln in Schutt und Asche (→6. 2./S. 35). Die leidtragende Bevölkerung richtete sich notdürftig in den Trümmern ein. Die britischen Bomberstaffeln flogen ebenfalls Angriffe auf deutsche Städte, doch verursachten sie erheblich weniger Schaden.

Die britische Regierung wird im Krieg gegen das Deutsche Reich in zunehmendem Maße von der US-Regierung unterstützt. Im März passierte der »Lend- and Lease-Act« (Leih- und Pacht-Gesetz) die US-Parlamentskammern. Große US-Waffenlieferungen konnten nun nach Großbritannien gebracht werden (→11. 3./S. 51). Bis zum Jahresende wurden Güter im Wert von über 1 Milliarde US-Dollar geliefert.

Auf den afrikanischen Kriegsschauplätzen gerieten die italienischen Truppen, die gegen britische Streitkräfte um die Vorherrschaft kämpften, zusehends in Schwierigkeiten. Hitler entsandte im Februar deutsche Truppen nach Libyen. Das Deutsche Afrika-Korps konnte die britischen Truppen zunächst bis an die ägyptisch-libysche Grenze zurückdrängen (→4. 4./S. 66). Anfang Dezember mußte es sich wegen Nachschubschwierigkeiten aber wieder auf die Ausgangsposition zurückziehen (→7. 12./S. 198).

Am →22. Juni (S. 98) griffen deutsche Truppen ohne Kriegserklärung die Sowjetunion an, wo sie unter nationalsozialistischer Führung einen grausamen Vernichtungsfeldzug führen. Hinter den schnell vordringenden Kampfverbänden ermorden Einsatzgruppen der SS Tausende von Juden und Kommunisten. Aber auch die Zivilbevölkerung leidet unter dem grausamen Terror der neuen Machthaber (→31. 7./S. 117).

Die überraschte Rote Armee wurde an allen Frontabschnitten überrannt. Ihrer Führung gelang es jedoch, die Streitkräfte neu zu formieren. Hitler griff immer stärker in die strategische Führung der deutschen Truppen ein und übernahm selbst den Oberbefehl (→19. 12./S. 202).

Die mangelhaft ausgerüsteten deutschen Verbände blieben bei Wintereinbruch in Frost und Schnee stekken. Demoralisiert wichen sie vor der Gegenoffensive der sowjetischen Truppen zurück (→5. 12./S. 196). Die deutschen Streitkräfte sind zum Jahresende an allen Fronten auf dem Rückzug.

Die aggressive Pazifik-Politik Japans, das mit Italien und dem Deutschen Reich verbündet ist, hatte im Verlauf des Jahres zu wachsenden Konflikten mit den USA geführt. Nachdem Verhandlungen gescheitert waren, griffen japanische Flugzeuge den US-amerikanischen Stützpunkt Pearl Harbor auf Hawaii an (→7. 12./S. 194). Der Krieg wurde zum Weltkrieg.

NS-Regime trotz Terror und Mord angesehen

Der andauernde Krieg prägt das alltägliche Leben im Deutschen Reich. Die Mobilisierung aller wirtschaftlichen Kräfte für die Rüstungsproduktion führt zwangsläufig zu Versorgungsengpässen u. a. bei Lebensmitteln, Maschinen, Gummi und Treibstoff. Rationierungen und Sparmaßnahmen sind die Folge. Insbesondere in ländlichen Gebieten verschärft sich die Versorgungslage.

Die nationalsozialistischen Machthaber begannen 1941 mit den Vorbereitungen zur Ermordung aller Juden, derer sie habhaft werden können. In den besetzten osteuropäischen Gebieten werden Konzentrationslager errichtet (→24. 11./S. 185), im KZ Auschwitz wird die Brauchbarkeit des Gases Zyklon B für die Massentötung getestet (→3. 9./ S. 150). Reichsmarschall Hermann Göring beauftragte Reinhard Heydrich mit der »Endlösung der Judenfrage« (→31. 7./S. 121).

Die Juden im Deutschen Reich müssen seit September den gelben Stern tragen (→1. 9./S. 148), und weitere gesetzgeberische Maßnahmen schränken die ohnehin geringe Bewegungsfreiheit der Juden so ein, daß sie dem Regime nicht mehr entkommen können.

Die Ermordung geistig und körperlich Kranker, die sich auf Hitlers Weisung im Geheimen abspielen sollte, blieb der Öffentlichkeit nicht verborgen. Massiver Protest von Kirchenvertretern zwang Hitler, die Mordaktionen vorerst einzustellen (→3. 8./S. 138).

Viele Vertreter der Kirchen stellen sich dem nationalsozialistischen Regime entgegen. In vielen kleinen Aktionen unterlaufen sie Verbote und Vorschriften. Sie machen auf die menschenverachtende Politik der Nationalsozialisten aufmerksam, finden aber nur wenig Resonanz. Dagegen haben die nationalsozialistischen Machthaber in weiten Kreisen der Bevölkerung angesichts der militärischen Erfolge auf dem Balkan, in Nordafrika und in der UdSSR großen Rückhalt. Nur vereinzelt kommt es zu Äußerungen der Unzufriedenheit mit der nationalsozialistischen Führung.

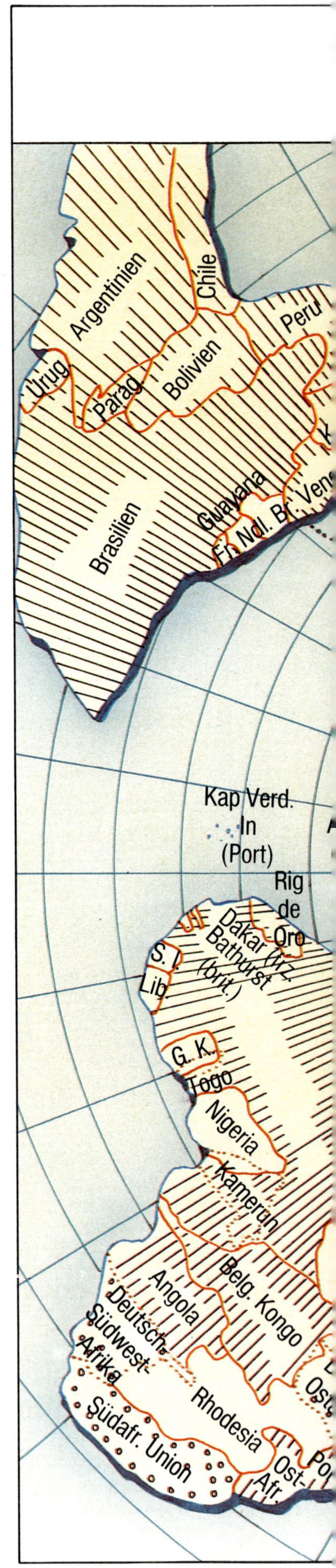

Das Dreieck Deutsches Reich, Italien und Japan bildet in deutscher Sicht die stärkste Kriegsmacht ▷

Deutsche Weltsicht zur Jahreswende 1941/42

uelle: „Die Woche" Nr. 53, Dezember

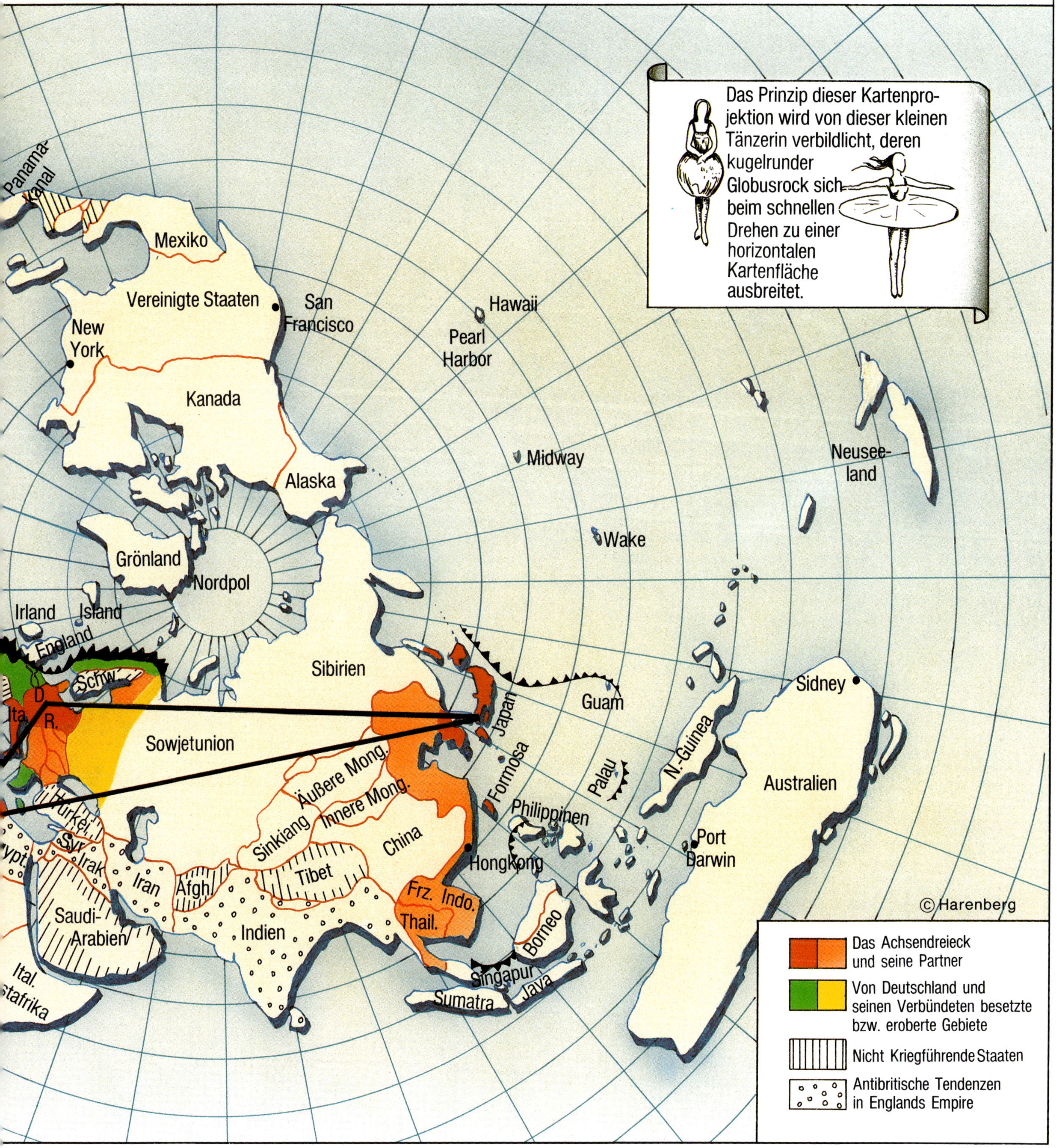

Neue Postwertzeichen 1941 im Deutschen Reich

Wohlfahrts-Sonderausgaben zur Eingliederung von Teilen Österreichs in das Deutsche Reich

Sondermarke zum Tag der Briefmarke

Freimarken-Ausgabe; 19 Werte, die künftig alle Hitler zeigen

Hitler und Mussolini auf einer Marke zum Tag der Waffenbrüderschaft

Leipziger Frühjahrsmesse; v. l.: Haus der Nationen, Gewandhaus, Alte Waage und Hauptbahnhof

Sonderausgabe zur Wiener Frühjahrsmesse, die Wien als Mode-, Messe- und Kulturstadt und als Verbindung nach Südosteuropa würdigt

Wohlfahrts-Sonderausgaben: Großer Preis der Reichshauptstadt (oben l.), Blaues Band (oben r.), Braunes Band (l.)

Sechs Werte der Wohltätigkeitsausgabe für den Kameradschaftsblock der Deutschen Reichspost mit Motiven aus der Verbandsarbeit

Wohlfahrts-Marke zum 150. Todestag Mozarts

Das Belvedere auf Sonderausgaben zur Wiener Messe

Wohltätigkeits-Sonderausgabe zum 52. Geburtstag von Hitler

Anhang

Deutsches Reich (mit Österreich) und Schweiz 1941 in Zahlen

Die Statistiken für das Deutsche Reich und die Schweiz umfassen eine Auswahl von grundlegenden Daten. Für Österreich, seit 1938 als »Ostmark« Teil des Deutschen Reichs, liegen keine gesonderten Daten vor. Es wurden vor allem Daten aufgenommen, die innerhalb der einzelnen Länder vergleichbar sind. Maßgebend für alle Angaben waren die amtlichen Statistiken. Die Zahlen beziehen sich, soweit nicht anders angemerkt, auf die jeweiligen Staatsgrenzen von 1941. Nicht in allen gesellschaftlichen Bereichen finden jährliche Erhebungen statt, so daß mitunter Daten aus früheren Jahren aufgenommen werden mußten. Das Erhebungsdatum ist jeweils angegeben (unter der Rubrik »Stand«). Die aktuellen Zahlen des Jahres 1941 werden – wo möglich – durch einen Vergleich zum Vorjahr relativiert. Wichtige Zusatzinformationen zum Verständnis einzelner Daten sind in den Fußnoten enthalten.

Deutsches Reich (mit Österreich)

Erhebungsgegenstand	Wert	Vergleich Vorjahr (%)	Stand
Fläche			
Fläche (km^2)[2]	729774	–	1941
Bevölkerung			
Wohnbevölkerung[2]	98791000	+ 0,6	1941
männlich[3]	38762000	–	1939[1]
weiblich[3]	40614000	–	1939[1]
Einwohner je km^2	135,4	+ 0,7	1941
Ausländer[3]	1019892	–	1939[1]
Privathaushalte[3]	20335000	–	1939[1]
Einpersonenhaushalte	1984000	–	1939[1]
Mehrpersonenhaushalte	18351000	–	1939[1]
Lebendgeborene[2]	1658194	– 6,3	1941
Gestorbene[2] [4]	1096447	– 4,3	1941
Eheschließungen[2]	658368	– 18,6	1941
Ehescheidungen[3]	71950	–	1939[1]
Familienstand der Bevölkerung[3]			
Ledige insgesamt	36733000	–	1939[1]
männlich	18800000	–	1939[1]
weiblich	17933000	–	1939[1]
Verheiratete	36765000	–	1939[1]
Verwitwete und Geschiedene	5878000	–	1939[1]
männlich	1531000	–	1939[1]
weiblich	4347000	–	1939[1]
Religionszugehörigkeit[2]			
Christen	90698000	–	1939[1]
katholisch	46544000	–	1939[1]
evangelisch	44154000	–	1939[1]
Gottgläubige	2774000	–	1939[1]
andere	3953000	–	1939[1]
Altersgruppen[3]			
unter 6 Jahren	7736700	–	1939[1]
6 bis unter 10 Jahren	4408400	–	1939[1]
10 bis unter 16 Jahren	7469900	–	1939[1]
16 bis unter 20 Jahren	5612900	–	1939[1]
20 bis unter 30 Jahren	11487600	–	1939[1]
30 bis unter 40 Jahren	13857600	–	1939[1]
40 bis unter 50 Jahren	10518500	–	1939[1]
50 bis unter 60 Jahren	8399000	–	1939[1]
60 bis unter 65 Jahren	3601800	–	1939[1]
65 und darüber	6282700	–	1939[1]
Die zehn größten Städte[3]			
Berlin	4338756	–	1939[1]
Wien	1929976	–	1939[1]
Hamburg	1711877	–	1939[1]
München	829318	–	1939[1]
Köln	772221	–	1939[1]
Leipzig	707365	–	1939[1]
Essen	666743	–	1939[1]
Dresden	630216	–	1939[1]
Breslau	629565	–	1939[1]
Frankfurt am Main	553464	–	1939[1]
Erwerbstätigkeit			
Erwerbstätige[3]	39792295	–	1939[1]
männlich	24866793	–	1939[1]
weiblich	14925502	–	1939[1]
nach Wirtschaftsbereichen			
Land- und Forstwirtschaft, Tierhaltung und Fischerei	10847516	–	1939[1]
Produzierendes Gewerbe	16504041	–	1939[1]
Handel und Verkehr	6850883	–	1939[1]
Sonstige	5589855	–	1939[1]
Betriebe[3]			
Landwirtschaftliche Betriebe	3915031	–	1939[1]
Industrie und Handwerk	2152557	–	1939[1]
Baugewerbe	266803	–	1939[1]
Handel und Verkehr	1757380	–	1939[1]
Außenhandel[2]			
Einfuhr (Mio. RM)	5012	–	1940[1]
Ausfuhr (Mio. RM)	4864	–	1940[1]
Einfuhrüberschuß (Mio. RM)	144	–	1940[1]
Verkehr			
Eisenbahnnetz (km)[3]	77795,6	–	1939[1]
Beförderte Personen (in 1000)[3]	2301,8	–	1939[1]
Beförderte Güter (in 1000 t)[3]	620300	–	1939[1]
Straßennetz (km)[6]	37552,2	–	31. 3. 1938[1]
davon Autobahn (km)[6]	3746	–	1940[1]
Bestand an Kraftfahrzeugen[3]	3786367	–	1939[1]
davon Pkw	1502207	–	1939[1]
davon Lkw	403223	–	1939[1]
Zulassung fabrikneuer Kfz[7]	164348	–	1940[1]
Binnenschiffe zum Gütertransport (Tragfähigkeit in t)[5]	842000	–	1941
Beförderte Güter (t)[6]	89758000	–	1940[1]
Handelsschiffe/Seeschiffahrt (BRT)[6]	4346000	–	1939[1]
Beförderte Güter (t)[6]	49946000	–	1939[1]
Luftverkehr			
Beförderte Personen	101792	–	1940[1]
Beförderte Güter (t)	2542,2	–	1940[1]
Bildung			
Schüler an			
Volksschulen[3]	8240319	–	1940[1]
Haupt- und Bürgerschulen[3]	206476	–	1940[1]
Mittelschulen[3]	285464	–	1940[1]
Gymnasien[3]	756783	–	1940[1]
Studenten[3]	55660	– 8,1	1941
Rundfunk			
Hörfunkteilnehmer[3]	14880300	+ 5,8	1941

1) Letzte verfügbare Angabe
2) Deutsches Reich mit Österreich, Sudeten- und Memelland, annektierte polnische Gebiete, Eupen, Malmedy und Moresnet sowie Reichsprotektorat Böhmen und Mähren
3) Gebietsstand 17. 5. 1939: Deutsches Reich und Österreich, ohne Memelland, Danzig, annektierte Ostgebiete, Eupen, Malmedy und Moresnet sowie Reichsprotektorat Böhmen und Mähren
4) Ohne Sterbefälle von Wehrmachtsangehörigen
5) Gebietsstand 31. 12. 1937 mit Österreich, Memelland, Sudetenland
6) Gebietsstand 31. 12. 1937
7) Gebietsstand wie 3) ohne Reichsprotektorat Böhmen und Mähren

Erhebungsgegenstand	Wert	Vergleich Vorjahr (%)	Stand
Gesundheitswesen[2]			
Ärzte	47 832	-	1939[1]
Zahnärzte	15 006	-	1939[1]
Krankenhäuser	4 861	-	1939[1]
Sozialleistungen[2]			
Mitglieder der gesetzlichen Krankenversicherung	28 592 000	-	1940[1]
Rentenversicherung der Arbeiter	3 645 539	-	1938[1]
Rentenversicherung der Angestellten	463 092	-	1938[1]
Knappschaftliche Rentenversicherung	415 323	-	1938[1]
Empfänger von			
Arbeitslosengeld und -hilfe	42 682	-	1941
Sozialhilfe	1 464 369	-	1940[1]
Löhne und Gehälter			
Bruttostundenverdienst/Tariflohn[2]			
männlicher Facharbeiter (Rpf.)	79,9	+ 0,9	1. 4. 41
weiblicher Facharbeiter (Rpf.)	51,7	+ 0,9	1. 4. 41
Index der tariflichen Stundenlöhne in der gewerblichen Wirtschaft[2] (1928 = 100)	85,2	+ 1,1	1. 4. 41
Preise			
Einzelhandelspreise ausgewählter Lebensmittel (RM)[3]			
Butter, 1 kg	3,58	+ 2,3	Juli 1941
Weizenmehl, 1 kg	0,44	– 2,2	Juli 1941
Schweinefleisch, 1 kg	1,60	± 0	Juli 1941
Rindfleisch, 1 kg	1,70	± 0	Juli 1941
Eier, 1 Stück	0,12	± 0	Juli 1941
Kartoffeln, 5 kg	1,50	+ 200,0	Juli 1941
Vollmilch, 1 l	0,26	± 0	Juli 1941
Zucker, 1 kg	0,76	± 0	Juli 1941
5-Personen-Arbeitnehmer-Haushalt mit mittlerem Einkommen (1938 = 100)	106	+ 1,9	1941

Erhebungsgegenstand	Bremen	Berlin	Breslau	Aachen	Stuttgart	München
Klimatische Verhältnisse						
Mittl. Lufttemperatur (°C)						
Januar	–4,9	–6,3	–7,2	–2,1	–5,3	–5,8
Februar	–0,3	0,0	–0,3	2,4	1,2	0,2
März	3,1	3,3	2,8	5,6	4,7	3,8
April	6,1	6,1	5,8	7,0	6,0	5,4
Mai	10,4	10,7	10,5	9,5	9,1	8,7
Juni	17,3	17,6	17,5	16,9	16,4	16,0
Juli	19,8	20,2	19,2	19,2	18,2	17,6
August	15,2	15,8	16,8	15,1	15,3	15,3
September	13,1	12,5	11,6	14,3	12,5	11,7
Oktober	8,8	8,4	7,8	9,2	7,9	7,5
November	3,0	1,6	0,8	5,0	2,4	0,7
Dezember	3,6	2,0	1,1	3,6	0,9	–0,1
Eistage (Temp. unter 0 °C)						
Dezember	11	14	17	10	20	23
Januar	28	31	28	24	25	24
Februar	16	22	23	14	20	22
März	15	17	14	7	14	14
Niederschlagsmengen (mm)						
Januar	42,1	36,5	61	40,0	86	75,9
Februar	53,0	38,5	50	27,4	46	33,6
März	63,4	30,2	53	78,8	59	40,5
April	23,6	33,4	73	24,9	66	77,8
Mai	26,8	77,2	117	54,7	60	86,7
Juni	21,5	45,0	107	76,4	133	73,2
Juli	71,5	95,4	133	22,9	70	258,3
August	125,6	57,6	98	168,1	83	141,3
September	61,1	69,7	29	24,9	20	51,4
Oktober	127,6	133,1	70	106,9	134	125,8
November	38,2	27,3	32	41,0	26	30,8
Dezember	92,9	78,0	69	65,3	26	40,5

Erhebungsgegenstand	Bremen	Berlin	Breslau	Aachen	Stuttgart	München
Tage mit Schneedecke						
Dezember	5	8	7	2	5	14
Januar	29	31	31	19	23	28
Februar	11	19	16	8	15	16
März	2	2	1	1	2	2
Sonnentage (mind. 25 °C)						
Mai	—	1	1	—	—	—
Juni	11	10	8	10	8	8
Juli	12	14	13	14	11	10
August	—	2	3	1	2	2
Sonnenscheindauer (Std.)						
Januar	63,6	57,8	36,0	46,9	—	42,3
Februar	53,5	38,3	54,5	50,1	—	74,5
März	107,8	119,8	79,9	113,6	—	160,3
April	141,6	122,6	87,0	151,5	—	109,6
Mai	215,9	191,9	176,7	171,6	—	171,1
Juni	265,7	270,7	269,4	207,3	—	244,5
Juli	253,3	271,1	227,8	221,1	—	241,1
August	129,8	179,8	171,2	131,5	—	207,5
September	171,1	204,5	179,7	172,7	—	181,2
Oktober	111,3	110,4	87,2	90,9	—	68,6
November	46,8	57,0	58,4	84,7	—	57,2
Dezember	20,0	23,9	35,3	32,3	—	41,7

1) Letzte verfügbare Angabe
2) Gebietsstand 31. 12. 1937
3) Reichsdurchschnitt

Schweiz

Erhebungsgegenstand	Wert	Vergleich Vorjahr (%)	Stand
Fläche			
Fläche (km²)	41 294,9	± 0	1941
Bevölkerung			
Wohnbevölkerung	4 265 703	+ 0,6	1941
männlich	2 060 399	–	1941
weiblich	2 205 304	–	1941
Einwohner je km²	103,0	+ 0,7	1941
Ausländer	223 554	–	1941
Privathaushalte	1 147 026	–	1941
Lebendgeborene	71 926	+ 12,2	1941
Gestorbene	47 336	– 6,8	1941
Eheschließungen	36 130	+ 11,3	1941
Ehescheidungen	3 006	– 2,8	1941
Familienstand der Bevölkerung			
Ledige insgesamt	2 196 757	–	1941
männlich	1 098 483	–	1941
weiblich	1 098 274	–	1941
Verheiratete	1 748 486	–	1941
Verwitwete und Geschiedene	320 460	–	1941
männlich	88 279	–	1941
weiblich	232 181	–	1941
Religionszugehörigkeit			
Christen	4 211 446	–	1941
katholisch	1 754 204	–	1941
evangelisch	2 457 242	–	1941
Juden	19 429	–	1941
andere, ohne Konfession	34 828	–	1941
Altersgruppen			
unter 5 Jahren	305 573	–	1941
5 bis unter 15 Jahren	638 189	–	1941
15 bis unter 20 Jahren	340 371	–	1941
20 bis unter 30 Jahren	660 860	–	1941
30 bis unter 40 Jahren	704 399	–	1941
40 bis unter 50 Jahren	594 676	–	1941
50 bis unter 60 Jahren	461 427	–	1941
60 bis unter 70 Jahren	351 734	–	1941
70 bis unter 80 Jahren	169 196	–	1941
80 und darüber	39 278	–	1941
Die zehn größten Städte			
Zürich	334 300	– 0,4	1941
Basel	161 400	– 0,7	1941
Genf	129 300	+ 4,5	1941
Bern	124 300	– 1,0	1941
Lausanne	92 400	+ 0,3	1941
St. Gallen	62 800	– 0,9	1941
Winterthur	58 800	– 2,0	1941
Luzern	54 600	– 1,4	1941
Biel	41 100	± 0	1941
La Chaux-de-Fonds	30 900	+ 0,6	1941
Erwerbstätigkeit			
Erwerbstätige	1 992 887	–	1941
männlich	1 422 472	–	1941
weiblich	570 415	–	1941
nach Wirtschaftsbereichen			
Land- und Forstwirtschaft, Tierhaltung und Fischerei	414 936	–	1941
Produzierendes Gewerbe	694 073	–	1941
Handel und Verkehr	236 970	–	1941
Sonstige	646 908	–	1941

[1] Letzte verfügbare Angabe
[2] Durchschnitt

Erhebungsgegenstand	Wert	Vergleich Vorjahr (%)	Stand
Ausländische Arbeitnehmer	113 896	–	1941
Arbeitslose	10 550	– 35,6	1941
Betriebe			
Landwirtschaftliche Betriebe	238 481	–	1939[1]
Industrie und Handwerk	99 686	–	1939[1]
Baugewerbe	16 396	–	1939[1]
Handel, Gastgewerbe, Reiseverkehr	112 750	–	1939[1]
Sonstige	15 597	–	1939[1]
Außenhandel			
Einfuhr (Mio. sFr.)	2 024	+ 9,2	1941
Ausfuhr (Mio. sFr.)	1 463	+ 11,3	1941
Einfuhrüberschuß (Mio. sFr.)	560	+ 4,3	1941
Verkehr			
SBB-Eisenbahnnetz (km)	2 917	+ 0,1	1941
Beförderte Personen (in 1000)	143 435	+ 15,2	1941
Beförderte Güter (in 1000 t)	23 313	+ 15,1	1941
Straßennetz (km)	16 468	+ 0,21	1941
Bestand an Kraftfahrzeugen	36 012	– 58,0	1941
davon Pkw	16 174	– 75,5	1941
davon Lkw	18 134	+ 1,9	1941
Luftverkehr			
Beförderte Personen	3 922	+ 143,6	1941
Bildung			
Schüler an			
Primarschulen	447 998	– 1,0	1941/42
Sekundar- und unteren Mittelschulen	73 744	+ 0,1	1941/42
Gymnasien	12 300	+ 0,7	1941/42
Studenten	10 121	+ 4,9	1941/42
Rundfunk			
Hörfunkteilnehmer	680 306	+ 7,3	1941
Gesundheitswesen			
Ärzte	3 483	– 0,8	1941
Zahnärzte	1 464	+ 2,3	1941
Krankenhäuser	531	– 0,9	1941
Sozialleistungen			
Mitglieder der gesetzlichen Krankenversicherung	2 167 000	+ 3,0	1941
Finanzen und Steuern			
Gesamtausgaben des Staates (Mio. sFr.)	458,3	– 10,5	1941
Gesamteinnahmen des Staates (Mio. sFr.)	398,0	– 17,4	1941
Schuldenlast des Staates (Mio. sFr.)	3 698,2	+ 24,8	1941
Löhne und Gehälter			
Bruttostundenverdienst			
männlicher Arbeiter (sFr.)	1,51	+ 7,0	1941
weiblicher Arbeiter (sFr.)	0,80	+ 8,1	1941
Index der tariflichen Stundenlöhne in der gewerblichen Wirtschaft (1939 = 100)	110	+ 7,8	1941
Preise			
Einzelhandelspreise ausgewählter Lebensmittel (sFr.)[2]			
Butter, 1 kg	6,60	+ 15,6	1941
Weizenmehl, 1 kg	0,97	+ 56,5	1941
Schweinefleisch, 1 kg	5,06	+ 27,8	1941
Rindfleisch, 1 kg	3,56	+ 18,7	1941
Eier, 1 Stück	0,25	+ 66,7	1941
Kartoffeln, 1 kg	0,28	+ 16,7	1941
Vollmilch, 1 l	0,36	+ 5,9	1941
Zucker, 1 kg	0,97	+ 32,9	1941
Index der Lebenshaltungskosten (1914 = 100)	174	+ 15,2	1941

Erhebungsgegenstand	Zürich	Basel	Bern	Genf	Davos	Lugano
Klimatische Verhältnisse						
Mittl. Lufttemperatur (°C)						
Januar	−2,9	−3,9	−3,1	−0,1	−7,8	1,2
Februar	1,7	2,1	0,6	2,6	−5,0	3,0
März	5,9	5,8	4,8	6,2	−1,5	7,5
April	7,0	7,5	6,5	8,4	1,3	10,1
Mai	9,7	9,8	8,8	10,5	4,5	12,4
Juni	17,1	17,1	16,3	17,6	11,2	19,2
Juli	19,5	19,4	18,6	20,7	13,4	21,2
August	16,1	16,5	15,6	17,6	10,6	19,6
September	13,6	13,3	12,6	14,5	7,5	16,8
Oktober	8,4	8,9	7,5	9,2	2,2	11,6
November	3,0	3,8	3,0	4,9	−2,2	5,6
Dezember	0,8	1,3	−0,5	1,1	−5,8	3,3
Niederschlagsmengen (mm)						
Januar	77	78	36	53	23	131
Februar	54	49	26	73	46	99
März	54	54	83	55	54	209
April	71	56	69	83	34	275
Mai	154	109	127	106	63	321
Juni	89	91	97	102	106	259
Juli	89	54	70	32	139	184
August	215	83	165	105	158	30
September	14	13	16	15	53	88
Oktober	91	48	48	41	74	52
November	57	39	36	52	57	165
Dezember	43	19	26	15	54	1
Tage mit						
Schneefall	42	26	32	14	88	11
Gewitter	13	12	5	18	5	23
Nebel	18	29	45	18	9	6
hellem Wetter	32	50	38	69	38	88
trübem Wetter	169	164	171	141	151	111
Sonnenscheindauer (Std.)						
Januar	30	45	24	31	66	76
Februar	77	66	70	87	101	132
März	169	164	156	177	164	189
April	136	146	148	198	114	134
Mai	163	161	159	213	134	171
Juni	244	227	239	261	197	273
Juli	270	257	260	323	197	248
August	181	160	189	229	168	247
September	191	210	184	221	202	210
Oktober	68	61	85	113	102	176
November	33	55	36	56	101	54
Dezember	49	48	72	108	95	172

Die Regierungen des Deutschen Reichs (mit Österreich) und der Schweiz 1941

Neben den Staatsoberhäuptern des Deutschen Reichs (mit Österreich) und der Schweiz sind in der Zusammenstellung die einzelnen Kabinette des Jahres 1941 in chronologischer Reihenfolge enthalten. Hinter den Namen der wichtigsten Regierungsmitglieder steht in Klammern der Zeitraum ihrer Tätigkeit.

Deutsches Reich

Staatsform:
Nach dem Führergrundsatz aufgebauter Einheitsstaat (Diktatur)
Reichspräsident:
Adolf Hitler (NSDAP; 1934–1945)

Führer und Reichskanzler:
Adolf Hitler (NSDAP; 1933–1945)
Auswärtiges:
Joachim von Ribbentrop (NSDAP; 1938–1945)
Inneres:
Wilhelm Frick (NSDAP; 1933–1943)
Finanzen:
Johann Ludwig Graf Schwerin von Krosigk (parteilos; 1932–1945)
Wirtschaft:
Walther Funk (NSDAP; 1938–1945)
Arbeit:
Franz Seldte (NSDAP; 1933–1945)
Justiz:
Franz Gürtner (parteilos; 1933–29. 1. 1941), Franz Schlegelberger (parteilos; beauftragt Februar 1941 bis 1942)
Volksaufklärung und Propaganda:
Joseph Goebbels (NSDAP; 1933–1945)
Chef des OKW:
Wilhelm Keitel (1938–1945)
Oberbefehlshaber des Heeres (mit Kabinettsrang):
Walter von Brauchitsch (1938–19. 12. 1941), Adolf Hitler (NSDAP; 19. 12. 1941–1945)
Oberbefehlshaber der Kriegsmarine:
Erich Raeder (1936–1943)
Luftfahrt:
Hermann Göring (NSDAP; 1933–1945)
Oberbefehlshaber der Luftwaffe:
Hermann Göring (NSDAP; 1935–1945)
Munitionsbeschaffung:
Fritz Todt (1940–1942)
Forsten:
Hermann Göring (NSDAP; 1934–1945)
Post:
Wilhelm Ohnesorge (NSDAP; 1937–1945)
Verkehr:
Julius Dorpmüller (NSDAP; 1937–1945)
Ernährung:
Richard Walther Darré (NSDAP; 1933–1942)
Wissenschaft, Erziehung und Volksbildung:
Bernhard Rust (NSDAP; 1934–1945)
Kirchen:
Hanns Kerrl (NSDAP; 1935–1941), danach unbesetzt
Besetzte Ostgebiete:
Alfred Rosenberg (17. 11. 1941–1945)
Reichsminister ohne Geschäftsbereich:
Rudolf Heß (NSDAP; 1933–10. 5. 1941), Hans Frank (NSDAP; 1934–1945), Hjalmar Schacht (parteilos; 1937–1943 bzw. 1944), Konstantin Freiherr von Neurath (parteilos; 1939–1945), Arthur Seyß-Inquart (NSDAP; 1939–1945)
Reichsminister bzw. Staatsminister und Chef der Präsidialkanzlei des Führers und Reichskanzlers:
Otto Meißner (NSDAP; 1937–1945)
Reichskommissar für den Arbeitsdienst:
Konstantin Hierl (NSDAP; 1934–1945)
Reichskommissar für den Sport:
Hans von Tschammer und Osten (NSDAP; 1933–1943)
Reichskommissar für die Rückgliederung des Saargebiets:
Josef Bürckel (NSDAP; 1935–31. 3. 1941)
Reichskommissar für die besetzten norwegischen Gebiete:
Josef Terboven (NSDAP; 1940–1945)
Reichskommissar für die niederländischen Gebiete:
Arthur Seyß-Inquart (NSDAP; 19. 5. 1940–1945)
Chef der Reichskanzlei (Minister):
Hans Heinrich Lammers (NSDAP; 1933–1945)
Reichspressechef:
Otto Dietrich (NSDAP; 1938–1945)

Die Reichsstatthalter

Anhalt und Braunschweig:
Rudolf Jordan (1937–1945)
Baden:
Robert Wagner (1933–1945)
Bayern:
Franz Ritter von Epp (1933–1945)
Danzig-Westpreußen:
Albert Forster (1939–1945)
Hamburg:
Karl Kaufmann (1933–1945)
Hessen:
Jakob Sprenger (1933–1945)
Lippe und Schaumburg-Lippe:
Alfred Meyer (1933–1945)
Mecklenburg und Lübeck:
Friedrich Hildebrandt (1933–1945)
Oldenburg und Bremen:
Karl Röver (1933–1942)
Preußen:
Adolf Hitler (1933–1945; mit der Ausübung der Geschäfte ist von 1935 bis 1945 Hermann Göring beauftragt)
Sachsen:
Martin Mutschmann (1933–1945)
Sudetenland:
Konrad Henlein (1939–1945)
Thüringen:
Fritz Sauckel (1933–1945)
Warthegau:
Arthur Greiser (1939–1945)
Württemberg:
Wilhelm Murr (1933–1945)

Die Reichsstatthalter in Österreich

Österreich wurde 1938 dem Deutschen Reich eingegliedert. Am 1. Mai 1939 wurde die österreichische Landesregierung aufgelöst.
Kärnten:
Franz Kutschera (1940–27. 11. 1941), Friedrich Rainer (27. 11. 1941–1945)
Niederdonau:
Hugo Jury (1940–1945)
Oberdonau:
August Eigruber (1940–1945)
Salzburg:
Friedrich Rainer (1940–27. 11. 1941), Gustav Adolf Scheel (27. 11. 1941–1945)
Steiermark:
Siegfried Viberreither (1940–1945)
Tirol:
Franz Hofer (1940–1945)
Westmark:
Josef Bürckel (31. 3. 1941–1944)
Wien:
Baldur von Schirach (1940–1945)

Schweiz

Staatsform:
Republikanischer Bundesstaat
Bundespräsident:
Ernst Wetter (freisinnig; 1941)

Politisches Departement (Äußeres):
Marcel Pilet-Golaz (freisinnig; 1940–1945)
Departement des Inneren:
Philipp Etter (katholisch-konservativ; 1934–1959)
Justiz und Polizei:
Eduard von Steiger (BGB; 1. 1. 1941–1951)
Finanzen und Zölle:
Ernst Wetter (freisinnig; 1938–1943)
Militär-Departement:
Karl Kobelt (freisinnig; 1. 1. 1941–1954)
Volkswirtschaftliches Departement:
Walter Stampfli (freisinnig; 1940–1947)
Post- und Eisenbahn-Departement:
Enrico Celio (katholisch-konservativ; 1940–1950)

Staatsoberhäupter und Regierungen ausgewählter Länder 1941

Die Einträge zu den wichtigsten Ländern des Jahres 1941 informieren über die Staatsform, Titel und Namen des Staatsoberhauptes sowie in Klammern dessen Regierungszeit. Es folgen – soweit vorhanden – die Regierungschefs, bei wichtigeren Ländern auch die Außenminister des Jahres 1941; jeweils in Klammern stehen die Zeiträume der Amtsausübung. Eine Kurzdarstellung gibt – wo es sinnvoll erscheint – einen Einblick in die innen- und außenpolitische Situation des Landes, über bewaffnete Konflikte und Unruhegebiete, auf die hier nicht näher eingegangen wird, informiert der Anhang »Kriege und Krisenherde des Jahres 1941« gesondert.

Abessinien (Äthiopien)

Italienisches Vizekönigreich/Kaiserreich
Kaiser: König Viktor Emanuel III. von Italien (Kaiser während der Annexion des Landes durch Italien 1936–5. 5. 1941)
Kaiser: Haile Selassie I. (1930–1936, 5. 5. 1941–1974)
Das Land ist von 1936 bis zum 5. Mai 1941 mit Eritrea und Italienisch-Somaliland zur Großkolonie Italienisch-Ostafrika vereinigt.

Afghanistan

Königreich; *König:* Mohammed Sahir (1933–1973)
Ministerpräsident: Sardar Muhammad Haschim Khan (1929–1946)

Ägypten

Königreich; *König:* Faruk I. (1936–1952)
Ministerpräsident: Husain Sirri Pascha (1940–1942)
Britischer Botschafter: Miles Wedderburn Lampson (1936–1946, zuvor britischer Oberkommissar 1933–1936)

Albanien

In Personalunion mit Italien vereinigt; *Ministerpräsident:* Şefket Verlaxhi (1924, 1939–3. 12. 1941), Mustafa Merlika-Kruja (4. 12. 1941–1943)
Das Land ist von 1939 bis 1943 in Personalunion mit Italien vereinigt.

Algerien

Französisches Nebenland; *Generalgouverneur:* Admiral Jean Charles Abrial (1940–16. 7. 1941), General Maxime Weygand (16. 7.–19. 9. 1941), Yves Chatel (20. 9. 1941–1943)
Algerien ist ein politisch und wirtschaftlich dem Mutterland angegliedertes französisches Nebenland, das dem französischen Innenministerium untersteht.

Annam

Kaiserreich; *Kaiser:* Bao-Dai (1925–1945, danach Staatschef von Vietnam (1949–1955)
Annam ist als Kaiserreich unter französischem Protektorat Teil der Indochinesischen Union.

Argentinien

Bundesrepublik; *Präsident:* Roberto M. Ortiz (1938–1942)

Australien

Königreich im britischen Commonwealth; *Premierminister:* Robert Gordon Menzies (1939–28. 8. 1941, 1949–1969), Arthur William Fadden (28. 8.–6. 10. 1941), John Joseph Curtin (6. 10. 1941–1945)
Britischer Generalgouverneur: Alexander Gore Arkwright Hore-Ruthven 1. Baron Gowrie of Canberra and of Orleton (1936–1944)

Belgien

Königreich; vom Deutschen Reich besetzt
König: Leopold III. (1934–1951, seit 1940 deutscher Kriegsgefangener)
Ministerpräsident: Hubert Graf Pierlot (katholisch; 1939–1945, seit 1940 im Exil in London)
Außenminister: Paul Henri Spaak (1936–1939, 1939–1944, seit 1940 in London, 1944–1946, Ministerpräsident 1946, 1946–1949, 1954–1957, 1961–1966)
Von 1940 bis 1944 ist Belgien vom Deutschen Reich besetzt.

Bhutan

Königreich; *König:* Jigme Wangchuk (1926–1952)
Das Land erkennt die britisch-indische Vormacht an (Kontrolle der Außenpolitik), regelt seine inneren Angelegenheiten jedoch selbständig.

Birma

Britische Kronkolonie; *Generalgouverneur:* Archibald Douglas Chochrane (1936–1941), Reginald Hugh Dorman-Smith (6. 5. 1941–1946)

Bolivien

Republik (Diktatur); *Präsident:* Enrique Peñaranda y del Castillo (1940–1943)

Brasilien

Republik (Diktatur); *Präsident:* Getúlio Dornelles Vargas (1930–1945, 1951–1954)
Außenminister: Osvaldo Aranha (1938 bis 1944)

Bulgarien

Königreich (Diktatur); *König:* Boris III. (1918–1943)
Ministerpräsident: Bogdan Dimitrow Filow (1940–1943)
Außenminister: Johann Popow (1940–1942)
1941 marschieren deutsche Truppen in Bulgarien ein, das sich mit dem Beitritt zum Dreimächtepakt eng an das Deutsche Reich anlehnt.

Chile

Republik; *Präsident:* Pedro Aguirre Cerda (1938 bis 25. 11. 1941), Gerónimo Méndez Arancibia (25. 11. 1941–1942)

China (Tschungking)

Republik; *Präsident:* Lin Sen (1932–1943)
Zwischen China und Japan tobt seit 1937 der Chinesisch-Japanische Krieg.

Costa Rica

Republik; *Präsident:* Rafael Ángel Calderón Guardia (1940–1944)

Dänemark

Königreich; vom Deutschen Reich besetzt
König: Christian X. (1912–1947)
Ministerpräsident: Thorvald Stauning (1924–1926, 1929–1942)
Dänemark steht seit 1940 unter der Besatzung des Deutschen Reichs. Die Regierung Stauning protestierte, blieb jedoch im Amt. 1941 tritt Dänemark unter deutschem Druck dem 1936 vom Deutschen Reich und Japan gegründeten Antikominternpakt bei.

Dominikanische Republik

Republik; *Präsident:* Manuel de Jesús Troncoso de la Concha (1940–1942)

Ecuador

Republik; *Präsident:* Carlos Alberto Arroyo del Río (1939, 1940–1944)

El Salvador

Republik (Diktatur); *Präsident:* Maximiliano Hernández Martínez (1932–1944)

Finnland

Republik; *Präsident:* Risto Heikki Ryti (1940–1944, zuvor Ministerpräsident 1939/40)
Ministerpräsident: Johann Wilhelm Rangell (3. 1. 1941–1943)

Frankreich

Republik; zum Teil vom Deutschen Reich besetzt
Chef d'État im unbesetzten südlichen Teil des Landes: Philippe Pétain (1940–1944)

Griechenland

Königreich; vom Deutschen Reich und Italien besetzt
König: Georg II. (1922–1924, 1935–1947, von April 1941 bis 1946 in der Verbannung)
Ministerpräsident/Diktator und Außenminister: Ioannis Metaxas (1936–29. 1. 1941), Alexandros Koryzis (29. 1.–18. 4. 1941), König Georg II. (Vorsitzender des Ministeriums 19.–21. 4. 1941)
Ministerpräsident unter deutscher Besetzung: General Jeorjios Tsolakoglu (1. 5. 1941–1942)
Am 21. April 1941 kapituliert Griechenland vor den deutschen Truppen, der König und seine Regierung begeben sich ins Exil. Im Juli wird das Land der italienischen Militärverwaltung unterstellt mit deutschen Reservatrechten um Athen und Saloniki.

Großbritannien

Königreich; *König:* Georg VI. (1936 bis 1952)
Premierminister: Winston Churchill (konservativ; 1940–1945, 1951–1955)
Außenminister: Robert Anthony Eden (1940–1945)

Guatemala

Republik (Diktatur); *Präsident:* Jorge Ubico Castañeda (1931–1944)

Haiti

Republik; *Präsident:* Stenio Vincent (1930–April 1941), Élie Lescot (April 1941–1946)

Honduras

Republik (Diktatur); *Präsident:* Tiburcio Carías Andino (1933–1948)

Indien (Britisch-Indien)

Britisches Königreich; *Vizekönig:* Victor Alexander John Hope, 2nd Marquess of Linlithgow (1936–1943)

Indochinesische Union

Französisches Protektorat; *Generalgouverneur:* Jean Decoux (1940–1945)

Irak

Königreich; *König:* Faisal II. (1939–1958)
Ministerpräsident: Raschid Al Gailani (1933, 1940–31. 1. 1941, 4. 4.–29. 5. 1941), Taha al-Haschimi (1. 2.–1. 4. 1941), Dschamil Bey Midfa'i (1933/34, 1935, 1937/38, 2. 6.–21. 9. 1941, 1953), Nuri As Said (1930, 1930–1932, 1938/39, 1939/40, 9. 10. 1941–1942, 1942/43, 1943/44, 1946/47, 1949, 1950–1952, 1954/55, 1955–1957, 1958)

Iran

Kaiserreich; *Schah:* Resa Pahlawi (1925–16. 9. 1941), Mohammad Resa Pahlawi (16. 9. 1941–1979)
Ministerpräsident: Ali Mansur (1940–27. 8. 1941), Mohammad Ali Khan Foroughi (1925/26, 1933–1935, 27. 8. 1941–1942)

Irland (Eire)

Republik; *Premierminister:* Eamon de Valera (1921–1922, 1932–1948, 1951–1954, 1957–1959)

Island

Republik; in Personalunion mit Dänemark bis 1944
Ministerpräsident: Hermann Jonasson (1934–1942, 1956–1958)

Italien

Königreich (Diktatur); *König:* Viktor Emanuel III. (1900–1946, 1936–1941 zugleich Kaiser von Äthiopien)
Ministerpräsident: Benito Mussolini (1922–1943, 1943–1945 Ministerpräsident der faschistischen Gegenregierung in Salò); Außenminister (1922–1929, 1932–1936, 1943); Innenminister (1922–1924, 1926–1943); Kriegsminister (1925–1929, 1933–1943); Marineminister (1933–1943); Luftfahrtminister (1925–1929, 1933–1943)
Außenminister: Galeazzo Ciano, Graf von Cortellazzo (1936–1943)

Japan

Kaiserreich; *Kaiser:* Hirohito (1926–1989)
Ministerpräsident: Fumimaro Prinz Konoe (1937–1939, 1940–16. 10. 1941), Hideki Todscho (18. 10. 1941–1944)
Japan befindet sich seit 1937 mit China im Kriegszustand (Chinesisch-Japanischer Krieg bis 1945). Am 7. Dezember 1941 eröffnet es den Pazifikkrieg durch den

Überfall auf die US-Flotte in Pearl Harbor (siehe den Anhang »Kriege und Krisenherde«).

Jemen

Königreich; *König:* Hamid Ad Din Jahja (1918–1948, davor Imam 1904–1918)

Jordanien

Siehe Transjordanien

Jugoslawien

Königreich; vom Deutschen Reich und Italien besetzt
König: Peter II. (1934–April 1941, danach im Exil in London)
Regent: Prinz Paul (1934–27. 3. 1941)
Ministerpräsident und Außenminister: Dragiša Cvetković (1939–27. 3. 1941), Dušan Simović (27. 3.–18. 4. 1941)
Am 6. April beginnt der Angriff der Achsenmächte auf Jugoslawien (siehe den Anhang »Kriege und Krisenherde«). Am 10. April wird der unabhängige Staat Kroatien proklamiert (siehe dort), Jugoslawien wird in Teilstaaten aufgegliedert.

Kambodscha

Königreich; unter französischem Protektorat bzw. seit 23. 7. 1941 unter französisch-japanischer Doppelherrschaft
König: Sisovath Monivong (1927/28–23. 4. 1941), Norodom Sihanuk (26. 4./28. 10. 1941–1955, danach Ministerpräsident)
Das Königreich Kambodscha ist ein zur Indochinesischen Union gehörendes französisches Protektorat.

Kanada

Königreich im britischen Commonwealth; *Premier- und Außenminister:* William Lyon Mackenzie King (liberal; 1921–1926, 1926–1930, 1935–1948)

Kirchenstaat

siehe Vatikanstadt

Kolumbien

Republik; *Präsident:* Eduardo Santos (1938–1942)

Korea

Japanisches Generalgouvernement Chosen (1910–1945)
Generalgouverneur: Jiro Minami (1936–1942)

Kroatien

Königreich; *Designierter König:* Tomislav II., eigentlich Aimone Herzog von Aosta (10. 5. 1941–1943; weigert sich, die Herrschaft anzutreten)
Staatschef (Poglavnik): Ante Pavelić (April 1941–1945)
Nach der Zerschlagung des Königreichs Jugoslawien durch die Achsenmächte ruft Ante Pavelić, der Führer der faschistisch beeinflußten, terroristischen kroatischen Unabhängigkeitsbewegung Ustascha am 10. April 1941 mit deutscher und italienischer Unterstützung den »Unabhängigen Staat Kroatien« aus.

Kuba

Republik (Diktatur); *Präsident:* Fulgencio Batista y Zaldívar (1940–1944, 1952–1958/59)

Kuwait

Emirat; unter britischem Protektorat
Emir: Scheich Ahmad (1921–1950)

Laos

Königreich; unter französischem Protektorat
König: Sisavong Vong (1904–1959)
Laos ist ein seit 1893 zur Indochinesischen Union gehörendes französisches Protektorat. Auf japanischen Druck hin muß Frankreich 1941 laotische Gebiete, die es 1907 erhalten hatte, an Thailand zurückgeben.

Libanon

Französisches Völkerbundsmandat
Präsident: Emile Eddeh (1936–5. 4. 1941), Alfred Naqqasch (10. 4. 1941–1943)
Nach der Besetzung Libanons durch britische Truppen 1941 verspricht das Freie Frankreich Libanon die Unabhängigkeit. Die Aufhebung des Mandats wird erst 1944 erreicht, 1946 räumen die britischen und französischen Truppen das Land.

Liberia

Republik; *Präsident:* Edwin J. Barclay (1930–1943)

Liechtenstein

Fürstentum; *Fürst:* Franz Joseph II. (seit 1938)

Luxemburg

Großherzogtum; Teil des Deutschen Reichs; *Großherzogin:* Charlotte (1919–1964, 1940–1945 im Exil)
Ministerpräsident: Pierre Dupong (1937 bis 1953)
Außenminister: Joseph Bech (1937–1958)
Luxemburg wurde 1940 dem Gau Moselland eingegliedert. Die Regierung lebt im Exil.

Mandschukuo

Kaiserreich; unter japanischem Protektorat
Kaiser: Engk'e Erdemtü (1932/34–1945, als P'u I letzter Kaiser von China 1908–1912)

Marokko

Sultanat; unter französischem Protektorat
Sultan: Sidi Muhammad V. (1927–1955, 1955–1957, König 1957–1961)
Großwesir: Muhammad al-Muqri (1917 bis 1955)
Französischer Resident: Auguste Noguès (1936–1943)

Mexiko

Bundesrepublik; *Präsident:* Manuel Ávila Camacho (1940 bis 1946)

Monaco

Fürstentum; *Fürst:* Ludwig II. (1922–1949)

Mongolische Volksrepublik

Republik; *Präsident:* Amor Gachighigin Bumatsende (1934–1953)
Ministerpräsident: Korlin Tschoibalsan (1924–1952)
Von 1937 bis 1945 sind Teile der Inneren Mongolei unter japanischem Einfluß als Innermongolische Föderation autonom.

Nepal

Königreich; *König:* Bir Bikram Schah Tribhuwan (1911–1950, 1952/53)
Ministerpräsident: Maharadscha Sri Dschuddha Schamscher Rana (1931–1945)

Neuseeland

Königreich im britischen Commonwealth; *Premierminister:* Peter Fraser (1940–1949)
Britischer Generalgouverneur: Cyril Newall (1940/41–1946)

Nicaragua

Republik; *Präsident:* Anastasio Somoza García (1937–1947, 1950–1956, ab 1944 als Diktator)

Niederlande

Königreich; vom Deutschen Reich besetzt
Königin: Wilhelmina (1890–1948)
Ministerpräsident: Pieter Sjoerds Gerbrandy, 1940–1945, im Exil in London)
Außenminister: Eelco Nicolaas van Kleffens, 1939–1946, ab Mai 1940 im Exil in London)
Reichskommissar für die niederländischen Gebiete: Arthur Seyß-Inquart (NSDAP; 1940–1945)
Die Niederlande sind seit 1940 besetzt. Die niederländische Königin und das Kabinett sind ins Exil nach London ausgewichen. Neben der deutschen Militärregierung besteht eine deutsche Zivilregierung unter Arthur Seyß-Inquart.

Nordirland

Teil von Großbritannien
Ministerpräsident: John Miller Andrews (1940–1943)

Norwegen

Königreich; vom Deutschen Reich besetzt
König im Exil in London: Håkon VII. (1905–1957)
Reichskommissar: Josef Terboven (1940–1945)
Leiter des Verwaltungsrats (ab 1942 der Nationalregierung): Vidkun Abraham Lauritz Quisling (1940–1945)
Am 9. April 1940 haben deutsche Truppen Norwegen besetzt. Gegen die Okkupanten hat sich eine breite Widerstandsbewegung formiert.

Oman

Sultanat; *Sultan:* Said bin Taimur (1932–1970)

Palästina

Britisches Völkerbundsmandat; *Oberkommissar:* Harold Mac Michael (1938–1944)

Panama

Republik; *Präsident:* Arnulfo Arias (1940–8. 10. 1941), Ricardo Adolfo de la Guardia (8. 10. 1941–1945)

Papst

siehe Vatikanstadt

Paraguay

Republik; *Präsident:* Higino Moríñigo (1940–1948)

Persien

siehe Iran

Peru

Republik; *Präsident:* Manuel Prado y Ugarteche (1939–1945)

Philippinen

Gouvernement der USA; von Japan besetzt
Präsident: Manuel Luis Quezón y Molina (1935–1942/44)
US-Oberkommissar: Francis Bowes Sayre (1939–24. 12. 1941)
Japanische Truppen besetzen im Dezember 1941 die Philippinen.

Polen

Republik; vom Deutschen Reich besetzt
Ministerpräsident der Exilregierung in London: Władysław Eugeniusz Sikorski (1939–1943)
Westpolen wurde 1939 dem Deutschen Reich eingegliedert, Ostpolen der UdSSR (Teilung am Bug). Mittelpolen wurde 1939 als deutsches Generalgouvernement Polen organisiert. Seit dem Angriff auf die UdSSR am 22. Juni 1941 ist Polen ganz in deutscher Hand.

Portugal

Republik (Diktatur); *Präsident:* António Oscar de Fragoso Carmona (1926–1951)
Ministerpräsident: António de Oliveira Salazar (1932–1968; Außenminister 1936–1947)

Rumänien

Königreich (Diktatur); *König:* Michael I. (1927–1930, 1940–1947)
Ministerpräsident: Ion Antonescu (1940 bis 1944)
Außenminister: Konstantin Greteanu (1940–27. 1. 1941), Ion Antonescu (27. 1.–3. 7. 1941), Mihai Antonescu (3. 7. 1941–1944)

Sansibar

Sultanat; unter britischem Protektorat
Sultan: Chalifa II. (1911–1960)

Saudi-Arabien

Königreich; *König:* Abd Al Asis Ibn Saud (1932–1953)

Schweden

Königreich; *König:* Gustav V. (1907–1950)
Ministerpräsident: Per Albin Hansson (Sozialist; 1932–1936, 1936–1946)
Außenminister: Christian Günther (1939–1945)

Siam

siehe Thailand

Sowjetunion

siehe UdSSR

Spanien

Republik; *Staatspräsident und Vorsitzender des Ministeriums:* Francisco Franco Bahamonde (1936–1975)

Südafrikanische Union

Königreich im britischen Commonwealth; *Ministerpräsident und Außenmini-*

ster: Jan Christiaan Smuts (1919–1924, 1939–1948)
Generalgouverneur: Patrick Duncan (1937–1943)

Syrien

Republik; unter französischer Kontrolle
(Vichy-)Französischer Oberkommissar: Henri Dentz (1940–14. 7. 1941)
(Frei-)Französischer Oberkommissar bzw. Generaldelegierter: Georges Catroux (21. 6. 1941–1943)
Staatspräsident: Tadsch ad-Din-al Hasani (18. 9. 1941–1943)
Am 8. Juni 1941 marschieren britische und freifranzösische Truppen in das Vichy-treue französische Völkerbundsmandat Syrien ein. Am 27. September 1941 proklamiert der freifranzösische General Charles de Gaulle die Unabhängigkeit der Republik Syrien. Das Land bleibt jedoch faktisch weiterhin unter französischer Kontrolle.

Thailand

Königreich; *König:* Rama VIII. (1935 bis 1946)
Ministerpräsident: Marschall Luang Pibul Songgram (1938–1944, 1948–1957)

Tibet

Autonomer Staat unter der Herrschaft eines Dalai-Lama
14. Dalai-Lama: Tenzin Gjatso (1935 geboren und gefunden, 1939 inthronisiert, im Exil ab 1950)
7. Pantschen-Lama: Tschökji Gjaltsen (ab 1938)

Transjordanien

Emirat; unter britischem Protektorat
Emir: Abd Allah Ibn Al Husain (1921–1946, König 1946–1951)
Ministerpräsident: Taufik Pascha Abu 'l-Huda (1939–1945, 1948–1950)

Tschechoslowakei

Deutsches Reichsprotektorat; *Reichsprotektor:* Konstantin Freiherr von Neurath (1939–21. 9. 1941), Reinhard Heydrich (17. 9. 1941–1942)
Ministerpräsident im Exil in London: Jan Šrámek (1940–1945)
Außenminister im Exil in London: Jan Masaryk (1940–1945)

Tunesien

Französisches Protektorat; *Bei:* Ahmad II. (1929–1942)
Französischer Generalresident: Jean Estéva (1940–1943)

Türkei

Republik; *Präsident:* Ismet Inönü (1938–1950, zuvor Ministerpräsident 1923–1937)
Ministerpräsident: Refik Saydam (1939 bis 1942)
Außenminister: Şükrü Saracoğlu (1938 bis 1942, 1944)

UdSSR

Republik; *Parteichef:* Josef W. Stalin (1922–1953)
Präsident (Vorsitzender des Präsidiums des Obersten Sowjets): Michail I. Kalinin (1919/1923–1946)
Ministerpräsident (Vorsitzender des Rats der Volkskommissare): Wjatscheslaw M. Molotow (1930–7. 5. 1941), Josef W. Stalin (7. 5. 1941–1953)
Außenminister: Wjatscheslaw M. Molotow (1939–1949)
Am 22. Juni 1941 beginnt der deutsche Vernichtungskrieg gegen die Sowjetunion.

Ungarn

Königreich (Diktatur); *König:* Otto II. (1922–1944/45) lebt in Bayern, nachdem sein Vater, König Karl IV. (†1922), 1921 zweimal an der Rückkehr nach Ungarn gehindert worden ist. 1921 hat die Nationalversammlung die Thronenthebung der Habsburger ausgesprochen.
Reichsverweser (Diktator): Miklós Horthy (1920–1944)
Ministerpräsident: Pál Graf Teleki (1920/21, 1939–3. 4. 1941), László Bárdossy (3. 4. 1941–1942)

Uruguay

Republik; *Präsident:* Alfredo Baldomir (1938–1943)

USA

Bundesrepublik; *32. Präsident:* Franklin Delano Roosevelt (Demokrat; 1933–1945)
Vizepräsident: John Nance Garner (1933–20. 1. 1941), Henry Agard Wallace (20. 1. 1941–1945)
Außenminister: Cordell Hull (1933–1944)

Vatikanstadt

Absolute Monarchie; *Papst:* Pius XII. (1939–1958)
Kardinalstaatssekretär: Luigi Maglione (1939–1944)

Venezuela

Republik; *Präsident:* Eleazar López Contreras (1936–April 1941), Isaías Medina Angarita (6. 5. 1941–1945)

Kriege und Krisenherde des Jahres 1941

Die herausragenden politischen und militärischen Krisensituationen des Jahres 1941 werden – alphabetisch nach Ländern geordnet – im Überblick dargestellt. Internationale Kriege und Krisenherde sind dem alphabetischen Länderverzeichnis vorangestellt.

Zweiter Weltkrieg

Die nationale und internationale Politik steht 1941 im Zeichen des Zweiten Weltkrieges. Folgende Staaten treten 1941 in den Krieg ein bzw. befinden sich schon im Kriegszustand (in Klammern Jahr des Kriegseintritts):

Deutsches Reich (1939)
- Polen (1939)
- Großbritannien (1939)
- Australien (1939)
- Britisch-Indien (1939)
- Neuseeland (1939)
- Frankreich (1939)
- Südafrikanische Union (1939)
- Kanada (1939)
- Norwegen (1940)
- Dänemark (1940)
- Niederlande (1940)
- Belgien (1940)
- Luxemburg (1940)

Italien (1940)
- Jugoslawien (6. 4. 1941)
- Griechenland (6. 4. 1941)
- UdSSR (22. 6. 1941)

Japan (8. 12. 1941)
- China (9. 12. 1941)
- Frei-Frankreich (9. 12. 1941)
- USA (11. 12. 1941)
- Kuba (12. 12. 1941)
- Dominikanische Republik (11. 12. 1941)
- Guatemala (11. 12. 1941)
- Nicaragua (12. 12. 1941)
- Haiti (12. 12. 1941)
- Costa Rica (11. 12. 1941)
- Panama (18. 12. 1941)
- Honduras (12. 12. 1941)
- El Salvador (12. 12. 1941)
- Tschechoslowakei (17. 12. 1941)

Die wichtigsten Kriegsereignisse des Jahres 1941 sind der deutsche Überfall auf die Sowjetunion, der zunächst für die Deutschen erfolgreich verläuft, sowie der Überfall der Japaner auf Pearl Harbor, der zum Kriegseintritt der Vereinigten Staaten führt.

Krieg in Atlantik und Mittelmeer
Der Seekrieg bringt den stark unterlegenen deutschen Überwasserstreitkräften nur anfangs Erfolge, die jedoch ab 1941 zurückgehen. Als das moderne Schlachtschiff »Bismarck« am 27. Mai 1941 südwestlich von Irland während eines Gefechts mit britischen Einheiten sinkt, kommt der Einsatz deutscher Überwasserschiffe im Atlantik zum Erliegen.
Die italienische Flotte erleidet im Mittelmeer bedeutende Verluste und kann die britische Seeherrschaft nicht brechen. Dagegen erweisen sich die U-Boote der Mittelmächte seit 1940 als wachsende Gefahr für Großbritannien. Von Juni 1940 bis Dezember 1941 versenken sie über 3,8 Millionen BRT. Nach dem Kriegseintritt der USA erhöht sich die monatlich versenkte Tonnage auf über 500 000 BRT.

Deutsche Truppen in Bulgarien
Bulgarien tritt am 1. März 1941 dem Dreimächtepakt (Deutsches Reich/Italien/Japan) bei und läßt am 2. März deutsche Truppen einmarschieren, um den Balkanfeldzug zu ermöglichen.

Deutscher Griechenlandfeldzug
Ohne Kriegserklärung beginnt am 6. April 1941 der deutsche Angriff auf Jugoslawien und Griechenland (Kapitulationen am 17. bzw. 21. April). Der deutsche Angriff auf Griechenland erfolgt nach dem Scheitern des italienischen Versuchs, Griechenland zu erobern. Der deutsche Führer und Reichskanzler, Adolf Hitler, und der italienische Duce und Ministerpräsident, Benito Mussolini, hatten sich am 19./20. Januar auf dem Berghof oberhalb von Berchtesgaden getroffen. Dort wurde die Beendigung des sog. Parallelkriegs vereinbart, und das Deutsche Reich übernahm die Strategieführung im Mittelmeerraum.
Der deutsche Angriff auf Griechenland erfolgt von bulgarischem Territorium aus, Griechenland kapituliert am 21. April. König Georg II. und die britischen Hilfstruppen fliehen nach Kreta, dem britischen Stützpunkt im Mittelmeer. Am 20. Mai springen deutsche Fallschirmjäger über Kreta ab, am 27. Mai ist der verlustreiche Kampf gegen die Briten und die kretischen Partisanen gewonnen. Am 28. Mai beginnt die Evakuierung der Briten aus Kreta.
Nach Abschluß der deutschen Besetzung Griechenlands nehmen Partisanen den Kampf auf. Im Juli treffen sich Kommunistenführer Lefteris Apostolu und General Stafanos Sarafis, um den Widerstand landesweit zu organisieren. Die Partisanen werden von einem großen Teil der Bevölkerung unterstützt, auch als die deutschen Besatzungsbehörden versuchen, jeden Widerstand mit Terror und Gewalt zu unterdrücken. Die Situation in Griechenland verschärft sich zudem, als eine Hungersnot ausbricht, der Tausende von Griechen zum Opfer fallen. Die deutschen Behörden unternehmen nichts gegen den Hunger, sondern fahren fort, alles für die deutsche Wehrmacht und Wirtschaft Brauchbare aus Griechenland abzutransportieren.

Deutscher Einmarsch in Jugoslawien
Der jugoslawische Prinzregent Paul, der den Beitritt Jugoslawiens zum Dreimächtepakt (25. März 1940) befürwortet hat, wird am 27. März durch einen Staatsstreich gestürzt. Der 17jährige König Peter II. wird für volljährig erklärt und beruft eine Regierung unter dem Luftwaffengeneral Dušan Simović.
Der deutsche Führer und Reichskanzler Adolf Hitler erklärt Jugoslawien daraufhin zum Feindland und läßt deutsche Truppen am 6. April ohne Kriegserklärung Jugoslawien von Ungarn und Bulgarien her angreifen. Die Hauptstadt Belgrad wird nach einem schweren Luftangriff eingenommen, Jugoslawien kapituliert am 17. April.
Der jugoslawische König und die Regierung fliehen nach London und bilden eine Exilregierung. In Jugoslawien selbst setzt der Partisanenkampf gegen die Deutschen ein: Am 4. Juli beschließt die Kommunistische Partei Jugoslawiens unter Generalsekretär Josip Tito den bewaffneten Aufstand gegen die deutschen Besatzer.
Der Aufruf Titos zeigt unmittelbar Erfolg: Am 7. Juli beginnt der Aufstand in Serbien, am 15. Juli in Montenegro, am 22. Juli in Slowenien und am 27. Juli in Kroatien, Bosnien und der Herzegowina. Unter Draža Mihailović kämpfen die Četnici-Partisanen gegen die deutsche Besatzung. Gegen Ende des Sommers ist fast die Hälfte des Landes befreit. Streitigkeiten zwischen Tito und Mihailović ermöglichen jedoch Gebietsgewinne der Deutschen. Nach der Zerschlagung Jugoslawiens proklamieren die Achsenmächte am 10. April 1941 den unabhängigen Staat Kroatien unter der Regierung des rechtsradikalen Politikers Ante Pavelić. Pavelić läßt Konzentrationslager errichten und Massenvernichtungen von Serben, Juden und Moslems durchführen.

Deutscher Überfall auf die UdSSR
Am 22. Juni 1941 beginnt der deutsche Vernichtungskrieg gegen die UdSSR. Rund 150 deutsche Divisionen überschreiten in einem überfallartigen Angriff die sowjetische Grenze. Rumänien (mit dem Gros seiner Armee) und Italien (mit einem Expeditionskorps) schließen sich dem Krieg gegen die Sowjetunion an. Finnland tritt am 26. Juni auf der Seite des Deutschen Reichs in den Krieg gegen die Sowjetunion ein, ebenso Ungarn am 27. Juni.
Adolf Hitler befiehlt, den Krieg mit äußerster Härte zu führen. Er erläßt den sog. Kommissarbefehl, wonach alle politischen Kommissare der Roten Armee zu ermorden sind; außerdem werden SS-Einheiten eingesetzt, die Massenmorde an Juden und der Zivilbevölkerung der UdSSR verüben. Für die Rote Armee erfolgt der deutsche Angriff zu diesem Zeitpunkt überraschend, obwohl die sowjetische Regierung Kenntnis von Hitlers Kriegsvorbereitungen hatte. Die sowjetischen Streitkräfte müssen sich zurückziehen; deutsche Truppen erobern die Gebiete im Baltikum und kreisen Leningrad ein. Vor Moskau wird die deutsche Offensive jedoch im Dezember durch den Winter, die Erschöpfung der Soldaten sowie mangelnde Ausrüstung und Versorgung gestoppt.
Am 5. Dezember beginnt die Rote Armee mit einer Gegenoffensive, die schließlich die Deutschen zum Rückzug zwingt. Bei eisiger Kälte und schwer passierbaren Wegen sind die sowjetischen Soldaten im Vorteil. Sie kennen das Gelände, und ihre Ausrüstung ist den winterlichen Verhältnissen besser angepaßt. Die Deutschen haben schon während des Vormarsches im Herbst im tiefen Schlamm große Mengen von Panzern, Lastwagen u. a. Material verloren.
Am 30. Juni wird das Staatskomitee für Verteidigung gebildet, das Josef W. Stalin seit dem 1. Juli persönlich leitet. Am 19. Juli übernimmt er das Volkskommissariat für Verteidigung und das militärische Oberkommando.

Deutsches Afrika-Korps in Libyen
Generalleutnant Erwin Rommel, der Führer des zur Unterstützung der italienischen Truppen in Nordafrika aufgestellten Deutschen Afrika-Korps, trifft am 12. Februar 1941 in Tripolis (Libyen) ein. Rommel, wegen seiner militärischen Fähigkeiten der »Wüstenfuchs« genannt, erobert mit seinen Panzertruppen ab März 1941 die Cyrenaika von den Briten zurück. Nach einer britischen Offensive ab 18. November zieht sich das Deutsche Afrika-Korps aber wieder zurück.

Britisch-italienischer Krieg in Ostafrika
Am 25. Februar haben britische Einheiten Mogadischu eingenommen, die Hauptstadt von Italienisch-Somaliland in Ostafrika. Am 18. Mai kapituliert Italien in Abessinien und am 28. November im Raum von Gondar vor Großbritannien. Die Briten haben damit Italienisch-Ostafrika in ihrer Hand.

Irak: Krieg gegen Alliierte
Obwohl der Irak an den Kriegsereignissen nicht unmittelbar beteiligt ist, haben die Auswirkungen des Krieges das Land schwer getroffen. Die sich rasch verschlechternden Lebensbedingungen führen zu Aufständen. Am 1. April 1941 stürzen antibritisch orientierte Kreise der Armee die probritische Regierung von Nuri As Said und bringen Raschid Al Gailani an die Spitze eines neuen Kabinetts, das eine Politik der Neutralität verkündet und den Abzug der britischen Truppen sowie die Räumung der britischen Stützpunkte fordert.
Die am 2. Mai beginnenden militärischen Auseinandersetzungen zwischen irakischen und britischen Truppen enden am 30. Mai angesichts der britischen Übermacht mit der Niederlage des Irak (Waffenstillstand am 31. Mai). Nach einer Reihe kurzlebiger Regierungen übernimmt am 3. Oktober erneut Nuri As Said die Macht.

Iran: Schah muß abdanken
Resa Pahlawi, der Schah von Iran, wird am 16. September 1941 von den Alliierten wegen seiner politischen Sympathien für die Achsenmächte zur Abdankung gezwungen. Nachfolger wird sein Sohn Mohammad Resa Pahlawi. Ende August sind britische und sowjetische Einheiten in den neutralen Iran einmarschiert, dessen Streitkräfte am 28. August den Widerstand einstellten. Neben dem Pazifik und der Murmansk-Archangelsk-Route wird der Iran zur Hauptverbindungsroute für die alliierten Hilfslieferungen an die UdSSR. Das Land wird in eine südliche britische und eine nördliche sowjetische Zone aufgeteilt, während die Landesmitte neutral bleibt.

Japans Überfall auf Pearl Harbor
Mit dem japanischen Überfall auf Pearl Harbor (Hawaii), den Hauptstützpunkt der US-Pazifikflotte, beginnt am 7. Dezember 1941 der Krieg im Pazifik. Am 8. Dezember erklären die USA und Großbritannien Japan den Krieg. Der bislang auf Europa beschränkte Konflikt weitet sich damit zum Weltkrieg aus.
Seit dem 16. April hatten Japan und die USA Verhandlungen über einen Ausgleich ihrer wirtschaftlichen Interessen im rohstoffreichen Pazifikraum geführt. Die Beziehungen zwischen beiden Staaten verschlechterten sich jedoch zusehends. Nachdem die Verhandlungen am 20. November abgebrochen wurden, entschloß sich Japan zum Angriff auf Pearl Harbor, um seinen Einfluß zu sichern.

Mit dem Überfall beginnt die japanische Großoffensive gegen die südostasiatischen Besitzungen der USA, Großbritanniens und der Niederlande. Von Indochina aus wird Thailand besetzt und zur Kriegserklärung gezwungen.
Am 8. Dezember beginnt der japanische Angriff auf die Philippinen. Japanische Einheiten landen auf Nord-Luzon und auf den Gilbert-Inseln Tarawa und Makin sowie im Norden von Britisch-Malaya. Am 10. Dezember versenkt die japanische Luftwaffe die britischen Schlachtschiffe »Prince of Wales« und »Repulse« und erobert die US-amerikanische Insel Guam. Am 24. Dezember kapituliert Hongkong, japanische Truppen besetzen die britische Kronkolonie.
In der Folgezeit erringt Japan die Kontrolle im Gebiet von Birma im Westen bis zu den Marshall- und Gilbert-Inseln im Osten, einschließlich Korea, Mandschurei, Thailand, Französisch-Indochina und einem Teil Chinas. Erst Mitte 1942 bringen die US-Streitkräfte den japanischen Vormarsch zum Stehen.

Kriegseintritt der USA
Nach dem japanischen Überfall auf Pearl Harbor treten die Vereinigten Staaten am 8. Dezember in den Krieg gegen die Achsenmächte ein. Führer und Reichskanzler Adolf Hitler, der von dem japanischen Angriff ebenfalls überrascht wurde, fürchtet die militärische und wirtschaftliche Stärke der USA.
US-Präsident Franklin D. Roosevelt war bereits vor dem Kriegseintritt an der Auseinandersetzung auf dem europäischen Kontinent beteiligt. So unterstützen die USA sowohl Großbritannien (Leih- und Pachtgesetz vom 11. März 1941) als auch – seit dem 22. Juni – die Sowjetunion mit Waffenlieferungen. Durch die Beschlagnahmung von deutschem und japanischem Vermögen sowie die Erstellung von schwarzen Listen mit Firmen, die Geschäftsbeziehungen zu den Achsenmächten haben, versucht Roosevelt, das Deutsche Reich und Italien wirtschaftlich zu isolieren. Am 11. September erläßt der US-Präsident den Schießbefehl gegen Schiffe des Deutschen Reichs und der anderen Achsenmächte, die in Sicherheitsgebiete der USA eindringen.
Gleichzeitig mit der Verschlechterung der Beziehungen zu den Achsenmächten geht eine Annäherung Großbritanniens an die USA einher. In mehreren Konferenzen verabschieden der britische Premier Winston Churchill und Roosevelt Richtlinien für die Kriegführung und Ziele für einen zukünftigen Frieden (Atlantikcharta vom 14. August).

Ausgewählte Neuerscheinungen auf dem Buchmarkt 1941

Die Auswahl berücksichtigt nicht nur Neuerscheinungen von literarischem oder wissenschaftlichem Wert, sondern auch vielgelesene Bücher des Jahres 1941. Die Werke sind im Länderalphabet entsprechend der Nationalität der Autoren und hier wiederum alphabetisch nach den Namen der Schriftsteller aufgeführt (siehe auch den Übersichtsartikel auf S. 126).

Argentinien

Eduardo Mallea
Alles Gras verdorrt
(Todo verdor perecerá)
Roman
Einsamkeit und Kommunikationslosigkeit des Menschen sind die zentralen Themen im Werk von Eduardo Mallea (*1904). In dem 1941 erschienenen Roman »Alles Gras verdorrt« erlebt eine Frau, Agata, die Isolation als tragisches Geschick – in der Familie, in der Ehe, in der Natur: Alles »verdorrt« ihr. Das Ende des Romans setzt Hoffnung und Hoffnungslosigkeit beziehungslos parallel. Agata übersieht das Kruzifix, unter dem die Inschrift »Ich bin der Weg, die Wahrheit und das Leben« steht, und stürzt sich »besinnungslos und ohne Richtung in die Finsternis«. – Die deutsche Übersetzung erscheint 1964.

Deutsches Reich

Frank Thieß
Das Reich der Dämonen
Der Roman eines Jahrtausends
»Das Reich der Dämonen«, im Untertitel als »Der Roman eines Jahrtausends« bezeichnet, gilt als historisch-dichterisches Meisterwerk von Frank Thieß (1890–1977). Erzählt wird die Geschichte der antiken Reiche von Hellas, Rom und Byzanz sowie die Konfrontation der antiken Kulte mit dem Christentum. Der beim Verlag Zsolnay in Berlin und Wien erschienene Roman verurteilt jegliche Gewaltherrschaft. Er wird nach dem Erscheinen verboten.

Großbritannien

Virginia Woolf
Zwischen den Akten
(Between the Acts)
Roman
Der letzte, postum veröffentlichte Roman von Virginia Woolf (1882–1941), »Zwischen den Akten«, greift alle Themen auf, die die Autorin in ihren früheren Werken behandelt hat. Im Vordergrund stehen Regungen wie Haß und Liebe. Die Aufführung eines Laienspiels während eines Dorffests bildet den Rahmen für die Darstellung der Empfindungen, Reflexionen und zwischenmenschlichen Beziehungen unterschiedlicher Charaktere. – Die deutsche Übersetzung erscheint 1963.

Italien

Elio Vittorini
Gespräch in Sizilien
(Conversazione in Sicilia)
Roman
Der Roman »Gespräch in Sizilien« von Elio Vittorini (1908–1966) wird wegen seiner Sozialkritik vom faschistischen Regime als antinational verdammt, der Autor 1943 als »Volksfeind« inhaftiert. Die ausländische Kritik hingegen lobt den Roman als Meisterwerk eines poetischen Realismus bzw. als das Werk, das dem italienischen Neorealismus zum Durchbruch verholfen habe. Erzählt wird die Reise eines 30jährigen Mannes vom Norden Italiens in seine sizilianische Heimat, die er seit 15 Jahren nicht mehr gesehen hat. Begegnungen und Gespräche – vor allem mit der Mutter – machen diese Reise zu einer Rückkehr an den Ursprung seiner Existenz. – Die deutsche Übersetzung erscheint 1943.

Österreich

Franz Werfel
Das Lied von Bernadette
Roman
Beim Verlag Bermann-Fischer in Stockholm und beim Verlag Hamilton in London veröffentlicht der im Exil lebende Franz Werfel (1890–1945) den Roman »Das Lied der Bernadette«, in dem er die Geschichte des Wunders von Lourdes beschreibt. Die Realisierung des Romans ist die Erfüllung eines bei der Flucht aus Frankreich 1940 abgelegten Gelübdes. Werfel begann als expressionistischer Lyriker (»Der Weltfreund«, 1912, »Der Gerichtstag«, 1919) und Verfasser symbolisch-expressiver Ideenromane (»Der Spielmensch«, 1920). Ab 1933 sah er im Weltgeschehen mehr und mehr das Katastrophale, verfiel zusehends in Pessimismus und setzte als Ersatz für eine gesellschaftliche Perspektive religiöse und mythische Leitbilder.

Stefan Zweig
Schachnovelle
Novelle
Beim Verlag Bermann-Fischer in Stockholm veröffentlicht der in Brasilien lebende Stefan Zweig (1881–1942) seine »Schachnovelle«, in der die Brutalität des nationalsozialistischen Regimes und seine Terrormethoden angeprangert werden. Die Gegensätze dieser Zeit erscheinen personifiziert in Dr. B., der aus der Gestapohaft als Nervenkranker entlassen wurde, und in dem primitiven und zugleich arroganten Weltschachmeister Mirko Czentovic. Dr. B., der gegen Czentovic verliert, verkörpert die sensible, durchgeistigte Ritterlichkeit, sein Gegner steht für den plumpen, kaltblütigen Überwältigungstrieb. Zweig begann mit einer Lyrik, die sich an Hugo von Hofmannsthal orientierte, und übersetzte die französischen Symbolisten Stéphane Mallarmé und Charles Baudelaire. Das Zentrum seines Werkes bildet später eine psychologisch analysierende Prosa. Weltberühmt wurden die Novellen »Amok« (1922), »Angst« (1925) und »Verwirrung der Gefühle« (1927) sowie der Roman »Ungeduld des Herzens« (1938), die Essays »Sternstunden der Menschheit« (1927) und die Dichterporträts »Baumeister der Welt« (1936).

Schweden

Vilhelm Moberg
Reit heute Nacht!
(Rid I natt)
Roman
Vilhelm Moberg (1898–1973), der in Artikeln und Streitschriften den Nationalsozialismus und die schwedische Neutralitätspolitik anprangert, legt mit dem historischen Roman »Reit heut Nacht!« einen Beitrag zum Widerstand gegen den Totalitarismus vor. Das in Värend in der Mitte des 17. Jahrhunderts spielende Werk schildert den Kampf schwedischer Bauern gegen die deutschen Adligen, die sich nach dem Dreißigjährigen Krieg in Schweden niedergelassen haben und das Volk unterdrücken und ausbeuten. – Die deutsche Übersetzung erscheint 1946.

Spanien

Salvador de Madariaga y Rojo
Cortés, Eroberer Mexikos
(Hernán Cortés)
Biographie
Salvador de Madariaga y Rojo (1886–1978) legt mit »Cortés, Eroberer Mexikos« eine Biographie des spanischen Konquistadors Hernán Cortés vor, der die Eroberung Mexikos mit der Unterwerfung des Aztekenreiches 1519 einleitete und 1522 vollendete. Madariaga y Rojo beschränkt sich bei dieser Charakterstudie des spanischen Eroberers auf das historische Tatsachenmaterial und flicht nur in Ausnahmefällen romanhafte Elemente ein. – Die deutsche Übersetzung erscheint 1956.

UdSSR

Michail A. Scholochow
Der stille Don
(Tichij Don)
Roman
1941 erscheint in Moskau die Gesamtausgabe von Michail A. Scholochows (*1905) mehrbändigem Roman »Der stille Don«, der seit 1928 in Zeitschriften erschienen ist. Das Werk trägt Scholochow 1941 den Stalinpreis und 1965 den Literaturnobelpreis ein »für die Kraft und die künstlerische Gewissenhaftigkeit, mit welcher der Autor in einem Epos über das Dongebiet eine geschichtliche Phase im Leben des russischen Volkes geschildert hat«. In dem Roman, für den Leo N. Tolstois »Krieg und Frieden« Vorbild ist, entwirft Scholochow am Beispiel einer weitverzweigten Donkosakenfamilie ein Panorama der Zeitgeschichte und zugleich ein Bild vom Leben der Donkosaken, das dokumentarischen Charakter besitzt. Die Geschichte umfaßt den Zeitraum von der Zarenzeit über die Oktoberrevolution bis zum russischen Bürgerkrieg, in dem die Mehrzahl der Donkosaken auf seiten der Weißgardisten gegen die Rote Armee kämpfte. Die Tatsache, daß auch die Hauptfigur, Grigorij Melechow, dem Bolschewismus anfänglich skeptisch gegenübersteht, trägt dem Autor in der Sowjetunion zunächst heftige Kritik ein. – Die deutsche Übersetzung erscheint 1953/54.

USA

Upton Sinclair
Zwischen zwei Welten
(Between two Worlds)
Roman
Upton Sinclair (1878–1968), bekannt durch Essays und Romane, die soziale Mißstände aufdecken wollen, versucht in dem Roman »Zwischen zwei Welten« eine literarische Verarbeitung der Geschichte Europas und der USA nach dem Ersten Weltkrieg. Hauptfigur ist der reiche junge Amerikaner Lanny Bud, der mit Hilfe einflußreicher Freunde Zugang zu höchsten politischen, wirtschaftlichen, intellektuellen und künstlerischen Kreisen in Europa erhält. Zahlreiche historische Personen treten in dem Roman auf. – Die deutsche Übersetzung des Romans erscheint 1945.

Uraufführungen Schauspiel, Oper, Operette und Ballett 1941

Die bedeutendsten Uraufführungen in den Bereichen Schauspiel, Oper, Operette und Ballett sind im Länderalphabet nach der Nationalität der Autoren/Komponisten geordnet (siehe auch die Übersichtsartikel auf S. 74 und S. 204).

Deutsches Reich

Bertolt Brecht
Mutter Courage und ihre Kinder
Eine Chronik aus dem Dreißigjährigen Krieg
Bühnenstück in zwölf Bildern
Das im Untertitel als »Eine Chronik aus dem Dreißigjährigen Krieg« bezeichnete Bühnenstück »Mutter Courage und ihre Kinder« des im Exil lebenden Bertolt Brecht (1898–1956) wird am 19. April 1941 im Zürcher Schauspielhaus uraufgeführt. Das Stück erzählt die Geschichte der Marketenderin Anna Fierling, genannt Mutter Courage, die versucht, ihre beiden Söhne und ihre stumme Tochter durchzubringen und gleichzeitig am Krieg ihren »Schnitt zu machen«. Sie verliert dabei ihre Kinder und ihre ganze Habe, zieht aber keine Lehre aus ihrem Verhalten. Bertolt Brecht läßt Mutter Courage aus ihren Verlusten nichts lernen, damit der Zuschauer um so deutlicher sieht, daß die »kleinen Leute« aus den Raubkriegen ihrer Herren nur als Verlierer hervorgehen.

Gerhart Hauptmann
Iphigenie in Delphi
Verstragödie
Die Verstragödie »Iphigenie in Delphi«, die am 15. November 1941 im Berliner Schauspielhaus uraufgeführt wird, ist der letzte Teil von Gerhart Hauptmanns (1862–1946) monumentaler »Atriden-Tetralogie«, zu der außerdem die Stücke »Iphigenie in Aulis« (Uraufführung 1943), »Agamemnons Tod« (UA. 1947) und »Elektra« (UA. 1947) gehören. Hauptmann hält sich im Handlungsablauf im wesentlichen an die antiken Tragödien des Euripides (»Iphigenie in Aulis«), des Aischylos (»Orestie«) und des Sophokles (»Elektra«), die Motivierung und die Charakterisierung der handelnden Figuren unterscheiden sich jedoch grundlegend von diesen Vorbildern. Hauptmann verzichtet vor allem auf das klassisch-humanistische Griechenlandbild, das Ideal der »reinen Menschlichkeit«, das u.a. durch Johann Wolfgang von Goethes »Iphigenie auf Tauris« vermittelt worden ist. Hauptmanns Dramen spielen in einer von Chaos und Haß erfüllten, barbarischen, grauenvollen Welt. Die Menschen scheinen ihrem Schicksal – der Macht der Götter – ausgeliefert. Diese Umkehrung des klassischen Griechenlandbildes wird vielfach als Reaktion auf die NS-Herrschaft und den Zweiten Weltkrieg verstanden, jenen »Weltenbrand«, der »uns überflutet« und in dem »der Wahnsinn herrscht«.

Frankreich

Jean Cocteau
Die Schreibmaschine
(La Machine à écrire)
Schauspiel in drei Akten
Die Uraufführung des in der heuchlerischen Atmosphäre einer Provinzstadt spielenden Stückes »Die Schreibmaschine« von Jean Cocteau (1889–1963) am 29. April 1941 im Théâtre Hébertot in Paris wird von französischen Sympathisanten des Faschismus gestört. Weitere Aufführungen werden von den deutschen Besatzungsbehörden sowie von dem französischen Vasallenregime in Vichy verboten.
In einem Provinznest sorgt ein anonymer Briefschreiber durch das Aufrühren widriger Familiengeschichten für Skandale, einige Menschen werden dadurch in den Selbstmord getrieben. Aus verschiedenen Motiven bezichtigen sich drei verschiedene Personen, die »Schreibmaschine« zu sein. Der Polizist, der mit der Untersuchung des Falls beauftragt ist, weiß, daß in Wirklichkeit die von ihm heimlich verehrte Solange die Schreiberin ist. Er will die Sache vertuschen und schlägt ihr vor, mit ihm in einer anderen Stadt ein neues Leben zu beginnen. Doch Solange erschießt sich.

Großbritannien

Nöel Coward
Geisterkomödie
(Blythe Spirit)
Komödie
Die erfolgreiche »Geisterkomödie« von Nöel Coward wird am 2. Juli 1941 am Piccadilly Theatre in London uraufgeführt. Erzählt werden die Erlebnisse des Schriftstellers Charles Condomine, der mit seiner zweiten Frau Ruth ein ruhiges und beschauliches Leben in Kent führt, bis er von den Fähigkeiten der Geisterbeschwörerin Madame Arcati erfährt. Er lädt sie zu sich ein, und Frau Arcati beschwört den Geist von Condomines erster Frau Elvira, die auch prompt erscheint, doch nur von Condomine gesehen werden kann. Elvira will jedoch nicht wieder verschwinden. In ihrer Eifersucht führt sie einen Verkehrsunfall herbei, bei dem Ruth ums Leben kommt. Condomine hat es ab sofort mit zwei Geistern zu tun, die erst nach großen Bemühungen Madame Arcatis verschwinden. Das witzig-gruselige Stück mit Seitenhieben auf die moderne Ehe wird zu einem Dauererfolg auf britischen Bühnen.

Filme 1941

Die wichtigsten neuen Filme des Jahres 1941 sind im Länderalphabet entsprechend der Nationalität der Regisseure und hier wiederum alphabetisch nach Regisseuren aufgeführt. Bei ausländischen Filmen steht unter dem deutschen Titel der Originaltitel (siehe auch den Übersichtsartikel auf S. 58).

Deutsches Reich

Josef von Baky
Annelie, die Geschichte eines Lebens
Josef von Bakys als »staatspolitisch und künstlerisch besonders wertvoll, volkstümlich wertvoll« ausgezeichneter Familienfilm »Annelie« mit Luise Ullrich in der Titelrolle erzählt die Geschichte eines Mädchens, das zur mustergültigen Frau eines Arztes (Werner Krauß) und Mutter dreier Kinder heranreift. Bei den Internationalen Filmkunstwochen in Venedig erhält dieser Film, der am 9. September 1941 in Berlin uraufgeführt wird, den Volpi-Pokal für die beste Schauspielerin (Luise Ullrich).

Hans Bertram
Kampfgeschwader Lützow
Hans Bertrams Propagandafilm »Kampfgeschwader Lützow«, der mit Unterstützung von Wehrmacht, Luftwaffe und Marine gedreht wurde und am 28. Februar 1941 in Berlin uraufgeführt wird, ist eine Fortsetzung von »D III 88« (1939). Gezeigt werden die Aktionen des deutschen Kampfgeschwaders beim Ausbruch des Zweiten Weltkriegs in Polen. Der Film erhält das Prädikat »staatspolitisch und künstlerisch besonders wertvoll, volkstümlich wertvoll, jugendwert«.

Kurt Hoffmann
Quax, der Bruchpilot
Heinz Rühmann spielt die Titelrolle in Kurt Hoffmanns groteskem Sportfliegerlustspiel »Quax, der Bruchpilot«, das am 16. Dezember 1941 in Hamburg uraufgeführt wird. Otto Groschenbügel, genannt Quax, gewinnt durch ein Preisausschreiben eine kostenlose Ausbildung zum Sportflieger. Erst als er wegen Angeberei und Disziplinlosigkeit von der Flugschule verwiesen wird, beginnt er die Angelegenheit ernst zu nehmen und beeindruckt durch tollkühne Leistungen den Fluglehrer, der den Schulverweis daraufhin zurücknimmt. Der Film erhält das Prädikat »künstlerisch und volkstümlich wertvoll, jugendwert«. In weiteren Hauptrollen sind zu sehen: Karin Himboldt, Lothar Firmans, Harry Liedtke, Elga Brink, Beppo Brem und Hilde Sessak.

Wolfgang Liebeneiner
Ich klage an
Wolfgang Liebeneiners Film »Ich klage an«, der am 29. August 1941 in Berlin uraufgeführt wird, ist ein Propagandafilm für die Tötung geistig und körperlich Kranker, wie sie die Nationalsozialisten unter dem Begriff »Euthanasie« propagieren. Ein Arzt (Paul Hartmann), der seiner unheilbar kranken Frau (Heidemarie Hatheyer) auf ihren Wunsch den Tod ermöglicht, sagt vor Gericht: »Hier stehe ich, der Angeklagte, und ich klage an. Ich klage die Vollstrecker überwundener Anschauungen und überholter Gesetze an.« Ein Geschworener meint: »Ja, wenn einer verrückt ist oder schwermütig oder sonst keinen freien Willen mehr hat, da muß eben der Staat die Verantwortung übernehmen.« Der Film erhält das Prädikat »künstlerisch besonders wertvoll, volksbildend«.

Theo Lingen
Hauptsache glücklich
Heinz Rühmann spielt die Rolle eines kleinen Buchhalters und Hertha Feiler die seiner Frau Uschi in Theo Lingens Ehelustspiel »Hauptsache glücklich«, das am 3. April 1941 in Berlin uraufgeführt wird und das Prädikat »volkstümlich wertvoll« erhält. Das ungleiche Ehepaar trifft sich vor dem Scheidungsrichter, ist jedoch wieder versöhnt und glücklich, als das Scheidungsurteil zugestellt wird.

Traugott Müller
Friedemann Bach
Gustaf Gründgens spielt die Titelrolle in Traugott Müllers historischem Künstlerfilm »Friedemann Bach«, der am 25. Juni 1941 in Dresden uraufgeführt wird und das Prädikat »künstlerisch wertvoll, kulturell wertvoll« erhält. Zentrale Gestalt ist der älteste Sohn von Johann Sebastian Bach, der sein Talent vernachlässigt, ein unstetes Leben führt und in Armut stirbt.

Georg Wilhelm (G. W.) Pabst
Komödianten
Das Leben der deutschen Schauspielerin und Theaterprinzipalin Friederike Caroline Neuber, genannt die Neuberin, einer Wegbereiterin des deutschen Nationaltheaters, ist der Inhalt von G. W. Pabsts historischem Film »Komödianten«, der im 18. Jahrhundert spielt. Er wird am 5. September 1941 in Berlin uraufgeführt. Die Hauptrollen spielen Käthe Dorsch, Hilde Krahl, Henny Porten, Gustav Dießl, Richard Häußler, Ludwig Schmitz und Lucy Millowitsch. Der Film erhält das Prädikat »staatspolitisch und künstlerisch besonders wertvoll, kulturell wertvoll und volksbildend«. Bei den Internationalen Filmkunstwochen in Venedig wird er mit der Goldenen Biennale-Medaille für den besten Regisseur ausgezeichnet.

Günther Rittau
U-Boote westwärts
Am 9. Mai 1941 wird in Berlin Günther Rittaus Film »U-Boote westwärts« mit Ilse Werner, Herbert Wilk, Heinz Engelmann und Joachim Brennecke in den Hauptrollen uraufgeführt. Der propagandistische Kriegsfilm über die Feindfahrt eines deutschen U-Boots während des Zweiten Weltkriegs wurde mit Unterstützung des Oberkommandos der Kriegsmarine gedreht. Er erhält die Auszeichnung »staatspolitisch und künstlerisch wertvoll, volksbildend«.

Karl Ritter
Kadetten
Karl Ritters historisches Drama »Kadetten« aus der Zeit des Siebenjährigen Kriegs wurde bereits 1939 gedreht, kommt wegen seiner aggressiv antirussischen Tendenz jedoch erst nach dem deutschen Überfall auf die Sowjetunion ins Kino. Am 2. Dezember 1941 wird er in Danzig uraufgeführt. Eindeutiges Ziel dieses Films, der während der Besetzung der preußischen Hauptstadt Berlin im Jahre 1760 durch die Russen spielt, ist es, in jugendlichen deutschen Zuschauern den Wunsch zu wecken, gegen »den Russen« zu kämpfen.

Karl Ritter
Stukas
Carl Raddatz, Albert Hehn, Hannes Stelzer, Ernst von Klipstein, Marina von Ditmar, Otto Eduard (O. E.) Hasse und Beppo Brem sind die Hauptdarsteller in Karl Ritters Kriegsfilm »Stukas«, der am 27. Juni 1941 in Berlin uraufgeführt wird. Gezeigt wird der Einsatz einer deutschen Gruppe von Sturzkampffliegern in Frankreich. Der Film erhält das Prädikat »staatspolitisch wertvoll, künstlerisch wertvoll, volkstümlich wertvoll und jugendwert«.

Herbert Selpin
Carl Peters
Hans Albers spielt die Rolle des deutschen Kolonialpolitikers Carl Peters in Herbert Selpins gleichnamigem Film, der am 21. März 1941 in Hamburg uraufgeführt wird und das Prädikat »staatspolitisch und künstlerisch wertvoll, kulturell wertvoll, volksbildend und jugendwert« erhält. Als 27jähriger gründete der Historiker und Geograph Peters 1884 zusammen mit Felix Graf Behr-Bandelin die Gesellschaft für Deutsche Kolonisation als »Kapitalistengruppe zur Annexion und später zur Verwaltung möglichst großer Kolonialländer unter deutscher Flagge«. Mit der Gründung dieser Gesellschaft konnte er sein Projekt Deutsch-Ostafrika finanziell absichern und eine Expedition unternehmen, in deren Verlauf er ausgedehnte Territorien erwarb, die 1885 deutsche Schutzgebiete (Kolonien) wurden. Der Propagandafilm stellt die Feindschaft zwischen dem Deutschen Reich und Großbritannien als historisch und natürlich dar.

Hans Steinhoff
Ohm Krüger
Emil Jannings spielt die Titelrolle in Hans Steinhoffs antibritischem Propagandafilm »Ohm Krüger« über den Burenführer Paulus »Ohm« Krüger und seinen aussichtslosen Kampf gegen die britische Kolonialmacht. Der Film, der am 4. April 1941 in Berlin uraufgeführt wird, wird zum »Film der Nation« erklärt und erhält die Prädikate »staatspolitisch und künstlerisch besonders wertvoll, kulturell wertvoll, volkstümlich wertvoll, volksbildend, jugendwert«. Er ist der höchstausgezeichnete Film des »Dritten Reichs«. Bei den internationalen Filmkunstwochen in Venedig erhält er außerdem den Mussolini-Pokal für den besten ausländischen Film. Neben Jannings sind in weiteren Hauptrollen Lucie Höflich, Werner Hinz, Ernst Schröder, Gisela Uhlen, Elisabeth Flickenschildt, Gustaf Gründgens, Hans Adalbert Schlettow und Eduard von Winterstein zu sehen.

Großbritannien

Alfred Hitchcock
Verdacht
(Suspicion)
Der in den USA gedrehte Kriminalfilm des britischen Regisseurs Alfred Hitchcock erzählt die Geschichte der reichen Linda McLaidlaw (Joan Fontaine), die glaubt, mit Johnnie Aysgarth (Cary Grant) einen Mörder geheiratet zu haben. Nach ihrer überstürzten Heirat hat sie durch Zufall Einzelheiten aus Johnnies dunkler Vergangenheit erfahren. Ihre Angst, daß der mittellose Johnnie ihr nach dem Leben trachtet, steigert sich derart, daß sie ihn auf einer dramatischen Autofahrt um Gnade bittet. Der verblüffte Johnnie klärt sie nun darüber auf, daß er nie den Plan hegte, sie zu ermorden. Das glückliche Ende des Films wird Hitchcock von der Produktionsfirma aufgezwungen, die nicht will, daß ihr Star Cary Grant einen Mörder spielt, wie es das Drehbuch ursprünglich vorsah. Der Film enthält einige der wirkungsvollsten Hitchcockschen Spannungsszenen. Joan Fontaine wird für ihre Darstellung mit dem Oscar ausgezeichnet.

Österreich

Arthur Maria Rabenalt
... reitet für Deutschland
Willy Birgel spielt in Arthur Maria Rabenalts Film »... reitet für Deutschland« den Rittmeister Brenken, der gegen Ende des Ersten Weltkriegs an der Ostfront verwundet wird. Er bekämpft erfolgreich die Lähmung, die infolge seiner Verwundung aufgetreten ist, und gewinnt den Großen Preis von Europa. Der Film wird am 11. April 1941 in Hannover uraufgeführt und erhält das Prädikat »staatspolitisch wertvoll, jugendwert«.

Gustav Ucicky
Heimkehr
Gustav Ucickys antipolnischer Hetz- und Propagandafilm »Heimkehr«, uraufgeführt am 10. Oktober 1941 in Wien, wird als »Film der Nation« ausgezeichnet und erhält das Prädikat »staatspolitisch und künstlerisch besonders wertvoll, jugendwert«. Der im Jahre 1939 vor dem Ausbruch des Zweiten Weltkriegs spielende Film zeigt eine Gruppe von Wolhyniendeutschen, die in Polen schlimmster Unterdrückung ausgesetzt sind, bis die deutschen Panzer in Polen einrollen, die Peiniger verschwinden und die Volksdeutschen »heim ins Reich« geholt werden. Paula Wessely, Peter Petersen, Attila Hörbiger, Ruth Hellberg, Carl Raddatz und Otto Wernicke spielen die Hauptrollen in diesem Film.

USA

Frank Capra
Hier ist John Doe
(Meet John Doe)
Gary Cooper als John Doe ist der »gewöhnliche Held« in Frank Capras Film »Hier ist John Doe«. Er spielt einen Mann, der in die Rolle eines Selbstmörders schlüpfen muß, nachdem eine Journalistin (Barbara Stanwyck) einen Brief veröffentlicht hat, in dem ein – in Wirklichkeit gar nicht existierender – John Doe ankündigt, er werde sich das Leben nehmen. Der Brief löst ein überwältigendes Leserecho aus, die Auflage des Blatts steigt, im ganzen Land werden John-Doe-Clubs gegründet. Als Doe entdeckt, daß der Verleger (Edward Arnold) diese Clubs dazu benutzt, um seine faschistischen Pläne zu fördern, geht er mit der Wahrheit an die Öffentlichkeit.

George Cukor
Die Nacht vor der Hochzeit
(The Philadelphia Story)
Der Film »Die Nacht vor der Hochzeit« nach der gleichnamigen Bühnenkomödie von John Barry wird ein großer Erfolg für die Hauptdarstellerin Katherine Hepburn in der Rolle der exzentrischen Tracy Lord aus der High Society Philadelphias. In die Vorbereitungen zu ihrer zweiten Hochzeit platzt ihr Ex-Ehemann C. K. Dexter Haven (Cary Grant) mit zwei Journalisten eines Boulevard-Magazins (James Stewart und Ruth Hussey). In den turbulenten Situationen, die sich aus diesem Zusammentreffen ergeben, erkennt Tracy, daß sie Dexter noch immer liebt, und heiratet ihn schließlich zum zweiten Mal. Die »Philadelphia Story« ist auch Grundlage des 1956 gedrehten Filmmusicals »High Society« mit Bing Crosby, Frank Sinatra und Grace Kelly.

John Ford
Die Tabakstraße
(Tobacco Road)
John Fords Film »Die Tabakstraße« ist die hoffnungslose Geschichte eines Baumwollfarmers (Charley Grapewin) und seiner Frau (Marjorie Rambeau), die ihre Farm verloren haben und die in einem verfallenen Gebäude langsam und ohne jede Aussicht auf Hoffnung dem Tod entgegensehen. Der Pessimismus des Films steht in auffälligem Gegensatz zu den überwiegend optimistischen amerikanischen Filmen dieser Zeit.

John Ford
Schlagende Wetter/So grün war mein Tal
(How Green Was My Valley)
In dem mehrfach ausgezeichneten Film erzählt John Ford die Geschichte einer Bergarbeiterfamilie im ausgehenden 19. Jahrhundert in Wales. Sie lebt in einem Tal, das durch das Vorgehen rücksichtsloser Minenbesitzer zerstört wird. Der jüngste Sohn der Familie Morgan, Huw (Roddy McDowall), erzählt rückblickend wie seine Brüder auswanderten, seine Schwester (Maureen O'Hara) einen Grubenbesitzer heiratete und sein Vater (Donald Crisp) bei einer Minenexplosion ums Leben kam.

Howard Hawks
Sergeant York
(Sergeant York)
Gary Cooper spielt die Hauptrolle des legendären Alvin C. York, des höchstdekorierten US-Soldaten während des Ersten Weltkriegs. York, ein Raufbold und Tunichtgut aus Tennessee, wird zum tiefgläubigen Kriegsdienstverweigerer, als ihn ein einschlagender Blitz knapp verfehlt. Nachdem er ein Buch über die Geschichte der USA gelesen hat, meldet er sich jedoch freiwillig zum Einsatz in Europa, wo er im Alleingang 25 Deutsche tötet und 132 gefangennimmt. Gary Cooper wird für seine Rolle mit dem Oscar ausgezeichnet. »Sergeant York« ist einer der zahlreichen US-Filme, die den Eintritt der Vereinigten Staaten in den Zweiten Weltkrieg propagieren.

John Huston
Die Spur des Falken/Der Malteserfalke
(The Maltese Falcon)
John Hustons erste Regiearbeit, »Die Spur des Falken«, macht Humphrey Bogart in der Rolle des wortkargen Einzelgängers über Nacht berühmt und ist zugleich das erste markante Werk des Schwarzen Films. Darüber hinaus setzt der Film durch seine eindrucksvolle Dramaturgie Maßstäbe für den gesamten Detektivfilm. Bogart spielt den Privatdetektiv Sam Spade, der durch den Auftrag, einen Mann zu beobachten, auf die Spur einer kostbaren Falkenstatuette aus dem 16. Jahrhundert gerät.

Preston Sturges
Sullivans Reisen
(Sullivan's Travels)
Der Film »Sullivans Reisen« von Preston Sturges ist eine Satire auf Hollywood und den Glauben, durch sozialkritische Filme könne die Wirklichkeit geändert werden. Gezeigt werden die Erlebnisse eines berühmten Regisseurs (Joel McCrea), der als Tramp unterwegs ist, um Material für einen sozialkritischen Film zu sammeln.

Orson Welles
Citizen Kane
(Citizen Kane)
Der erste Film von Orson Welles, »Citizen Kane«, wird zugleich einer seiner berühmtesten, obwohl er wegen der schlechten Einspielergebnisse für die Produktionsgesellschaft RKO zum finanziellen Desaster wird. Welles und Koautor Herbert J. Mankiewicz erhalten einen Oscar für das beste Drehbuch des Jahres 1941. Auf völlig unkonventionelle Weise erzählt Welles die Geschichte des Pressezaren Charles Foster Kane (Orson Welles) in einer Mischung aus Anekdoten, Erinnerungen, nachgestellten Dokumentarszenen u. a. Der Film beginnt mit dem Tod des Pressekönigs, dessen letztes Wort »Rosebud« ist. Ein Reporter (William Alland) versucht, die Bedeutung dieses Worts herauszufinden. – Die Parallelen zwischen Kane und dem US-amerikanischen Verleger William Randolph Hearst führen zu einem Skandal, der Hearst-Konzern versucht vergeblich, die Aufführung des Films zu verhindern.

Sportereignisse und -rekorde des Jahres 1941

Die Aufstellung erfaßt Rekorde, Sieger und Meister in wichtigen Sportarten. Aufgenommen wurden nur solche Wettbewerbe, die in den vergangenen Jahren bereits regelmäßig ausgetragen worden sind oder ab 1941 kontinuierlich zu den Sportprogrammen gehören. Die Sportarten erscheinen in alphabetischer Reihenfolge.

Automobilsport

1941 keine Grand-Prix-Rennen und keine Rallyes

Langstreckenrennen

Kurs/Dauer (Datum)	Sieger (Land)	Marke	Ø km/h
Indianapolis/500 ms (30. 5.)	Floyd Davis (USA)/ Mauri Rose (USA)	Wetteroth-Offenhauser	185,262

Boxen/Schwergewicht

Ort/Datum	Weltmeister	Gegner	Ergebnis
New York/31. 1.	Joe Louis (USA)	Red Burman	K.o. 5. R.
Philadelphia/17. 2.	Joe Louis (USA)	Gus Dorazio	K.o. 2. R.
Detroit/21. 3.	Joe Louis (USA)	Abe Simon	K.o. 13. R.
St. Louis/8. 4.	Joe Louis (USA)	Tony Musto	K.o. 9. R.
Washington/23. 5.	Joe Louis (USA)	Buddy Baer	disq. 7. R.
New York/18. 6.	Joe Louis (USA)	Billy Conn	K.o. 13. R.
New York/29. 9.	Joe Louis (USA)	Lou Nova	K.o. 6. R.

Eiskunstlauf

Deutsche Meisterschaft	Herren (Essen)	Damen (Garmisch)
Einzel	Horst Faber (München)	Lydia Veicht (München)
Paarlauf (München, 25. 1.)	Ernst Baier (München)/Maxi Baier (Berlin)	

Fußball

Länderspiele	Ergebnis	Ort	Datum
Deutschland (+ 6/= 1/– 2)			
Deutschland–Schweiz	4:2	Stuttgart	09. 03.
Deutschland–Ungarn	7:0	Köln	06. 04.
Schweiz–Deutschland	2:1	Bern	20. 04.
Rumänien–Deutschland	1:4	Bukarest	01. 06.
Deutschland–Kroatien	5:1	Wien	15. 06.
Schweden–Deutschland	4:2	Stockholm	05. 10.
Finnland–Deutschland	0:6	Helsinki	05. 10.
Deutschland–Dänemark	1:1	Dresden	16. 11.
Deutschland–Slowakei	4:0	Breslau	07. 12.
Schweiz (+ 1/= 0/– 3)			
Deutschland–Schweiz	4:2	Stuttgart	09. 03.
Schweiz–Deutschland	2:1	Bern	20. 04.
Schweiz–Ungarn	1:2	Zürich	16. 11.
Spanien–Schweiz	3:2	Valencia	28. 12.

Landesmeister	
Deutschland	Rapid Wien–FC Schalke 04 4:3 (Berlin, 22. 6.)
Schweiz	FC Lugano
Belgien	SK Liersche
Dänemark	Frem Kopenhagen
England	nicht ausgetragen
Finnland	Abo TPS
Frankreich	Red Star Paris (besetzte Zone) Olympique Marseille (unbesetzte Zone)
Holland	Heracles Almelo
Italien	AC Bologna
Jugoslawien	nicht ausgetragen
Norwegen	nicht ausgetragen
Schottland	nicht ausgetragen
Schweden	IF Hälsingborg
Spanien	Atletico Aviación Madrid

Landespokal	
Deutschland	Dresdner SC–FC Schalke 04 2:1 (Berlin, 2. 11.)
Schweiz	Grashoppers Zürich–Servette Genf 2:0, 1:1 n. V.
England	nicht ausgetragen
Frankreich	AS Girondins Bordeaux
Holland	nicht ausgetragen
Italien	AC Venedig
Schottland	nicht ausgetragen
Schweden	IF Hälsingborg
Spanien	FC Valencia–Español Barcelona 3:1

Gewichtheben/Schwergewicht

Weltrekorde (Land)	Dreikampf	Drücken	Reißen	Stoßen
Steve Stanko (USA)	454,0	146,0		172,5
Reginald Walker (GBR)			135,0	

Leichtathletik

Deutsche Meisterschaften (Berlin, 19./20. 7.)

Disziplin	Sieger (Ort)	Leistung
Männer		
100 m	Jakob Scheuring (Stuttgart)	10,8
200 m	Jakob Scheuring (Stuttgart)	21,8
400 m	Fritz Ahrens (Berlin)	49,3
800 m	Rudolf Harbig (Braunschweig)	1:54,0
1500 m	Ludwig Kaindl (München)	3:55,2
5000 m	Hans Raff (Oberhausen)	14:39,8
10 000 m	Max Syring (Wittenberg)	31:00,1
110 m Hürden	Hans Zepernick (Berlin)	15,3
400 m Hürden	Helmut Fromme (Bad Tölz)	55,6
3000 m Hindernis	Rolf Seidenschnur (Kiel)	9:18,4
Marathon*	Wilhelm Borgsen (Frankfurt)	2:33:30,8
Mannschaft	BTSV 1850 Berlin	
4 × 100 m	Luftwaffen-SV Berlin	42,7
4 × 400 m	Luftwaffen-SV Berlin	3:17,5
Hochsprung	Hermann Nacke (Jena)	1,94
Stabhochsprung	Rudolf Glötzner (Weiden)	4,10
Weitsprung	Gerd Luther (Berlin)	7,20
Dreisprung	Friedrich Scheibe (Halle)	14,71
Kugelstoß	Hans Woellke (Berlin)	15,14
Diskuswurf	Johann Wotapek (Wien)	47,08
Hammerwurf	Karl Storch (Arolsen)	53,49
Speerwurf	Karl-Heinz Berg (Berlin)	69,36
Zehnkampf**	Fritz Müller (Hamburg)	6920
Frauen		
100 m	Ida Kühnel (München)	12,3
200 m	Dora Blask-Voigt (Berlin)	25,6
80 m Hürden	Liselotte Peter (Oppeln)	11,7
4 × 100 m	SC Charlottenburg Berlin	49,6
Hochsprung	Erika Eckelt (München)	1,54
Weitsprung	Christel Schulz (Münster)	5,90
Kugelstoß	Gisela Mauermayer (München)	12,94
Diskuswurf	Gisela Mauermeyer (München)	42,63
Speerwurf	Inge Plank (Nürnberg)	43,72
Fünfkampf**	Luise Krüger (Dresden)	341

* Berlin, 24. 8. ** Erfurt, 5./6. 7.

Weltrekorde (Stand 31. 12. 1941)

Disziplin	Name (Land)	Leistung	Datum	Ort
Männer				
100 m	Jesse Owens (USA)	10,2	20. 06. 1936	Chicago
200 m (Gerade)	Jesse Owens (USA)	20,3	25. 05. 1935	Ann Arbor
200 m (Kurve)	Jesse Owens (USA)	20,7	05. 08. 1936	Berlin
400 m	Rudolf Harbig (GER)	46,0	12. 08. 1939	Frankfurt
800 m	Rudolf Harbig (GER)	1:46,6	15. 07. 1939	Mailand
1500 m	Gunder Hägg (SWE)	3:47,6	10. 08. 1941	Stockholm
Meile	Sydney Wooderson (GBR)	4:06,4	28. 08. 1937	London
5000 m	Taisto Mäki (FIN)	14:08,8	16. 06. 1939	Helsinki
10 000 m	Taisto Mäki (FIN)	29:52,6	17. 09. 1939	Helsinki
110 m Hürden	Forrest Towns (USA)	13,7	27. 08. 1936	Oslo

Disziplin	Name (Land)	Leistung	Datum	Ort
400 m Hürden	Glenn Hardin (USA)	50,6	26.07.1934	Stockholm
3000 m Hindernis	Volmari Iso-Hollo (FIN)	9:03,8	08.08.1936	Berlin
4 × 100 m	USA	39,8	09.08.1936	Berlin
4 × 400 m	USA	3:08,2	07.08.1932	Los Angeles
Hochsprung	Lester Steers (USA)	2,11	17.06.1941	Los Angeles
Stabhochsprung	Cornelius Warmerdam (USA)	4,72	06.06.1941	Compton
Weitsprung	Jesse Owens (USA)	8,13	25.05.1935	Ann Arbor
Dreisprung	Naoto Tagima (JAP)	16,00	06.08.1936	Berlin
Kugelstoßen	Jack Torrance (USA)	17,40	05.08.1934	Oslo
Diskuswurf	Adolfo Consolini (ITA)	53,34	26.10.1941	Mailand
Hammerwurf	Erwin Blask (GER)	59,00	27.08.1938	Stockholm
Speerwurf	Yrjö Nikkanen (FIN)	78,70	16.10.1938	Kotka
Zehnkampf	Glenn Morris (USA)	7421	7./8.8.1936	Berlin
Frauen				
100 m	Stanislawa Walasiewicz (POL)	11,6	01.08.1937	Berlin
200 m	Stanislawa Walasiewicz (POL)	23,6	15.08.1935	Warschau
400 m*	Nellie Halstead (GBR)	56,8	09.07.1932	London
800 m	Lina Radke-Batschauer (GER)	2:16,8	02.08.1928	Amsterdam
1500 m*	Jewdokija Wassilewa (SOV)	4:45,2	13.09.1937	Moskau
80 m Hürden	Claudia Testoni (ITA)	11,3	23.07.1939	Garmisch
4 × 100 m	Deutschland	46,4	08.08.1936	Berlin
Hochsprung	Dorothy Tyler-Odam (GBR)	1,66	29.05.1939	Brentwood
Weitsprung	Christel Schulz (GER)	6,12	30.07.1939	Berlin
Kugelstoßen	Gisela Mauermayer (GER)	14,38	15.07.1934	Warschau
Diskuswurf	Gisela Mauermayer (GER)	48,31	11.07.1936	Dresden
Speerwurf	Nan Gindele (USA)	46,74	18.06.1932	Chicago
Fünfkampf	Gisela Mauermayer (GER)	3921	16./17.7.38	Stuttgart

* inoffiziell, offiziell nicht anerkannt

Deutsche Rekorde (Stand: 31. 12. 1941)

Disziplin	Name (Ort)	Leistung	Datum	Ort
Männer				
100 m	Arthur Jonath (Bochum)	10,3	05.06.1932	Bochum
200 m	Helmut Körnig (Berlin)	20,9	19.08.1928	Berlin
400 m	Rudolf Harbig (Dresden)	46,0	12.08.1939	Frankfurt
800 m	Rudolf Harbig (Dresden)	1:46,6	15.07.1939	Mailand
1000 m	Rudolf Harbig (Dresden)	2:21,5	24.04.1941	Dresden
1500 m	Ludwig Kaindl (München)	3:50,2	20.08.1939	Köln
3000 m	Friedrich Schaumburg (Berlin)	8:17,2	16.09.1936	Stockholm
5000 m	Hermann Eberlein (München)	14:27,2	09.07.1939	Berlin
10 000 m	Max Syring (Wittenberg)	30:06,6	13.07.1940	Jena
110 m Hürden	Erwin Wegner (Berlin)	14,5	02.07.1935	Weißenfels
400 m Hürden	Friedr.-Wilh. Hölling (Breslau)	51,6	09.07.1939	Berlin
4 × 100 m	Nationalstaffel	40,1	29.07.1939	Berlin
	SC Charlottenburg	40,8	22.07.1929	Breslau
4 × 400 m	Nationalstaffel	3:11,8	09.08.1936	Berlin
	Luftwaffen-SV Berlin	3:15,0	20.08.1939	Görlitz
Hochsprung	Gustav Weinkötz (Köln)	2,00	01.08.1937	München
Stabhochsprung	Rudolf Glötzner (Weiden)	4,14	16.08.1939	Duisburg
Weitsprung	Luz Long (Leipzig)	7,90	01.08.1937	Berlin
Dreisprung	Heinz Wollner (Leipzig)	15,27	06.08.1936	Berlin
Kugelstoßen	Heinrich Trippe (Berlin)	16,60	14.09.1941	Turin
Diskuswurf	Willy Schröder (Magdeburg)	53,10	28.04.1935	Magdeburg
Hammerwurf	Erwin Blask (Berlin)	59,00	27.08.1938	Stockholm
Speerwurf	Gerhard Stöck (Berlin)	73,96	25.08.1935	Berlin
Zehnkampf	Hans-Heinr. Sievert (Hamburg)	8790,46	7./8.7.1934	Hamburg
Frauen				
100 m	Käthe Krauß (Dresden)	11,8	04.08.1935	Berlin
	Marie Dollinger (Nürnberg)	11,8	04.08.1935	Berlin
200 m	Käthe Krauß (Dresden)	24,4	16.09.1938	Wien
800 m	Lina Radke-Batschauer (Breslau)	2:16,8	02.08.1928	Breslau
80 m Hürden	Erika Biess (Berlin)	11,4	28.07.1940	Parma
4 × 100 m	Nationalstaffel	46,4	08.08.1936	Berlin
	SC Charlottenburg	48,1	18.06.1936	Berlin
Hochsprung	Feodora zu Solms (Wünsdorf)	1,64	18.09.1938	Wien
Weitsprung	Christel Schulz (Münster)	6,12	30.07.1939	Berlin
Kugelstoßen	Gisela Mauermayer (München)	14,38	15.07.1934	Warschau
Diskuswurf	Gisela Mauermayer (München)	48,31	11.07.1936	Berlin
Speerwurf	Luise Krüger (Dresden)	46,27	13.08.1939	Dresden
Fünfkampf	Gisela Mauermayer (München)	418	16./17.7.38	Stuttgart

Pferdesport

Disziplin/Turnier	Sieger (Land)	Pferd (Gestüt)	Tag
Galopprennen			
Deutsches Derby	Gerhard Streit (GER)	Magnat (Schlenderhan)	
Trabrennen			
Deutsches Derby	Johannes Frömming (GER)	Alwa (Boock)	

Radsport

Disziplin	Plazierung, Name (Land)	Zeit
Straßenweltmeisterschaft	1941 nicht ausgetragen	
Rundfahrten (Etappen)		
Tour de France	1941 nicht ausgetragen	
Giro d'Italia	1941 nicht ausgetragen	
Tour de Suisse (3)	1. Josef Wagner (SUI)	16:59:19
Länge: 606 km	2. Werner Buchwalder (SUI)	16:59:19
Datum: 23./24.8.	3. Ferdi Kübler (SUI)	17:11:01

Schwimmen

Deutsche Meisterschaften (Wien, 12./13. 7.)

Disziplin	Sieger (Ort)	Leistung
Männer		
Freistil 100 m	Werner Plath (Berlin)	1:02,3
Freistil 200 m	Werner Plath (Berlin)	2:18,3
Freistil 400 m	Werner Plath (Berlin)	5:02,0
Freistil 1500 m	Werner Plath (Berlin)	20:20,5
Freistil 4 × 100 m	Nikar Heidelberg	4:25,5
Freistil 4 × 200 m	Hellas Magdeburg	10:05,9
Brust 200 m	Joachim Balke (Kiel)	2:45,0
Brust 4 × 200 m	Bremischer SV	11:55,6
Rücken 100 m	Kurt Gerstenberg (Magdeburg)	1:10,1
Lagenstaffel	Bremischer SV	5:06,9
Kunstspringen	Hanns Aderhold (Berlin)	143,20
Turmspringen	H. Kitzig (Berlin)	132,13
Wasserball	SV Duisburg 98	
Frauen		
Freistil 100 m	Ursula Pollack (Spandau)	1:10,5
Freistil 400 m	Hannelore Thaller (Wien)	5:50,0
Freistil 3 × 100 m	Düsseldorf 1898	3:46,7
Brust 200 m	Ingrid Schmidt (Eimsbüttel)	3:00,0
Brust 3 × 200 m	Undine Mönchengladbach	9:41,5
Rücken 100 m	Lisl Weber (Bayreuth)	1:19,9
Lagenstaffel	ASV Breslau	5:49,6
Kunstspringen	Gerda Daumerlang (Nürnberg)	102,80
Turmspringen	Olga Eckstein (Erkenschwick)	64,02

Weltrekorde (Stand: 31. 12. 1941)

Disziplin	Name (Land)	Leistung	Datum	Ort
Männer				
Freistil 100 m	Peter Fick (USA)	56,4	11.02.1936	Newhaven
Freistil 200 m	Jack Medica (USA)	2:07,2	12.04.1935	Chicago
Freistil 400 m	William Smith (USA)	4:38,5	13.05.1941	Honolulu
Freistil 800 m	William Smith (USA)	9:50,9	24.07.1941	Honolulu
Freistil 1500 m	Tomikatsu Amano (JAP)	18:58,8	10.08.1938	Tokio
Freistil 4 × 100 m	USA	3:54,4	08.03.1940	Newhaven
Freistil 4 × 200 m	Japan	8:51,5	11.08.1936	Berlin
Brust 100 m	Dick Hough (USA)	1:07,3	15.04.1939	Newhaven
Brust 200 m	Alfred Nakache (FRA)	2:36,8	06.07.1941	Marseille
Rücken 100 m	Adolphe Kiefer (USA)	1:04,8	18.01.1936	Detroit
Rücken 200 m	Adolphe Kiefer (USA)	2:23,0	23.05.1941	Honolulu
Frauen				
Freistil 100 m	Willie den Ouden (HOL)	1:04,6	27.02.1936	Amsterdam
Freistil 200 m	Ragnhild Hveger (DAN)	2:21,7	11.09.1938	Aarhus
Freistil 400 m	Ragnhild Hveger (DAN)	5:00,1	15.09.1940	Kopenhagen

Disziplin	Name (Land)	Leistung	Datum	Ort
Freistil 800 m	Ragnhild Hveger (DAN)	10:52,5	13.08.1941	Kopenhagen
Freistil 1500 m	Ragnhild Hveger (DAN)	20:57,0	20.08.1941	Kopenhagen
Freistil 4 × 100 m	Dänemark	4:27,6	08.02.1938	Kopenhagen
Brust 100 m	Hanni Hölzner (GER)	1:20,2	13.03.1936	Plauen
Brust 200 m	Anni Kappell (GER)	2:55,5	19.03.1941	Düsseldorf
Rücken 100 m	Cornelia Kint (HOL)	1:10,9	22.09.1939	Rotterdam
Rücken 200 m	Cornelia Kint (HOL)	2:38,8	29.11.1939	Rotterdam

Deutsche Rekorde (Stand: 31. 12. 1941)

Disziplin	Name (Ort)	Leistung	Datum	Ort
Männer				
Freistil 100 m	Helmut Fischer (Bermen)	56,8	26.04.1936	Berlin
Freistil 200 m	Werner Plath (Berlin)	2:12,6	27.02.1937	Berlin
Freistil 400 m	Werner Plath (Berlin)	4:47,6	26.03.1939	Bremen
Freistil 800 m	Werner Plath (Berlin)	10:21,7	21.07.1940	Budapest
Freistil 1500 m	Heinz Arendt (Berlin)	19:50,7	11.07.1937	Berlin
Freistil 4 × 100 m	Bremischer SV	4:03,4	26.10.1935	Norderney
Freistil 4 × 200 m	Bremischer SV	9:16,4	27.10.1935	Norderney
Brust 100 m	Joachim Balke (Bremen)	1:09,5	13.11.1938	Bremen
Brust 200 m	Joachim Balke (Bremen)	2:37,4	25.03.1939	Bremen
Rücken 100 m	Heinz Schlauch (Erfurt)	1:06,8	06.02.1938	Duisburg
Rücken 200 m	Heinz Schlauch (Erfurt)	2:29,8	08.02.1938	Kopenhagen
Frauen				
Freistil 100 m	Gisela Arendt (Berlin)	1:06,6	10.08.1936	Berlin
Freistil 200 m	Gisela Arendt (Berlin)	2:35,3	29.08.1937	Gera
Freistil 400 m	Inge Schmitz (Spandau)	5:41,4	28.07.1938	Breslau
Freistil 800 m	Ruth Halbsguth (Berlin)	12:16,2	05.09.1937	Berlin
Freistil 1500 m	Wera Schäferkordt (Düsseldorf)	23:29,4	11.08.1940	Düsseldorf
Freistil 4 × 100 m	Nixe Charlottenburg	4:56,0	30.08.1936	Berlin
Brust 100 m	Hanni Hölzner (Plauen)	1:20,2	13.03.1936	Plauen
Brust 200 m	Anni Kappell (Mönchengladbach)	2:55,5	19.03.1941	Düsseldorf
Rücken 100 m	Lisl Weber (Bayreuth)	1:15,7	01.02.1941	Bayreuth
Rücken 200 m	Lisl Weber (Bayreuth)	2:52,9	16.11.1940	Leipzig

Ski alpin

Disziplin	Herren	Damen
Deutsche Meister		
Abfahrt	Albert Pfeifer	Hilde Doleschell Rosmarie Proxauf
Slalom	Rudi Cranz	Christl Cranz
Kombination	Rudi Cranz	Christl Cranz
Schweizer Meister		
Abfahrt	Gerhard Olinger	Clara Bertsch
Slalom	Rudolf Rominger	Elvira Osirnig
Kombination	nicht ermittelt	Verena Fuchs

Tennis

Meisterschaften	Ort
Wimbledon	1941 nicht ausgetragen
French Open	1941 nicht ausgetragen
US Open	Forest Hills (Einzel) Chestnut Hill (Doppel)
Australian Open	1941 nicht ausgetragen
Int. Deutsche	1941 nicht ausgetragen
Daviscup-Endspiel	1941 nicht ausgetragen

Turnier	Sieger (Land) – Finalgegner (Land)	Ergebnis
US Open		
Herren	Bobby Riggs (USA) – Frank Kovacs (USA)	5:7, 6:1, 6:3, 6:3
Damen	Sarah Palfrey-Cooke (USA) – Pauline Betz (USA)	7:5, 6:2
Herren-Doppel	Jack Kramer (USA)/ Fred Schroeder (USA) – Gardner Mulloy (USA)/ Bill Sabin (USA)	9:7, 6:4, 6:2
Damen-Doppel	Sarah Palfrey-Fabyan (USA)/ Margaret Osborne (USA) – Dorothy Bundy (USA)/ Pauline Betz (USA)	3:6, 6:1, 6:4
Mixed	Jack Kramer (USA)/ Sarah Palfrey-Fabyan (USA) – Bill Riggs (USA)/ Pauline Betz (USA)	4:6, 6:4, 6:4

Abkürzungen zu den Sportseiten

AFG	Afghanistan
ARG	Argentinien
AUS	Australien
AUT	Österreich
BEL	Belgien
BOL	Bolivien
BRA	Brasilien
BUL	Bulgarien
CAN	Kanada
CHI	Chile
CHN	China
COL	Kolumbien
COS	Costa Rica
ČSR	Tschechoslowakei
CUB	Kuba
DAN	Dänemark
DOM	Dominikanische Republik
ECU	Ecuador
EGY	Ägypten
ETH	Äthiopien
FIN	Finnland
FRA	Frankreich
GBR	Großbritannien
GER	Deutschland
GRE	Griechenland
GUA	Guatemala
HAI	Haiti
HOL	Niederlande
HON	Honduras
IND	Indien
IRK	Irak
IRL	Irland
ISL	Island
ITA	Italien
JAP	Japan
LIB	Libanon
LIE	Liechtenstein
LUX	Luxemburg
MCO	Monaco
MEX	Mexiko
MON	Mongolei
NIC	Nicaragua
NOR	Norwegen
NSE	Neuseeland
PAN	Panama
PAR	Paraguay
PER	Peru
PHI	Philippinen
POL	Polen
POR	Portugal
PUR	Puerto Rico
RUM	Rumänien
SAF	Südafrika
SAL	El Salvador
SAN	San Marino
SIN	Singapur
SPA	Spanien
SUI	Schweiz
SWE	Schweden
THA	Thailand
TUN	Tunesien
TUR	Türkei
UNG	Ungarn
URS	Sowjetunion
URU	Uruguay
USA	Vereinigte Staaten von Amerika
VEN	Venezuela
YUG	Jugoslawien

Nekrolog 1941

Bekannte Persönlichkeiten aus allen Bereichen des gesellschaftlichen Lebens, die im Jahr 1941 gestorben sind, werden – alphabetisch geordnet – in Kurzbiographien dargestellt.

Leopold Adametz

österreichischer Tierzucht- und Vererbungsforscher (* 11. 11. 1861, Brünn), stirbt am 27. Januar 1941 in Berlin.
Adametz, von 1898 bis 1934 Professor an der Hochschule für Bodenkultur in Wien, erforschte die Abstammung von Rindern u. a. Haustieren.

Guido Adler

österreichischer Musikforscher (* 1. 11. 1855, Eibenschitz/Mähren [Ivančice]), stirbt am 15. Februar 1941 in Wien.
Adler veröffentlichte die grundlegenden Werke »Der Stil in der Musik« (1911) und »Methode der Musikgeschichte« (1919). Er gab von 1894 bis 1938 die »Denkmäler der Tonkunst in Österreich« und 1924 das »Handbuch der Musikgeschichte« heraus.

Alexandr Nikolajewitsch Afinogenow

sowjetischer Dramatiker (* 4. 4. 1904, Skopin/Gouvernement Rjasan), stirbt am 29. Oktober 1941 in Moskau bei einem Luftangriff.
Afinogenow war von 1927 bis 1929 Leiter der literarischen Abteilung des ersten Moskauer Arbeitertheaters, des »Proletkult«. Er schrieb 26 Dramen, von denen jedoch nur ein Teil im Druck erschien. Zu den bekanntesten zählen »Angst« (1931) und »Bahnstation Dalëkoe« (1935).

Luigi Albertini

italienischer Publizist und Politiker (* 19. 10. 1871, Ancona), stirbt am 29. Dezember 1941 in Rom.
Unter Albertinis Leitung (1900–1925) wurde der »Corriere della Serra« zu einer der führenden liberalen Zeitungen in Europa.

Alfons XIII.

König von Spanien von 1886 bzw. 1902 bis 1931 bzw. 1941 (* 17. 5. 1886, Madrid), stirbt am 28. Februar 1941 im Exil in Rom.
Bis 1902 übt seine Mutter, Maria Christina von Österreich, die Regentschaft aus. Die Regierungszeit Alfons' XIII. war durch den Zerfall des spanischen Kolonialreichs und das Ende der Monarchie gekennzeichnet. Nach der Niederlage im spanisch-amerikanischen Krieg erkannte Spanien die Unabhängigkeit Kubas an und verlor fast seine gesamten Kolonien, außer Kuba noch Puerto Rico und die Philippinen. 1923 putschte General Miguel Primo de Rivera, der Generalkapitän von Katalonien, mit Wissen des Königs gegen die spanische Regierung und errichtete eine Militärdiktatur. Der König entließ 1930 unter dem Druck der Öffentlichkeit General Miguel Primo de Rivera als Ministerpräsidenten, Spanien wurde wieder konstitutionelle Monarchie, die politischen Parteien konnten erneut aktiv werden. Im Pakt von San Sebastián schlossen sich im selben Jahr bürgerliche und sozialistische Parteien zusammen. Ihr Ziel war der Sturz der spanischen Monarchie und die Errichtung der Republik. Am 14. April 1931 wurde in einigen Städten die Zweite Republik ausgerufen, König Alfons XIII. verließ Spanien ohne formelle Abdankung. 1936 unterstützte er den Aufstand der Falangisten gegen die Republik. 1941 dankte er zugunsten seines Sohnes Juan ab.

Sherwood Anderson

US-amerikanischer Schriftsteller (* 13. 9. 1876, Camden/Ohio), stirbt am 8. März 1941 in Colón in Panama.
In den 23 Kurzgeschichten des Zyklus »Winesburg, Ohio« (1919), mit dem Anderson bekannt wurde, werden Personen eines fiktiven Dorfes in Ohio geschildert: Ein fanatisch-religiöser Farmer, ein gestikulierender Lehrer, ein voyeuristischer Reverend usw. »Es waren die Wahrheiten, die diese Menschen zu grotesken Figuren machten«, heißt es in der einleitenden Parabel. Auch andere Romane und Erzählungen sind geprägt vom Glauben des Autors an die erlösende Kraft der Sexualität und an das Naturhaft-Animalische im Leben (»Der arme Weiße«, 1920, »Dunkles Lachen«, 1925).

Herbert Austin

britischer Industrieller und konservativer Politiker (* 8. 11. 1866, Little Missenden/Buckingham), stirbt am 23. Mai 1941 in Lickey Grange bei Bromsgrove in Worcester.
Austin baute 1895 das erste dreirädrige Wolseley-Automobil und gründete 1906 die Automobilfabrik Austin Motor Company.

Issaak Jemmanuilowitsch Babel

sowjetischer Schriftsteller (* 13. 7. 1894, Odessa), wird vermutlich am 17. März 1941 im Zuge der stalinistischen Säuberungen hingerichtet.
Mit einem Schlag im In- und Ausland bekannt wurde der frühere Rotarmist Babel mit seinen unter dem Titel »Budjonnys Reiterarmee« (1926) erschienenen 30 Erzählungen über seine Erlebnisse in der Reiterarmee des legendären Sowjetmarschalls Semjon M. Budjonny, der während des Bürgerkriegs von 1919 bis 1921 als »Roter« erfolgreich gegen die konterrevolutionären »Weißen« in Polen kämpfte. Babels kurze, in ihrer Pointierung an den Vorbildern Guy de Maupassant und Gustave Flaubert geschulten Erzählungen vermitteln ein realistisches, erschütterndes Bild des Bürgerkriegs bei gleichzeitig lyrischem, bisweilen sogar ornamentalem Stil. In seinen »Geschichten aus Odessa« (1931) thematisiert Babel das Leben der Juden im vorrevolutionären Rußland.

Robert Stephenson Smyth, Baron Baden-Powell

britischer General (* 22. 2. 1857, London), stirbt am 4. Januar 1941 in Nyeri in Kenia.
Baden-Powell gründete 1907/08 die Jugendorganisation der Boy-Scouts, die zunächst stark militärpädagogisch ausgerichtet war und sich bald zu einer internationalen Jugendbewegung (Pfadfinder) entwickelte.

Frederick Grant Banting

kanadischer Physiologe (* 14. 11. 1891, Alliston/Ontario), kommt am 21. Februar 1941 bei einem Flugzeugabsturz in Musgrave Harbour in Neufundland ums Leben.
Banting entdeckte 1921 mit Charles Herbert Best das Insulin. 1923 erhielt er hierfür den Nobelpreis für Physiologie oder Medizin, zusammen mit John Macleod.

Henri Bergson

französischer Philosoph, Literaturnobelpreisträger 1927 (* 18. 10. 1859, Paris), stirbt am 4. Januar 1941 in Paris.
Bergson, Literaturnobelpreisträger 1927 »in Anerkennung des Reichtums und der Fruchtbarkeit seiner Ideen und der glänzenden Form, in der sie vorgetragen werden«, deutete in der Abhandlung »Die schöpferische Entwicklung« (1907), die als sein Hauptwerk gilt, das Leben als einen schöpferischen Prozeß mit immer neuen, differenzierten Formen. – Das Werk erreichte dank seiner bestechenden Formulierung einen breiten Leserkreis und hatte großen Einfluß auf die französische Literatur des frühen 20. Jahrhunderts.
Bergson wurde 1900 Professor für Philosophie am Collège de France und 1914 Mitglied der Académie française. Als Vorsitzender der Völkerbundkommission für geistige Zusammenarbeit förderte er nach dem Ersten Weltkrieg den internationalen wissenschaftlichen Austausch. Seine antirationalistischen Ideen beeinflußten nicht nur die französische Philosophie, sondern die literarischen und geistigen Strömungen Europas bis hin zum Existentialismus. Bergson ist der Begründer einer Lebensphilosophie, die sich gegen den biologistischen Mechanismus wendet und die »instinktive Intuition« verteidigt.
In der Essaysammlung »Das Lachen« (1900) untersuchte er die Bedeutung des Komischen. Mechanismen, Automatisierungen, Konventionen u. a. Erstarrungen des praktischen Lebens, die in Gegensatz zum wirklichen Leben geraten sind, das ständig in Bewegung ist, bewirken danach den Effekt des Komischen. – »Das Lachen« zählt zu den Meisterwerken der französischen Essayistik und wurde eine der am häufigsten neu aufgelegten Aufsatzsammlungen der französischen Literatur.

Émile Bernard

französischer Maler, Grafiker und Kunstkritiker (* 28. 4. 1868, Lille), stirbt am 16. April 1941 in Paris.
Bernard machte 1886 die Bekanntschaft Vincent van Goghs und Paul Gauguins, mit dem er in der Folgezeit in Pont-Aven zusammenarbeitete und die Methode des Cloisonnismus bzw. Synthetismus entwickelte, dessen Wesensmerkmal die Verwendung farbentrennender Konturen ist. Sein berühmtestes Gemälde ist »Das Begräbnis Vincent van Goghs« (1893). Als Kritiker war Bernard einer der ersten, die auf van Gogh und Paul Cézanne hinwiesen.

Karin Maria Boye

schwedische Schriftstellerin (* 26. 10. 1900, Göteborg), scheidet am 24. April 1941 in Alingsäs durch Freitod aus dem Leben.
Karin Maria Boye, Gründerin der psychoanalytischen Zeitschrift »Spektrum« (1931), verfaßte symbolhafte Gedichte, in denen vor allem der Gegensatz zwischen Idee und Realität, Konvention und intensivem Leben, Pflicht und Neigung zum Thema gemacht wird (»Um des Baumes willen«, 1935). Unter dem Eindruck der totalitären Systeme im Deutschen Reich, in Italien und der Sowjetunion schrieb sie den Roman »Kallocain« (1940), in dem sie das Bild eines solchen Staats in seiner Vollendung zeichnet.

Louis Chevrolet

US-amerikanischer Autorennfahrer und Automobilkonstrukteur (* 1878/79, La Chaux-de-Fonds/Schweiz), stirbt am 6. Juni 1941 in Detroit.
Chevrolet wanderte 1900 in die USA aus und stellte ab 1905 Rekorde auf allen wichtigen Automobilrennstrecken der Vereinigten Staaten auf. 1911 baute er mit William Crapo Durant den ersten Wagen vom Typ Chevrolet, verkaufte seine Anteile an der Firma jedoch 1915 an Durant. 1917 wurde die Chevrolet Motor Co. eine Abteilung der General Motors Corp. und stieg in der Folgezeit zu einem der führenden Automobil-Unternehmen der Welt auf.

Robert Delaunay

französischer Maler (* 12. 4. 1885, Paris), stirbt am 25. Oktober 1941 in Montpellier.
Delaunay wurde bekannt durch kubistische »Eiffelturm«-Serien (1909 ff.), deren Farbflächen er in gleichmäßige Quadrate zerlegte. Dieser »Farbkubismus« wurde 1912 von Guillaume Apollinaire als Orphismus bezeichnet. Weitere bekannte Serien sind Delaunays »Fenster« (1912/13) und seine »Sonnenscheiben« (1912 ff.). Ab 1911 stand Robert Delaunay auch mit den Malern der deutschen Künstlervereinigung »Blauer Reiter« in Verbindung.

Hans Driesch

deutscher Biologe und Philosoph (* 28. 10. 1867, Bad Kreuznach), stirbt am 16. April 1941 in Leipzig.
Driesch, Professor der Philosophie in Heidelberg, Köln und Leipzig, war ein Vertreter des sog. Neovitalismus, demzufolge das Handeln der Individuen ein rein organisches, biologisches Problem ist: jede Handlung geschieht aufgrund chemisch-physikalischer Reize und ist dar-

über hinaus bedingt durch die im Menschen »angesammelte« Erfahrung (»Der Vitalismus als Geschichte und als Lehre«, 1905, »Philosophie des Organischen«, 1908). Driesch kämpfte außerdem für die Anerkennung der Parapsychologie (»Parapsychologie«, 1932). – 1947 wird in Regensburg die Hans-Driesch-Gesellschaft für Philosophie und Parapsychologie gegründet.

Louis Michel Eilshemius

US-amerikanischer Maler (*4. 2. 1864, Arlington/New Jersey), stirbt am 29. Dezember 1941 in New York.
Nach symbolistischen Anfängen malte Eilshemius ab etwa der Jahrhundertwende visionär-surreale Ereignisse – Nymphen, in offener Landschaft schwebende Frauengestalten – in starker Expressivität (»Nachmittagswind«, 1899, »Eifersucht«, 1915).

Josef Engelhart

österreichischer Maler, Grafiker und Bildhauer (*19. 8. 1864, Wien), stirbt am 19. Dezember 1941 in Wien.
Engelhart, Mitbegründer der Wiener Secession, trat um die Jahrhundertwende als Maler vor allem des Wiener Volkslebens hervor. Ab 1903 schuf er Plastiken, Porträtbüsten, Denkmäler und Brunnen.

Karl Fischer

deutscher Wandervogelführer (*21. 3. 1881, Berlin), stirbt am 13. Juni 1941 in Berlin.
Fischer gründete 1901 in Steglitz (Berlin) den »Wandervogel, Ausschuß für Schülerfahrten«. Die Bewegung richtete sich vor allem an die Großstadtjugend, die an ein einfaches Leben in der Natur herangeführt werden sollte. Als Ideale galten die Erfahrung in der Gruppe, Toleranz, Kameradschaft und internationale Verständigung. Nach einer Abspaltung gründete Fischer 1904 den »Altwandervogel«. 1906 trat er aus der Bewegung aus.

James George Frazer

britischer Ethnologe (*1. 1. 1854, Glasgow), stirbt am 7. Mai 1941 in Cambridge.
Frazer veröffentlichte 1890 in zwei Bänden das ethnologisch-soziologisch-religionswissenschaftlich orientierte Werk »Der Goldene Zweig. Das Geheimnis von Glauben und Sitten der Völker«, das bis 1936 auf 13 Bände erweitert wurde. Diese monumentale, vorwissenschaftliche Darstellung übte einen bedeutenden Einfluß auf die zeitgenössische Meinungsbildung und auch auf die Forschung aus. Frazer analysiert hier das rituelle und tabuverhaftete Verhalten der Menschen in der Antike und in den sog. primitiven Kulturen der Vergangenheit und der Gegenwart (Tötungsriten, Opferfeuer, Karnevalssitten, Fruchtbarkeitszauber usw.). Frazer ging von der These aus, daß Magie und Religion Ersatzkonzepte für fehlendes Tatsachenwissen waren.

Joachim Gottschalk

deutscher Schauspieler (*10. 4. 1904, Calau/Niederlausitz), scheidet am 6. November 1941 mit seiner Frau und deren Sohn in Berlin aus dem Leben.
Gottschalk fand seit Beginn des Zweiten Weltkriegs kaum noch Beschäftigung, weil er mit einer Jüdin verheiratet war. Als Hans Hinkel, der Staatskommissar für die preußischen Bühnen, ihn 1941 aufforderte, sich scheiden zu lassen, wählte er mit seiner Familie den Freitod. Obwohl das Reichspresseamt jede Erwähnung des Todes von Gottschalk in den deutschen Zeitungen unterband und das Reichspropagandaministerium ein Verbot erließ, das die Teilnahme an der Beisetzung untersagte, fügten sich zahlreiche Kollegen Gottschalks nicht, so Brigitte Horney, René Deltgen und Gustav Knuth.

Franz Gürtner

deutscher Jurist und Politiker (*26. 8. 1881, Regensburg) stirbt am 29. Januar 1941 in Berlin.
Nach der Teilnahme am Ersten Weltkrieg und dem Jurastudium wurde Gürtner am 4. August 1922 bayerischer Justizminister. Als Mitglied der deutschnationalen Bayerischen Mittelpartei sympathisierte Gürtner mit den Nationalsozialisten und sorgte dafür, daß Adolf Hitler nach seinem Putschversuch 1923 nicht zu hart bestraft wurde. Am 1. Juni 1932 trat er als Justizminister in das Kabinett von Reichskanzler Franz von Papen ein. Er behielt dieses Amt unter der Kanzlerschaft von Kurt von Schleicher und Adolf Hitler. Ohne Mitglied der NSDAP zu sein setzte Gürtner die Gleichschaltung des Justizwesens durch. Er verfügte nur über wenig Einfluß in der Regierung Hitlers, der ihn als bürgerlich-konservatives Aushängeschild für sein Regime benutzte.

Rudolf Hilferding

deutsch-österreichischer Sozialwissenschaftler, SPD-Politiker und Publizist (*10. 8. 1877, Wien), stirbt am 11. Februar 1941 in Paris nach einem Selbstmordversuch in Gestapohaft.
Hilferding, der von 1907 bis 1916 Redakteur des deutschen SPD-Parteiorgans »Vorwärts« war und zahlreiche theoretische Schriften zum Austromarxismus verfaßte, wurde 1922 Mitglied des SPD-Parteivorstands und war 1923 unter Gustav Stresemann und 1928/29 unter Hermann Müller Reichsfinanzminister. Nach seiner Emigration war er ab 1933 im Exilvorstand der SPD tätig.

Charles Léon Clément Huntziger

französischer General und Politiker (*25. 6. 1880, Lesneven/Bretagne) stirbt am 12. November 1941 bei einem Flugzeugabsturz in der Nähe von Le Vigan (Gard).
Huntzigers militärische Laufbahn begann bei der französischen Kolonialinfanterie. 1934 bis 1938 war er Oberbefehlshaber der französischen Truppen in Syrien. 1938 wurde er in den Obersten Kriegsrat Frankreichs berufen, und im September 1939 übernahm er den Oberbefehl über die 2. französische Armee. Nach der französischen Niederlage gegen die deutschen Invasionstruppen leitete Huntziger die französische Delegation beim Abschluß des Waffenstillstandes am 22. Juni 1940 in Compiègne. Philippe Pétain, Staatschef in dem Teil Frankreichs, der nicht von deutschen Truppen besetzt ist, berief Huntziger am 6. September 1940 als Verteidigungsminister in seine Regierung. Am 11. August 1941 übernahm Huntziger das Ressort des Kriegsministers und am 29. August 1941 den Oberbefehl über die französischen Truppen in Nordafrika.

Alexei von Jawlensky

russischer Maler und Grafiker (*25. 3. 1864, Torschok/Gouvernement Twer), stirbt am 15. März 1941 in Wiesbaden.
Jawlensky ließ sich 1896 in München nieder, wo er 1909 mit Adolf Erbslöh, Alexander Kanoldt, Wassily Kandinsky, Marianne Werefkin u. a. die »Neue Künstlervereinigung München« gründete, die den Künstlern des »Blauen Reiter« nahestand. 1924 gründete er mit Kandinsky, Paul Klee und Lyonel Feininger die Ausstellungsgemeinschaft »Die blauen Vier«. Jawlensky begann mit Stilleben und Landschaften unter dem Einfluß Paul Cézannes, Vincent van Goghs und der Fauves. Nahezu einziges Bildthema war ab 1917 das menschliche Antlitz, losgelöst von jeder Porträthaftigkeit. In dessen Darstellung beschränkt sich Jawlensky meist auf wenige Farben mit elementaren Stimmungswerten.

James Joyce

irischer Dichter (*2. 2. 1882, Rathgar), stirbt am 13. Januar 1941 in Zürich.
Die in der Zeit von 1904 bis 1912 entstandenen 15 Erzählungen, die 1914 unter dem Titel »Dubliner« in London erschienen, waren das erste Prosawerk von Joyce. Bereits 1907 war als Erstlingswerk die Gedichtsammlung »Kammermusik« erschienen. Die »Dubliner« führen in das Milieu, in dem der Autor aufgewachsen ist: Das Klein- und mittlere Bürgertum der irischen Hauptstadt. Thema des Bandes ist »frustration« – Desillusionierung und Enttäuschung, unerfüllte Sehnsucht nach dem Leben, Auseinanderklaffen von Illusion und Realität. Bereits in diesem ersten Werk ist der innere Monolog ein wichtiges Mittel der Darstellung. In seinem ersten Roman, dem stark autobiographisch gefärbten Künstlerroman »Jugendbildnis« (1916), stellt der als Journalist und Sprachlehrer freiwillig im Exil in Zürich lebende Joyce die Entwicklung des hochsensiblen Jesuitenschülers Stephen Dedalus (Dädalus) dar, seine sexuellen Nöte und religiösen Zweifel, seine Bindung an das Animalische, das ihn zur Erde hinabzieht, obwohl er Dädalus sein möchte, der der Sonne entgegenfliegt. Dedalus befreit sich mit seinem »Ich will nicht dienen« aus den Zwängen von Schule und Familie sowie der Dubliner Enge und entscheidet sich für ein Leben als Künstler »in Exil, Schweigen und List«. Im inneren Monolog stellt sich das Geschehen ganz in der Bewußtseinsperspektive der Hauptfigur dar. Das Werk gilt als Markstein in der Geschichte der modernen Literatur.
1922 erschien der Roman »Ulysses«, in dem die Bewußtseinsvorgänge eines gewöhnlichen Menschen im Laufe eines einzigen Tages wiedergegeben werden. Der seit 1923 entstandene Roman »Finnegans Wake« (veröffentlicht 1939) gilt als eines der schwierigsten Werke der Weltliteratur. Eine einlinige Deutung dieses Romans, in dem der Autor versucht, »viele Erzählungsebenen zu einem einzigen künstlerischen Zweck aufzuschichten«, erscheint unmöglich. Als »Nachtbuch« ist »Finnegans Wake« das Pendant zum sog. »Tagbuch« »Ulysses« (1922). »Finnegans Wake« wird vielfach interpretiert als mythische Universallegende der Welt in einem träumenden Bewußtsein.

Hanns Kerrl

deutscher NS-Politiker (*11. 12. 1887, Fallersleben), stirbt am 14. Dezember 1941 in Berlin.
Kerrl wurde 1935 Chef des neugeschaffenen Reichsministeriums für Kirchliche Angelegenheiten. Er versuchte vergeblich, zwischen der Bekennenden Kirche und dem Staat zu vermitteln.

Wilhelm Kienzl

österreichischer Komponist (*17. 1. 1857, Waizenkirchen/Oberösterreich), stirbt am 3. Oktober 1941 in Wien.
Kienzl war ein Vertreter der spätromantischen Volksoper. Seine bekanntesten Opern sind »Der Evangelimann« (1895) und »Der Kuhreigen« (1911).

Maximilian Kolbe

polnischer Franziskanerkonventuale (*7. 1. 1894, Zduńska Wola), wird am 14. August 1941 im Konzentrationslager Auschwitz durch Phenolinjektion ermordet. An Stelle eines Familienvaters meldete sich Kolbe für den Todesbunker.
Kolbe war der Gründer der Apostolatsvereinigung »Militia Immaculatae«. 1982 wird er von Papst Johannes Paul II. heiliggesprochen.

Alexandros Koryzis

griechischer Ministerpräsident (*1885/1886), erschießt sich am 18. April in seiner Athener Wohnung.
Koryzis hatte am 29. Januar 1941 das Amt des Ministerpräsidenten nach dem Tod seines Vorgängers Ioannis Metaxas übernommen. Koryzis nimmt sich das Leben, als er erfährt, daß der Vormarsch der deutschen Truppen, die am 6. April 1941 sein Land überfallartig angegriffen hatten, nicht mehr aufzuhalten ist.

Max Kretzer

deutscher Schriftsteller (*7. 6. 1854, Posen), stirbt am 15. Juli 1941 in Berlin.
Kretzer zählt zu den frühesten Vertretern des Naturalismus in Deutschland. Mit der Behandlung des sozialen Elends im Milieu des Großstadtproletariats erschloß er dem deutschen Roman neue Stoffgebiete. Als sein bestes Werk gilt der Roman »Meister Timpe« (1888), in dem er den Verzweiflungskampf eines Berliner Handwerksmeisters gegen die kapitalistische Konkurrenz schildert.
»Die beiden Genossen« (1880) war der erste deutsche Roman, der die sozialistische Bewegung in den Mittelpunkt der Darstellung rückt. Weitere Romane sind »Die Betrogenen« (1882), »Die Verkommenen« (1883), »Das Gesicht Christi« (1896).

Emanuel Lasker
deutscher Mathematiker und Schachspieler (* 24. 12. 1868, Berlinchen bei Landsberg/Warthe), stirbt am 11. Januar 1941 in der Emigration in New York.
Lasker war von 1894 bis 1921 Schachweltmeister. 1926 veröffentlichte er sein »Lehrbuch des Schachspiels«.

El Lissitzky
eigentlich Lasar Markowitsch Lissizki, sowjetischer Maler, Grafiker und Architekt (* 22. 11. 1890, Potschinok/Gebiet Smolensk), stirbt am 30. Dezember 1941 in Moskau.
El Lissitzky zählt zu den Hauptvertretern der abstrakten Kunst. 1919/20 begründete er mit Kasimir S. Malewitsch den Suprematismus bzw. Konstruktivismus mit konsequent gegenstandslosen, geometrischen Kompositionen. Mit seinen »Prouns«, freien Kombinationen geometrischer Körper und Flächen verschiedenster Struktur und Farbe, versuchte er, neue architektonische Möglichkeiten anzudeuten. El Lissitzky übte bedeutenden Einfluß auch auf die Kunst in Westeuropa aus, u. a. auf das Bauhaus.

Oskar Loerke
deutscher Dichter (* 13. 3. 1884, Jungen bei Marienwerder), stirbt am 24. Februar 1941 in Berlin.
Mit »Der Wald der Welt« erschien 1936 der siebte und letzte Gedichtzyklus Loerkes. Die Texte spiegeln die Verunsicherung eines bürgerlichen Dichters wider, der von Kommunisten und Faschisten gleichermaßen angegriffen wurde. Obwohl 1933 von den Nationalsozialisten aus seinem Amt als Senator und Ständiger Sekretär der Sektion Dichtkunst in der Preußischen Akademie der Künste ausgeschlossen, lebte er weiter im Deutschen Reich, in der sog. inneren Emigration, einer neuen »Heimat«, die er »geistige Welt« nannte. Die Geschichte interpretierte er als Anhäufung von Gewalt und Leid, als »unerlöste Natur«, Zivilisation und Technik als menschenfeindliche Mächte, die dem Menschen von seinem natürlichen Ursprung, der Natur, entfernen und ihn verrohen und zum Egoisten werden lassen. Dieser »Unterwelt« der Vergänglichkeit mit ihrem »sinnlosen Tun« stellte Loerke die »Oberwelt« des unzerstörbaren Naturlebens und der Kunst entgegen. Anspielungen auf die Prügel- und Mordpraktiken der NS-Machthaber fehlen ebensowenig wie fast satirische Stellen über die Wirklichkeit unter dem Faschismus. Weitere Gedichtsammlungen: »Die heimliche Stadt« (1921), »Der längste Tag« (1926), »Pansmusik« (1929), »Der Silberdistelwald« (1934).

Ioannis Metaxas
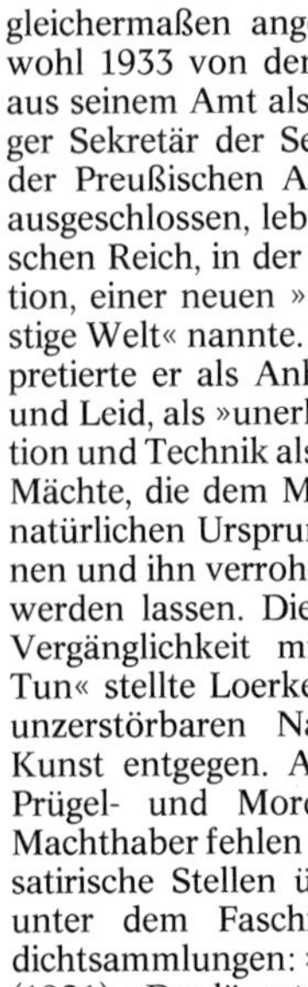
griechischer General und Politiker, Militärdiktator seit 1936 (* 12. 4. 1871, Ithaka), stirbt am 29. Januar 1941 in Athen.
Als Generalstabschef während des Ersten Weltkriegs unterstützte Metaxas zwischen 1915 und 1917 die Neutralitätspolitik von König Konstantin I. Nach der durch die Alliierten erzwungenen Abdankung des Königs 1917 ging er bis 1920 ins Exil, unternahm 1923 einen Putschversuch, der mißlang, und mußte erneut emigrieren. 1928 kehrte er zurück, bekleidete mehrmals Ministerämter, wurde im April 1936 Ministerpräsident und führte am 4. August 1936 durch einen Staatsstreich eine Militärdiktatur ein. Nach dem Angriff des faschistischen Italien auf Griechenland im Oktober 1940 wurde Metaxas zum Symbol für den griechischen Widerstand.

Georges Baron Minne
belgischer Bildhauer und Grafiker (* 30. 8. 1866, Gent), stirbt am 20. Februar 1941 in Sint-Martens-Latem.
Minne, der unter dem Einfluß Auguste Rodins begann, zählt zu den bedeutendsten Vertretern der Jugendstilplastik. Sein strenger Stil erinnert vielfach an Ernst Barlach. Seine überlängerten Figuren orientieren sich an der mittelalterlichen Plastik, vor allem dem Formempfinden der Gotik und ihrer Gebärdensprache. Grundlage für das Schaffen Minnes war eine gefühlsbetonte, religiöse Sicht des Menschen. Als seine Hauptwerke gelten Johannes der Täufer (1895), Der verlorene Sohn (1896), Stehender Jüngling mit dem Wasserschlauch (1897), Brunnen mit fünf knienden Knaben (1898).

Werner Mölders
deutscher Jagdflieger (* 18. 3. 1913, Gelsenkirchen), kommt am 22. November 1941 bei einem Flugzeugabsturz bei Breslau ums Leben.
Mölders wurde 1940 Kommandant des an der Ostfront erfolgreichen Jagdgeschwaders 51. 1941 wurde er zum Inspekteur der Jagdflieger ernannt.

Heinrich Nauen
deutscher Maler (* 1. 6. 1880, Krefeld), stirbt am 26. November 1941 in Kalkar.
Nauen war einer der Hauptvertreter des deutschen Expressionismus. In seinen Bildnissen, Stilleben, Landschaften und Figurenbildern kommt der Farbe eine starke Eigenwertigkeit zu.

Walther Nernst

deutscher Physiker, Chemienobelpreisträger 1920 (* 25. 6. 1864, Briesen = Wabrzeźno in der Woiwodschaft Bromberg), stirbt am 18. November 1941 auf Gut Ober-Zibelle bei Bad Muskau.
Nernst zählt zu den Begründern der physikalischen Chemie. Er befaßte sich vor allem mit elektrochemischen Phänomenen und mit der Wärmelehre im Bereich extremer Temperaturen. 1889 entwickelte er die Theorie der galvanischen Stromerzeugung und 1899 eine Theorie der elektrischen Nervenreizung. Für seine thermochemischen Arbeiten erhielt er 1920 den Chemienobelpreis.

Ignacy Jan Paderewski
polnischer Pianist, Komponist und Politiker (* 18. 11. 1860, Kuryłówka/Woiwodschaft Rzeszów), stirbt am 29. Juni 1941 im Exil in New York.
Paderewski wurde auf Tourneen durch Europa bis zum Ersten Weltkrieg als einer der glänzendsten Pianisten seiner Zeit gefeiert. 1909 übernahm er die Leitung des Warschauer Kuratoriums. Er komponierte Klavierwerke und die Oper »Manru« (1901). 1917/18 war er Mitglied des antideutschen Polnischen Nationalkomitees, der polnischen Exilregierung. Von Januar bis Dezember 1919 war er Ministerpräsident und Außenminister der unabhängigen Republik Polen, 1920/21 vertrat er sein Land beim Völkerbund und zog sich dann bis zum Ausbruch des Zweiten Weltkriegs aus der Politik zurück. 1940/41 übernahm er den Vorsitz im polnischen Exilparlament.

Guy de Pourtalès
französisch-schweizerischer Schriftsteller (* 4. 8. 1881, Genf), stirbt am 12. Juni 1941 in Lausanne. Pourtalès wurde bekannt durch seine biographischen Romane über »Frédéric Chopin (»Der blaue Klang«, 1927), König Ludwig II. von Bayern (»König Hamlet«, 1928), Richard Wagner (1932) und Hector Berlioz (»Phantastische Symphonie«, 1939). Im Jahr des Erscheinens wurde der in Genf vor und während des Ersten Weltkriegs spielende Roman »Der wunderbare Fischzug« (1937) mit dem Romanpreis der Académie française ausgezeichnet. Pourtalès schildert darin das Schicksal eines sensiblen, musikalisch hochbegabten jungen Mannes, dessen Liebe zu der verträumten und ebenfalls künstlerisch begabten Louise keine Erfüllung findet. Er wendet sich seiner lebensbejahenden Kusine Antoinette zu, bei der er ein ruhiges Glück in einem überschaubaren Kreis findet.

Marcel Prévost

(eigentl. Eugène Marcel), französischer Romanschriftsteller (* 1. 5. 1862, Paris), stirbt am 8. April 1941 in Vianne im Departement Lot-et-Garonne.
Prévost, Beamtensohn und Jesuitenschüler, schlug 1891 die Laufbahn des freien Schriftstellers ein, arbeitete ab 1902 als Journalist bei der Zeitung »Le Figaro«, gab die »Revue de France« heraus und wurde 1908 Mitglied der Académie française.
In seinen psychologischen und moralistischen Romanen steht meist das weibliche Seelen- und Liebesleben im Vordergrund. Ein Skandalerfolg wurde »Les demi-vierges« (1894) – der Titel ist eine Wortschöpfung Prévosts (»Halb-Jungfrauen«), die deutsche Übersetzung erschien unter dem Titel »Halbe Unschuld« –, in dem er das Verhalten einiger junger Mädchen in Paris darstellte. Weitere Romane: »Liebesbeichte« (1891), »Starke Frau« (1902–1913), »Vampir Weib« (1922).

Ludwig Quidde
deutscher Historiker und Politiker, Friedensnobelpreisträger 1927 (* 23. 3. 1858, Bremen), stirbt am 5. März 1941 in der Emigration in Genf.
Quidde, seit den 90er Jahren des 19. Jahrhunderts einer der Führer der deutschen Friedensbewegung, sorgte mit der Schrift »Caligula. Studie über römischen Cäsarenwahnsinn« (1.–30. Auflage 1894), in der er in historischer Verkleidung Kritik an dem deutschen Kaiser Wilhelm II. übte, für einen Skandal. 1896 wurde er wegen Majestätsbeleidigung zu drei Monaten Gefängnis verurteilt.
Von 1907 bis 1918 war er als Abgeordneter der Deutschen Volkspartei Mitglied des Landtags in Bayern und von 1919 bis 1920 als Abgeordneter der linksliberalen Deutschen Demokratischen Partei Mitglied der Weimarer Nationalversammlung. Von 1914 bis 1929 war er Präsident der Deutschen Friedensgesellschaft, von 1921 bis 1929 Vorsitzender des Deutschen Friedenskartells. 1927 erhielt er zusammen mit Ferdinand Buisson den Friedensnobelpreis. Im Jahr 1933 emigrierte er in die Schweiz.

Rudolf Ramek
österreichischer christlichsozialer Politiker (* 12. 4. 1881, Teschen), stirbt am 24. Juni 1941 in Salzburg.
Ramek war 1921 unter Michael Mayr Innenminister. Von 1924 bis 1926 war er Ministerpräsident einer Koalition von Christlichsozialen und Großdeutschen und leitete zugleich das Innen-, von Januar bis Oktober 1926 auch das Außenministerium. Von 1930 bis 1933 war er Vizepräsident des Nationalrats. Als Präsident des Rumpfparlaments nach den Februarunruhen von 1934 sanktionierte er mit der Verkündung der autoritären »Verfassung 1934« formell das Ende von Demokratie und Parlamentarismus der ersten Republik Österreich.

Johannes Schlaf
deutscher Erzähler und Dramatiker (* 21. 6. 1862, Querfurt), stirbt am 2. Februar 1941 in Querfurt.
Von 1887 bis 1892 erarbeitete Schlaf gemeinsam mit Arno Holz Beispiele für eine literarische Richtung, die er und Holz als konsequenten Naturalismus bezeichneten. Ergebnis waren u. a. die Novelle »Papa Hamlet« (1889) und das Drama »Die Familie Selicke« (1890). Wie Schlafs Schauspiel »Meister Oelze« (1892) waren es Versuche, die Wirklichkeit wahrheitsgetreu und mit ihrer ganzen Härte wiederzugeben. Nach der Trennung von Arno Holz wandte sich Schlaf einem lyrischen Impressionismus und natur-mystischer Prosalyrik zu.

Christian Sinding
norwegischer Komponist (* 11. 1. 1856, Kongsberg), stirbt am 3. Dezember 1941 in Oslo.
Sinding komponierte unter dem Einfluß der Spätromantik und Richard Wagners Opern (»Der heilige Berg«, 1914), Klaviermusik (»Frühlingsrauschen«, 1896), vier Sinfonien, Konzerte, Kammermusik, Chöre und Lieder.

Hjalmar Söderberg
schwedischer Schriftsteller (* 2. 7. 1869, Stockholm), stirbt am 14. Oktober 1941 in Kopenhagen.
Söderberg, der zu den hervorragendsten schwedischen Stilkünstlern seiner Zeit zählte, schrieb unter dem Einfluß des Impressionismus und der literarischen Décadence autobiographisch gefärbte psychologische Romane, die meist im Kleinbürgertum spielen (»Irrungen«, 1895, »Martin Bircks Jugend«, 1901, »Doktor Glas«, 1905, »Das ernste Spiel«, 1912). Er

verfaßte außerdem Erzählungen, Dramen, Gedichte und Essays. In den 30er Jahren bekämpfte er in zahlreichen Schriften den Nationalsozialismus.

Werner Sombart

deutscher Nationalökonom und Soziologe (*9. 1. 1863, Ermsleben bei Aschersleben), stirbt am 18. Mai 1941 in Berlin.
Sombart war der international bekannteste deutsche Nationalökonom in der ersten Hälfte des 20. Jahrhunderts. In 24 Sprachen übersetzt wurde sein Werk »Sozialismus und soziale Bewegung im 19. Jahrhundert« (1896), in dem er sich als erster bürgerlicher Wissenschaftler positiv mit Karl Marx auseinandersetzte, den er als »größten Sozialphilosophen des 19. Jahrhunderts« bezeichnete. 1902 erschien sein wirtschaftshistorisches Hauptwerk, »Der moderne Kapitalismus«. Durch dieses Werk, in dem er die Einteilung in Früh-, Hoch- und Spätkapitalismus vornahm, gewannen die Begriffe, die Marx noch nicht verwendet hatte, eine große Wirkung auf die politische und wissenschaftliche Diskussion der Folgezeit. Ursprünglich stark von Marx beeinflußt, wandelte sich Sombart immer mehr zum entschiedenen Gegner des Marxismus.

Hans Spemann

deutscher Zoologe, Physiologie-/Medizinnobelpreisträger 1935 (*27. 6. 1869, Stuttgart), stirbt am 12. September 1941 in Freiburg im Breisgau.
Spemann erhielt 1935 den Nobelpreis für Physiologie oder Medizin für seine Entdeckung des »Organisatoreffekts« während der Entwicklung des Embryos. Der als »Organisator« bezeichnete embryonale Bereich bestimmt das noch nicht differenzierte Zellmaterial.

Agnes Straub

deutsche Schauspielerin (*2. 4. 1890, München), stirbt am 8. Juli 1941 in Berlin.
Agnes Straub, die ab 1916 in Berlin auftrat, wurde bekannt als Darstellerin herber Frauengestalten in klassischen und zeitgenössischen Dramen (Lady Milford, Kriemhild). Ab 1936 leitete sie das Agnes-Straub-Theater in Berlin.

Rabindranath Tagore

indischer Dichter und Philosoph (*6. 5. 1861, Kalkutta), stirbt am 7. August 1941 in Santiniketan in Bengalen.
Dort hatte er 1901 eine Schule gegründet, die er 1921 zur Viśva-Bharati-Universität erweiterte.
Tagore erhielt 1913 den Literaturnobelpreis verliehen »für die einfühlsamen, lebendigen und schönen Verse, mit denen er in vollendeter Weise seine dichterischen Gedanken – in englischer Sprache – zu einer Komponente der abendländischen Literatur gemacht hat«. Tagore stammte aus einer begüterten, weltoffenen Brahmanenfamilie und studierte in Großbritannien. Am indischen Freiheitskampf nahm er regen Anteil, mahnte jedoch immer wieder zu Besonnenheit. Neben rund 40 Gedichtsammlungen – für »Gitanjali« (1910) erhielt er den Nobelpreis – verfaßte er lyrisch-romantische Dramen (»Das Postamt«, 1912) und zahlreiche Romane und Erzählungen, die das bengalische Leben seiner Zeit widerspiegeln (»Das Heim und die Welt«, 1916).

Pál Graf Teleki

ungarischer Geograph und Politiker (*1. 11. 1879, Budapest), scheidet am 3. April 1941 in Budapest durch Freitod aus dem Leben, nachdem er sich als Ministerpräsident vergeblich dem deutschen Verlangen widersetzt hat, Ungarn am Angriff gegen Jugoslawien zu beteiligen.
Graf Teleki hatte 1919 als Mitglied der gegenrevolutionären Regierung am Sturz der Räterepublik mitgewirkt. Im April 1920 wurde er Außenminister und im Juli 1920 Ministerpräsident, trat jedoch im April 1921 zurück nach dem gescheiterten Versuch des habsburgischen Ex-Königs Karl, nach Ungarn zurückzukehren. Am 16. Februar 1939 wurde er erneut Ministerpräsident und schloß 1940 einen Friedens- und Freundschaftsvertrag mit Jugoslawien.

Ernst Udet

deutscher General (*26. 4. 1896, Frankfurt am Main), scheidet am 17. November 1941 in Berlin durch Freitod aus dem Leben, weil er für das Scheitern der Luftschlacht um Großbritannien verantwortlich gemacht wird. Nach offiziellen Angaben kommt er bei der Erprobung einer neuen Waffe ums Leben. An dem staatlich inszenierten Trauerakt für Udet nehmen auch mehrere bekannte deutsche Jagdflieger teil.
Mit 62 Luftsiegen zählte Udet zu den erfolgreichsten deutschen Jagdfliegern des Ersten Weltkriegs. 1922 gründete er in München eine Flugzeugbaufirma. Ab 1924 unternahm er Kunstflugvorführungen auf allen großen Flugplätzen Europas und Nordamerikas und spielte als Kunstflieger in zahlreichen Filmen mit. 1935 wurde er Oberst im Reichsluftfahrtministerium, 1936 Chef des Technischen Amts der Luftwaffe und 1938 Generalluftzeugmeister. – Udet ist das Vorbild für die Hauptfigur in Carl Zuckmayers Drama »Des Teufels General« (1946).

Herwarth Walden

(eigentl. Georg Lewin), deutscher Kunstkritiker und Schriftsteller (*16. 9. 1878, Berlin), stirbt am 31. Oktober 1941 im Gefängnis in Saratow in der UdSSR.
Waldens Bedeutung liegt in seiner Tätigkeit als Herausgeber der avantgardistischen Wochenzeitschrift »Der Sturm« (1910). Er förderte moderne Strömungen im Bereich der bildenden Kunst und der Literatur, vor allem den Expressionismus. In den 20er Jahren wandte er sich dem Kommunismus zu und ging 1932 als Fremdsprachenlehrer nach Moskau, dort wurde er 1941 verhaftet. Walden veröffentlichte u. a. die Essays »Einblick in die Kunst. Expressionismus, Kubismus, Futurismus« (1917) und »Die neue Malerei« (1919). Daneben schrieb er Dramen (»Letzte Liebe«, 1918), Romane (»Unter den Sinnen«, 1919) und Gedichte (»Im Geschweig der Liebe«, 1925).

Wilhelm II.

letzter deutscher Kaiser und preußischer König von 1888 bis zur Novemberrevolution 1918 (*27. 1. 1859, Berlin), stirbt am 4. Juni 1941 im niederländischen Exil in Schloß Doorn.
Auf Befehl des deutschen Führers und Reichskanzlers Adolf Hitler wird er mit militärischen Ehren beigesetzt. Die Regierungszeit von Wilhelm II., der am 15. Juni 1888 seinem Vater, Kaiser Friedrich III., nachfolgte und 30 Jahre lang herrschte, war gekennzeichnet durch Militarismus und Imperialismus (Errichtung deutscher Kolonien), durch den Rüstungswettlauf mit Großbritannien (Ausbau der deutschen Flotte) und durch den Ersten Weltkrieg. Innenpolitisch standen der Kampf gegen die Sozialdemokratie, aber auch der Ausbau der Sozialpolitik im Vordergrund. Seit dem Sturz Otto von Bismarcks (1890) nahm Wilhelm mit starkem Selbstbewußtsein das Recht auf ein »persönliches Regiment« in Anspruch, was sich u. a. in der Berufung farbloser Reichskanzler ausdrückte; jedoch achtete er bei wichtigen Entscheidungen stets die konstitutionellen Bindungen. Die für das Großbürgertum, den Geldadel und die hohen Militärs glanzvolle Zeit von 1890 bis 1914 ist als das wilhelminische Zeitalter in die deutsche Geschichte eingegangen. Nach dem Attentat von Sarajevo unterstützte Wilhelm Österreich-Ungarn gegen Serbien und führte das Deutsche Reich damit in den Krieg. Nach Ausbruch der Novemberrevolution 1918 dankte Wilhelm II. als Kaiser ab und floh in die Niederlande. Dort heiratete er nach dem Tod seiner ersten Frau, Kaiserin Auguste Viktoria, 1922 die verwitwete Prinzessin Hermine von Schönaich-Carolath.

Virginia Woolf

englische Schriftstellerin (*25. 1. 1882, London), scheidet am 28. März 1941 im Fluß Ouse bei Lewes durch Freitod aus dem Leben, nachdem ihr Haus bombardiert worden ist und sie fürchtete, in geistige Umnachtung zu verfallen.
Der Roman »Eine Frau von fünfzig Jahren« (1925) von Virginia Woolf gilt als Markstein der modernen Erzählkunst. Es handelt sich um einen Bewußtseinsroman, in dem momentane Stimmungen, Eindrücke und Erinnerungen ohne chronologische Ordnung aneinandergereiht werden. Die Handlung ist fast völlig in das Bewußtsein der 52jährigen Clarissa Dalloway und der sie umgebenden Personen verlegt. Die zentralen Themen sind Leben und Tod, geistige Gesundheit und Geisteskrankheit. »Das Bewußtsein empfängt eine Myriade von Eindrücken – triviale, phantastische, vorüberhuschende oder solche, die sich mit stählernem Griffel eingraben. Von allen Seiten kommen sie, ein unaufhörlicher Schauer von ungezählten Atomen«, hatte die Autorin 1924 in einem Essay geschrieben, in dem sie die Aufgabe des Schriftstellers so formulierte: »Ist es nicht die Aufgabe des Romanciers, diesen sich wandelnden und unumschriebenen Geist – ganz gleich, welche Verirrungen oder Komplexität er aufweisen mag – mit möglichst geringer Beimischung zu Fremdartigem und Äußerlichem zu vermitteln.«
In ihrem dreiteiligen Roman »Die Fahrt zum Leuchtturm« (1927), der von der Kritik als ihr Meisterwerk angesehen wird, verzichtet Virginia Woolf auf eine kausal logisch verknüpfte Handlung, davon ausgehend, daß im Leben wie in der Kunst Sinn und Ordnung nur in »Momenten« faßbar werden.
Mit der Hauptfigur ihres Romans »Orlando« (1928) schuf Virginia Woolf eine Verkörperung der englischen Dichtung im Verlauf von drei Jahrhunderten. Orlando beginnt als junger Adliger am Hof von Königin Elisabeth I., verwandelt sich in eine Zigeunerin und ist im 20. Jahrhundert eine sensible und intellektuelle Schriftstellerin. Die letzte Metamorphose Orlandos trägt deutliche Züge der mit der Autorin befreundeten Schriftstellerin Victoria Sackville-West, der auch das Buch gewidmet ist.

Albin Zollinger

schweizerischer Schriftsteller (*24. 1. 1895, Zürich), stirbt am 7. November 1941 in Zürich.
Zollinger verfaßte Natur- und Gedankenlyrik (»Sternfrühe«, 1936, »Stille des Herbstes«, 1938) und Romane, die im Künstlermilieu angesiedelt sind (»Der halbe Mensch«, 1929, »Die große Unruhe«, 1939).

Heinrich von Zügel

deutscher Maler (*22. 10. 1850, Murrhardt), stirbt am 30. Januar 1941 in München.
Zügel, Mitbegründer der Münchner Secession (1892), war um die Jahrhundertwende der bedeutendste deutsche Tiermaler. Von 1895 bis 1922 war er Professor der Münchner Akademie.

Personenregister

Das Personenregister enthält alle in diesem Buch genannten Personen (nicht berücksichtigt sind mythologische Gestalten und fiktive Persönlichkeiten sowie Eintragungen im Anhang mit Ausnahme des Nekrologs). Herrscher und Angehörige regierender Häuser mit selben Namen sind alphabetisch nach den Ländern ihrer Herkunft geordnet. Kursive Zahlen verweisen auf Abbildungen.

Sachregister

Das Sachregister enthält Suchwörter zu den in den einzelnen Artikeln behandelten Ereignissen sowie Hinweise auf die im Anhang erfaßten Daten und Entwicklungen. Kalendariumseinträge sind nicht in das Register aufgenommen. Während politische Ereignisse im Ausland unter den betreffenden Ländernamen zu finden sind (Beispiel »Rote Armee« unter »UdSSR«), wird das politische Geschehen im Deutschen Reich unter den entsprechenden Schlagwörtern erfaßt. Begriffe zu herausragenden Ereignissen des Jahres sind ebenso direkt zu finden (Beispiel: »Zweiter Weltkrieg« eben dort). Ereignisse und Begriffe, die einem großen Themenbereich (außer Politik) zuzuordnen sind, sind unter einem Oberbegriff aufgelistet (Beispiel: »Luftfahrt« unter »Verkehr«).

Bildquellenverzeichnis

Bettmann-Archiv, New York/USA (8); Hulton Picture Library/Hulton-Deutsch Collection, London/GB (1); Werner Buedeler, Thalhamm (1); Daimler-Benz AG, Historisches Archiv, Stuttgart (1); Josef Dörr, Koblenz (1); Eupra Bildarchiv, München (2); Ford AG, Köln (1); Archiv Gerstenberg, Wietze (2); Harenberg Kommunikation, Dortmund (518); Historia-Foto, Hamburg (6); Holtz Apfel, Bussum/NL (1); Imperial War Museum, London/GB (1); Jaguar Cars Ltd., Coventry/GB (1); Archiv Dr. Karkosch, Gilching (2); Keystone Pressedienst GmbH, Hamburg (23); Langewiesche-Brandt KG, Ebenhausen (2); Museum of Modern Art, New York/USA (1); Familie Neuhaus, Castrop-Rauxel (2); Ringier Dokumentationszentrum, Zürich/CH (3); Schiller-Nationalmuseum/Deutsches Literaturarchiv, Marbach (1); Schiller-Nationalmuseum/Atelier Fayer, Wien/A (1); Schiller-Antionalmuseum/Fred Stein, New York/USA (2); Schiller-Nationalmuseum/Suzanne de Winternitz (1); Schiller-Nationalmuseum/Lotte Jacobi (1); Pressebild-Agentur Schirner, Meerbusch (5); Stadtarchiv Dortmund (1); Stadtarchiv Duisburg (1); Stadtarchiv Mönchengladbach (2); Süddeutscher Verlag, München (3); Tele-Bunk, Berlin (1); United States Information Service, Bonn (1); Volkswagen AG, Wolfsburg (1); Familie Walczak, Dortmund (1); Weltwoche, Zürich/CH (1); Foto Willott, Berlin (1); WZ-Bilderdienst, Wilhelmshaven (2)

Trotz größter Sorgfalt konnten die Urheber des Bildmaterials nicht in allen Fällen ermittelt werden.
Es wird gegebenenfalls um Mitteilung gebeten.